高职高专汽车类 "十二五"规划精品课程建设 教材

汽车底盘机械系统检修

主　编　邹龙军　　王　晓

副主编　刘红忠　　刘绍忠　　吴正乾　　彭文武

参　编　（按姓氏笔画排序）

王治校　　丑振江　　包晨阳　　刘　敏

杨兴发　　杨启正　　李禧旺　　宋作军

张少红　　张雪文　　陈金友

陈现臣　　罗　斐

主　审　李立斌

PAJERO
帕杰罗

中南大学出版社
www.csupress.com.cn

内 容 简 介

本书为任务驱动的项目式教材，内容包括汽车底盘认识及维修基本知识、离合器构造与检修、手动变速器构造与检修、自动变速器构造与检修、万向传动装置构造与检修、驱动桥构造与检修、四轮驱动和分动器构造与检修、车架和车桥构造与检修、车轮和轮胎构造与检修、悬架构造与检修、转向系构造与检修、制动系构造与检修等十二个项目。

本书既可作为高职高专院校汽车检测与维修、汽车运用技术、汽车运用工程等相关专业使用，也可供本科及相关专业师生作为教辅教材，还可供汽车维修、汽车运输等工程技术人员自学和作为参考用书。

前　言

随着汽车工业的快速发展，我国汽车市场对技能型人才需求量不断增大，为适应目前高等职业技术教育的形势，更好地满足汽车专业职业教育改革与发展的需要，本着为职业教育教学提供更加丰富、多样和实用的教材的原则，中南大学出版社组织编写了本套高职高专汽车类"十二五"规划/精品课程教材。

本教材紧紧围绕目前汽车维修保养行业实际工作岗位需求，系统地介绍了汽车底盘各系统、零部件总成的结构、原理、拆装、检修及常见故障的诊断与排除。在编写过程中注重突出以就业为导向，以技能训练为中心，以培养高技能应用型人才为教学目标的要求，体现"教、学、做"一体化教学模式。本教材的特点有：

1. 打破传统教材的章节体例，采用最能体现职业教育特点的任务驱动形式，按照学习目标、案例引入、项目描述、项目内容、项目实施、项目考核、项目小结、思考与练习模式编写，使培养过程实现"知行合一"，充分体现了职业教育的特点。

2. 本教材编排力求图文并茂，通俗易懂，内容由浅入深，简明实用。

3. 本教材在内容的选择上，注重汽车维修职业岗位对人才的知识、能力要求，突出实用性、新颖性和职业性，较多地引用了汽车的新知识、新技术、新工艺。

4. 本教材凸显学生能力考核，项目考核单独做成手册，配合教材使用。

参加本书编写的人员有：衡阳技师学院邹龙军、刘敏，淄博职业学院王晓、宋作军、张少红，湖南汽车技师学院刘红忠，邵阳职业技术学院刘绍忠，永州职业技术学院吴正乾，益阳职业技术学院张雪文，郴州职业技术学院包晨阳，湖南科技经贸职业学院彭文武、罗斐、杨启正，衡阳财经工业职业技术学院陈金友，湖南省工业科技职业技术学院王冶校，湖南物流职业技术学院丑振江，周口职业技术学院陈现臣，长沙大学杨兴发，湖北省创业技工学校李禧旺。全书由邹龙军、王晓担任主编，刘红忠、刘绍忠、吴正乾、彭文武担任副主编，李立斌主审。

由于编者的水平和经验有限，教材难免存在错误和不足之处，敬请读者给予批评指正。

编　者

2011 年 8 月 8 日

目　录

项目一　汽车底盘认识及维修基本知识

（1）能够分辨各种类型车的底盘布置及其特点；

（2）熟知汽车底盘的各个组成部分及功用；

（3）能够正确使用举升机等常用设备；

（4）能够正确叙述汽车维修的基本方法及相关的安全生产注意事项；

（5）能够熟悉汽车维修作业的基本流程。

案例引入

一辆桑塔纳轿车在行驶过程中出现提速困难、转向沉重的现象，需要修理。请制订维修计划，进行诊断修理，并进行归档。

项目描述

本项目主要讲解汽车底盘的组成、功用、布置类型，介绍汽车维修的方法及基本流程，介绍维修的安全事项。是学习汽车底盘维修的基础。

项目内容

任务一　汽车底盘的组成和功用

汽车底盘是汽车四大组成部分之一，汽车底盘的作用是支承、安装汽车发动机及其各部件、总成，形成汽车的整体造型，并接受发动机的动力，使汽车产生运动并按驾驶员的操控而正常行驶的部件。

汽车底盘由传动系、行驶系、转向系和制动系四大系统组成。如图1-1和图1-2所示为常见货车和轿车的底盘结构图。

一、传动系

汽车传动系是指从发动机到驱动车轮之间所有动力传递装置的总称。其功用是将发动机的动力传给驱动车轮。

传动系首要任务是与发动机协同工作，保证汽车能在不同使用条件下正常行驶，并使汽车具有良好的动力性和燃料经济性。

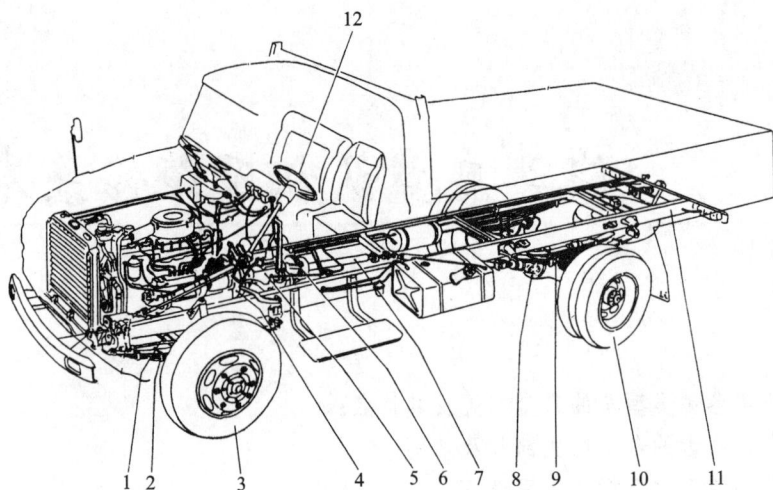

图 1 - 1　货车底盘结构

1—前轴；2—前悬架；3—前轮；4—离合器；5—变速器；6—驻车制动器；

7—传动轴；8—驱动桥；9—后悬架；10—后轮；11—车架；12—转向盘

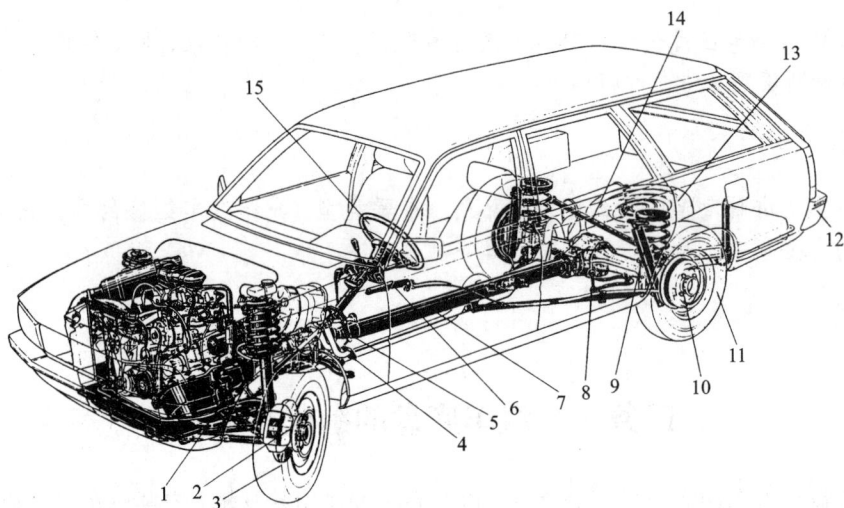

图 1 - 2　轿车底盘结构

1—前悬架；2—前轮制动器；3—前轮；4—离合器踏板；5—变速器操纵机构；6—驻车制动手柄；7—传动轴；

8—后桥；9—后悬架；10—后轮制动器；11—后轮；12—后保险杠；13—备胎；14—横向稳定器；15—转向盘

　　传动系应保证汽车具有在各种行驶条件下所必需的牵引力、车速，以及它们之间的协调变化等功能，还应保证汽车能倒车，以及左、右驱动车轮能适应差速要求，并使动力传递能根据需要而平稳地接合或彻底、迅速地分离。传动系一般是由离合器、手动变速器、万向传动装置(万向节和传动轴)、驱动桥(主减速器、差速器、半轴、桥壳)等组成，如图 1 - 3 所示；而现在轿车中采用自动变速器的越来越多，其底盘包括自动变速器、万向传动装置、驱动桥等，即用自动变速器取代了离合器和手动变速器；如果是越野汽车(包括 SUV，即运动型多功能车),还应包括分动器。

传动系各组成的功用如下:

(1)离合器:保证换挡平顺,必要时中断动力传动。

(2)变速器:变速、变矩、变向、中断动力传动。

(3)万向传动装置:实现有夹角和相对位置经常发生变化的两轴之间的动力传动。

(4)主减速器:将动力传给差速器,并实现降速增矩、改变传动方向。

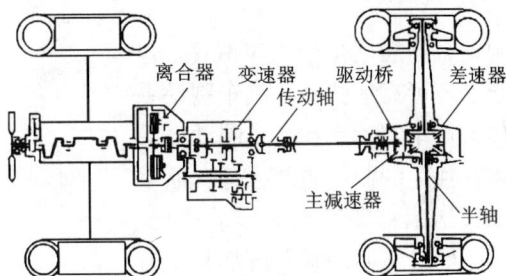

图1-3　汽车传动系的组成

(5)差速器:将动力传给半轴,并允许左右半轴以不同的转速旋转。

(6)半轴:将差速器的动力传给驱动车轮。

二、行驶系

汽车行驶系的功用是接受发动机经传动系传来的转矩,并通过驱动轮与路面间附着作用,产生路面对汽车的牵引力,以保证整车正常行驶;此外,它应尽可能缓和不平路面对车身造成的冲击和振动,保证汽车行驶平顺性,并且能与汽车转向系很好地配合工作,实现汽车行驶方向的正确控制,以保证汽车操纵稳定性。

汽车行驶系一般由车架、悬架、车桥和车轮等组成,如图1-4所示。车轮通过轴承安装在车桥两边,车桥通过悬架与车架(或车身)连接,车架(或车身)是整车的装配基体。

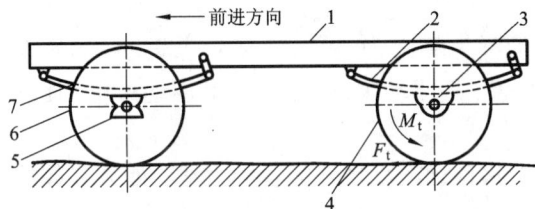

图1-4　汽车行驶系的组成

1—车架;2—后悬架;3—驱动桥;4—后轮;
5—转向桥;6—前轮;7—前悬架

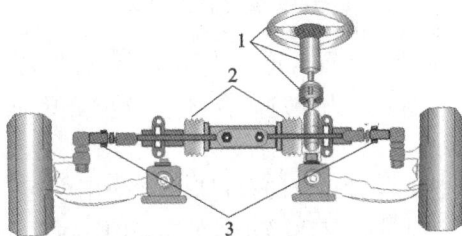

图1-5　机械转向系的组成图

1—转向操纵机构;2—转向器;3—转向传动机构

三、转向系

汽车转向系是用来保持或者改变汽车行驶方向的机构。在汽车转向行驶时,还要保证各转向轮之间有协调的转角关系。驾驶员通过操纵转向系统,使汽车保持在直线或转弯运动状态,或者使上述两种运动状态互相转换。

主要由转向操纵机构、转向器、转向传动机构组成。如图1-5所示,现在的汽车普遍采用动力转向装置。

四、制动系

制动系的功用是使汽车减速、停车并能保证可靠地驻停。汽车制动系一般包括行车制动系和驻车制动系等两套相互独立的制动系统，每套制动系统都包括制动器和制动传动机构。现在汽车的行车制动系一般都装配有制动防抱死系统（ABS）。

转向系和制动系都是由驾驶员来操控的，一般可以合称为控制系。

现代汽车中电子控制技术的应用越来越广泛，如在底盘中普遍采用了电子控制自动变速器（EAT 或 ECT）、电子控制防滑差速器（EDL）、电子控制制动防抱死系统（ABS）、电子制动力分配系统（EBD）、电子控制悬架系统（EMS）、电子控制转向系统（EPS）等。

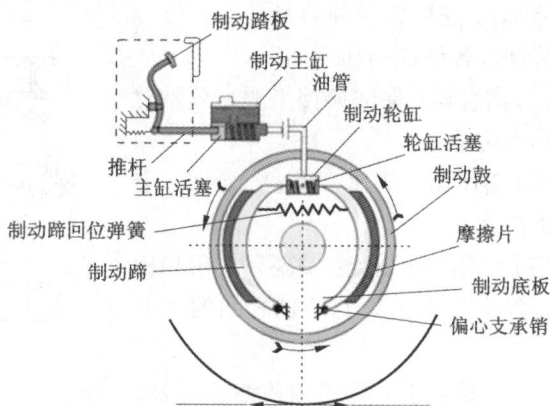

图 1-6　汽车制动系统示意图

任务二　汽车底盘的布置形式

汽车底盘的总体布置与发动机的位置及汽车的驱动方式有关，按发动机相对于各总成的位置，汽车传动系一般有下列几种布置形式：发动机前置后轮驱动、发动机前置前轮驱动、发动机后置后轮驱动、发动机前置全轮驱动等。

一、发动机前置后轮驱动

发动机前置后轮驱动简称前置后驱动，英文简称为 FR。如图 1-3 所示，发动机布置在汽车前部，动力经过离合器、变速器、万向传动装置、后驱动桥，最后传到后驱动车轮，使汽车行驶。

这是一种传统的布置形式，应用广泛，适用于除越野汽车之外的各类汽车，如大多数的货车、部分轿车和部分客车都采用这种类型。

所有的 FR 传动方式，发动机都是纵向布置的，因为这样能够更加便于通过传动轴把动力传送到后差速器上。从 20 世纪开始一直到现在，奔驰、宝马的主力车型都是采用的 FR 传动方式。FR 传动方式，是将发动机和变速箱总成纵向布置在发动机舱内，通常，发动机的放置位置比较靠后，变速箱则伸入到了驾驶室内。然后再通过一根长长的传动轴把后差速器连接起来，最后从后差速器分出两根半轴分别驱动两个后轮。FR 最大的好处就是能提供更大的有效牵引力。

二、发动机前置前轮驱动

发动机前置前轮驱动简称前置前驱动，英文简称 FF。发动机布置在汽车前部，动力经过离合器、变速器、前驱动桥，最后传到前驱动车轮，这种布置形式在变速器与驱动桥之间省去了万向传动装置，使结构简单紧凑，整车质量小，高速时操纵稳定性好。大多数轿车采用这种布置形式，但这种布置形式的爬坡性能差，豪华轿车一般不采用，而是采用传统的发动机前置后轮驱动。

　　根据发动机布置的方向可以分为发动机前横置前轮驱动和发动机前纵置前轮驱动，分别如图 1 - 7、1 - 8 所示。

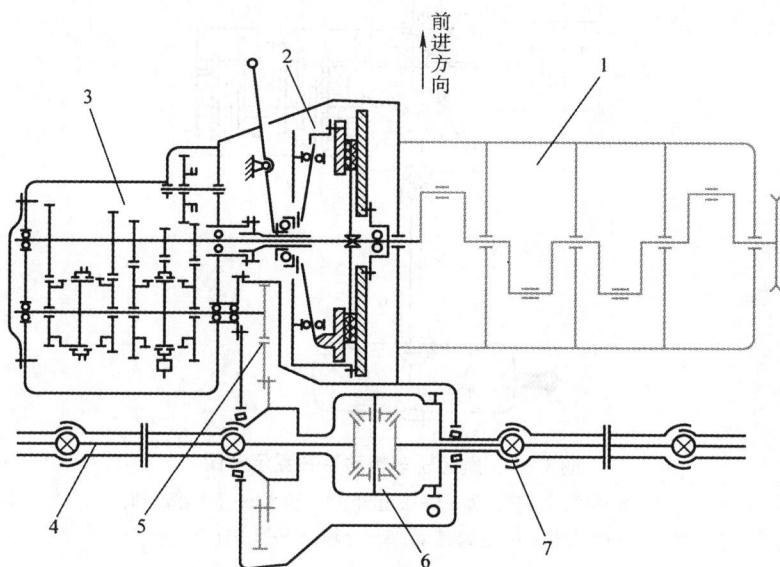

图 1 - 7　发动机前横置前轮驱动示意图

1—发动机；2—离合器；3—变速器；4—半轴；5—主减速器；6—差速器

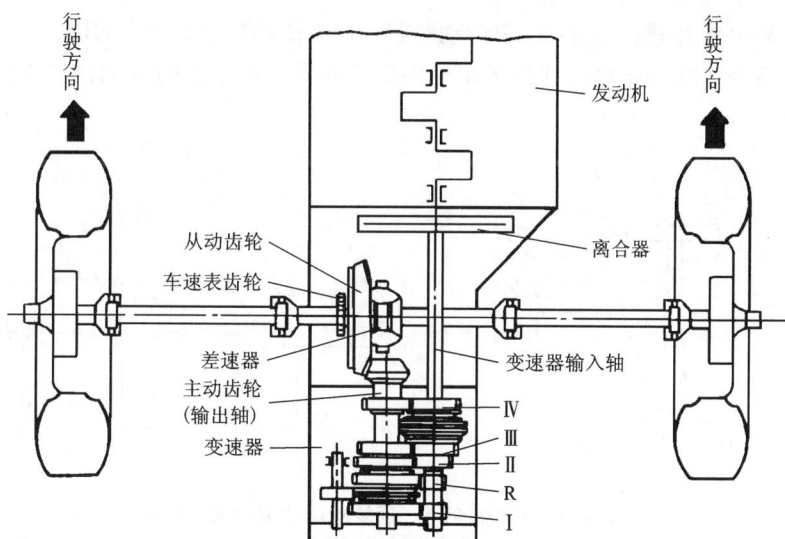

图 1 - 8　发动机前纵置前轮驱动示意图

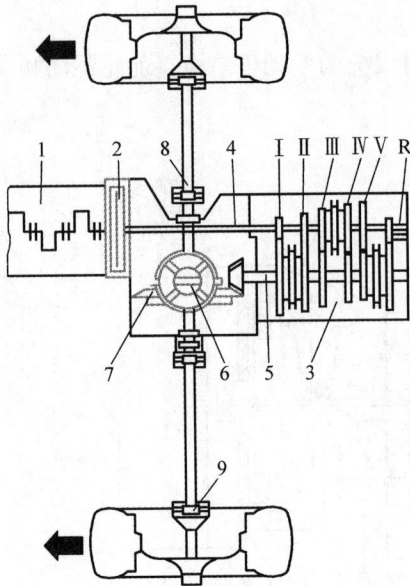

图 1-9   奥迪轿车传动系布置示意图

1—发动机；2—离合器；3—变速器；4—输入轴；5—输出轴；
6—差速器；7—主减速器；8—半轴；9—等角速万向节

三、发动机后置后轮驱动

发动机后置后轮驱动简称后置后驱动，英文简称 RR。如图 1-10 所示，发动机布置在汽车后部，动力经过离合器、变速器、角传动装置、万向传动装置、后驱动桥，最后传到后驱动车轮，使汽车行驶。这种布置形式便于车身内部的布置，减小室内发动机的噪声，一般用于大型客车。

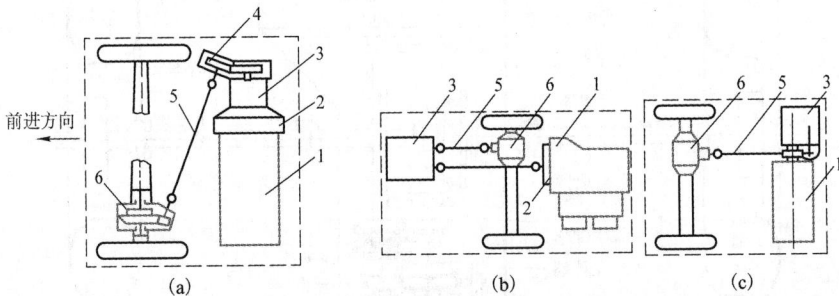

图 1-10   发动机后置、后轮驱动的传动系示意图

1—发动机；2—离合器；3—变速器；4—角传动装置；5—万向传动装置；6—后驱动桥

（a）大型客车；（b）、（c）轿车

四、发动机前置全轮驱动

发动机前置全轮驱动简称全轮驱动，英文简称 XWD。如图 1-11 所示，发动机布置在汽车前部，动力经过离合器、变速器、分动器、万向传动装置分别到达前后驱动桥，最后传到前后驱动车轮，使汽车行驶。由于所有的车轮都是驱动车轮，提高了汽车的通过性能，四轮驱动主要应用于越野车、特种车和军用轿车上。

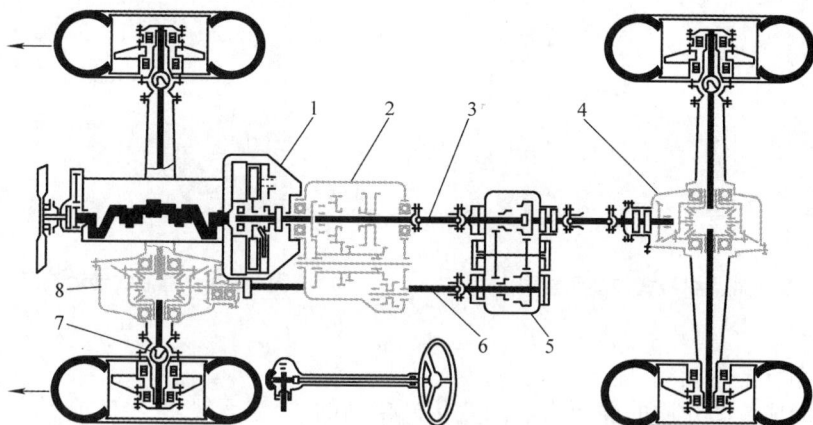

图 1-11　4×4 发动机前置全轮驱动示意图

1—离合器；2—变速器；3、6—万向传动装置；4、8—主减速器和差速器；5—分动器；7—等角速万向节

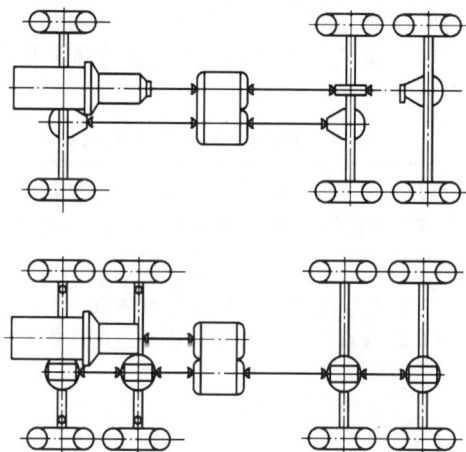

图 1-12　多轴驱动汽车传动系示意图

(a)6X6 越野汽车；(b)8X8　贯通式中驱动桥越野汽车

五、发动机中置后轮驱动(MR)

MR 的优点是：中置发动机的重心是落在车身中央的，前后车轮承载重量是 50∶50 的平

衡，轴荷分配均匀，具有很中性的操控特性。缺点是：发动机占去了座舱的空间，降低了空间利用率和实用性，因此 MR 大都是追求操控表现的跑车。

六、其他形式传动系简介

1. 液力机械式传动系

即组合运用液力传动和机械传动，这也是目前装有自动变速器汽车的主要传动形式，如图 1-13 所示。

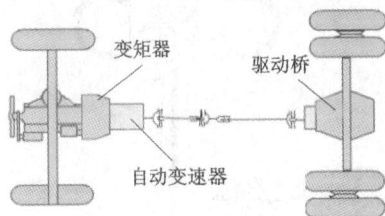

图 1-13　液力机械式传动示意图

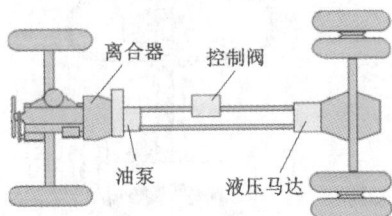

图 1-14　静液式传动系示意图

2. 静液式传动系

是通过液体传动介质的静压力能的变化而传动的。发动机输出机械能，通过油泵转换成液压能，再由液压马达转换成机械能。如图 1-14 所示。

3. 电力式传动系

由发动机驱动的发电机与牵引电动机构成，牵引电动机可用一个与传动轴和驱动桥相连，如图 1-15 所示；

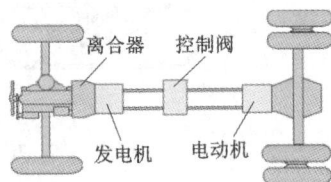

图 1-15　电力式传动系示意图

也可以在每个驱动轮上单装一个电动机，还要有减速机构装在车轮边上，这种车轮叫电动轮。

表 1-1　轿车传动系驱动方式比较

制式	FR 方式：前置发动机后轮驱动方式。	FF 方式：FF 中置方式，前置发动机前轮驱动方式。	RR 方式：RR 中置方式，后置发动机后轮驱动方式。	4WD 型：四轮驱动方式。
结构特点	发动机、离合器、变速器连成一个整体，安装在车身前部，主减速器、差速器放在车身后部，两者通过传动轴连接。	发动机及传动装置集中安装在车身前部，发动机动力直接驱动车身前轴，发动机可为前置。	将发动机、离合器、变速器、差速器连成一个整体安装在车身后部，不需要传动轴。	发动机、变速器、离合器置于车身前部，通过传动轴及分动器使前后四个轮子均成为驱动轮。
优点	发动机靠近司机座椅，因此发动机、离合器、变速器可以由司机直接操纵，控制机构简单，操纵维修方便，整车质量分配合理，前、后轮各接近50%。	车身地板平整，有利于增大室内空间；传动距离短，有利于减轻整车质量，FF 中置方案使整车质量靠近质心，行驶稳定性好。	车室底板平整，还可降低地板高度，有利于增大室内空间；有利于减轻整车质量。	爬坡能力强，越野性能好。

续表 1 - 1

缺点	由于变速器伸入驾驶室内，并有传动轴穿过车身底部呈隧道状突出，缩小了室内空间；增加了整车质量。	前轴结构很复杂，并且操纵机构布置也很困难；前轮负荷过大，磨损加剧。	发动机及传动装置远距离操作，容易产生故障；行李箱空间减小；发动机冷却困难；后轮负荷过大，操纵稳定性差。	整车过重，机构变得复杂；平直行驶，四轮驱动会造成能量浪费，此时应用换挡杆将四轮驱动变为后轮驱动，与 FR 方式相同。
应用范围	中型以上轿车多数仍采用，是轿车采用的主流方案。	2.0L 以下中、小型轿车应用急剧增加。	车速不高的微型车应用较多，大型客车上也有应用。	要求越野性能强的轿车，运动赛车。

任务三　汽车维修的基本方法

汽车在使用过程中，由于机构的自然磨损和其他损伤会逐渐丧失其工作能力，为了有效延长其使用期限、保证良好运行状态，需要进行经常性的维修。

汽车维修是汽车维护和汽车修理的总称，汽车维护是为维持汽车完好技术状况和工作能力而进行的作业，俗称保养；汽车修理是为恢复汽车完好的技术状态和工作能力而进行的作业。

汽车维修可分为许多工艺作业，按规定顺序完成这些作业的过程称为工艺过程。由于维修组织的方法不同，工作过程也不相同。

汽车维修的原则是"预防为主、定期检测、强制维护、视情修理"。

一、汽车检测

汽车检测是确定汽车技术状况和工作能力的检查。其主要内容包括：影响汽车安全性的制动、侧滑、转向、照明等检测；影响汽车可靠性的异响、磨损、变形、裂纹等检测；影响汽车动力性的车速、加速能力、底盘输出功率、发动机功率和转矩及供给系、点火系状况等检测；影响汽车经济性的燃料消耗检测；影响环境的汽车噪声和废气排放状况等检测。

汽车检测应该在不解体的情况下进行，检查汽车的技术状况，为故障诊断做前期准备。

二、汽车维护

汽车维护一般可分为常规性维护、季节性维护和磨合期维护。

常规性维护又分为日常维护、一级维护和二级维护。各级维护的参考间隔里程或使用时间间隔，一般以汽车生产厂家规定为准。例如，普通型桑塔纳轿车维护规定为日常维护、7500 km 首次维护、15000 km 维护和30000 km 维护等四种级别。日常维护是驾驶员必须完成的日常性工作，其作业中心内容是清洁、补给和安全检视。一级维护由专业维修工负责执行，其作业中心内容以清洁、润滑、紧固为主，并检查有关制动、操纵等安全部件等。二级维护由专业维修工负责执行，其作业中心内容以检查、调整为主，并拆检轮胎，进行轮胎换位等。

磨合期维护是指新车和修复车在磨合期开始、磨合中及磨合期满后所进行的有关维护，由维修厂负责执行。其作业内容以检查、紧固和润滑等工作为主。

凡全年最低气温在零度以下地区，在入夏和入冬前需要进行季节性维护。其作业内容为更换符合季节要求的润滑油、冷却液，并调整燃油供给系统和充电系统，检查空调和暖风系统的工作情况。

汽车维护主要工作有清洁、检查、补给、润滑、紧固和调整等内容。

清洁工作内容主要包括对燃油滤清器、机油滤清器、空气滤清器的清洁，汽车外表的养护和对有关总成、零部件内外部的清洁作业。

检查工作内容主要是检查汽车各总成和零部件的外表、工作情况和连接螺栓的紧固等。紧固工作的重点应放在负荷重且经常变化的各部机件的连接部位上，以及对各连接螺栓进行必要的紧固和配换。

调整工作内容主要是按技术要求，恢复总成、零部件的正常配合间隙及工作性能等作业。润滑工作内容包括对发动机润滑系更换或添加润滑油，对传动系以及行驶系各润滑点加注润滑油或润滑脂等作业。

补给工作是指对汽车的燃油、润滑油及特殊工作液体进行加注补充，以及对蓄电池进行补充充电、对轮胎进行补气等作业。

三、汽车故障诊断

汽车的各种故障要从故障现象进行判断，常见的诊断方法分为人工经验诊断、仪器设备检测和自诊断。

（1）人工经验诊断：也称为直观诊断，不需要什么设备或条件，诊断的准确性在很大程度上取决于诊断人员的技术水平和经验。一般是通过诊断人员的感官进行诊断，如目视、手摸、鼻闻等。

（2）仪器检测：使用仪器或设备测试发动机性能和故障的参数、曲线或波形，甚至能自动分析、判断发动机的技术状况。

（3）电子监测自诊断系统：在某些高级轿车上，采用计算机实现对发动机、变速器等进行控制的同时，还可在汽车工作时通过各种传感器对汽车进行动态监测，当可能出现故障时能及时在显示器上提供不同的故障码信息，以便及早发现及排除可能出现的故障。

四、汽车修理

汽车修理应贯彻视情修理的原则。汽车修理可分为整车大修、总成大修、车辆小修和零件修理。

整车大修是汽车在行驶一定里程或时间后，经过检测诊断和技术鉴定，需要用修理或更换零部件的方法，恢复车辆整体完好技术状况，使之完全符合或接近汽车使用性能和寿命的恢复性修理。

总成大修是汽车的主要总成经过一定使用时间或行驶里程后，用修理或更换总成零部件的方法，恢复其完好技术状况和寿命的恢复性修理。

车辆小修是用修理或更换个别零件的方法，保证或恢复汽车局部工作能力的运行性修理，主要是消除汽车在运行过程或维护作业过程中发生或发现的故障或隐患。有些按自然磨损规律或根据总成的外部迹象能预先估计到的小修项目，可结合一、二级维护作业进行。

零件修理是对因磨损、变形、损伤等而不能继续使用零件的修理。汽车修理和维护换下来的零件,具有修理价值的,可修复使用。

在整个汽车的修理工艺过程中,主要包括外部清洗、总成拆卸、总成分解、零件清洗、检验、修复或更换、装配与调整、试验等各道工序。

五、汽车修理方法

汽车常用的修理方法有就车修理法和总成互换修理法。

1. 就车修理法

工艺过程如图 1 – 16 所示。

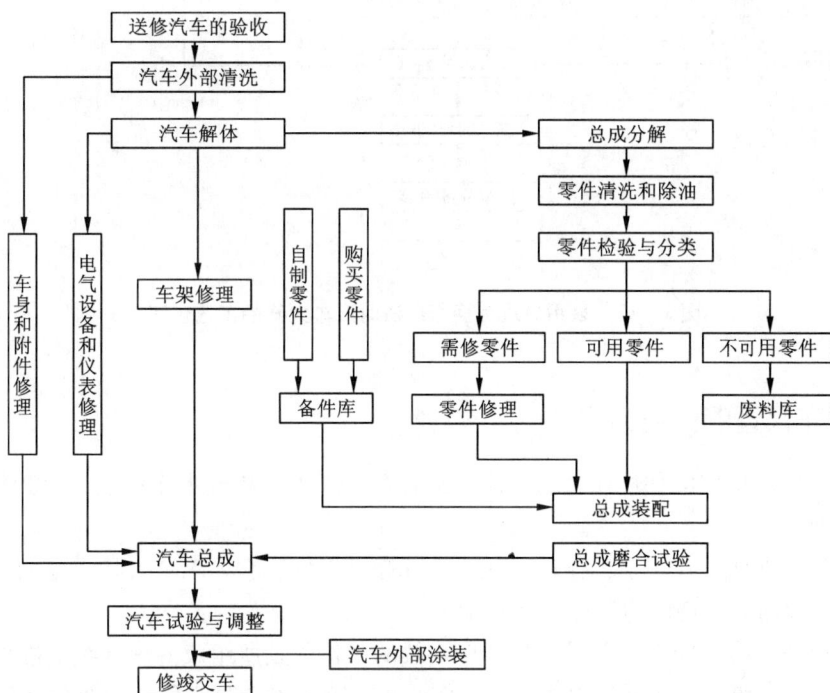

图 1 – 16 采用就车修理时汽车大修的工艺过程

特点是:所有的总成都是由原车拆下的总成和零件装成的,由于各总成的修理周期不同,采用就车修理法时,必须等修理周期最长的总成修竣后方能装配汽车,因此大修周期较长。

2. 总成互换修理法

采用总成互换修理法修理汽车时,其工艺过程如图 1 – 17 所示。汽车大修时将验收并经外部清洗的汽车拆成总成修理汽车车架(或轿车车身)。然后用备用总成库的周转总成、组合件和零件来装配汽车。而拆下的总成经拆散检验分类和修复后,交备用总成库,以备其他车辆修理时使用。

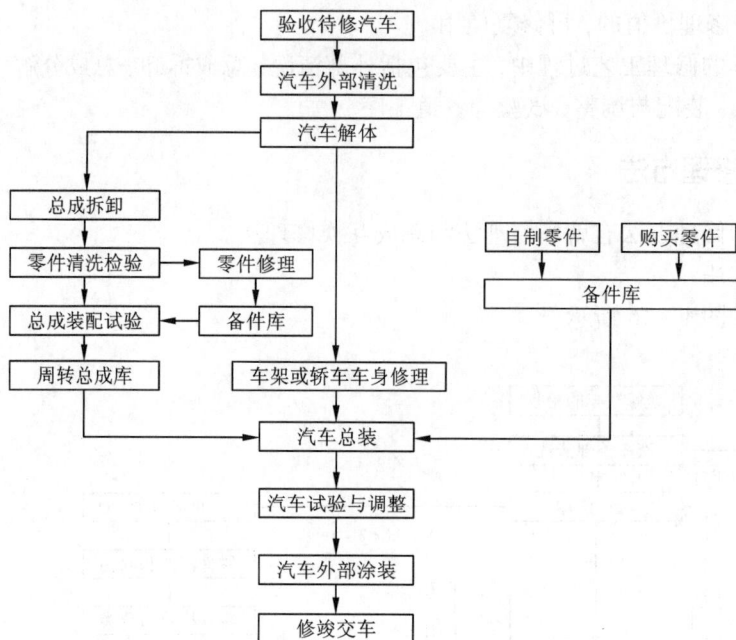

图 1-17 采用总成互换修理法时汽车大修的工艺过程

六、汽车修理的作业组织

汽车修理生产中用两种作业组织方式：固定工位作业法和流水作业法（连续流水作业和间断流水作业）。

固定工位作业法是在一个工作位置完成全部修理工作。它要求工人技术全面，且难以使用专用设备，因而会影响修理生产率和质量。

流水作业法的全部修理作业是在由几个连续的工作位置所组成的流水线上进行。根据移动方式不同，流水作业法又可分为连续流水作业和间断流水作业两种。专业分工作业法是将汽车修理作业，按工种、部位、总成、组合件或工序由一个或几个专业组专门负责进行。

修理生产的组织方式通常可分为综合作业法和专业分工作业法。

任务四 汽车维修生产安全注意事项

在汽车维修过程中要特别重视安全问题，不仅包括个人的安全，还包括他人的安全、设备的安全、车辆的安全等。

一、人身安全

1. 眼睛的防护

在汽车维修企业中，眼睛经常会受到各种伤害，如飞来的物体、腐蚀性的化学物质飞溅、有毒的气体或烟雾等，这些伤害通常都是可以防护的。

常见的保护眼睛的装备是护目镜（如图 1 – 18 所示）和安全面具（如图 1 – 19 所示）。护目镜可以防护各种对眼睛的伤害，如飞来物体或飞溅的液体。在下列情况下，应考虑佩戴护目镜：进行金属切削加工、用錾子或冲子铲剔、使用压缩空气、使用清洗剂等。安全面具不仅能够保护眼睛，还能保护整个面部。如果进行电弧焊或气焊，要使用带有色镜片的护目镜或深色镜片的特殊面罩，以防止有害光线或过强的光线伤害眼睛。

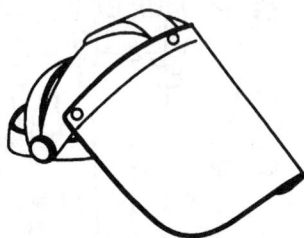

图 1 – 18　护目镜　　　　　　　　　图 1 – 19　安全面具

注意：在摘下护目镜时，要闭上眼睛，防止粘在护目镜外的金属颗粒掉进眼睛里。

2. 听觉的保护

汽车修理厂是个噪声很大的场所，各种设备如冲击扳手、空气压缩机、砂轮机、发动机等都使噪声很大。短时的高噪声会造成暂时性听力丧失，但持续的较低噪声则更有害。

常见的听力保护装备有耳罩和耳塞，噪声极高时可同时佩戴。一般在钣金车间必须佩戴耳罩或耳塞。

3. 手的保护

手是身体经常受伤的部位之一，保护手要从两方面着手：一是不要把手伸到危险区域，如发动机前部转动的皮带区域、发动机排气管道附近等。二是必要时戴上防护手套。不同的场合需要不同的防护手套，做金属加工有劳保安全手套，接触化学品有橡胶手套。是否需要戴手套取决于工作的类型，工作在有旋转的地方就不应戴手套，如使用砂轮机、台钻等设备时不能戴手套，以免手套卷入旋转的部分导致手部的伤害。

4. 衣服、头发及饰物

宽松的衣服、长袖子、领带都容易卷进旋转的机器中，所以在修理厂中，首先一定要穿合体的工作服，最好是连体工作服，外套、工装裤也可以，这些比平时衣着安全多了。如果戴领带要把它塞到衬衫里。

衣兜里不要装有工具、零部件等，特别是带有尖的部位的东西，否则容易伤到自身或车辆。

工作时不要戴手表或其他饰物，特别是金属饰物，在进行电气维修时可能导入电流而烧伤皮肤，或导致电路短路而损坏电子元件或设备。

在工厂内要穿劳保鞋，可以保护脚面不被落下的重物砸伤，且劳保鞋的鞋底应是防油、防滑的。

长发很容易被卷入运转的机器中，所以长发一定要扎起来，并戴上帽子。

常见的个人安全防护设备如图 1 – 20 所示。

另外在搬举重物时应采用如图 1 – 21 所示的方式进行，以避免损伤身体。

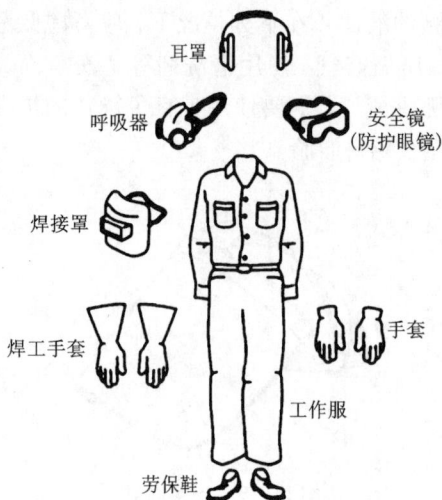

图1-20　常见的个人安全防护设备

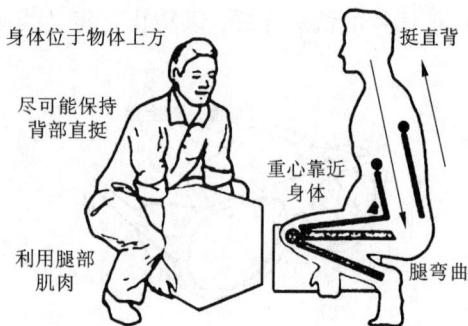

图1-21　搬运重物

二、工具和设备安全

1. 手动工具的安全

手动工具看起来是安全的，但使用不当也会导致事故，如用一字旋具代替撬棍，导致旋具崩裂、损坏，飞溅物打伤自己或他人，扳手从油腻的手中滑落，掉到旋转的元件上，再飞出来伤人，等等。

另外，使用带锐边的工具时，锐边不要对着自己和工作同事。传递工具时要将手柄朝向对方。

2. 动力工具的安全

所有的电气设备都要使用三相插座，地线要安全接地，电缆或装配松动应及时维护；所有旋转的设备都应有安全罩，以减少发生部件飞出伤人的可能性。

在进行电子系统维修时，应断开电路的电源，方法是断开蓄电池的负极搭铁线，这不仅保护人身安全，还能防止对电器的损坏。

许多维修工序需要将车升离地面，在升起车辆前应确保汽车已被正确支承，并应使用安全锁以免汽车落下。用千斤顶支起汽车时应当确保千斤顶支承在汽车底盘大梁部分或较结实的部分。

注意：升起汽车时要先看维修手册，找到正确的支撑点，错误的支撑点不仅对人危险，而且会破坏汽车的结构。

工具和设备都要定期检查和保养。

3. 压缩空气的安全

使用压缩空气时，应非常小心，不要玩弄它们，不要将压缩空气对着自己或别人，不要对着地面或设备、车辆乱吹。压缩空气会撕裂鼓膜，造成失聪，损伤肺部或伤及皮肤，被压缩空气吹起的尘土或金属颗粒会造成皮肤、眼睛损伤。

4.车辆安全

客户的车辆一定不要非生产性地私自使用，否则有可能给个人和企业带来不良的影响。另外不能乱动客户车内的物品，如果维修需要对车辆的某些设置进行改变，要在交车前恢复原有设置，如座椅的位置、转向盘的位置、收音机的设置等。

三、日常安全守则

（1）工具不使用时应保持干净并放到正确的位置。

（2）各种设备和工具要及时检查和保养。

（3）手上应避免油污，以免工具滑脱。

（4）启动发动机的车辆应保证驻车制动正常。

（5）不要在车间内乱转。

（6）在车间内启动发动机要保持通风良好。

（7）在车间内穿戴、着装要合适，并佩戴必要的装备，如手套、护目镜、耳塞等。

（8）不要将压缩空气对着人或设备吹。

（9）尖锐的工具不要放到口袋里，以免扎伤自己或划伤车辆。

（10）常用通道上不要放工具、设备、车辆等。

（11）用正确的方法使用正确的工具。

（12）手、衣服、工具应远离旋转设备或部件。

（13）开车进出车间时要格外小心。

（14）在极疲劳或消沉时不要工作，这种情况会降低注意力，有可能导致自身或他人的伤害。

（15）如果不知道车间设备如何使用，应先向明白的人请教，以得到正确、安全的使用方法。

（16）用举升器或千斤顶升起车辆时一定要按正确的规程操作。

（17）应知道车间灭火器、医疗急救包、洗眼处的位置。

任务五 汽车维修流程

一、汽车4S店简介

目前，大部分车辆的维修是在4S店中进行的。所谓的4S店就是指整车销售（Sales）、零配件供应（Sparepart）、售后服务（Service）、信息反馈（Survey）四位一体的汽车经销店。

二、汽车维修基本流程

汽车维修基本流程如图1-22所示。

1.预约

预约工作由业务接待完成，主要包括以下内容：

询问用户及车辆基础信息（核对老

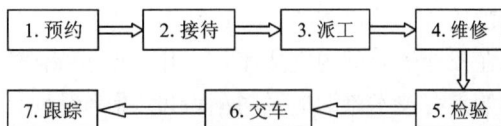

图 1-22 汽车维修基本流程

用户数据、登记新用户数据）；

询问行驶里程；

询问上次维修时间及是否是重复维修；

确认用户的需求、车辆故障问题；

确定服务顾问的姓名；

确定接车时间；

暂定交车时间；

提供价格信息；

告诉用户相关的资料（随车文件、防盗器密码、防盗螺栓钥匙、维修记录等）；

通知有关人员（车间、备件、接待、资料、工具）做准备；

提前一天检查各方能力的准备情况（技师、备件、专用工具、技术资料）；

根据维修项目的难易程度合理安排人员；

定好技术方案（对于重复维修、疑难问题）；

如果是外出服务预约，还要做相应的其他准备。

2. 接待

接待工作主要包括两个方面：

（1）业务接待：

出迎问候顾客、引导顾客停车；

引导用户前往接待前台；

记录用户陈述；

明确用户需要，定期保养（PM）、一般修理（CR）、钣金/喷漆（B/P）及其他；

确认来意，记录用户要求的方法；

陪同用户前往停车场，当着用户面安装 CS 件（座椅套、方向盘套、地板垫）；

检查车辆外观（损伤痕迹、凸陷等）一定要在用户陪同下进行，并加以确认；

检查车内有无贵重物品，如有贵重物品应交由顾客保管。

（2）调度/维修经理：

问诊，询问故障现象，故障再现确认，推测故障原因；

对维修费用进行估算；

明确预计完成时间。

3. 派工

依照对顾客承诺的时间安排与分配维修工作，正确的分配工作包括记录与跟踪每一个维修工单。分配维修工单时，要考虑三个主要标准：时间、人员和设备。

4. 维修

维修班组长/维修技师接收、检查修理单，接收用于维修的零件；

挑选合适的修理工，向其发出工作指令，并将维修工单交给修理工；

在预计的时间内完成工作，并向调度/维修经理确认工作完成；

如果有技术难题应及时向调度/维修经理寻求技术支持。

5. 检验

维修班组长/维修技师进行最后的验车，确认完成维修任务；

并向调度/维修经理确认工作完成；

调度/维修经理向业务接待确认工作完成。

6. 交车

维修班组长/维修技师检查车辆是否清洁，检查是否取下座椅套、地板垫、转向盘罩、翼子板布、前罩等；

业务接待电话通知客户，确认车辆准备交付；

带领客户完成车辆维修的结算，并为所有费用开出发票，提供详细的发票说明；

最后将车辆交付客户。

7. 跟踪

三日内与客户联系，确认客户修后车况是否良好；

记录电话内容，如果需要，报告调度/维修经理，并安排回厂事宜。

三、汽车维修部门团队合作

汽车维修部门包括四部分工作人员：业务接待、调度/维修经理、维修班组长/维修技师、维修工。

业务接待在前台，负责预约、接待，做好初步维修准备工作后将后续工作转交调度或维修经理。

调度/维修经理根据维修工作的技术水平等给维修班组长或维修技师下派任务，并监督每项工作的进程。

维修班组长/维修技师组织维修工进行修理并检查每项工作的质量。

维修工进行维护工作，并在维修班组长/维修技师的指导下进行必要的维修工作。

这四部分人员必须彼此理解各自的工作角色和职责，并相互协作、及时沟通，作为一个团队来工作，为客户提供最优质的服务，使客户满意。

项目实施

汽车底盘及常用设备的认知

(一)项目实施目的及要求

(1)熟悉汽车底盘的组成及各系统的装配关系。

(2)掌握各种常用设备、工具的使用方法。

(3)熟悉维修工作的环境及注意事项。

(二)项目实施设备及工(量)具

(1)设备：各种实验用车，底盘总成实验台，举升机，挂图。

(2)工(量)具：若干套常用工具，检测仪器。

(三)项目实施内容

(1)汽车底盘的认知。

（2）常用工具、设备的认知。

（四）项目实施步骤

1. 汽车底盘的认知

（1）利用汽车底盘试验台、挂图、实验用车熟悉四大系统及其主要部件，区分传动系、行驶系、转向系、制动系，找出离合器、变速器、驱动桥、转向桥、车架、悬架、车轮、转向器、制动器等。

（2）认识汽车底盘的各种布置方式，了解前置前驱、前置后驱、中置后驱、后置后驱、前置全驱的特点。

2. 常用工具、设备的认知

1）常用手动工具的认知

（1）常用手动工具包括：开口扳手、梅花扳手、扭力扳手、钳子、套筒、棘轮扳手、拉拔器、各种旋具等。

（2）检测仪器包括：千分尺、百分表、塞尺、游标卡尺、电脑检验仪、扒胎机、四轮定位仪、车轮平衡仪、检测线、举升机等。

要求认识工具的名称，了解其使用功能，掌握基本的使用方法和使用注意事项。

2）举升机的认知

（1）了解举升机的种类、特点。常用的举升机可分为剪式举升机和柱式举升机。

①剪式举升机有子母剪式举升机、跑道剪式举升机、小剪式举升机、地沟式举升机几种，子母剪式举升机、跑道剪式举升机主要用于做四轮定位，小剪式举升机、地沟式举升机主要用于底盘检修、更换轮胎、更换机油、4S店预检工位。

图 1-23　剪式举升机

图 1-24　子母剪式举升机

②柱式举升机分为单柱式、双柱式、四柱式几种，单柱式举升力都在 5 t 以上，主要用于大型客车、大型卡车的底盘检修，还可以四个单柱联动组成四柱举升机用，双柱举升机主要用于底盘检修、更换轮胎、更换机油、发动机检修，是使用量最大的一种举升机，四柱举升机除了兼有以上功能外，还可以作为立体车库使用，与子母剪相比具有价格低、不用挖地沟、安装移动方便等优点。

图1-25 四柱式举升机

图1-26 两柱式举升机

从结构上分有机械式和液压式举升机,但随着科技的发展,我们使用的四柱式汽车举升机多半是液压四柱举升机。由四条立柱、两个平板、一个控制箱、一个液压泵(液压泵含有电机、高压油泵、液压油和油缸)、四条不同长度的钢丝绳、十个圆盘、一个上限行程开关、一个放油电磁阀、四个安全锁、一个液压油缸等组成。

其中一条立柱有控制箱和液压泵,液压油缸置于其中一个平板下面,圆盘是改变钢丝绳运动方向的。四个安全锁可以是手动的、气动的或电动的。

工作上升时,液压泵给油液压油缸,液压油缸拉紧四条不同长度的钢丝绳将两个平板向上升。

工作下降时,液压泵不工作,由放油电磁阀和四个安全锁工作,放油电磁阀将液压油放回油缸,四个安全锁打开。

从控制系统上可以分为手动解锁式和电控解锁式。

举升吨位上分为3~3.5 t、4~4.5 t、5 t、20 t以上几种。

(2)练习使用举升机举升车辆。一般液压式举升机的操作步骤如下:

第一步:停车入位;

第二步:调节举升臂位置,和臂上的垫块对准汽车的举升点(可以被举升的位置)。

第三步:按下举升机按钮,当汽车被举起的那一刻观察汽车是不是被水平托起。

第四步:把车托起 离地面5到10 cm时停下,检查车是否被平稳举起,各个支点有无偏差,如果有问题放回汽车再调整,总之要保证汽车安全平稳地呆在上面。

第五步:确认没问题以后,继续举升汽车到你维修需要的高度停下。

第六步:一定要拉下锁定装置,再次检查汽车是否平稳,都平稳了就可以进行维修了。

第七步:工作做完须放回汽车时,清理现场后拉开锁定装置将汽车放回地面,拉开举升臂开出汽车,举升机使用完毕。

(3)举升机使用注意事项。

①使用前应清除举升机附近妨碍作业的器具及杂物,并检查操作手柄是否正常。

②操作机构灵敏有效,液压系统不允许有爬行现象。

③支车时,四个支角应在同一平面上,调整支角胶垫高度使其接触车辆底盘支撑部位。

④支车时,车辆不可支得过高,支起后四个托架要锁紧。

⑤待举升车辆驶入后,应将举升机支撑块调整移动对正该车型规定的举升点。

⑥举升时人员应离开车辆，举升到需要高度时，必须插入保险锁销，并确保安全可靠才可开始到车底作业。

⑦除底保及小修项目外，其他繁琐笨重作业，不得在举升器上操作修理。

⑧举升器不得频繁起落。

⑨支车时举升要稳，降落要慢。

⑩有人作业时严禁升降举升机。

⑪发现操作机构不灵，电机不同步，托架不平或液压部分漏油，应及时报修，不得带病操作。

⑫作业完毕应清除杂物，打扫举升机周围以保持场地整洁。

⑬定期(半年)排除举升机油缸积水，并检查油量，油量不足应及时加注相同牌号的压力油。同时应检查润滑、举升机传动齿轮及链条。

项目小结

1.汽车底盘是汽车重要组成部分，主要由传动系、行驶系、转向系和制动系组成，接受发动机的动力，使汽车运动并保证能够按照操纵而正常行驶。

2.目前，汽车底盘的布置形式有发动机前置后轮驱动、发动机前置前轮驱动、发动机后置后轮驱动和发动机前置全轮驱动。发动机前置后驱是一种传统布置形式，应用广泛；前置前轮驱动的布置结构紧凑，操纵稳定性好，但爬坡能力差，豪华轿车少用；后置后轮驱动，噪声小，常用于大型客车；前置全轮驱动通过性能好，是越野车采用的布置形式。

3.目前汽车维修的原则是"预防为主、定期检测、强制维护、视情修理"。汽车维修主要包括：汽车维护、检测、故障诊断、汽车修理。

4.汽车维修安全生产注意事项是很重要的一部分内容，安全生产要贯穿整个教学活动，特别是实训环节；个人安全有眼睛的防护、听觉的保护、手的保护、衣服和头发及饰物的要求；工具和设备安全包括手动工具的安全和动力工具的安全，尤其是举升机和压缩空气的安全。

5.汽车维修的基本流程包括预约、接待、派工、维修、检验、交车跟踪。

思考与练习

1.简述汽车底盘的基本组成和功用。

2.汽车底盘的总体布置形式有哪些？

3.使用举升机需要注意哪些问题？

4.修理厂人员的衣着、服饰、头发需要注意哪些问题？

项目二

离合器构造与检修

学习目标

（1）能够叙述离合器的功用，能理解离合器的工作原理；

（2）会描述离合器的总体结构及其零部件的结构特点；

（3）能够进行离合器的拆装、检修；

（4）能够掌握离合器自由间隙和踏板自由行程的概念、相互关系及调整方法；

（5）会进行离合器的检查及故障诊断排除的操作。

案例引入

一辆桑塔纳2000汽车用低速挡起步时，放松离合器踏板后，汽车不能起步或起步困难；汽车加速行驶时，车速不能随发动机转速的提高而提高，感到行驶无力，严重时产生焦煳味或冒烟等现象。请进行故障诊断并予以排除。

项目描述

本项目主要介绍汽车离合器的作用、分类、结构及工作原理、各零件的检验与维修，讲授离合器常见故障的诊断和排除方法。

项目内容

任务一 离合器概述

一、离合器的功用

离合器位于发动机与变速器之间。离合器的具体功用有如下三个方面：

1.使发动机与传动系逐渐接合，保证汽车平稳起步

汽车起步时，驾驶员缓慢抬起离合器踏板，使离合器的主、从动部分逐渐接合，与此同时，逐渐踩下加速踏板，以增加发动机的输出转矩，这样发动机的转矩便可由小到大传给传动系。当牵引力足以克服汽车起步时的行驶阻力时，汽车便由静止开始缓慢逐渐加速，实现平稳起步。

2.暂时切断发动机的动力传动，保证变速器换挡平顺

汽车在行驶过程中，由于行驶条件的变换，需要不断变换挡位。对于普通齿轮变速器，换挡时不同的齿轮副要退出啮合或进入啮合,这就要求换挡前踩下离合器踏板,中断发动机的动力传动,便于退出原有齿轮副的啮合、进入新齿轮副的啮合。如果没有离合器或离合器分离不彻底使动力不能完全中断,原有齿轮副之间会因压力大而难以脱开,而待啮合齿轮副之间因圆周速度不同而难以进入啮合,勉强啮合也会产生很大的冲击和噪声,甚至会打齿。

3. 限制所传递的转矩,防止传动系过载

汽车紧急制动时,如果发动机与传动系刚性连接,发动机转速将急剧下降,其所有零件将产生很大的惯性力矩,这一力矩作用于传动系,会造成传动系过载而使其机件损坏。有了离合器,当传动系承受载荷超过离合器所能传递的最大转矩时,离合器会通过主、从动部分之间的打滑来消除这一危险,从而达到过载保护的目的。

二、对离合器的要求

根据离合器的功用,它应满足下列主要要求:

(1)保证可靠地传递发动机的最大转矩又能防止传动系过载。

(2)接合时应平顺柔和,保证汽车平稳起步,减少冲击。

(3)分离时应迅速彻底,保证变速器换挡平顺和发动机启动顺利。

(4)离合器从动部分的传动惯性量要尽可能地小,以减小换挡时齿轮间的冲击。

(5)操纵轻便,以减轻驾驶员的疲劳。

(6)离合器散热应良好,压盘压力和摩擦片的摩擦系数变化小,保证离合器工作可靠。

(7)离合器应具有缓和转动方向冲击、衰减该方向振动的能力,且噪声小。

三、离合器的分类

(1)目前汽车多采用摩擦式离合器,主要根据以下方式进行分类:

①按其从动盘的数目不同,分为单盘式、双盘式和多盘式。

②按压紧弹簧的形式分,主要有周布弹簧式和膜片弹簧式。

③按操纵方式不同,可分为机械操纵式、液压操纵式和气动操纵式等。

(2)汽车上应用的离合器主要有以下三种形式:

①摩擦离合器:指利用主、从动部分的摩擦作用来传递转矩的离合器。目前在汽车上广泛采用。

②液力变矩器:指利用液体作为传动介质的离合器。主要用于自动变速器车辆上。

③电磁离合器:指利用磁力传动的离合器,如在空调中应用的就是这种离合器。

下面我们只介绍在汽车传动系中应用最广泛的摩擦离合器。

四、摩擦离合器的基本组成和工作原理

1. 摩擦离合器的组成

当前汽车所采用的摩擦离合器为干摩擦式离合器。它主要由主动部分、从动部分、压紧机构和操纵机构组成,结构如图2-1所示。

主动部分包括飞轮、离合器盖和压盘。离合器盖用螺栓固定在飞轮上,压盘后端圆周上的凸台伸入离合器盖的窗口中,并可沿窗口轴向移动。这样,当发动机转动,动力便经飞轮、离合器盖传到压盘,并一起转动。

从动部分包括从动盘和从动轴。从动盘带有双面的摩擦衬片，离合器正常接合时分别与飞轮和压盘相接触；从动盘通过花键毂装在从动轴的花键上，从动轴是手动变速器的输入轴（第一轴），其前端通过轴承支承在曲轴后端的中心孔中，后端支承在变速器壳体上。

压紧机构由若干根沿圆周均匀布置的压紧弹簧组成，它们装在压盘与离合器盖之间，用来将压盘和从动盘压向飞轮，使飞轮、从动盘和压盘三者压紧在一起。

操纵机构包括离合器踏板、分离拉杆、调节叉、分离叉、分离套筒、分离轴承、分离杠杆、回位弹簧等组成。

2. 工作原理

其工作原理如图 2 - 2 所示。

图 2 - 1　摩擦离合器的基本组成示意图

1—曲轴；2—从动轴（变速器一轴）；3—从动盘；4—飞轮；
5—压盘；6—离合器盖；7—分离杠杆；8、10、15—回位弹簧；
9—分离轴承和分离套筒；11—分离叉；12—离合器踏板；
13—分离拉杆；14—分离拉杆调节叉；
16—压紧弹簧；17—从动盘摩擦片；18—轴承

（1）接合状态。离合器在接合状态下，操纵机构各部件在回位弹簧的作用下回到图 2 - 1 所示的各自位置，分离杠杆内端与分离轴承之间保持有一定的间隙，压紧弹簧将飞轮、从动盘和压盘三者压紧在一起，发动机的转矩经过飞轮及压盘通过从动盘两摩擦面的摩擦作用传给从动盘，再由从动轴输入变速器。

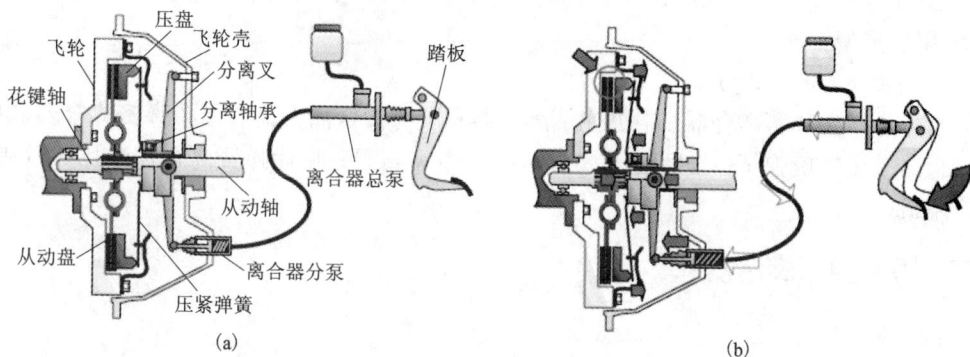

图 2 - 2　摩擦离合器工作原理

（2）分离过程。分离离合器时，驾驶员踩下离合器踏板，分离套筒和分离轴承在分离叉的推动下，先消除分离轴承与分离杠杆内端之间的间隙，然后推动分离杠杆内端前移，使分离杠杆外端带动压盘克服压紧弹簧作用力后移，摩擦作用消失，离合器的主、从动部分分离，中断动力传动。

（3）接合过程。接合离合器时，驾驶员缓慢抬起离合器踏板，在压紧弹簧的作用下，压盘向前移动并逐渐压紧从动盘，使接触面间的压力逐渐增加，摩擦力矩也逐渐增加；当飞轮、

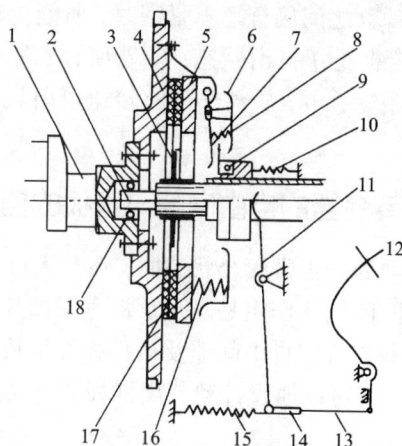

压盘和从动盘之间接合还不紧密时，所能传动的摩擦力矩较小，离合器的主、从动部分有转速差，离合器处于打滑状态；随着离合器踏板的逐渐抬起，飞轮、压盘和从动盘之间的压紧程度逐渐紧密，主、从动部分的转速也渐趋相等，直到离合器完全接合而停止打滑，接合过程结束。

五、离合器的自由间隙与踏板的自由行程

离合器处于正常接合状态时，在分离杠杆内端与分离轴承之间所预留的间隙，即为离合器的自由间隙。其作用是防止从动盘摩擦片磨损变薄后压盘不能前移而造成离合器打滑。

为消除离合器自由间隙及机件弹性变形所需的离合器踏板行程，称为离合器踏板的自由行程，其大小可以通过拧动分离杠杆调节叉改变分离杠杆的长度来调整。

任务二　摩擦离合器的构造和工作原理

一、摩擦离合器的结构类型

摩擦离合器可以从不同的角度来分类，具体如下。

1. 按从动盘的数目分类

可以分为单片离合器和双片离合器。轿车、客车和部分中、小型货车多采用单片离合器，因为发动机的最大转矩一般不是很大，单片从动盘就可以满足动力传动的要求；双片离合器由于增加了一片从动盘，使得在其他条件不变的情况下，比单片离合器所能传动的转矩增大一倍(由于一个从动盘是两个摩擦面传递动力，而两个从动盘则是四个摩擦面传递动力)，多用于重型车辆上。

2. 按压紧弹簧的形式分类

可以分为周布弹簧离合器、中央弹簧离合器和膜片弹簧离合器。周布弹簧离合器和中央弹簧离合器采用螺旋弹簧，分别沿压盘的圆周和中央布置；膜片弹簧离合器采用膜片弹簧，目前应用最广泛。

二、膜片弹簧离合器

1. 构造和原理

膜片弹簧离合器目前在各种类型的汽车上都广泛应用，膜片弹簧离合器由主动部分、从动部分、压紧机构和操纵机构组成，操纵机构将在下一个课题进行介绍。其构造如图2-3所示。

(1)主动部分：由飞轮、离合器盖和压盘组成。离合器盖通过螺栓固定在飞轮上，为了保持正确的安装位置，离合器盖通过定位销进行定位。压盘与离合器盖之间通过周向均布的三组或四组传动片来传递转矩。传动片用弹簧钢片制成，每组两片，一端用铆钉铆在离合器盖上，另一端用螺钉连接在压盘上，如图2-4和图2-5所示。

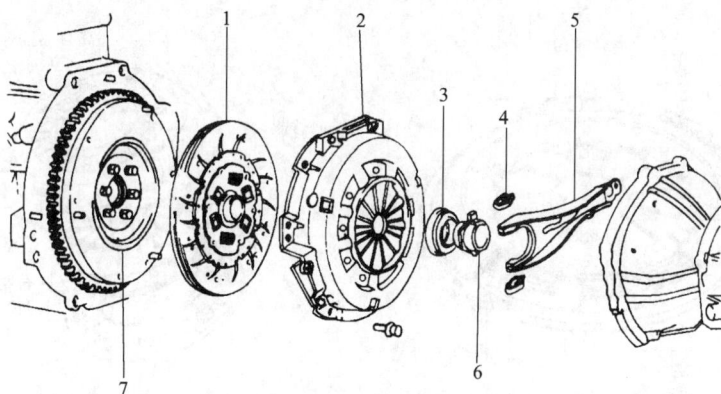

图 2 - 3　膜片弹簧离合器的构造

1—从动盘；2—离合器盖和压盘；3—分离轴承；4—卡环；5—分离叉；6—分离套筒；7—飞轮

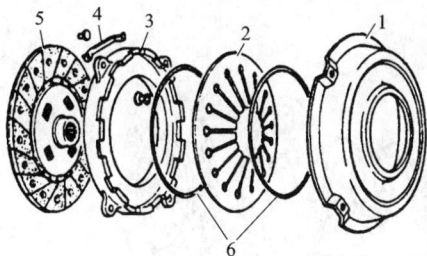

图 2 - 4　膜片弹簧离合器盖和压盘分解图

1—离合器盖；2—膜片弹簧；3—压盘；
4—传动片；5—从动盘；6—支承环

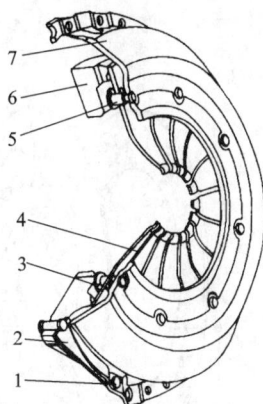

图 2 - 5　膜片弹簧离合器盖和压盘示意图

1—铆钉；2—传动片；3—支承环；4—膜片弹簧；
5—支承铆钉；6—压盘；7—离合器盖

（2）压盘的传动、导向和定心方式：压盘在工作中既要接受离合器盖传来的动力，还要在离合器分离和接合过程中轴向移动。为了将离合器盖的动力顺利传给压盘，并使压盘在移动时只作轴线方向的平动而不发生歪斜，压盘应采用合适的传动、导向和定心方式。目前，根据车型的不同，压盘的传动、导向和定心方式有切向传动片式、凸台窗口式、传动销式和传动块式，如图 2 - 6 所示。

切向传动片式是现今运用比较多的一种传动形式，传动片沿弦向（切向）安装，以传递力矩。但这样安装的传动片的反向承载能力较差，汽车反拖时，传动片易折断。

（3）从动部分：包括从动盘和从动轴，从动盘一般都带有扭转减振器。发动机传到传动系的转速和转矩是周期性变化的，使传动系产生扭转振动，这将使传动系的零部件受到冲击性交变载荷，使寿命下降、零件损坏。采用扭转减振器可以有效地防止传动系的扭转振动。带扭转减振器的从动盘的结构和原理如图 2 - 7 所示。

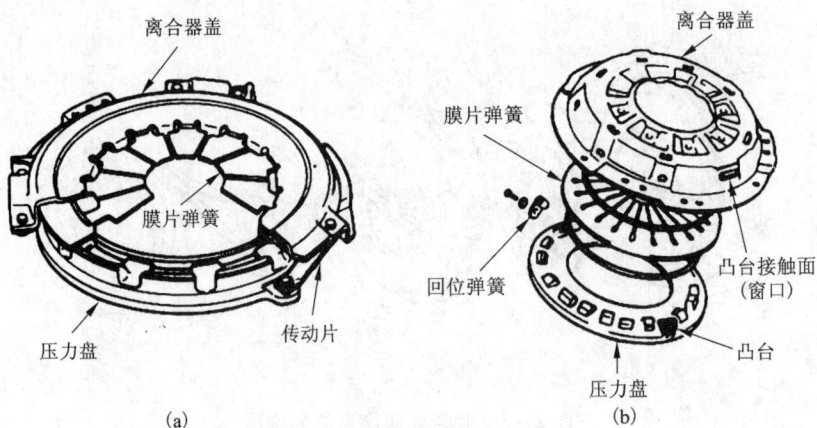

图 2-6 压盘的传动、导向和定心方式

(a)切向传动片式;(b)凸台窗口式

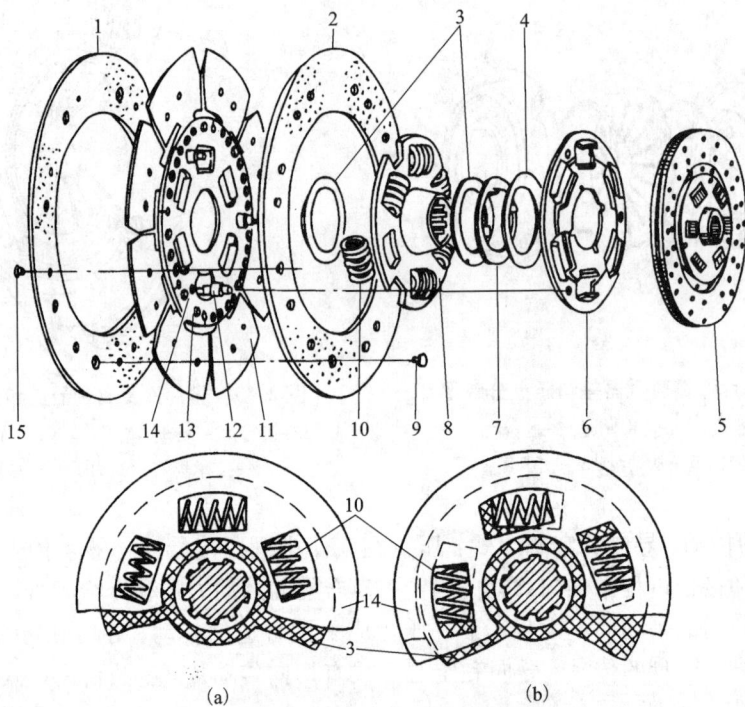

图 2-7 带扭转减振器的从动盘

1、2—摩擦衬片;3—摩擦垫圈;4—碟形垫圈;5—装合后的从动盘总成;6—减振器盘;

7—摩擦板;8—从动盘毂;9、13、15—铆钉;10—减振弹簧;11—波浪形弹簧钢片;

12—止动销;14—从动盘钢片

(a)不工作时;(b)工作时

从动盘钢片外圆周铆接有波浪形弹簧钢片，摩擦衬片分别铆接在弹簧钢片上，从动盘钢片与减振器盘铆接在一起，这两者之间夹有摩擦垫圈和从动盘毂。从动盘毂、从动盘钢片和减振器盘上都有六个圆周均布的窗孔，减振弹簧装在窗孔中。

当从动盘受到转矩时，转矩从摩擦衬片传到从动盘钢片，再经减振弹簧传给从动盘毂，此时弹簧将被压缩，吸收发动机传来的扭转振动。

膜片弹簧离合器的压紧装置由压盘、膜片弹簧、支承圈和铆钉、压盘分离钩和压盘传动片组成。膜片弹簧离合器所用的压紧弹簧，是用薄弹簧钢板制成的带有锥度的膜片弹簧，如图2-8所示。

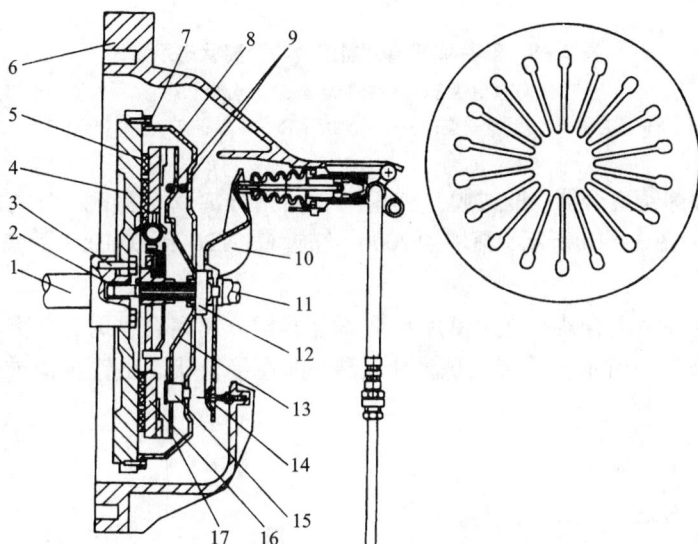

图2-8　膜片弹簧离合器结构示意图

1—曲轴；2—滚针轴承；3—螺栓；4—飞轮；5—离合器从动盘总成；6—飞轮壳；
7—内六角螺栓；8—离合器盖；9—前、后支承圈；10—分离叉；11—变速器第一轴；12—分离轴承；
13—膜片弹簧；14—球头螺栓；15—铆钉；16—压盘；17—压盘分离钩

膜片弹簧13中心部分开有若干个径向切口，形成弹性杠杆，它既是压紧弹簧又是分离杠杆，具有双重作用。膜片两侧有钢丝支承环9，由数个铆钉将其安装在离合器盖8上。在离合器盖未固定到飞轮上时，膜片弹簧13不受力，处于自由状态，如图2-9(a)所示。此时离合器盖8与飞轮4安装面有一定的距离。当将离合器盖用螺钉固定到飞轮上时，由于离合器盖靠向飞轮，钢丝支承环9推压膜片弹簧使之发生弹性变形(锥角变小)。同时，在膜片弹簧13外端对压盘16产生压紧力而使离合器处于接合状态，如图2-9(b)所示。当离合器分离时，分离轴承12左移，膜片弹簧被压在支承圈上，使其径向截面以支承圈为支点转动(膜片弹簧呈反锥形)，于是膜片弹簧外端右移，并通过分离钩拉动压盘使离合器分离，如图2-9(c)所示。

　2.膜片弹簧离合器的结构类型

膜片弹簧离合器根据分离杠杆内端受压力还是受推力，可分为推式膜片弹簧离合器和拉式膜片弹簧离合器。

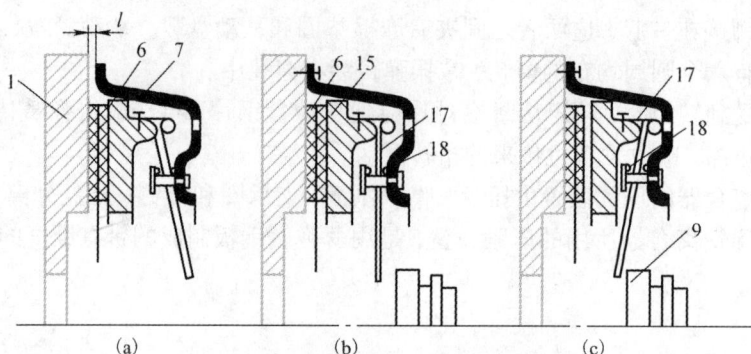

图 2-9　膜片弹簧离合器接合与分离状态示意图

（a）自由状态；（b）接合状态；（c）分离状态

1—飞轮；6—离合器从动盘；7—盖；9—分离轴承；15—压盘；17—膜片弹簧；18—支承圈

（1）推式膜片弹簧离合器：推式膜片弹簧离合器指分离离合器时，分离杠杆内端所受的力为推（压）力，如图 2-10 所示，桑塔纳 2000、红旗 CA7220 和 CA1091 的离合器均为此种形式。

（2）拉式膜片弹簧离合器：拉式膜片弹簧离合器指分离离合器时，分离杠杆内端所受的力为拉力，如图 2-11 所示。其特点是膜片反装，即在接合状态下锥顶向前。捷达轿车即采用这种离合器。

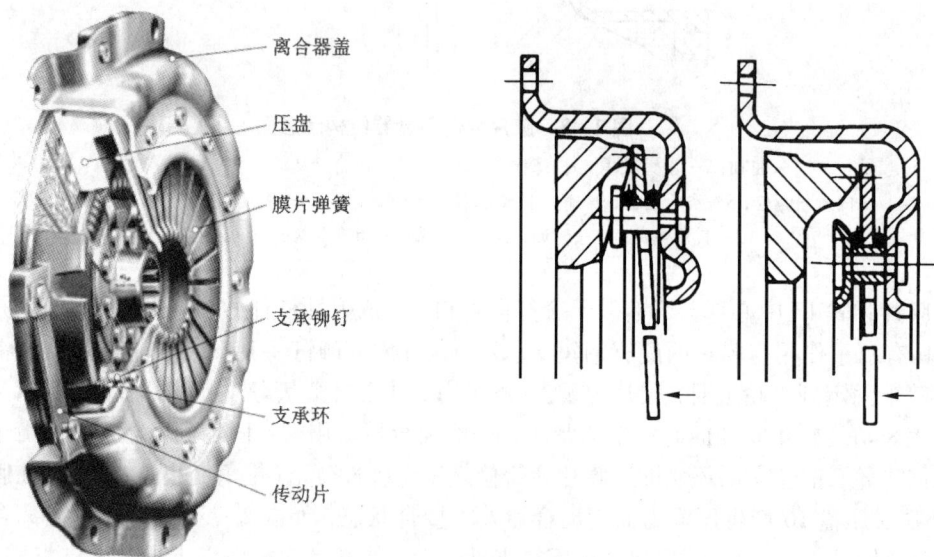

离合器盖

压盘

膜片弹簧

支承铆钉

支承环

传动片

图 2-10　推式膜片弹簧离合器

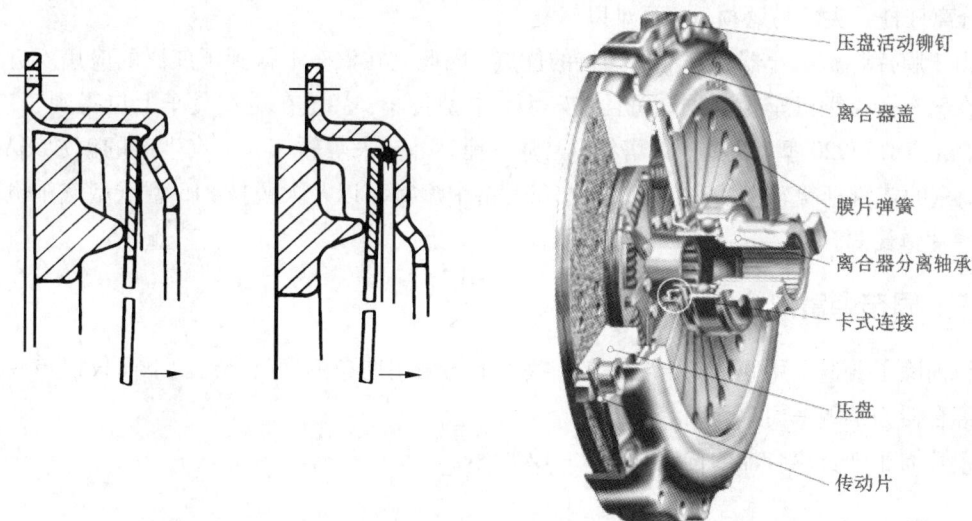

压盘活动铆钉

离合器盖

膜片弹簧

离合器分离轴承

卡式连接

压盘

传动片

图 2 – 11 拉式膜片弹簧离合器

3. 膜片弹簧离合器的优缺点

目前世界各国生产的汽车，特别是轿车已全部采用了膜片弹簧离合器，因为它具有如下优点：

(1)膜片弹簧离合器转矩容量大且较稳定；

(2)操纵轻便；

(3)结构简单且较紧凑：膜片弹簧的碟簧部分起压紧弹簧作用，而分离指端则起分离杠杆作用，这样，膜片弹簧不仅取代了周布螺旋弹簧离合器中的多个螺旋弹簧，而且也省去了多组分离杠杆装置，零件数目减少，质量也减轻。

在满足相同压紧力的情况下，膜片弹簧的轴向尺寸较螺旋弹簧小，在有限的空间内便于布置，使离合器的结构更为紧凑。

(4)高速时平衡性好：膜片弹簧是圆形旋转对称零件，平衡性好。在高速时，其压紧力降低很少，而周布的螺旋弹簧在高速下，因受离心力作用会产生拥挤挠曲。弹簧严重鼓出，从而降低了对压盘的压紧力。

(5)散热通风性能好：在离合器轴向尺寸相同的情况下，膜片弹簧离合器可以采用较厚的压盘，以保证有足够的热容量，同时也便于在压盘上设散热筋。此外，在膜片离合器盖上可开有较大的通风口，而且零件数目少，更有利于实现良好的散热通风。

(6)摩擦片的使用寿命长：由于膜片弹簧以整个圆周与压盘接触，使摩擦片上的压力分布均匀，接触良好，磨损均匀，再加上膜片弹簧离合器的散热性能好，从而提高了摩擦片的使用寿命。

膜片弹簧离合器的缺点是，膜片弹簧在制造上有一定难度，因为它对弹簧钢片的尺寸精度、加工和热处理条件等要求都比较严格。在结构上分离杠杆部分的刚度较低，使分离效率降低；而且分离杠杆根部易形成应力集中，使碟簧部分的应力增大，容易产生疲劳裂纹而损坏；分离杠杆舌尖部易磨损，而且难以修复。

由于膜片弹簧离合器具有上述独特的优点，因此它在汽车上得到了广泛的应用。近年来不仅在轿车和微型汽车上采用，而且在轻型、中型货车，甚至在重型货车上也得到了应用。例如，红旗 CA7220 型、奥迪、桑塔纳、富康、捷达、宝来等轿车，一汽生产的解放 CA1040 型、南京的依维柯等轻型货车、解放 CA1091 型中型货车以及太脱拉 815 型重型汽车也都采用了膜片弹簧离合器。

三、周布弹簧离合器

目前除了普遍采用膜片离合器，在一些车上还采用周布弹簧离合器。下面仅以单片周布弹簧离合器为例做一简单介绍。

单片周布弹簧离合器的构造如图 2-12 所示。

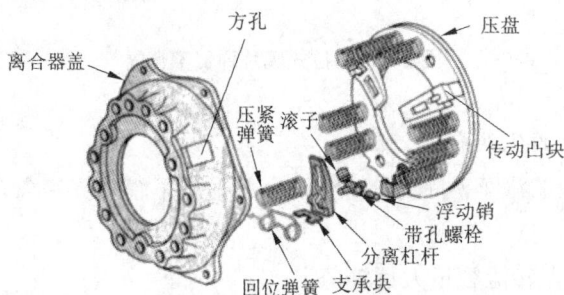

图 2-12　周布弹簧离合器

组成：主动部分、从动部分、压紧装置和操纵机构。

1. 主动部分(飞轮、离合器盖和压盘)

结构特点：离合器盖由低碳钢冲压而成，通过螺钉与飞轮固定(注意有定位销)。离合器盖与压盘通过由弹簧钢片制成的传动片连接。离合器结合与分离时，依靠传动片的弹性变形，使压盘能轴向移动。

2. 从动部分

为带有扭转减振器的从动盘组件(简称从动盘)，和膜片式从动盘结构类似。

结构特点前面已讲过，这里不再赘述。

3. 压紧装置(沿圆周均匀分布于压盘和离合器盖之间的螺旋弹簧)

结构特点：螺旋弹簧均匀分布在压盘与离合器之间，在将压盘通过传动片连接在离合器盖上时，夹在中间的螺旋弹簧被第一次压缩；然后将带压盘的离合器盖固定在飞轮上时，螺旋弹簧被第二次压缩，螺旋弹簧被两次压缩后的弹簧力，通过压盘作用在从动盘上，以产生摩擦力矩，使离合器经常处于结合状态，只有在需要时，才在操纵机构的作用下暂时分离。

东风 EQ1092 型汽车用的就是周布弹簧离合器，构造如图 2-13 所示。

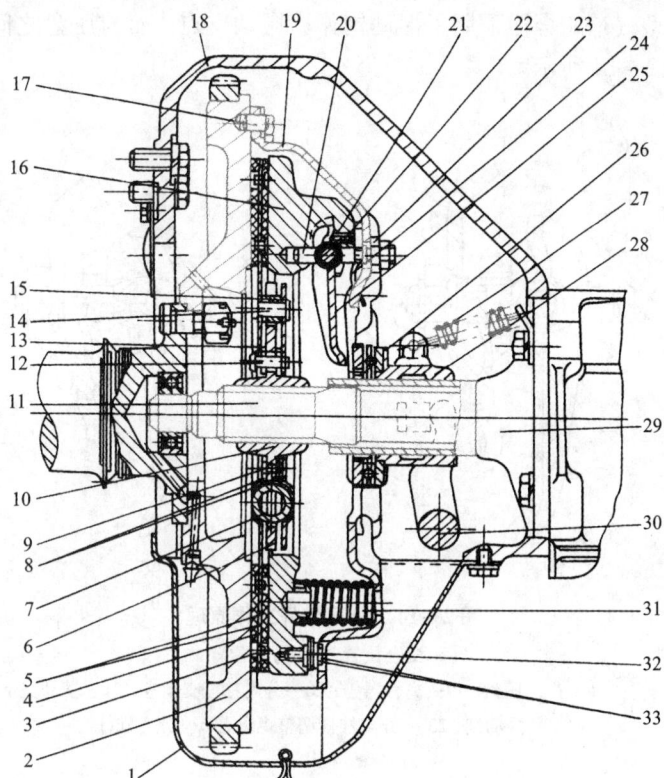

图 2－13　东风 EQ1092 型汽车单盘离合器构造

1—离合器壳底盖；2—发动机飞轮；3—摩擦片铆钉；4—从动盘本体；5—摩擦片；6—减振器盘；
7—减振器弹簧；8—减振器阻尼片；9—阻尼片铆钉；10—从动盘毂；11—变速器第一轴(离合器从动轴)；
12—阻尼弹簧铆钉；13—减振器阻尼片弹簧；14—从动盘铆钉；15—从动盘铆钉隔套；16—压盘；
17—离合器盖定位销；18—离合器壳；19—离合器盖；20—分离杠杆支承柱；21—摆动支片；22—浮动销；
23—分离杠杆调整螺母；24—分离杠杆弹簧；25—分离杠杆；26—分离轴承；27—分离套筒回位弹簧；
28—分离套筒；29—变速器第一轴轴承盖 30—分离叉；31—压紧弹簧；32—传动片铆钉；33—传动片

任务三　摩擦离合器的操纵机构和分离机构

离合器的操纵机构是驾驶员借以使离合器分离、又使之柔和接合的一套机构，它起始于离合器踏板，终止于分离杠杆。操纵机构中的分离杠杆、分离轴承、分离套筒、分离叉装在离合器壳体内部，又称为分离机构。在壳体外部还装有分离叉臂、分离拉杆、踏板轴及踏板，称为操纵机构。

一、分离机构

结构特点：分离部分在离合器内部，主要由分离杠杆、带分离轴承的分离套筒和分离叉等组成。分离杠杆一般有 3～6 个，沿周向均布。分离杠杆外端通过摆动片抵靠在压盘钩状凸起部，当在内端施加一轴向推力时，分离杠杆绕离合器盖上支点转动，带动压盘后移，使离合器分离。

东风 EQ1092 型汽车离合器采用了浮动销作为搬动支点，而与压盘之间采用了刀口支承形式，其结构如图 2-14 所示。

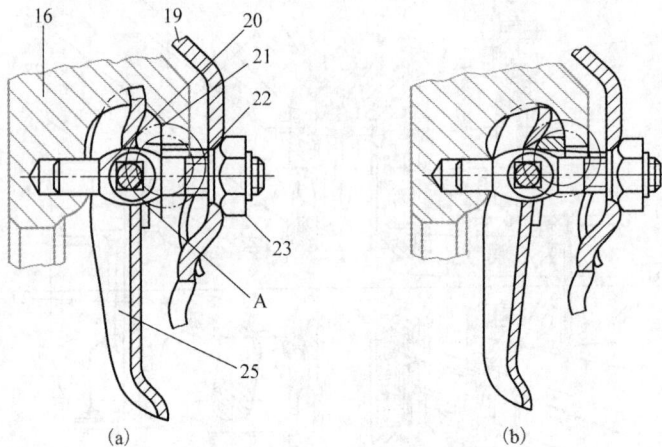

图 2-14 分离杠杆工作原理

(a)接合位置；(b)分离位置

A—支承平面；16—压盘；19—离合器盖；20—分离杠杆支承柱；21—摆动支承片；
22—浮动销；23—分离杠杆调整螺母；25—分离杠杆

周布弹簧式离合器分离机构如图 2-15 所示。

分离杠杆防运动干涉的结构措施：多采用支点移动，重点摆动的综合式防干涉结构措施。调整螺母用以保证三个分离杠杆的内端位于平行于飞轮端面的同一平面内。

膜片弹簧式离合器的分离杠杆由膜片分离指端充当，结构在前面已经介绍，这里不再重复。

二、操纵机构

按照分离离合器时所需操纵能源的不同，离合器操纵机构分为人力式和助力式的。人力式又可以分为机械式和液压式的；助力式的又可以分为气压助力式和弹簧助力式的。人力式操纵机构是以驾驶员作用在踏板上的力作为唯一的操纵能源。助力式操纵机构除了驾驶员的力以外，一般主要以其他形式的能源作为操纵能源。

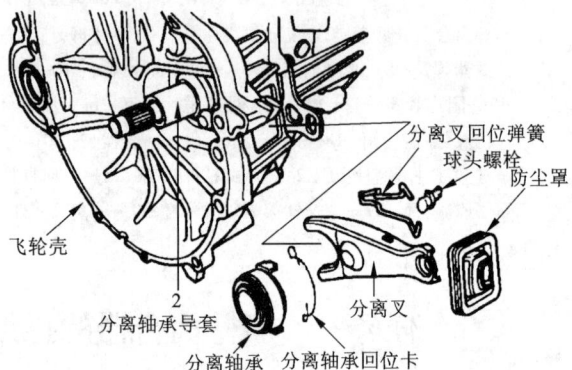

图 2-15 周布弹簧式离合器分离机构分解图

本部分主要介绍在轿车中应用较多的机械式操纵机构、液压式操纵机构和弹簧助力式操纵机构，其中液压操纵机构应用最多。

1.机械式操纵机构

机械式操纵机构有杆系传动和绳索传动两种形式。

杆系传动机构如图2-16所示,其结构简单,工作可靠,广泛应用于各型汽车上。例如东风EQ1090E型汽车即为杆系传动机构。但杆系传动中杆件间铰接多,摩擦损失大,车架或车身变形以及发动机位移时会影响其正常工作。

绳索传动机构如图2-17所示,可消除杆系传动机构的一些缺点,并能采用便于驾驶员操纵的吊挂式踏板。但绳索寿命较短,拉伸刚度较小,故只适用于轻型、微型汽车和轿车。例如捷达轿车、早期的桑塔纳轿车离合器的操纵机构中就采用了绳索传动机构。

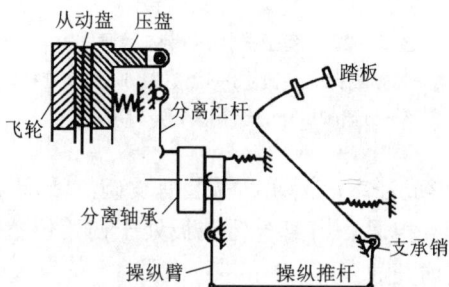

图2-16　杆系传动机构

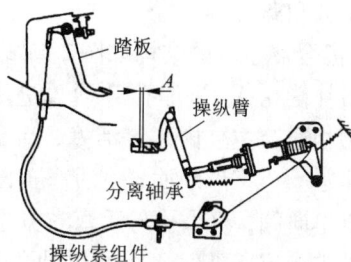

图2-17　绳索传动机构

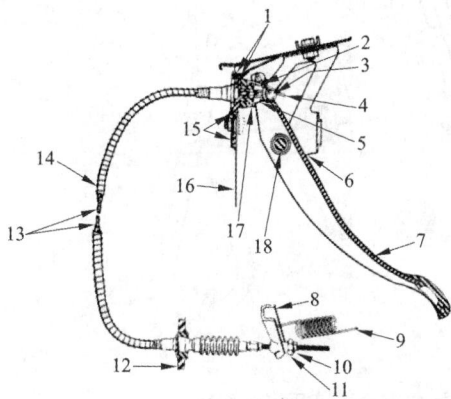

图2-18　典型离合器踏板和钢索组件

（不带自调机构）

1—拉锁垫圈;2—踏板杆系;3—拉锁球端;4—固定架;
5—踏板限位挡块;6—踏板支架;7—踏板;8—分离杠杆;
9—复位弹簧;10—锁紧螺母;11—调整螺母;12—离合器壳;
13—内拉索;14—拉锁外套;15—垫片;16—驾驶室前壁;
17—固定螺栓;18—踏板轴

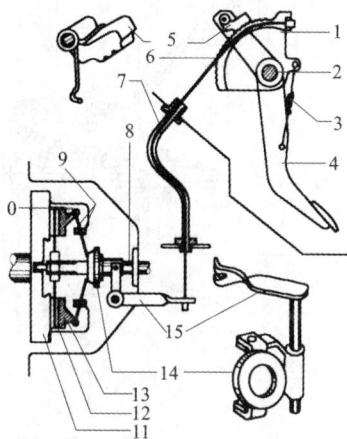

图2-19　典型离合器钢索组件

（带自调机构）

1—齿扇;2—支承销;3—张力弹簧;4—踏板;
5—棘爪;6—绳索总成;7—绳索自动调整装置;
8—分离轴承;9—分离杠杆;10—支撑销;
11—飞轮;12—从动盘;13—压盘;
14—分离轴承;15—离合器操纵臂

2. 液压式操纵机构

液压式操纵机构如图 2－20 所示，主要由主缸、工作缸和管路系统等组成。目前液压式操纵机构在各类型车上应用广泛。

桑塔纳 2000GSi 型轿车离合器液压操纵系统由离合器踏板、贮液罐、进油软管、离合器主缸、离合器工作缸、油管总成、分离叉、分离轴承等组成，如图 2－21 所示。

贮液罐有两个出油孔，分别把制动液供给制动主缸和离合器主缸。

（1）离合器主缸的结构如图 2－22 所示，主缸体借补偿孔 A、进油孔 B 通过进油软管与贮液罐相通。主缸内装有活塞，活塞中部较细，且为"十"字形断面，使活塞右方的主缸内腔形成油室。活塞两端装有皮碗。活塞左端中部装有单向阀，经小孔与活塞右方主缸内腔的油室相通。当离合器踏板处于初始位置时，活塞左端皮碗位于补偿孔 A 与进油孔 B 之间，两孔均开放。

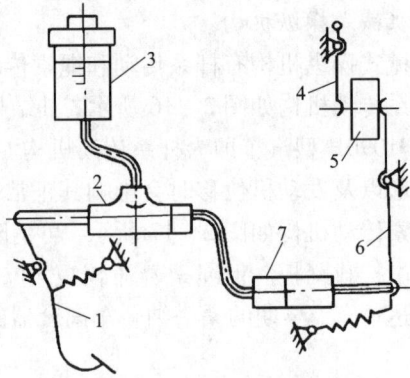

图 2－20　液压式操纵机构示意图

1—离合器踏板；2—主缸；3—贮液罐；4—分离杠杆；
5—分离轴承；6—分离叉；7—工作缸

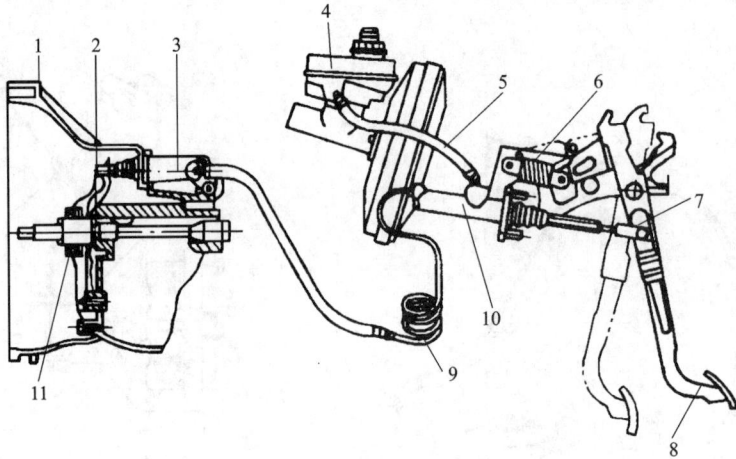

图 2－21　桑塔纳 2000GSi 型轿车离合器液压操纵系统

1—变速器壳体；2—分离叉；3—工作缸；4—贮液罐；5—进油软管；6—助力弹簧；7—推杆接头；
8—离合器踏板；9—油管总成；10—主缸；11—分离轴承

（2）离合器工作缸的结构。如图 2－23 所示，离合器工作缸内装有活塞、皮碗、推杆等，缸体上还设有放气螺塞。当管路内有空气而影响操纵时，可拧松放气螺塞进行放气。工作缸活塞直径略大于主缸活塞直径，故液压系统稍有增力作用，以补偿液流通道的压力损失。

（3）液压式操纵系统的自动调整机构。近年来在有些车型的液压操纵系统中采用了自调机构。不同于拉索式操纵系统，液压式操纵系统的自动调整机构不在踏板处，而是在离合器分泵处，其结构如图 2－24 所示。由于分泵中的锥形弹簧的弹力始终将分泵推杆抵压在分离叉上，从而使踏板的自由行程保持不变。

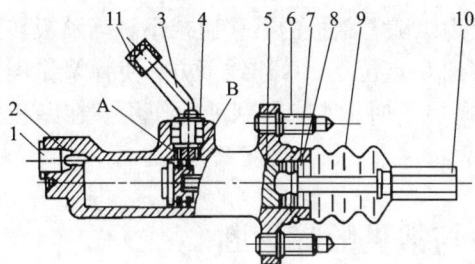

图 2－22 离合器主缸的结构

1—保护塞；2—壳体；3—管接头；4—皮碗；

5—阀芯；6—固定螺栓；7—卡簧；8—挡圈；

9—护套；10—推杆；11—保护套

A—补偿孔；B—进油孔

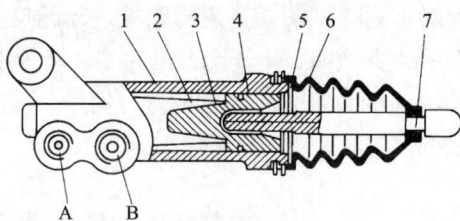

图 2－23 离合器工作缸的结构

1—壳体；2—活塞；3—管接头；4—皮碗；

5—挡圈；6—保护套；7—推杆

A—放气孔；B—进油孔

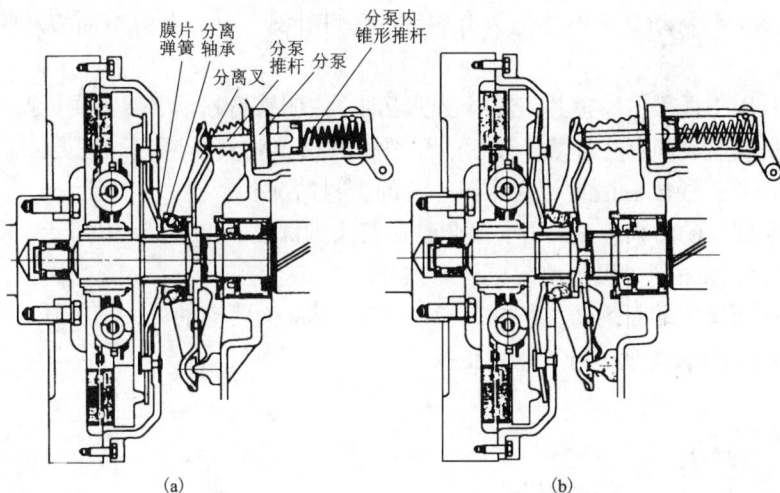

(a)   (b)

图 2－24 液压式操纵系统的自动调整机构

(a)离合器处于接合状态；(b)离合器处于分离状态

3. 弹簧助力式操纵机构

为了尽可能减小作用于离合器踏板上的力，减轻驾驶员的劳动强度，在有的离合器操纵机构中采用弹簧助力式操纵机构。

弹簧机械式助力器结构的工作原理如图 2－25 所示。离合器踏板在松开位置时，短臂处于图中上方实线位置；当踩下离合器踏板时，短臂末端铰链 C 处的运动轨迹呈圆弧形。开始踩下踏板时，由于 C 点位于 AB 连线的上方，此时，助力弹簧所产生的作

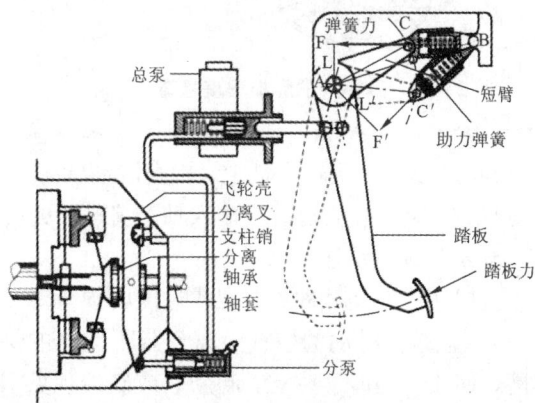

图 2－25 弹簧助力式操纵机构

用力对销轴 A 的力矩是阻碍踏板运动的反力矩,反力矩随着踏板的下移而减小。当踏板转到 ABC 三点共线时,弹簧反力矩为零。踏板继续下移到 C 点位于 AB 连线下方,使弹簧作用力对销轴 A 的力矩方向与踏板力对销轴 A 的力矩方向一致时,就能起到助力作用。在踏板处于最低位置时,助力作用最大。

任务四　离合器的检修与常见故障诊断

一、离合器的检修

1. 从动盘的检查

从动盘的主要损伤有:摩擦片的磨损变薄、烧蚀、表面龟裂、油污、铆钉外露或松动、从动盘钢片翘曲、减振弹簧损坏、花键轴套内的花键磨损等。

先目视检查,看从动盘摩擦片是否有裂纹、铆钉外露、减振器弹簧断裂等情况,如果有则更换从动盘。

(1)检查时用小锤敲击摩擦片,若声音沙哑时,说明铆钉松动,铆紧或更换铆钉即可。

(2)检查从动盘表面存在烧焦、油污、开裂和减振器弹簧折断时,应更换新片。对有严重油污的,还应检查曲轴后油封与变速器一轴的密封情况。

(3)检查摩擦片的磨损程度:用卡尺测量铆钉头的深度,如图 2-26 所示,铆钉头的最小深度为 0.3~0.5 mm,超过极限值应更换摩擦片。

(4)检查从动盘的端面跳动,如图 2-27 所示,其端面跳动的最大值为 0.5~0.8 mm,超过此极限值,则应对从动盘进行校正或更换。

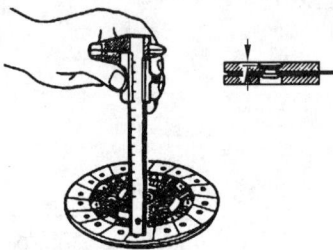

图 2-26　摩擦片的磨损程度检查

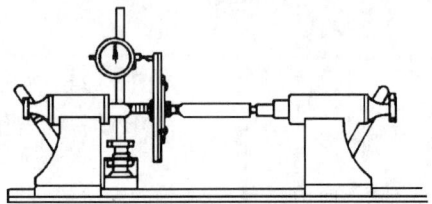

图 2-27　从动盘端面圆跳动的检查

(5)将从动盘装到输入轴上,检查滑动状态及旋转方向的松动。如滑动不良应予以清洗。如松动明显,应更换从动盘或输入轴,或同时更换两者。

2. 离合器压盘组件的检修

压盘损伤主要是翘曲、破裂或过度磨损等。

(1)压盘端面跳动的检查。离合器压盘的主要损伤有工作表面的磨损,严重时会出现磨损沟槽。使用不当时,甚至引起翘曲或破裂现象。

先检查压盘表面光洁度。压盘表面不应有明显的沟槽,沟槽深度应小于 0.30 mm。轻微的磨损可用油石修平或进行光磨。光磨后,其厚度不应小于极限尺寸(或极限减薄量不得大于规定值,一般为 1~1.5 mm)和平面度误差不得大于规定值(0.1~0.2 mm);修整后压盘应进行静平衡试验。对于有严重磨损刮痕,甚至出现裂纹,引起离合器工作振抖时,则必须予以更换。用百分表检查压盘端面跳动,将压盘固定在芯轴上,使用极限为 0.2 mm。如压盘铆接点损坏或开铆,应更换压盘。再检查压盘平面度。检查方法如图 2-28 所示,用钢直尺压在压盘上,然后用塞尺测量。离合器压盘平面度不应超过 0.2 mm。

压盘平面度或表面光洁度超过要求可用平面磨床磨平或车床车平,但磨、车的厚度应小于 2 mm,否则应更换压盘。

(2)离合器盖的检修。离合器盖与飞轮的接合平面的平面度公差应符合规定值(0.5 mm)。如有翘曲、裂纹或变形,应更换新件。

3.膜片弹簧的检修

膜片弹簧因经受长时间负荷的作用而疲劳,易造成弯曲、折断或弹力减弱,影响其动力的传递。如弯曲必须进行校正,折断应予以更换。

先检查膜片弹簧的磨损程度。如图 2-29 所示用游标卡尺测量膜片弹簧与分离轴承接触部位磨损的深度和宽度。深度应小于 0.6 mm,宽度应小于 5 mm,否则应更换。

再检查膜片弹簧的变形。如图 2-30 所示用专业工具盖住弹簧分离指内端(小端),然后用塞尺测量弹簧分离指内端与专用工具之间的间隙。弹簧分离指内端应在同一平面内,间隙不应超过 0.5 mm。否则用维修工具将变形过大的弹簧分离指翘起以进行调整。

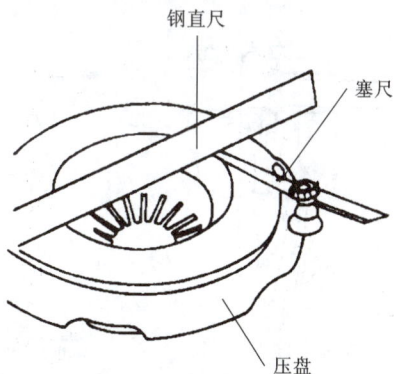

图 2-28 压盘平面度的检查

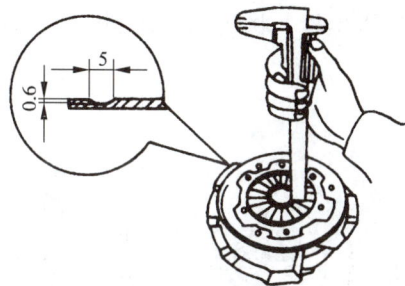

图 2-29 膜片弹簧磨损的检查图

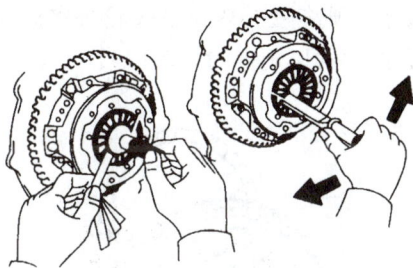

图 2-30 膜片弹簧变形的检修

4.分离杠杆、分离叉和分离轴承的检修

分离杠杆的端面磨损严重或变形,应更换;如与分离轴承接触面有异常磨损,应予更换。安装前应对注油部位填充少量润滑脂。取出及注油参考图 2-31。检查离合器分离叉支承衬套的磨损情况,如松旷会使离合器操纵沉重,应更换新衬套。

分离轴承的检查,如图 2-32 所示用手固定分离轴承内圈,转动外圈,同时在轴向施加压力,如有阻滞或有明显间隙感时,应更换分离轴承。分离轴承通常是一次性加注润滑脂。维护时切勿随意拆卸清洗。若有脏污,可用干净抹布擦净表面。

5. 飞轮的检修

飞轮的主要损伤为飞轮后端面磨损或擦伤、飞轮翘曲变形、齿圈轮齿磨损等。当齿圈磨损超限应更换；当飞轮端面磨损沟槽或平面度误差超过极限值时应修平平面或更换。

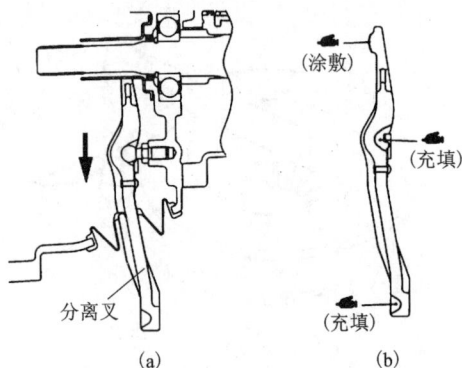

图 2-31　分离叉的检修

(a)分离叉的取出；(b)分离叉注油部位

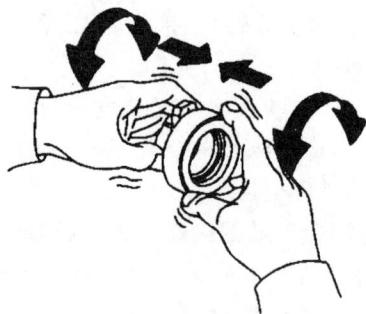

图 2-32　分离轴承的检查

首先进行目视检查，检查齿圈轮齿是否磨损或打齿，检查飞轮端面是否有烧蚀、沟槽、翘曲和裂纹等，如果有则应修理或更换飞轮。

再检查飞轮端面的圆跳动。如图 2-33 所示，将百分表安装在发动机机体上，百分表表针抵在飞轮的最外圈，转动飞轮，测量飞轮的端面圆跳动，应小于 0.1 mm。如果端面圆跳动超过标准，应修磨或更换飞轮。

最后查飞轮上轴承。如图 2-34 所示，用手转动轴承，在轴向加力，如果有阻滞或有明显间隙感，则应更换轴承。飞轮每次拆卸后，应更换连接螺栓。将飞轮安装到曲轴上时，应按对角线逐次以规定的力矩拧紧。

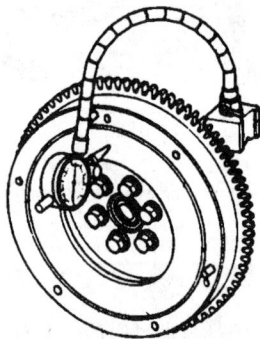

图 2-33　飞轮端面圆跳动的检查

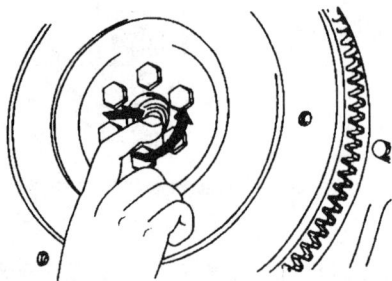

图 2-34　飞轮上轴承的检查

6. 总泵、分泵零件的检修

总泵、分泵是离合器操纵机构中的主要部件，一般情况下不易损坏。但有时也会出现漏油、卡滞或不能产生足够液压等故障。漏油一般是由于密封橡胶磨损、腐蚀所致，因此，对于因磨损而腐蚀了的密封橡胶进行更换即可。如果是因为泵体损伤而出现的卡滞或缸与活塞磨损配合间隙超过极限值而不能产生足够液压等故障，则应更换泵体。

二、常见故障诊断及排除

1.离合器打滑

（1）故障现象：

①当汽车起步时，离合器踏板完全放松后，发动机的动力不能全部输出，造成起步困难；

②汽车在行驶中车速不能随发动机转速提高而迅速提高，即加速性能差；

③汽车重载、爬坡或行驶阻力大时，由于摩擦产生高热而烧毁摩擦片，可嗅到焦臭味。

（2）故障原因：

导致离合器产生打滑的根本原因是：离合器压紧力下降和摩擦片表面技术恶化，使摩擦系数降低，从而导致摩擦力矩变小。其具体原因如下：

①离合器踏板自由行程过小，当摩擦片稍有磨损，使分离轴承经常压在膜片弹簧上，导致压盘处于半分离状态；

②离合器盖与飞轮的固定螺栓松动，膜片弹簧的弹力减弱，或弹簧因高温退火、疲劳、折断等原因而使弹力减小，致使压盘上的压力降低；

③摩擦片磨损过度变薄，铆钉外露；摩擦片表面有油污、老化或烧毁；

④离合器压盘和从动盘变形或磨损变薄；

⑤分离轴承与分离套筒运动不自如。

（3）故障诊断与排除方法。

诊断方法：将手制动拉杆拉紧，变速器挂上低速挡，启动发动机后，踏下加速踏板，缓慢抬起离合器踏板，若汽车不能前进而发动机又不熄火，即为离合器打滑。

排除方法：首先检查离合器踏板自由行程，如不符合标准，故障由此引起；否则检查液压及机械操纵机构是否有卡滞，若有，则故障由此引起；否则应检查离合器盖与飞轮的固定螺栓是否松动。若松动，故障由此引起。否则应检查摩擦片表面是否粘有油污、硬化或铆钉外露等现象，若有，故障由此引起。若摩擦片完好，则应检查压紧弹簧的弹力，若弹力过弱，则故障由此引起。若上述检查均未发现问题，应检查压盘和飞轮摩擦表面的磨损及变形情况，若有伤痕或磨出台阶，或压盘、飞轮翘曲过大，则故障由此引起。

2.离合器分离不彻底

（1）故障现象：发动机在怠速运转时，离合器踏板完全踏到底，挂挡困难，并有变速器齿轮撞击声；若勉强挂上挡后，不等抬起离合器踏板，汽车就冲撞启动或发动机熄火；行驶时换挡困难，且变速器齿轮有撞击声。

（2）故障原因：

①离合器踏板自由行程过大；

②液压系统中有空气或油量不足有泄漏；

③分离叉支点或分离轴承磨损；

④分离杠杆内端高度不一致或过低、膜片弹簧分离指弹性衰损产生变形或内端磨损；

⑤新换摩擦片过厚或从动盘正反装错；

⑥从动盘毂键槽与变速器第一轴的花键配合过紧或拉毛、锈蚀而发卡；

⑦从动盘铆钉松脱、摩擦片破裂、钢片变形严重；

⑧压紧弹簧弹力不均或个别弹簧折断。

（3）故障诊断与排除方法：

诊断方法：①可在发动机启动后脱开离合器，试进行变速器齿轮啮合操作，此时如齿轮发出异响并难以啮合时，可判断为离合器分离不彻底。②也可将变速器挂入空挡，踏下离合器踏板，一人在下面用起子拨动从动盘。如果能轻轻拨动，说明离合器能分离；如果拨不动，则说明离合器分离不彻底。

排除方法：首先检查离合器踏板自由行程，若过大则故障由此引起；若不是，检查是否新换的摩擦片过厚，若过厚，则故障由此引起。若不是，检查液压系统是否有泄漏或有空气，对机械操纵机构则应检查钢索及传动杆件是否损坏、卡滞。如有，则故障由此引起。如果上述调整、检查均无效，应将离合器拆卸并分解，检查各部件的技术状况，如有损伤部件则故障由此引起。

3. 离合器发抖（接合不平顺）

（1）故障现象：汽车起步时，离合器接合不平稳产生振抖，严重时会使整个车身发生振抖现象。

（2）故障原因：

①分离杠杆或膜片弹簧分离指内端面高度不一致；

②压紧弹簧弹力不均、衰损、破裂或折断、扭转减振弹簧弹力衰损或弹簧折断；

③从动盘摩擦片接触不平、表面硬化或粘上胶状物、铆钉松动、露头或折断；

④飞轮工作面、压盘或从动盘钢片翘曲变形；

⑤从动盘上花键毂键槽磨损过甚或花键因锈蚀、脏污、滑动不灵活；

⑥发动机前后支架的橡胶老化，固定螺栓松动或飞轮、离合器壳或变速器固定螺钉松动；

⑦变速器第一轴弯曲或与发动机曲轴中心线不同心；

⑧离合器总成与踏板之间的操纵机构连接松动。

（3）故障诊断与排除方法：

诊断方法：使发动机怠速运转，反复以低速挡或倒车挡缓慢起步，判断离合器接合是否平顺，如车身抖动，即为离合器发抖。当感觉不明显时，可改为陡坡道起步。

排除方法：首先用扳手检查变速器、发动机及飞轮的固定螺栓是否松动，若松动，则故障由此引起。若无松动，则检查离合器总成和踏板之间的液压操纵或机械操纵部件有无松动，若有则故障由此引起。若无则拆下离合器总成，检查各部件是否有损伤，如有，则故障由此引起。

4. 离合器异响

（1）故障现象：离合器在接合或分离时，出现不正常的响声。

（2）故障原因：

①离合器踏板没有自由行程，分离杠杆或膜片弹簧分离指内端和分离轴承总是接触；

②离合器踏板回位弹簧过软、折断或脱落；

③分离套筒回位弹簧过软、折断或脱落；

④分离轴承或导向轴承润滑不良、磨损松动或烧毁卡滞；

⑤从动盘扭转减振弹簧折断后，发生扭转振动时，发出振动声；

⑥从动盘摩擦片裂损、铆钉松动、露头或从动盘毂与变速器输入轴花键磨损严重。

（3）故障诊断与排除方法。

诊断方法：发动机怠速运转，若在离合器接合时，或踩下离合器踏板少许消除自由行程后，或离合器踏板踩到底过程中，离合器发出不正常响声，则为离合器异响。

排除方法：

①首先检查踏板自由行程是否正确，若不正确则故障由此引起。若正确，启动发动机进行下一步。

②踩下离合器踏板少许，使分离轴承刚与分离杠杆接触时，若听到"沙、沙、沙"的响声，先给分离轴承加油润滑，加油后如响声消失为轴承缺油。若加油后响声仍不消失，则是分离轴承损坏。若不是，继续检查。

③改变发动机转速，并反复踩动离合器踏板，若发出"抗"或"卡"的响声，则故障可能是减振弹簧疲劳或断裂、从动盘与花键套铆接松动或是从动盘花键孔与轴配合松旷。若在离合器处于刚接合或刚分离时，发出"咔哒"的碰击声，则故障由摩擦片松动引起；若发出金属刮擦声，则故障由铆钉露头引起；若发出连续噪声或间断的碰击声，则故障由分离轴承与分离杠杆内端间隙引起。若不是，继续检查。

④踏板踩到底，发出连续"克啦、克啦"声，分离不彻底时尤为严重，放松踏板后响声消失，则故障由离合器盖驱动窗孔与压盘凸块松旷或传动销与压盘孔配合松旷引起，双片离合器特别容易产生此故障。若不是，继续检查。

⑤当离合器踏板完全抬起时，听到有摩擦碰撞声，一般为分离轴承和膜片弹簧分离指之间间隙太小所致。如分离套筒回位弹簧失效，踏板虽已抬起，但分离轴承没有回位，或踏板回位弹簧失效，当用手将离合器踏板拉起时，声音消失，则证明是踏板回位弹簧失效。

项目实施

离合器的拆装与检查

（一）项目实施目的及要求

（1）掌握离合器的组成及各部分的装配关系。

（2）能够进行离合器的拆装及检修。

（3）能够进行离合器常见故障的诊断及排除的操作。

（二）项目实施设备及工（量）具

1. 设备

（1）典型车辆。

（2）典型膜片弹簧离合器。

2. 工（量）具

（1）离合器拆装专用工具、常用工具四套。

（2）游标卡尺、钢尺、塞尺（厚薄规）、百分表、从动盘支架、卡环钳、旋具、制动液及平台、扭力扳手。

(三)项目实施内容

(1)认识离合器;

(2)膜片弹簧式离合器拆装与检修;

(3)离合器操纵机构的拆装、检修;

(4)摩擦离合器的维护、调整。

(四)项目实施步骤

1. 认识离合器

(1)在车上找到离合器的位置、主要部件,并熟悉名称。

(2)认识典型的膜片式离合器和周布弹簧离合器及其元件的名称。

2. 膜片弹簧式离合器拆装与检修

以桑塔纳 2000 型轿车离合器为例进行介绍,拆装桑塔纳 2000 型轿车离合器可在不拆卸发动机的情况下进行,但需借助一些专用工具。拆装步骤如下:

1)离合器的拆卸(见图 2－35)

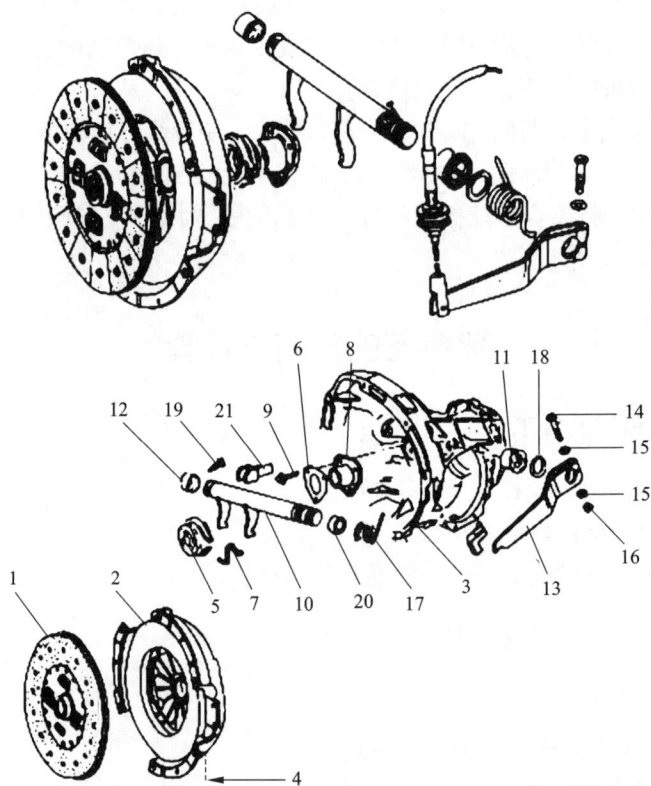

图 2－35　桑塔纳离合器分解图

1—离合器从动盘总成;2—离合器压盘总成;3—离合器罩壳;4、9、14—螺栓;5—分离轴承;

6、15—垫圈;7—弹簧;8—分离轴承导向套;10—分离叉轴;11—衬套座;12—分离叉轴衬套;

13—离合器驱动臂;16—螺母;17—回位弹簧;18—卡簧;19—固定螺钉;20—橡胶防尘套;21—拉索

（1）离合器总成的拆卸与分解：

①拆装离合器时，首先要拆下变速器。

②在离合器盖与飞轮上作装配记号。

③以对角拧松并拆下压盘与飞轮的固定螺栓，取下压盘总成、离合器从动。

（2）分离叉轴的拆卸：

①松开螺栓14，拆下驱动臂。

②拆下分离轴承。

③松开螺栓9，取下分离轴承导向套和橡胶防尘套、回位弹簧。

④用尖嘴钳取出卡簧18和分离轴承5后，分离叉轴即可取出。

2）检查

（1）从动盘径向圆跳动的检查：在距从动盘外边缘2.5 mm处测量，离合器从动盘最大径向圆跳动为0.4 mm。

（2）摩擦片磨损程度的检查：摩擦片的磨损程度，可用游标卡尺进行测量（如图2－26所示）。铆钉头埋入深度A应不小于0.20 mm。

（3）离合器压盘平面度的检查：离合器压盘平面度不应超过0.2 mm，检查方法可用直尺搁平后以塞尺测量。

（4）离合器膜片弹簧的检查：离合器膜片在使用过程中易发生变形、折断和减弱，从而影响动力的传递。膜片弹簧弯曲时需要校正，折断则应更换，检查时用游标卡尺测量膜片弹簧的磨损深度和宽度。磨损极限值：深度为0.6 mm，宽度为5 mm。超过极限值，应更换离合器盖或膜片弹簧。

3）离合器的装配

离合器的装配应大致按拆卸相反顺序进行，但同时还应注意以下几点：

（1）离合器盖与飞轮上作装配记号要对齐。

（2）各支点和轴承表面以及分离轴承（轴承和套都是钢制的）在组装时应涂以锂基润滑脂。

（3）离合器从动盘有减振弹簧保持架的一面应朝向压盘方向安装。

（4）安装离合器压盘总成时，需用导向定位器或变速器输入轴进行中心定位，使从动盘与压盘同心，便于安装输入轴。

（5）压盘须与飞轮接触，才可紧固螺栓。紧固时应按对角线方向逐次拧紧，紧固力矩为25 N·m。

（6）分离叉轴10两端衬套必须同心。

（7）离合器驱动臂13的安装位置与固定拉索螺母架距离：a = 200 mm ± 5 mm。

（8）应将离合器踏板的自由行程调到15 mm。

3. 离合器液压操纵系统的拆装、检修

1）离合器主缸的拆卸与分解

（1）拆卸。取下离合器踏板与主缸推杆叉的连接销轴。从主缸上拧下进油管和出油管接头。拧下主缸固定螺栓，拉出主缸。

在解体离合器主缸前，应排净主缸中的制动液。

（2）分解。取下防尘罩，用旋具或卡环钳拆下卡环，拉出主缸推杆、压盖和活塞。

2）离合器工作缸的拆卸与分解

（1）拆卸。拧下工作缸进油管接头，再拆下工作缸固定螺栓，即可拉出工作缸。

（2）分解。拉出工作缸推杆，拆下防尘罩，然后用压缩空气将工作缸活塞从缸筒内压出来。

3）主缸、工作缸的检修

主缸和工作缸是离合器液压操纵系统的主要部件，其工作性能的好坏直接影响离合器的工作性能。当出现缸筒内壁磨损超过 0.125 mm，活塞与缸筒的间隙超过 0.20 mm，皮碗老化及回位弹簧失效等情况时，应更换相应零件。

4）离合器主缸、工作缸的装配

主缸和工作缸的装配，按拆卸与分解相反顺序进行，但装配时应注意以下事项：

（1）零件在装配前要用非腐蚀性液体清洗干净，并在活塞、皮碗、挡圈、缸套等零件上涂一层制动液。装合后推杆在缸筒内运动应灵活。在放松（不工作）位置时，主缸皮碗和活塞头部应位于进油孔和补偿孔之间，两孔都开放。工作缸上带有塑料支承环，安装时外表面要涂上一层薄薄的润滑油，工作缸推杆末端也要涂上润滑脂。

（2）安装离合器工作缸时，需要用一个适当的杠杆克服弹簧的弹力，将其压向变速器壳相应的孔中后，方能将固定螺栓旋入。

4. 摩擦离合器的维护、调整

1）离合器踏板的检查

（1）踩下离合器踏板，检查是否存在下述故障：

①踏板回弹无力。

②异响。

③踏板过度松动。

④踏板沉重。

（2）检查离合器踏板高度：离合器踏板高度的检查如图 2 - 36 所示，掀起地毯或地板革，用直尺测量地面到离合器踏板上表面的距离。如果超出标准，应调整踏板高度。

离合器踏板高度的调整可以通过踏板后的限位螺栓进行。

2）离合器踏板自由行程的检查调整

检查踏板自由行程的办法如图 2 - 37 所示，用一个钢直尺抵在驾驶室底板上，先测量踏板完全放松时的高度，再用手轻按踏板，当感到压力增大时，表示分离轴承端面已与分离杠杆内端接触，即停止推踏板，再测量踏板高度。两次测量的高度差，即为踏板的自由行程。

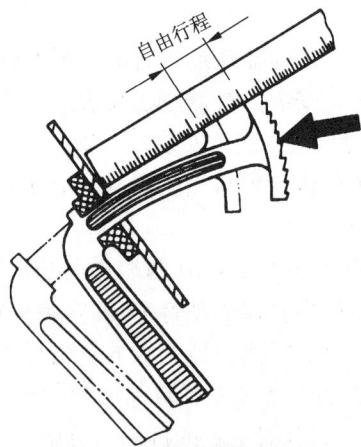

图 2 - 36　离合器踏板的检查

操纵机构的调整如图 2 - 37 所示，调整的关键是保持离合器正常的行程，如果离合器踏板行程过小，会造成离合器分离不彻底，并易导致离合器摩擦片的早期磨损，确保离合器踏板的行程不得少于 150 mm。调整时，应先拧松锁紧螺母，按需要再拧紧或拧松螺母，以便将行程调至规定值。螺母拧紧是增加踏板行程，拧松是减少行程，调好应拧紧防松螺母。

根据结构的不同，踏板自由行程的调整方法可分为：

（1）机械操纵式离合器踏板自由行程的调整，一般是通过分离叉拉杆调整螺母调整拉杆或钢索长度。如上海桑塔纳轿车离合器踏板的自由行程为 15 ~ 25 mm，总行程为 150 mm。

（2）液压操纵式离合器踏板自由行程一般是主缸活塞与其推杆之间和分离杠杆内端与分离轴承之间两部分间隙之和在踏板上的反映。因此，踏板自由行程的调整实际上就

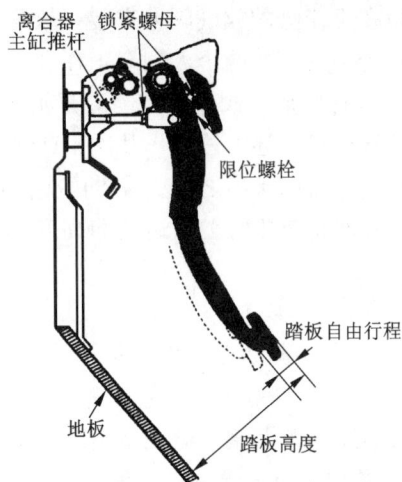

图 2 - 37　离合器踏板、踏板自由行程及其调整

是这两处间隙的调整。调整时先调整主缸活塞与推杆间隙，有的通过调整螺母调整推杆长度，有的通过踏板臂与推杆相连的偏心装置调整推杆伸出长度。其间隙量有的可直接测量，有的则测量此间隙在踏板上反映的自由行程量。

BJ2020 型汽车就是通过偏心螺栓调整推杆伸出长度，使其与活塞间的间隙为 0.5 ~ 1.0 mm，反映到踏板上的自由行程应为 3 ~ 6 mm。再调整分离杠杆端部与分离轴承平面的间隙。该间隙的规定值为 2.5mm。这一间隙由改变工作缸的分离叉推杆的长度来实现。调整时，旋松锁紧螺母，调整分离叉推杆的长度，旋入间隙变大；反之变小。调整完毕后，用锁紧螺母锁紧。离合器踏板自由行程应为 32 ~ 40 mm。

有些车辆的操纵机构具有自调装置，如捷达轿车，可以免除离合器踏板自由行程的调整。

3）离合器贮液罐液面高度检查

检查主缸贮液罐内离合器液（制动液）面的高度，如果低于"MAX"的标记，则应补加，并要进一步检查离合器液压操纵机构是否有泄漏的部位。

4）离合器液压操纵机构泄漏检查

液压操纵机构泄漏检查主要是检查主缸与油管、工作缸与油管及油封等部位是否有离合器液的痕迹。

5）离合器工作情况检查

车辆可靠驻停，拉起驻车制动手柄。启动发动机，发动机怠速运转，踩下离合器踏板，换到 1 挡或倒挡，检查是否有噪声、是否换挡平稳。如果有，说明离合器分离不彻底。

6）离合器液压系统中空气的排出

离合器液压操纵系统在经过检修之后，管路内可能进入空气；在添加制动液时也可能使液压系统中进入空气。空气进入后，由于缩短了主缸推杆行程即踏板工作行程，从而使离合器分离不彻底。因此，液压系统检修后或怀疑液压系统进入空气时，就要排除液压系统中的空气。排除方法如下：

（1）将主缸贮液罐中的制动液加至规定高度。升起汽车。

（2）在工作缸的放气阀上安装一软管，接到一个盛有制动液的容器内。

（3）排空气需要两个人配合工作，一人慢慢地踏离合器踏板数次，感到有阻力时踏住不动，另一人拧松放气阀直至制动液开始流出，然后再拧紧放气阀。

（4）连续按上述方法操作几次，直到流出的制动液中不见气泡为止。

（5）空气排除干净之后，需要再次检查及调整踏板自由行程。

（6）再次检查主缸贮液罐液面高度，必要时添加。

项目小结

1. 汽车离合器安装在发动机上之后，可以保证汽车起步平稳、发动机顺利启动和变速器换挡平顺。并可以防止传动系过载。

2. 目前，汽车用离合器主要有摩擦离合器和液力变矩器两种，其中摩擦离合器主要用于手动变速器的车上。通过压盘和从动盘及从动盘与飞轮之间的摩擦力传递动力。液力变矩器主要用于自动变速器车上；根据压紧弹簧的形式不同可分为膜片弹簧离合器、周布弹簧离合器和中央弹簧离合器。膜片弹簧离合器目前应用最广泛。

3. 摩擦离合器主要由主动部分、从动部分、压紧机构，分离机构和操纵机构五部分组成，主动部分包括飞轮、压盘和离合器盖三部分；从动部分由从动盘、从动轴组成；压紧机构是膜片弹簧，其径向开有若干切槽；分离机构为膜片弹簧内端；操纵机构由分离叉、分离套筒、分离轴承和踏板、拉杆等组成。

4. 目前离合器采用的从动盘都带有扭转减振器，从动盘受到转矩时，转矩从摩擦片传到从动盘，再经减振器传给从动盘毂，弹簧被压缩，吸收发动机传来的扭转震动。

5. 离合器操纵机构是使离合器分离，并能柔和结合的一套机构。常用的有机械式操纵机构和液压式操纵机构。机械式操纵机构又有杆系式和拉锁式两种；液压式操纵机构主要由主缸、工作缸和液压管路组成，以制动液为传动介质传递动力，结合柔和，应用广泛。

6. 离合器在正常接合状态下，分离杠杆内端与分离轴承之间预留有一个间隙，一般为几毫米，该间隙为离合器自由间隙，为消除该间隙和机构零件的弹性变形所需要的离合器踏板行程为自由行程，该行程如不符合要求需要调整。

7. 离合器从动盘的主要损伤形式有端面磨损和花键毂磨损等；压盘的主要损伤形式有翘曲、破裂和过度磨损等；离合器的常见故障有离合器打滑、分离不彻底、发抖、异响。

思考与练习

1. 对照实物或图片说明摩擦离合器的基本组成和工作原理。

2. 对照实物或图片说明离合器液压操纵系统的基本组成和工作过程。

3. 如何拆装、检修离合器主缸和工作缸？

4. 如何对离合器进行拆装、检修？

5. 某汽车起步困难、加速无力，驾驶员反映发动机明显"丢转"，试分析故障现象、可能的原因及如何排除。

手动变速器构造与检修

学习目标

(1)能正确描述手动变速器的作用和变速、变矩的基本原理；熟悉自动变速器的分类、基本组成及作用；

(2)能叙述两轴式和三轴式手动变速器的构成、工作原理；

(3)会分析各挡组成齿轮的特点、各挡动力传动路线；

(4)能掌握同步器的工作原理，掌握锁环式和锁销式同步器的结构和工作过程；

(5)能够掌握手动变速器换挡操纵装置构成及其工作原理；

(6)会拆装变速器总成，会检修主要部件；

(7)能够对变速器常见故障进行诊断及排除。

案例引入

一辆桑塔纳2000轿车，用户反映挂挡时不能顺利挂入挡位，常发生齿轮撞击声。请制定一份诊断维修计划书，完成故障排除任务，并归档。

项目描述

本项目主要介绍手动变速器的分类、基本组成及作用；两轴变速器和三轴变速器的变速传动机构的结构特点、换挡原理、各挡动力传动路线；同步器的作用、结构及工作原理；操纵机构的种类及特点；换挡锁装置的作用、组成、结构及工作原理；手动变速器的拆装、检修内容及常见故障诊断。

项目内容

任务一　变速器概述

一、变速器的功用

1.实现变速、变矩

汽车上所应用的发动机具有转矩变化范围小、转速高的特点，这与汽车实际的行驶状况是不相适应的。变速器通过改变传动比，扩大驱动轮转矩和转速的变化范围，以适应经常变化的行驶条件，同时使发动机在有利的工况下工作。

2. 实现汽车倒驶

发动机的旋转方向从前往后看为顺时针方向，且是不能改变，利用变速器的倒挡，可以实现汽车的倒向行驶。

3. 必要时中断传动

利用变速器中的空挡，中断动力传递，使发动机能够启动和怠速运转，满足汽车暂时停车或滑行的需要。

4. 实现动力输出，驱动其他机构

如有需要，可将变速器作为动力输出器，驱动其他机构。如自卸车的液压举升装置等。

二、变速器的类型

现代汽车上所采用的变速器有多种结构形式，一般可以按照传动比和操纵方式进行分类。

1. 按传动比的变化方式分

变速器按传动比的级数可分为有级式、无级式和综合式三种。

（1）有级式变速器。这是目前使用最广的一种。它采用齿轮传动，具有若干个定值传动比。轿车和轻、中型货车变速器多采用 3～6 个前进挡和一个倒挡，每个挡位对应一个传动比。重型汽车行驶的路况复杂，变速器的挡位较多，可有 8～20 个挡位。

齿轮式变速器具有结构简单、易于制造、工作可靠、传动效率高等优点。

这种齿轮式的有级变速器按照结构不同又可以分为二轴式和三轴式变速器。二轴式变速器广泛用于发动机前置前轮驱动的轿车，而三轴式变速器可应用于其他各类型车辆。

（2）无级式变速器。无级式变速器英文缩写为 CVT，它的传动比的变化是连续的。目前的无级变速器一般都是采用金属带传递动力，通过主、从动带轮直径的变化实现无级变速。这种变速器在中、高级轿车的应用越来越多。

（3）综合式变速器。综合式变速器是由液力变矩器和有级齿轮式变速器组成的，一般都是由电脑来自动实现换挡，所以多把这种变速器称为自动变速器。这种变速器的传动比可在最大值与最小值之间的几个间断的范围内作无级变化，目前应用较多。

2. 按变速器操纵方式分

按变速器操纵方式可分为手动变速器、自动变速器和手动自动一体变速器三种。

（1）手动操纵变速器。手动变速器的英文缩写为 MT，即 Manual Transmission 的缩写，靠驾驶员直接操纵变速杆进行换挡。这种变速器的换挡机构简单，工作可靠并且经济省油，目前应用最广。

（2）自动操纵式变速器。自动变速器的英文缩写为 AT，即 Automatic Transmission 的缩写。其传动比的选择和换挡是自动进行的。所谓"自动"，是指机械变速器每个挡位的变换是根据发动机负荷和车速信号系统来控制换挡系统的执行元件而实现的。驾驶员只需操纵加速踏板和制动装置来控制车速。此种方式因操作简便，目前运用较多。

（3）半自动操纵式变速器。此种变速器有两种形式：一种是几个常用挡位可自动操纵，其余几个挡位由驾驶员操纵；另一种是预选式的，即驾驶员先用按钮选定挡位，在踩下离合器踏板或松开加速踏板时，接通自动控制和执行机构进行自动换挡。

这种变速器可以自动换挡，也可以手动换挡，比较典型的如奥迪 A6 的 Tiptronic，上海帕萨特 1.8T 也装有手动自动一体变速器。

本项目将介绍手动、有级、齿轮变速器，一般简称为手动变速器。

三、普通齿轮传动的基本原理

普通齿轮变速器是利用不同齿数的齿轮啮合传动来实现转矩和转速的改变。

1. 变速原理

齿轮传动的基本原理如图 3-1 所示，一对齿数不同的齿轮啮合传动时可以实现变速，而且两齿轮的转速比与其齿数成反比。设主动齿轮转速为 n_1，齿数为 z_1，从动齿轮转速为 n_2，齿数为 z_2。主动齿轮（即输入轴）转速与从动齿轮（即输出轴）转速之比值称为传动比，用字母 i_{12} 表示。即由 1 传到 2 的传动比

$$i_{12} = n_1/n_2 = z_2/z_1$$

当小齿轮为主动齿轮，带动大齿轮转动时，输出转速降低，即 $n_2 < n_1$，称为减速传动，此时传动比 $i > 1$，如图 3-1(a) 所示，大齿轮驱动小齿轮时，输出转速升高，即 $n_2 > n_1$，称为增速传动，此时传动比 $i < 1$，如图 3-1(b) 所示。这就是齿轮传动的变速原理。汽车变速器就是根据这一原理利用若干大小不同的齿轮副传动而实现变速的。

如图 3-2 所示为两级齿轮传动示意图，齿轮 1 为主动齿轮，驱动齿轮 2 转动，齿轮 3 与齿轮 2 固连在一起，再驱动齿轮 4 转动并输出动力，此时由 1 传到 4 的传动比为

$$i_{14} = n_1/n_4 = (z_2 z_4)/(z_1 z_3) = i_{12} i_{34}$$

因此，可以总结为多级齿轮传动的传动比为

$i =$ 所有从动齿轮齿数的乘积/所有主动齿轮齿数的乘积 = 各级齿轮传动比的乘积

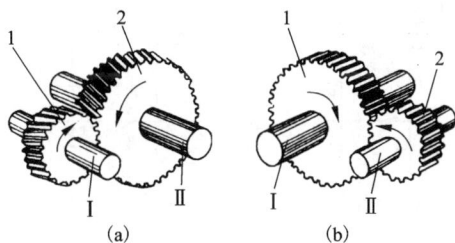

图 3-1　齿轮传动的基本原理
(a) 减速传动；(b) 增速传动
Ⅰ—输入轴；Ⅱ—输出轴
1—主动齿轮；2—从动齿轮

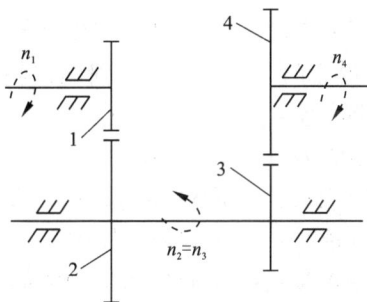

图 3-2　两级齿轮传动示意图
1、3—主动齿轮；2、4—从动齿轮

2. 变矩原理

对于变速器，各挡的传动比 i 就是变速器输入轴转速与输出轴转速之比。即

$$i = n_{输入}/n_{输出} = T_{输出}/T_{输入}$$

当 $i > 1$ 时，$n_{输出} < n_{输入}$，$T_{输出} > T_{输入}$，此时实现降速增矩，为变速器的低挡位，且 i 越大，挡位越低；当 $i = 1$ 时，$n_{输出} = n_{输入}$，$T_{输出} = T_{输入}$，为变速器的直接挡；当 $i < 1$ 时，$n_{输出} > n_{输入}$，$T_{输出} < T_{输入}$，此时实现升速降矩，为变速器的超速挡。

3. 换挡原理

如图 3-3 所示，两级齿轮传动的变速原理(三轴式变速器)，若将齿轮 3 与 4 脱开，再将齿轮 6 与 5 啮合。

因为：$Z_6 > Z_4$，$Z_5 < Z_3$

所以：$i_{1,6} = \dfrac{Z_2 \cdot Z_6}{Z_1 \cdot Z_5} > \dfrac{Z_2 \cdot Z_4}{Z_1 \cdot Z_3} (= i_{1,4})$

则传动比变化，输出轴 II 的转速、扭矩也发生变化，即挡位改变。

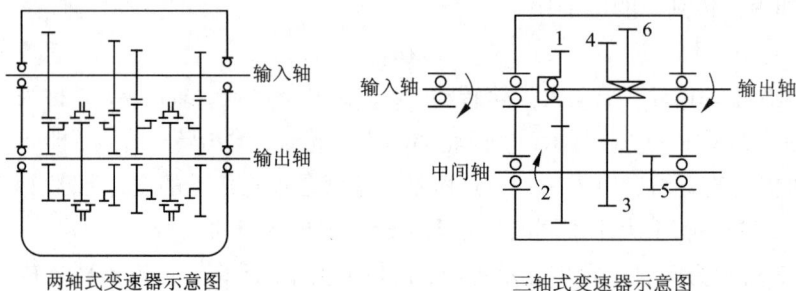

图 3-3　换挡原理示意图

$i = 1$，为直接挡；

$i < 1$，为超速挡；

$i > 1$，为低速挡。

空挡：当齿轮 4、6 都不与中间轴上的齿轮 3、5 啮合时，动力不能传到输出轴，这就是变速器的空挡。

4. 变向原理

相啮合的一对齿轮旋向相反，每经一传动副，其轴改变一次转向。如图 3-4(b)所示，齿轮 4 装在中间轴与输出轴之间的倒挡轴上，三对传动副(1 和 2、3 和 4、4 和 5)传递动力，输出轴与输入轴的转向相反。齿轮 4 称为倒挡轮或惰轮。

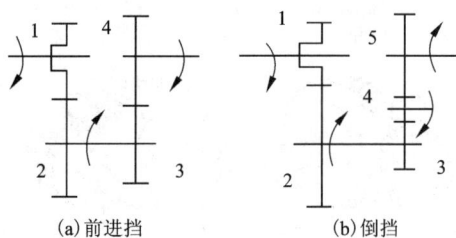

图 3-4　齿轮传动的转向关系示意图

(两轴式变速器)前进挡时，动力由第一轴直接传给第二轴，只经过一对齿轮传动，两轴转动方向相反。倒挡时，动力由第一轴传给倒挡轴、再由倒挡轴传给第二轴，经过两对齿轮传动，第一轴与第二轴转动方向相同，如图 3-5 所示。

例如，桑塔纳 2000 五挡手动变速器各挡的传动比见表 3-1。其一至三挡为降速挡，四挡为直接挡，五挡为超速挡。

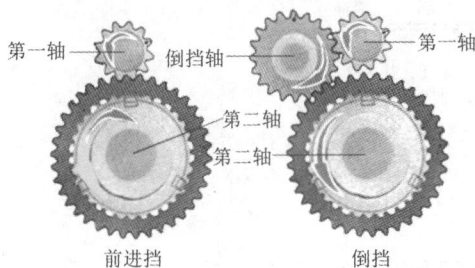

图3-5　前进挡与倒挡的对比示意图

表3-1　桑塔纳2000五挡手动变速器各挡的传动比

挡位	传动比
I	3.455
II	1.944
III	1.286
IV	0.969
V	0.800

任务二　手动变速器的变速传动机构

手动变速器由变速传动机构和操纵机构两大部分组成。变速传动机构主要由一系列相互啮合的齿轮副及其支承轴，以及作为基础件的壳体组成。其功用是改变转速、转矩和旋转方向。操纵机构的功用是实现换挡。

变速传动机构是变速器的主体，按工作轴的数量(不包括倒挡轴)可分为二轴式变速器和三轴式变速器。

一、二轴式变速器的变速传动机构

二轴式变速器用于发动机前置前轮驱动的汽车，一般与驱动桥(前桥)合称为手动变速驱动桥。目前，我国常见的国产轿车均采用这种变速器，如桑塔纳、捷达、富康、奥迪等。

前置发动机有纵向布置和横向布置两种形式，与其配用的二轴式变速器也有两种不同的结构形式。发动机纵置时，主减速器为一对圆锥齿轮，如奥迪100、桑塔纳2000轿车，如图3-6所示；发动机横置时，主减速器采用一对圆柱齿轮，如捷达轿车，如图3-7所示。

1. 发动机纵向布置的二轴式变速器

如图3-8、3-9所示分别为桑塔纳2000轿车二轴式变速器传动机构的结构图和示意图。

(1)结构。该变速器的变速传动机构有输入轴和输出轴，二轴平行布置，输入轴也是离合器的从动轴，输出轴也是主减速器的主动锥齿轮轴。该变速器具有五个前进挡和一个倒挡，全部采用锁环式惯性同步器换挡。输入轴上有一至五挡主动齿轮，其中一、二挡主动齿轮与轴制成一体，三、四、五挡主动齿轮通过滚针轴承空套在轴上。输入轴上还有倒挡主动齿轮，它与轴制成一体。三、四挡同步器和五挡同步器也装在输入轴上。输出轴上有一至五挡从动齿轮，其中一、二挡从动齿轮通过滚针轴承空套在轴上，三、四、五挡齿轮通过花键套装在轴上。一、二挡同步器也装在输出轴上。在变速器壳体的右端还装有倒挡轴，上面通过滚针轴承套装有倒挡中间齿轮。

(2)各挡动力传动路线见表3-2。

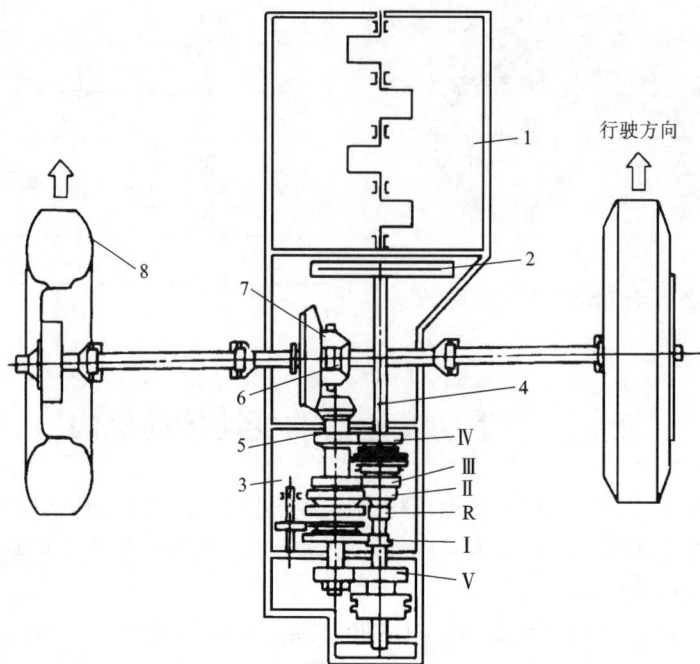

图 3－6　发动机纵置的二轴式变速器传动示意图(桑塔纳 2000)

1—纵置发动机；2—离合器；3—变速器；4—变速器输入轴；

5—变速器输出轴(主减速器主动锥齿轮)；6—差速器；7—主减速器从动锥齿轮；8—前轮

Ⅰ、Ⅱ、Ⅲ、Ⅳ、Ⅴ——、二、三、四、五挡齿轮；R—倒挡齿轮

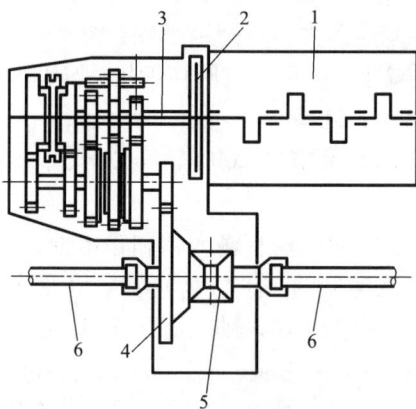

图 3－7　发动机横置的二轴式变速器传动示意图(捷达)

1—发动机；2—离合器；3—变速器；4—主减速器；5—差速器；6—带等角速万向节的半轴

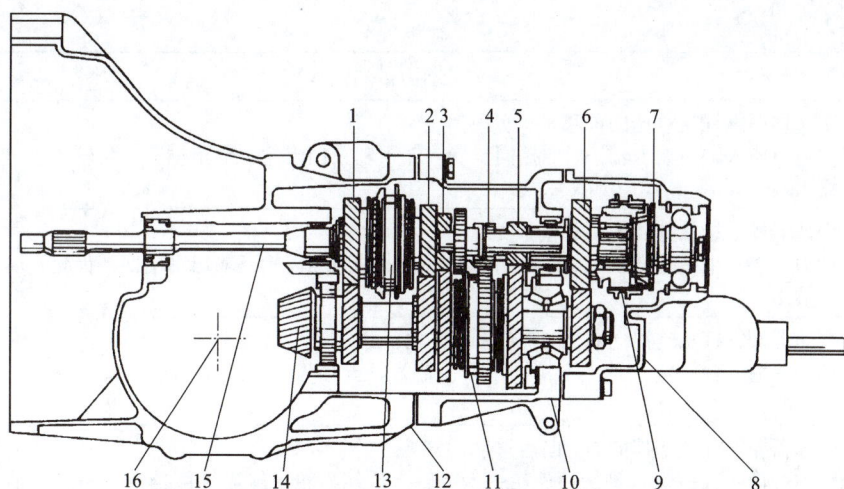

图 3 - 8　桑塔纳 2000 轿车二轴式变速器传动机构的结构图

1—四挡齿轮；2—三挡齿轮；3—二挡齿轮；4—倒挡齿轮；5——挡齿轮；6—五挡齿轮；

7—五挡运行齿环；8—换挡机构壳体；9—五挡同步器；10—齿轮箱体；11——、二挡同步器；12—变速器壳体；

13—三、四挡同步器；14—输出轴；15—输入轴；16—差速器

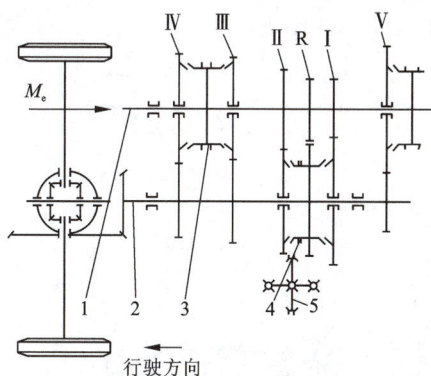

图 3 - 9　桑塔纳 2000 轿车二轴式变速器传动机构的示意图

1—输入轴；2—输出轴；3—三、四挡同步器；4——、二挡同步器；5—倒挡中间齿轮

Ⅰ——挡齿轮；Ⅱ—二挡齿轮；Ⅲ—三挡齿轮；Ⅳ—四挡齿轮；Ⅴ—五挡齿轮；R—倒挡齿轮

表 3 - 2　桑塔纳 2000 轿车变速器动力传动路线

挡位	动力传递路线
一挡	变速器操纵杆从空挡向左、向前移动，实现： 动力→输入轴→输入轴一挡齿轮→输出轴一挡齿轮→输出轴上一、二挡同步器→输出轴→动力输出
二挡	变速器操纵杆从空挡向左、向后移动，实现： 动力→输入轴→输入轴二挡齿轮→输出轴二挡齿轮→输出轴上一、二挡同步器→输出轴→动力输出

续表 3-2

挡位	动力传递路线
三挡	变速器操纵杆从空挡向前移动,实现: 动力→输入轴→输入轴三、四挡同步器→输入轴三挡齿轮→输出轴三挡齿轮→输出轴→动力输出
四挡	变速器操纵杆从空挡向后移动,实现: 动力→输入轴→输入轴三、四挡同步器→输入轴四挡齿轮→输出轴上四挡齿轮→输出轴→动力输出
五挡	变速器操纵杆从空挡向右、向前移动,实现: 动力→输入轴→输入轴上五挡同步器→输入轴五挡齿轮→输出轴五挡齿轮→输出轴→动力输出
倒挡	变速器操纵杆从空挡向右、向后移动,实现: 动力→输入轴→输入轴倒挡齿轮→倒挡轴上倒挡齿轮→输出轴倒挡齿轮→输出轴→动力反向输出

2. 发动机横向布置的二轴式变速器

1) 结构

发动机横向布置的二轴式变速器结构如图 3-10 所示,所有前进挡齿轮和倒挡齿轮都采用常啮合斜齿轮,并采用锁环式同步器换挡。

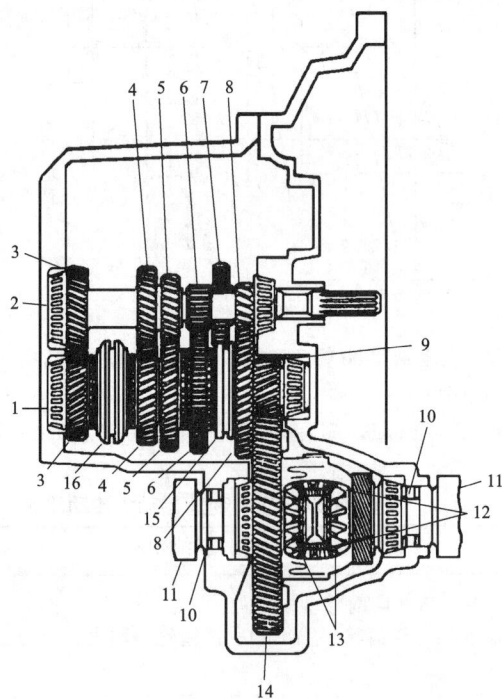

图 3-10 发动机横向布置的二轴式变速器结构图

1—输出轴;2—输入轴;3—四挡齿轮;4—三挡齿轮;5—二挡齿轮;6—倒挡齿轮;7—倒挡惰轮;
8——一挡齿轮;9—主减速器主动齿轮;10—差速器油封;11—等速万向节轴;12—差速行星齿轮;
13—差速半轴齿轮;14—主减速器从动齿轮;15——一、二挡同步器;16—三、四挡同步器

2）动力传动路线

一汽宝来的 MQ200—02T 五挡变速器就是一款发动机横向布置的二轴式变速器。它有五个前进挡和一个倒挡，全部采用同步器换挡。动力传动路线如下：

（1）一挡：如图 3-11 所示，一挡：操纵换挡装置使一、二挡同步器左移，发动机动力经一挡主动齿轮、一挡从动齿轮、一二挡同步器接合套和花键毂传至输出轴输出。一挡传动比 $n_1 = 33/10 = 3.3$，由于一挡传动比数值较其他挡位大，可产生较大的减速增扭效果，有利于汽车起步。

（2）二挡：操纵换挡装置使一、二挡同步器右移，发动机动力经二挡主动齿轮、二挡从动齿轮、一二挡同步器接合套和花键毂传至输出轴输出。二挡传动比 $n_2 = 35/18 = 1.944$，仍产生减速增扭效果，但相对于一挡车速较快，有利于汽车升速。动力传动路线如图 3-12 所示。

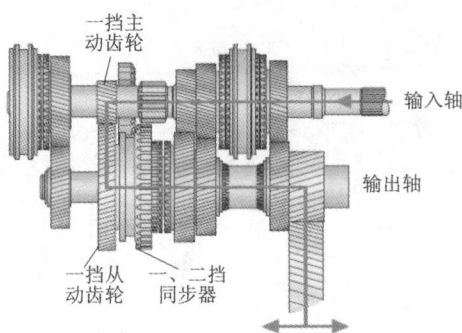

图 3-11　一挡动力传动路线

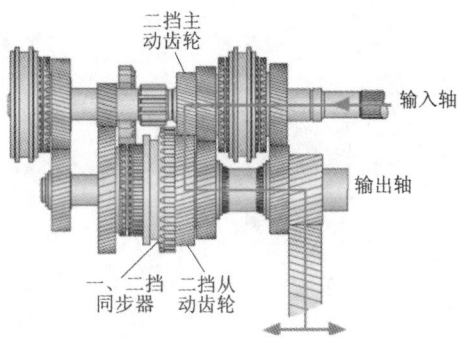

图 3-12　二挡动力传动路线

（3）三挡：操纵换挡装置使三、四挡同步器左移，发动机动力经三四挡同步器接合套和花键毂、三挡主动齿轮、三挡从动齿轮传至输出轴输出。三挡传动比 $n_3 = 34/26 = 1.308$。仍产生减速增扭效果，但相对于二挡车速较快，有利于汽车升速。动力传动路线如图 3-13 所示。

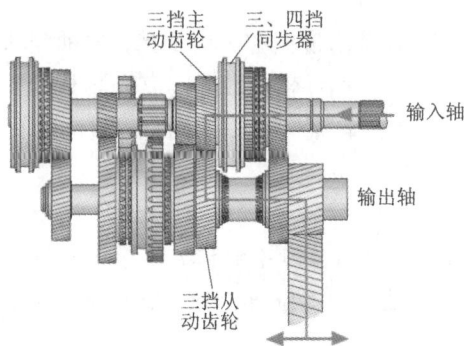

图 3-13　三挡动力传动路线

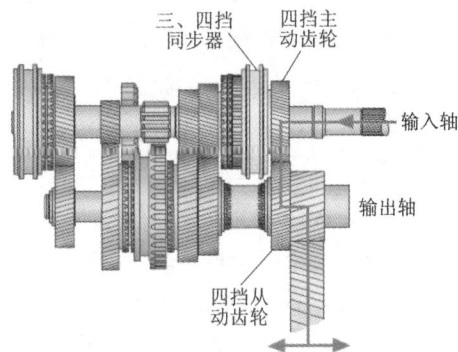

图 3-14　四挡动力传动路线

（4）四挡：操纵换挡装置使三、四挡同步器右移，发动机动力三四挡同步器接合套和花键毂,经四挡主动齿轮、四挡从动齿轮(顺序变了)传至输出轴输出。四挡传动比 $n_4 = 35/34 = 1.029$,由于四挡传动比接近 1,所以近似直接挡效果。动力传动路线如图 3-14 所示。

(5)五挡:操纵换挡装置使五挡同步器右移,发动机动力经五挡主动齿轮、五挡同步器接合套和花键毂,五挡从动齿轮(顺序变了)传至输出轴输出。五挡传动比 $n_5 = 36/43 = 0.837$,由于五挡传动比小于 1,所以产生超速效果,输出转速增加,转矩减小。

(6)倒挡:操纵换挡装置使倒挡轴上的倒挡齿轮移向与处于空挡位置的一、二挡同步器接合套外壳上的直齿轮啮合,发动机动力经倒挡主动齿轮、倒挡齿轮、倒挡从动齿轮、一、二挡同步器花键毂传至输出轴输出。因为相对于其他前进挡位多出一个传动齿轮,改变了转向,所以得到反向输出效果。动力传动路线如图 3-16 所示。

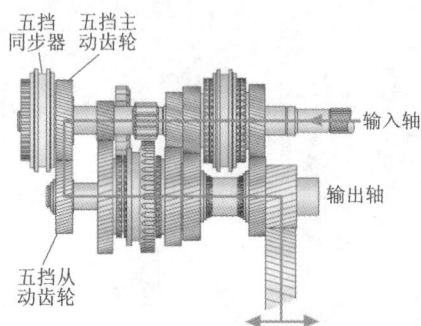

图 3-15 五挡动力传动路线   图 3-16 倒挡动力传动路线

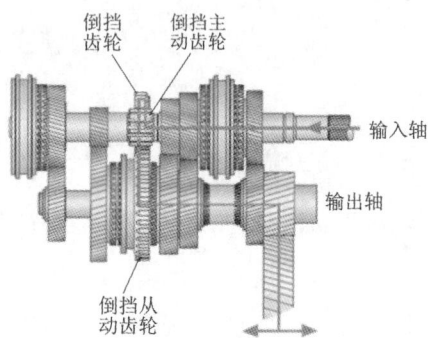

二、三轴式变速器的变速传动机构

在发动机前置后轮驱动(FR 型)的汽车上,常采用三轴式变速器,如南京依维柯 S 系列汽车、丰田皇冠、日产公爵等轿车、各类皮卡、面包车及国产解放型和东风载货汽车等。其特点是传动比范围较大,有直接挡,传动效率高。

1.南京依维柯 S 系列汽车五挡变速器

南京依维柯 S 系列汽车均采用五挡变速器,其中有五个前进挡和一个倒挡,这种变速器设置有第一轴 A(输入轴)、第二轴 B(输出轴)和中间轴 C。第一轴前端通过离合器与发动机曲轴相连,第二轴后端通过凸缘连接万向传动装置,而中间轴则主要用来固定安装各挡的变速传动齿轮。其结构简图如图 3-17 所示。

各挡动力传递情况如图 3-18 所示。

(1)空挡:发动机旋转时,其动力由第一轴经第一级常啮合齿轮 1 和 7 传至中间轴。但在空挡位置时,第二轴上的同步器 14、15、16 接合套都处于中间位置,第二轴上的齿轮都在中间轴齿轮的带动下空转,动力不能传给第二轴。

(2)一挡:将一、倒挡同步器 16 的接合套向左移动,使之与一挡齿轮 5 的接合齿圈相接合,动力便从第一轴依次经过常啮合齿轮 1 和 7、中间轴、一挡齿轮 11 和 5 及接合齿圈、同步器 16 的接合套传至花键毂,花键毂通过内花键与第二轴相连,于是动力便由花键毂传递给第二轴,再由第二轴对外输出。一挡传动比为 6.19。

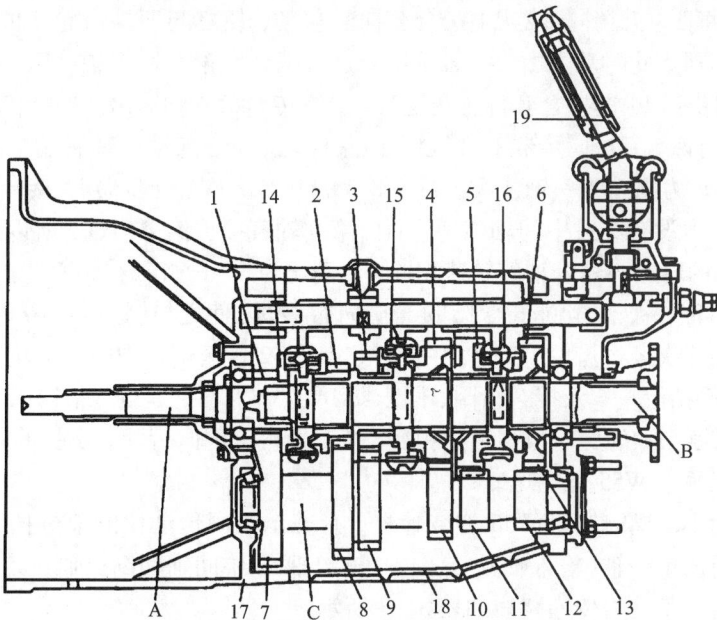

图 3 - 17　南京依维柯 S 系列汽车的三轴式变速器

1—第一轴常啮合齿轮；2、3、4、5、6—第二轴齿轮；7、8、9、10、11、12、13—中间轴齿轮；

14、15、16—同步器；17、18—变速器壳体；19—换挡机构；

A—第一轴；B—第二轴；C—中间轴

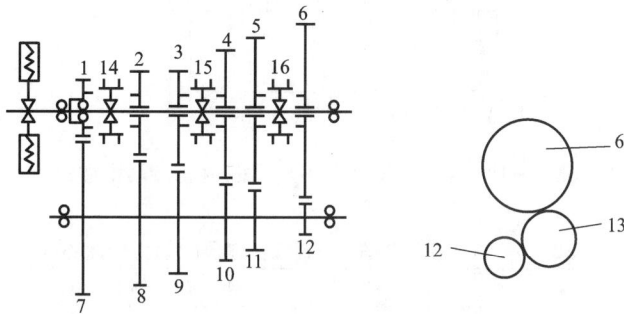

图 3 - 18　五挡动力传动机构示意图

1—第一轴常啮合传动齿轮；2—第二轴四挡齿轮；3—第二轴三挡齿轮；4 第二轴二挡齿轮；

5—第二轴一挡齿轮；6—第二轴倒挡齿轮；7—中间轴常啮合传动齿轮；8—中间轴四挡齿轮；

9—中间轴三挡齿轮；10—中间轴二挡齿轮；11—中间轴一挡齿轮；12—中间轴倒挡齿轮；

13—倒挡中间齿轮；14—四、五挡同步器；15—二、三挡同步器；16—一、倒挡同步器

（3）二挡：将二、三挡同步器 15 的接合套向右移动，使之与二挡齿轮 4 的接合齿圈接合，挂入二挡。此时动力由第一轴依次经过常啮合齿轮 1 和 7、中间轴、二挡齿轮 10 和 4 及接合齿圈、同步器 15 的接合套传给花键毂，最终传给第二轴输出。二挡传动比为 3.89。

（4）三挡：将二、三挡同步器 15 的接合套向左移动，使之与三挡齿轮 3 的接合齿圈接合，变速器便挂入三挡。此时动力由第一轴依次经过常啮合齿轮 1 和 7、中间轴、三挡齿轮 9 和 3 及接合齿圈、同步器 15 的接合套传至花键毂，最终传给第二轴输出。三挡传动比为 2.26。

（5）四挡：将四、五挡同步器14接合套向右移动，使之与四挡齿轮2的接合齿圈接合，变速器便挂入四挡。此时动力由第一轴依次经过常啮合齿轮1和7、中间轴、四挡齿轮8和2及接合齿圈、同步器14的接合套传至花键毂，最终传给第二轴输出。四挡传动比为1.42。

（6）五挡：将四、五挡同步器14接合套向左移动，使之与第一轴后端主动齿轮1的接合齿圈接合，这时动力则由第一轴依次经过齿轮1及接合齿圈、同步器14接合套、花键毂传给第二轴。由于动力没有经过中间轴传递，而由第一轴直接传给第二轴，所以称这种挡位为直接挡，其输出轴的转速与输入轴的转速相同，传动比为1。故此挡称为直接挡。

（7）倒挡：当把一、倒挡同步器16接合套向右移动，使之与倒挡齿轮6的接合齿圈接合，动力便由第一轴依次经过齿轮1和7、中间轴、齿轮12传至倒挡中间轴齿轮13，再通过与齿轮13常啮合的倒挡齿轮6及接合齿圈、同步器16接合套、花键毂传给第二轴。由于增加了中间惰轮，所以第二轴的旋向与第一轴相反，汽车便可以倒向行驶。倒挡的传动比为5.69。

2.丰田皇冠轿车 W55 型变速器

图3-19为丰田皇冠轿车 W55 型变速器，有五个不同传动比的前进挡和一个倒挡。变速器有互相平行的第一轴（输入轴）、第二轴（输出轴）、中间轴和倒挡轴。其中第一轴和第二轴轴线互相重合。其动力传递路线如表3-3所示。

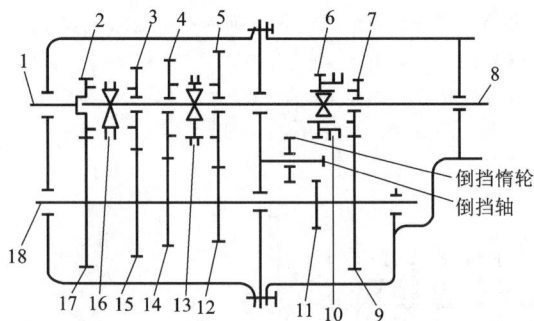

图3-19 丰田皇冠轿车 W55 型变速器传动示意图

表3-3 丰田皇冠轿车 W55 型变速器的动力传递路线

挡位	动 力 传 递 路 线
空挡	操纵变速杆，使各挡同步器接合套处于中间位置，此时动力不传给输出轴，
一挡	操纵变速杆，使接合套13右移与齿轮5的接合齿圈接合，动力由第一轴1，依次经齿轮2、17，中间轴18，齿轮12、5，再经齿圈、接合套13、花键毂传给第二轴8。
二挡	操纵变速杆，使接合套13左移与齿轮4的接合齿圈接合，动力由第一轴1，依次经齿轮2、17，中间轴18，齿轮14、4，再经齿圈、接合套13、花键毂传给第二轴8。
三挡	操纵变速杆，使接合套16右移与齿轮3的接合齿圈接合，动力由第一轴1，依次经齿轮2、17，中间轴18，齿轮15、3，再经齿圈、接合套16、花键毂传给第二轴8。
四挡	操纵变速杆，使接合套16左移与齿轮2的接合齿圈接合，动力由第一轴1，接合套16、花键毂传给第二轴8。
五挡	操纵变速杆，使接合套10右移与齿轮7的接合齿圈接合，动力由第一轴1，依次经齿轮2、17，中间轴18，齿轮9、7，再经齿圈、接合套10、花键毂传给第二轴8。
倒挡	操纵变速杆，使倒挡惰轮右移与齿轮11和齿轮6同时啮合，动力由第一轴1，依次经齿轮2、17，中间轴18，齿轮11，倒挡惰轮，齿轮6，花键毂传给第二轴8。此时动力反向输出。

任务三 同步器

一、手动变速器的换挡方式

1. 直齿滑动齿轮式换挡装置(多用于倒挡)

它是通过移动齿轮直接换挡,齿轮为直齿,内孔有花键孔套在花键轴上,由拨叉移动齿轮与另一轴上的齿轮进入啮合或退出啮合。由于直齿轮传动冲击大,噪声大。承载能力低,所以这种换挡装置应用得越来越少。

2. 接合套式换挡这种换挡装置

用于常啮合斜齿轮传动的挡位,它利用移动套在花键毂上的接合套与传动齿轮上的接合齿圈相啮合或退出来进行换挡。该换挡装置由于其接合齿短,换挡时拨叉移动量小,故操作轻便,且换挡元件承受冲击的工作面积增加,使换挡冲击减小,换挡元件的寿命增长。

3. 同步器式换挡装置

它是在接合套式换挡装置的基础上又加装了同步元件而构成的一种换挡装置,可以保证在换挡时使接合套与待啮合齿圈的圆周速度迅速达到同步,并防止二者同步前进入啮合,从而可消除换挡时的冲击,并使换挡操纵简单,因而得到广泛应用。

二、同步器的构造及工作原理

1. 无同步器的换挡过程

以无同步器五挡变速器的四、五挡互换为例进行介绍,如图 3-20 所示为其结构简图,采用接合套进行换挡。

1)低挡换高挡(四挡换五挡)

变速器在四挡工作时,接合套 3 与二轴四挡齿轮 4 上的接合齿圈啮合,两者接合齿圆周速度 $V_3 = V_4$。欲换入五挡时,驾驶员先踩下离合器踏板,离合器分离,再通过变速操纵机构将接合套 3 左移,处于空挡位置。此时仍是 $V_3 = V_4$,因二轴四挡齿轮 4 的转速低于一轴常啮合齿轮 2 的转速,圆周速度 $V_4 < V_2$。所以在换入空挡的瞬间,$V_3 < V_2$,为避免齿轮冲击,不应立即换入五挡,应先在空挡停留片刻。在空挡位置时,变速器输入轴各零件已与发动机中断了动力传递且转动惯量较小,再加上中间轴齿轮有搅油阻力,所以 V_2 下降较快,如图 3-21(a)所示;而整个汽车的转动惯性大,导致接合套 3(与第二轴转速相同)的圆周速度 V_3 下降慢,因图 3-21(a)中两直线 V_3、V_2 的倾斜度不同而相交,交点即为同步状态($V_3 = V_2$)。此时将接合套左移与齿轮 2 上的齿圈啮合挂入五挡,不会产生冲击。但自然减速出现同步的时刻太晚,应在摘下四挡后,立即抬起离合器踏板,利用发动机怠速工况迫使一轴更快地减速,V_2 下降较快,如图 3-21(a)中虚线所示,同步点出现得早,缩短了换挡时间。

2)高挡换低挡(五挡换四挡)

变速器在五挡工作时以及由五挡换入空挡的瞬间,接合套 3 与一轴常啮合齿轮 2 接合齿圈圆周速度相同,即 $V_3 = V_2$,因 $V_2 > V_4$,故 $V_3 > V_4$,如图 3-21(b)所示。但在空挡时 V_4 下降得比 V_3 快,即 V_4 与 V_3 不会出现相交点,不可能达到自然同步状态。所以驾驶员应在变速器退回空挡后,立即抬起离合器踏板,同时踩下加速踏板,使发动机连同离合器从动盘和一轴都

从 B 点开始升速，让 $V_4 > V_3$，如图 3-21(b)中虚线所示，再踩下离合器踏板稍等片刻，$V_3 = V_4$(同步点 A)，即可换入四挡。

图 3-21(b)中还有一次同步时刻 A'，利用这一点来缩短换挡时间，由于此点是踩加速踏板过程中出现的，要求有熟练的操作技能。

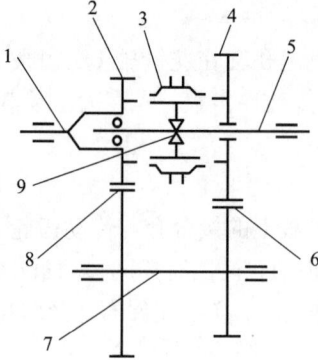

图 3-20　无同步器五挡变速器的四、五挡简图

1——一轴；2——一轴常啮合齿轮；3——接合套；

4—二轴四挡齿轮；5—二轴；6—中间轴四挡齿轮；

7—中间轴；8—中间轴常啮合齿轮；9—花键毂

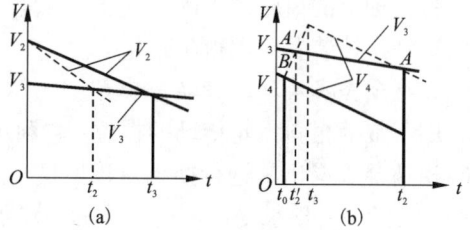

图 3-21　无同步器的换挡过程

(a)低挡换高挡；(b)高挡换低挡

由上述可见，采用上述无同步器的换挡装置的变速器操纵起来相当复杂，不仅易使驾驶员产生疲劳，而且容易加速齿轮的损坏。因此，现代汽车齿轮式变速器越来越多地采用同步器换挡装置。

同步器是在接合套的基础上进一步发展起来的，下面通过介绍同步器结构和原理使我们进一步了解同步器的功用。

2.同步器的功用

同步器的功用是使接合套与待啮合的齿圈迅速同步，缩短换挡时间；且防止在同步前啮合而产生换挡冲击。

3.同步器的类型

(1)常压式同步器：是一种早期开发的同步器，由于不能保证同步啮合已经被淘汰了。

(2)惯性式同步器：由于惯性式同步器能够保证同步啮合换挡，目前广泛应用。

(3)惯性增力式同步器：又称"波尔舍"同步器。由于这种同步器对材料、热处理及制造精度均要求较高，目前在国内应用较少。

4.同步器的构造及工作原理

目前所采用的同步器几乎都是摩擦式惯性同步器，按锁止装置不同，可分为锁环式惯性同步器和锁销式惯性同步器。

1)锁环式惯性同步器

(1)构造：锁环式同步器的结构如图 3-22 所示，花键毂 7 用内花键套装在二轴外花键上，用垫圈、卡环轴向定位。花键毂 7 两端与齿轮 1 和 4 之间各有一个青铜制成的锁环(即同步环)5 和 9。锁环上有短花键齿圈，其花键的尺寸和齿数与花键毂、齿轮 1 和 4 的外花键齿相同。两个齿轮和锁环上的花键齿，靠近接合套 8 的一端都有倒角（锁止角），与接合套齿端的倒角相同。锁环有内锥面，与齿轮 1、4 的外锥面锥角相同。在环锁内锥面上制有细密的螺纹（或直槽），当锥面接触后，它能及时破坏油膜，增加锥面间的摩擦力。锁环内锥面摩擦副称为摩擦件，外沿带倒角的齿圈是锁止件，锁环上还有三个均布的缺口 12。三个滑块 2 分别装在花键毂 7 上三个均布的轴向槽 11 内，沿槽可以轴向移动。滑块被两个弹簧圈 6 的径向力压向接合套，滑块中部的凸起部位压嵌在接合套中部的环槽 10 内。滑块和弹簧是推动件。滑块两端伸入锁环 5 的缺口 12 中，滑块窄，缺口宽，两者之差等于锁环的花键齿宽。锁环相对滑块顺转和逆转都只能转动半个齿宽，且只有当滑块位于锁环缺口的中央时，接合套与锁环才能接合。

（2）工作原理。以三挡换四挡为例，说明同步器的工作原理。

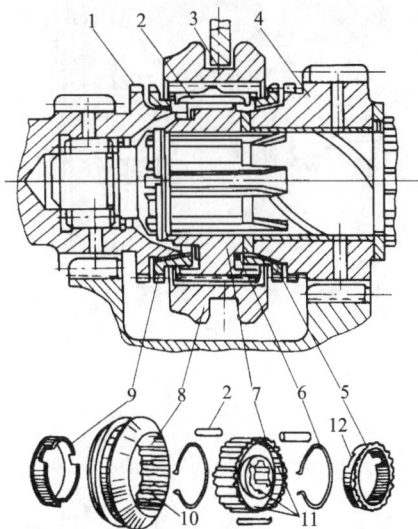

图 3 - 22 锁环式惯性同步器

1——轴常啮合齿轮的接合齿圈；2—滑块；3—拨叉；
4—二轴齿轮；5、9—锁环（同步环）；
6—弹簧圈；7—花键毂；·8—接合套；
10—环槽；11—三个轴向槽；12—缺口

①第一阶段（同步开始）：见图 3 - 23（a）。要挂入四挡时，操纵换挡杆沿图中箭头 A 所示方向推动接合套，由于接合套与同步器滑块通过滑块中心的凸起部分相啮合，将接合套的运动传给滑块，当滑块右端面与锁环 3 的缺口的端面接触后，便同时推动锁环压在齿轮锥形部分上（同步器锥面），以启动同步器运作。由于齿圈 3 与锁环 2 转速不相等，即 $n_3 > n_2$，所以两者一经接触便在其锥面之间产生摩擦力矩 M_1。齿圈 3 便通过摩擦力矩 M_1 的作用带动锁环 2 相对于接合套 1 超前转过一个角度，直到锁环缺口的一侧（图中为下侧）压紧。移动的量等于缺口与滑块宽之差。所以，从上往下看时，接合套里的花键与同步器锁环上的花键并未处于互相啮合的位置。

②第二阶段（同步继续及锁止过程）：见图 3 - 23（b），当换挡杆继续移动时，使得相对峙的接合套齿端倒角与锁环齿端倒角恰好互相抵住（由设计保证），因而接合套不能再向右移动进入啮合，即被"锁止"。由于驾驶员始终作用在接合套上一个轴向推力，于是在相互抵触的倒角斜面上产生正压力 F_N。F_N 可分解为轴向力 F_1 和切向分力 F_2。F_2 便形成一个拨动锁环相对于接合套向后倒转的拨环力矩 M_2。同时 F_1 则使锁环 2 与齿圈 3 的锥面进一步压紧，产生更大的摩擦力矩 M_1，迫使待啮合的齿圈 3 相对于锁环 2 迅速减速，以尽早与锁环同步。由于齿圈 3 及与其相联系的第一轴等零件的减速旋转，便产生一个与其旋转方向相同的惯性力矩，作用到锁环上，阻止锁环相对于接合套向后倒转。在待接合齿圈 3 与锁环 2 未达到同步之前，摩擦锥面的摩擦力矩在数值上就等于此惯力矩（即 M_1）。如果 $M_1 > M_2$，锁环则不能够倒转，并通过其齿端锁止角阻止接合套进入啮合，这就是锁环的锁止作用。

③第三阶段（同步完成）：见图 3 - 23（c）。随着驾驶员继续推下换挡杆，对接合套施加推力，摩擦锥面之间的摩擦力矩就会使齿圈 3 的转速迅速降低，直至与接合套和锁环同步，赖以产生阻止作用的惯性力矩也就消失。此时驾驶员还在继续向前拨动接合套，故拨环力矩

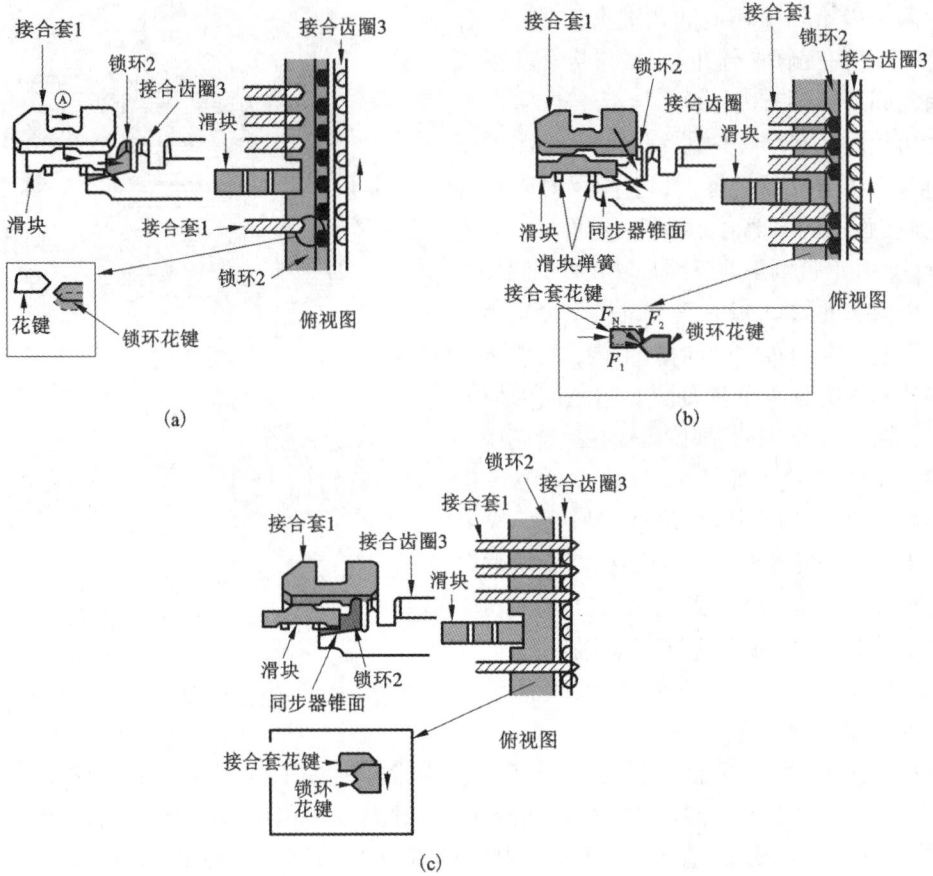

(a)

(b)

(c)

图 3 – 23　锁环式惯性同步器工作原理

(a)同步开始；(b)同步继续；(c)同步完成

M_2 仍存在，M_2 使锁环及接合齿圈相对接合套向后退转一个角度，两锁止角不再接触，接合套得以继续右移与待啮合的四挡接合齿圈进入啮合。但是，如果此时接合套的花键齿恰好与齿圈的花键齿发生抵触，则作用于接合套上的轴向力在齿圈的倒角面上也将会产生一个切向分力，靠此切向分力便可拨动齿圈及与其相联系的零件相对于接合套转过一个角度，从而使接合套与齿圈进入啮合，即最终完成换入四挡的过程。

锁环式同步器尺寸小、结构紧凑、摩擦力矩也小，多用于轿车和轻型车辆。

2)锁销式惯性同步器

大、中型货车普遍采用锁销式惯性同步器，可用东风 EQ1092 汽车五挡变速器的四、五挡同步器为例进行简介。

四、五挡锁销式惯性同步器的结构如图 3 – 24 所示。

两个带有内锥面的摩擦锥盘 2，以其内花键分别固装在带有接合齿圈的斜齿轮 1 和 6 上，随齿轮一起转动。两个有外锥面的摩擦锥环 3，其上有圆周均布的三个锁销 8、三个定位销 4 与接合套 5 装在一起。定位销与接合套的相应孔是滑动配合，定位销中部切有一小段环槽，接合套钻有斜孔，内装弹簧 11，把钢球 10 顶向定位销中部的环槽，使接合套处于空挡位置，定位销随接合套能轴向移动。定位销两端伸入两锥环 3 内侧面的弧线形浅坑中，定位销与浅坑有周向间隙，锥环相对接合套在一定范围内作周向摆动。锁销中部环槽的两端和接合套相应孔两端切有相同的倒角；锁销与孔对中时，接合套才能沿锁销轴向移动；锁销两端铆接在锥环相应的孔中。两个锥环、三个锁销、三个定位销和接合套构成一个部件，套在花键毂9的齿圈上。

锁销式惯性同步器的工作原理与锁环式惯性同步器类似。

换挡时接合套受到拨叉的轴向推力作用，通过钢球10、定位销4推动摩擦锥环3向前移动。因摩擦锥环与锥盘有转速差，故接触后的摩擦作用使锥环和锁销相对于接合套转过一个角度，锁销

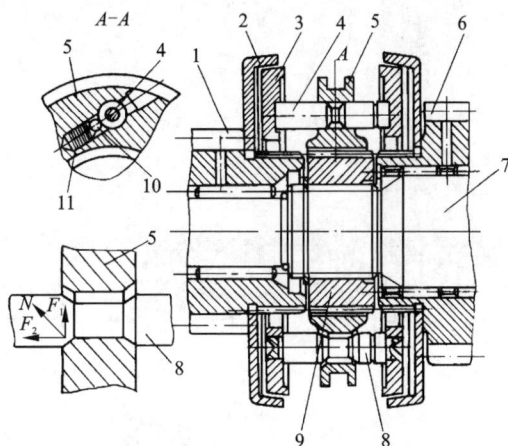

图3-24 锁销式惯性同步器

1——轴齿轮；2—摩擦锥盘；3—摩擦锥环；4—定位销；
5—接合套；6—二轴四挡齿轮；7—二轴；8—锁销；
9—花键毂；10—钢球；11—弹簧

与接合套上相应孔的中心线不再同心，锁销中部倒角与接合套孔端的锥面相抵触，在同步前，作用在摩擦面的摩擦力矩总大于拨销力矩，接合套被锁止不能前移，防止在同步前接合套与齿圈进入啮合。同步后摩擦力矩消失，拨销力矩使锁销、摩擦锥盘和相应的齿轮相对于接合套转过一个角度，锁销与接合套的相应孔对中，接合套克服弹簧11的张力压下钢球并沿锁销向前移动，完成换挡。

任务四 手动变速器操纵机构

手动变速器操纵机构功用是保证驾驶员能准确可靠地将变速器挂入所需要的挡位，并可随时退至空挡。

一、手动变速器操纵机构的组成

手动变速器操纵机构一般由换挡拨叉机构和换挡锁止机构组成，换挡拨叉机构主要由变速杆、叉形拨杆、换挡轴、各挡拨块、拨叉轴及拨叉等组成。各种变速器由于挡位及挡位排列位置不同。其拨叉和拨叉轴的数量及排列位置也不相同；换挡锁止机构由自锁装置、互锁装置、倒挡锁装置组成。结构如下图3-25所示。

二、操纵机构的种类及特点

变速器操纵机构按照变速操纵杆(变速杆)位置的不同，可分为直接操纵式和远距离操纵式两种类型。

1. 直接操纵式

这种形式的变速器布置在驾驶员座椅附近，变速杆由驾驶室底板伸出，驾驶员可以直接操纵。如图3-26所示，解放CA1091中型货车六挡变速器操纵机构就采用这种形式。多用于发动机前置后轮驱动的车辆。

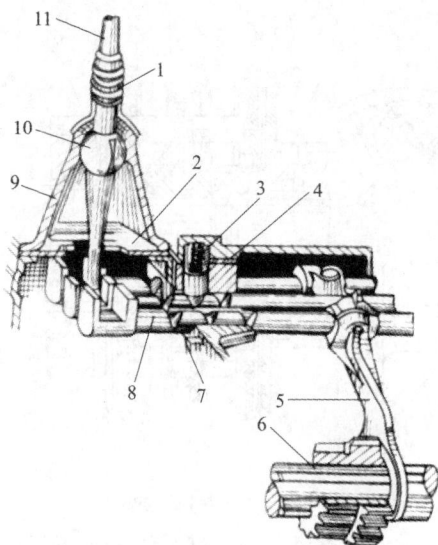

图 3－25　手动变速器操纵机构的组成

1—变速杆防尘套；2—变速杆壳体；3—自锁弹簧；

4—自锁销；5—换挡拨叉；6—齿轮；

7—互锁装置；8—拨叉轴；9—变速器顶盖；

10—球形关节；11—变速杆

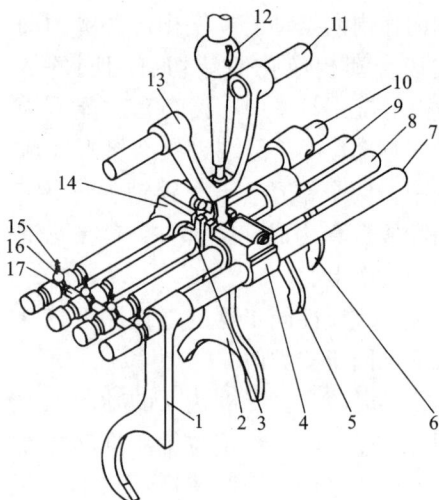

图 3－26　解放 CA1091 中型

货车六挡变速器直接操纵式操纵机构

1—五、六挡拨叉；2—三、四挡拨叉；3—一、二挡拨块；

4—五、六挡拨块；5—一、二挡拨叉；6—倒挡拨叉；

7—五、六挡拨叉轴；8—三、四挡拨叉轴；9—一、二挡拨叉轴；

10—倒挡拨叉轴；11—换挡轴；12—变速杆；

13—叉形拨杆；14—倒挡拨块；15—自锁弹簧；

16—自锁钢球；17—互锁销

拨叉轴 7、8、9 和 10 的两端均支承于变速器盖的相应孔中，可以轴向滑动。所有的拨叉和拨块都以弹性销固定于相应的拨叉轴上。三、四挡拨叉 2 的上端具有拨块。拨叉 2 和拨块 3、4、14 的顶部制有凹槽。变速器处于空挡时，各凹槽在横向平面内对齐，叉形拨杆 13 下端的球头即伸入这些凹槽中。选挡时可使变速杆绕其中部球形支点横向摆动，则其下端推动叉形拨杆 13 绕换挡轴 11 的轴线摆动，从而使叉形拨杆下端球头对准与所选挡位对应的拨块凹槽，然后使变速杆纵向摆动，带动拨叉轴及拨叉向前或向后移动，即可实现挂挡。例如，横向摆动变速杆使叉形拨杆下端球头深入拨块 3 顶部凹槽中，拨块 3 连同拨叉轴 9 和拨叉 5 即沿纵向向前移动一定距离，便可挂入二挡；若向后移动一段距离，则挂入一挡。当使叉形拨杆下端球头深入拨块 14 的凹槽中，并使其向前移动一段距离时，便挂入倒挡。

各种变速器由于挡位数及挡位排列位置不同，其拨叉和拨叉轴的数量及排列位置也不相同。例如，上述的六挡变速器的六个前进挡用了三根拨叉轴，倒挡独立使用了一根拨叉轴，共有四根拨叉轴；而东风 EQ1092 的五挡变速器具有三根拨叉轴，其二、三挡和四、五挡各占一根拨叉轴，一挡和倒挡共用一根拨叉轴。

2.远距离操纵式

在有些汽车上，由于变速器离驾驶员座位较远，则需要在变速杆与拨叉之间加装一些辅助杠杆或一套传动机构，构成远距离操纵机构。这种操纵机构多用于发动机前置前轮驱动的轿车，如桑塔纳 2000 轿车的五挡手动变速器，由于其变速器安装在前驱动桥处，远离驾驶员座椅，需要采用这种操纵方式，如图 3－27 所示。

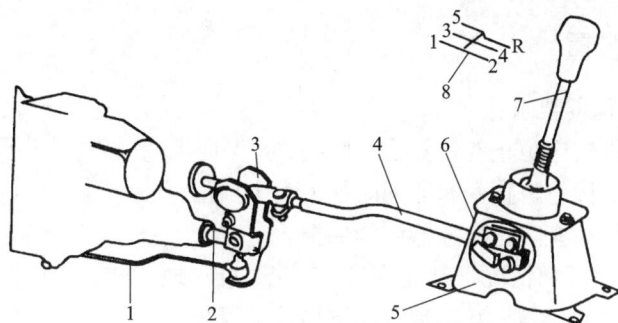

图 3-27　桑塔纳 2000 轿车五挡手动变速器的远距离操纵机构

1—支撑杆；2—内换挡杆；3—换挡杆接合器；4—外换挡杆；
5—倒挡保险挡块；6—换挡手柄座；7—变速杆；8—换挡标记

而在变速器壳体上具有类似于直接操纵式的内换挡机构，如图 3-28 所示。

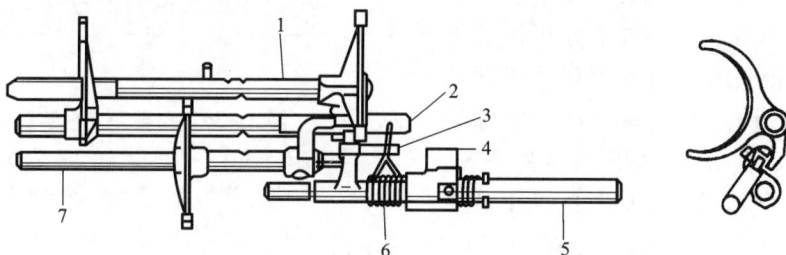

图 3-28　桑塔纳 2000 轿车五挡手动变速器的内换挡机构

1—五、倒挡拨叉轴；2—三、四挡拨叉轴；3—定位拨销；4—倒挡保险挡块；
5—内换挡杆；6—定位弹簧；7——、二挡拨叉轴

另外，有些轿车和轻型货车的变速器，将变速杆安装在转向柱管上，如图 3-29 所示，因此，在变速杆与变速器之间也是通过一系列的传动件进行传动，这也是远距离操纵方式。它具有变速杆占据驾驶室空间小、乘坐方便等优点。

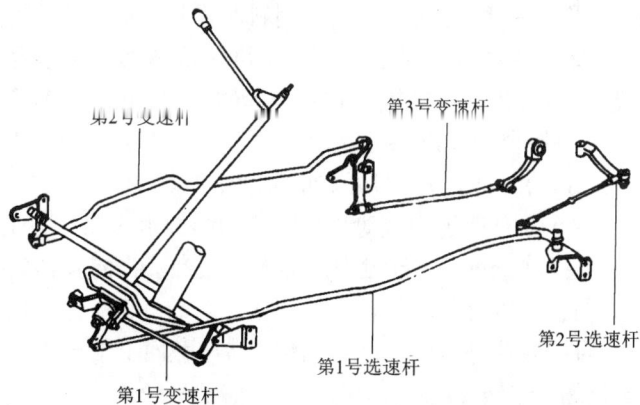

图 3-29　柱式换挡操纵机构

三、换挡锁止装置

对变速器操纵机构的要求：

(1)变速器操纵机构应防止变速器自动脱挡，并保证齿轮(或接合齿圈)为全齿宽啮合。

(2)变速器操纵机构应防止变速器同时挂入两个挡位。

(3)变速器操纵机构应防止变速器误挂倒挡。

为了保证变速器在任何情况下都能准确、安全、可靠地工作，变速器操纵机构一般都具有换挡锁装置，包括自锁装置、互锁装置和倒挡锁装置。

1.自锁装置

自锁装置用于防止变速器自动脱挡或挂挡，并保证轮齿以全齿宽啮合。大多数变速器的自锁装置都是采用自锁钢球对拨叉轴进行轴向定位锁止。如图3-30所示，在变速器盖中钻有三个深孔，孔中装入自锁钢球和自锁弹簧，其位置正处于拨叉轴的正上方，每根拨叉轴对着钢球的表面沿轴向设有三个凹槽，槽的深度小于钢球的半径。中间的凹槽对正钢球时为空挡位置，前边或后边的凹槽对正钢球时则处于某一

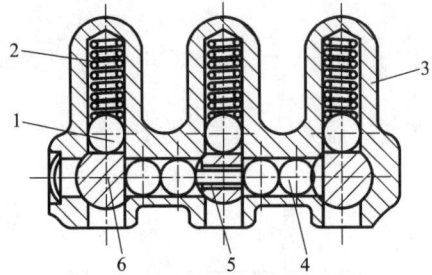

图 3 - 30   自锁和互锁装置
1—自锁钢球；2—自锁弹簧；3—变速器盖；
4—互锁钢球；5—互锁销；6—拨叉轴

工作挡位置，相邻凹槽之间的距离保证齿轮处于全齿长啮合或是完全退出啮合。凹槽对正钢球时，钢球便在自锁弹簧的压力作用下嵌入该凹槽内，拨叉轴的轴向位置便被固定，不能自行挂挡或自行脱挡。当需要换挡时，驾驶员通过变速杆对拨叉轴施加一定的轴向力，克服自锁弹簧的压力而将自锁钢球从拨叉轴凹槽中挤出并推回孔中，拨叉轴便可滑过钢球进行轴向移动，并带动拨叉及相应的接合套或滑动齿轮轴向移动，当拨叉轴移至其另一凹槽与钢球相对正时，钢球又被压入凹槽，驾驶员具有很强的手感，此时拨叉所带动的接合套或滑动齿轮便被拨入空挡或被拨入另一工作挡位。

防止自动跳挡的结构形式有以下两种：

(1)齿端倒斜面式。图3-31(a)所示为齿端倒斜面式防跳挡结构示意图。它是将接合套外齿2的两端及接合齿圈1、4的齿端都制有相同斜度的倒斜面。当接合套2左移与接合齿圈1接合时(图示位置)。接合齿圈将转矩传到接合套的一侧，再经过接合套的另一侧传给花键毂3。由于接合齿圈1与接合套2齿端部为斜面接触，便产生一个垂直斜面的正压力F_N，其分力分别为F_F和F_Q，其轴向分力F_Q即可防止自动跳挡。

(2)减薄齿式。图3-31(b)所示为减薄齿式防跳挡结构示意图。它是在花键毂3的外齿圈两端，齿厚各减薄$0.3 \sim 0.4$ mm。使各齿中部形成一凸台。当同步器的接合套2左移与接合齿圈1接合时(图示位置)，接合齿圈将转矩传到接合套的一侧，再经接合套的另一侧传给花键毂。由于接合套的后端被花键毂中部凸台挡住，在接触面上便产生一个正压力F_N，其轴向分力F_Q即可防止自动跳挡。

2.互锁装置

互锁装置的功用是阻止两个拨叉轴同时移动，防止同时挂入两个挡位。避免因同时啮合

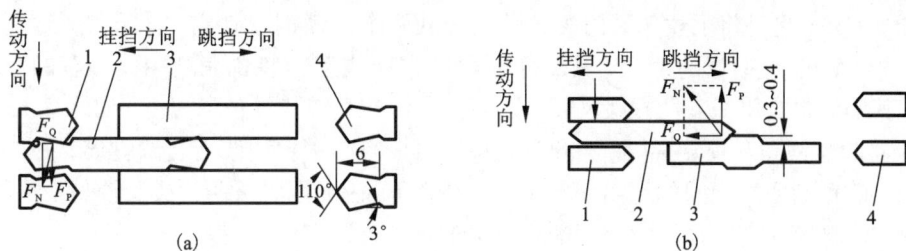

图 3 - 31　防跳挡结构示意图

(a)齿端倒斜面式；(b)减薄齿式

的两挡齿轮其传动比不同而互相卡住，造成运动干涉甚至造成零件损坏。互锁装置的结构形式很多，常用的有锁球式、锁销式和转动钳口式。

1)锁球式装置

它由互锁钢球和互锁顶销组成。互锁装置的工作情况见图 3 - 32，当变速器处于空挡位置时，所有拨叉轴的侧面凹槽同钢球、顶销都在同一直线上。在移动中间拨叉轴 3 时[图 3 - 32(a)]，轴 2 两侧的钢球从其侧面凹槽中被挤出，两侧面外钢球分别嵌入拨叉轴 1 和 3 的侧面凹槽中，将轴 1 和 3 锁止在空挡位置。若要移动拨叉轴 3，必须先将拨叉轴 2 退回至空挡位置，拨叉轴 3 移动时将轴凹槽内钢球挤出，通过顶销推动另一侧两个钢球移动，拨叉轴 1、2 均被锁止在空挡位置上[图 3 - 32(b)]。拨叉轴 1 工作情况与上述相同[图 3 - 32(c)]。从上述互锁装置工作情况可知，在一根拨叉轴移动的同时，其他两根拨叉轴均被锁止。即可防止同时换入两个挡。

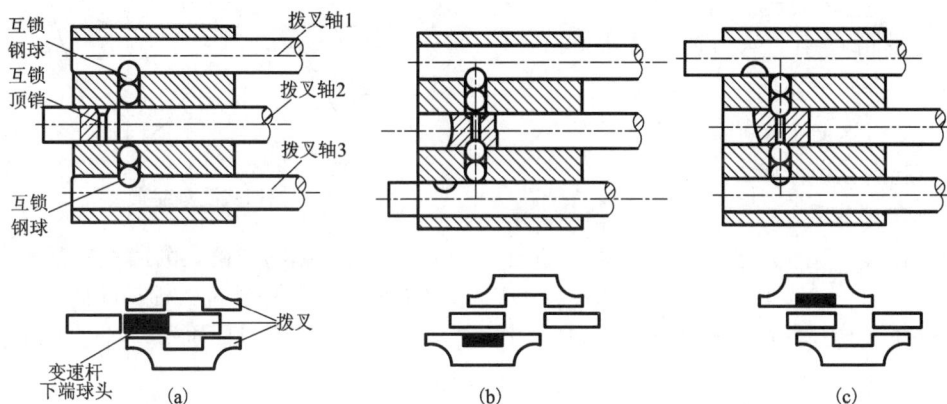

图 3 - 32　互锁装置工作示意图

2)锁销式互锁装置

见图3-33,它是将上述相邻两拨叉轴之间的两个互锁钢球制成一个互锁销,互锁销的长度相当于两个互锁钢球的直径,其工作原理与钢球式互锁装置完全相同。有的三挡变速器,由于其操纵机构中只有两根拨叉轴,因而将自锁和互锁装置合二为一,如北京BJ2020型汽车变速器的自锁和互锁装置[图3-33(a)]。两根空心锁销内装有自锁弹簧,在图示的空挡位置时,两锁销内端面间的距离a等于一个槽深b,因而同时拨两根拨叉轴是不可能的[图3-33(b)]。自锁弹簧的预压力使锁销对拨叉轴具有自锁定位作用。

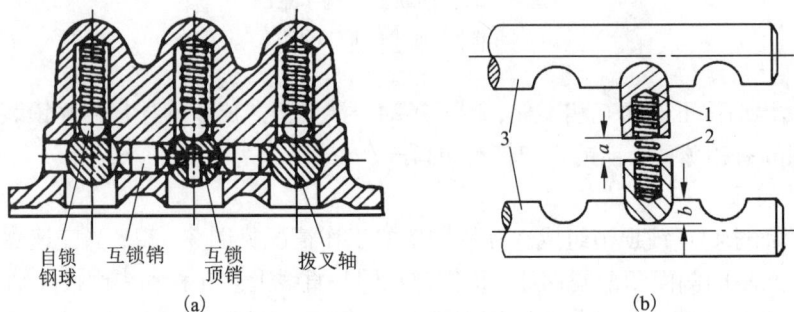

图3-33 合二为一的自锁和互锁装置

1—锁销;2—锁止弹簧;3—拨叉轴

3)转动钳口式互锁装置

见图3-34,变速杆下端球头置于钳口中,钳形板可绕轴摆动。换挡时,变速杆先拨动钳形板处于某一拨叉轴的拨叉凹槽中。然后换入需要的挡位,其余两个换挡拨叉凹槽被钳形板挡住,将这两个换挡轴锁止在空挡位置,起到互锁作用。

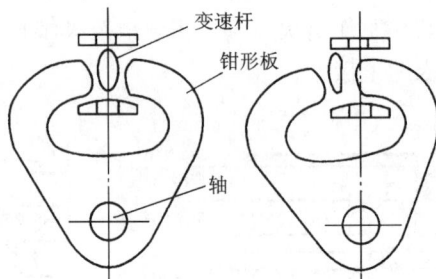

图3-34 钳口式互锁装置

3.倒挡锁装置

倒挡锁装置用于防止误挂入倒挡。如图3-35所示为常见的锁销式倒挡锁装置。当驾驶员想挂倒挡时,必须用较大的力使变速杆4下端压缩弹簧2,将锁销推入锁销孔内,才能使变速杆下端进入拨块3的凹槽中进行换挡。由此可见,倒挡锁的作用是使驾驶员必须对变速杆施加更大的力,才能挂入倒挡,起到警示注意作用,以防误挂倒挡。

解放CA1092型汽车变速器倒挡与选挡锁装置如图3-36所示。

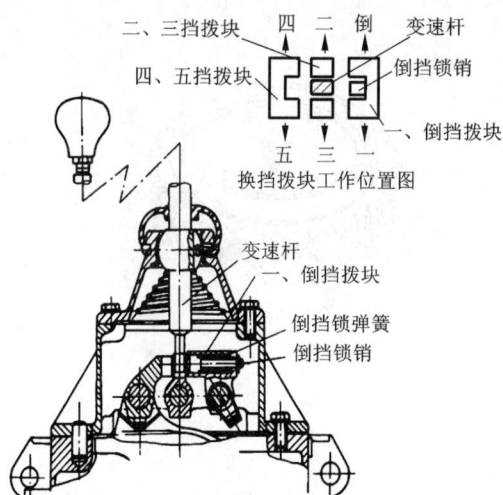

图 3-35　锁销式倒挡锁装置

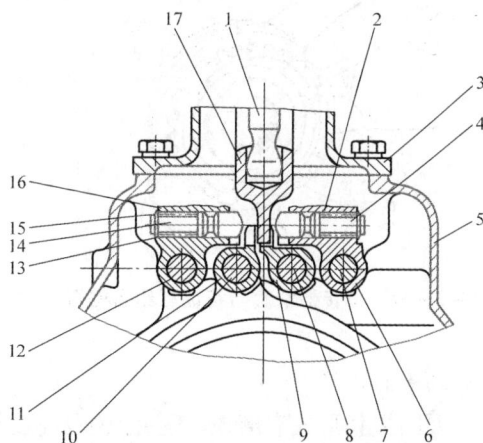

图 3-36　倒挡锁及选挡锁装置

1—变速杆；2—倒挡锁弹簧；3—变速器顶盖；
4—倒挡锁销；5—变速器上盖；6—倒挡拨块；
7—倒挡拨叉轴；8—一、二挡拨叉轴；9—一、二挡拨块；
10—三、四挡拨二轴；11—三、四挡拨块；12—五、六挡拨叉轴；
13—选挡锁销弹簧 14—选挡锁销 15—锁片；
16—五、六挡拨块；17—叉形拨杆

任务五　手动变速器的检修与常见故障诊断

一、变速器传动机构的检修

1. 齿轮与花键的检修

齿轮的主要损伤形式有齿面、齿端磨损；齿面疲劳剥落、腐蚀斑点；轮齿破碎或断裂等。

(1)齿轮的啮合面上出现明显的疲劳麻点、麻面、斑疤或阶梯形磨损时，必须更换。齿面仅有轻微斑点或边缘略有破损时，可用油石修磨后继续使用。

(2)固定齿轮或相配合的滑动齿轮的端面损伤长度不得超过齿长的15%。

(3)齿轮的啮合面中线应在齿高中部，接触面积不得小于工作面的60%。

(4)齿轮与齿轮、齿轮与轴及花键的啮合间隙、径向间隙和轴向间隙应符合原厂规定。

2. 轴的检修

轴的主要损伤形式有变形、裂纹、轴颈和花键齿的磨损等。

(1)用百分表检查轴的变形，超过标准时应校正或更换。

(2)检查轴齿、花键齿(如图3-37所示)损伤达到前述齿轮损伤的程度时应更换。

(3)用千分尺检查各轴颈的磨损，超过规定值时，可堆焊、镀铬后修复或更换。

(4)检查轴上定位凹槽的最大磨损量，超过规定值时应换新。

(5)轴体上不得有任何性质的裂纹，否则更换。

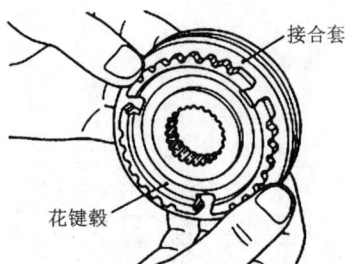

图 3 - 37　同步器滑套与花键毂组合检查

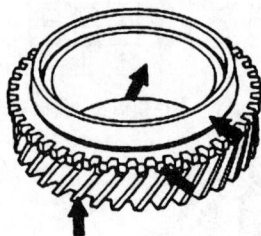

图 3 - 38　滑套检查

3.轴承的检修

主要的损伤形式有磨损、疲劳点蚀及破裂等。

(1)检查轴承应转动灵活，滚动体与内外圈滚道不得有麻点、麻面、斑疤和烧灼磨损或破碎等缺陷，保持架完好，否则更换。

(2)检查轴承的径向间隙不得超过规定值，滚动轴承与承孔、轴颈或齿轮的配合应符合技术条件要求。否则更换。

4. 同步器

1)锁环式同步器的检修

锁环式同步器的主要损伤是：锁环内锥面螺纹槽及锁止角磨损、滑块磨损、接合套和花键毂的花键齿损伤。锁环与滑块的磨损会破坏换挡过程的同步作用；锁环与接合套锁止角的磨损，会使同步器失去锁止作用，这些都会造成换挡困难，发出机械撞击噪声。

检查锁环内锥面及锁止角，检查齿圈与锁环之间的间隙，如图 3 - 39 和图 3 - 40 所示。检查锁环内锥面螺纹槽及锁止角磨损，将锁环压到接合齿圈锥面上，按压转动锁环时要有阻力，用塞尺测量锁环与接合齿圈端面之间的间隙 A。该间隙的标准值：解放 CA1091 型变速器为 1.2 ~ 1.8 mm，磨损极限是 0.3 mm；奥迪、桑塔纳的变速器为 1.1 ~ 1.9 mm，磨损极限为 0.5 mm。超过极限值时，应更换。

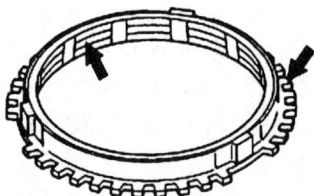

图 3 - 39　检查锁环内锥面及锁止角

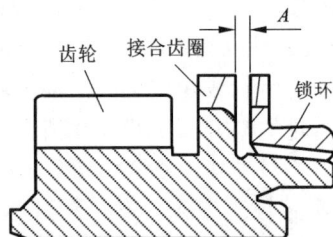

图 3 - 40　检查齿圈与锁环之间的间隙

2)锁销式同步器的检修

锁销式同步器的主要损伤是由于换挡操作不当、冲击过猛使锥盘外张，摩擦角变大造成同步效能降低；锥环锥面上的螺纹槽的磨损严重，使摩擦系数过低，甚至两者端面接触，使同步作用失效。

当锥环锥面螺纹磨损，使锥环端面与锥盘锥面接触，可用车削锥环端面修复，但车削总量不得大于 1 mm。如有锥环外锥面螺纹槽的深度小于 0.1 mm，而锥环端面未与锥盘接触，应更换同步器总成。更换新总成时，可保留原有的锥盘，但两者的端面间隙不得小于 3 mm。

同步器的锁销和支承销松动或有散架，会引起同步器突然失效，应更换新同步器。

二、操纵机构的检修

变速器操纵机构的主要损伤形式有磨损、变形、连接松动和弹簧失效等。

(1)检查操纵机构各零件的连接应无松动现象，否则应及时紧固。

(2)检查变速杆、拨叉、拨叉轴等应无变形，否则应校正或更换。

(3)检查拨叉与接合套、拨叉与拨叉轴、选挡轴等处的磨损，磨损逾限时应更换。

(4)检查定位钢球、定位锁销、锁止弹簧、复位弹簧，当出现磨损逾限或弹簧失效时，应更换。

三、变速器盖、壳体的检修

1. 变速器盖的检修

变速器盖的主要损伤形式有盖的裂纹、变形及轴承的磨损等。

变速器盖应无裂纹，其与变速器壳体接合平面的平面度公差(0.10～0.15 mm)超差时，可采用铲、刨、锉、铣等方法修复或更换；拨叉轴与承孔的间隙(0.04～0.20mm)超限时，应更换。

2. 变速器壳体的检修

变速器壳体的主要的损伤形式有壳体的变形、裂纹及轴承孔、螺纹孔的磨损等。

(1)变速器壳体不得有裂纹。对受力不大的部位的裂纹，可用环氧树脂黏结修复；重要和受力较大部位的裂纹，可进行焊修。对与轴承孔贯通的或安装固定孔处的裂纹不能修理，应更换变速器壳体。

(2)变速器壳体的变形，将造成各轴轴线间的平行度误差，轴心距改变，导致齿轮副啮合精度的破坏，造成轮齿表面的阶梯形磨损，这不但使传动噪声加大，也会形成轴向力，当齿面上有冲击载荷时，就会形成变速器的早期自动脱挡的故障。检查时，对三轴式变速器用专用量具检查：

①各轴承孔公共轴线间的平行度、轴心距；

②上孔轴线与上平面间的距离；

③前后两端面的平面度。

两轴式变速器的壳体一般由前、后两部分组成，其变形主要是检查输入轴与输出轴的平行度及前后壳体接合面的平面度。当上述各项检查超过规定时应进行修复。

当变速器壳体的轴承孔磨损超限、变形时，可在单柱立式镗床上，用长度规作定位导向镗削各轴承孔，以修正各轴线间的平行度。镗削扩孔时，常以倒挡轴的轴承孔为基准，因为此处的强度最大，其变形逾限率较低。即采用扩孔后再镶套的方法进行修复，对磨损不大的轴承孔也可采用刷镀的方法修复。超过修理极限时应更换。当壳体平面度超差时，可采用铲、刨、锉、铣等方法修复或更换。

(3)壳体上所有连接螺孔的螺纹损伤不得多于两牙，螺纹孔的损伤可用换加粗螺栓或焊补后重新钻孔加工的方法修复。

四、变速器常见故障诊断与排除

1. 换挡困难

（1）故障现象。在进行正常变速操作时，变速杆不能挂入挡位，或者勉强挂上挡后又很难摘下来。

（2）故障原因。

①变速杆下端磨损或控制杆弯曲；

②拨叉或拨叉轴磨损、松旷、弯曲；

③自锁或互锁弹簧过硬、钢球损伤；

④操纵机构中控制连杆机构动作不良；

⑤同步器故障（磨损或损坏）；

⑥变速器轴弯曲变形或花键损伤。

（3）故障诊断与排除。

诊断方法：首先应确认离合器分离状态正常，然后使发动机怠速运转，踩下离合器踏板，试进行各挡位变换。检查变速杆是否卡滞、沉重等。当用这种方法不易判断时，可进行实车行驶试验。

排除方法：

①汽车行驶时发生换挡困难现象，首先检查离合器能否分离彻底，操纵机构能否工作。

②如上述情况良好，应拆开变速器盖，检查拨叉是否弯曲，拨叉的固定螺栓是否松动，拨叉轴与导向孔是否锈蚀，如有故障由此引起。

③检查自锁和互锁装置是否卡滞，如有故障由此引起。

④检查变速器轴花键损伤情况或轴弯曲，如有故障由此引起。

⑤检查同步器磨损或损坏情况，如有损伤，则故障由此引起。一般同步器可检查以下几个方面：

A. 同步环与锥体接触状态和制动作用：在锥体上涂齿轮油，再把同步环推上锥体并回转，如环与锥体可紧密接合即为良好。

B. 同步环油槽与锥体的磨损状态：测量同步环推到锥体上后的间隙，如该值与规定值相等即为良好。

C. 同步环与接合套安装面的位置关系是否正确。

2. 变速器跳挡

（1）故障现象：汽车在加速、减速或爬坡时，变速杆自动跳回空挡位置。

（2）故障原因：

①变速杆没有调整好或变速杆弯曲，远程控制杆机构磨损或调整不良；

②拨叉轴向自由行程过大或凹槽位置不正确，拨叉轴凹槽磨损及拨叉磨损、变形；

③自锁钢球磨损或破裂，自锁弹簧弹力不够或折断；

④变速器轴、轴承磨损松旷或轴向间隙过大以及变速器壳松动或与离合器壳没对准，造成轴转动时齿轮啮合不足而发生跳动和轴向窜动；

⑤齿轮或接合套严重磨损，沿齿长方向磨成锥形；

⑥同步器磨损或损坏。

（3）故障诊断。

诊断方法：使车辆行驶，反复加速、减速，检查在各挡位上变速杆是否容易脱出，如这种方法效果不明显时，可在爬陡坡等条件下进行检查。

排除方法：

①发现某挡跳挡时，仍将操纵杆挂入该挡，将发动机熄火。先检查操纵机构调整是否正确，然后再拆开变速器盖检查齿轮啮合情况和同步器啮合情况。如果啮合情况不好，应检查轴承是否磨损松旷，拨叉是否变形，拨叉与接合套上的叉槽间隙是否过大；如果啮合情况良好，应检查操纵机构锁止情况。如锁止不良，须拆下拨叉轴，检查自锁钢球、弹簧或拨叉轴凹槽情况。

②若齿轮啮合和操纵机构均良好，应检查齿轮是否磨成锥形，以及轴是否前后移动。如有则故障由此引起。否则故障为变速器壳松动或与离合器壳没对准而引起的跳挡。

3. 变速器乱挡

（1）故障现象：在离合器技术状况正常情况下，变速器同时挂上两个挡或虽能挂上挡，但却不能挂入所需要的挡位，或者挂入后不能退出。

（2）故障原因：主要为变速操纵机构失效。

①变速杆球头定位销磨损、折断或球孔、球头磨损、松旷；

②拨叉槽、互锁销或互锁球磨损严重或漏装；

③变速杆下端工作面或拨叉轴上导块的导槽磨损过度。

（3）故障诊断。

诊断方法：使车辆行驶，操纵变速杆进行换挡试验。检查是否有同时挂上两个挡或挂上的挡位不是所需要的挡位等情况。

排除方法：

①挂需要挡位时，结果挂入别的挡位：检查变速杆摆转角度，若其能任意摆，且能打圈，则为定位销损坏或失效。

②当变速杆摆转角正常，仍挂不上或摘不下挡，则多为变速杆下端工作面磨损或导槽磨损，使变速杆下端从导槽中脱去。

③若同时挂上两个挡，则为互锁装置磨损或漏装零件。

4. 变速器异响

（1）故障现象：变速器工作时，发出不正常声响，如金属的干摩擦声、不均匀的碰撞声等。

（2）故障原因：

①轴承发响：轴承缺油、磨损松旷、疲劳剥落或轴承滚动体破裂。

②齿轮发响：齿轮磨损严重，齿侧间隙太大，齿面疲劳有金属剥落或个别齿损坏折断等；齿轮制造精度差或齿轮副不匹配，维修中未成对更换相啮合的两齿轮；齿轮与轴或轴上花键配合松旷；安装齿轮的轴弯曲等。

③操纵机构发响：变速器操纵机构各连接处松动，拨叉变形或磨损松旷。

④其他原因发响：变速器缺油，润滑油过稀，过稠或质量变坏；变速器与发动机安装时曲轴与变速器第一轴轴线不同心，或变速器壳体变形；壳体轴承孔修复后，轴心发生变动或

使两轴线不同心，变速器壳体前端面与第一、二轴轴心线垂直度或一、二轴与曲轴同轴度超差；变速器内掉入异物或某些紧固螺栓松动。

（3）故障诊断与排除。

诊断方法：当发动机怠速运转时，使变速杆处于空挡位，检查接合和分离离合器过程中有无异响，如离合器接合时发生异响，离合器分离时异响消失，说明异响发生在变速器。也可进行实车行驶，检查变速器处于各挡位时有无异响。

排除方法：在排除变速器异响时，要根据响声的特点、出现响声的时机和发响的部位判断响声的原因，然后予以排除。

①发动机怠速运转，变速器空挡时发响，多为常啮合齿轮响。

②变速器换入某一挡位时，响声明显，应检查该挡齿轮和同步器的磨损及齿轮啮合情况。

③变速器各挡均有异响，多为基础件、轴、齿轮、花键磨损使形位误差超限。

④变速器运转时有金属干摩擦声，多为变速器内润滑油有问题，应检查油面高度和油的质量。

⑤变速器工作时有周期性撞击声，则为齿轮个别齿损坏。变速器工作时有间断性的异响，可能为变速器内掉入异物所引起。

5. 变速器漏油

（1）故障现象：变速器壳体外围有油泄漏，变速器箱的齿轮油减少。

（2）故障原因：

①变速器的盖与壳体之间安装松动或者密封垫损坏；

②油封磨损、变形或损伤，通气口堵塞、放油螺塞松动；

③齿轮油过多或齿轮油选用不当，产生过多泡沫；

④变速器壳龟裂或损伤或延伸壳破裂；

⑤车速表接头锁紧装置松动或破损。

（3）故障诊断与排除：

诊断方法：按油迹部位检查油液泄漏原因。

排除方法：

①检查调整变速器油量。检查齿轮油质量，如质量不佳，应更换合适的齿轮油。

②疏通堵塞的通气口，更换损坏的密封垫和油封。

③更换损坏的变速器壳和延伸壳。

④紧固松动的变速器盖、壳螺栓及放油螺塞。

⑤拧紧车速表接头锁紧装置，如果锁紧装置破损，应予以更换。

6. 变速器抖杆

变速器抖杆是指变速器挂入某挡位后，变速杆不停地跳动。

（1）故障原因。

①变速器自锁装置失准，变速拨叉轴的不通孔磨损松旷，或自锁钢球弹簧松弛，使拨叉轴在不通孔中前后窜动，引起变速杆抖动

②滑动齿轮在轴上的径向、轴向间隙过大，在齿轮传动时，引起变速杆的抖动。

③拨叉与齿轮拨环槽配合不当，或间隙过小。当齿轮旋转时，拨叉与齿轮拨环槽擦碰而

使变速杆抖动。

（2）故障检修：

①检查变速拨叉的弯曲和扭曲及磨损情况，并给予校正和焊修，使之与齿轮拨环槽有正确的配合。

②检查自锁装置，修整或更换变速器盖。

7. 变速器过热

用手直接触摸发热部位，若手摸发热处不能忍受时，则为变速器过热。

（1）故障原因：

①齿轮啮合过紧（啮合间隙过小），使齿轮摩擦生热。

②齿轮轴弯曲或变速器壳体变形，影响齿轮的正常啮合齿隙。

③齿轮润滑油量不足或黏度太小，造成干或半干摩擦或因油质不佳使油膜形成困难。

④轴承或垫圈安装过紧，使转动生热过多。

（2）故障检修：

检查润滑油，若不足或质量不符合要求应加足或更换。若齿轮装配间隙过小，应分别拆检，重新按照技术规范装配。

8. 变速器摘挡困难

（1）故障原因：

①锁环式同步器锁环卡住齿轮的外锥面。此时，由于接含套和锁环的齿轮脱开，但同步器锁环与接合套不分离（锁环驱动滑块带动花键毂旋转），使第二轴继续转动而脱不下挡位。

②换挡拨叉轴弯曲变形，造成轴移阻力增大，故换挡拨叉轴在脱挡时移动困难。

③换挡拨叉翘曲变形或严重磨损，或变速杆下端弧形工作面磨损，造成挡排未脱下来而变速杆下端却脱出拨叉凹槽，致使不能脱挡。

（2）故障检修：

①若为锁环与齿轮锥面卡住脱不开，应更换锁环来排除。

②若拨叉轴弯曲变形，能校直的校直，若无法校直的应予以换新。

③若拨叉翘曲变形或磨损严重，应校正或换新件。变速杆下端面磨损的应焊补。

项目实施

两轴手动变速器的拆装与检查

（一）项目实施目的及要求

（1）熟悉手动变速器的组成及各组成部分之间的装配关系；

（2）会变速器的拆装、检修操作；

（3）会同步器的拆装、检修操作；

（4）会对齿轮、轴、轴承、同步器及执行机构各主要部件进行检验；

（5）会做手动变速器的一、二级维护作业。

(二)项目实施设备及工(量)具

(1)设备:手动变速器若干台,工作平台(或翻转架);

(2)工(量)具:若干套常用工具,塞尺,百分表及表座、千分尺、游标卡尺、角尺、专用工具、锤子。

(三)项目实施内容

(1)认知手动变速器的种类、结构特点及各挡动力传动路线;

(2)两轴变速器的传动机构的拆装及检查;

(3)变速器操纵机构的拆装、调整及检查;

(4)变速器的调整与装配后的检验。

(四)项目实施步骤

1.认知手动变速器的种类、结构特点及各挡动力传动路线

(1)观察二轴变速器和三轴变速器在结构上的区别,熟悉各自的结构;

(2)按照要求将变速器盖拆下,认知操纵机构和传动机构各组成部件。

(3)分析并绘出每个挡位的动力传动路线。

2.变速器传动机构的拆装及检查

变速传动机构包括输入轴、输出轴及其上的齿轮。输入轴和输出轴的分解分别见图3-41和图3-42所示。

1)变速传动机构的拆卸

(1)整套齿轮的拆卸。拆卸变速器,拆下变速器后盖,拆下轴承支座,拆下整套齿轮。

(2)输入轴的拆卸。拆下四挡齿轮的卡环。取下四挡齿轮、同步环和滚针轴承,拆下同步器锁环。取下三挡和四挡同步器、三挡同步环和齿轮,取下三挡齿轮的滚针轴承,取下输入轴的中间轴承内座圈。

(3)输出轴的拆卸。拆下输出轴内后轴承和一挡齿轮。取下滚针轴承和一挡同步环,取下滚针轴承的内座圈、同步器和二挡齿轮。取下二挡齿轮的滚针轴承,拆下三挡齿轮的卡环三挡齿轮。拆下四挡齿轮的卡环四挡齿轮。拆下输出轴的前轴承。

2)变速传动机构的检查

(1)检查所有齿轮和轴承的损坏情况。齿面有轻微斑点,在不影响使用的情况下可以用油石修磨。当齿厚磨损超过0.2 mm,齿长磨损超过原齿长的15%,或斑点面积超过齿面15%以上,则应更换齿轮。装好滚针轴承和内座圈后,用百分表检查齿轮与内座圈之间的间隙,如图3-43所示。标准间隙为0.009~0.060 mm,极限间隙为0.15 mm,超过极限应更换轴承。

(2)检查输入轴和输出轴,不应有裂纹,轴径及花键不应有严重磨损,轴上的齿轮不应有断齿和严重磨损,否则应更换。检查轴的径向圆跳动,如图3-44所示,不应超过0.05 mm,否则应更换或校正。

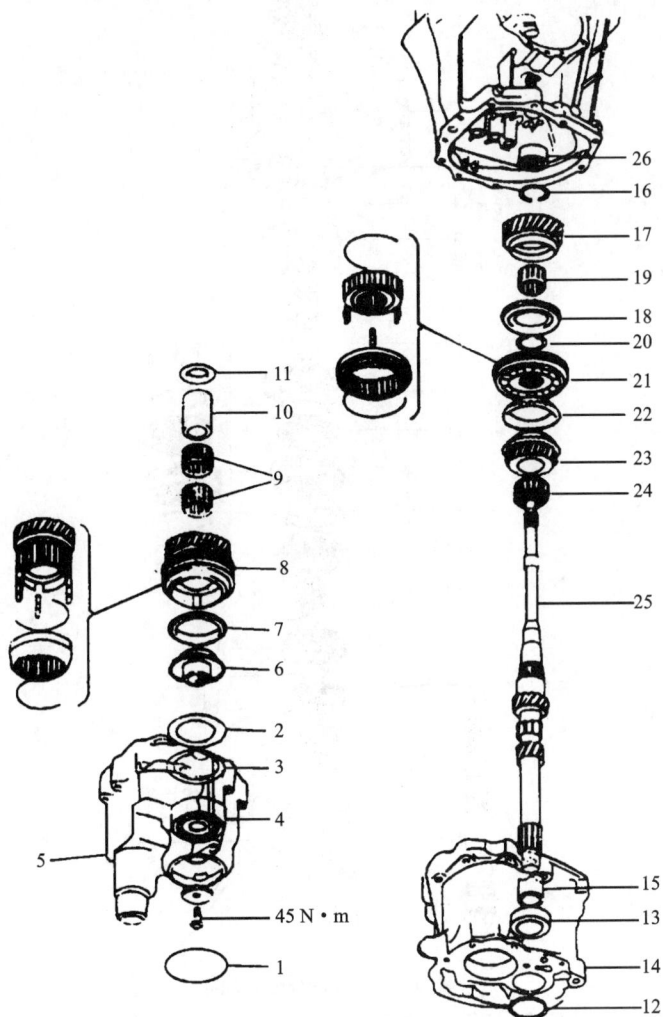

图 3 – 41 输入轴分解图

1—后轴承的罩盖；2—挡油圈；3—卡环；4—输入轴后轴承；5—变速器后盖；6—五挡同步套管；7—五挡同步环；
8—五挡同步器和齿轮；9—五挡齿轮滚针轴承；10—五挡齿轮滚针轴承内座圈；11—固定垫圈；12—卡环；
13—中间轴承；14—轴承支座；15—中间轴承内座圈；16—卡环；17—四挡齿轮；18—四挡同步环；
19—四挡齿轮滚针轴承；20—卡环；21—三挡和四挡同步器；22—三挡同步环；23—三挡齿轮；
24—三挡齿轮滚针轴承；25—输入轴；26—输入轴滚针轴承

（3）检查同步器。将同步环压在各自齿轮的锥面上，按压转动同步环时要有阻力，用塞尺测量环齿与轮齿之间的间隙 a，如图 3 –45 所示。间隙 a 的规定值见表 3 –4。如果不符合规定，应更换同步环。

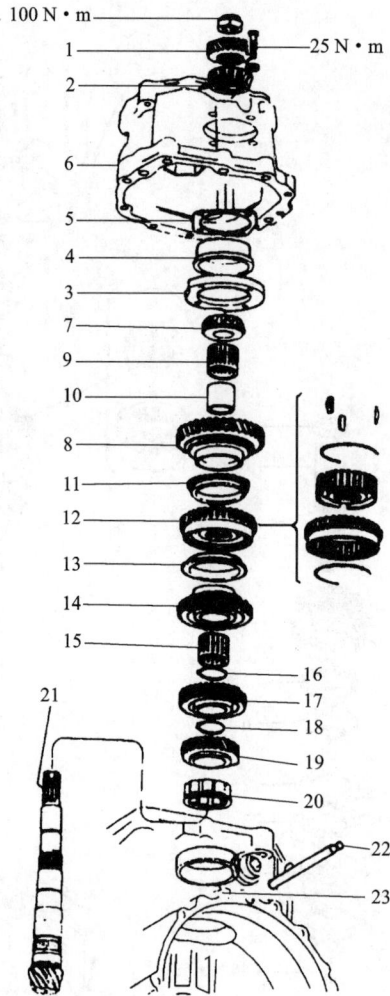

图 3 - 42　输出轴分解图

1—五挡齿轮；2—输出轴外后轴承；3—轴承保持架；4—后轴承外圈；5—调整垫片；6—轴承支座；
7—输出轴内后轴承；8——挡齿轮；9——挡齿轮滚针轴承；10——挡齿轮滚针轴承内座圈；11—一挡同步环；
12——挡和二挡同步器；13—二挡同步环；14—二挡齿轮；15—二挡齿轮滚针轴承；16—挡环；
17—三挡齿轮(凸缘应转向四挡齿轮)；18—挡环；19—四挡齿轮(凸缘应转向主动锥齿轮)；20—输出轴前轴承；
21—输出轴；22—圆柱销；23—输出轴前轴承外圈

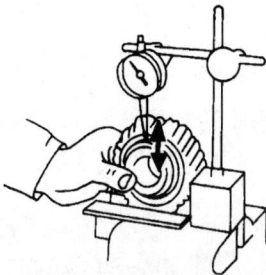

图 3 - 43　检查齿轮与内座圈之间的间隙

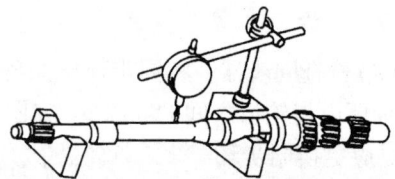

图 3 - 44　检查轴的径向圆跳动

图 3-45 检查同步器间隙

表 3-4 同步器环齿与轮齿之间的间隙 a

同步环	间隙 a/mm	
	新的零件	磨损的限度
一挡和二挡	1.10~1.17	0.05
三挡和四挡	1.35~1.90	0.05
五挡	1.10~1.70	0.05

3）传动机构的装配

（1）装上中间轴承的内座圈。将预先润滑过的三挡齿轮滚针轴承装上，把油槽转向二挡齿轮。组装三挡、四挡同步器。装上三挡齿轮和三挡、四挡同步器，装上卡环。装上同步环、滚针轴承和四挡齿轮，再装卡环。用 2 kN 的力将三挡齿轮、同步器和四挡齿轮紧紧压于卡环上，把总成固定好。将前轴承装在输出轴上。装上四挡齿轮。用手扶住前轴承，齿轮有凸缘的一边应朝向轴承。用卡环将四挡齿轮固定好，卡环的厚度有 2.35 mm、2.38 mm、2.41 mm、2.44 mm、2.47 mm 等几种。安装三挡齿轮，凸缘应朝向四挡齿轮。用塞尺测量卡环的厚度，根据测量结果，选择适当的卡环装上。安装滚针轴承、齿轮和二挡同步环。装配一挡和二挡同步器。装上一挡和二挡同步器，同步器壳体的槽应朝一挡齿轮。装上一挡齿轮滚针轴承的内座圈。装上一挡同步环、一挡齿轮、一挡齿轮滚针轴承。装上内后轴承，将输入轴和输出轴装在轴承支座上，将轴承支座装在变速器壳体上。将变速器后盖装在变速器轴承支座上。

（2）同步器的装配要点。以桑塔纳 2000 轿车五挡变速器的同步器为例，在装配同步器时，花键毂的细槽应朝向接合套拨叉槽的对面一侧，如图 3-46 所示。花键毂上有三个凹口，接合套上有三个凹陷的内齿。安装时，三个凹口应与三个凹陷的内齿相吻合，这样可以安装滑块。再装弹簧圈，相互间隙 120°，弹簧圈弯的一端应嵌入一个滑块中，如图 3-47 所示。

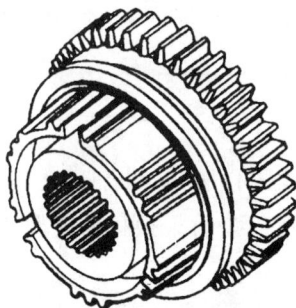

图 3-46 装配同步器

图 3-47 装入弹簧圈和滑块

3. 变速器操纵机构的拆装、调整和检修

如图 3 - 48 所示为桑塔纳 2000 轿车五挡手动变速器操纵机构分解图。

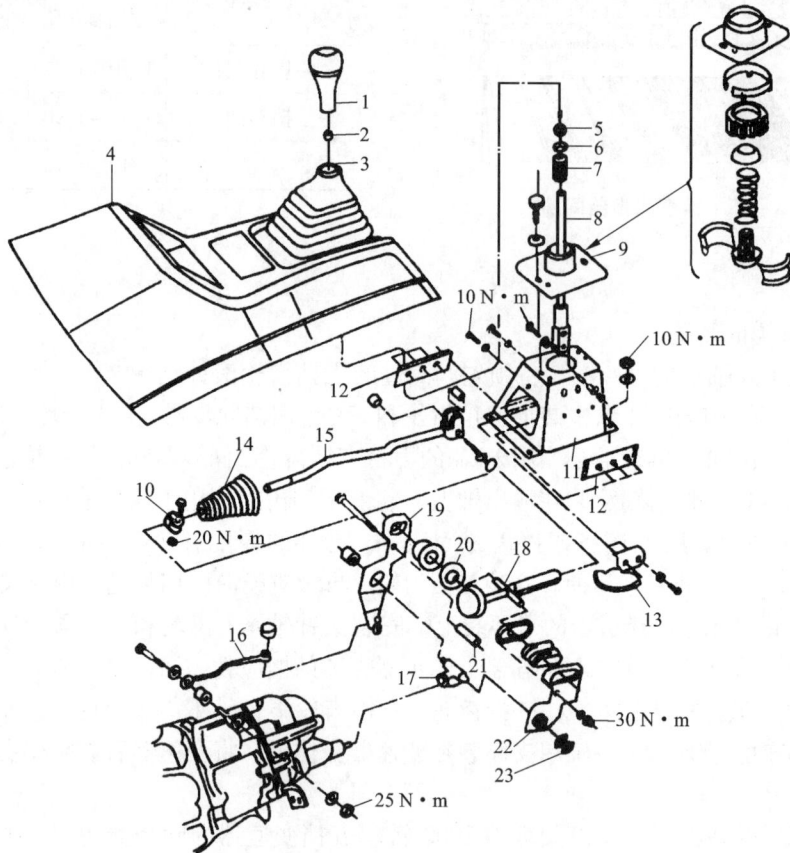

图 3 - 48　桑塔纳 2000 轿车五挡手动变速器操纵机构分解图

1—换挡手柄；2—防尘罩衬套；3—防尘罩；4—仪表板；5—锁圈；6—挡圈；7—弹簧；8—上换挡杆；
9—换挡杆支架；10—夹箍；11—变速杆罩壳；12—缓冲垫；13—倒挡缓冲垫；14—密封罩；
15—下换挡杆；16—支撑杆；17—离合块；18—换挡连接套；19—轴承右侧压板；20—罩盖；
21—支撑轴；22—轴承左侧压板；23—塑料衬套

1) 变速器操纵机构的拆装

拆装时要参看图 3 - 48。

(1)上换挡杆的拆卸。拆下换挡手柄，取下防尘罩。取下仪表板。拆下固定在上换挡杆的弹簧锁圈(注意锁圈一经拆卸，就要更换)，取下挡圈和弹簧。拆下换挡杆支架。拆下变速控制器罩壳，使上、下换挡杆脱离。

(2)上换挡杆的安装。上换挡杆的安装按照与拆卸相反的顺序进行，但注意以下事项：检查所有零件的完好情况，更换已经损坏的零件；润滑衬套和挡圈；调整上换挡杆；用快干胶固定换挡手柄。

(3)换挡杆支架的拆卸。取下换挡手柄和防尘罩。拆下锁圈、挡圈和弹簧(锁圈一经拆卸，就要更换）。拆下换挡杆支架的固定螺栓，取下换挡杆支架。换挡杆支架只有加润滑油时才分解，一旦发现任何零件损坏，就要全部更换。

（4）换挡杆支架的安装。用润滑脂润滑换挡杆支架内部件，装上换挡杆支架，螺栓不用旋紧，将换挡杆支架上的孔与变速操纵机构罩壳上的孔对准，用 10 N·m 的力矩旋紧螺栓。装上弹簧挡圈和新的锁圈。检查各挡的啮合情况。装上防尘罩和手柄。

2）变速器操纵机构的调整

挂入一挡，将上换挡杆向左推至缓冲垫处。慢慢松开上换挡杆，上换挡杆应朝右返回约 5～10 mm，挂入五挡。将上换挡杆向右推至缓冲垫，慢慢松开上换挡杆，上换挡杆应朝左返回约 5～10 mm。当上换挡杆朝一挡和五挡压去时，上换挡杆大致返回同样的距离；如有必要，可通过移动换挡杆支架的椭圆形孔进行调整。检查各挡齿轮啮合是否平滑。如果啮合困难，要进行调整。将上换挡杆置于极限位置上。旋松夹箍的螺母，移动上换挡杆，要求下换挡杆在连接时自由滑动。取下换挡手柄和防尘罩，将换挡杆支架孔与变速杆罩壳的孔对准，并旋紧螺栓。用专用工具 VW5305/7 进行安装，将其嵌入换挡杆支架前孔中，将上换挡杆放在"C"位置上，如图 3-49 所示。

轻轻地旋紧下面的螺栓，将专用工具 VW5305/7 固定好。将上换挡杆放到最右面，直至缓冲垫，旋紧定位器螺栓。将上换挡杆放在"B"位置上，如图 3-50 所示。

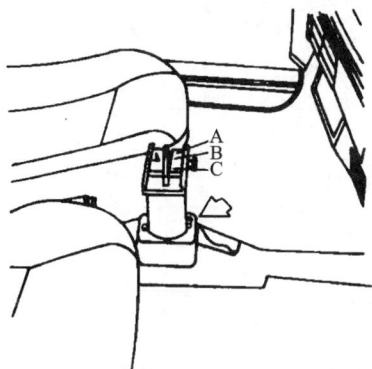

图 3-49　将上换挡杆放在"C"位置上　　　图 3-50　将上换挡杆放在"B"位置上

用 20 N·m 的力矩旋紧夹箍螺母。取下专用工具 VW5305/7，挂入一挡，将上换挡杆向左压到底。松开上换挡杆，由于弹簧的作用上换挡杆返回到右边。挂入五挡，将上换挡杆向右压到底。松开上换挡杆，由于弹簧的作用上换挡杆返回到左边。先后挂入所有的挡位，特别要注意倒挡的锁止功能。装上仪表板、防尘罩和换挡手柄。

变速器装配质量的好坏直接关系到变速器的工作质量，因此在变速器的装配过程中应特别注意以下几个方面：

（1）装配前，必须对零件进行认真的清洗，除去污物、毛刺和铁屑等。尤其要注意第二轴齿轮上的径向润滑油孔的畅通。

（2）装配各部轴承键槽时，应涂上质量优良的润滑油进行预润滑。总成修理时，应更换所有的滚针轴承。

（3）对零件的工作表面不得用硬金属直接锤击，避免齿轮轮齿出现运转噪声。

（4）注意同步器锁环或锥环的装配位置。装配过程中，如有旧件时应原位装复，以保证两元件的接触面积。因此，在变速器解体时，应注意各挡齿轮、同步器固定齿座、止推垫圈的方向及位置，以保证齿轮的正确啮合位置。

（5）安装第一轴、二轴及中间轴的轴承时，只许用压套垂直压在内圈上，禁止施加冲击载荷，轴承内圈圆角较大的一侧必须朝向齿轮。

（6）装入油封前，需在油封的刃口涂少量润滑脂，要垂直压入，并注意安装方向。

（7）变速器装配后，要检查各齿轮的轴向间隙和各齿轮副的啮合间隙及啮合印痕。常啮合齿轮的啮合间隙为 0.15 ~ 0.4 mm；滑动齿轮的啮合间隙为 0.15 ~ 0.5 mm。第一轴的轴向间隙≤0.15 mm，其他各轴的轴向间隙≤0.30 mm。各齿轮的轴向间隙≤0.40 mm。

（8）装配密封衬垫时，应在密封衬垫的两侧涂以密封胶，确保密封效果。

（9）安装变速器盖时，各齿轮和拨叉均应处于空挡位置。必要时，可分别检查各个常用挡的齿轮副是否处于全长接合位置。

（10）按规定的力矩拧紧螺栓。

3）变速器的调整与装配后的检验

（1）变速器的调整：变速器在维修后对常啮合齿轮的轴向间隙和轴承外圈轴向间隙必须进行调整。

①常啮合齿轮的轴向间隙的调整：常啮合齿轮的轴向间隙要求严格，一般在 0.1 ~ 0.3 mm 之间，调整方法是用手沿轴向拨动齿轮应无明显松旷感觉。齿轮孔端面磨损和止推环工作面或轴肩磨损，是轴向间隙增大的原因。常啮合齿轮轴向间隙如图 3 - 51 所示。

②轴承外圈轴向间隙的调整：变速器第

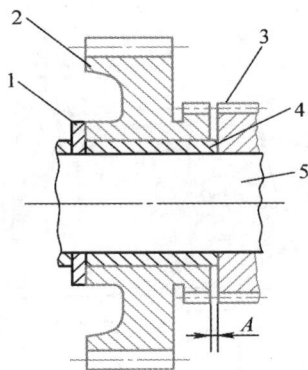

图 3 - 51　常啮合齿轮轴向间隙示意图

1—止推环；2—齿轮；3—齿轮孔端面；
4—齿轮轴承套；5—花键轴；A—轴向间隙

一、二轴和中间轴的定位轴承，安装在变速器壳体相应轴承座孔内，要求轴承外圈轴向间隙为 0.00 ~ 0.05 mm，使用极限 0.08 mm。调整轴承外圈轴向间隙如图 3 - 52 所示。

（2）变速器装配后检验：变速器装配后，应检查各装置的操作功能。

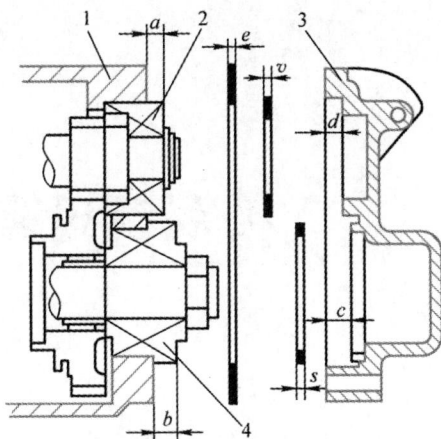

图 3 - 52　调整轴承外圈轴向间隙示意

a、b—轴承外圈端面露出壳体端面的高度；c、d—轴承定位孔肩到轴承盖与壳体结合面的距离；

e—密封垫片厚度；v、s—调整垫片厚度

1—变速器壳体；2—输入轴；3—轴承端盖；4—输出轴定位轴

项目小结

1. 手动变速器主要有两轴式和三轴式两种。其中两轴式主要用于发动机前置前轮驱动的汽车。

2. 手动变速器主要由传动机构、操纵机构和变速器壳体组成。传动机构的主要作用是改变传动比和旋转方向；主要包括输入轴、中间轴（三轴式）、输出轴、同步器和挡位齿轮；操纵机构的作用是实现换挡，主要由换挡装置和锁止装置组成。

3. 手动变速器的换挡方式有：接合套、滑移齿轮和同步器，目前以同步器为主，常用的同步器有惯性锁环式和惯性锁销式两种。锁环式同步器由锁环、花键毂、接合套、滑块组成；锁销式同步器由摩擦锥盘、摩擦锥环锁销、定位销接合套等组成。

4. 手动变速器的常见故障有变速器异响、变速器乱挡、跳挡、换挡困难、变速器漏油。

5. 手动变速器的主要检修内容有齿轮和轴承、轴、同步器、变速器壳体、拨叉轴、拨叉。

6. 正确拆装变速器是手动变速器检修的前提，拆装时要注意解体前清洗，尽量使用专用工具，按正确的顺序拆装，装配时一些部件要预润滑，要按规定力矩扭紧全部螺栓。

思考与练习

1. 照实物或图片说明桑塔纳 2000 轿车二轴、五挡手动变速器和东风 EQ1092 三轴、五挡手动变速器的各挡动力传动情况（包括如何换挡及动力传动路线）。

2. 变速器锁止装置有哪些？各起什么作用？

3. 如何检查变速器各轴和齿轮？

4. 说明手动变速器挂挡困难的原因及排除方法。

5. 在一运输车队中，某驾驶员驾驶东风 EQ1090 汽车的锁销式同步器总是出现早期磨损的问题，后来发现该驾驶员为了节约燃料，在下坡时采用发动机熄火空挡滑行的方法，试分析采用该方法为何会导致同步器的早期磨损。

项目四

自动变速器构造与检修

学习目标

(1) 能正确描述自动变速器的分类、基本组成及作用；

(2) 能叙述液力变矩器和锁止离合器的作用及工作情况；

(3) 会分析自动变速器所用行星齿轮系的结构组成、各挡动力传动路线；

(4) 能区分离合器、制动器和单向离合器的结构特点及作用；

(5) 能掌握自动变速器液压控制系统和电子控制系统的作用和基本元件的工作情况；

(6) 会撰写案例分析报告。

案例引入

一辆 2004 年款上海大众帕萨特 1.8GSi 轿车，搭载大众 AG401N 型 4 前速电子控制自动变速器，用户反映该车变速器存在换挡冲击的症状。请你制定一份诊断维修计划书，完成检修任务，并归档。

项目描述

本项目主要内容为自动变速器的分类、基本组成及作用；液力变矩器和锁止离合器的作用及工作原理；行星齿轮机构的组成，辛普森式及拉威娜式行星齿轮机构的特点、各挡动力传动路线；离合器、制动器和单向离合器的结构特点及作用；自动变速器液压控制系统和电子控制系统的作用和基本元件的工作情况。

项目内容

任务一　自动变速器概述

一、自动变速器的分类

自动变速器可以按结构和控制方式、车辆驱动方式、挡位数的不同来分类。

1. 按结构和控制方式分

自动变速器按结构、控制方式的不同，可以分为液力式自动变速器、无级自动变速器和机械式自动变速器。

(1) 机械式自动变速器，简称 AMT，是英文 Automated Mechanical Transmission 的缩写，它

是在原有手动、有级、普通齿轮变速器的基础上增加了电子控制系统，来自动控制离合器的接合、分离和变速器挡位的变换。机械式自动变速器由于原有的机械传动结构基本不变，所以齿转传动固有的传动效率高、机构紧凑、工作可靠等优点被很好地继承了下来，在重型车的应用上具有很好的发展前景。

（2）无级自动变速器简称 CVT，是英文 Continuously Variable Transmission 的缩写，它是采用传动带和工作直径可变的主、从动轮相配合来传递动力，可以实现传动比的连续改变。这也是一种具有广阔发展前景的自动变速器，目前在汽车上的应用已具有一定的市场份额。目前常见的有奥迪 A6 的 Multitronic 无级自动变速器、派力奥的 Speedgear 无级自动变速器、旗云的 VT1F 无级自动变速器等。

（3）液力式自动变速器是目前应用最广泛、技术最成熟的自动变速器。按照控制方式的不同，液力自动变速器可以分为液控液力自动变速器和电控液力自动变速器，目前轿车上都是采用电控液力自动变速器；按照变速机构(机械变速器)的不同，液力自动变速器又可以分为行星齿轮自动变速器和非行星自动齿轮变速器，行星齿轮自动变速器应用最广泛，非行星齿轮自动变速器只在本田等个别车系中应用。行星齿轮自动变速器又可以分为辛普森式、拉威娜式和串联式。

2. 按车辆的驱动方式分

自动变速器按车辆驱动方式的不同，可以分为自动变速器(Automatic Transmission)和自动变速驱动桥(Automatic Transaxle)，如图 4－1 所示。

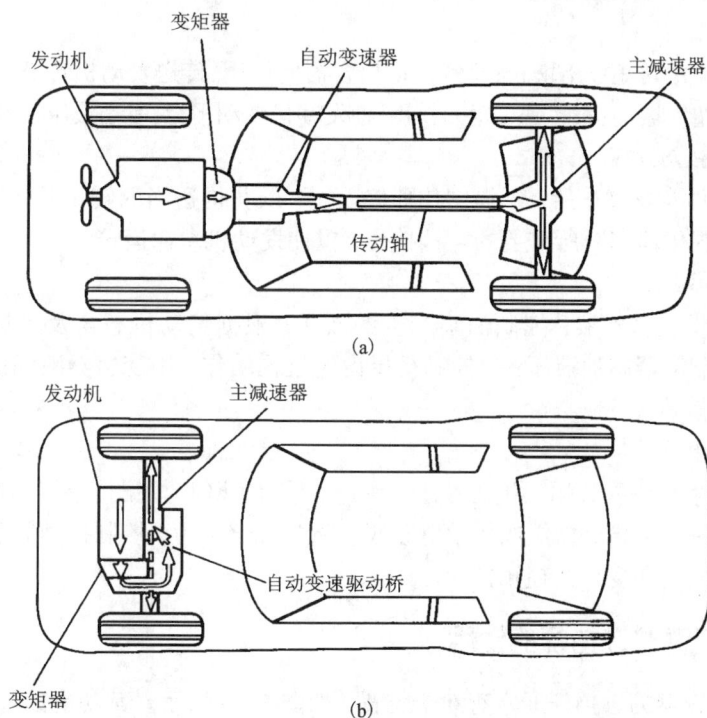

（a）

（b）

图 4－1　自动变速器和自动变速驱动桥

（a）自动变速器；（b）自动变速驱动桥

自动变速器用于发动机前置后轮驱动的布置形式,变速器与主减速器、差速器分开,而自动变速驱动桥用于发动机前置前轮驱动,变速器与主减速器、差速器制成一个总成。

3.按自动变速器前进挡的挡位数分

按照自动变速器选挡杆置于前进挡时的挡位数,可以分为四挡、五挡、六挡等,目前比较常见的是四挡和五挡自动变速器,在某些高级轿车如丰田皇冠、宝马7系、奥迪A8等轿车采用六挡自动变速器。

二、自动变速器的基本组成及作用

自动变速器是一种能实现自动变速、连续变矩的动力传动装置。它从低挡自动换到高挡,无需驾驶员进行离合器操作。具有操作方便、换挡平稳、乘坐舒适、过载保护性好等特点。但其结构较复杂,成本较高,修理较麻烦。

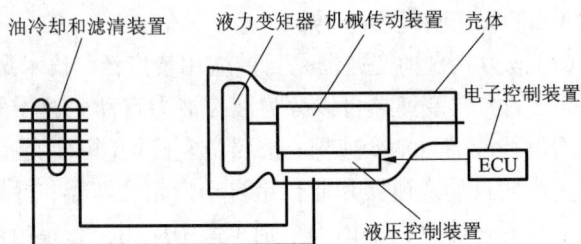

图4-2 自动变速器基本组成

自动变速器的基本组成如图4-2所示。由图中可知,自动变速器由液力变矩器、齿轮变速传动装置、液压控制系统、电子控制系统等组成。此外还有自动变速器油冷却和滤清装置。

自动变速器各组成部分的作用如下:

1.液力变矩器

使发动机产生的转矩成倍增长;起到自动离合器的作用,传送发动机转矩至变速器;缓冲发动机及传动系的扭转振动;兼起到飞轮的作用,使发动机转动平稳;驱动液压控制系统的油泵。

2.齿轮变速传动装置

根据行车条件及驾驶员所需,提供几种传动比,以获得适当的转矩及转动速度;为倒车提供倒挡挡位;提供停车时所需要的空挡挡位,以使发动机怠速运转。

3.液压控制系统

向变矩器提供变速器液;控制油泵产生的液压;根据发动机载荷及车速等调节系统压力;对离合器及制动器施加液压,以控制行星齿轮机构动作;用变速器液润滑转动部件及为变矩器及变速器散热。

4.电子控制系统

利用传感器采集各种数据,并且将其转换为电信号;ECU根据传感器的信息确定换挡正时及锁止正时,并发出指令操纵阀体中电磁阀,调节管道压力、控制换挡阀和锁止控制阀的动作,实现自动换挡和变矩器锁止控制。

三、自动变速器选挡杆的使用

轿车自动变速器的选挡杆通常有6个位置,如图4-3所示。其功能如下:

P位:驻车挡。选挡杆置于此位置时,驻车锁止机构将自动变速器输出轴锁止。

R位:倒挡。选挡杆置于此位置时,液压系统倒挡油路被接通,驱动轮反转,实现倒向行驶。

N位:空挡。选挡杆置于此位置时,所有机械变速器的齿轮机构空转,不能输出动力。

D 位：前进挡。选挡杆置于此位置时，液压系统控制装置根据节气门开度信号和车速信号自动接通相应的前进挡油路，行星齿轮变速器在换挡执行元件的控制下得到相应的传动比。随着行驶条件的变化，在前进挡中自动升降挡，实现自动变速功能。

2 位：高速发动机制动挡。选挡杆置于此位置时，液压控制系统只能接通前进挡中的一、二挡油路，自动变速器只能在这两个挡位间自动换挡，无法升入更高的挡位，从而使汽车获得发动机制动效果。

L 位(也称 1 位)：低速发动机制动挡。选挡杆置于此位置时，汽车被锁定在前进挡的一挡，只能在该挡位行驶而无法升入高挡，发动机制动效果更强。

这两个挡位多用于山区等路况的行驶，可避免频繁换挡，延长变速器的使用寿命。

发动机只有在选挡杆置于 N 或 P 位时，汽车才能启动，此功能靠空挡启动开关来实现。

常见的选挡杆的位置可布置在转向柱上或驾驶室地板上，如图 4-4 所示。

图 4-3 自动变速器选挡杆位置示意图

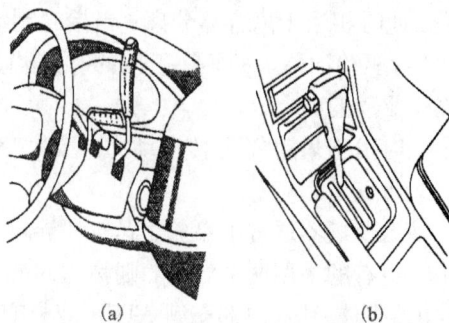

图 4-4 选挡杆的位置
(a)布置在转向柱上；(b)布置在驾驶室地板上

四、自动变速器的特点

(1)普通变速器所有挡位都必须手动换挡，驾驶员劳动强度加大。自动变速器除倒挡由手控制外，其他各前进挡都可根据发动机工况和车速进行自动换挡。

(2)自动变速器由于安装了液力变矩器而取消了离合器踏板，提高了汽车行驶安全性。同时由于液力变矩器是液体传力，可实现无级变速，使汽车起步、加速更加平稳，还能避免因负荷过大而造成发动机熄火。

(3)自动变速器结构复杂，零部件较多，而且零件比较精密，因此在维修中要有针对性地先确定故障的大致部位，避免因盲目拆装而造成人为故障。普通变速器的维修比较简单，一般都是按标准拆卸、更换零部件，再进行组装即可解决问题。

(4)普通变速器造价便宜，而自动变速器造价比较昂贵。

(5)电控自动变速器有模式选择、自我诊断、失效保护等功能。

任务二　液力变矩器

手动变速器是用离合器来接合和分离发动机与变速器的连接。而自动变速器是用液力变矩器来接合和分离发动机与变速器的连接，它利用油液来进行动力的耦合。

一、液力变矩器的功用和组成

1.液力变矩器功用

液力变矩器位于发动机和机械变速器之间，以自动变速器油（ATF）为工作介质，主要完成以下功用：

（1）传递转矩。发动机的转矩通过液力变矩器的主动元件，再通过 ATF 传给液力变矩器的从动元件，最后传给变速器。

（2）无级变速。根据工况的不同，液力变矩器可以在一定范围内实现转速和转矩的无级变化。

（3）自动离合。液力变矩器由于采用 ATF 传递动力，当踩下制动踏板时，发动机也不会熄火，此时相当于离合器分离；当抬起制动踏板时，汽车可以起步，此时相当于离合器接合。

（4）驱动油泵。ATF 在工作的时候需要油泵提供一定的压力，而油泵一般是由液力变矩器壳体驱动的。

同时由于采用 ATF 传递动力，液力变矩器的动力传递柔和，且能防止传动系过载。

2.组成

液力变矩器通常由泵轮、涡轮和导轮三个元件组成，称为三元件液力变矩器，如图 4 - 5 所示。也有的采用两个导轮，则称为四元件液力变矩器。液力变矩器总成封在一个钢制壳体（变矩器壳体）中，内部充满 ATF。液力变矩器壳体通过螺栓与发动机曲轴后端的飞轮连接，与发动机曲轴一起旋转。泵轮位于液力变矩器的后部，与变矩器壳体连在一起。涡轮位于泵

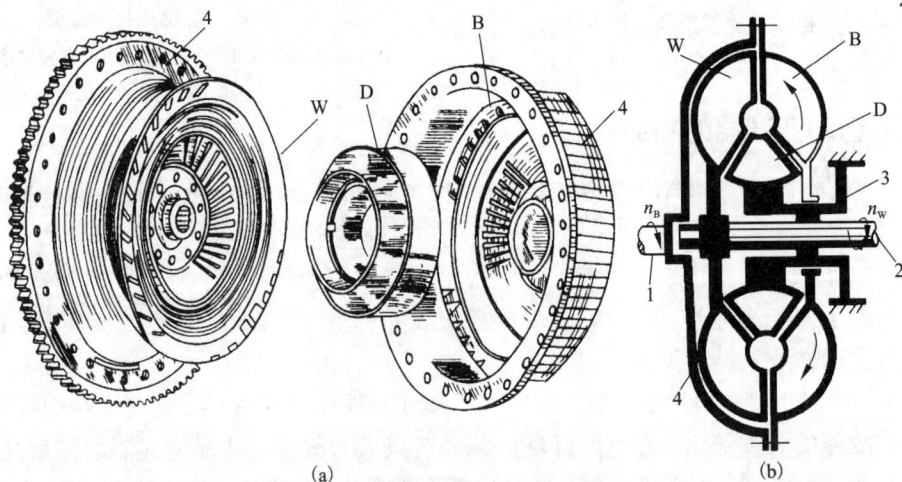

(a)　　　　　　(b)

图 4 - 5　液力变矩器的组成

B—泵轮；W—涡轮；D—导轮；1—输入轴；2—输出轴；3—导轮轴；4—变矩器壳

轮前，通过带花键的从动轴向后面的机械变速器输出动力。导轮位于泵轮与涡轮之间，通过单向离合器支承在固定套管上，使得导轮只能单向旋转（顺时针旋转）。泵轮、涡轮和导轮上都带有叶片，液力变矩器装配好后形成环形内腔，其间充满 ATF。

二、液力变矩器的工作原理

1.动力的传递

液力变矩器工作时，壳体内充满 ATF，发动机带动壳体旋转，壳体带动泵轮旋转，泵轮的叶片将 ATF 带动起来，并冲击到涡轮的叶片；如果作用在涡轮叶片上冲击力大于作用在涡轮上的阻力，涡轮将开始转动，并使机械变速器的输入轴一起转动。由涡轮叶片流出的 ATF 经过导轮后再流回到泵轮，形成如图 4-6 所示的循环流动。

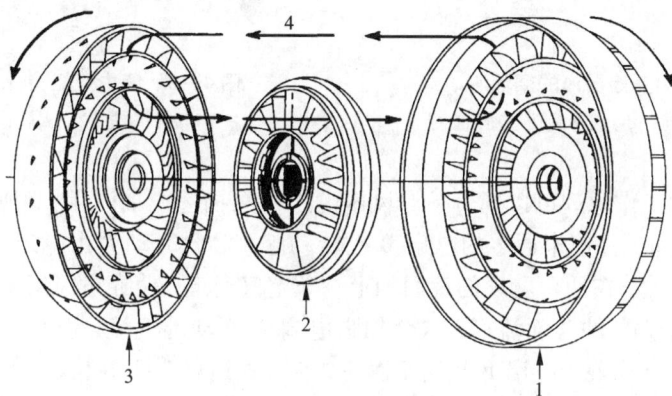

图 4-6　ATF 在液力变矩器中的循环流动
1—涡轮；2—导轮；3—泵轮；4—油流

具体来说，上述 ATF 的循环流动是两种运动的合运动。当液力变矩器工作，泵轮旋转时，泵轮叶片带 ATF 旋转起来，ATF 绕着泵轮轴线作圆周运动；同样随着涡轮的旋转，ATF 也绕着涡轮轴线作圆周运动。旋转起来的 ATF 在离心力的作用下，沿着泵轮和涡轮的叶片从内缘流向外缘。当泵轮转速大于涡轮转速时，泵轮叶片外缘的液压大于涡轮外缘的液压。因此，ATF 油在作圆周运动的同时，在上述压差的作用下由泵轮流向涡轮，再流向导轮，最后返回泵轮，形成在液力变矩器环形腔内的循环运动。实际上 ATF 以循环的方式流过液力变矩器，在其内部形成一条首尾相接的环行螺旋流线，如图 4-7 所示。

2.转矩的放大

在泵轮与涡轮的转速差较大的情况下，由涡轮甩出的 ATF 以逆时针方向冲击导轮叶片，如图 4-8 所示，此时导轮是固定不动的，因为导轮上装有单向离合器，它可以防止导轮逆时针转动。导轮的叶片形状使得 ATF 的流向改变为顺时针方向流回泵轮，即与泵轮的旋转方向相同。泵轮将来自发动机和从涡轮回流的能量一起传递给涡轮，使涡轮输出转矩增大。液力变矩器的转矩放大倍数一般为 2.2 左右。

液力变矩器的变矩特性只有在泵轮与涡轮转速相差较大的情况下才成立，随着涡轮转速的不断提高，从涡轮回流的 ATF 油会按顺时针方向冲击导轮。若导轮仍然固定不动，ATF 油将会产生涡流，阻碍其自身的运动。为此绝大多数液力变矩器在导轮机构中增设了单向离合器，也称自由轮机构。当涡轮与泵轮转速相差较大时，单向离合器处于锁止状态，导轮不能转动。当涡轮转速达到泵轮转速的85%～90%时，单向离合器导通，导轮空转，不起导流的作用，液力变矩器的输出转矩不能增加，只能等于泵轮的转矩，此时称为耦合状态。

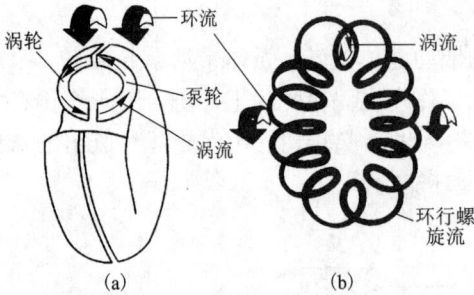

图4－7　液力变矩器内的循环流动

（a）两种旋转运动；（b）两种旋转运动的合成

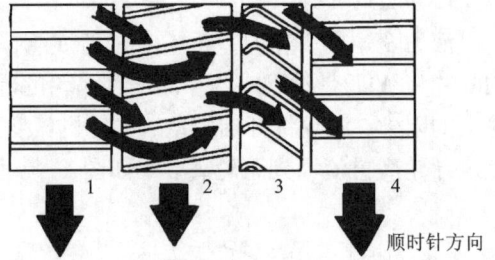

图4－8　液力变矩器转矩放大原理

1、4—泵轮；2—涡轮；3—导轮

液力变矩器的工作原理可以通过一对风扇的工作来描述。如图4－9所示，将风扇A通电，将气流吹动起来，并使未通电的电扇B也转动起来，此时动力由电扇A传递到电扇B。为了实现转矩的放大，在两台电扇的背面加上一条空气通道，使穿过风扇B的气流通过空气通道的导向，从电扇A的背面流回，这会加强电扇A吹动的气流，使吹向电扇B的转矩增加。即电扇A相当于泵轮，电扇B相当于涡轮，空气通道相当于导轮，空气相当于ATF。液力变矩器的液流如图4－10所示，由图可以看出，涡轮回流的ATF油经过导轮叶片后改变流动方向，与泵轮旋转方向相同，从而使液力变矩器具有转矩放大的功用。

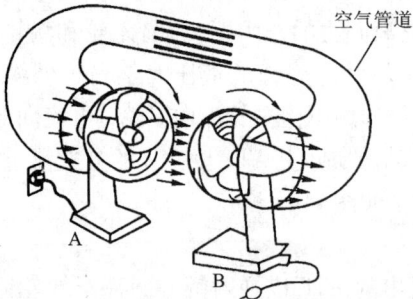

图4－9　液力变矩器的工作模型

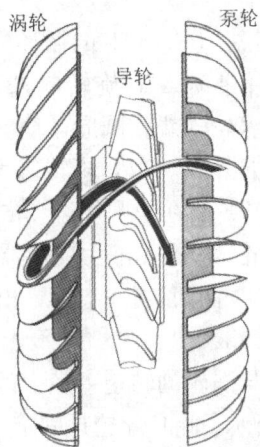

图4－10　液力变矩器的液流

3.无级变速

从上面的分析我们可以得出这样的结论：随着涡轮转速的逐渐提高，涡轮输出的转矩要逐渐下降,而且这种变化是连续的。同样,如果涡轮上的负荷增加了,涡轮的转速要下降,而涡轮输出的转矩增加正好适应负荷的增加。

三、典型液力变矩器

典型的液力变矩器如图4-11所示,主要由泵轮、涡轮、带单向离合器的导轮、变矩器壳体、涡轮轴、锁止离合器等组成。下面只介绍单向离合器和锁止离合器。

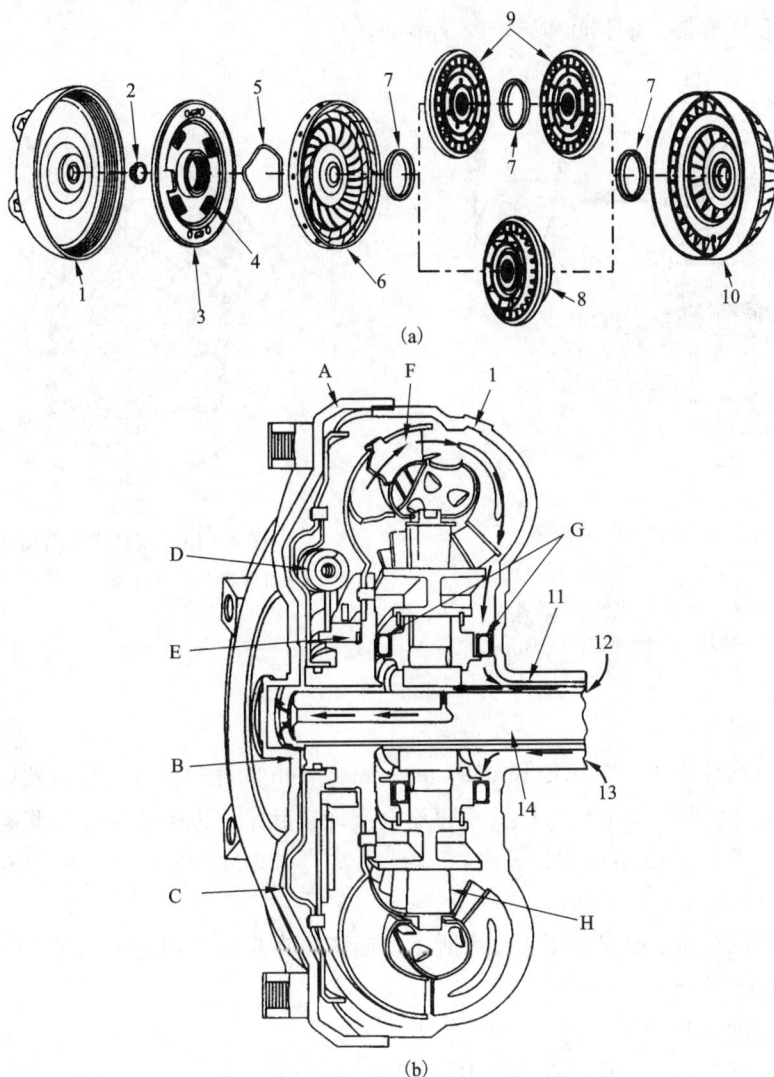

图4-11 典型的液力变矩器

(a)液力变矩器组成;(b)液力变矩器结构

1—变矩器壳体(A);2—涡轮止推垫片(B);3—压盘(C);4—扭转减振器(D);5—压盘弹簧(E);

6—涡轮(F);7—止推轴承(G);8—带单向离合器的单导轮(H);9—带单向离合器的双导轮(H);10—泵轮(I);

11—导轮轴;12—分离油液;13—接合油液;14—涡轮轴

1. 单向离合器

单向离合器又称为自由轮机构、超越离合器，其功用是实现导轮的单向锁止，即导轮只能顺时针转动而不能逆时针转动，使得液力变矩器在高速区实现耦合传动。

常见的单向离合器有楔块式（图4-12）和滚柱式两种结构形式。

滚柱式单向离合器如图4-13所示，由内座圈、外座圈、滚柱、叠片弹簧等组成。当导轮带动外座圈顺时针转动时，滚柱进入楔形槽的宽处，内、外座圈不能被滚柱楔紧，外座圈和导轮可以顺时针自由转动。当导轮带动外座圈逆时针转动时，滚柱进入楔形槽的窄处，内、外座圈被滚柱楔紧，外座圈和导轮固定不动。

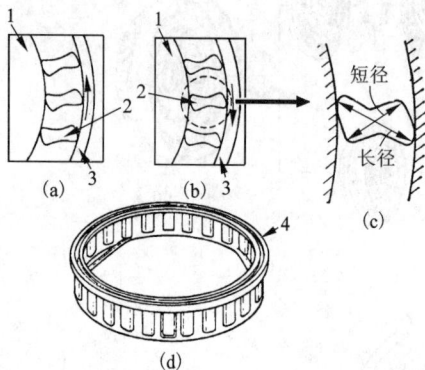

图4-12　楔块式单向离合器
(a)不可转动；(b)可以转动；
(c)楔块结构；(d)楔块式单向离合器
1—内座圈；2—楔块；3—外座圈；4—保持架

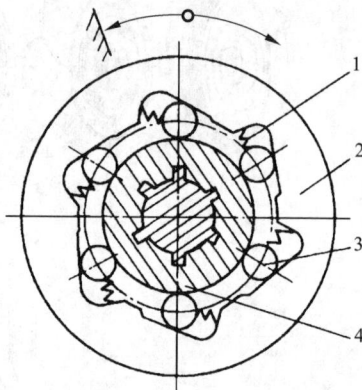

图4-13　滚柱式单向离合器
1—叠片弹簧；2—外座圈；3—滚柱；4—内座圈

2. 锁止离合器

锁止离合器简称TCC，是英文Torque Converter Clutch的缩写。锁止离合器可以将泵轮和涡轮直接连接起来，即将发动机与机械变速器直接连接起来，这样减少液力变矩器在高速比时的能量损耗，提高了传动效率，提高汽车在正常行驶时的燃油经济性，并防止ATF油过热。

锁止离合器的结构、原理如图4-14所示。当车辆在良好路面行驶，满足下面五个条件时，锁止离合器将接合：

①冷却液温度不低于65℃；
②选挡杆处于D位，且挡位在D2、D3或D4挡；
③没有踩下制动踏板；
④车速高于56 km/h；
⑤节气门开启。

锁止离合器接合时，进入液力变矩器中的ATF按图4-14(a)所示的方向流动，使锁止活塞向前移动，压紧在液力变矩器壳体上，通过摩擦力矩使二者一起转动。此时发动机的动力经液力变矩器壳体、锁止活塞、扭转减振器、涡轮轮毂传给后面的机械变速器，相当于将泵轮和涡轮刚性连在一起,传动效率为100%。当车辆起步、低速或在坏路面上行驶时,应将锁止离合器分离,使液力变矩器具有变矩作用。此时 ATF 油按图 4-14(b)所示的方向流动,将锁止活塞与液力变矩器壳体分离,解除液力变矩器壳体与涡轮的直接连接。

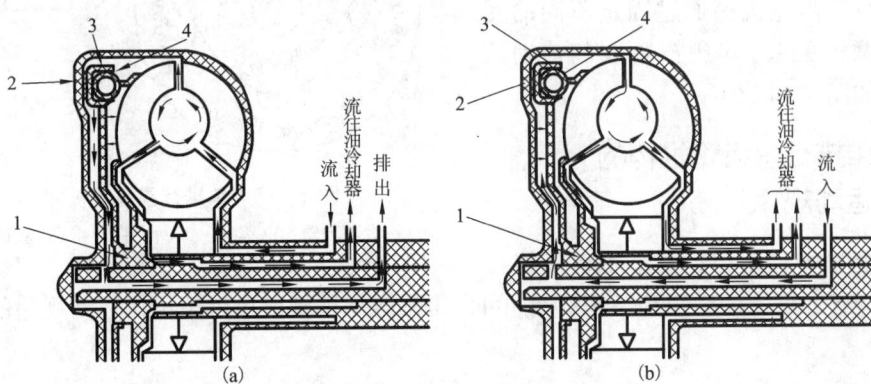

图 4 – 14 锁止离合器的结构、原理

(a)锁止状态;(b)分离状态

1—涡轮轮毂;2—变矩器壳体;3—锁止活塞;4—扭转减振器

任务三 齿轮变速传动装置

自动变速器的齿轮变速传动装置主要由齿轮机构和换挡执行元件组成。自动变速器的齿轮机构主要有行星齿轮机构和平行轴齿轮机构,目前多采用行星齿轮机构。

行星齿轮机构可分为单排式、辛普森(Simpson)式、拉威娜(Ravigneaux)式,莱佩莱捷(lepelletier)式。辛普森式行星齿轮机构应用较为广泛,如丰田公司、通用公司、日产公司等均有应用;拉威娜式行星齿轮机构也应用较广,如奥迪公司用的自动变速器等;莱佩莱捷式行星齿轮机构主要用于宝马 E65/66 车系中的 GA6HP – 26Z 自动变速器中。

行星齿轮变速器是由行星齿轮机构及离合器、制动器和单向离合器等执行元件组成。行星齿轮机构通常由多个行星排组成。行星排的多少与挡数的多少有关,其基本结构和工作原理,可用最简单的单排行星齿轮机构说明。

一、单排行星齿轮机构的结构组成

单排行星齿轮机构的三个基本元件是:太阳齿轮、齿圈、行星齿轮及行星齿轮架。

太阳齿轮位于中心位置,几个行星齿轮借助于滚针轴承和行星齿轮轴安装在行星齿轮架上,这些行星齿轮与太阳齿轮相啮合,并一般均匀布置在太阳齿轮周围;外面是同行星齿轮相啮合的齿圈。齿圈又称为齿环,制有内齿,其余齿轮均为外齿轮。太阳齿轮位于机构的中心,行星齿轮与之外啮合,行星齿轮又与齿圈内啮合。通常行星齿轮有 3~6 个,通过滚针轴承安装在行星齿轮轴上,行星齿轮轴对称、均匀地安装在行星架上。行星齿轮机构工作时,行星齿轮除了绕自身轴线的自转外,同时还绕着太阳齿轮公转,行星齿轮绕太阳齿轮公转,行星架也绕太阳齿轮旋转。由于太阳齿轮与行星齿轮是外啮合，所以二者的旋转方向是相反的；而行星齿轮与齿圈是内啮合，则这二者的旋转方向是相同的。

单排行星齿轮机构通过固定不同的元件或改变联锁关系，可得出不同的传动状态。结构如图 4 – 15 所示。

二、单排行星齿轮机构的运动规律

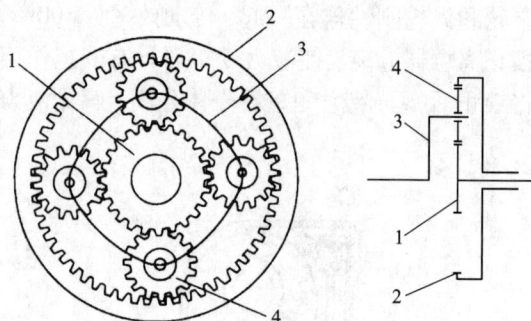

图 4 – 15 单排行星齿轮机构
1—太阳齿轮；2—齿圈；3—行星架；4—行星齿轮

根据能量守恒定律，由作用在单排行星齿轮机构各元件上的力矩和结构参数，可以得出表示单排行星齿轮机构运动规律的特性方程式

$$n_1 + \alpha n_2 - (1 + \alpha) n_3 = 0$$

式中，n_1 为太阳齿轮转速；n_2 为齿圈转速；n_3 为行星架转速；α 为齿圈齿数 z_2 与太阳齿轮齿数 z_1 之比，即 $\alpha = z_2/z_1$，且 $\alpha > 1$。

由于一个方程有三个变量，如果将太阳齿轮、齿圈和行星架中某个元件作为主动（输入）部分，让另一个元件作为从动（输出）部分，则由于第三个元件不受任何约束和限制，所以从动部分的运动是不确定的。因此为了得到确定的运动，必须对太阳齿轮、齿圈和行星架三者中的某个元件的运动进行约束和限制。

三、单排行星齿轮机构不同的动力传动方式

如图 4 – 16 所示，通过对不同的元件进行约束和限制，可以得到不同的动力传动方式。

（1）齿圈为主动件（输入），行星架为从动件（输出），太阳齿轮固定，如图 4 – 16（a）所示。此时，$n_1 = 0$，则传动比 i_{23} 为：

$$i_{23} = n_2/n_3 = 1 + 1/\alpha > 1$$

由于传动比大于 1，说明为减速传动，可以作为降速挡。

（2）太阳齿轮为主动件（输入），行星架为从动件（输出），齿圈固定，如图 4 – 16（c）所示。此时，$n_2 = 0$，则传动比 i_{13} 为：

$$i_{13} = n_1/n_3 = 1 + \alpha > 1$$

由于传动比大于 1，说明为减速传动，可以作为降速挡。

对比这两种情况的传动比，由于 $i_{13} > i_{23}$，虽然都为降速挡，但 i_{13} 是降速挡中的低挡，而 i_{23} 为降速挡中的高挡。

（3）行星架为主动件（输入），齿圈为从动件（输出），太阳齿轮固定，如图 4 – 16（b）所示。此时，$n_1 = 0$，则传动比 i_{32} 为：

$$i_{32} = n_3/n_2 = \alpha/(1 + \alpha) < 1$$

由于传动比小于 1，说明为增速传动，可以作为超速挡。

（4）行星架为主动件（输入），太阳齿轮为从动件（输出），齿圈固定，如图 4 – 16（d）所示。此时，$n_2 = 0$，则传动比 i_{31} 为：

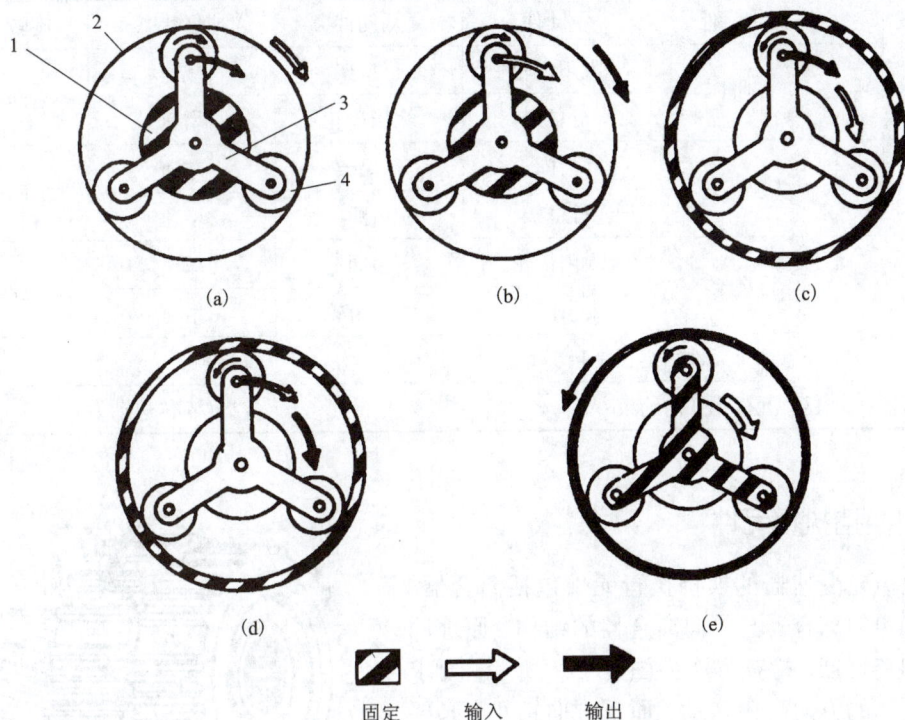

图 4-16　单排行星齿轮机构的动力传动方式
1—太阳齿轮；2—齿圈；3—行星架；4—行星齿轮

$$i_{31} = n_3/n_1 = 1/(1+\alpha) < 1$$

由于传动比小于 1，说明为增速传动，可以作为超速挡。

(5)太阳齿轮为主动件(输入)，齿圈为从动件(输出)，行星架固定，如图 4-16(e)所示。此时，$n_3 = 0$，则传动比 i_{12} 为：

$$i_{12} = n_1/n_2 = -\alpha$$

由于传动比为负值，说明主、从动件的旋转方向相反；又由于 $|i_{12}| > 1$，说明为增速传动，可以作为倒挡。

(6)如果 $n_1 = n_2$，则可以得到 $n_3 = n_1 = n_2$。同样，$n_1 = n_3$ 或 $n_2 = n_3$ 时，均可以得到 $n_1 = n_2 = n_3$ 的结论。因此，若使太阳齿轮、齿圈和行星架三个元件中的任何两个元件连为一体转动，则另一个元件的转速必然与前二者等速同向转动。即行星齿轮机构中所有元件(包含行星齿轮)之间均无相对运动，传动比 $i = 1$。这种传动方式用于变速器的直接挡传动。

(7)如果太阳齿轮、齿圈和行星架三个元件没有任何约束，则各元件的运动是不确定的，此时为空挡。

自动变速器中的行星齿轮变速器一般是采用 2~3 排行星齿轮机构传动，其各挡传动比就是根据上述单排行星齿轮机构传动特点进行合理组合得到的。常见的行星齿轮变速器有辛普森式的和拉威娜式的。

综上所述，行星齿轮传动方案可归纳如表 4-1 所示。

表 4 – 1　单排行星齿轮传动方案表

方案	固定元件	主动件	从动件	速度状态	旋转方向
1	齿圈	太阳齿轮	行星架	减速	同向
2		行星架	太阳齿轮	增速	
3	太阳齿轮	齿圈	行星架	减速	同向
4		行星架	齿圈	增速	
5	行星架	太阳齿轮	齿圈	减速	反向
6		齿圈	太阳齿轮	增速	
7	任意两个元件固定在一起			直接挡	
8	任意元件无任何约束			空挡(不传递动力)	

四、换挡执行元件

行星齿轮变速器的换挡执行元件包括离合器、制动器和单向离合器。单向离合器的结构、原理同导轮单向离合器，检查方法如图 4 – 17 所示，要求在箭头所示的方向自由转动，而反方向锁止，必要时更换或重新安装。下面重点介绍离合器和制动器。

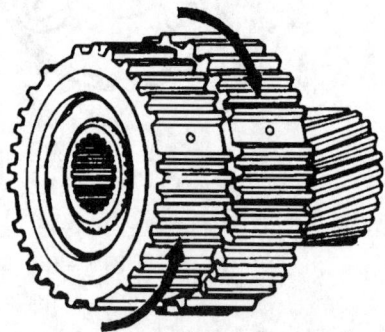

图 4 – 17　单向离合器的检查

1. 离合器

离合器的功用是连接轴和行星齿轮机构中的元件或是连接行星齿轮机构中的不同元件。

1)结构、组成

离合器主要由离合器鼓、花键毂、活塞、主动摩擦片、从动钢片、回位弹簧等组成，如图 4 – 18 所示。离合器鼓是一个液压缸，鼓内有内花键齿圈，内圆轴颈上有进油孔与控制油路相通。离合器活塞为环状，内外圆上有密封圈，安装在离合器鼓内。从动钢片和主动摩擦片交错排列，二者统称为离合器片，均使用钢料制成，但摩擦片的两面烧结有铜基粉末冶金的摩擦材料。为保证离合器接合柔和及散热，离合器片浸在油液中工作，因而称为湿式离合器。钢片带有外花键齿，与离合器鼓的内花键齿圈连接，并可轴向移动。摩擦片则以内花键齿与花键毂的外花键槽配合，也可轴向移动。花键毂和离合器鼓分别以一定的方式与变速器输入轴或行星齿轮机构的元件相连接。碟形弹簧的作用是使离合器接合柔和，防止换挡冲击。可以通过调整卡环或压盘的厚度调整离合器的间隙。

2)工作原理

离合器的工作原理如图 4 – 19 所示。当一定压力的 ATF 油经控制油道进入活塞左面的液压缸时，液压作用力便克服弹簧力使活塞右移，将所有离合器片压紧，即离合器接合，与离合器主、从动部分相连的元件也被连接在一起，以相同的速度旋转。

当控制阀将作用在离合器液压缸的油压撤除后，离合器活塞在回位弹簧的作用下回复原位,并将缸内的变速器油从进油孔排出,使离合器分离,离合器主从动部分可以不同转速旋转。

为了快速泄油,保证离合器彻底分离,一般在液压缸中都有一个单向球阀,如图 4 - 20 (a)所示。当 ATF 油被撤除时,球体在离心力的作用下离开阀座,开启辅助泄油通道,使 ATF 油迅速撤离。

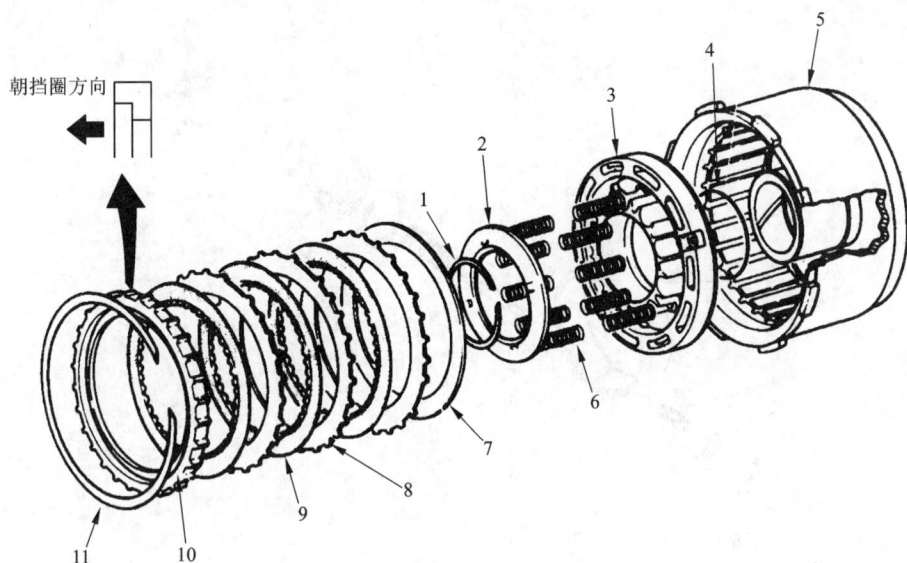

图 4 - 18 离合器零件分解图

1—卡环;2—弹簧座;3—活塞;4—O 形圈;5—离合器鼓;6—回位弹簧;

7—碟形弹簧;8—从动钢片;9—主动摩擦片;10—压盘;11—卡环

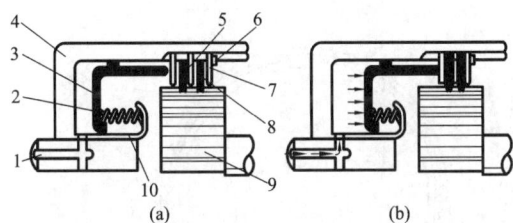

图 4 - 19 离合器工作原理

(a)分离状态;(b)接合状态

1—控制油道;2—回位弹簧;3—活塞;

4—离合器鼓;5—主动片;6—卡环;7—压盘;

8—从动片;9—花键毂;10—弹簧座

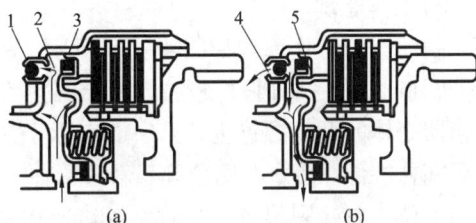

图 4 - 20 带单向安全阀的离合器

(a)接合时;(b)分离时

1—单向球阀;2—液压缸;3—油封;

4—辅助泄油通道;5—活塞

2. 制动器

制动器的功用是固定行星齿轮机构中的元件,防止其转动。制动器有片式和带式两种形式。片式制动器与离合器的结构和原理相同,不同之处是离合器是起连接作用而传递动力,而片式制动器是通过连接而起制动作用。下面介绍带式制动器。

1）结构、组成

带式制动器由制动带和控制油缸组成，如图 4 – 21 所示为带式制动器的零件分解图。制动带是内表面带有镀层的开口式环形钢带。制动带的一端支承在与变速器壳体固定的支座上，另一端与控制油缸的活塞杆相连。

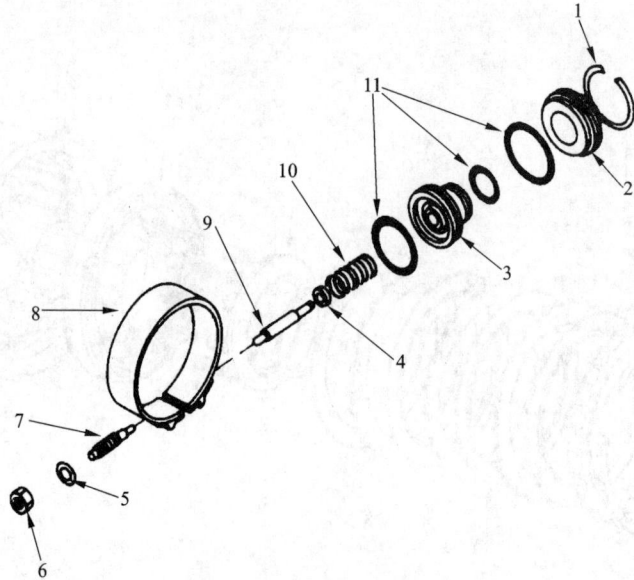

图 4 – 21　带式制动器的零件分解图

1—卡环；2—活塞定位架；3—活塞；4—止推垫圈；5—垫圈；6—锁紧螺母；
7—调整螺钉；8—制动带；9—活塞杆；10—回位弹簧；11—O 形圈

2）工作原理

制动器的工作原理如图 4 – 22 所示，制动带开口处的一端通过支柱支承于固定在变速器壳体的调整螺钉上，另一端支承于油缸活塞杆端部，活塞在回位弹簧和左腔油压作用下位于右极限位置，此时，制动带和制动鼓之间存在一定间隙。

制动时，压力油进入活塞右腔，克服左腔油压和回位弹簧的作用力推动活塞左移，制动带以固定支座为支点收紧。在制动力矩的作用下，制动鼓停止旋转，行星齿轮机构某元件被锁止。随着油压撤除，活塞逐渐回位，制动解除。

3. 单向离合器

单向离合器的作用是单向锁止行星齿轮机构中某个基本元件的旋转。它只能沿一个方向传送转矩，其结构有楔块式和滚柱式两种

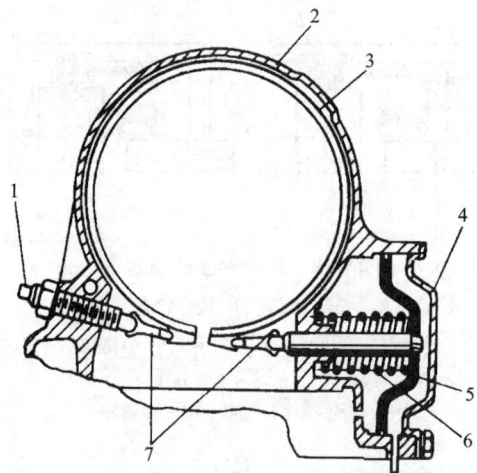

图 4 – 22　制动器的工作原理

1—调整螺钉（固定支承端）；2—制动带；3—制动鼓；
4—油缸盖；5—活塞；6—回位弹簧；7—支柱

（如前所示，如图 4 - 12 和 4 - 13 所示）。通常液力变矩器采用滚柱式，而行星齿轮变速器采用楔块式。

单向离合器无需附加的液压或机械操纵装置，结构简单，且灵敏度高，可瞬间锁止或解除锁止，提高了换挡时机的准确性。

由于单向离合器在任何时候都只允许单向转动，因此在输出轴转速大于输入轴转速时，单向离合器旋转，动力不能从驱动轮传至发动机，避免了发动机制动。在降挡时还可避免换挡冲击。但若单向离合器打滑，将完全丧失工作效能；若单向离合器卡滞，所负责的挡位还有，但会造成异响和烧蚀；而单向离合器一旦装反，会造成严重故障。

五、典型行星齿轮变速器

1. 辛普森式行星齿轮变速器

辛普森式（Simpson）行星齿轮变速器是在自动变速器中应用最广泛的一种行星齿轮变速器，它是由美国福特公司的工程师 H·W·辛普森发明的，目前多采用的是四挡辛普森行星齿轮变速器。

1）四挡辛普森行星齿轮变速器的结构、组成

图 4 - 23、4 - 24 所示为四挡辛普森行星齿轮变速器的结构简图和元件位置图。

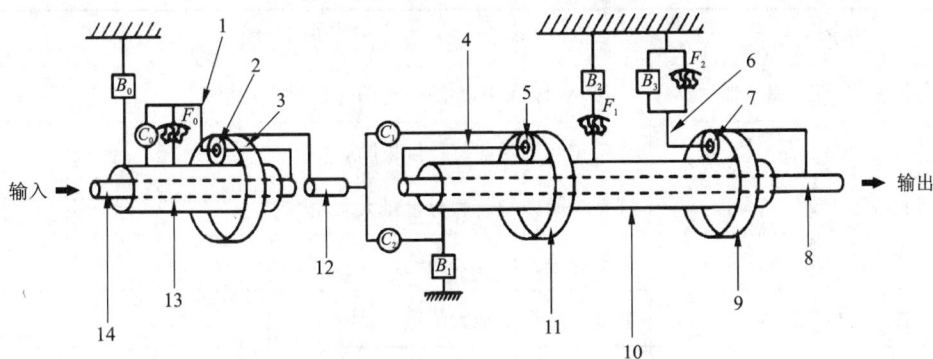

图 4 - 23 四挡辛普森行星齿轮变速器的结构简图

1—超速（OD）行星排行星架；2—超速（OD）行星排行星轮；3—超速（OD）行星排齿圈；

4—前行星排行星架；5—前行星排行星轮；6—后行星排行星架；7—后行星排行星轮；

8—输出轴；9—后行星排齿圈；10—前后行星排太阳轮；11—前行星排齿圈；

12—中间轴；13—超速（OD）行星排太阳轮；14—输入轴；

C_0—超速挡（OD）离合器；C_1—前进挡离合器；C_2—直接挡、倒挡离合器；B_0—超速挡（OD）制动器；

B_1—二挡滑行制动器；B_2—二挡制动器；B_3—低、倒挡离合器；

F_0—超速挡（OD）单向离合器；F_1—二挡（一号）单向离合器；F_2—低挡（二号）单向离合器

四挡辛普森行星齿轮变速器由四挡辛普森行星齿轮机构和换挡执行元件两大部分组成。其中四挡辛普森行星齿轮机构由三排行星齿轮机构组成，前面一排为超速行星排，中间一排为前行星排，后面一排为后行星排，之所以这样命名是由于四挡辛普森行星齿轮机构是在三

挡辛普森行星齿轮机构的基础上发展起来的，沿用了三挡辛普森行星齿轮机构的命名。输入轴与超速行星排的行星架相连，超速行星排的齿圈与中间轴相连，中间轴通过前进挡离合器或直接挡、倒挡离合器与前、后行星排相连。前、后行星排的结构特点是，共用一个太阳轮，前行星排的行星架与后行星排的齿圈相连并与输出轴相连。

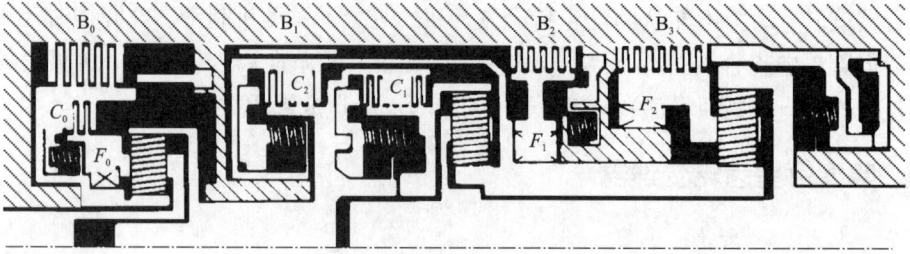

图 4－24　四挡辛普森行星齿轮变速器的元件位置图

换挡执行机构包括三个离合器、四个制动器和三个单向离合器共十个元件。具体的功能见表4－2。

表4－2　换挡执行元件的功能

	换挡执行元件	功　　能
C_0	超速挡（OD）离合器	连接超速行星排太阳轮与超速行星排行星架
C_1	前进挡离合器	连接中间轴与前行星排齿圈
C_2	直接挡、倒挡离合器	连接中间轴与前后行星排太阳轮
B_0	超速挡（OD）制动器	制动超速行星排太阳轮
B_1	二挡滑行制动器	制动前后行星排太阳轮
B_2	二挡制动器	制动 F_1 外座圈，当 F_1 也起作用时，可以防止前后行星排太阳轮逆时针转动
B_3	低、倒挡离合器	制动后行星排行星架
F_0	超速挡（OD）单向离合器	连接超速行星排太阳轮与超速行星排行星架
F_1	二挡（一号）单向离合器	当 B_2 工作时，防止前后行星排太阳轮逆时针转动
F_2	低挡（二号）单向离合器	防止后行星排行星架逆时针转动

2）四挡辛普森行星齿轮变速器各挡传动路线

在变速器各挡位时，换挡执行元件的动作情况见表4－3。

表 4 - 3　各挡位时换挡执行元件的动作情况

选挡杆位置	挡位	换挡执行元件										发动机制动
		C_0	C_1	C_2	B_0	B_1	B_2	B_3	F_0	F_1	F_2	
P	驻车挡	○										
R	倒挡	○		○				○	○			
N	空挡	○										
D	一挡	○	○						○		○	
	二挡	○	○				○		○	○		
	三挡	○	○	○					○			
	四挡(OD挡)		○	○	○		○					
2	一挡	○	○						○	○		
	二挡	○	○			○			○	○		○
	三挡 *	○	○	○			○					○
L	一挡	○	○					○	○			
	二挡 *	○	○			○	○		○	○		○

注：＊：只能降挡不能升挡。

○：换挡元件工作或有发动机制动。

各挡位动力传动路线如下：

(1)D1 挡：如图 4 - 25 所示，D 位一挡时，C_0、C_1、F_0、F_2 工作。C_0 和 F_0 工作将超速行星排的太阳轮和行星架相连，此时超速行星排成为一个刚性整体，输入轴的动力顺时针传到中间轴。C_1 工作将中间轴与前行星排齿圈相连，前行星排齿圈顺时针转动驱动前行星排行星轮，前行星排行星轮即顺时针自转又顺时针公转，前行星排行星轮顺时针公转则输出轴也顺时针转动，这是一条动力传动路线。由于前行星排行星轮顺时针自转，则前后行星排太阳轮逆时针转动，再驱动后行星排行星轮顺时针自转，此时后行星排行星轮在前后行星排太阳轮的作用下有逆时针公转的趋势，但由于 F_2 的作用，使得后行星排行星架不动。这样顺时针转动的后行星排行星轮驱动齿圈顺时针转动，从输出轴也输出动力，这是第二条动力传动路线。

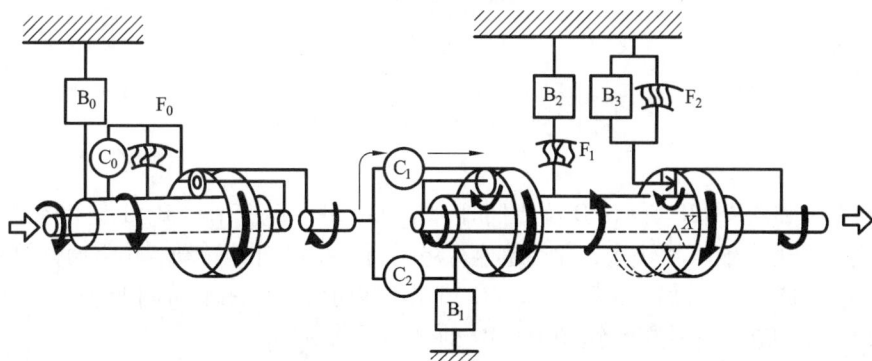

图 4 - 25　D 位一挡动力传动路线

（2）D2 挡：如图 4 - 26 所示，D 位二挡时，C_0、C_1、B_2、F_0、F_1 工作。C_0 和 F_0 工作如前所述直接将动力传给中间轴。C_1 工作，动力顺时针传到前行星排齿圈，驱动前行星排行星轮顺时针转动，并使前后太阳轮有逆时针转动的趋势，由于 B_2 的作用，F_1 将防止前后太阳轮逆时针转动，即前后太阳轮不动。此时前行星排行星轮将带动行星架也顺时针转动，从输出轴输出动力。后行星排不参与动力的传动。

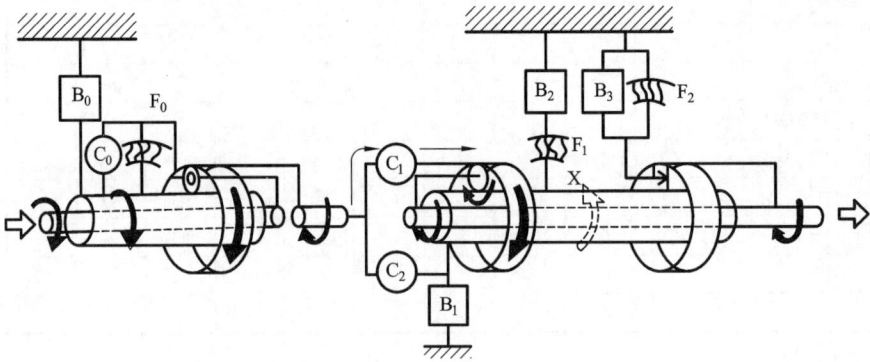

图 4 - 26　D 位二挡动力传动路线

（3）D3 挡：如图 4 - 27 所示，D 位三挡时，C_0、C_1、C_2、B_2、F_0 工作。C_0 和 F_0 工作如前所述直接将动力传给中间轴。C_1、C_2 工作将中间轴与前行星排的齿圈和太阳轮同时连接起来，前行星排成为刚性整体，动力直接传给前行星排行星架，从输出轴输出动力。此挡为直接挡。

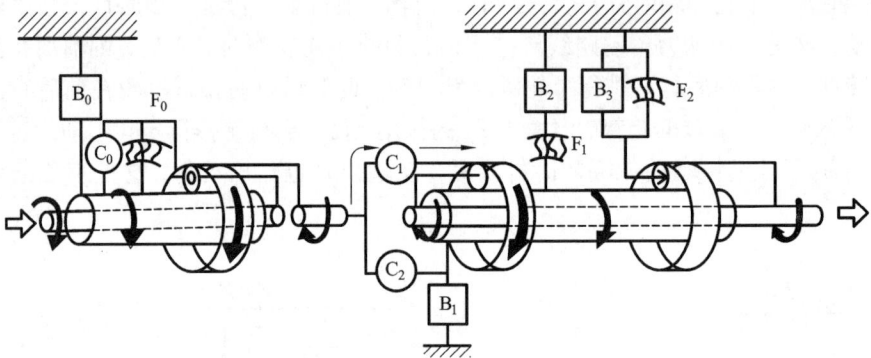

图 4 - 27　D 位三挡动力传动路线

（4）D4 挡：如图 4 - 28 所示，D 位四挡时，C_1、C_2、B_0、B_2 工作。B_0 工作，将超速行星排太阳轮固定。动力由输入轴输入，带动超速行星排行星架顺时针转动，并驱动行星轮及齿圈都顺时针转动，此时的传动比小于 1。C_1、C_2 工作使得前后行星排的工作同 D3 挡，即处于直接挡。所以整个机构以超速挡传递动力。B_2 的作用同前所述。

（5）21 挡：二位一挡的工作与 D 位一挡相同。

（6）22 挡：如图 4 - 29 所示，二位二挡时，C_0、C_1、B_1、B_2、F_0、F_1 工作。动力传动路线与 D 位二挡时相同。区别只是由于 B_1 的工作，使得二位二挡有发动机制动，而 D 位二挡没有。此挡为高速发动机制动挡。

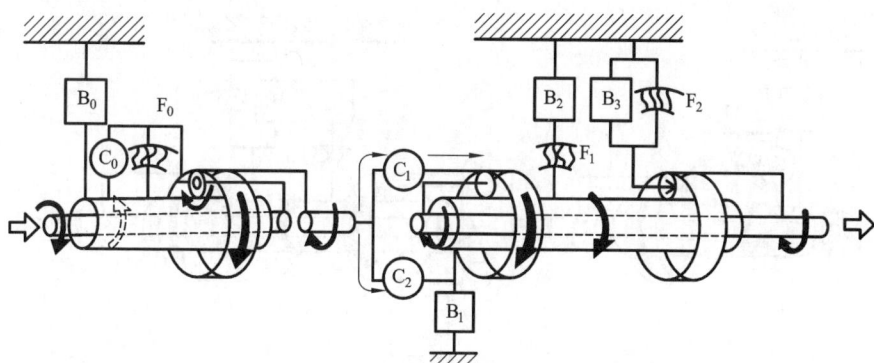

图4-28　D位四挡动力传动路线

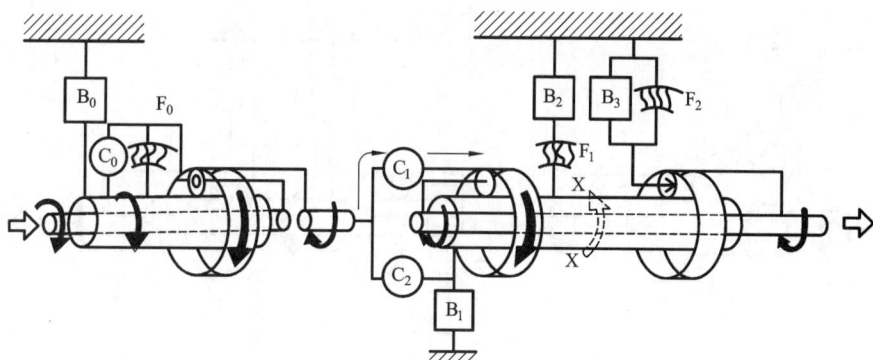

图4-29　2位二挡动力传动路线

　　发动机制动是指利用发动机怠速时的较低转速以及变速器的较低挡位来使较快的车辆减速。D位二挡时，如果驾驶员抬起加速踏板，发动机进入怠速工况，而汽车在原有的惯性作用下仍以较高的车速行驶。此时，驱动车轮将通过变速器的输出轴反向带动行星齿轮机构运转，各元件都将以相反的方向转动，即前后太阳轮将有顺时针转动的趋势，F_1不起作用，使得反传的动力不能到达发动机，无法利用发动机进行制动。而在二位二挡时，B_1工作使得前后太阳轮固定，既不能逆时针转动也不能顺时针转动，这样反传的动力就可以传到发动机，所以有发动机制动。

　　(7)23挡：二位三挡的工作与D位三挡相同。

　　(8)L_1挡：如图4-30所示，L位一挡时，C_0、C_1、B_3、F_0、F_2工作。动力传动路线与D位一挡时相同。区别只是由于B_3的工作，使后行星排行星架固定，有发动机制动，原因同前所述。此挡为低速发动机制动挡。

　　(9)L_2挡：L位二挡的工作与二位二挡相同。

　　(10)R位：如图4-31所示，倒挡时，C_0、C_2、B_3、F_0工作。C_0和F_0工作如前所述直接将动力传给中间轴。C_2工作将动力传给前后行星排太阳轮。由于B_3工作，将后行星排行星架固定，使得行星轮仅相当于一个惰轮。前后行星排太阳轮顺时针转动驱动后行星排行星架逆时针转动，进而驱动后行星排齿圈也逆时针转动，从输出轴逆时针输出动力。

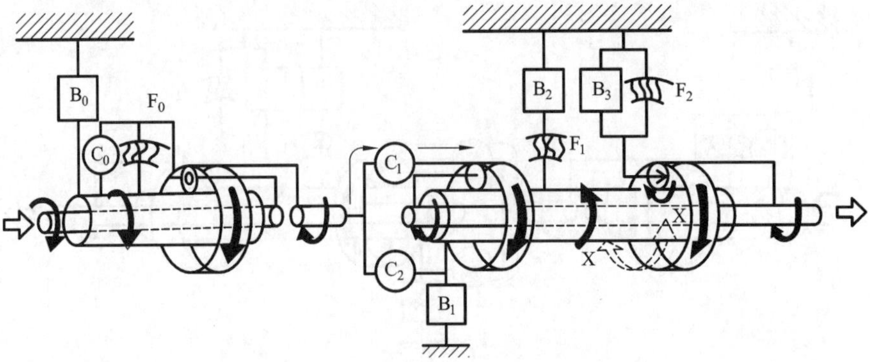

图 4-30 L 位一挡动力传动路线

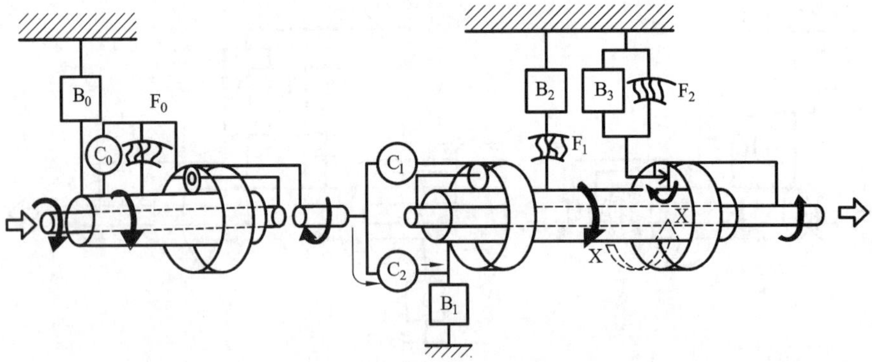

图 4-31 R 位动力传动路线

(11)P 位(驻车挡)：选挡杆置于 P 位时，一般自动变速器都是通过驻车锁止机构将变速器输出轴锁止实现驻车。如图 4-32所示，驻车锁止机构由输出轴外齿圈、锁止棘爪、锁止凸轮等组成。锁止棘爪与固定在变速器壳体上的枢轴相连。当选挡杆处于 P 位时，与选挡杆相连的手动阀通过锁止凸轮将锁止棘爪推向输出轴外齿圈，并嵌入齿中，使变速器输出轴与壳体相连而无法转动，如图 4-32(b)所示。当选挡杆处于其他位置时，锁止凸轮退回，

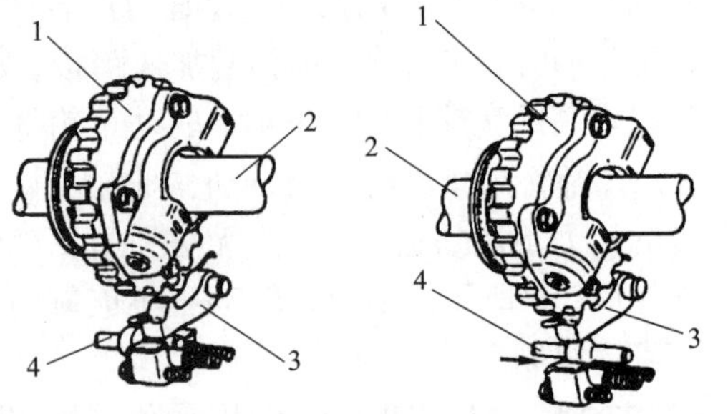

图 4-32 驻车锁止机构
1—输出轴外齿圈；2—输出轴；3—锁止棘爪；4—锁止凸轮

锁止棘爪在回位弹簧的作用离开输出轴外齿圈，锁止撤销，如图 4-32(a)所示。

通过分析各挡位换挡执行元件的工作情况及各挡位的动力传动路线，可以得出以下结论：

①如果 C_1 故障，则自动变速器没有前进挡，即将选挡杆置于 D 位、2 位或 L 位时车辆都无法起步行驶。但对于倒挡没有影响。

②如果 C_2 故障，则自动变速器没有三挡，倒挡也将没有。

③如果 B_2 或 F_1 故障，则自动变速器没有 D 位二挡，但对于二位二挡没有影响。

④如果 B_3 故障，则自动变速器没有倒挡。

⑤如果 F_0 故障，则自动变速器三挡升四挡时会产生换挡冲击。这是由于三挡升四挡时，相当于由 C_0 切换到 B_0，但 C_0、B_0 有可能同时不工作。此时负荷的作用将使超速行星排的齿圈不动，如果没有 F_0，在行星架的驱动下太阳轮将顺时针超速转动，当 B_0 工作时产生换挡冲击。

⑥如果 F_2 故障，则自动变速器没有 D 位一挡和二位一挡，但对于 L 位一挡没有影响。

⑦换挡时，单向离合器是自动参与工作的，所以只考虑离合器和制动器的工作即可。D1 挡升 D2 挡是 B_2 工作，D2 升 D3 挡是 C_2 工作，D3 和 D4 互换，相当于 C_0 和 B_0 互换。

⑧如果某挡位的动力传动路线上有单向离合器工作，则该挡位没有发动机制动。

2. 拉威娜式行星齿轮变速器

拉威娜式（Ravigneaux）行星齿轮变速器将以桑塔纳 2000GSi – AT 型轿车的 01N 型 4 挡自动变速器为例进行介绍。由于换挡执行机构的结构、原理和检修与辛普森式齿轮变速器都是一样的，所以这里只介绍其拉威娜行星齿轮机构和液压系统。

1）桑塔纳 2000 轿车 01N 型四挡拉威娜行星齿轮变速器的结构、组成

拉威娜行星齿轮变速器的结构如图 4 – 33 所示，包括拉威娜行星齿轮机构和离合器、制动器、单向离合器。

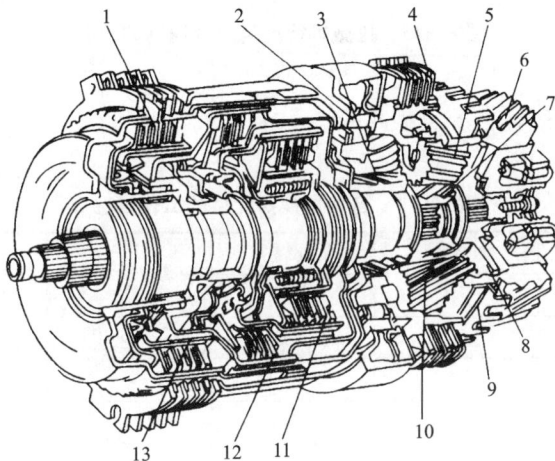

图 4 – 33　拉威娜行星齿轮变速器

1—第 2 挡和第 4 挡制动器（B_2）；2—单向离合器；3—大太阳轮；4—倒挡制动器（B_1）；5—短行星轮；
6—主动锥齿轮；7—小太阳轮；8—行星架；9—车速传感器齿轮；10—长行星轮；
11—第 3 和第 4 挡离合器（K_3）；12—倒挡离合器（K_2）；13—第 1 到第 3 挡离合器（K_1）

拉威娜行星齿轮机构如图 4 –34 所示，由双行星排组成，包括大太阳轮、小太阳轮、长

行星轮、短行星轮、齿圈和行星架。大、小太阳轮采用分段式结构，使3挡到4挡的转换更加平顺。短行星轮与长行星轮及小太阳轮啮合，长行星轮同时与大太阳轮、短行星轮及齿圈啮合，动力通过齿圈输出。两个行星轮共用一个行星架(图中未画出)。

2)桑塔纳2000轿车01N型四挡拉威娜行星齿轮变速器各挡传动路线

拉威娜行星齿轮变速器的简图如图4-35所示，其中离合器 K_2 用于驱动大太阳轮，离合器 K_3 用于驱动行星齿轮架，制动器 B_1 用于制动行星齿轮架，制动器 B_2 用于制动大太阳轮，单向离合器 F 防止行星架逆时针转动，锁止离合器 LC 将变矩器的泵轮和涡轮刚性连在一起。

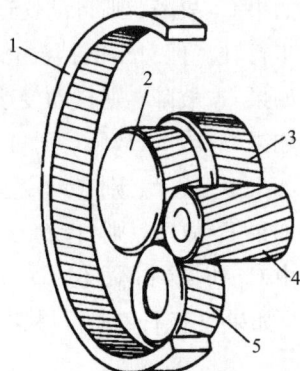

图4-34 拉威娜行星齿轮机构
1—齿圈；2—小太阳轮；
3—大太阳轮；4—长行星轮；5—短行星轮

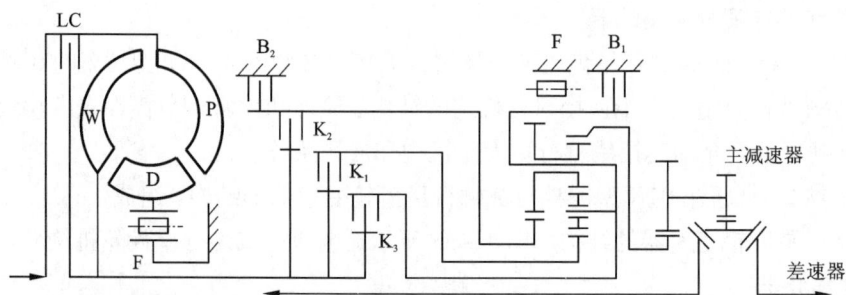

图4-35 拉威娜行星齿轮变速器的简图

各挡位换挡元件的工作情况见表4-4。

表4-4 各挡位换挡元件的工作情况

挡位	B_1	B_2	K_1	K_2	K_3	F
R	○			○		○
1挡			○			○
2挡		○	○			
3挡			○		○	
4挡		○			○	

注：○表示离合器、制动器或单向离合器工作。

各挡动力传动路线如下：

(1)1挡：1挡时，离合器 K_1 接合，单向离合器 F 工作。如图4-36所示，动力传动路线为：泵轮→涡轮→涡轮轴→离合器 K_1→小太阳轮→短行星轮→长行星轮驱动齿圈。

(2)2挡：2挡时，离合器 K_1 接合，制动器 B_2 制动大太阳轮。如图4-37所示，动力传

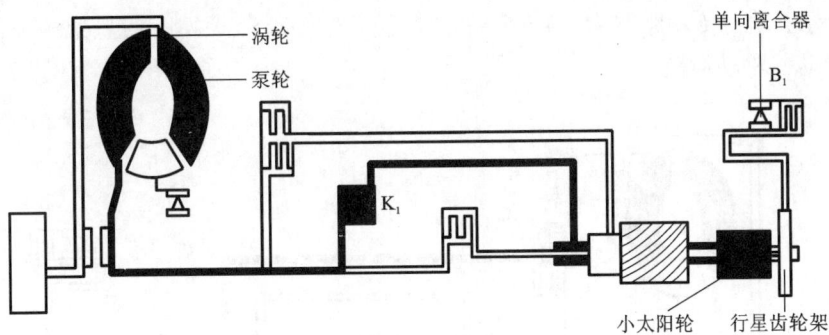

图 4 - 36 1 挡动力传动路线

动路线为：泵轮→涡轮→涡轮轴→离合器 K_1 →小太阳轮→短行星轮→长行星轮围绕大太阳轮转动并驱动齿圈。

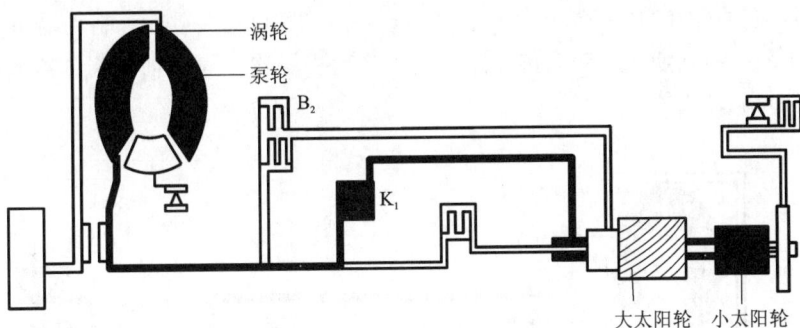

图 4 - 37 2 挡动力传动路线

(3)3 挡：3 挡时，离合器 K_1 和 K_3 接合，驱动小太阳轮和行星架，因而使行星齿轮机构锁止并一同转动。如图 4 - 38 所示，动力传动路线为：泵轮→涡轮→涡轮轴→离合器 K_1 和 K_3 →整个行星齿轮转动。

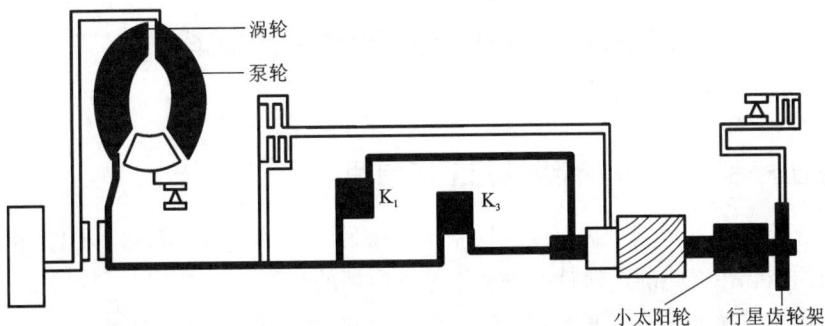

图 4 - 38 3 挡动力传动路线

（4）4 挡：4 挡时，离合器 K_3 接合，制动器 B_2 工作，使行星架工作，并制动大太阳轮，如图 4 – 39 所示，动力传动路线为：泵轮→涡轮→涡轮轴→离合器 K_3→行星架→长行星轮围绕大太阳轮转动并驱动齿圈。

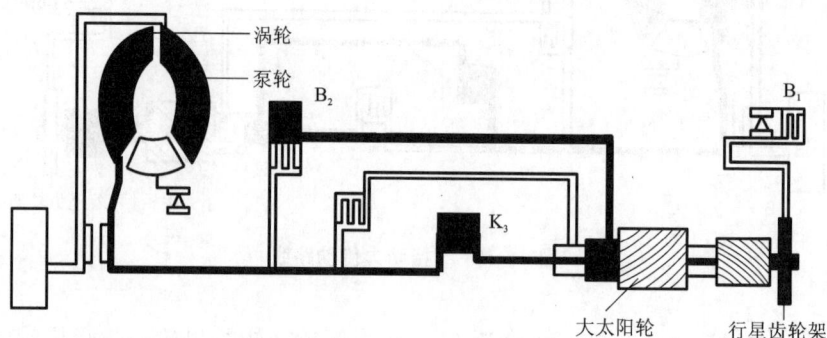

图 4 – 39　4 挡动力传动路线

（5）R 挡：换挡杆在"R"位置时，离合器 K_2 接合，驱动大太阳轮；制动器 B_1 工作，使行星架制动。如图 4 – 40 所示，动力传动路线为：泵轮→涡轮→涡轮轴→离合器 K_2→大太阳轮→长行星轮反向驱动齿圈。

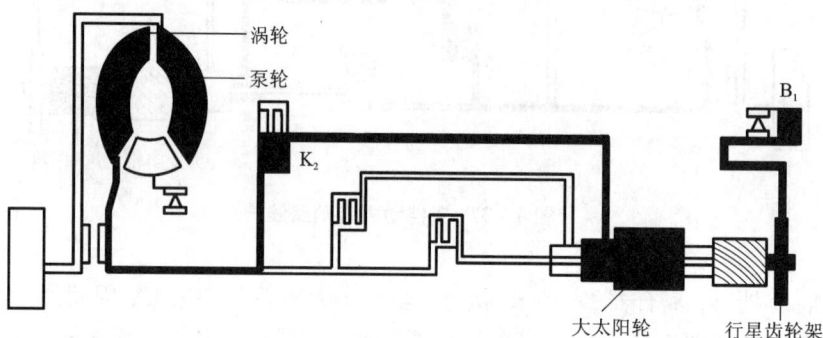

图 4 – 40　倒挡动力传动路线

任务四　自动变速器液压控制系统

一、液压控制系统的基本组成和工作原理

对于全液控自动变速器来说，液压控制系统将发动机的负荷（节气门开度）和车速信号转换为不同的油压，并由此确定换挡时刻，并进行换挡的控制。

1.液压控制系统的基本组成

液压控制系统的基本组成包括动力源、执行机构和控制机构三大部分，主要元件如图 4 – 41 所示。

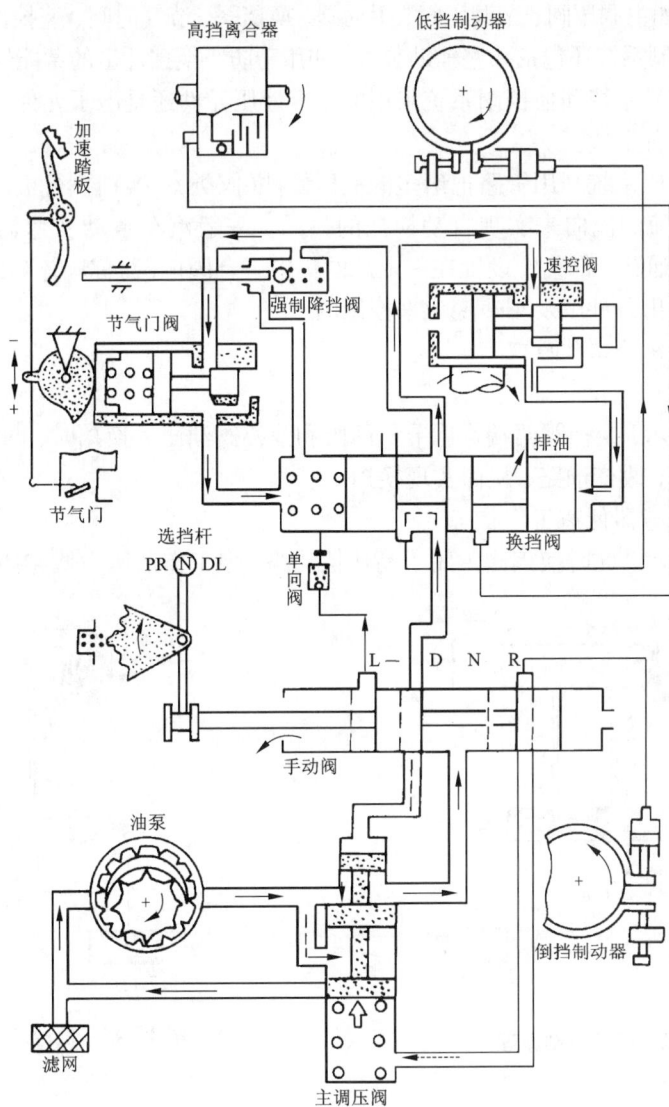

图 4-41 液压控制系统的基本组成

1）动力源

液压控制系统的动力源是油泵（或称为液压泵），它是整个液压控制系统的工作基础。如各种阀体的动作、换挡执行元件的工作等都需要一定压力的 ATF。油泵的基本功用就是提供满足需求的 ATF 油量和油压。它除了向控制机构、执行机构供给压力油以实现换挡外，还给液力变矩器提供冷却补偿油，向行星齿轮变速器供给润滑油。

2）执行机构

执行机构主要由离合器、制动器油缸等组成。其功用是在控制油压的作用下实现离合器的接合和分离、制动器的制动和松开动作，以便得到相应的挡位。

3）控制机构

控制机构大体包括主油路系统、换挡信号系统、换挡阀系统和缓冲安全系统，控制机构包括阀体和各种阀,如主调压阀、副调压阀、手动阀、换挡阀、节气门阀、速控阀(调速器)、强制降挡阀等。液压控制系统还包括一些辅助装置,如用于防止换挡冲击的蓄能器、单向阀等。

根据其换挡信号系统和换挡阀系统采用的是全液压元件还是电子元件可将控制机构分为液控式和电控式两种形式。

自动变速器液压系统利用管路把诸多的液压元件(阀类)、换挡执行机构合理地连接起来形成油路,控制液流的流向来实现自动换挡的目的。一般汽车自动变速器都把诸多液压元件、液压油的各个通路,都集中设置在一个总的集中组合阀体(简称阀体)内。这些液压元件是根据发动机的输出条件以及车速变化来控制的。

2.液压控制系统的工作原理

1)换挡控制原理

如图4-42所示,换挡阀两端作用节气门阀和速控阀油压。换挡时,两端油压发生变化,使换挡阀产生位移,改变油路,从而实现换挡。

2)液控自动变速器低速工作状态

如图4-43所示,此时换挡阀关闭了高速挡油路,但工作油压为低速挡提供了动力。

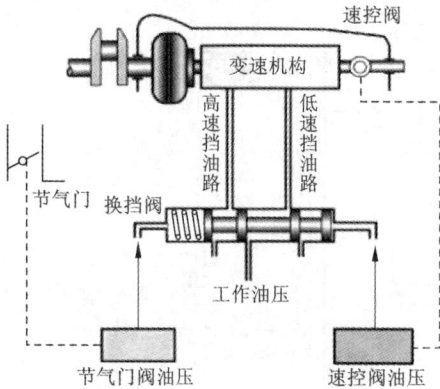

图4-42 换挡控制原理

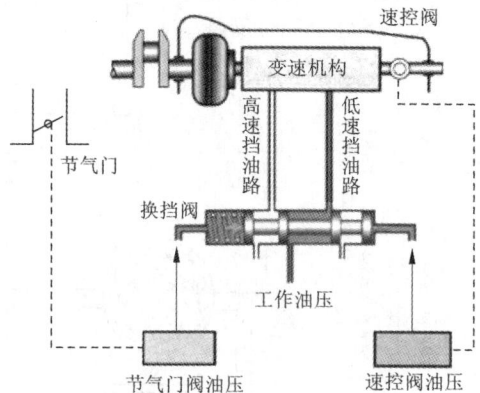

图4-43 低速工作状态

3)液控自动变速器高速工作状态

如图4-44所示,换挡阀阀芯左移,高速挡油路打开,低速挡油路断开。

二、液压控制系统主要元件

1.油泵

1)功用

油泵是液压控制系统的动力源,其功用是产生一定压力和流量的ATF,供给液力变矩器、液压控制系统和行星齿轮机构。

2)结构、原理

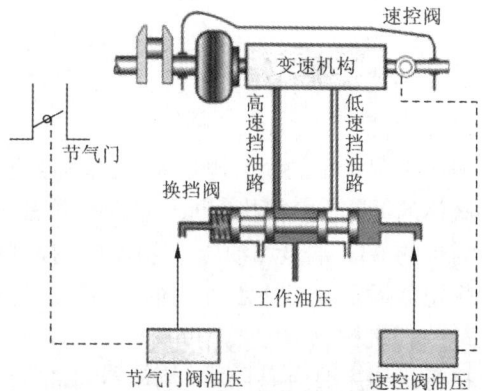

图4-44 高速工作状态

常见的油泵为内啮合齿轮泵,其结构、原理如图4-45所示。主要由主动齿轮、从动齿轮、月牙板、壳体等组成。主动齿轮为外齿轮，从动齿轮为内齿轮，在壳体上有一个月牙板，把主、从动齿轮不啮合的部分隔开，并形成两个工作腔，分别为进油腔和出油腔。进油腔与泵体上的进油口相通，出油腔与泵体上的出油口相通。主动齿轮内径上有两个对称的凸键，与液力变矩器后端油泵驱动毂的键槽或平面相配合。因此，只要发动机转动，油泵便转动并开始供油。

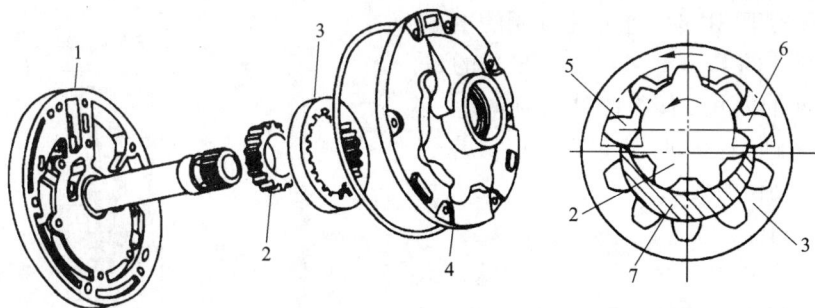

图 4 – 45　内啮合齿轮泵的结构、原理
1—泵盖；2—主动齿轮；3—从动齿轮；4—壳体；5—进油腔；6—出油腔；7—月牙板

油泵在工作过程中，主动齿轮带动从动齿轮转动，在齿轮脱离啮合的一端（进油腔），容积不断变大，产生真空吸力，把 ATF 从油底壳经滤网吸入油泵。在齿轮进入啮合的一端（出油腔），容积不断减小，油压升高，把 ATF 从出油腔挤压出去。这样，油泵不断地运转，就形成了具有一定压力的油液，供给自动变速器工作。

这种油泵要求具有严格的加工制造精度。因为齿轮之间、齿轮与泵体之间，过大的磨损和间隙会导致油泵的性能下降，油压过低。而油压对于自动变速器的正常工作是非常重要的。

2. 主调压阀

1）功用

主调压阀是主油路压力调节阀的简称，也称为第一调压阀，其功用是根据车速、节气门开度和选挡杆位置自动控制主油压（管道压力），保证液压系统油压稳定。前面已经提及，油泵是由发动机驱动的，随着发动机转速的增加，油泵输出油量和油压就会增加，反之亦然。但自动变速器的正常工作需要相对稳定的油压。如果油压过高，会导致离合器、制动器接合过快而出现换挡冲击。如果油压过低，又会导致离合器、制动器接合不紧而打滑、烧毁，所以必须要有油压调节装置。

2）结构、原理

主调压阀的结构如图 4 – 46 所示。当

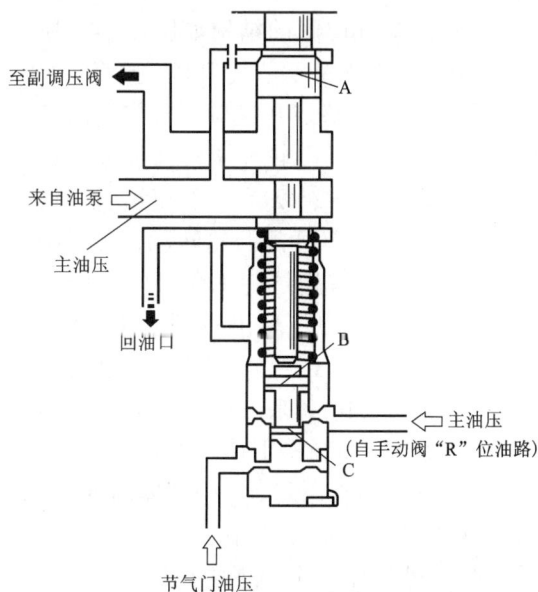

图 4 – 46　主调压阀的结构

发动机转速增加，油泵输出油压会升高，作用在阀体上部 A 处的油压升高，使阀体向下移动，

回油通道的截面积增大，从回油口排出的油液增加，使主油压下降；反之，阀体向下移动，主油压升高。

当发动机负荷(节气门开度)增加，由于传递的转矩增加，所以需要较大的油压才能保证离合器、制动器的正常工作。此时，随着节气门开度的增加，节气门油压也会增加，作用在主调压阀下端的节气门油压使阀体向上移动，使主油压升高。

当选挡杆置于"R"时，来自手动阀的主油压作用在阀体的 B 和 C 处，由于 B 处的面积大于 C 处的面积，使得阀体受到向上力的作用，阀体向上移动，主油压升高，满足倒挡较大传动比的要求。

3. 节气门阀

1)功用

反映节气门开度的信号是自动变速器自动换挡的两个重要参数之一，对于液控自动变速器是采用节气门阀来反映节气门开度的大小。节气门阀的功用是产生与节气门开度成正比的控制油压（节气门油压），传给主调压阀和换挡阀，控制主油压和换挡。

2)结构、原理

节气门阀有两种类型：机械式节气门阀和真空式节气门阀。

机械式节气门阀的结构如图 4-47 所示，由强制降挡柱塞、节气门阀、弹簧等组成。强制降挡柱塞装有滚轮，与节气门凸轮相接触。节气门凸轮经拉索与加速踏板相连。当踩下加速踏板节气门开度增加时，节气门拉索拉动节气门凸轮转动，将强制降挡柱塞上推，并通过弹簧将节气门阀体上推，使节流口开大，输出的节气门油压增加，使得节气门油压与节气门开度成正比。

当车速增加时，来自速控阀的速控油压也会增加，使减压阀下移，这样节气门油压会通过减压阀作用到节气门阀体的 A 处，由于 A 处的上横截面积小于下横截面积，所以在 A 处作用一个向下的油压，节气门阀下移，减小了节流口的通道面积，使节气门油压下降，从而使主油压下降。

真空式节气门阀的结构如图 4-48 所示。真空气室与发动机节气门后的进气歧管相通，

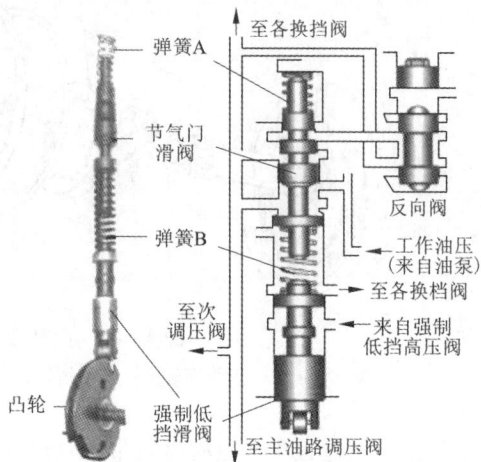

图 4-47 机械式节气门阀的结构

1—强制降挡柱塞；2—弹簧；
3—节气门阀；4—减压阀

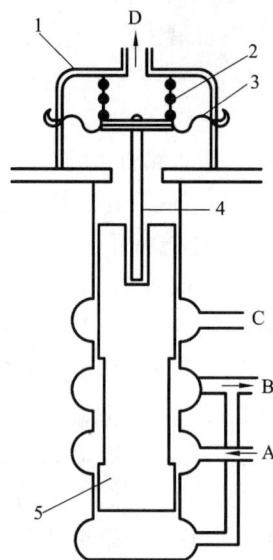

图 4-48 真空式节气门阀的结构

1—真空气室；2—弹簧；3—膜片；4—推杆；5—滑阀
A—主油压；B—节气门油压；C—泄油口；D—真空接口

当节气门开度增加，节气门后方的真空度减小，即真空气室的压力增加，使推杆带动滑阀向下移动，增大节流口的通道面积，使节气门油压增加。同样的，当节气门开度减小时，节气门油压会下降。

4. 速控阀

1) 功用

速控阀又叫调速器或速度调压阀，它的功用是产生与车速成正比的控制油压（速控油压），传给换挡阀，以便控制换挡。速控阀是液控自动变速器反应车速的装置，仅用于液控自动变速器，电控自动变速器采用车速传感器来反映车速。

正确的速控油压对于自动变速器的正常工作非常重要，如果速控油压过高，会导致换挡的车速提前；而速控油压过低，会导致换挡的车速滞后。

2) 结构、原理

速控阀的结构如图4-49所示。速控阀安装在变速器输出轴上，与输出轴一起旋转。作用在滑阀上的力包括向外的离心力和向内的速控油压力。当汽车低速行驶时，阀轴和滑阀构成一体，在重锤和滑阀的离心力作用下使滑阀向外移动，此时速控油压随着车速的增加而增加。当车速增加到一定程度时，阀轴被壳体内部台阶限位而不再向外移动，此时滑阀向外移动仅能靠自身的离心力，速控油压随着车速的增加而缓慢增加。所以，速控油压与车速的关系分成两个阶段，一般把这种形式的速控阀称为二阶段速控阀，与此类似的还有三阶段速控阀。

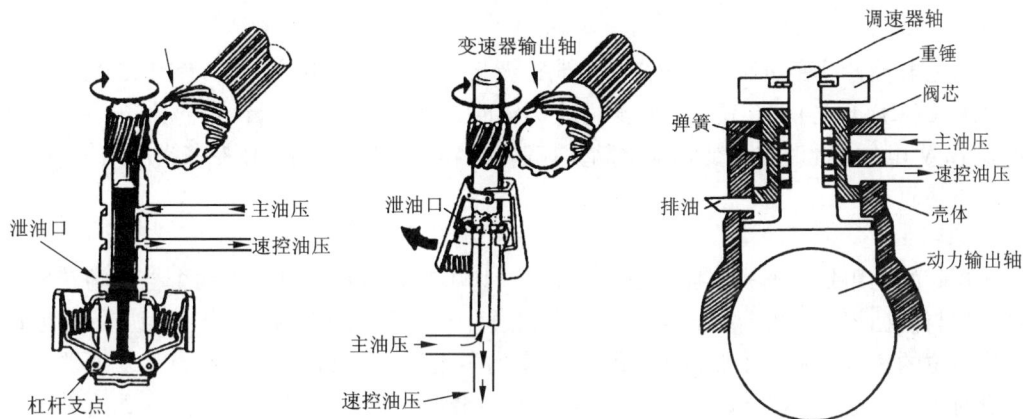

图4-49　速控阀的结构

5. 强制降挡阀

1) 功用

强制降挡阀的功用是为了加速超车，当节气门开度大于85%时，使自动变速器在当前挡位降一挡。

2) 结构、原理

对于液控自动变速器，强制降挡阀与节气门阀安装在一起，如图4-50所示的强制降挡柱塞。当节气门开度超过85%时，节气门凸轮将强制降挡柱塞顶起到一定程度，使主油压能到达相应换挡阀,使换挡阀动作,在当前挡位降一挡。

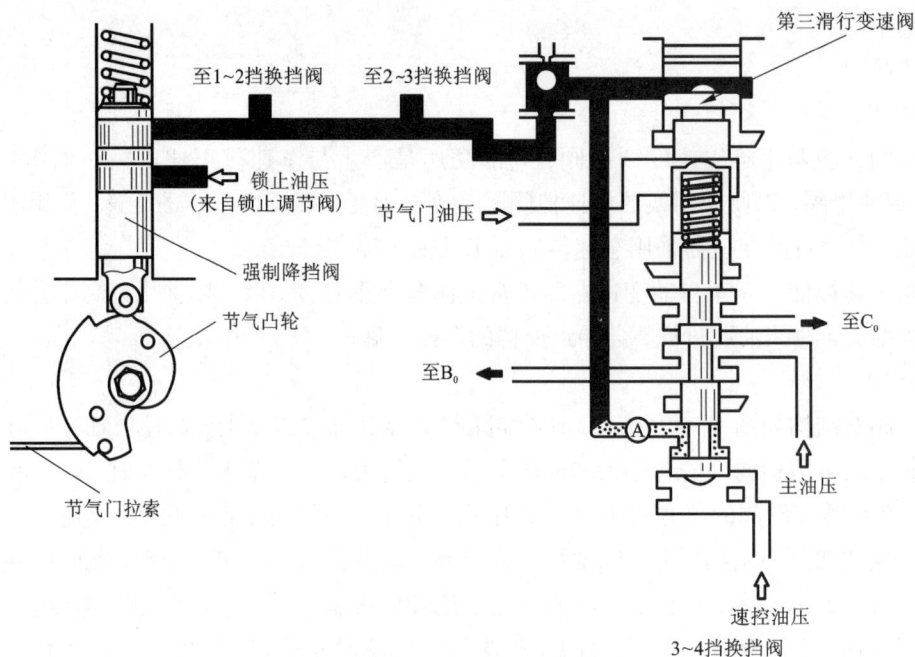

图 4 - 50   强制降挡阀的结构

如果是电控自动变速器,一般在蓄电池正极与自动变速器电脑的 KD 端子之间有一个强制降挡开关(KD 开关),当节气门开度超过 85% 时,KD 开关闭合,自动变速器电脑在 KD 端子得到 12 V 电压,此时自动变速器电脑会控制换挡电磁阀使自动变速器在当前挡位降一挡。

6. 换挡阀

1)功用

换挡阀的功用是根据换挡控制信号或油压,切换挡位油路,以实现两个挡位的转换。换挡阀直接与换挡控制元件(离合器、制动器)相通,当换挡阀动作后,会切换相应的油道以便给相应挡位的离合器和制动器供油,得到所需要的挡位。换挡阀的数量与自动变速器前进挡的个数有关。一般,四挡自动变速器需要三个换挡阀,即 1 ~ 2 挡换挡阀、2 ~ 3 挡换挡阀和 3 ~ 4 挡换挡阀。

2)结构、原理

换挡阀以 2 ~ 3 挡换挡阀为例进行介绍。如图 4 - 51(a)所示为二挡时的情况,此时在节气门油压、速控油压及弹簧作用下,2 ~ 3 挡换挡阀处于下方位置,主油压不能到达离合器 C_2,所以自动变速器处于 D2 挡;当车速增加到一定程度,速控油压大于节气门油压和弹簧伸张力之和时,2 ~ 3 挡换挡阀上移处于上方位置,如图 4 - 51(b)所示,此时主油压经过 2 ~ 3 挡换挡阀到达离合器 C_2,自动变速器换至 D3 挡。

7. 手动阀

手动阀又称为手控阀或手动换挡阀,与驾驶室内的选挡杆相连,其功用是控制各挡位油路的转换。如图 4 - 52 所示,当驾驶员操纵选挡杆时,手动阀会移动,使主油压通往不同的

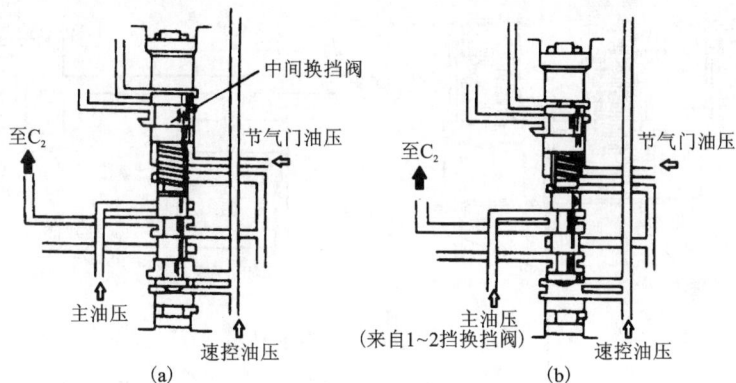

图 4－51　2~3 挡换挡阀

(a)二挡时；(b)三挡时

油道。如当选挡杆置于"P"位时，主油压会通往"P"、"R"和"L"位油道；当选挡杆置于"R"位时，主油压会同时通往"P"、"R"和"L"位油道与"R"位油道；当选挡杆置于"N"位时，手动阀会将主油压进油道切断，使不会有主油压通往各换挡阀；当选挡杆置于"D"位时，主油压会通往"D"、"2"和"L"位油道；当选挡杆置于"2"位时，主油压会同时通往"D"、"2"和"L"位油道与"2"和"L"位油道；当选挡杆置于"L"位时，主油压会同时通往"D"、"2"和"L"位油道与"2"和"L"位油道及 P"、"R"和"L"位油道。

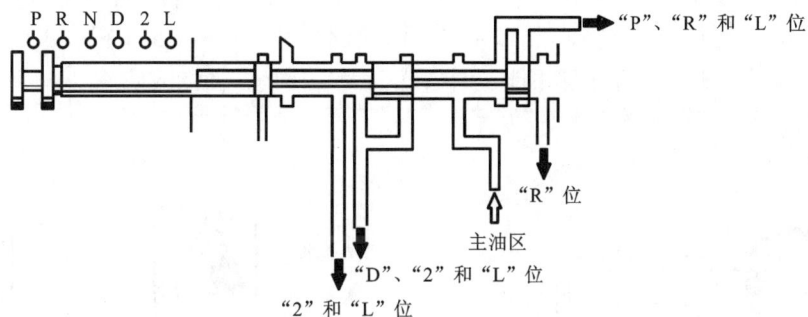

图 4－52　手动阀的结构

8.缓冲安全系统

为防止自动变速器在换挡时出现冲击，装有许多起缓冲和安全作用的液压阀和蓄压减振器。这类装置统称为缓冲安全系统。

1）蓄压减振器

蓄压减振器也称为贮能减振器或蓄压器，常用来缓和换挡冲击，一般由减振活塞和减振弹簧组成，如图 4－53 所示。它与离合器或制动器并联安装，压力油进入离合器或制动器活塞液压缸 A 的同时也进入蓄压减振器，将减振活塞压下，以此方式延长液压缸 A 的充油时间，使其油压的增长速度减缓，防止离合器或制动器片瞬间接合加载，因而减小了换挡冲击。

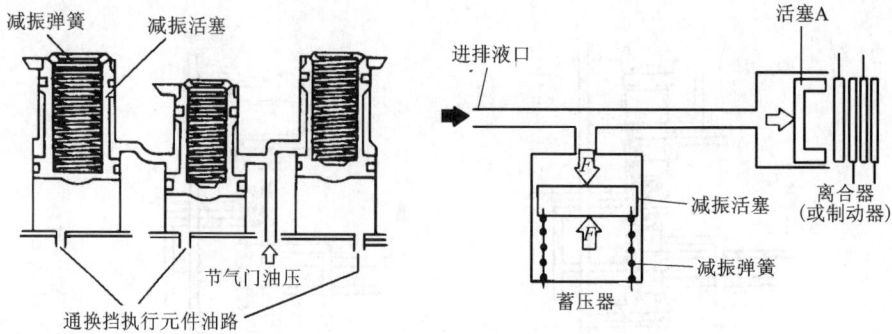

图 4 - 53　蓄压减振器的结构

2）顺序阀

某些离合器或制动器采用内、外双活塞结构，因此可利用顺序阀控制进入内、外活塞的先后顺序，使离合器或制动器接合更平顺。以减小换挡冲击，如图 4 - 54 所示。

当离合器或制动器将要作用时，主油压一方面作用在离合器或制动器内活塞，另一方面经通道 B 作用在顺序阀中间槽上，由于工作油压低于弹簧力，柱塞开始处于靠右的位置，工作油液先向内活塞充油，待内活塞使离合器或制动器接触后，工作液压力升高，克服弹簧力使柱塞左移，打开通向外活塞通道 A，工作液充入外活塞的油腔内，增加离合器或制动器的压紧力。

3）单向球阀

在自动变速器中采用了若干单向球阀，其作用是当液压油进入执行元件时，单向球阀堵死一个油孔[图 4 - 55(a)]，液压油只能通过一个油孔进入执行元件，油压上升减缓，减小了换挡冲击。在执行元件退出工作时，回油将单向球阀推开[图 4 - 55(b)]，两个油孔同时回油，油压下降很快，避免执行元件不能及时解除而发生换挡方面的故障。

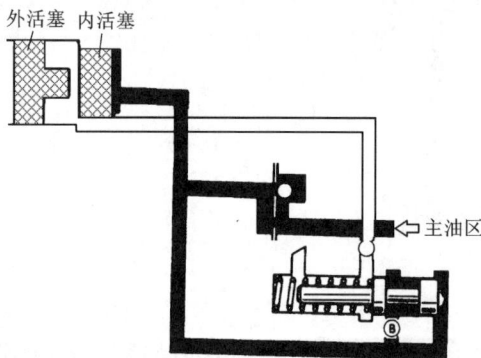

图 4 - 54　顺序阀的结构

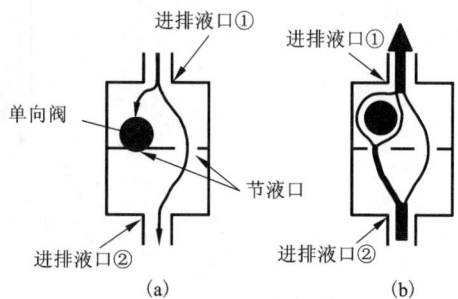

图 4 - 55　单向球阀的结构

9. 阀体

控制机构除包括上述控制阀外，还包括一些其他的控制阀，它们都组装在阀体中（如图 4 - 56所示）。自动变速器的实际液压控制系统及油路因不同车型而有所差异，读者需要时可参阅相关维修手册。

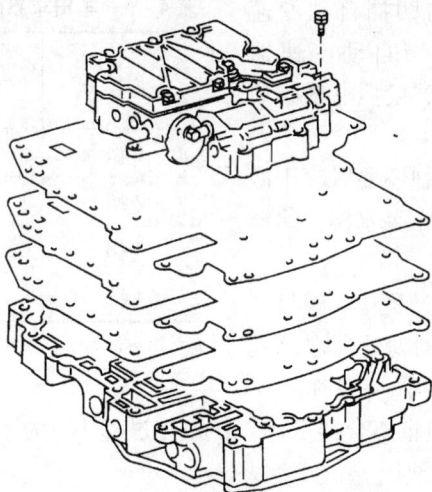

图 4 - 56　阀体的结构

任务五　自动变速器电子控制系统

电子控制自动变速器的电子控制系统由输入部分（即传感器/开关）、电子控制单元（即 ECT 的 ECU）和执行器（即电磁阀）等组成，如图 4 - 57 所示。

传感器部分主要包括节气门位置传感器、车速传感器、发动机转速传感器、输入轴转速传感器、冷却水温传感器、ATF 油温传感器、空挡启动开关、强制降挡开关、制动灯开关、模式选择开关、OD 开关等。

执行器部分主要包括各种电磁阀和故障指示灯等。

ECU 主要完成换挡控制、锁止离合器控制、油压控制、故障诊断和失效保护等功能。

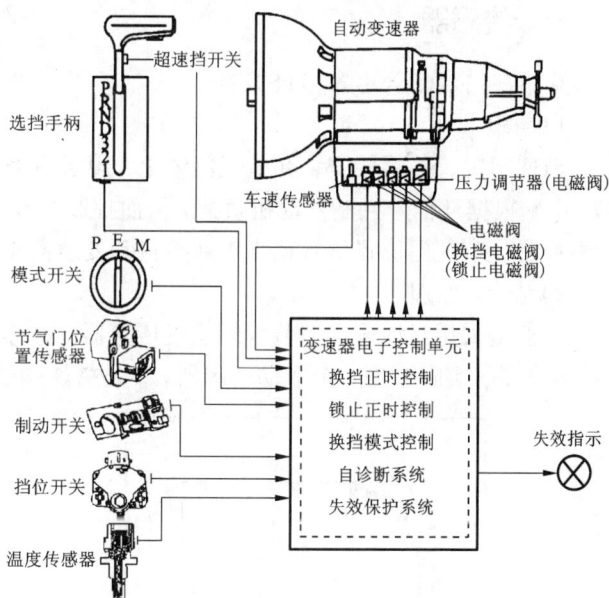

图 4 - 57　电子控制自动变速器

对于液控自动变速器，自动换挡主要是取决于节气门油压和速控油压，即发动机负荷和车速的情况。对于电控自动变速器，与此情况是类似的，即自动换挡也主要取决于发动机负荷和车速，只不过是采用节气门位置传感器和车速传感器来感知发动机负荷和车速的情况，并将这两个信号发送给自动变速器 ECU，ECU 根据存储器中的换挡程序决定升挡或降挡，然后再给换挡电磁阀发出控制信号，换至相应挡位。

例如，对于丰田车系的四挡自动变速器，换挡情况见表 4 – 5。当自动变速器 ECU 使 1# 换挡电磁阀通电，2# 换挡电磁阀断电，则自动变速器为 1 挡。

自动变速器的换挡等控制还要取决于冷却水温、ATF 油温等信号。如果水温、油温过低，自动变速器不会升挡。

如果自动变速器在工作过程中，满足了锁止离合器的工作情况，自动变速器电脑就会给锁止离合器（TCC）电磁阀（一般称为 3#

表 4 – 5 丰田车系的四挡自动变速器换挡情况

挡位	换挡电磁阀	
	1#	2#
1 挡	○	×
2 挡	○	○
3 挡	×	○
4 挡	×	×

注：○表示通电，×表示断电

电磁阀）通电，切换油路使锁止离合器工作。在换挡过程中，为了防止换挡冲击，自动变速器还会通过 4# 电磁阀控制换挡油压。

自动变速器 ECU 具有自诊断功能，如果电子控制系统出现故障，电脑会将故障码存储在存储器中，以便读取；另外电脑还会点亮 OD OFF 指示灯（或故障指示灯）提示自动变速器出现故障，并可通过 OD OFF 指示灯的闪烁读取故障码。

如果自动变速器出现故障，除了 OD OFF 等会点亮，一般自动变速器还会锁挡，即自动变速器不会升挡也不会降挡，锁挡一定有故障码。

一、传感器

1. 节气门位置传感器（TPS）

1）功用

节气门位置传感器安装在节气门体上，用于检测节气门开度的大小，并将数据传送给电脑，电脑根据此信号判断发动机负荷，从而控制自动变速器的换挡、调节主油压和对锁止离合器控制。节气门位置信号相当于液控自动变速器中的节气门油压。

2）结构、原理

一般是采用线性输出型节气门位置传感器，也称可变电阻式传感器，其结构、原理如图 4 – 58 所示，实际上是一个滑动变阻器，E 是搭铁端子，IDL 是怠速端子，VTA 是节气门开度

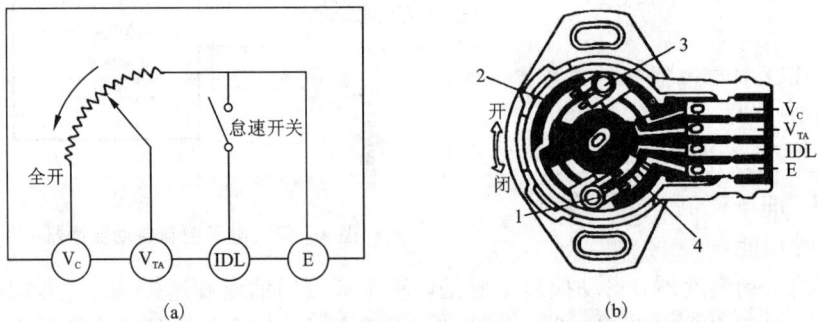

图 4 – 58 节气门位置传感器的结构、原理

（a）原理图；（b）结构图

1—怠速信号触点；2—电阻器；3—节气门开度信号触点；4—绝缘体

信号端子，VC 是 ECU 供电端子，电脑提供恒定 5V 电压。当节气门开度增加，节气门开度信号触点逆时针转动，VTA 端子输出电压也线性增大。如图 4−59 所示，VTA 端子输出电压与节气门开度成正比。当怠速时，怠速开关闭合，IDL 端子电压为 0 V。

由于滑动电阻中间部分容易磨损，使其阻值无法正确反映节气门开度，测量电阻时欧姆表会产生波动，同时输出电压也会过高或过低。当输出电压高时，会导致升挡滞后、不能升入超速挡；同时会导致主油压过高，出现换挡冲击。当输出电压低时，会导致升挡提前，汽车行驶动力不足；同时会导致主油压过低，使离合器、制动器打滑。

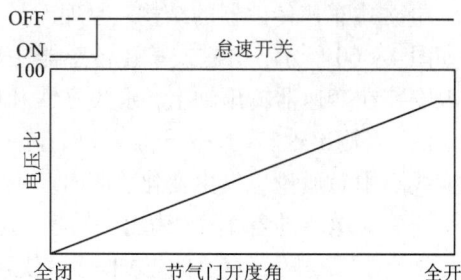

图 4−59　VTA 端子输出电压与节气门开度的关系

3）检测

（1）检查传感器电阻：点火开关关闭，拔下传感器连接器插头，用万用表的欧姆挡测量各端子之间的电阻值，标准值见表 4−6。如果电阻值不正常，应更换节气门位置传感器。

表 4−6　节气门位置传感器各端子之间的电阻值

节气门开度	VTA − E 端子	IDL − E 端子	VC − E 端子
全开	0.2 ~ 0.8 kΩ	0 Ω	固定值
全闭	2.8 ~ 8.0 kΩ	∞	固定值
从全闭到全开	连续逐渐增大	∞	固定值

（2）检查传感器电压：打开点火开关，但不启动发动机。用万用表的电压挡测量各端子之间的电压，标准值见表 4−7。如果电压值不正常，应更换节气门位置传感器。

表 4−7　节气门位置传感器各端子之间的电压值

节气门开度	VTA − E 端子	IDL − E 端子	VC − E 端子
全开	0.7 V	低于 1 V	5 V
全闭	3.5 ~ 5.0 V	4 ~ 6 V	5 V
从全闭到全开	连续逐渐增大	4 ~ 6 V	5 V

2. 车速传感器（VSS）

1）功用

车速传感器用于检测自动变速器输出轴转速，自动变速器 ECU 根据车速传感器输入的信号计算出车速，并以此信号控制自动变速器的换挡和锁止离合器的锁止。

2）类型

常见的车速传感器有电磁式、舌簧开关式、光电式三种形式。一般自动变速器装有两个车速传感器，分为 1 号和 2 号传感器。2 号车速传感器一般为电磁式的，它装在变速器输出轴附近的壳体上，为主车速传感器，1 号车速传感器一般为舌簧开关式的，为副车速传感器，它装在车速表的转子附近，负责车速的传输，它同时也是 2 号车速传感器的备用件，当 2 号车速传感器失效后，由 1 号车速传感器代替工作。下面以常见的电磁式车速传感器为例介绍其结构、原理和检修。

3）电磁式车速传感器的结构、原理

如图 4 - 60 所示，电磁式车速传感器主要由永久磁铁、电磁感应线圈、转子等组成。转子一般安装在变速器输出轴上，永久磁铁和电磁感应线圈安装在变速器壳体上，如图 4 - 60（c）所示。当输出轴转动，转子也转动，转子与传感器之间的空气间隙发生周期性变化，使电磁感应线圈中磁通量也发生变化，从而产生交流感应电压，如图 4 - 60（b）所示，并输送给电脑。交流感应电压随着车速（输出轴转速）具有两个响应特性，一是随着车速的增加，交流感应电压增高；二是随着车速的增加，交流感应电压脉冲频率也增加。电脑是根据交流感应电压脉冲频率大小计算车速，并以此控制自动变速器的换挡。车速传感器信号相当于液控自动变速器中的速控油压，电控自动变速器没有速控阀。

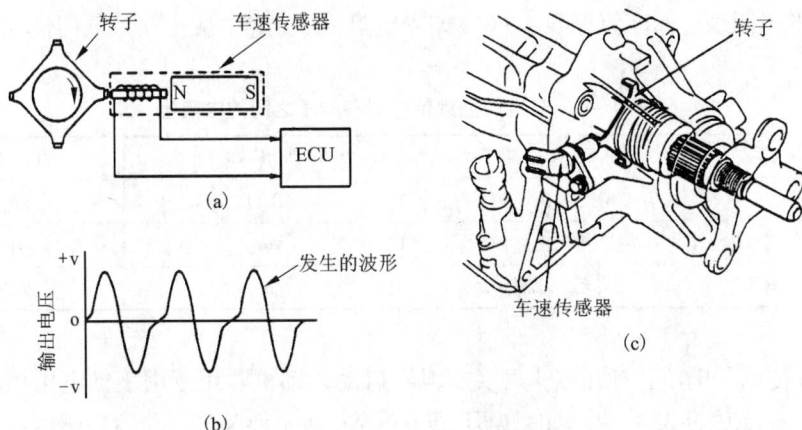

图 4 - 60　电磁式车速传感器的结构、原理

4）电磁式车速传感器的检测

（1）外观检查：检查转子是否有断齿、脏污等情况。

（2）检查转子齿顶与传感器之间的间隙：方法是用标准间隙厚度的厚薄规插入转子齿顶与传感器之间，如果感觉阻力合适表明间隙符合标准，如果阻力大说明间隙过小，如果没有阻力说明间隙大。

（3）检查电磁线圈电阻：方法是关闭点火开关，拔下传感器插头，用欧姆表测量电磁线圈电阻。不同车型自动变速器的车速传感器线圈电阻不同，一般为几百欧姆到几千欧姆。

（4）模拟检查：方法是用交流电压表 2 V 挡测量输出电压；启动时应高于 0.1 V，运转时应为 0.4～0.8 V；也可用示波器检测输出信号波形是否完整、连续、光滑等。

如果检查结果不符合要求，则应更换车速传感器。

3. 输入轴转速传感器

对于轿车自动变速器，一般在机械变速器输入轴附近的壳体上装有检测输入轴转速的输入轴转速传感器。该传感器一般也是采用电磁式，其结构、原理及检测与车速传感器一样。

自动变速器 ECU 根据输入轴转速传感器的信号可以更精确地控制换挡。另外, ECU 还可以把该信号与发动机转速信号进行比较, 计算出变矩器的转速比, 使主油压和锁止离合器的控制得到优化, 以改善换挡、提高行驶性能。

4. 水温传感器

1) 功用

水温传感器的信号不仅用于发动机的控制, 还用于自动变速器的控制。如图 4 - 61 所示, 当发动机冷却液温度低于设定温度(如 60℃), 发动机 ECU 会发送一个信号给自动变速器 ECU 的 OD_1 端子, 以防止自动变速器换入超速挡, 同时锁止离合器也不能工作。当发动机冷却液温度过高时, 自动变速器 ECU 会让锁止离合器工作以帮助发动机降低冷却液的温度, 防止变速器过热。如果水温传感器故障, 发动机 ECU 会自动将冷却液温度设定为 80℃, 以便发动机和自动变速器可以工作。

2) 结构、原理

水温传感器一般都是一个负温度系数的热敏电阻, 即温度升高, 电阻下降。如图 4 - 61 所示, 发动机 ECU 在 THW 端子接收到一个与冷却液温度成正比的电压, 从而得到冷却液温度信号。

3) 检测

水温传感器检测时可以将其放在水杯中进行加热, 测量不同温度下的电阻值, 并对照维修手册判断其好坏。

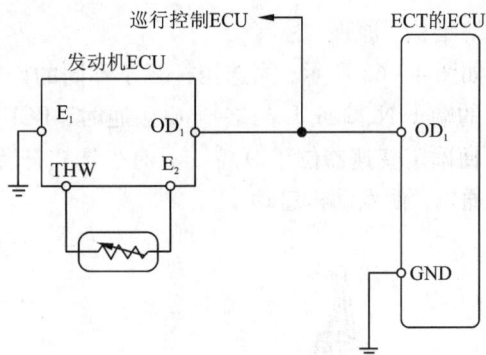

图 4 - 61 水温传感器线路图

5. 模式选择开关

1) 功用

模式选择开关是供驾驶员选择所需要的行驶或换挡模式的开关。大部分车型都具有常规模式(N 或 NORM)和动力模式(P 或 PWR), 而有的车型还有经济模式(ECONO)、运动模式(SPORT)、雪地模式(SNOW)、手动模式(MANUL)供选择。自动变速器 ECU 根据所选择的行驶模式执行不同的换挡程序, 控制换挡和锁止正时。如选择动力模式, 自动变速器会推迟升挡, 以提高动力性, 而选择经济模式, 自动变速器会提前升挡, 以提高经济性, 常规模式介于两者之间。

2) 结构、原理

如图 4 - 62 所示为常见的具有常规和动力两种模式的模式选择开关线路图, 当开关接通 NORM(常规模式), 仪表盘上 NORM 指示灯点亮, 同时自动变速器 ECU 的 PWR 端子的电压为 0V, ECU 从而知道选择了常规模式。当开关接通 PWR(动力模式), 仪表盘上 PWR 指示灯点亮, 同时自动变速器 ECU 的 PWR 端子的电压为 12 V, ECU 从而知道选择了动力模式。

6. 空挡启动开关

1) 功用

空挡启动开关有两个功用, 一是给自动变速器 ECU 提供挡位信息, 二是保证只有选挡杆置于 P 或 N 位才能启动发动机。

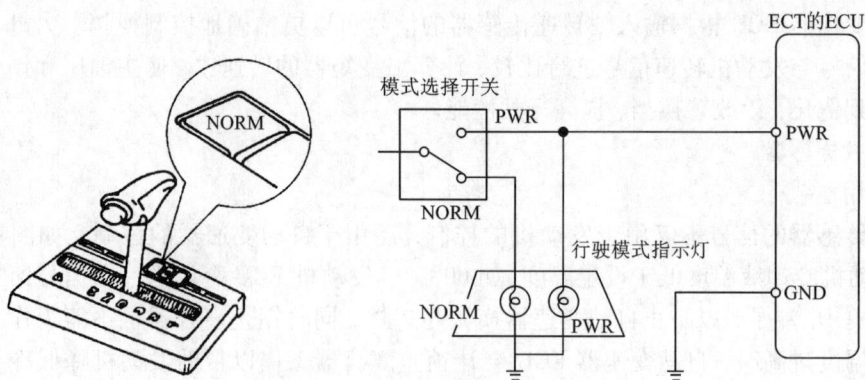

图 4-62 模式选择开关线路图

2)结构、原理

如图 4-63 所示,当选挡杆置于不同的挡位时,仪表盘上相应的挡位指示灯会点亮。当 ECU 的端子 N、2 或 L 与端子 E 接通时,ECU 便分别确定变速器位于 N、2 或 L 位;否则, ECU 便确定变速器位于 D 位。只有当选挡杆置于 P 或 N 位时,端子 B 与 NB 接通,才能给启动机通电,使发动机启动。

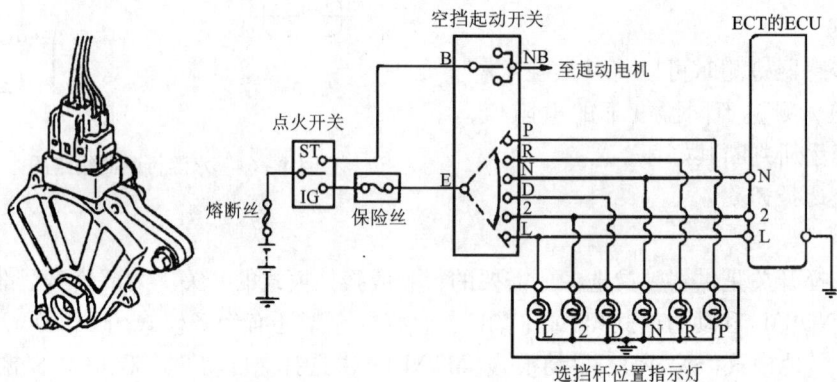

图 4-63 空挡启动开关线路图

7. OD 开关

1)功用

OD 开关(超速挡开关)一般安装在选挡杆上,由驾驶员操作控制,可以使自动变速器有或没有超速挡。

2)原理

如图 4-64 所示,当按下 OD 开关(ON),OD 开关的触点实际为断开,此时 ECU 的 OD2 端子的电压为 12 V,自动变速器可以升至超速挡,且 OD OFF 指示灯不亮。

如图 4-65 所示,当再次按下 OD 开关,OD 开关会弹起(OFF),OD 开关的触点实际为闭合,此时 ECU 的 OD2 端子的电压为 0 V,自动变速器不能升至超速挡,且 OD OFF 指示灯点亮。

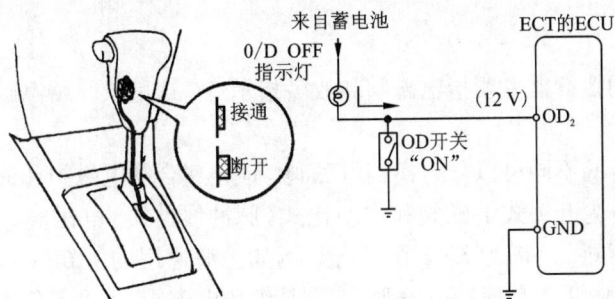

图 4 - 64　OD 开关 ON 的线路图

3）检测

当按下 OD 开关（ON）时 OD OFF 指示灯应熄灭；当再次按下 OD 开关，OD 开关弹起（OFF）时，OD OFF 指示灯应点亮。否则应检查 OD OFF 指示灯、OD 开关及线路。

8. 制动灯开关

1）功用

自动变速器 ECU 通过制动灯开关检测是否踩下制动踏板，如果踩下制动踏板，ECU 会取消锁止离合器的工作。

2）原理

如图 4 - 66 所示，制动灯开关安装在制动踏板支架上。当踩下制动踏板，开关接通，ECU

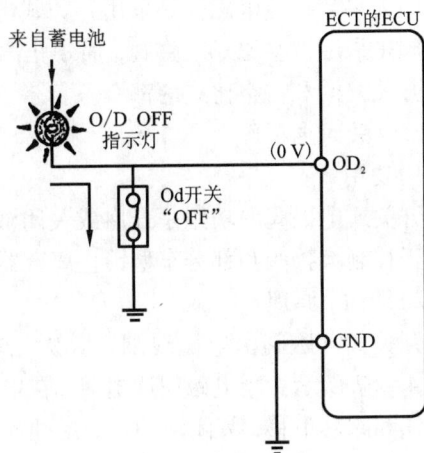

图 4 - 65　OD 开关 OFF 的线路图

的 STP 端子电压为 12 V；当松开制动踏板，开关断开，STP 端子电压为 0 V。ECU 根据 STP 端子的电压变化了解制动踏板的工作情况。

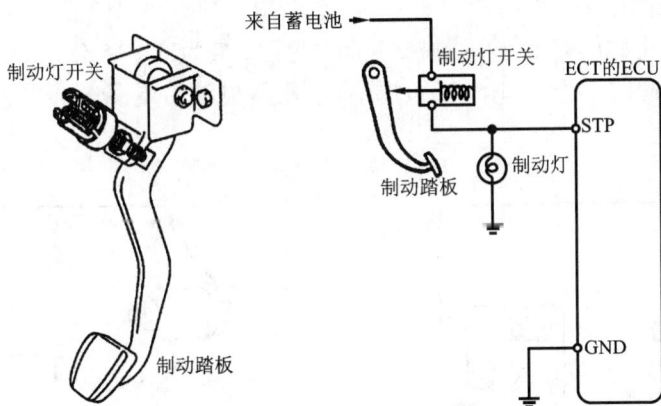

图 4 - 66　制动灯开关线路图

3）检测

测量制动灯开关线路的电源端子与搭铁之间的电压，在没有制动时应为蓄电池电压。若不是蓄电池电压，应检查制动灯线路保险丝是否断路。

二、执行器

电子控制系统的执行器主要指电磁阀和故障指示灯，这里只介绍电磁阀。

1. 分类

电磁阀根据功能的不同可以分为换挡电磁阀、锁止离合器电磁阀和油压电磁阀。根据工作原理的不同可以分为开关式电磁阀和占空比式(脉冲线性式)电磁阀。不同的自动变速器使用的电磁阀数量不同，一般为3～8个不等。例如上海通用的4T65-E自动变速器电控系统有4个电磁阀，其中2个是换挡电磁阀、1个是油压电磁阀、1个是锁止离合器电磁阀。而一汽大众的01M自动变速器电控系统则采用7个电磁阀。

绝大多数换挡电磁阀是采用开关式电磁阀，油压电磁阀是采用占空比式电磁阀，而锁止离合器电磁阀采用开关式的和占空比式的都有。

2. 开关式电磁阀

1)功用

开关式电磁阀的功用是开启或关闭液压油路，通常用于控制换挡阀和部分车型锁止离合器的工作。

2)结构、原理

开关式电磁阀由电磁线圈、衔铁、阀芯等组成，如图4-67所示。当电磁阀通电时，在电磁吸力作用下衔铁和阀芯下移，关闭泄油口，主油压供给到控制油路。当电磁阀断电时，在回位弹簧的作用下衔铁和阀芯上移，打开泄油口，主油压被泄掉，控制油路压力很小。

3)检测

(1)检查电磁阀电阻：如图4-68所示，脱开电磁阀连接器，测量电磁阀端子与车身搭铁之间的电阻，应为11～15 Ω。

(2)检查电磁阀的工作：如图4-69所示，用蓄电池给电磁阀通电，检查是否有工作响声。

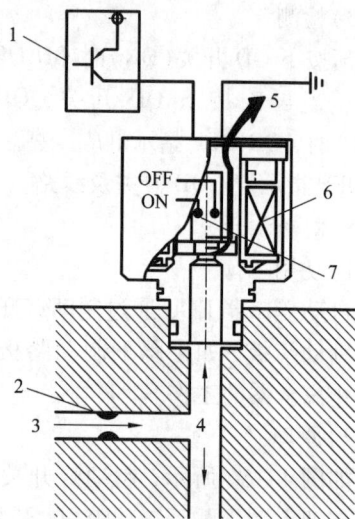

图4-67　开关式电磁阀

1—ECU；2—节流口；3—主油路；4—控制油路；5—泄油口；6—电磁线圈；7—衔铁和阀芯

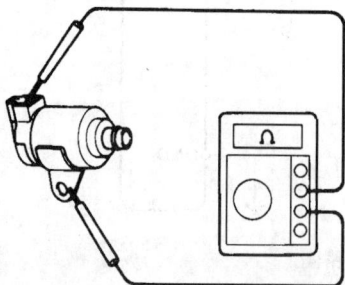

图4-68　检查电磁阀电阻

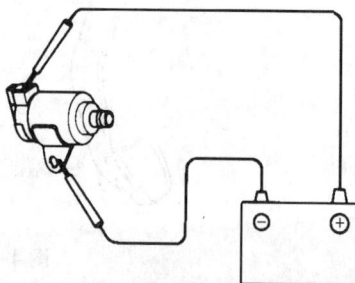

图4-69　通电检查电磁阀的工作

（3）检查电磁阀的漏气：如图4-70所示，拆下电磁阀，施加5 kg/cm^{2}的压缩空气，检查电磁阀是否漏气。

如果不符合规定应更换电磁阀。

4）电控换挡阀的工作原理

如图4-71所示为换挡电磁阀控制换挡阀的工作原理图。当换挡电磁阀断电，阀芯及球阀在回位弹簧作用下升起，主油压不能到达换挡阀的左侧，则换挡阀处于左端位置，主油压经过换挡阀给换挡执行元件供油，得到相应的挡位，如图4-71（a）所示。当换挡电磁阀通电，电磁吸力使阀芯及球阀下移，主油压经过换挡电磁阀到达换

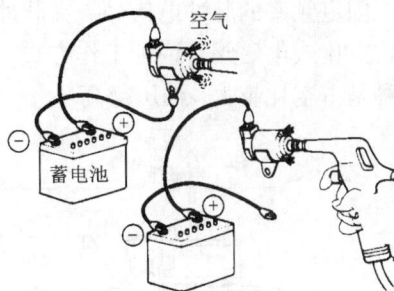

图4-70 检查电磁阀的漏气

挡阀的左侧，换挡阀右移，主油压到达换挡阀后被截止，不能给换挡执行元件供油，得到另外的挡位，如图4-71（b）所示。

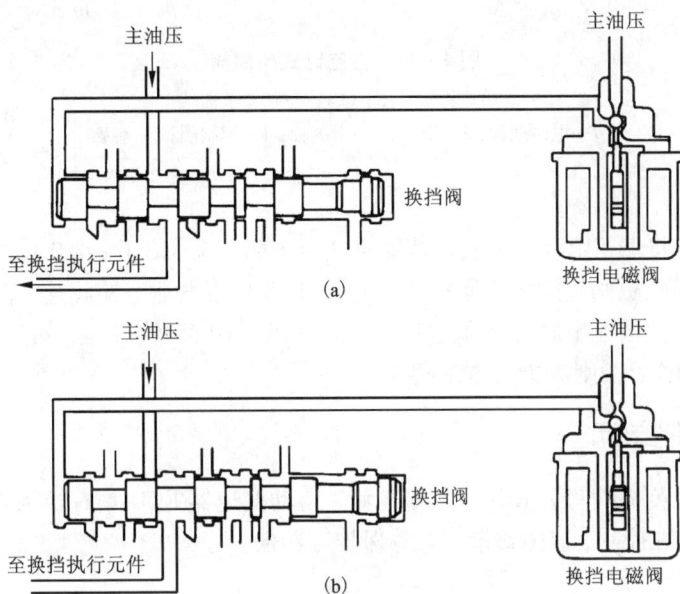

图4-71 电控换挡阀的工作原理

3．占空比式电磁阀

1）占空比的概念

占空比是指一个脉冲周期中通电时间所占的比例（百分数），如图4-72所示。

2）结构、原理

占空比式电磁阀与开关式电磁阀类似，也是由电磁线圈、滑阀、弹簧等组成，

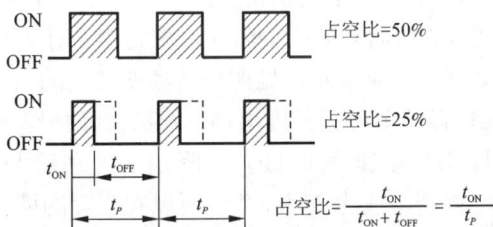

$$占空比=\frac{t_{ON}}{t_{ON}+t_{OFF}}=\frac{t_{ON}}{t_P}$$

图4-72 占空比

如图 4-73 所示。它通常用于控制油路的油压，有的车型的锁止离合器也采用此种电磁阀控制。与开关式电磁阀不同的是，控制占空比式电磁阀的电信号不是恒定不变的电压信号，而是一个固定频率的脉冲电信号。在脉冲电信号的作用下，电磁阀不断开启、关闭泄油口。

占空比式电磁阀有两种工作方式，一种是占空比越大，经电磁阀泄油越多，油压就越低；另一种是占空比越大，油压越高。

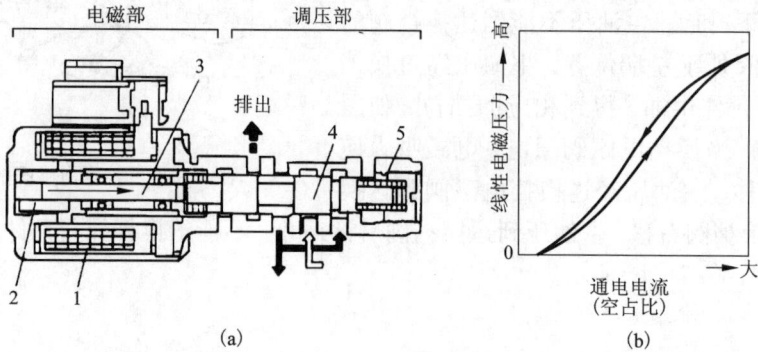

图 4-73　占空比式电磁阀
(a)结构示意图；(b)占空比调节曲线
1—电磁线圈；2—滑阀；3—滑阀轴；4—控制阀；5—弹簧

3)检测

脱开电磁阀连接器，用万用表欧姆挡测量线圈电阻，应为 3.6~4.0 Ω，否则应更换电磁阀。由于占空比式电磁阀线圈的电阻很小，不可与 12 V 蓄电池直接相连，否则容易烧毁电磁阀线圈。检测时将蓄电池串联一个低电阻，如一个 8~10 W 的灯泡，然后再与电磁线圈相连，电磁阀应当动作，否则应更换电磁阀。

三、电子控制单元

电子控制单元英文缩写为 ECU，俗称电脑。自动变速器 ECU 具有换挡控制、锁止离合器控制锁、换挡平顺性控制、故障诊断、失效保护等功能。

1. 换挡控制

自动变速器换挡时刻的控制是 ECU 最重要的控制内容之一。汽车在某个特定工况下都有一个与之对应的最佳换挡时刻，使汽车发挥出最好的动力性和经济性。汽车行驶过程中，自动变速器 ECU 根据模式选择开关信号、节气门开度信号、车速信号等参数来打开或关闭换挡电磁阀，从而打开或关闭通往离合器、制动器的油路，使变速器升挡或降挡。

如图 4-74 所示常见四挡自动变速器的自动换挡图，具有如下特点：

(1)随着节气门开度增加，升挡或降挡车速增加。以 2 挡升 3 挡为例，当节气门开度为 2/8 时，升挡车速为 35 km/h，降挡车速为 12 km/h；当节气门开度为 4/8 时，升挡车速为 50 km/h，降挡车速为 25 km/h。所以在实际的换挡操作过程中，一般可以采用"收油门"的方法来快速升挡。

(2)升挡车速高于降挡车速，以免自动变速器在某一车速附近频繁升挡、降挡而加速自动变速器的磨损。

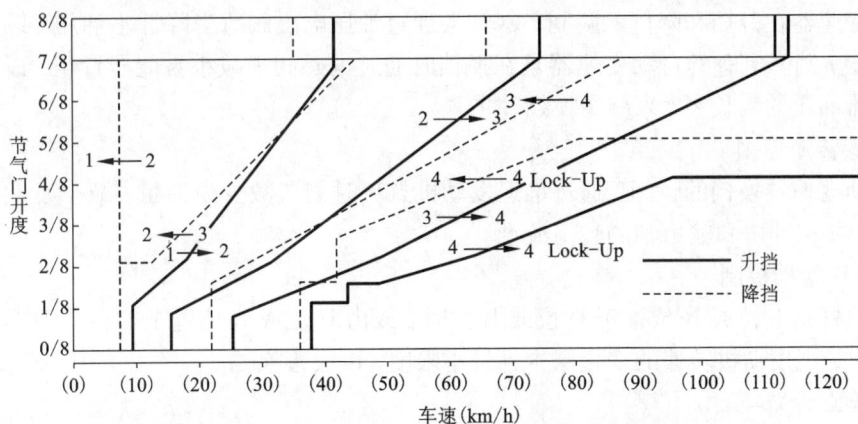

图 4 – 74 常见四挡自动变速器的自动换挡图

2. 锁止离合器控制

自动变速器 ECU 将各种行驶模式下锁止离合器的工作方式编程存入存储器，然后根据各种输入信号，控制锁止离合器电磁阀的通、断电，从而控制锁止离合器的工作。

1）锁止离合器工作的条件

如果满足以下 5 个条件，自动变速器 ECU 会接通锁止离合器电磁阀，使锁止离合器处于接合状态。

（1）选挡杆置于 D 位，且挡位在 D2、D3 或 D4 挡；

（2）车速高于规定值；

（3）节气门开启（节气门位置传感器 IDL 触点未闭合）；

（4）冷却液温度高于规定值；

（5）未踩下制动踏板（制动灯开关未接通）。

2）锁止的强制取消

如果符合下面条件中的任何一项，ECU 就会给锁止离合器电磁阀断电，使锁止离合器分离。

（1）踩下制动踏板（制动灯开关接通）；

（2）发动机怠速（节气门位置传感器 IDL 触点未闭合）；

（3）冷却液温度低于规定值（如 60℃）；

（4）当巡航系统工作时，如果车速降至设定车速以下至少 10 km/h。

早期的电控自动变速器中，控制锁止离合器的电磁阀是采用开关式电磁阀，即通电时锁止离合器接合，断电时锁止离合器分离。目前许多新型电控自动变速器采用占空比式电磁阀作为锁止离合器电磁阀，电脑在控制锁止离合器接合时，通过改变脉冲电信号的占空比，让锁止离合器电磁阀的开度缓慢增大，以减小锁止离合器接合时所产生的冲击，使锁止离合器的接合过程变得更加柔和。

3. 换挡平顺性控制

自动变速器改善换挡平顺性的方法有换挡油压控制、减少转矩控制和 N – D 换挡控制。

1)换挡油压控制

自动变速器在升挡和降挡的瞬间,ECU 会通过油压电磁阀适当降低主油压,以减少换挡冲击,改善换挡。也有的自动变速器是在换挡时通过电磁阀来减小蓄能器背压,以减缓离合器或制动器油压的增长率,来减少换挡冲击。

2)减少转矩控制

在自动变速器换挡的瞬间,通过推迟发动机点火时刻或减少喷油量,减少发动机输出转矩,以减少换挡冲击和输出轴的转矩波动。

3)N-D 换挡控制

当选挡杆由 P 位或 N 位置于 D 位或 R 位时,或由 D 位或 R 位置于 P 位或 N 位时,通过调整喷油量,把发动机转速的变化减少到最小限度,以改善换挡。

4.故障自诊断

电控自动变速器 ECU 具有内置的自我诊断系统,它不断监控各传感器、信号开关、电磁阀及其线路,当有故障时,ECU 使 OD OFF 指示灯闪烁,以提醒驾驶员或维修人员;并将故障内容以故障码的形式存贮在存储器中,以便维修人员采用人工或仪器的方式读取故障码。

当故障排除后,OD OFF 指示灯将停止闪烁,不过故障码仍然会保留在 ECU 存储器中。

当 OD 开关置于 ON 时(OD 开关断开),如果有故障,OD OFF 指示灯将点亮而不是闪烁。

5.失效保护

当自动变速器出现故障时,为了尽可能使自动变速器保持最基本的工作能力,以维持汽车行驶,便于汽车进厂维修,电控自动变速器 ECU 都具有失效保护功能。

(1)当传感器出现故障时,ECU 所采取的失效保护措施。

①节气门位置传感器出现故障时,电脑根据怠速开关的状态进行控制。当怠速开关断开时(加速踏板被踩下),按节气门开度为 1/2 进行控制,同时节气门油压为最大值;当怠速开关接通时(加速踏板完全放松),按节气门处于全闭状态进行控制,同时节气门油压为最小值。

②车速传感器出现故障时,电脑不能进行自动换挡控制,此时自动变速器的挡位由选挡杆的位置决定。在 D 位和 2 位时固定为超速挡或 3 挡,在 L 位时固定为 2 挡或 1 挡;或不论选挡杆在任何前进挡位,都固定为 1 挡,以保持汽车最基本的行驶能力。

③冷却液或 ATF 油温度传感器出现故障时,ECU 按温度为 80℃ 的设定进行控制。

(2)电磁阀出现故障时,ECU 所采取的失效保护措施。

①换挡电磁阀出现故障时,ECU 一般会将自动变速器锁挡,挡位与选挡杆的位置有关。如丰田车系锁挡情况见表 4-8。

表 4-8   丰田车系锁挡情况

选挡杆位置	D	2	L	R
挡位	4 挡	3 挡	1 挡	倒挡

②锁止离合器电磁阀出现故障时,ECU 会停止锁止离合器的控制,使锁止离合器始终处于分离状态。

③油压电磁阀出现故障时,ECU 会停止油压的控制,使油路压力保持为最大。

任务六　自动变速器的检修

一、液力变矩器的检修

轿车自动变速器的液力变矩器外壳都是采用焊接式的整体结构,不可分解。液力变矩器内部除了导轮的单向离合器和锁止离合器压盘之外,没有互相接触的零件,因此在使用中基本上不会出现故障,液力变矩器的维修工作主要是清洗和检查。

1. 变矩器的检查

(1)检查液力变矩器外部有无损坏和裂纹、轴套外径有无磨损、驱动油泵的轴套缺口有无损伤,如有异常,应更换液力变矩器。

(2)检查单向离合器。如图4－75所示,将专用工具插入液力变矩器毂缺口和单向离合器的外座圈中,转动定子齿面,检查单向离合器工作是否正常,在逆时针方向转动时应锁住,而在顺时针方向应能自由转动。如有异常,说明单向离合器损坏,应更换液力变矩器。

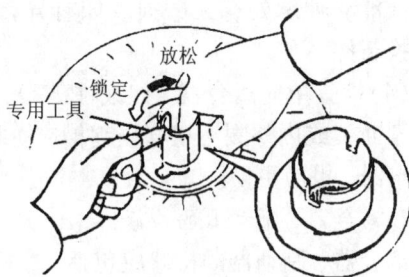

图4－75　单向离合器的检查

(3)测量驱动盘(飞轮后端面)的端面圆跳。安装百分表如图4－76所示,测量驱动盘的端面圆跳动,其最大值不超过0.20 mm。

(4)测量液力变矩器轴套径向圆跳。暂时将液力变矩器装在驱动盘上,安装百分表如图4－77所示。径向圆跳最大值超过0.30 mm,可通过重新调整液力变矩器的安装方位进行校正,并在校正后的位置上作一记号,以保证安装正确,若无法校正,应更换液力变矩器。

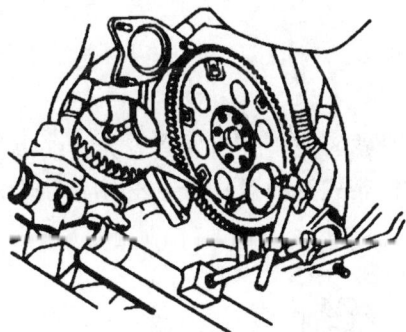

图4－76　检查驱动盘的端面圆跳

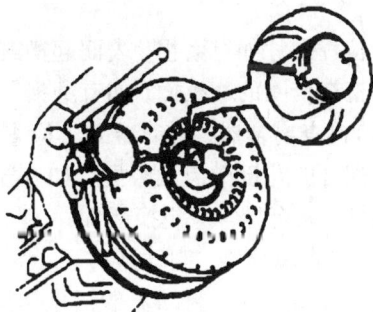

图4－77　测量液力变矩器轴套径向圆跳

(5)检查液力变矩器的安装情况。用卡尺和直尺测量液力变矩器安装面至自动变速器壳体正面的距离,应为17.7 mm,若距离小于标准值,则应检查是否由于安装不当所致。

2. 变矩器的清洗

(1)倒出液力变矩器中残余的液压油。

（2）向液力变矩器内加入 2 L 干净的液压油，摇动液力变矩器以清洗其内部，然后将液压油倒出。再次向液力变矩器内加入 2 L 干净的液压油，清洗后倒出。

二、齿轮变速传动装置的检修

1. 行星齿轮机构、单向离合器的检修

（1）检查太阳轮、行星轮、齿圈的齿面如有磨损或疲劳剥落，应更换整个行星排。

（2）检查行星轮与行星架之间的间隙（如图 4－78），其标准间隙为 0.2～0.6 mm，最大不得超过 1.0 mm，否则应更换止推垫片、行星架和行星轮组件。

（3）检查太阳轮、行星轮、齿圈等零件的轴颈或滑动轴承处有无磨损。如有异常磨损应更换新件。

图 4－78   检查行星轮与行星架之间的间隙

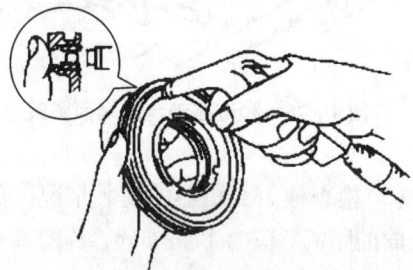

（4）检查单向离合器，如滚柱破裂、滚柱保持架断裂或内外圈滚道磨损起槽应更换新件。如果在锁止方向上有打滑或在自由转动方向上有卡滞，也应更换。

2. 离合器、制动器的检修

离合器、制动器的检修应包括：摩擦片、钢片、制动带的检查；离合器鼓、制动器鼓的检查；离合器和制动器活塞的检查；回位弹簧的检查等内容。

（1）检查离合器、制动器摩擦片和钢片。

①离合器、制动器表面如有烧焦、表面粉末冶金层脱落或翘曲变形，应予以更换。许多自动变速器摩擦片表面上印有符号，若这些符号已被磨去，说明摩擦片已磨损至极限，应更换。也可以测量摩擦片的厚度，若小于极限厚度，应更换。

②带式制动器的制动带内表面如有烧焦、表面粉末冶金层脱落或表面符号已被磨去也应更换。

③检查钢片如有磨损，表面起槽或翘曲变形应更换。

④检查挡圈的摩擦面，如有磨损，应更换。

（2）检查离合器、制动器鼓。检查离合器、制动器鼓的液压缸内表面应无损伤或拉毛，与钢片配合的花键槽应无磨损。如有异常应更换新件。带式制动器鼓的外表面应无损伤、拉毛或起槽，如有异常应更换新件。

（3）检查离合器、制动器活塞。

①检查离合器、制动器的活塞，其表面无损伤、拉毛或起槽，否则应更换新件。

②检查离合器活塞上的单向阀，其阀球应能在阀座内活动自如。用压缩空气或煤油检查单向阀的密封性（从液压缸一侧往单向阀内吹气，见图 4－79）。密封应良好。如有异常应更换活塞。

③更换所有离合器、制动器及制动带液压缸活塞上的 O 形密封圈及轴颈上的密封环。新密封

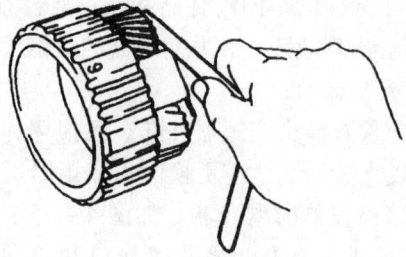

图 4－79   离合器活塞单向阀密封性检查

圈或密封环上应涂上少许自动变速器油或凡士林后装入。

④检查回位弹簧和密封圈。测量活塞回位弹簧的自由长度并与制动器维修手册比较。若弹簧自由长度过小或有变形，应更换新弹簧。

三、液压系统的检修

1. 油泵的检修

（1）如图 4-80 所示，用厚薄规分别测量油泵内齿轮外圆与油泵壳体之间的间隙、小齿轮及内齿轮的轮齿与月牙板之间的间隙、小齿轮及内齿轮端面与端盖平面的端隙。将测量结果与标准值相比较，如不符合标准，应更换齿轮、泵壳或油泵总成。

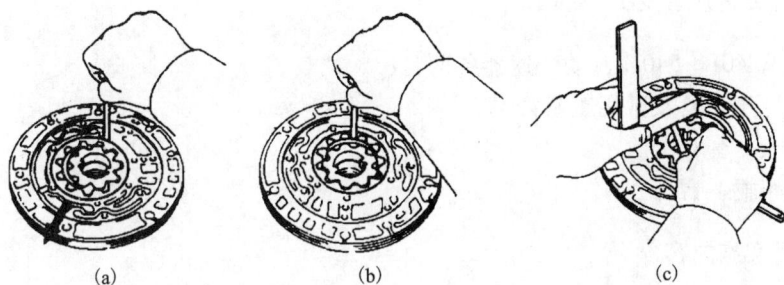

(a)　　　　(b)　　　　(c)

图 4-80　油泵各间隙的检查

（2）检查油泵小齿轮、内齿轮、泵壳端面有无肉眼可见的磨损痕迹，如有应更换新件。

2. 阀体零件检修

（1）将上下阀体和所有控制阀的零件用清洁的煤油清洗干净。

（2）检查控制阀阀芯表面，如有轻微刮伤痕迹可用金相砂纸抛光。

（3）检查各阀弹簧有无损坏，测量弹簧长度，应符合自动变速器维修手册的要求，如不符合，应更换。

（4）检查滤油器，如有损坏或堵塞，应更换。

（5）如控制阀卡死在阀孔中应更换阀体总成。

（6）更换隔板上的纸质衬垫。

（7）更换所有塑胶阀体。

四、自动变速器壳体的检修

（1）检查自动变速器壳体，如壳体变形或出现裂纹，应更换。

（2）油底壳接合平面的平面度超差应用锉刀修整。

（3）清除所有密封平面上残留的密封衬垫或密封胶。

（4）用煤油将自动变速器壳体清洗干净，用压缩空气将所有油道吹净。

（5）更换壳体上的所有 O 形密封圈。

项目实施

自动变速器拆装与检测

(一)项目实施目的及要求

(1)了解自动变速器的种类;

(2)熟悉自动变速器的工作原理;

(3)掌握自动变速器的拆装工艺。

(二)项目实施设备及工(量)具

(1)丰田 A340E、540E 自动变速器各两台;

(2)拆装专用工具及常用工具四套;

(3)油压表一套;

(4)实验车辆一台。

(三)项目实施内容

自动变速器主要由液力变矩器、行星齿轮机构、油泵、控制系统等几个部分组成。

液力变矩器:位于自动变速器的最前端,安装在发动机的飞轮上,其作用与采用手动变速器的汽车中的离合器相似。可在一定范围内实现减速增矩。

行星齿轮机构:包括行星齿轮组和换挡执行机构。换挡执行机构可以使行星齿轮组处于不同的啮合状态,以实现不同的传动比。大部分自动变速器的行星齿轮机构有 3~4 个前进挡和 1 个倒挡。这些挡位与液力变矩器相配合,就可获得由起步至最高车速的整个范围内的自动换挡。

油泵:通常安装在液力变矩器之后,由飞轮通过液力变矩器壳直接驱动,为液力变矩器、控制系统及换挡执行机构的工作提供一定压力的自动变速器油。

控制系统:新型汽车自动变速器的控制系统有液压式和电液式两种。液压式控制系统包括由许多控制阀组成的阀体总成以及液压管路。电液式控制系统除了壳体及液压管路之外,还包括电脑、传感器、执行器及控制电路等。阀体总成通常安装在行星齿轮机构下方的油底壳内。驾驶员通过自动变速器的操纵手柄改变阀体内的手动阀的位置,控制系统根据手动阀的位置及节气门开度、车速、控制开关的状态等因素,利用液压自动控制原理或电子自动控制原理,按照一定的规律,控制行星齿轮机构中的换挡执行机构的工作,实现自动换挡。

(四)项目实施步骤

1. 自动变速器的拆装

(1)自动变速器的拆卸方法和普通齿轮变速器有所不同,必须按照正确的步骤进行,以避免损坏自动变速器。在拆卸自动变速器之前 应关闭汽车的点火开关,拆下蓄电池负极电缆,放掉自动变速器中的液压油,然后按下列步骤进行拆卸。

(2)拆下与节气门摇臂连接的自动变速器节气门拉索,拔下自动变速器上的所有线束插头。拆除车速表软轴、液压油加油管、散热器油管、操纵手柄与手动阀摇臂的连接杆等所有与自动变速器连接的零部件。

（3）拆去排气管中段，拆除自动变速器下方的护罩、护板等，松开传动轴与自动变速器输出轴的连接螺栓，拆下传动轴。

（4）取下飞轮壳盖板用起子撬动飞轮逐个拆下飞轮与变矩器的连接螺栓。

（5）取下启动机。

（6）拆下自动变速器与车架的连接支架，用千斤顶托住自动变速器。

（7）拆下自动变速器和飞轮壳的连接螺栓将变矩器和自动变速器一同抬下，在抬下自动变速器时，应扶住变矩器 以防止滑落。

2. 自动变速器的分解

自动变速器的分解方法与步骤因自动变速器型号的不同而略有不同。以丰田 A340E 为例，其拆装方法如下：

（1）拆除自动变速器前后壳体、油底壳及阀体，从自动变速器前方取下变矩器。

（2）拆除所有安装在自动变速器壳体上的部件，如加油管、挡位开关、车速传感器、输入轴传感器等。

（3）松开紧固螺栓，拆下自动变速器前端的变矩器壳。

（4）拆除输出轴凸缘和自动变速器后端壳，从输出轴上拆下车速传感器感应转子。

（5）拆下油底壳，松开进油滤网与阀体之间的固定螺栓，从阀体上拆下进油滤网。

（6）拔下连接在阀体上的所有线束插头，拆除与节气门阀连接的节气门拉索，松开阀体与自动变速器壳体之间的固定螺栓，取下阀体总成。阀体上的螺栓除了一部分是固定在自动变速器壳体上之外，还有许多是上下阀体之间的固定螺栓。在拆卸阀体总成时 应对照《自动变速器维修手册》，认准阀体与自动变速器壳体之间的固定螺栓。

（7）取出自动变速器壳体油道中的止回阀和弹簧。

（8）取出自动变速器壳体上的减振器活塞。方法是：用手指按住减振器活塞，从减振器活塞周围相应的油孔中吹入压缩空气，将减振器活塞吹出。

3. 分解行星齿轮变速器

（1）从自动变速器前方取出超速行星齿轮架和直接离合器组件及超速齿圈，拆卸超速制动器：用起子拆下超速制动器卡环，取出超速制动器钢片和摩擦片，拆下超速制动器鼓的卡环，松开壳体上的固定螺栓 用拉具拉出超速制动器鼓。

（2）拆卸 2 挡强制制动带活塞：从外壳上拆下 2 挡强制制动带液压缸缸盖卡环，用手指按住液压缸缸盖，从液压缸进油孔中吹入压缩空气，将液压缸缸盖和活塞吹出。

（3）取出中间轴、高挡及倒挡离合器和前进离合器组件。

（4）拆出 2 挡强制制动带销轴，取出制动带。

（5）拆出前行星排：取出前齿圈，将自动变速器立起，用木块垫住输出轴，拆下前行星齿轮架上的十环，拆出前行星齿轮架和行星轮组件。

（6）取出前后太阳轮组件和低挡单一超越离合器。

（7）拆卸 2 挡制动器：拆下卡环，取出 2 挡制动器的所有摩擦片、钢片及活塞衬套。

（8）拆卸输出轴、后行星排和低挡及倒挡制动器组件：拆下卡环，抓住输出轴，取出输出轴、后行星排、前进单向超越离合器、低挡及倒挡制动器和 2 挡制动器鼓组件。

各种车型的后驱动自动变速器基本上都可按上述顺序和方法进行分解。检修后再按顺序进行组装。

五、项目实施使用注意事项

（1）本实验器材比较贵重，如没有指导教师的允许，不允许乱动。

（2）注意人身安全。

（3）在分解自动变速器时应将所有组件和零件按分解顺序依次摆放，以便于检修和组装。

（4）要特别注意各个止推垫片、止推轴承的位置，不可错乱。

项目小结

1. 自动变速器按结构、控制方式的不同，可以分为液力式自动变速器、无级自动变速器和机械式自动变速器；自动变速器按车辆驱动方式的不同，可以分为自动变速器（Automatic Transmission）和自动变速驱动桥（Automatic Transaxle）；按自动变速器前进挡的挡位数分为四挡、五挡、六挡等。

2. 自动变速器由液力变矩器、齿轮变速传动装置、液压控制系统、电子控制系统等组成。此外还有自动变速器油冷却和滤清装置。

3. 轿车自动变速器的选挡杆通常有6个位置：P位、R位、N位、D位、2位、L位（也称1位）。

4. 液力变矩器通常由泵轮、涡轮和导轮三个元件组成，称为三元件液力变矩器。

5. 典型的液力变矩器主要由泵轮、涡轮、带单向离合器的导轮、变矩器壳体、涡轮轴、锁止离合器等组成。

6. 自动变速器的齿轮机构主要由行星齿轮机构和平行轴齿轮机构，目前多采用行星齿轮机构。行星齿轮机构可分为单排式、辛普森（Simpson）式、拉威娜（Ravigneaux）式，莱佩莱捷（lepelletier）式。辛普森（Simpson）式行星齿轮机构应用较为广泛。

7. 行星齿轮变速器的换挡执行元件包括离合器、制动器和单向离合器。

8. 液压控制系统的基本组成包括动力源、执行机构和控制机构三大部分。

9. 自动变速器的电子控制系统由输入部分（即传感器/开关）、电子控制单元（即 ECT 的 ECU）和执行器（即电磁阀）等组成。

思考与练习

1. 自动变速器是由哪些部分组成？

2. 简述液力变矩器的组成及工作原理。

3. 简述四挡辛普森行星齿轮变速器的结构特点。

4. 分析四挡辛普森行星齿轮变速器各挡位动力传动路线。

5. 简述自动变速器电子控制系统的组成。

项目五　万向传动装置构造与检修

学习目标

(1)能描述万向传动装置的功用及组成；

(2)能正确拆装万向传动装置；

(3)能正确检修万向传动装置；

(4)能说出并判断常见故障现象、原因；

(5)会撰写案例分析报告。

案例引入

一辆桑塔纳2000，行驶中发出周期性的响声；速度越快，响声越大，甚至伴随有车身振动，握转向盘的手感觉麻木。请你进行故障诊断并予以排除，制定一份诊断维修计划书，完成检修任务，并归档。

项目描述

本项目主要介绍万向传动装置的功用、组成及在车上的应用；十字轴式刚性万向节的构造与维修；球笼式等速万向节的构造与维修；中间传动装置的构造与维修；学会分析万向传动装置故障的诊断。

项目内容

任务一　万向传动装置概述

一、万向传动装置的功用和组成

1. 功用

万向传动装置在汽车上有很多应用，结构也稍有不同，但其功用都是一样的，即在轴线相交且相互位置经常发生变化的两转轴之间传递动力。

如图5－1所示为在汽车中最常见的应

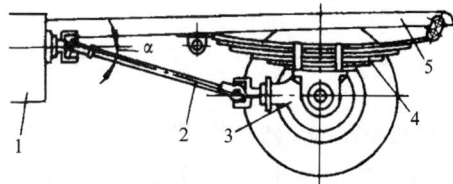

图5－1　变速器与驱动桥之间的万向传动装置

1—变速器；2—万向传动装置；3—驱动桥；

4—后悬架；5—车架

用,位于变速器与驱动桥之间的万向传动装置。由于汽车布置、设计等原因,变速器输出轴和驱动桥输入轴不可能在同一轴线上,并且变速器虽然是安装在车架(车身)上,可以认为位置是不动的,但驱动桥会由于悬架的变形而引起其位置经常发生变化,所以在变速器和驱动桥之间装有万向传动装置正好可以满足这些使用、设计的要求。

2.组成

万向传动装置主要包括万向节和传动轴,对于传动距离较远的分段式传动轴,为了提高传动轴的刚度,还设置有中间支承,如图5-2所示。

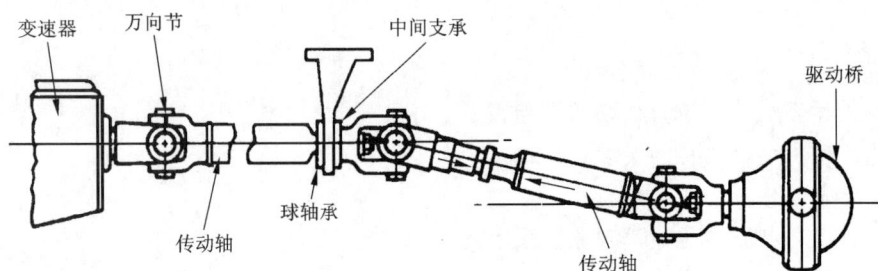

图5-2 万向传动装置的组成

二、万向传动装置在汽车上的应用

万向传动装置在汽车上的应用主要有以下几个方面:

(1)应用在变速器与驱动桥之间(4×2汽车),如图5-3所示:一般汽车的变速器、离合器与发动机三者装合为一体装在车架上,驱动桥通过悬架与车架相连。在负荷变化及汽车在不平路面行驶时引起的跳动,会使驱动桥输入轴与变速器输出轴之间的夹角和距离发生变化。

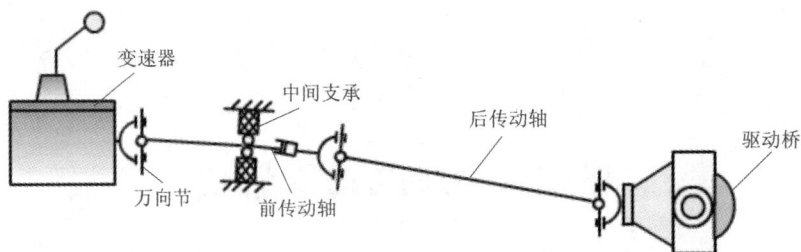

图5-3 变速器与驱动桥之间的万向传动装置

(2)应用在变速器与分动器、分动器与驱动桥之间(越野汽车),如图5-4所示:为消除车架变形及制造、装配误差等引起的轴线同轴度误差对动力传递的影响,须装有万向传动装置。

(3)应用在转向驱动桥的内、外半轴之间,如图5-5所示:转向时两段半轴轴线相交且交角变化,因此要用万向节。

(4)应用在断开式驱动桥的半轴之间,如图5-6所示:主减速器壳在车架上是固定的,桥壳上下摆动,半轴是分段的,须用万向节。

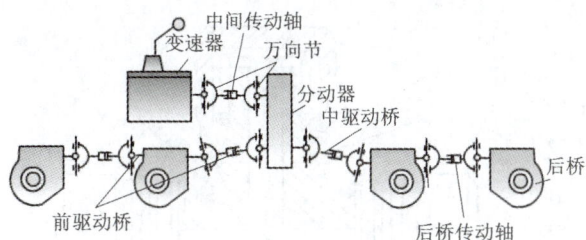

图5-4　变速器与分动器、分动器与
驱动桥之间的万向传动装置

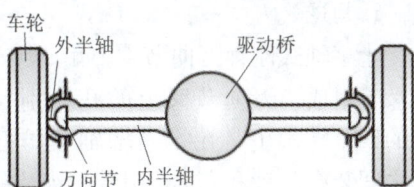

图5-5　转向驱动桥内、外半轴
之间的万向传动装置

（5）应用在转向机构的转向轴和转向器之间，如图5-7所示：有利于转向机构的总体布置。

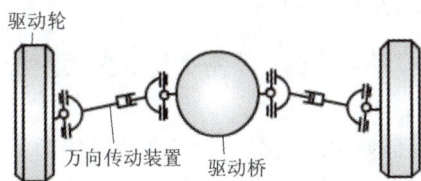

图5-6　断开式驱动桥半轴
之间的万向传动装置

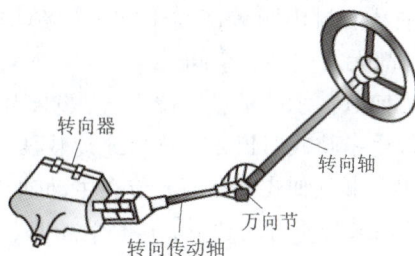

图5-7　转向机构的转向轴和
转向器之间的万向传动装置

任务二　万向节

目前，汽车上常用的万向节有十字轴（不等速）万向节和等角速万向节。

一、十字轴式刚性万向节

在汽车上使用的万向节可以从不同的角度分类。按其刚度大小，可分为刚性万向节和柔性万向节。刚性万向节按其速度特性分为不等速万向节（常用的为十字轴式）、准等速万向节（双联式和三销轴式）和等角速万向节（包括球叉式和球笼式）。目前在汽车上应用较多的是十字轴式刚性万向节和等速万向节。十字轴式刚性万向节主要用于发动机前置后轮驱动的变速器与驱动桥之间，等角速万向节主要用于发动机前置前轮驱动的内、外半轴之间。

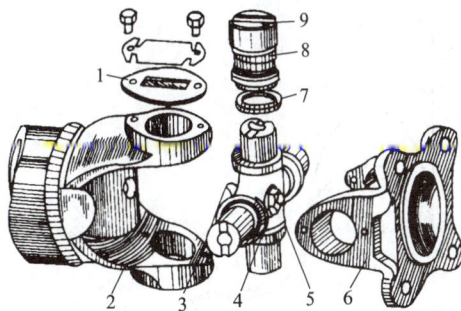

图5-8　十字轴式刚性万向节

1—轴承盖；2、6—万向节叉；3—油嘴；4—十字轴；
5—安全阀；7—油封；8—滚针；9—套筒

十字轴式刚性万向节，如图5-8所示，它允许相邻两轴的最大交角为15°～20°。

1. 构造

十字轴式刚性万向节主要由十字轴、万向节叉等组成。万向节叉上的孔分别套在十字轴的四个轴颈上。在十字轴轴颈与万向节叉孔之间装有滚针和套筒，用带有锁片的螺钉和轴承盖来使之轴向定位。为了润滑轴承，十字轴内钻有油道，且与油嘴、安全阀相通，如图 5-9 所示。为避免润滑油流出及尘垢进入轴承，十字轴轴颈的内端套装着油封。安全阀的作用是当十字轴内腔润滑脂压力超过允许值时，阀打开润滑脂外溢，使油封不会因油压过高而损坏。现代汽车多采用橡胶油封，多余的润滑油从油封内圆表面与十字轴轴颈接触处溢出，故无需安装安全阀。

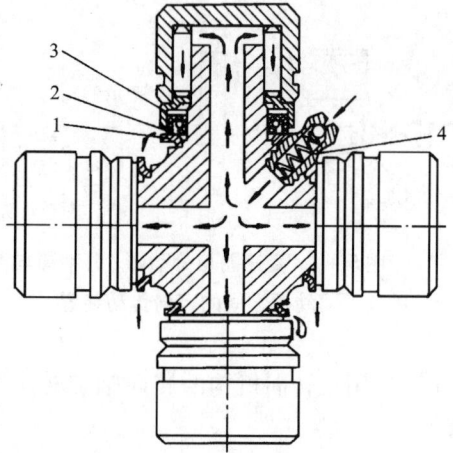

图 5-9　润滑油道及密封装置
1—油封挡盘；2—油封；3—油封座；4—油嘴

万向节轴承的常见定位方式，除了用盖板定位外，还可用内、外弹性卡环进行定位。

2. 十字轴式刚性万向节的速度特性

单个十字轴式刚性万向节在主动轴和从动轴之间有夹角的情况下，当主动叉等角速转动时，从动叉是不等角速的，这称为十字轴式刚性万向节的不等速特性。且两转轴之间的夹角 α 越大，不等速性就越大，如图 5-10 所示。十字轴式刚性万向节的不等速特性，将使从动轴及其相连的传动部件产生扭转振动，从而产生附加的交变载荷，影响部件寿命。

为了克服这一缺点可以采用如图 5-11 所示的双十字轴刚性万向节的传动方式，第一万向节的不等速特性可以被第二万向节的不等速特性所抵消，从而实现两轴间的等角速传动。具体条件是：①第一万向节两轴间夹角 α_1 与第二万向节两轴间夹角 α_2 相等；②第一万向节的从动叉与第二万向节的主动叉处于同一平面。由于悬架的振动，不可能在任何时候都保证 $\alpha_1 = \alpha_2$，因此这种双十字轴刚性万向节的传动只能近似地解决等速传动问题，且由于两轴夹角最大只能是 20°，因此使用上受到限制。

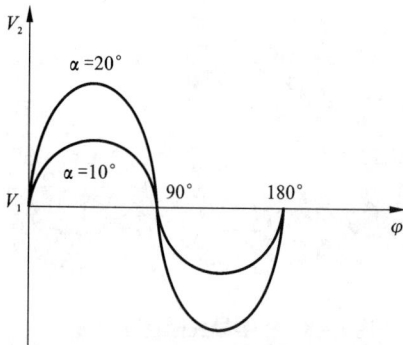

图 5-10　十字轴式刚性万向节的不等速特性

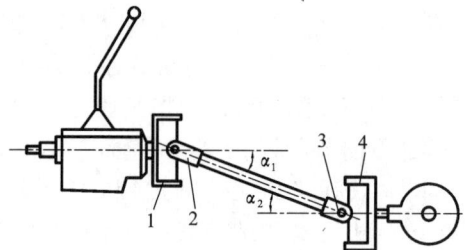

图 5-11　双十字轴刚性万向节等速传动布置图
1、3—主动叉；2、4—从动叉

二、等角速万向节

等角速万向节的基本原理是传力点永远位于两轴交点的平分面上。如图 5 – 12 所示为等角速万向节的工作原理图。一对大小相同锥齿轮的接触点 P 位于两齿轮轴线交角的平分面上，由 P 点到两轴的垂直距离都等于 r。P 点处两齿轮的圆周速度相等，两齿轮的角速度也相等。可见，若万向节的传力点在其交角变化时，始终位于两轴夹角的平分面上，就能保证等速传动。

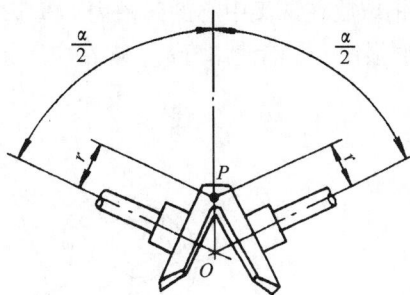

图 5 – 12　等角速万向节的工作原理

等角速万向节的常见结构形式有球笼式、球叉式和三叉式。

1.球笼式等角速万向节

如图 5 – 13 所示，球笼式万向节由六个钢球、星形套、球形壳和保持架等组成。万向节星形套与主动轴用花键固接在一起，星形套外表面有六条弧形凹槽滚道，球形壳的内表面有相应的六条凹槽，六个钢球分别装在各条凹槽中，由球笼使其保持在同一平面内。动力由主动轴、钢球、球形壳输出。

球笼式万向节工作时六个钢球都参与传力，故承载能力强、磨损小、寿命长。它被广泛应用于各种型号的转向驱动桥和独立悬架的驱动桥。

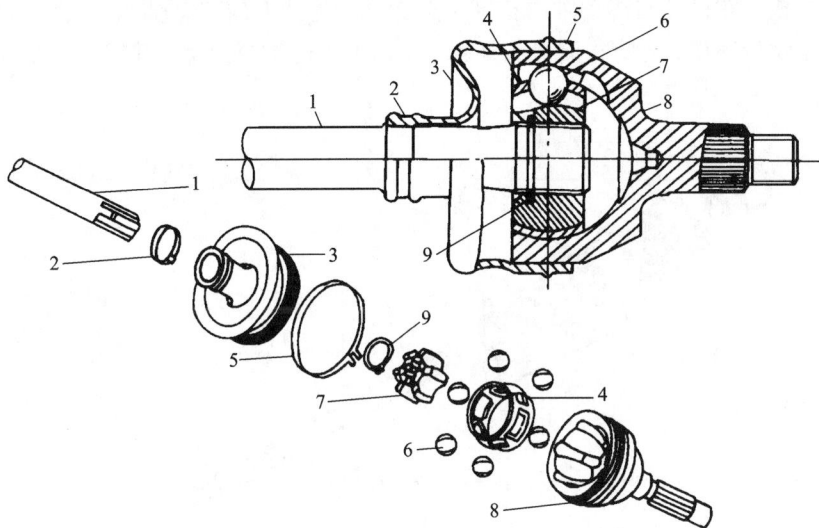

图 5 – 13　球笼式万向节

1—主动轴；2、5—钢带箍；3—外罩；4—保持架（球笼）；
6—钢球；7—星形套（内滚道）；8—球形壳（外滚道）；9—卡环

2.球叉式等角速万向节

球叉式万向节如图 5 – 14 所示，它是由主动叉、从动叉、四个传动钢球、中心钢球、定位销、锁止销组成。主动叉与从动叉分别与内、外半轴制成一体。在主、从动叉上，分别有四个曲面凹槽，装配后，则形成两个相交的环形槽，作为钢球滚道。四个传动钢球放在槽中，中心钢球放在两叉中心的凹槽内，以定中心。球叉式万向节在工作的时候，只有两个钢球传力，磨损快，影响使用寿命，现在应用越来越少。

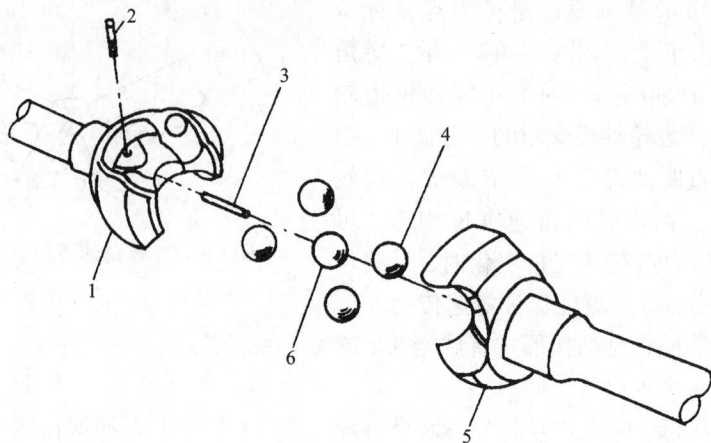

图 5 – 14 球叉式万向节

1—从动叉；2—锁止销；3—定位销；4—传动钢球；5—主动叉；6—中心钢球

3. 三叉式等角速万向节

图 5 – 15 所示为三叉式等角速万向节(也称三角式万向节)，主要由三销总成和万向节套组成。三销总成的花键孔与传动轴内花键配合，三个销轴上均装有轴承，以减小磨损。万向节套的凸缘用螺栓连接，为防止润滑脂外露，万向节由防护罩封护，并用卡箍紧固。

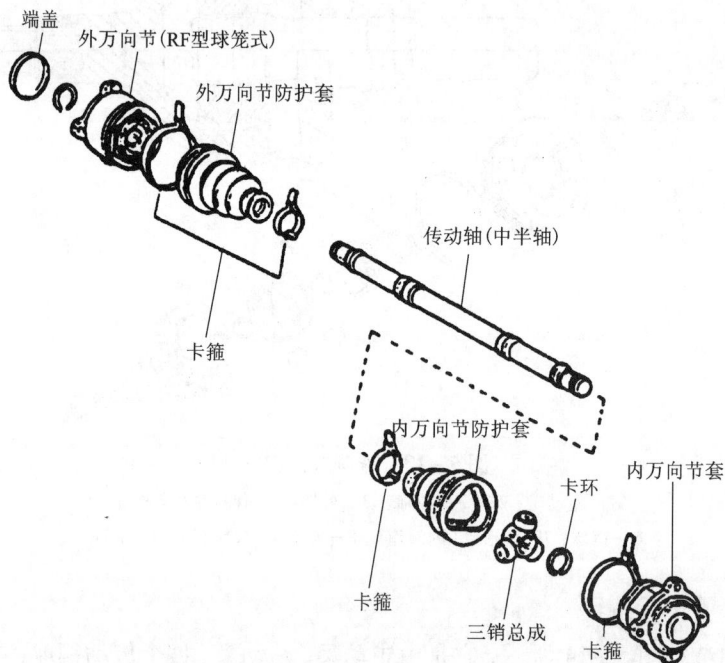

图 5 – 15 三叉式等角速万向节

三叉式等角速万向节结构简单，磨损小，并且可以轴向伸缩，在轿车的应用也逐渐增多，常用于转向驱动桥半轴内端。

任务三　传动轴和中间支承

一、传动轴

1. 功用

传动轴是万向传动装置中的主要传力部件。通常用来连接变速器（或分动器）和驱动桥，在转向驱动桥和断开式驱动桥中，则用来连接差速器和驱动车轮。

2. 构造

传动轴有实心轴和空心轴之分。为了减轻传动轴的质量，节省材料，提高轴的强度、刚度，传动轴多为空心轴，一般用厚度为 1.5 ~ 3.0 mm 的薄钢板卷焊而成，超重型货车则直接采用无缝钢管。

转向驱动桥、断开式驱动桥或微型汽车的传动轴通常制成实心轴。

如图 5 - 16 所示为解放 CA1092 汽车的万向传动装置，因传动轴过长时，自振频率降低，易产生共振，故将其分成两段并加中间支承，中间传动轴前端焊有万向节叉，后端焊有花键轴，其上套装带内花键的凸缘盘；主传动轴前端焊有花键轴，其上套装滑动叉并在花键轴上

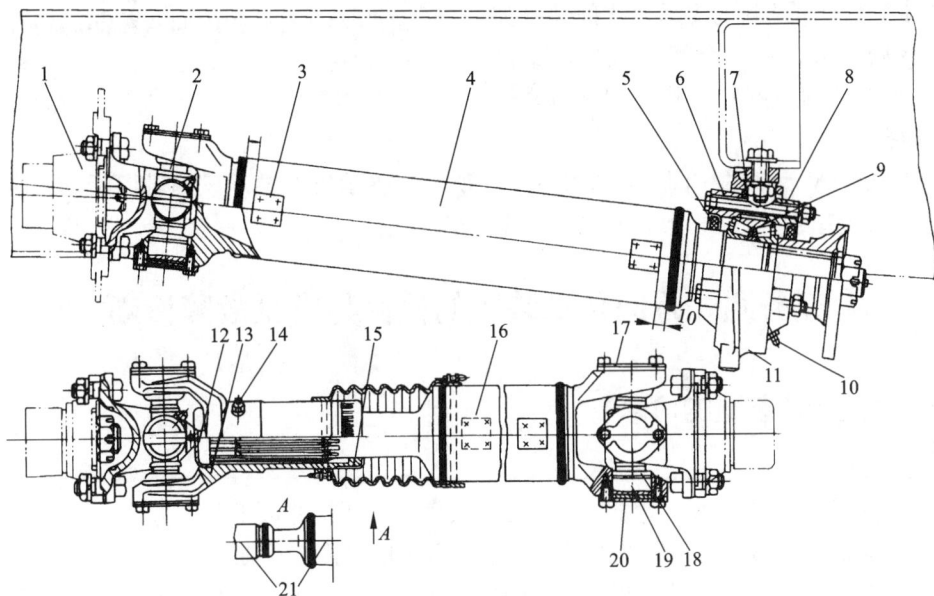

图 5 - 16　解放 CA1092 汽车的万向传动装置

1—凸缘叉；2—万向节十字轴；3—平衡片；4—中间传动轴；5、15—中间支承油封；6—中间支承前盖；
7—橡胶垫片；8—中间支承后盖；9—双列圆锥滚子轴承；10、14—油嘴；11—支架；12—堵盖；
13—滑动叉；16—主传动轴；17—锁片；18—滚针轴承油封；
19—万向节滚针轴承；20—滚针轴承盖；21—装配位置标记

可轴向滑动,适应变速器与驱动桥相对位置的变化,滑动部位用润滑脂润滑,并用油封(即橡胶伸缩套)防漏、防水、防尘,滑动叉前端装有带小孔的堵盖,保证花键部位伸缩自由。

传动轴两端的连接件装好后,应进行动平衡试验。在质量轻的一侧补焊平衡片,使其不平衡量不超过规定值。为防止装错位置和破坏平衡,滑动叉、轴管上都应刻有带箭头的记号。为保持平衡,油封上两个带箍的开口销应装在间隔180°位置上,万向节的螺钉、垫片等零件不应随意改换规格。为加注润滑脂方便,万向传动装置的油嘴应在一条直线上,且万向节上的油嘴应朝向传动轴。

二、中间支承

1. 功用

传动轴分段时需加中间支承,中间支承通常装在车架横梁上,能补偿传动轴轴向和角度方向的安装误差,以及汽车行驶过程中因发动机窜动或车架变形等引起的位移。

2. 结构

中间支承常用弹性元件来满足上述功用,如图 5 – 16 所示的中间支承是由支架和轴承等组成,双列锥轴承固定在中间传动轴后部的轴颈上。带油封的支承盖之间装有弹性元件橡胶垫环,用三个螺栓紧固。紧固时,橡胶垫环会径向扩张,其外圆被挤紧于支架的内孔。

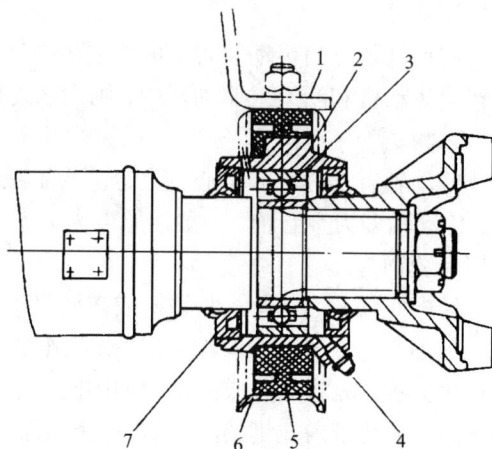

图 5 – 17 东风 EQ1090 汽车的中间支承
1—车架横梁;2—轴承座;3—轴承;4—油嘴;
5—蜂窝形橡胶;6—U 形支架;7—油封

东风 EQ1090 汽车的中间支承如图 5 – 17 所示。轴承可在轴承座内轴向滑动,轴承座装在蜂窝形橡胶垫内,通过 U 形支架固定在车架横梁上。

任务四　万向传动装置的检修与常见故障诊断

一、万向传动装置的检修

1. 传动轴

传动轴的主要损伤形式有弯曲、凹陷或裂纹等。主要检修以下几个方面:

(1)传动轴轴管不得有裂纹及严重的凹瘪。否则应更换传动轴。

(2)检查传动轴弯曲程度,如图 5 – 18 所示用 V 形铁水平架起传动轴并旋转,用百分表在轴的中间部位测量。径向全跳动公差应符合表 5 – 1 的规定(轿车传动轴径向全跳动公差应比表 5 – 1 相应减小 0.2 mm),否则应校正传动轴或更换。

(3)检查中间传动轴支承轴颈的径向圆跳动公差不应超过 0.10 mm。否则应镀铬修复或更换。

(4)检查传动轴花键与滑动叉花键、突缘叉与所配合花键的间隙:轿车应不大于 0.15 mm,其他类型的汽车应不大于 0.30 mm,装配后应能滑动自如。若超差,则应更换传动轴或滑动叉。

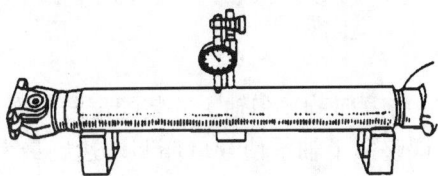

图5-18 传动轴弯曲程度的检查

表5-1 传动轴轴管的径向全跳动公差 单位：mm

轴长	≤600	600～1000	≥1000
径向全跳动公差	0.6	0.8	1.0

2.万向节叉、十字轴及轴承

（1）检查万向节叉和十字轴不得有裂纹，否则应更换。

（2）检查滚针轴承的油封失效，滚针断裂、轴承内圈有疲劳剥落时，应换新。

（3）检查十字轴颈表面，若有疲劳剥落，磨损沟槽或滚针压痕深度在0.10 mm以上时，应换新。

（4）检查十字轴与轴承的最小配合间隙应符合原厂规定。最大配合间隙应符合表5-2的规定。

（5）按照图5-19所示方法检查十字轴轴承装入万向节叉后的松旷程度和轴向间隙。间隙大小：剖分式轴承孔为0.10～0.50 mm；整体式轴承孔0.02～0.25 mm，轿车为0～0.05 mm。

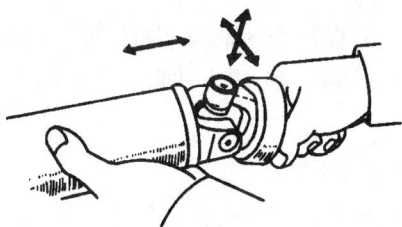

图5-19 十字轴轴承配合间隙的检查

表5-2 十字轴轴承配合间隙 单位：mm

十字轴轴颈直径	≤18	18～23	≥23
最大配合间隙	符合原厂规定	0.10	0.14

3.中间支承

中间支承的常见故障是橡胶老化和轴承磨损所引起的振动和异响等。

（1）拆下中间支承前，可以在中间支承周围摇动传动轴，检查中间支承轴承的松旷程度，分解后，可进一步检查轴承的轴向和径向间隙是否符合原厂规定。中间支承经使用磨损后，需及时检查和调整，以恢复其良好的技术状况。

（2）检查中间支承轴承的旋转是否灵活，油封和橡胶衬垫是否损坏，否则应更换。

4.传动轴管焊接组合件

传动轴管焊接组合件经修理后，原有的动平衡已不复存在。因此，传动轴管焊接组合件（包括滑动套）应重新进行动平衡试验，传动轴两端任一端的允许动不平衡量：轿车应不大于10 g·cm；其他车型应不大于表5-3的规定。传动轴管焊接组合件的平衡可在轴管的两端加焊平衡片，每端最多不得多于3片。

表5-3 传动轴管焊接件的允许动不平衡量 单位：mm

传动轴轴管外径	≤58	58～80	≥80
允许动不平衡量	30	50	100

二、万向传动装置的装配与保养

1. 十字轴的装配

（1）将十字轴和轴承上涂上适量的多用途润滑脂，并将万向节叉和轴上的装配记号对准，将十字轴装入万向节叉，然后把新轴承装到十字轴上，调整两个轴承使开口环凹槽达到最大且两边凹槽呈同等宽度。

（2）在凹槽上装上两个同一厚度的开口环。安装好后，容许轴向间隙为 0～0.05 mm，再用锤子敲打万向节叉直至轴承外座圈和开口环之间的间隙达到零为止。

2. 传动轴装配要点

（1）传动轴已经过精密的动平衡，为了避免破坏动平衡，应尽量不要拆散传动轴，如果必须拆散时，应对突缘叉、十字轴、滑动叉做好相对位置标记，以便装配时能按原始位置装配。

（2）在装配万向节叉与十字轴时，各零件应清洗干净。十字轴与突缘叉装配后，应能自由转动，不允许有发卡、阻滞现象。装配花键轴与滑动叉时，应在表面涂抹锂基润滑脂。

3. 万向传动装置的使用与保养

（1）当汽车行驶 1500～2000 km，进行一级保养时，检查滑动叉防尘盖是否脱落。对万向节进行润滑作业时，应看到轴承座油封刃口处挤出新润滑脂为止。

（2）当汽车行驶 6000～8000 km，进行二级保养时，应检查万向节轴承和十字轴轴颈的配合间隙，若此间隙大于 0.15 mm 时，则应更换轴承或十字轴。

（3）传动轴出厂前均经过动平衡检查，在使用保养中，应保持传动轴的平衡精度。在拆装和搬运过程中，不要使传动轴受到撞击，否则会因不平衡而产生振动、噪声和附加冲击载荷。

（4）应经常润滑万向节、花键轴套管和轴承。

（5）经常检查传动轴各紧固螺栓是否松动，若松动应及时紧固。

（6）及时除去传动轴上的异物。

三、万向传动装置的故障诊断

万向传动装置由于经常受汽车在复杂道路上行驶的影响，使传动轴在其角度和长度不断变化的情况下传递转矩，因此经常出现异响、振动等故障。

1. 异响

1）故障现象

（1）万向节、传动轴伸缩叉响：在汽车起步和突然改变车速时，传动轴发出"抗"的响声；在汽车缓行时，发出"呱当、呱当"的响声。

（2）中间支承松旷：汽车运行中出现一种连续的"呜呜"响声，车速愈高响声愈大。

2）故障原因

（1）万向节、传动轴伸缩叉响：

①万向节凸缘盘连接螺栓松动；

②万向节主、从动部分游动角度太大；

③万向节轴承、十字轴磨损严重；

④万向节、传动轴伸缩叉磨损松旷。

（2）中间支承松旷：

①滚动轴承缺油烧蚀或磨损严重；

②中间支承安装方法不当，造成附加载荷而产生异常磨损或支架连接松动；

③橡胶圆环损坏；

④车架变形，造成前后连接部分的轴线在水平面内的投影不同线而产生异常磨损。

3）故障诊断

（1）用榔头轻轻敲击各万向节凸缘盘连接处，检查其松紧度。太松旷则故障由连接螺栓松动引起。

（2）用双手分别握住万向节、伸缩叉的主、从动部分转动，检查游动角度。万向节游动角度太大，则异响由此引起；伸缩叉游动角度太大，则异响由此引起。

（3）给中间支承轴承加注润滑脂，响声消失，则故障由缺油引起。

（4）松开夹紧橡胶圆环的所有螺钉，待传动轴转动数圈后再拧紧，若响声消失，则故障由中间支承安装方法不当引起。否则故障可能是：橡胶圆环损坏；滚动轴承技术状况不佳；车架变形，等等。

2．振动

1）故障现象

在万向节和伸缩叉技术状况良好时，汽车行驶中发出周期性的响声；速度越高响声越大，甚至伴随有车身振动，握转向盘的手感觉麻木。

2）故障原因

（1）传动轴弯曲或传动轴管凹陷、传动轴上的平衡块脱落；

（2）传动轴管与万向节叉焊接不正或传动轴未进行过动平衡试验和校准；

（3）伸缩叉安装错位，造成传动轴两端的万向节叉不在同一平面内，不满足等角速传动条件；

（4）中间支承吊架固定螺栓松动或万向节凸缘盘连接螺栓松动，使传动轴偏斜。

3）故障诊断

（1）检查传动轴管是否弯曲或凹陷，有弯曲或凹陷，则故障由此引起。

（2）检查传动轴管上的平衡片是否脱落，如脱落，则故障由此引起。

（3）检查伸缩叉安装是否正确，不正确，则故障由此引起。

（4）拆下传动轴进行动平衡试验，动不平衡量超过允许值，则故障由此引起。

项目实施

万向传动装置的拆装及检查

（一）项目实施目的及要求

（1）熟悉万向传动装置的组成及各组成部分之间的装配关系；

（2）了解万向传动装置在汽车上的安装及其注意事项。

（3）能够进行传动轴及主要部件的拆装操作。

（4）会对万向传动装置各主要部件进行检查。

(二)项目实施设备及工(量)具

(1)设备:各种车型万向传动装置总成、解剖汽车及万向传动装置各总成。十字轴式万向节、球笼式万向节、球叉式万向节、传动轴。

(2)工(量)具:若干套常用工具、百分表及表座、专用工具、锤子等。

(三)项目实施内容

(1)认知方向传动装置的构造及其主要零部件的相互关系和工作原理;

(2)十字轴式万向传动装置的拆装及检查;

(3)等速万向节的拆装及检查。

(四)项目实施步骤

1.认知方向传动装置的组成其主要零部件的安装关系

(1)观看实训车辆、实训台的万向传动装置总成,找出万向节、传动轴、中间支撑装置。

(2)对比十字轴式万向节、球笼式万向节、球叉式万向节的结构,找出异同点来。

2.十字轴式万向传动装置的拆装及检查

1)传动轴的拆卸

(1)从汽车上拆卸传动轴。

(2)总成解体前的检查应检查总成上装配标记是否齐全、清晰,如果标记不齐全或不清晰,应在拆卸前作出清晰的记号。两个总成的装配标记分别如图5－20、图5－21所示(图中所示箭头为装配标记,应在同一轴平面内)。

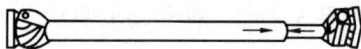

图5－20 中间传动轴及支承总成装配标记

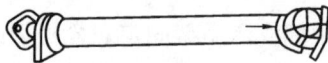

图5－21 传动轴及套管叉总成装配标记

(3)滑动花键副的分解。

2)十字轴式万向节拆装

打开锁片的锁爪,拆下轴承盖固定螺栓,取下锁片和轴承盖。用卡簧钳把每个耳孔内弹性挡圈取出,用手推出轴承套筒及滚针。

对于较紧的轴承,可用手握住传动轴或伸缩套,用锤子敲击万向节叉,使十字轴撞击轴承套筒,震出滚针,如图5－23所示。

3)十字轴式万向节的检查

万向节分解完成后,需要用汽油清洗各零件,以便暴露出零件的损伤、磨损情况,而且应按以下要求检查和修复。

(1)检查滚针轴承,如果滚针断裂、油封失效,应更换新件。

(2)检查十字轴轴颈磨损、压痕剥落等情况。十字轴轴颈轻微磨损、轻微压痕或剥落,仍可继续使用,如果轴颈磨损过甚、严重压痕(深度超过0.1 mm)或严重剥落时,应予以更换。

（3）检查万向节叉不得有裂纹或其他严重损伤，否则更换新件。

（4）万向节装配完毕后，可用手扳动十字轴进行检验，以转动自如没有松旷感觉为合适。若装配过紧或过松，应查明原因，必要时应拆检及重新装配。

4）中间支承的分解及检查

（1）中间支承可按照图 5 - 24 所示顺序分解。

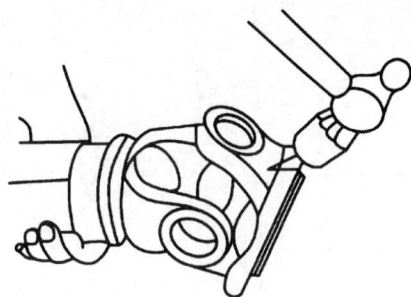

图 5 - 23　露出一端滚针轴承座

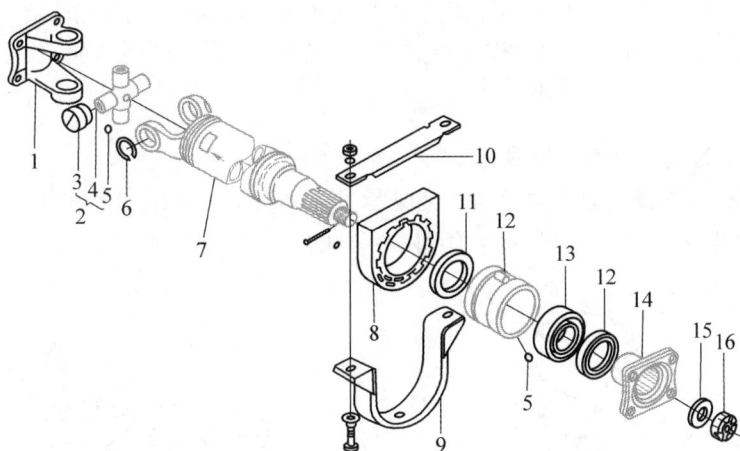

图 5 - 24　中间传动轴及支承总成（前节）构造

1—突缘叉；2—十字轴带滚针轴承总成；3—滚针轴承；4—十字轴；5—滑脂嘴；6—孔用弹性挡圈；
7—中间传动轴（万向节、轴管、中间花键轴焊接总成）；8—中间支承橡胶垫环；9—中间支承支架；
10—上盖板；11—油封总成；12—轴承座；13—中间支承轴承；14—突缘；15—垫圈；16—槽形螺母

（2）中间支承轴承检修。

中间支承轴承经使用磨损后，需及时检查和调整，以恢复其良好的技术状况。以解放 CAl092 型汽车为例，其传动系中间支承为双列圆锥滚子轴承，有两个内圈和一个外圈，两内圈中间有一个隔套，供调整轴向间隙用。

磨损使中间支承轴向间隙超过 0.30 mm 时，将引起中间支承发响和传动轴严重振动，导致各传力部件早期损坏。

调整方法：拆下凸缘和中间轴承，将调整隔板适当磨薄，传动轴承在不受轴向力的自由状态下，轴向间隙在 0.15 ~ 0.25 mm 之间，装配好后用 195 ~ 245 N·m 的扭矩拧紧凸缘螺母，保证轴承轴向间隙在 0.05 mm 左右，即转动轴承外圈而无明显的轴向游隙为宜，最后从油嘴注入足够的润滑脂，以减小磨损。

5）万向节传动装置的装复

（1）滑动花键副的装复如图 5 - 25 所示。

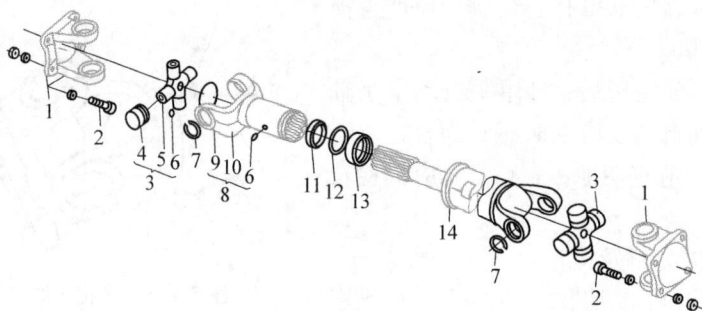

图5-25 传动轴及滑动叉总成(后节)构造

1—突缘叉;2—螺栓;3—十字轴及滚针轴承总成;4—滚针轴承总成;5—十字轴;
6—滑脂嘴;7—孔用弹性挡圈;8—套管叉总成;9—塞片;10—套管叉;
11—套管叉油封;12—油封垫片;13—油封盖;14—传动轴总成

(2)万向节的装复如图5-26所示。

用铜棒、手锤轻敲滚针轴承外底面,使轴承进入耳孔到位,用卡簧钳把挡圈装入叉子耳孔内的槽内;对准装配标记,把突缘叉套到十字轴的另一对轴颈上,如图5-27所示。

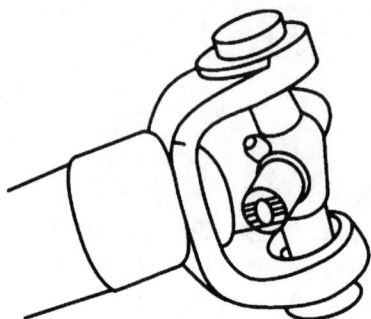

图5-26 把滚针轴承套到十字轴一轴颈上

图5-27 把滚针轴承套到十字轴另一轴颈上

(3)中间支承的装复。如图5-28所示,按照拆卸的逆顺序进行装复。

(4)传动轴的装车。

(5)润滑。

3. 等速万向节式万向传动装置的拆装及检查

以上海桑塔纳轿车万向传动装置为例介绍。桑塔纳轿车传动轴构造如图5-29所示。

1)传动轴的拆卸及检查

(1)传动轴的拆卸。

①拆下传动轴与轮毂间的固定螺母。拆下传动轴与结合盘螺栓,将传动轴与结合盘分开,从车轮轴承壳内拆下传动轴。

②拆下传动轴时,要注意球形接头与前悬挂上臂连接的位置,并从前悬挂下臂上拆下球形接头。

③在五缸发动机汽车轮毂内的传动轴有的涂有防护剂，黏接较牢。拆卸时，应使用压力装置，不允许采用加热轮毂的方法卸传动轴，则会损坏轮毂轴承。

④拆卸时，应先拆下车轮，再将压力装置安装在轮毂的凸缘上，如图5－30所示。

将传动轴压出。压出过程中，应注意内等角速度万向节与变速器之间的空间。

（2）传动轴的检查。

①目视检查传动轴轴管，不得有裂纹及严重的凹瘪。

②检查传动轴轴管全长上的径向圆跳动，应符合规定值。当传动轴轴管的径向圆跳动超过规定时，应对传动轴进行校正或更换。

③检查传动轴花键与滑动叉花键、凸缘叉与所配合花键的侧隙：轿车应不大于0.15 mm，其他类型的汽车应不大于0.30 mm，装配后应能滑动自如。

2）万向节的拆装及检查

（1）万向节的拆解。

①用钢锯锯开原装卡箍。拆下软管卡箍或夹头，拆下防尘罩。

②万向节内、外圈解体。先拆弹簧卡环，再用木锤敲打万向节外圈使之从传动轴上卸下，然后用专用工具压出万向节内圈，如图5－31所示。

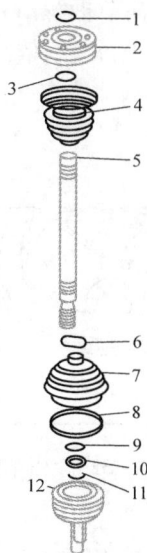

图5－29　桑塔纳轿车传动轴构造
1、11—弹簧挡圈；2—内等角速万向节；3—碟形座圈；
4—万向节保护套；5—传动轴；6—夹箍；
7—防尘罩；8—软管卡箍；9—垫片；
10—隔套圈；12—外等角速万向节

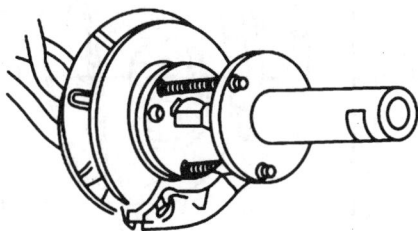

图5－30　压出传动轴

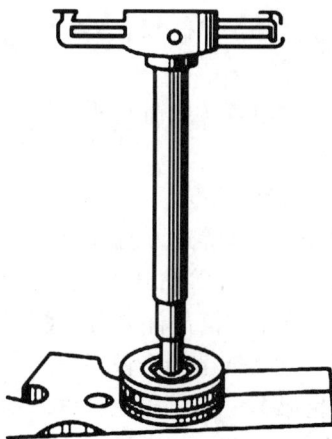

图5－31　压出万向节内圈

③外等速万向节拆解：

A. 旋转球毂与球笼，依次取出钢球，如图 5 – 32 所示。

B. 用力转动钢球笼直至两个方孔（箭头）与壳体对直，连球毂一起拆下球笼，如图 5 – 33 所示。

图 5 – 32　取出钢球

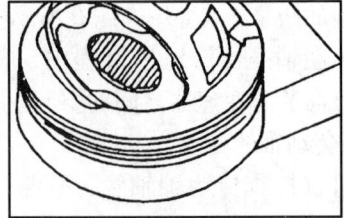

图 5 – 33　拆下球笼

C. 把球毂上扇形齿旋入球笼的方孔，然后从球笼中取下球毂，如图 5 – 34 所示。

④内等速万向节拆解：

A. 转动球毂与球笼，按箭头方向压出球笼，然后压出球笼里的钢球（图 5 – 35）。

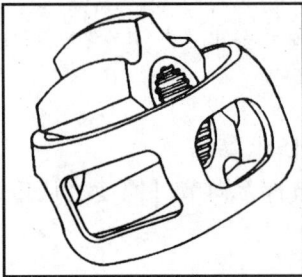

图 5 – 34　取下球毂

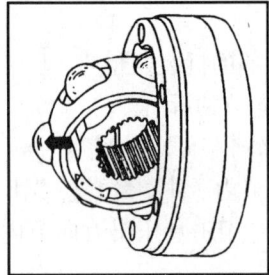

图 5 – 35　取出钢球

B. 从球槽上面（如箭头所示）取出球笼里的球毂（图 5 – 36）。

（2）万向节的检查。

①检查内、外等速万向节中各部件的磨损情况和装配间隙。一般外等角速万向节酌情单件更换。内等角速万向节，如某部件磨损严重，则应整体更换。

②外等速万向节的 6 颗钢球要求有一定的配合公差，并与星形套一起组成配合件。检查轴、球笼、星形套与钢球有无凹陷与磨损，若万向节间隙过大，需更换万向节。

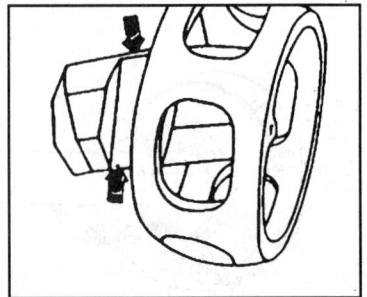

图 5 – 36　拆下球毂

③内等角速万向节的检修要检查球形壳、星形套、球笼及钢球有无凹陷与磨损，如磨损严重则应更换。内等角速万向节只能整体调换，不可单个更换。

④防尘罩及卡箍、弹簧挡圈等损坏时，应予以更换。

3)万向节的装配

(1)外万向节的安装(RF节):

①将各部件清洗干净;

②将 G-6 润滑脂总量的一半(45 g)注入万向节;

③将球笼连同球毂一起装入球笼壳体;

④对角交替压入钢球,必须保持球毂在球笼以及球笼壳内的原先位置;

⑤将新的弹簧挡圈装入球毂;

⑥将剩余的润滑脂压入万向节;

⑦用手将球毂沿轴向来回推动,检查安装是否正确。

(2)内万向节的安装(VL节):

①对准凹槽球毂嵌入球笼;

②将钢球压入球笼(图5-37);

③注入 G-6 润滑脂90 g;

④将带钢球与球笼的球毂垂直装入壳体(图5-38);

⑤旋转球笼,注意球笼壳上的宽间隔 a 应对准球毂上的窄间隔 b(图5-38),转动装配件,嵌入到位。

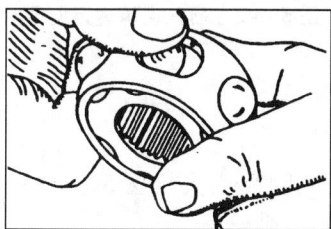

图 5-37 压入球笼

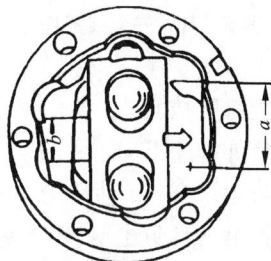

图 5-38 将球毂垂直装入壳体

⑥扭转球毂,这样球毂就能转出球笼(箭头),使钢球在与壳体中的球槽相配合有足够的间隙(图5-39);

⑦用力撅压球笼(箭头),使装有钢球的球毂完全转入球笼壳内(图5-40);

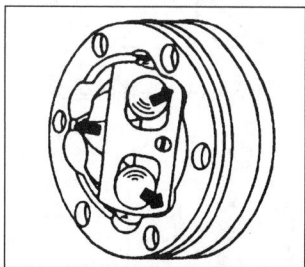

图 5-39 扭转球毂

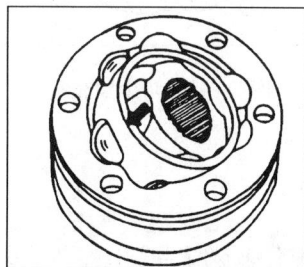

图 5-40 球毂转入球笼

⑧检查万向节，如果用力能将球毂在轴向范围内来回灵活推动，则表示该球笼壳组装正确。

4）万向节与传动轴的组装

（1）在传动轴上套上防护套；

（2）正确安装碟形座圈（图5－41）紧靠在花键轴颈的台肩上；

（3）将内等速万向节压入传动轴（图5－42）；

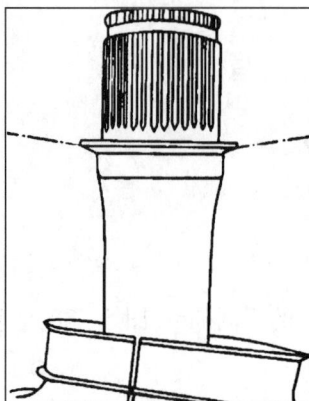

图5－41　安装蝶形座圈

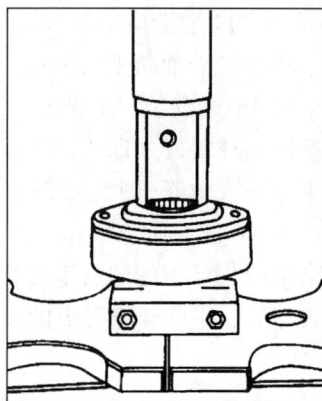

图5－42　压入内等速万向节

（4）安装弹簧挡圈；

（5）安装外等速万向节；

（6）给防尘罩充气，使压力平衡，防止车辆行驶时产生折痕（箭头）（图5－43）；

（7）用管箍夹箍防尘罩（图5－44）。

图5－43　防尘罩充气

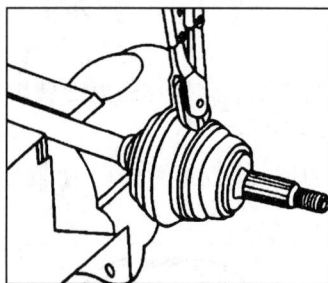

图5－44　夹箍防尘罩

项目小结

1. 万向传动装置主要包括万向节和传动轴。

2. 目前，汽车上常用的万向节有十字轴（不等速）万向节和等角速万向节。十字轴式刚性万向节主要用于发动机前置后轮驱动的变速器与驱动桥之间，等角速万向节主要用于发动机前置前轮驱动的内、外半轴之间。

3. 十字轴式刚性万向节主要由十字轴、万向节叉等组成;等角速万向节的常见结构形式有球笼式、球叉式和三叉式等速万向节,球笼式万向节由六个钢球、星形套、球形壳和保持架等组成。球叉式万向节是由主动叉、从动叉、四个传动钢球、中心钢球、定位销、锁止销组成。三叉式等速万向节(也称三角式万向节),主要由三销总成和万向节套组成。

4. 传动轴是万向传动装置中的主要传力部件。通常用来连接变速器(或分动器)和驱动桥,在转向驱动桥和断开式驱动桥中,则用来连接差速器和驱动车轮。传动轴两端的连接件装好后应进行动平衡试验,万向节上的油嘴应朝向传动轴。

5. 中间支承通常装在车架横梁上,能补偿传动轴轴向和角度方向的安装误差,以及汽车行驶过程中因发动机窜动或车架变形等引起的位移。

6. 传动轴的主要损伤形式有弯曲、凹陷或裂纹等;中间支承的常见故障是橡胶老化和轴承磨损所引起的振动和异响等;传动轴管焊接组合件(包括滑动套)应重新进行动平衡试验,传动轴两端任一端的动不平衡量:轿车应不大于 $10\ \text{g}\cdot\text{cm}$。

7. 万向传动装置由于经常受汽车在复杂道路上行驶的影响,使传动轴在其角度和长度不断变化的情况下传递转矩,因此经常出现异响、振动等故障。

思考与练习

1. 照实物或图片说明十字轴式和球笼式万向节的异同点。
2. 说明十字轴式万向节如何实现等速传动。
3. 说明传动轴和中间支撑装置如何检修。
4. 汽车行驶时传动轴处有异响,试分析原因并排除。
5. 汽车起步或变速时万向传动装置有撞击声,分析原因并排除。

项目六 驱动桥构造与检修

学习目标

(1)能够正确叙述主减速器、差速器、半轴、桥壳的功用;

(2)能够掌握驱动桥及其主要部件的结构、工作原理;

(3)熟练拆装、检查、调整驱动桥;

(4)熟悉驱动桥常见故障的现象,会分析原因;

(5)能够对常见故障进行诊断和排除。

案例引入

一辆桑塔纳2000汽车行驶一段里程后,用手探试驱动桥壳中部或主减速器壳,有烫手感觉。请进行故障诊断并予以排除。

项目描述

本项目主要介绍汽车驱动桥的作用、类型及特点;讲述主减速器、差速器、半轴结构和工作原理。叙述了主减速器、差速器、半轴的拆装及检验与维修;介绍了驱动桥常见故障现象、原因及诊断排除方法。

项目内容

任务一 驱动桥概述

驱动桥是传动系的最后一个总成,发动机的动力传到驱动桥后,首先传到主减速器,在这里将转矩放大并降低转速后,经差速器分配给左右半轴,最后通过半轴外端的凸缘传到驱动车轮的轮毂。驱动桥的主要零部件都装在驱动桥的桥壳中。桥壳由主减速器壳和半轴套管组成。

一、驱动桥的组成

驱动桥一般是由主减速器、差速器、半轴、桥壳等组成,如图6-1所示。

二、驱动桥的功用

驱动桥的功用是将由万向传动装置传来的发动机转矩传给驱动车轮,并经降速增矩、改变动力传动方向,使汽车行驶,而且允许左右驱动车轮以不同的转速旋转。

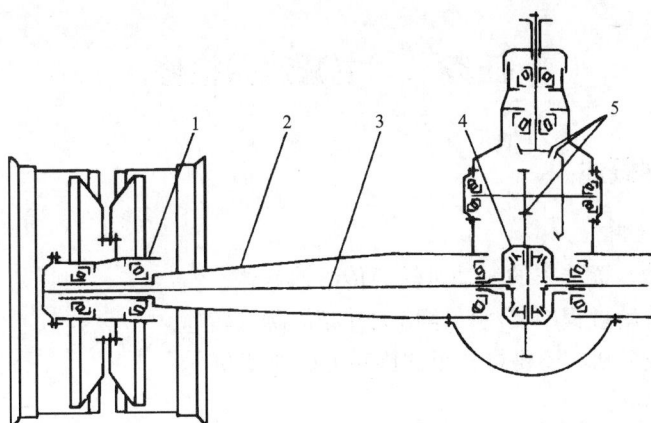

图 6 - 1 驱动桥的组成

1—轮毂；2—桥壳；3—半轴；4—差速器；5—主减速器

具体来说，主减速器的功用为降速增矩，改变动力传动方向；差速器的功用是允许左右驱动车轮以不同的转速旋转；半轴的功用是将动力由差速器传给驱动车轮。

三、驱动桥的分类

按照悬架结构的不同，驱动桥可以分为整体式驱动桥和断开式驱动桥。整体式驱动桥又称为非断开式驱动桥。

1. 整体式驱动桥

整体式驱动桥如图 6 - 1 所示，与非独立悬架配用。其驱动桥壳为一刚性的整体，驱动桥两端通过悬架与车架或车身连接，左右半轴始终在一条直线上，即左右驱动轮不能相互独立地跳动。当某一侧车轮通过地面的凸出物或凹坑升高或下降时，整个驱动桥及车身都要随之发生倾斜，车身波动大。

2. 断开式驱动桥

断开式驱动桥如图 6 - 2 所示，与独立悬架配用。其主减速器固定在车架或车身上，驱动桥壳制成分段并用铰链连接，半轴也分段并用万向节连接。驱动桥两端分别用悬架与车架或车身连接。这样，两侧驱动车轮及桥壳可以彼此独立地相对于车架或车身上下跳动。

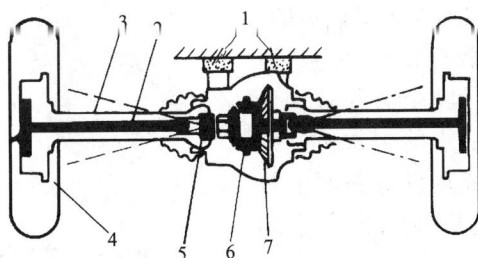

图 6 - 2 断开式驱动桥

1—支架；2—半轴；3—桥壳；4—驱动轮；5—万向节；6—差速器；7—主减速器

任务二　主减速器检修

一、主减速器概述

1. 主减速器的功用

（1）将万向传动装置传来的发动机转矩传给差速器。

（2）在动力的传动过程中要将转矩增大并相应降低转速。

（3）对于纵置发动机，还要将转矩的旋转方向改变90°。

2. 主减速器的类型

（1）按参加传动的齿轮副数目，可分为单级式主减速器和双级式主减速器。有些重型汽车，为了增加最小离地间隙，同时获得大的传动比，以提高通过能力和动力性，将双级主减速器的第二级齿轮减速机构放在两侧车轮近旁，称为轮边减速器。

轮边减速器又有定轴轮系和行星轮系两种结构形式。定轴轮系轮边减速器用一对外啮合（或内啮合）圆柱齿轮减速。图6-3为上海SH3540A型汽车的行星齿轮式轮边减速器传动示意图。

（2）按主减速器传动比个数，可分为单速式和双速式主减速器。单速式的传动比是固定的，而双速式则有两个传动比供驾驶员选择。

双速式主减速器内由齿轮的不同组合可获得两种传动比。它与普通变速器相配合，可得到双倍于变速器的挡位。双速主减速器的高低挡减速比是根据汽车的使用条件、发动机功率及变速器各挡速比的大小来选定的。大的主减速比用于汽车满载行驶或在困难道路上行驶，以克服较大的行驶阻力并减少变速器中间挡位的变换次数；小的主减速比则用于汽车空载、半载行驶或在良好路面上行驶，以改善汽车的燃料经济性和提高平均车速。

（3）按齿轮副结构形式，可分为圆柱齿轮式（又可分为定轴轮系和行星轮系）主减速器和圆锥齿轮式（又可分为螺旋锥齿轮式和准双曲面锥齿轮式）主减速器。

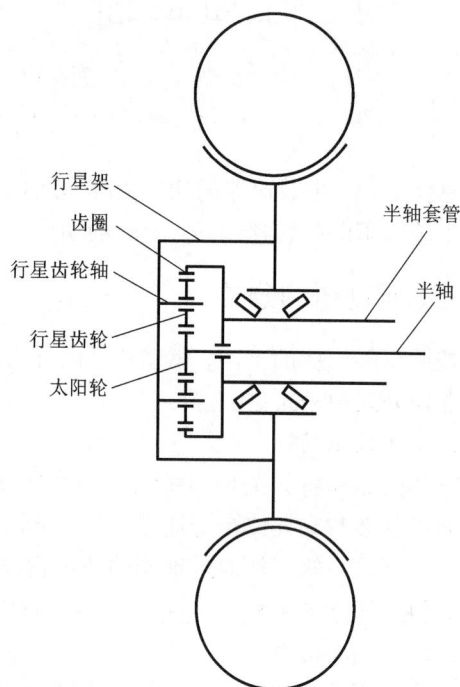

图6-3　行星齿轮式轮边减速器传动示意图

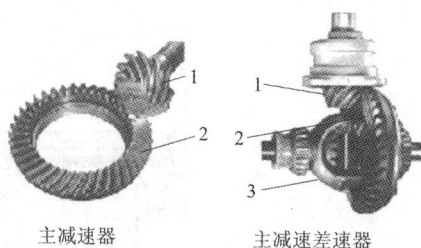

图6-4　主减速器实物与安装位置

1—变速器从动轴（带主动锥齿轮）；

2—主减速器从动锥齿轮；3—差速器壳

目前,在轿车中主要是应用单级式主减速器。

二、单级主减速器

单级主减速器结构简单,质量小,体积小,传动效率高,主要用于轿车及中型以下客货车。

对于发动机纵向布置的汽车,由于需要改变动力传递方向,单级主减速器都采用一对圆锥齿轮传动,如桑塔纳 2000、东风 EQ1090 等;对于发动机横向布置的汽车,单级主减速器采用一对圆柱齿轮即可,如夏利 7130、宝来 1.8T 等。

1.上海桑塔纳 2000 轿车单级主减速器

结构如图 6-5 所示,由于发动机纵向前置前轮驱动,整个传动系都集中布置在汽车前部,因此其主减速器装于变速器壳体内,没有专门的主减速器壳体。由于省去了变速器到主减速器之间的万向传动装置,所以变速器输出轴即为主减速器主动轴。

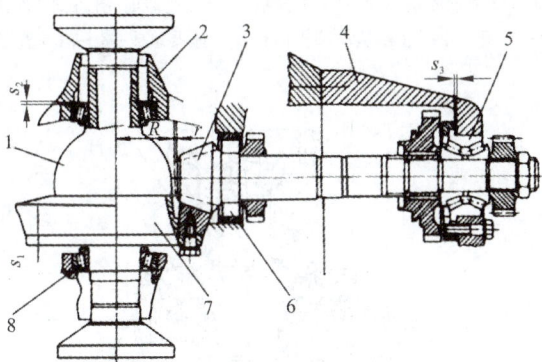

图 6-5　桑塔纳 2000 轿车主减速器

1—差速器;2—变速器前壳体;3—主动锥齿轮;4—变速器后壳体;

5—双列圆锥滚子轴承;6—圆柱滚子轴承;7—从动锥齿轮;8—圆锥滚子轴承

s_1—调整垫片(从动锥齿轮一侧);s_2—调整垫片(与从动锥齿轮相对的一侧);s_3—调整垫片;

r—与理论上的尺寸 R 成比例的偏差(偏差 r 用 1/100 mm 表示,例如:25 表示 $r=0.25$ mm);

R—主动锥齿轮理论上的尺寸($R=50.7$ mm)

主减速器由一对准双曲面锥齿轮组成,主动锥齿轮的齿数为 9,从动锥齿轮的齿数为 40,其传动比为 4.444。主动锥齿轮与变速器输出轴制为一体,用双列圆锥滚子轴承和圆柱滚子轴承支承在变速器壳体内,属于悬臂式支承。环状的从动锥齿轮靠凸缘定位,并用螺栓与差速器壳连接。差速器壳由一对圆锥滚子轴承支承在变速器壳体上,具体结构见图 6-6 所示。

2.东风 EQ1090 单级主减速器

1)东风 EQ1090 单级主减速器的结构

如图 6-7 所示为东风 EQ1090 型汽车单级主减速器。它由主、从动锥齿轮及其支承调整装置、主减速器壳等组成。主动锥齿轮的齿数为 6,从动锥齿轮的齿数为 38,因此其传动比 $i=6.33$。

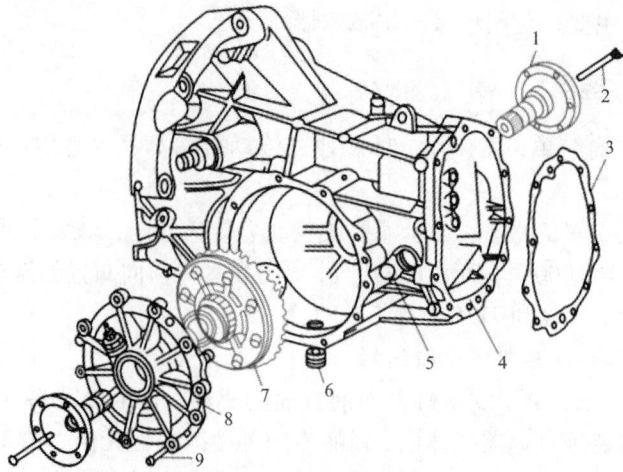

图 6－6　桑塔纳 2000 轿车主减速器和差速器的零件分解图

1—半轴；2—半轴固定螺栓；3—密封垫；4—变速器前壳体；5—加油螺塞；
6—放油螺塞；7—主减速器从动圆锥齿轮及差速器总成；8—轴承盖；9—螺栓

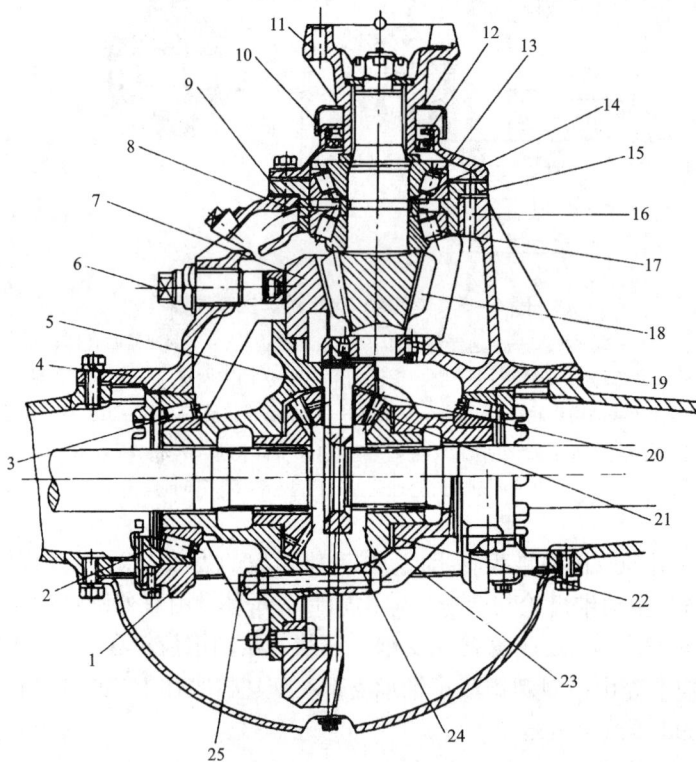

图 6－7　东风 EQ1090 型汽车单级主减速器

1—差速器轴承盖；2—轴承调整螺母；3、13、17—圆锥滚子轴承；4—主减速器壳；5—差速器壳；
6—支承螺柱；7—从动锥齿轮；8—进油道；9、14—调整垫片；10—防尘罩；11—叉形凸缘；12—油封；
15—轴承座；16—回油道；18—主动锥齿轮；19—圆柱滚子轴承；20—行星齿轮垫片；21—行星齿轮；
22—半轴齿轮推力垫片；23—半轴齿轮；24—行星齿轮轴（十字轴）；25—螺栓

主、从动锥齿轮采用准双曲面齿轮。主动锥齿轮与主动轴制成一体。为了保证主动锥齿轮有足够的支承刚度，改善啮合条件，其前端支承在两个距离较近的圆锥滚子轴承 13 和 17 上，后端支承在圆柱滚子轴承 19 上，形成跨置式支承。圆锥滚子轴承 13 和 17 的外座圈支承在轴承座 15 上，内座圈之间有隔套和调整垫片 14。轴承座依靠凸缘定位，用螺栓固装在主减速器壳体的前端，两者之间有调整垫片 9。从动锥齿轮靠凸缘定位，用螺栓紧固在差速器壳上，而差速器壳则用两个圆锥滚子轴承 3 支承在主减速器壳体中，并用轴承调整螺母 2 进行轴向定位。在从动锥齿轮啮合处背面的主减速器壳体上，装有支承螺柱，用以限制大负荷下从动锥齿轮过度变形而影响正常啮合。装配时，应在支承螺柱与从动锥齿轮背面之间预留一定间隙(0.3~0.5 mm)，转动支承螺柱可以调整此间隙。

2)东风 EQ1090 单级主减速器的调整

(1)轴承预紧度的调整。圆锥滚子轴承一般都是成对使用，装配时应使其具有一定的预紧度，以减小锥齿轮在传动过程中因轴向力而引起的轴向位移，提高轴的支承刚度，保证锥齿轮副的正确啮合。但轴承预紧度又不能过大，否则摩擦和磨损增大，传动效率低。为此，设有轴承预紧度的调整装置。

主动锥齿轮轴承预紧度由调整垫片 14 来调整。增加垫片 14 的厚度，轴承预紧度减小；反之，轴承预紧度增加。从动锥齿轮(差速器壳)轴承预紧度则是通过拧动两侧的轴承调整螺母 2 来调整的。拧入调整螺母，轴承预紧度增加；反之，轴承预紧度减小。

轴承预紧度调整之前应先检查。一般是采用经验法，即用手转动主动(或从动)锥齿轮应转动自如，轴向推动无间隙。

(2)锥齿轮啮合的调整。为了使齿轮传动工作正常、磨损均匀、延长其使用寿命，必须保证齿轮副正确的啮合。为此，需要对锥齿轮的啮合进行调整。锥齿轮啮合的调整是指齿面啮合印痕和齿侧啮合间隙的调整。

①齿面啮合印痕：先检查齿面啮合印痕。方法为：在主动锥齿轮上相隔 120°的三处用红丹油在齿的正反面各涂 2~3 个齿，再用手对从动锥齿轮稍施加阻力并正、反向各转动主动齿轮数圈。观察从动锥齿轮上的啮合印痕。正确的啮合印痕如图 6-8 所示，应位于齿高的中间偏小端，并占齿宽 60% 以上。

正转工作时　　　逆转工作时

图 6-8　正确的啮合印痕

如果啮合印痕位置不正确，应进行调整，方法是移动主动锥齿轮。增加调整垫片 9 的厚度，使主动锥齿轮前移；反之则后移。

②齿侧啮合间隙：调整啮合印痕移动主动锥齿轮后，主、从动锥齿轮的啮合间隙要发生变化。

啮合间隙的检查：将百分表抵在从动锥齿轮正面的大端处，用手把住主动锥齿轮，然后轻轻往复摆转从动锥齿轮即可显示间隙值。中、重型汽车应为 0.15~0.50 mm，轻型车约为 0.10~0.18 mm，使用极限 1.00 mm。

如果啮合间隙不符合要求，需要进行调整，方法是移动从动锥齿轮。当从动锥齿轮远离主动锥齿轮时间隙变大，反之则变小。移动从动锥齿轮的方法是将一侧的轴承调整螺母 2 旋入几圈，另一侧就旋出几圈。

注意：调整前应先将从动锥齿轮的轴承预紧度调整好。

三、双级主减速器

1. 双级主减速器结构特点

有些汽车需要较大的主减速器传动比，单级主减速器已不能满足足够的离地间隙，这就需要采用由两对齿轮降速的双级主减速器。如图 6 - 9 所示为解放 CA1092 汽车的双级主减速器。

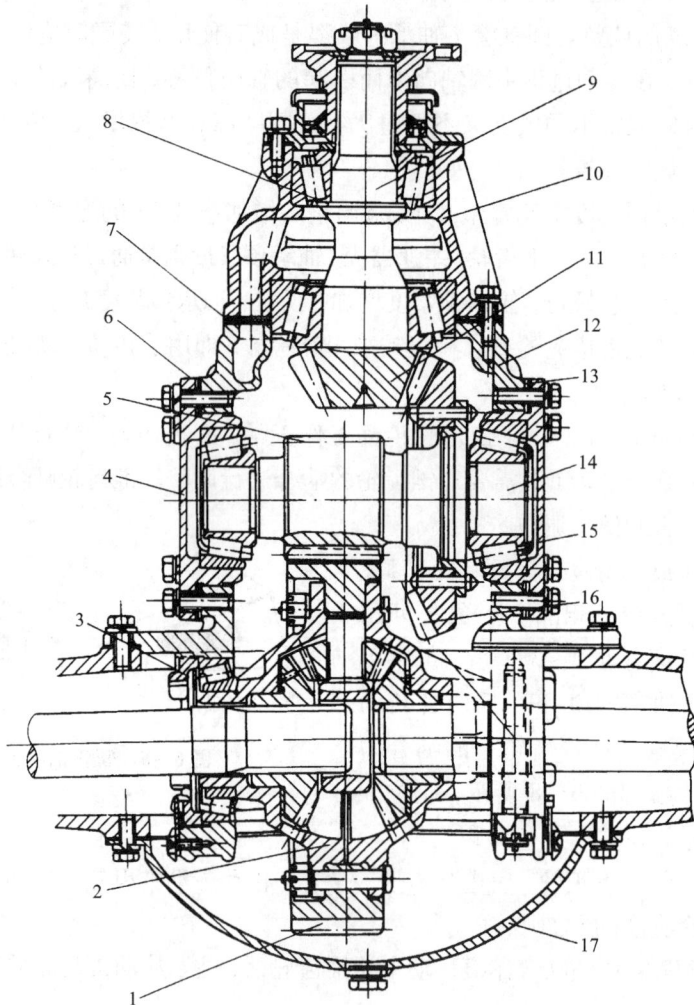

图 6 - 9 解放 CA1092 汽车的双级主减速器

1—第二级从动齿轮；2—差速器；3—调整螺母；4、15—轴承盖；5—第二级主动齿轮；

6、7、8、13—调整垫片；9—第一级主动锥齿轮轴；10—轴承座；11—第一级主动锥齿轮；

12—主减速器；14—中间轴；16—第一级从动锥齿轮；17—后盖

第一级传动为第一级主动锥齿轮和第一级从动锥齿轮,这是一对螺旋锥齿轮,而不是桑塔纳 2000 和东风 EQ1090 主减速器采用的准双曲面齿轮,其传动比为 25/13 = 1.923;第二级传动为第二级主动齿轮和第二级从动齿轮,这是一对斜齿圆柱齿轮,其传动比为 45/15 = 3。

第一级主动锥齿轮和第一级主动齿轮轴制成一体,用两个圆锥滚子轴承(相距较远)支承在轴承座的座孔中,因主动锥齿轮悬伸在两轴承之后,故称为悬臂式支承。第一级从动锥齿轮用铆钉铆接在中间轴的凸缘上。第二级主动齿轮与中间轴制成一体,用两个圆锥滚子轴承支承在两端轴承盖的座孔中,轴承盖用螺栓与主减速器壳固定连接。第二级从动齿轮夹在左右两半差速器壳之间,并用螺栓将它们紧固在一起,其支承形式与东风 EQ1090 型汽车主减速器中差速器壳的支承形式相同。

2. 双级主减速器调整

1)轴承预紧度的调整

主动锥齿轮轴承预紧度,可通过增减调整垫片 8 的厚度来调整。加垫片则变松,减垫片则变紧。

中间轴轴承的预紧度则是通过改变调整垫片 6 和调整垫片 13 的总厚度来调整。加垫片则变松,减垫片则变紧。

差速器壳轴承预紧度靠拧动调整螺母 3 来调整。旋入调整螺母则变紧,旋出则变松。

轴承预紧度的检查方法同上面所讲的东风 EQ1090 汽车。

2)锥齿轮啮合的调整

由于采用螺旋锥齿轮,所以锥齿轮啮合的调整方法与采用准双曲面齿轮的桑塔纳 2000 和 EQ1090 的主减速器不同。

啮合印痕和啮合间隙是同时进行调整的。先检查啮合印痕,方法同上面所讲的东风 EQ1090 汽车一样。然后按照下述原则进行调整:"大进从、小出从、顶进主、根出主",如图 6-10 所示。啮合印痕合适后若间隙不符,则通过轴向移动另一锥齿轮进行调整。

当啮合印痕位于从动锥齿轮轮齿大端时,如图 6-10(a)所示,应将从动锥齿轮向主动锥齿轮靠拢,假如因此而使啮合间隙变小,可将主动锥齿轮向外移动。

当啮合印痕位于从动锥齿轮轮齿小端时,如图 6-10(b)所示,应将从动锥齿轮移离主动锥齿轮,假如因此而使啮合间隙变大,可将主动锥齿轮向内移动。

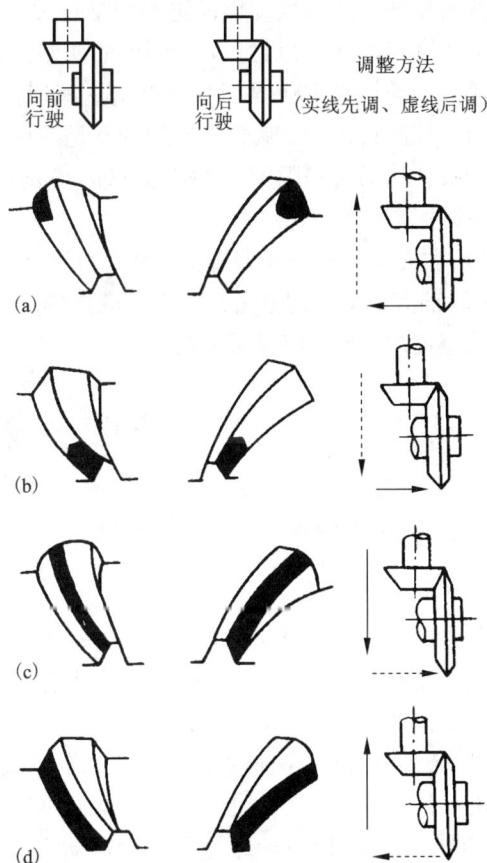

图 6-10 螺旋锥齿轮啮合的调整

当啮合印痕位于从动锥齿轮轮齿顶部时,如图6-10(c)所示,应将主动锥齿轮向从动锥齿轮靠拢,假如因此而使啮合间隙变小,可将从动锥齿轮向外移动。

当啮合印痕位于从动锥齿轮轮齿根部时,如图6-10(d)所示,应将从动锥齿轮移离主动锥齿轮,假如因此而使啮合间隙变大,可将从动锥齿轮向内移动。

3. 主减速器调整总结

主减速器的调整包括圆锥滚子轴承预紧度的调整和锥齿轮啮合的调整,锥齿轮啮合的调整包括啮合印痕和啮合间隙的调整。

轴承预紧度的调整有一定规律可遵循,首先弄清楚圆锥滚子轴承内、外座圈中哪对座圈的位置是固定的,然后调整另一对座圈的相对位置即可,一般是通过调整垫片和调整螺母进行调整。例如,东风EQ1090汽车单级主减速器主动锥齿轮圆锥滚子轴承的外座圈支承在轴承座上,两外座圈的相对位置是不变的,所以只能调整两内座圈的相对位置,使两内座圈的距离减小(减少两内座圈之间调整垫片的厚度),则轴承预紧度增大(变紧),反之则轴承预紧度减小(变松)。对于解放CA1092双级主减速器差速器壳的圆锥滚子轴承来说,两内座圈是支承在差速器壳上,相对位置是不变的,所以可以旋转两外座圈外侧的调整螺母来改变两外座圈的相对位置,从而调整轴承预紧度。

锥齿轮啮合的调整与锥齿轮的类型有关。

对于准双曲面锥齿轮,啮合印痕的调整是移动主动锥齿轮,啮合间隙的调整是移动从动锥齿轮。如桑塔纳2000和EQ1090的主减速器。

对于螺旋锥齿轮,啮合印痕的调整是按照"大进从、小出从、顶进主、根出主"方法进行,啮合印痕合适后若间隙不符,则通过轴向移动另一锥齿轮进行调整。

主减速器调整注意事项:

(1)要先进行轴承预紧度的调整,再进行锥齿轮啮合的调整。

(2)锥齿轮啮合调整时,啮合印痕首要,啮合间隙次要,否则将加剧齿轮磨损。但当啮合间隙超过规定时,应成对更换。

任务三　差速器检修

一、差速器概述

1. 功用

差速器的功用是将主减速器传来的动力传给左、右两半轴,并在必要时允许左、右半轴以不同转速旋转,使左、右驱动车轮相对地面纯滚动而不是滑动。

汽车行驶过程中,车轮相对路面有两种运动状态:滚动和滑动。滑动又有滑转和滑移两种。设车轮中心相对路面的速度为v,车轮旋转角速度为ω,车轮滚动半径为r。如果$v=\omega r$,则车轮对路面的运动为滚动,这是最理想的运动状态;如果$\omega>0$,但$v=0$,则车轮的运动为滑转;如果$v>0$,但$\omega=0$,则车轮的运动为滑移。

当汽车转弯行驶时,内外两侧车轮中心在同一时间内移过的曲线距离显然不同,即外侧车轮移过的距离大于内侧车轮,如图6-11所示。若两侧车轮都固定在同一刚性转轴上,两轮角速度相等,则此时外轮必然是边滚动边滑移,内轮必然是边滚动边滑转。

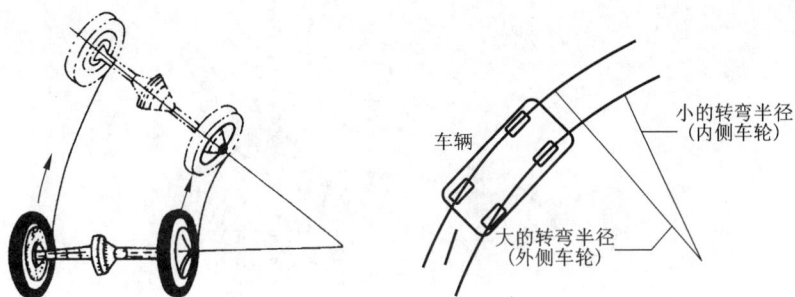

图 6-11　汽车转向时驱动车轮的运动示意图

同样，汽车在不平路面上直线行驶时，两侧车轮实际移过的曲线距离也不相等。因此在角速度相同的条件下，在波形较显著的路面上运动的一侧车轮是边滚动边滑移，另一侧车轮则是边滚动边滑转。即使路面非常平直，但由于轮胎制造尺寸误差，磨损程度不同，承受的载荷不同或充气压力不等，各个轮胎的滚动半径实际上不可能相等，因此，只要各轮角速度相等，车轮对路面的滑动就必然存在。

车轮对路面的滑动不仅会加速轮胎磨损，增加汽车的动力消耗，而且可能导致转向和制动性能的恶化。所以，在正常行驶条件下，应使车轮尽可能不发生滑动，差速器的作用就在于此。

2. 类型

差速器按其功能可分为轮间差速器和轴间差速器。装在同一驱动桥两侧驱动轮之间的差速器称为轮间差速器。装在前、后驱动桥之间（4×4），前驱动桥与中、后驱动桥之间（6×6），或中、后驱动桥之间（6×6 或 6×4）的差速器为轴间差速器。

无论是轮间差速器还是轴间差速器，按其工作特性可分为普通齿轮式差速器和防滑差速器两大类。按啮合齿轮类型分为圆锥齿轮式和圆柱齿轮式两种，如图 6-12 所示，对称式锥齿轮差速器结构如图 6-13 所示。

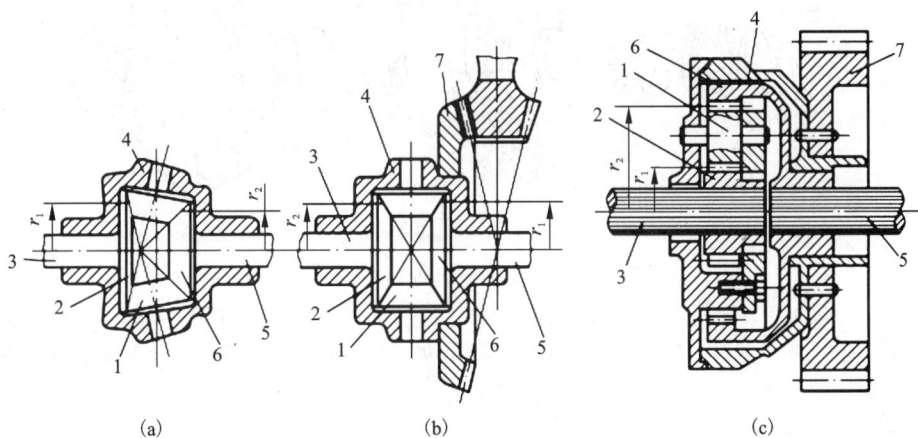

图 6-12　差速器的类型

(a)、(b)圆锥齿轮式；(c)圆柱齿轮式

1—行星齿轮；2、6—半轴齿轮；3、5—半轴；4—差速器壳（行星架）；7—动力输入齿轮

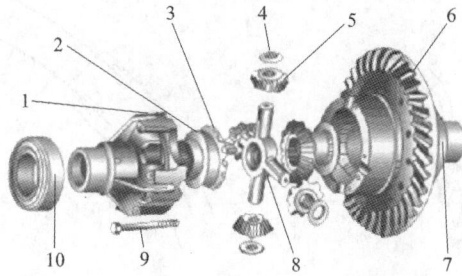

图 6 – 13 对称式锥齿轮差速器结构图

1—左外壳；2—半轴齿轮推力垫片；3—半轴齿轮；4—垫圈；5—行星齿轮；

6—从动齿轮；7—右外壳；8—十字轴；9—螺栓；10—轴承

二、普通齿轮差速器

应用最广泛的普通齿轮差速器为锥齿轮差速器。如图 6 – 14 所示为桑塔纳 2000 轿车差速器。

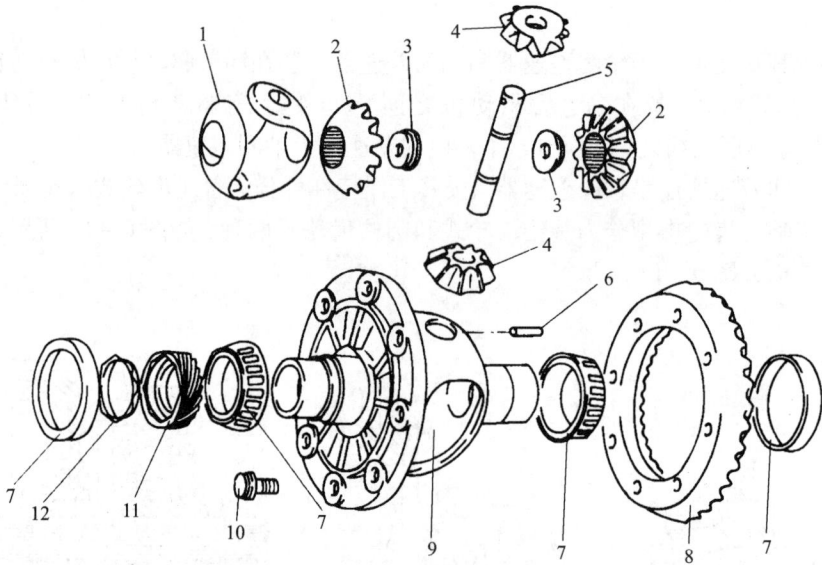

图 6 – 14 桑塔纳 2000 轿车差速器

1—复合式推力垫片；2—半轴齿轮；3—螺纹套；4—行星齿轮；5—行星齿轮轴；6—止动销；

7—圆锥滚子轴承；8—主减速器从动锥齿轮；9—差速器壳；10—螺栓；11—车速表齿轮；12—车速表齿轮锁紧套筒

1. 结构

由差速器壳、行星齿轮轴、2 个行星齿轮、2 个半轴齿轮、复合式推力垫片等组成。行星齿轮轴装入差速器壳体后用止动销定位。行星齿轮和半轴齿轮的背面制成球面，与复合式的推力垫片相配合，以减摩、耐磨。螺纹套用于紧固半轴齿轮。差速器通过一对圆锥滚子轴承支承在变速器壳体中。

2. 工作原理

差速器的工作原理如图 6-15、6-16 所示。主减速器传来的动力带动差速器壳(转速为 n_0)转动,经过行星齿轮轴、行星齿轮、半轴齿轮、半轴(转速分别为 n_1 和 n_2),最后传给两侧驱动车轮。

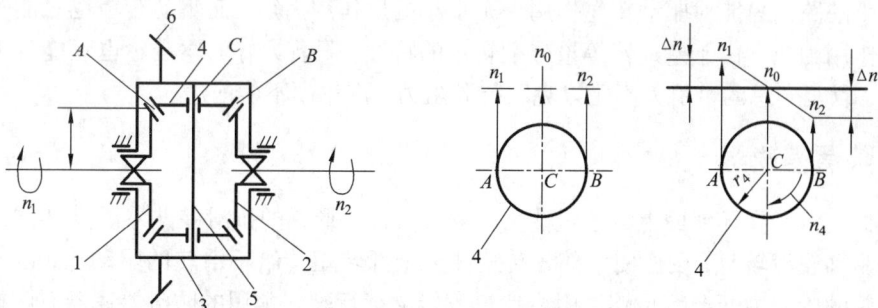

图 6-15 差速器运动原理

1、2—半轴齿轮;3—差速器壳;4—行星齿轮;5—行星齿轮轴;6—主减速器从动齿轮

(1)汽车直线行驶时:此时两侧驱动车轮所受到的地面阻力相同,并经半轴、半轴齿轮反作用于行星齿轮两啮合点 A 和 B(见图 6-15)。这时行星齿轮相当于等臂杠杆,即行星齿轮不自转,只随差速器壳和行星齿轮轴一起公转,两半轴无转速差,即 $n_1 = n_2 = n_0$,$n_1 + n_2 = 2n_0$。

同样,由于行星齿轮相当于等臂杠杆,主减速器传动差速器壳体上的转矩 M_0 等分给两半轴齿轮(半轴),即 $M_1 = M_2 = M_0/2$。

(2)汽车转向行驶时:此时两侧驱动车

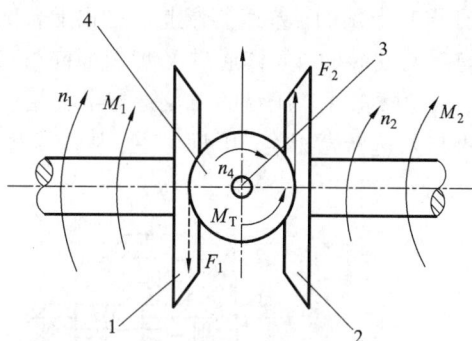

图 6-16 差速器转矩分配原理

1、2—半轴齿轮;3—行星齿轮轴;4—行星齿轮

轮所受到的地面阻力不同。如果车辆右转,右侧(内侧)驱动车轮所受的阻力大,左侧(外侧)驱动车轮所受的阻力小。这两个阻力经半轴、半轴齿轮反作用于行星齿轮两啮合点 A 和 B(见图 6-15),使行星齿轮除了随差速器壳公转外还顺时针自转,设自转转速为 n_4,则左半轴齿轮的转速增加,右半轴齿轮的转速降低,且左半轴齿轮增加的转速等于右半轴齿轮降低的转速。设半轴齿轮的转速变化为 Δn,则 $n_1 = n_0 + \Delta n$,$n_2 = n_0 - \Delta n$,即汽车右转时,左侧(外侧)车轮转得快,右侧(内侧)车轮转得慢,实现纯滚动。此时依然有 $n_1 + n_2 = 2n_0$。

由于行星齿轮的自转,行星齿轮孔与行星齿轮轴轴径间以及齿轮背部与差速器壳体之间都产生摩擦。如图 6-16 所示,行星齿轮所受的摩擦力矩 M_T 方向与其自转方向相反,并传到左、右半轴齿轮,使转得快的左半轴的转矩减小,转得慢的右半轴的转矩增加。所以当左、右驱动车轮存在转速差时,$M_1 = (M_0 - M_T)/2$,$M_2 = (M_0 + M_T)/2$。但由于有推力垫片的存在,实际中的 M_T 很小,可以忽略不计,则 $M_1 = M_2 = M_0/2$。

总结:

①普通锥齿轮差速器的运动特性:$n_1 + n_2 = 2n_0$。

②普通锥齿轮差速器的转矩分配特性：$M_1 = M_2 = M_0/2$，即转矩等量分配特性。

普通锥齿轮式差速器转矩等量分配的特性对于汽车在好路面上行驶是有利的。但汽车在坏路面上行驶时却会严重影响其通过能力。例如当汽车的一个驱动轮处于泥泞路面因附着力小而原地打滑时，即使另一驱动轮处于附着力大的路面上未滑转，汽车仍不能行驶。这是因为附着力小的路面只能对驱动车轮作用一个很小的反作用力矩，而驱动转矩也只能等于这一很小的反作用力矩。由于差速器等量分配转矩的特性，附着力好的驱动轮也只能分配到同样小的转矩，以至于总的牵引力不足以克服行驶阻力，汽车便不能前进。

三、防滑差速器

为了提高汽车在坏路面上的通过能力，可采用各种形式的抗滑差速器。其共同出发点都是在一个驱动轮滑转时，设法使大部分转矩甚至全部转矩传给不滑转的驱动轮，以充分利用这一驱动轮的附着力而产生足够牵引力使汽车能继续行驶。常用的防滑差速器有摩擦片式自锁差速器、强制锁止式差速器和托森差速器等。

1. 摩擦片式自锁差速器

图 6-17 所示为摩擦片式自锁差速器，它是普通行星齿轮差速器的变形，十字轴的端部均切有凸 V 形斜面，差速器壳上与之相配合的孔较大，有凹 V 形斜面。两行星齿轮轴的 V 形斜面是反向安装的，壳体通过 V 形斜面向行星齿轮轴传递扭矩，每个半轴齿轮的背面有压盘和主、从动摩擦片。压盘的内花键与半轴相连，从动盘的内花键与压盘相连，主动摩擦片的外花键与差速器壳相连，压盘与主、从动摩擦片均有微小的轴向移动。

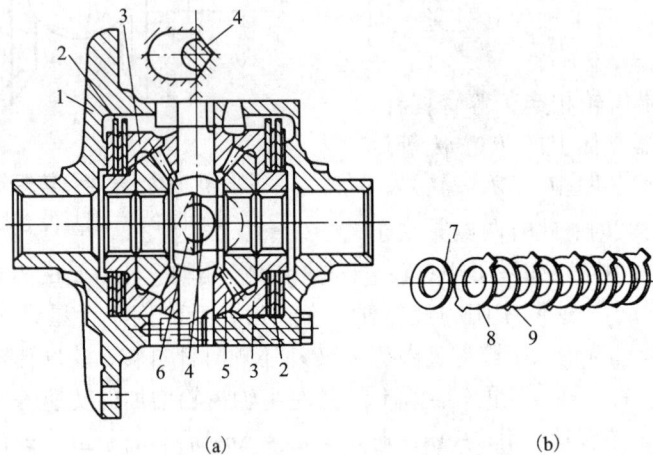

(a)   (b)

图 6-17 摩擦片式自锁差速器构造

(a)摩擦片自锁差速器构造图；(b)主、从动摩擦片组示意图
1—差速器壳；2—主、从动摩擦片组；3—推力压盘；4—十字轴；
5—行星齿轮；6—V 形面；7—薄钢片；8—主动摩擦片；9—从动摩擦片

2. 强制锁止式差速器

为了实现汽车在坏路面上行驶时仍能为驱动轮提供足够的转矩，最简单的办法就是在对称式锥齿轮差速器上设置差速锁，使之成为强制锁止式差速器。

强制锁止式差速器就是在行星锥齿轮差速器上装设了差速锁。需要时，由驾驶员操纵差速锁，使差速器不起差速作用，相当于把左右两半轴连锁成一整体。图6-18所示为汽车强制锁止式差速器的构造图。

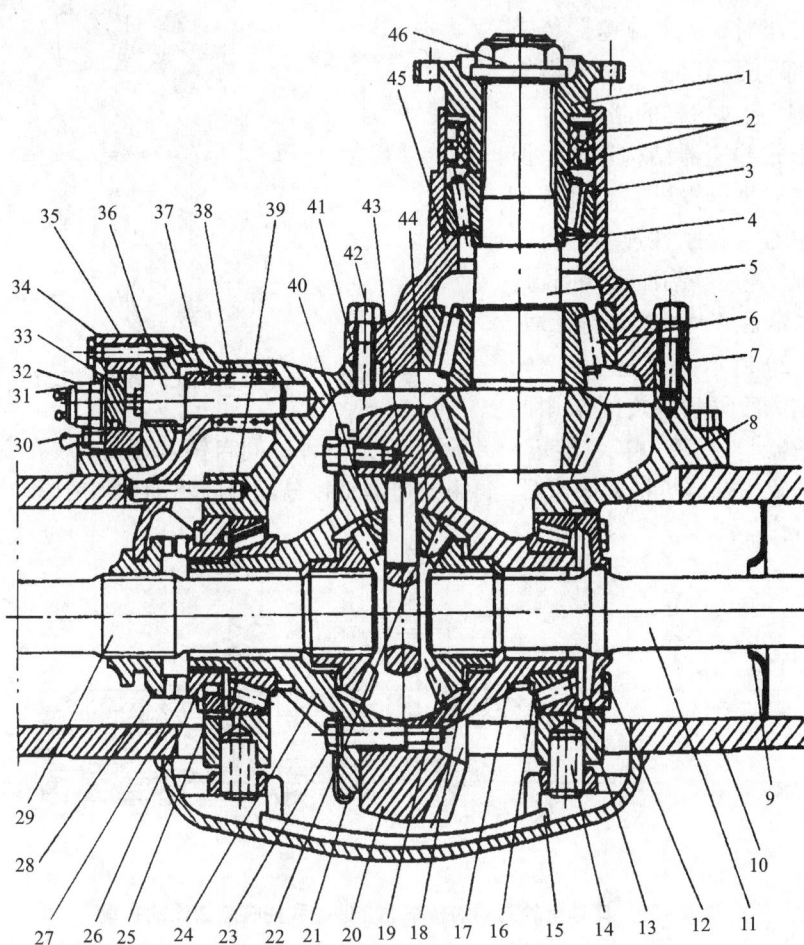

图6-18 奔驰2026A型汽车强制锁止式差速器构造

1—传动凸缘；2—油封；3、6、16—轴承；4—调整隔圈；5—主减速器主动轴；7—调整垫片；

8—主减速器壳；9—挡油盘；10—桥壳；11、29—半轴；12—带挡油盘的调整螺母；13—轴承盖；14—定位销；

15—集油槽；17—差速器壳；18—推力垫片；19—半轴齿轮；20—主减速器从动齿轮；21—锁板；22—衬套；

23—螺栓；24—差速器壳；25—调整螺母；26—固定接合套；27—弹性挡圈；28—滑动接合套；

30—气管接头；31—带密封圈的活塞；32—差速锁指示灯开关；33—调整螺钉及其锁紧螺母；

34—缸盖；35—缸体；36—拨叉轴；37—拨叉；38—弹簧；

39—导向轴；40—行星齿轮；41—密封圈；42—螺栓；

43—十字轴；44—推力垫片；45—轴承座；46—螺母

强制锁止式差速器工作示意图见图6-19。在对称式锥齿轮差速器上设置差速锁，可以用电磁阀控制的气缸操纵一个离合机构，使一侧半轴与差速器壳相接合。由该种差速器中的运动特性关系式：

$$\omega_1 + \omega_2 = 2\omega_0$$

如 ω_1（或 ω_2）$=\omega_0$，则必有 $\omega_1 = \omega_2$，这就相当于把左右两半轴锁成一体一同旋转。这样，当一侧驱动轮打滑而牵引力过小时，从主减速器传来的转矩绝大部分配到另一侧驱动轮上，使汽车得以通过这样的路段。

强制锁止式差速器结构简单，但一般要在停车时进行操纵。而且接上差速锁时，左右车轮刚性连接，将产生前转向困难，轮胎磨损严重等问题。

3. 托森差速器的构造和工作原理

如图 6-20 所示为奥迪 A4 全轮驱动轿车的前、后驱动桥之间采用的

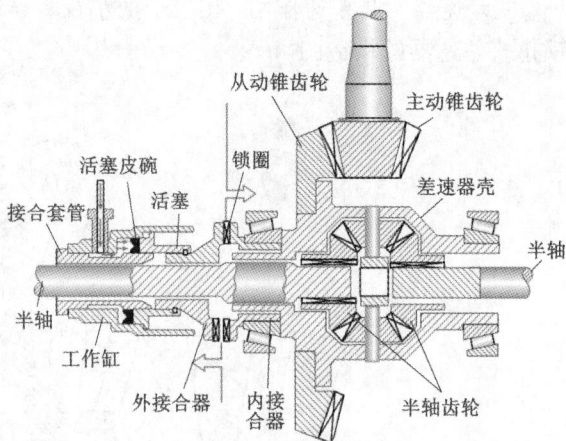

图 6-19 汽车强制锁止式差速器工作示意图

新型托森差速器。"托森"表示"转矩-灵敏"，它是一种轴间自锁差速器，装在变速器后端。转矩由变速器输出轴传给托森差速器，再由差速器直接分配给前驱动桥和后驱动桥。

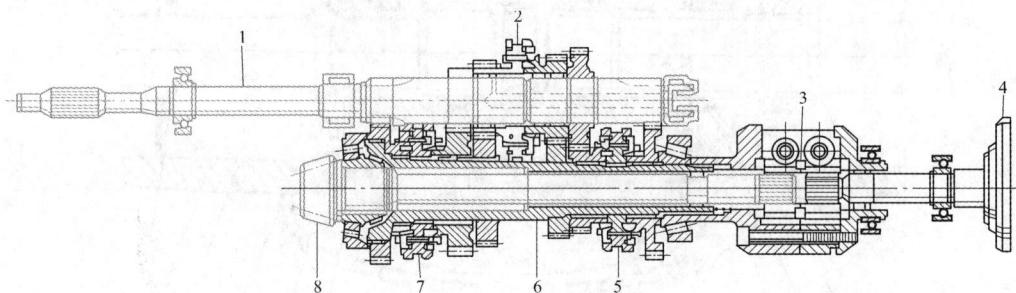

图 6-20 奥迪全轮驱动的轿车上变速器和托森差速器的布置

1—输入轴；2—三、四挡传动齿轮副；3—托森差速器；4—驱动轴凸缘盘；
5—五挡和倒挡传动齿副；6—空心轴；7——、二挡传动齿轮副；8—差速器齿轮轴

托森差速器由差速器壳、六个蜗轮、六根蜗轮轴、十二个直齿圆柱齿轮及前、后轴蜗杆组成。结构如图 6-21 所示。当前、后驱动桥无转速差时，蜗轮绕自身轴自转。各蜗轮、蜗杆与差速器壳一起等速转动，差速器不起差速作用。当前、后驱动桥需要有转速差，例如汽车转弯时，因前轮转弯半径大，差速器起差速作用。此时，蜗轮除公转传递动力外，还要自转。由于直齿圆柱齿轮的相互啮合，使前后蜗轮自转方向相反，从而使前轴蜗杆转速增加，后轴蜗杆转速减小，实现了差速。托森差速器起差速作用时，由于蜗杆蜗轮啮合副之间的摩擦作用，转速较低的后驱动桥比转速较高的前驱动桥所分配到的转矩大。若后桥分配到的转矩大到一定程度而出现滑转时，则后桥转速升高一点，转矩又立刻重新分配给前桥一些，所以驱动力的分配可根据转弯的要求自动调节，使汽车转弯时具有良好的驾驶性。当前、后驱动桥中某一桥因附着力小而出现滑转时，差速器起作用，将转矩的大部分分配给附着力好的

另一驱动桥(最大可达3.5倍),从而提高了汽车通过坏路面的能力。

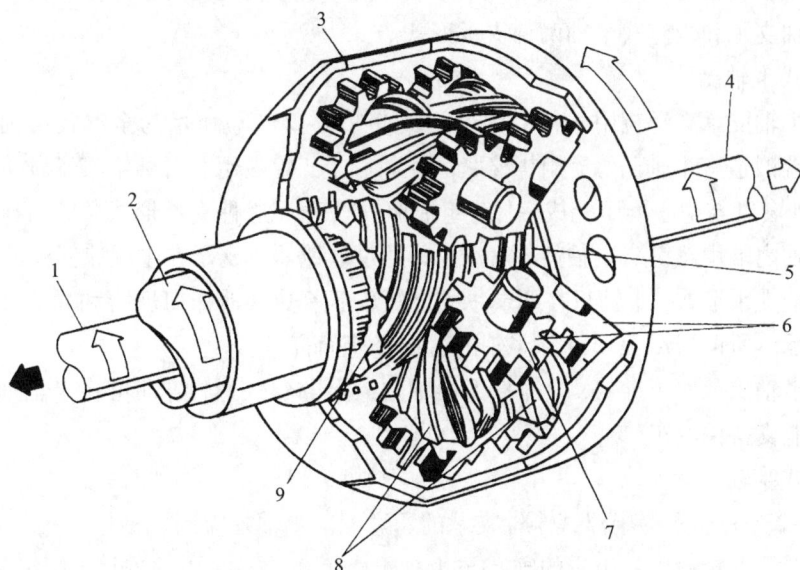

图6-21 托森差速器的结构

1—差速器齿轮轴;2—空心轴;3—差速器外壳;4—驱动轴凸缘盘;5—后轴蜗杆;

6—直齿圆柱齿轮;7—蜗轮轴;8—蜗轮;9—前轴蜗杆

任务四 半轴和桥壳

一、半轴

1. 半轴的功用和构造

半轴是在差速器与驱动轮之间传递动力的实心轴,其内端用花键与差速器的半轴齿轮连接,而外端则用凸缘与驱动轮的轮毂相连,半轴齿轮的轴颈支承于差速器壳两侧轴颈的孔内,而差速器壳又以其两侧轴颈借助轴承直接支承在主减速器壳上。

半轴的结构因驱动桥结构形式的不同而异。整体式驱动桥中的半轴为一刚性整轴。而转向驱动桥和断开式驱动桥中的半轴则分段并用万向节连接。半轴内端一般制有外花键与半轴齿轮连接。半轴外端有的直接在轴端锻造出凸缘盘;也有的制成花键与单独制成的凸缘盘滑动配合;还有的制成锥形并通过键和螺母与轮毂固定连接。

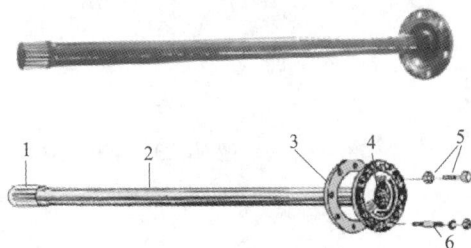

图6-22 半轴的结构图

1—花键;2—杆部;3—垫圈;

4—凸缘;5—半轴起拔螺栓;6—半轴紧固螺栓

2. 支承形式

半轴与驱动轮的轮毂在桥壳上的支承形式，决定了半轴的受力状况。现代汽车基本上采用全浮式半轴支承和半浮式半轴两种支承形式。

1) 全浮式半轴支承

全浮式半轴支承广泛应用于各型货车上。如图 6 – 23(a) 所示为全浮式半轴支承的示意图。半轴外端锻造有半轴凸缘，用螺栓紧固在轮毂上，轮毂用一对圆锥滚子轴承支承在半轴套管上，半轴套管与空心梁压配成一体，组成驱动桥壳。这种支承形式，半轴与桥壳没有直接联系。半轴内端用花键与半轴齿轮套合，并通过差速器壳支承在主减速器壳的座孔中。

这种半轴支承形式，半轴只在两端承受转矩，不承受其他任何反力和弯矩，所以称为全浮式半轴支承。所谓"浮"是对卸除半轴的弯曲载荷而言。

全浮式半轴支承便于拆装，只需拧下半轴凸缘上的轮毂螺栓，即可将半轴抽出，而车轮和桥壳照样能支持住汽车。

2) 半浮式半轴支承

如图 6 – 23(b) 所示为半浮式半轴支承的示意图。半轴外端制成锥形，锥面上铣有键槽，最外端制有螺纹。轮毂以其相应的锥孔与半轴上锥面配合，并用键连接，用锁紧螺母紧固。半轴用一个圆锥滚子轴承直接支承在桥壳凸缘的座孔内。车轮与桥壳之间无直接联系，而支承于悬伸出的半轴外端。因此，地面作用于车轮的各种反力都须经半轴外端的悬伸部分传给桥壳，使半轴外端不仅要承受转矩，而且还要承受各种反力及其形成的弯矩。半轴内端通过花键与半轴齿轮连接，不承受弯矩。故称这种支承形式为半浮式半轴支承。半浮式半轴支承结构简单，但半轴受力情况复杂且拆装不便，多用于反力、弯矩较小的各类轿车上。

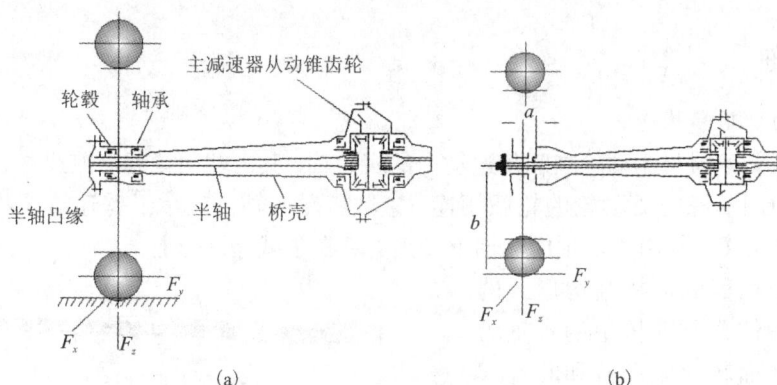

图 6 – 23 半轴的全浮式和半浮式支撑示意图
(a) 全浮式示意图；(b) 半浮式示意图

二、桥壳

1. 桥壳的功用

驱动桥壳既是传动系的组成部分，同时也是行驶系的组成部分。作为传动系的组成部分，其功用是安装并保护主减速器、差速器和半轴。作为行驶系的组成部分，其功用是安装悬架或轮毂，和从动桥一起支承汽车悬架以上各部分质量，承受驱动轮传来的反力和力矩，并在驱动轮与悬架之间传力。

由于桥壳承受较复杂的载荷，因此要求桥壳应具有足够的强度和刚度，质量小，还要便于主减速器的拆装和调整。

2. 桥壳的类型

驱动桥壳是安装主减速器、差速器、半轴等部件的基础件，与从动桥一起支承车架及其上的各总成。汽车行驶时，由于它要承受驱动轮传来的各种反力和弯矩，并经悬架传给车架或车身，因此要求其有足够的强度和刚度，质量要小，还要便于主减速器的拆装和调整。驱动桥壳可分为整体式桥壳和分段式桥壳两种类型。一般多采用整体式。整体式桥壳因制造方法不同又有多种形式，常见的有整体铸造、中段铸造压入钢管、钢板冲压焊接等形式。

1）整体式桥壳

图 6-24 所示为解放 CA1092 型汽车的整体式桥壳。其中部是一个环形空心梁，两端压入半轴套管，并用止动螺钉止动。半轴套管外端用以安装轮毂轴承，突缘盘用来固定制动底板。空心梁的端部加工有油封颈，和轮毂油封配合，用以密封润滑脂。主减速器、差速器预先装合在主减速器壳内，然后用螺钉将其固定在空心梁的中部前端面上。空心梁中部后端面的大孔供检查驱动桥内主减速器和差速器的工作情况用。后盖上装有检查油面用的螺塞。主减速器壳上另有加油孔和放油孔。

图 6-25 所示东风 EQ1092 型汽车驱动桥壳为整体式的铸造桥壳。半轴套管压入后桥壳中。桥壳上有通气塞，保证高温下通气，以保持润滑油的质量。这种整体铸造桥壳易铸成等强度梁形状，刚度好、强度高，且便于主减速器的装配、调整和维修；但质量大，铸造质量不易保证。一般适用于中、重型汽车。

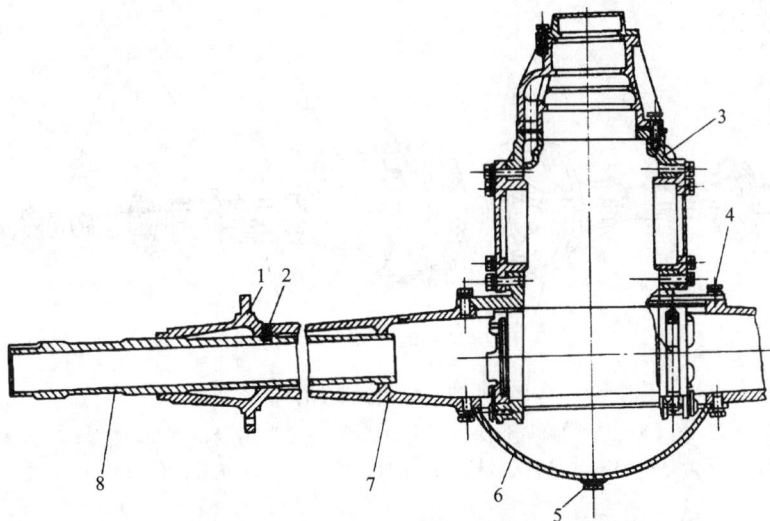

图 6-24　解放 CA1092 型汽车驱动桥壳

1—突缘盘；2—止动螺钉；3—主减速器壳；4—固定螺钉；5—螺塞；6—后盖；7—空心梁；8—半轴套管

图 6 – 26 为钢板冲压焊接驱动桥壳，它主要由冲压成形的上下两个桥壳主件、四块三角形镶块、前后两个加强环、一个后盖以及两端两个半轴套管组焊而成。为了防止桥壳内润滑油外溢，有的汽车在桥壳轴管处焊有挡油环或加装油封。

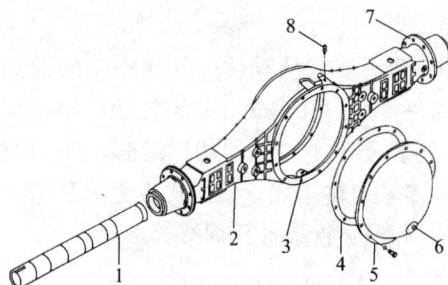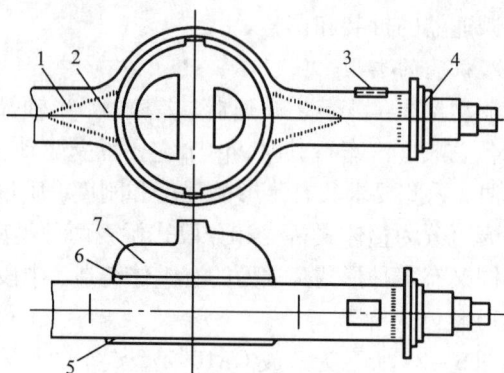

图 6 – 25　东风 EQ1092 型汽车驱动桥壳

1—半轴套管；2—后桥壳；3—放油孔；4—垫片；
5—后盖；6—油面孔；7—突缘盘；8—通气塞

图 6 – 26　北京 BJ1040 型汽车冲压焊接桥壳构造

1—壳体主件；2—三角形镶块；3—钢板弹簧座；4—半轴套管；
5—前加强环；6—后加强环；7—后盖

2）分段式桥壳

分段式桥壳一般分为两段，由螺栓将两段连成一体，一般由铸造的主减速器壳、盖、两个半轴套管及突缘盘等组成，见图 6 – 27。垫片夹在左右两半壳之间，既防漏油，也可调整差速器轴承的预紧度。

分段式桥壳比整体式桥壳易铸造，加工简便。但维修保养不便。拆检主减速器时，必须把整个驱动桥从汽车上拆卸下来，目前已很少使用。

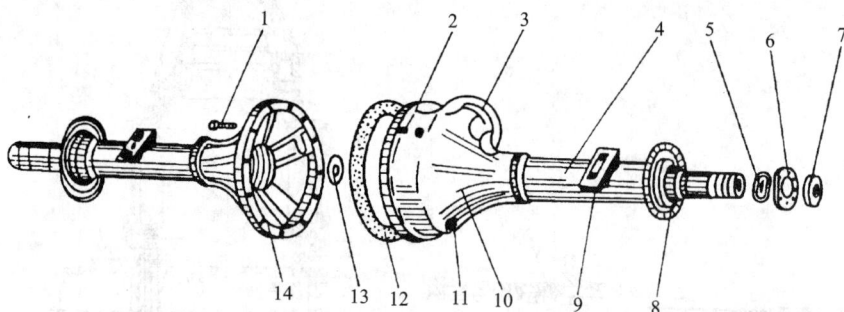

图 6 – 27　分段式驱动桥壳

1—螺栓；2—注油孔；3—主减速器壳颈部；4—半轴套管；5—调整螺母；6—止动垫片；7—锁紧螺母；
8—突缘盘；9—弹簧座；10—主减速器壳；11—放油孔；12—垫片；13—油封；14—盖

任务五　驱动桥的检修与常见故障诊断

一、驱动桥主要部件的检修

1. 主减速器锥齿轮副检修

1）锥齿轮副检修

（1）齿轮不应有裂纹，齿轮工作表面不得有明显斑点、剥落、缺损，否则应更换。

（2）以圆锥主动齿轮壳后轴承孔轴线为基准，前轴承承孔的径向圆跳动及各端面的端面圆跳动公差为 0.06 mm。圆锥从动齿轮端面对其轴线的圆跳动公差为 0.10 mm。圆锥主动齿轮花键与凸缘键槽的侧隙不大于 0.20 mm。逾限时，可酌情修理或更换。

（3）圆锥主、从动齿轮啮合齿隙为 0.15～0.50 mm。否则应进行调整。

（4）圆锥主动齿轮轴承预紧力应符合原设计规定或圆锥主动齿轮轴承的轴向间隙不大于 0.05 mm。否则应进行调整。

（5）主动圆锥齿轮锥面的径向圆跳动公差为 0.05 mm；前后轴承与轴颈、轴承孔的配合应符合原厂规定；从动锥齿轮的铆钉连接应牢固可靠；用螺栓连接的，连接螺栓的紧固应符合原厂规定，紧固螺栓锁止可靠。

（6）齿轮若需更换时，必须成对更换。

2）圆柱齿轮副的检修

（1）齿轮不应有裂纹，齿轮工作表面不得有明显斑点、剥落、缺损，否则应更换。

（2）圆柱主动齿轮轴承与轴颈的配合间隙不得大于原设计规定 0.012 mm。

（3）圆柱主、从动齿轮啮合齿隙为 0.15～0.70 mm，逾限时应更换齿轮副。

2. 主减速器壳检修

（1）壳体应无裂损，各部位螺纹的损伤不得多于 2 牙，否则应换新。

（2）差速器左、右轴承孔同轴度公差为 0.10 mm。

（3）圆柱主动齿轮轴承（或侧盖）轴承孔轴线及差速器轴承孔轴线对减速器壳前端面的平行度公差：当轴线长度在 200 mm 以上，其值为 0.12 mm；当轴线长度小于或等于 200 mm，其值为 0.10 mm。

（4）主减速器壳纵轴线对横轴线的垂直度公差：当纵轴线长度在 300 mm 以上，其值为 0.16 mm；纵轴线长度小于或等于 300 mm，其值为 0.12 mm；纵、横轴线应位于同一平面（双曲线齿轮结构除外），其位置度公差为 0.08 mm。

（5）主减速器壳与侧盖的配合及圆柱主动齿轮轴承与减速器壳（或侧盖）的配合应符合原设计规定。

3. 差速器的检修

（1）差速器壳产生裂纹，应更换。

（2）差速器壳与行星齿轮、半轴齿轮垫片的接触面应光滑，无沟槽。如有小的沟槽可用砂纸打磨，并更换半轴齿轮垫片。

（3）行星齿轮、半轴齿轮不得有裂纹，工作表面不得有明显斑点、脱落和缺损。否则更换。

（4）差速器壳体与轴承、差速器壳与行星齿轮轴的配合应符合原厂规定。

4. 半轴的检修

（1）半轴应进行隐伤检查，不得有任何形式的裂纹存在。

（2）半轴花键应无明显的扭转变形。

（3）以半轴轴线为基准，半轴中段未加工圆柱体径向圆跳动误差不得大于 1.3 mm；花键外圆柱面的径向圆跳动误差不得大于 0.25 mm；半轴凸缘内侧端面圆跳动误差不得大于 0.15 mm。径向圆跳动超限，应进行冷压校正；端面圆跳动超限，可车削端面进行修正。

（4）半轴花键的侧隙增大量较原厂规定不得大于 0.15 mm。

（5）对前轮驱动汽车的半轴总成（带两侧等角速万向节）还应进行以下作业内容：

①外端球笼万向节用手感检查应无径向间隙，否则应予更换。

②内侧三叉式万向节可沿轴向滑动，但应无明显的径向间隙感，否则换新。

③防尘套是否有老化破裂，卡箍是否有效可靠，如失效，换新。

5. 桥壳和半轴套管的检修

（1）桥壳和半轴套管不允许有裂纹存在，半轴套管应进行探伤处理。各部螺纹损伤不得超过 2 牙。

（2）钢板弹簧座定位孔的磨损不得大于 1.5 mm，超限时先进行补焊，然后按原位置重新钻孔。

（3）整体式桥壳以半轴套管的两内端轴颈的公共轴线为基准，两外轴颈的径向圆跳动误差超过 0.30 mm 时应进行校正，校正后的径向圆跳动误差不得大于 0.08 mm。

（4）分段式桥壳以桥壳的结合圆柱面、结合平面及另一端内锥面为基准，轮毂的内外轴颈的径向圆跳动误差超过 0.25 mm 时应进行校正，校正后的径向圆跳动误差不得大于 0.08 mm。

（5）桥壳承孔与半轴套管的配合及伸出长度应符合原厂规定，如半轴套管承孔的磨损严重，可将座孔镗至修理尺寸，更换相应的修理尺寸半轴套管。

（6）滚动轴承与桥壳的配合应符合原厂规定。

6. 滚动轴承的检修

（1）轴承的钢球（或柱）和滚道上不得有伤痕、剥落、严重黑斑或烧损变色等缺陷，否则应更换。

（2）轴承架不得有缺口、裂纹、铆钉松动或钢球（或柱）脱出等现象，否则应更换。

7. 轮毂的检修

（1）轮毂应无裂损，轮毂各部位螺纹的损伤不得多于两牙，否则更换。

（2）轮毂与半轴突缘及制动鼓的结合端面对轮毂内外轴承孔公共轴线的端面圆跳动公差均为 0.15 mm，超值可车削修复。

（3）轮毂轴承孔与轴承的配合应符合原厂规定。轴承孔磨损逾限可用刷镀或喷焊修理。

二、驱动桥常见故障

驱动桥的主减速器、差速器、半轴、轴承和油封等长期承受冲击载荷，使其各配合副磨损严重、各零部件损坏，导致驱动桥过热、异响和漏油等故障发生。

1. 漏油

1）故障现象

从驱动桥加油口、放油口螺塞处或油封、各接合面处可见到明显漏油痕迹。

2）故障原因

(1) 加油口、放油口螺塞松动或损坏，通气孔堵塞；

(2) 油封磨损、硬化，油封装反，油封与轴颈磨成沟槽；

(3) 接合平面变形、加工粗糙，密封衬垫太薄、硬化或损坏，紧固螺钉松动或损坏；

(4) 桥壳有铸造缺陷或裂纹。

3）故障诊断

(1) 检查加油口、放油口螺塞是否松动；密封垫是否损坏；通气孔是否堵塞，若有则故障由此引起。

(2) 检查油封是否磨损、损坏或装反，若有则故障由此引起。

(3) 检查桥壳是否有缺陷或裂纹，若有则故障由此引起。

2. 异响

1）故障现象

驱动桥在运行时发出不正常的响声，可分为驱动时发出异响、滑行时发出异响及转弯行驶时发出异响等。

2）故障原因

(1) 齿轮油油量不足、油质变差，特别是油内有较大金属颗粒；

(2) 驱动桥内轴承损伤、严重磨损松旷或齿轮齿面磨损、点蚀、轮齿变形或折断；

(3) 主减速器齿轮副严重磨损、啮合面调整不当、啮合间隙不符合标准（太大或太小），啮合间隙不均或未成对更换；

(4) 差速器壳与行星齿轮轴配合松动、行星齿轮轴孔与其轴磨损松旷；

(5) 半轴齿轮与行星齿轮啮合间隙不符合标准（过大或过小）或半轴齿轮与半轴花键配合松旷。

3）故障诊断

(1) 将变速器挂入空挡，架起驱动桥，用手转动驱动桥输入轴突缘，检查其游动角度，若其游动角度过大，则故障由齿轮啮合间隙或半轴花键配合间隙过大引起。

(2) 检查驱动桥内油量、油质、油型号，若不符合要求，则故障由此引起（同时有驱动桥发热现象）。

(3) 驱动桥油量、油品检查正常，则可行车路试进一步检查：

① 汽车挂挡行驶、脱挡滑行均有异响：故障多由主减速器齿轮啮合间隙不当、轮齿变形、齿面技术状况（磨损、点蚀、胶合等）变差或轴承松旷引起。

② 汽车挂挡行驶有异响，脱挡滑行声响减弱或消失：故障由主减速器齿轮轮齿的正面磨损严重或损伤，而齿的反面技术状况良好或齿轮间隙调整不当引起。

③ 汽车起步或突然变速时发出"抗"的一声，或汽车缓速时发生"克啦、克啦"的撞击声：故障由齿轮啮合间隙过大或半轴齿轮与半轴花键配合间隙过大引起。

④ 汽车行驶时发出周期性的金属撞击声：故障由齿轮个别轮齿折断引起。

⑤ 汽车转弯行驶有异响，直线行驶时声响减弱或消失：故障一般由半轴齿轮或行星齿轮

的齿面严重磨损、齿面点蚀、轮齿变形或折断、行星齿轮轴磨损等引起。

⑥汽车直线行驶和转弯行驶时，均有"哽咝、哽咝"的碰擦声，严重时产生金属撞击声：故障由半轴或套管弯曲变形引起。

⑦汽车行驶中异响时有时无，或有时呈周期性变化：则故障一般由齿轮油中有杂物引起。

3. 过热

1) 故障现象

汽车行驶一段里程后，用手探试驱动桥壳中部或主减速器壳，有无法忍受的烫手感觉。

2) 故障原因

(1) 齿轮油变质、油量不足或牌号不符合要求；

(2) 轴承预紧度过大或齿轮啮合间隙过小；止推垫片与齿轮背间隙过小；

(3) 油封过紧或各运动副、轴承润滑不良而产生干(或半干)摩擦。

3) 故障诊断

(1) 检查齿轮油面高度：油面太低，则故障由油量不足引起，应按规定添加齿轮油。

(2) 若油量充足，则应检查齿轮油规格、黏度或润滑性能，如检查结果不符合要求，则故障由齿轮油变质或牌号不符引起，应排尽原来的齿轮油，冲洗桥壳内部，换上规定型号的润滑油。

(3) 用手触摸油封处：若过热，则故障由油封过紧或损伤引起，应重新装配或更换油封。

(4) 用手触摸轴承处：若过热，则故障由轴承损坏或调整不当引起，应更换损坏的轴承或调整轴承。

(5) 若不是上述问题，则应检查齿轮啮合间隙。先松开驻车制动器，变速器置于空挡，然后轻轻转动主减速器的凸缘盘：若转动角度太小，则故障由主减速器齿轮啮合间隙太小引起；若转动角度正常，则故障由行星齿轮与半轴齿轮啮合间隙太小或止推垫片与齿轮背间隙过小引起。应重新调整上述齿轮啮合间隙。

项目实施

驱动桥的检查与调整

(一) 项目实施目的及要求

(1) 掌握驱动桥的组成及各机件的装配关系。

(2) 掌握主减速器的拆装与调整。

(3) 掌握差速器的拆装与调整。

(4) 掌握驱动桥的检查维护。

(二) 项目实施设备及工(量)具

(1) 设备：典型汽车驱动桥；举升机。

(2) 工(量)具：若干套常用工具，塞尺，扭力扳手，专用工具，弹簧秤，百分表，红印泥。

(三)项目实施内容

(1)驱动桥整体结构认知。
(2)主减速器的拆装与调整。
(3)差速器的拆装与调整。
(4)驱动桥的检查维护。

(四)项目实施步骤

1. 驱动桥整体结构认知
(1)仔细观察主减速器、差速器、半轴、桥壳等安装位置及相互间连接关系。
(2)按正确顺序分别将润滑系统各零部件从发动机机体上分解下来。
①放尽油底壳的机油。
②拆卸滤清器、油底壳。
2. 主减速器的拆卸及调整
1)主、从动锥齿轮总成的拆卸
拆卸变速器,将其固定在支架上,拆下轴承支座和后盖;取下车速里程表的传感器;锁住传动轴,拆下紧固螺栓;取下传动轴;取下车速里程表的主动齿轮导向器和齿轮;拆下主减速器盖;从变速器壳体上取下差速器;用夹具将变速器壳固定在台钳上,拆下从动齿轮的紧固螺栓;取下从动锥齿轮。
2)主、从动锥齿轮总成的安装
在变速器输出轴上装上所有齿轮、轴承及同步器,计算输出轴的调整垫片的厚度。
将从动锥齿轮加热至120℃,并将其装在差速器壳上,安装时用两个螺纹销做向导。装上新的从动锥齿轮螺栓,并用70 N·m的力矩交替旋紧。
计算从动齿轮的调整垫片的厚度s_1和s_2,把选择好的垫片装在适当的位置上。
将轴承支座架在变速器壳体上,并用新的衬垫。装上变速器后盖。将差速器装在变速器壳体上。将主减速器盖装在壳体上,用25 N·m的力矩旋紧螺栓。装上车速里程表的主动齿轮和导向器。装上车速里程表的传感器。装上一个半轴凸缘,用凿子将它锁住,装上螺栓,用20 N·m的力矩旋紧。装另一个半轴凸缘。
3)桑塔纳2000轿车主减速器的调整
主动锥齿轮和从动锥齿轮的调整正确与否,对于主减速器的使用寿命和运转平稳性起着决定性作用,主减速器和差速器总成拆装后,特别是更换某些零部件后,必须通过精确的测量、计算,选出合适的调整垫片;通过改变垫片的厚度来轴向移动变速器输出轴上的主动齿轮,使啮合印痕在最佳位置;通过改变垫片的厚度来轴向移动从动齿轮,使啮合间隙在规定的公差范围。
从动锥齿轮和主动锥齿轮总成的调整部位参见前面图6-5。与理论上的尺寸 R 成比例的偏差r,在生产过程中已经测量好了,并把它刻在从动锥齿轮的外侧。主动锥齿轮和从动锥齿轮只能一起更换。
根据零件的排列情况,会出现"间隙",这在调整主动锥齿轮和从动锥齿轮时应该考虑。因此,在拆卸变速器之前,最好测量齿面的平均间隙以及偏差r。只要修理影响到主动锥齿轮和从动锥齿轮位置的零部件，必须重新测定调整垫片厚度 s_1、s_2 和 s_3。

（1）主动锥齿轮的调整。只要轴承座、主动锥齿轮的后轴承、一挡齿轮的滚针轴承外座圈、输出轴的后轴承外座圈被更换，就必须通过调整垫片 s_3 的厚度来调整主动锥齿轮，使主、从动锥齿轮的啮合印痕在最佳位置。具体方法如下：

①装上轴承座的后轴承外座圈（无调整垫片）。装上轴承的保持架，并用 25 N·m 的力矩旋紧螺栓。装上输出轴和外后轴承。将输出轴用铝质的夹具固定在台虎钳上，装上螺母并用 100 N·m 的力矩拧紧。将变速器后盖装在轴承座上，装上新的衬垫。用四个螺栓将其固定。

②将专用工具 VW385/1 支承在 VW406 上，通过调节环测量 A 的尺寸，如图 6-28 所示。再装上专用工具 VW385/2，如图 6-29 所示。

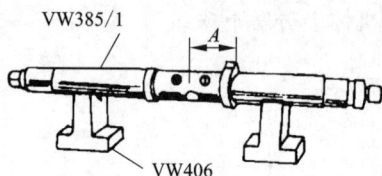

图 6-28　测量 A 的尺寸

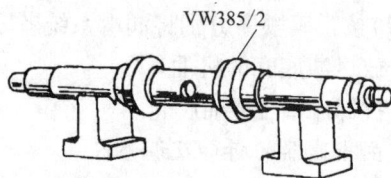

图 6-29　安装专用工具 VW385/2

③将专用工具 VW5385/D 和 5385/C 装在 VW385/1 上，接着放上无调整垫片 s_1 的主减速器盖。装上百分表，将百分表调到零，起始压力与距离 2.0 mm 相一致。百分表的表盘和 VW5385/D 应是同一方向，转动螺母将活动调节环移至中心，如图 6-30 所示。

④将专用磁板 VW385/17 装在主动锥齿轮上，这样上面的缝隙朝向放油螺塞一边。将专

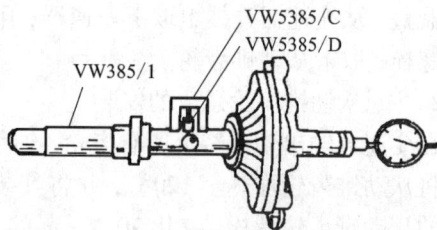

图 6-30　安装专用工具和百分表

用工具 VW385/1 放入变速器的内部并装配好，如图 6-31 所示。装上调整垫片 s_1 和主减速器盖的紧固螺栓，用 25 N·m 的力矩拧紧螺栓。

⑤转动螺母调节专用工具 VW385/1，保证装配正确。将 VW385/1 转到表的测量触头碰到磁板并使表的指针达到最大偏差（倒转）。所取得的值即 e 尺寸（从逆时针方向读看），如图 6-31 所示。当转动 VW385/1 时，表的测量触头（VW385/C）应碰到磁板，而且总是在缝隙相对的一侧。

⑥取下主减速器盖。将 VW385/1 放在 VW406 上，用 VW5385/C 标准（样板）检查百分表是否在零位上，起始压力与距离 2.0 mm 一致。

计算主动锥齿轮调整垫片 s_3 的厚度：$s_3 = e - r$

式中：e——测量的结果（如图 6-32 所示用百分表的逆时针刻度检验出的指针最大偏差）；

r——偏差（用 1/100 mm 为单位刻在从动锥齿轮上）。

r 值只用于新的从动锥齿轮和主动锥齿轮。例如：$e = 0.99$ mm，$r = 0.48$ mm，则 $s_3 = e - r = 0.99$ mm $- 0.48$ mm $= 0.51$ mm。

注意：如果需要将两只调整垫片连在一起获得需要的厚度，较薄的调整垫片应装在输出

轴轴承外座圈和较厚的调整垫片之间。

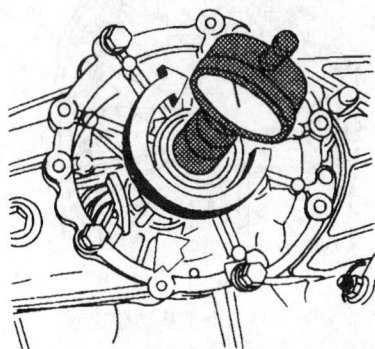

图 6-31　安装专用工具 VW385/17 和 VW385/1

图 6-32　测量 e 尺寸

下列厚度的调整垫片可供选择：0.15 mm、0.20 mm、0.25 mm、0.30 mm、0.40 mm、0.50 mm、0.60 mm、0.70 mm、0.80 mm、0.90 mm、1.00 mm、1.10 mm 和 1.20 mm。

⑦装上输出轴和计算好厚度的调整垫片 s_3。如果计算好的调整垫片是正确的。百分表现在应指在偏差 r（刻在从动锥齿轮上）的值上，公差为 ±0.04 mm。

如果测量在规定的公差范围之内，完成安装。否则重新安装主动锥齿轮。

（2）从动锥齿轮的调整。当主动锥齿轮、从动锥齿轮总成、变速器壳体、主减速器盖、差速器罩壳或轴承更换时，必须对从动锥齿轮进行调整，从动锥齿轮的调整包括从动锥齿轮（差速器）轴承预紧度的调整和主、从动锥齿轮之间的啮合间隙的调整。

①从动锥齿轮轴承预紧度的调整。从动锥齿轮轴承预紧度的调整也称为从动锥齿轮调整垫片总厚度的调整，通过垫片的调整使从动锥齿轮（差速器）转动自如，且轴向推动无间隙。具体步骤如下：

拆下主减速器盖。拆下密封圈和差速器轴承的外座圈，取出调整垫片。将轴承的外座圈装在变速器壳体上，同时装上厚度为 1.2 mm 的标准（样板）垫片，将另一侧轴承的外座圈装在主减速器盖上，不用调整垫片。将设有车速里程表主动齿轮的差速器装在变速器壳体上。将主减速器盖装在变速器壳体上，用 25 N·m 的力矩拧紧螺栓。

如图 6-33 所示装上专用工具，调节百分表使压力与距离 1.0 mm 相一致。

将专用工具 VW521/8 装在与从动锥齿轮相对的一侧，如图 6-34 所示。其中 A 为1.20 mm 的调整垫片。

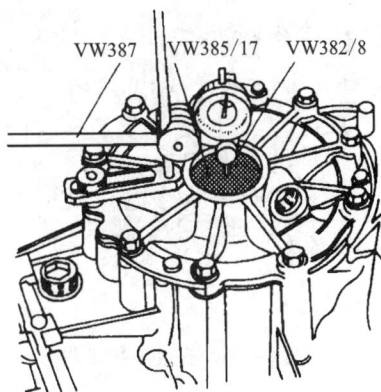

图 6-33　安装专用工具

用专用工具 VW521/4 将差速器向上和向下（箭头）移动，如图 6-35 所示，记下百分表的变化（例如：记下的间隙为 0.50 mm）。

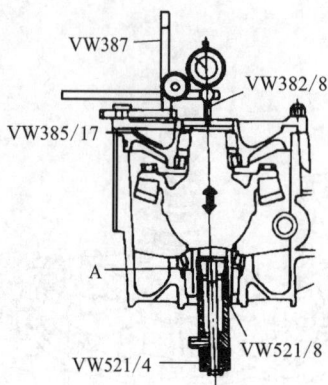

图 6 - 34　安装专用工具 VW521/8

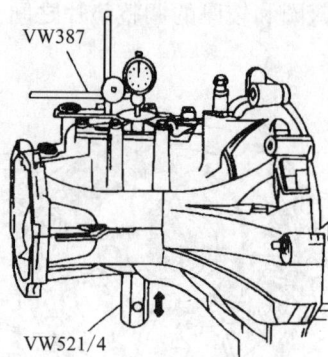

图 6 - 35　上下移动差速器

注意：测量时，不要转动差速器，因为它可能影响测量值。

将测量值记录下来，并加上 0.4 mm 的安装压力（定值），即 0.50 mm + 0.40 mm = 0.90 mm。这个值再加上标准（样板）调整垫片的厚度（1.20 mm），即 $s_{合计}$ = 0.90 mm + 1.20 mm = 2.10 mm。

拆下主减速器盖和工具。拆下主减速器盖上的差速器轴承外座圈。将与测量值和安装压力的和（0.90 mm）一致的调整垫片连同轴承外座圈一起装在盖上。

装上主减速器盖。将装配好的输入轴装上变速器壳体，用四个螺栓将其固定并用 20 N·m 的力矩拧紧。

②从动锥齿轮和主动锥齿轮啮合间隙调整。

啮合间隙的调整是通过移动从动锥齿轮实现的，具体步骤如下：

如图 6 - 36 所示，装上专用工具。安装的位置：尺寸 A 为 71 mm，角 α 约为 90°。

锁住输入轴，如图 6 - 37 所示。

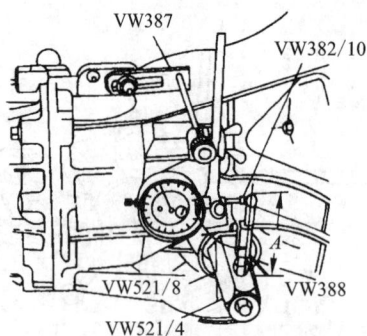

图 6 - 36　安装专用工具

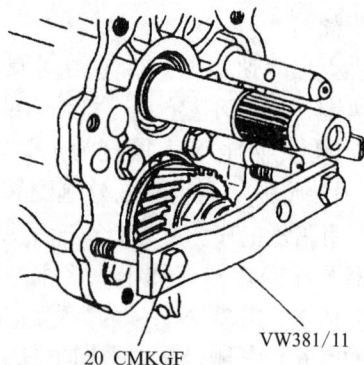

图 6 - 37　锁住输入轴

将从动锥齿轮转至挡块位置，将百分比表的指针对准零，倒转从动齿轮，读出齿面间实际的间隙，将测得的值记录下来。松开输入轴，转动专用工具 VW521/4 和 VW521/8 约 90°，结果差速器也转动 90°。重新锁住输入轴。旋松 VW521/4 的螺栓，将其退回约 90°，直至 VW521/8 碰到百分表的测量触头，拧紧 VW521/4 的螺栓。

将上步反复操作四次，并记录下测得的值。如果在这些测量中，测量值偏差超过 0.05 mm，可能从动锥齿轮没有装对或者从动锥齿轮和主动锥齿轮总成啮合不良。在这种情况下，如需要应更换从动锥齿轮和主动锥齿轮总成。

计算平均啮合间隙：如四次测量的啮合间隙分别为 0.39 mm、0.40 mm、0.39 mm、0.42 mm，其和为 0.39 mm + 0.40 mm + 0.39 mm + 0.42 mm = 1.60 mm，则平均啮合间隙为 1.60 mm/4 = 0.40 mm。

计算调整垫片 s_2 的厚度（与从动锥齿轮相对的一侧）：标准（样板）调整垫片 – 平均间隙 + 抬起值（稳定值）。如果不更换从动锥齿轮和主动锥齿轮总成，应使用在拆下前测得的平均间隙值。例如：s_2 = 标准（样板）调整垫片 1.20 mm – 平均间隙 0.40 mm + 抬起值（稳定值）0.15 mm = 0.95 mm。

计算调整垫片 s_1 的厚度（从动锥齿轮一侧）。$s_1 = s_{合计} - s_2 = 2.10\ mm - 0.95\ mm = 1.15\ mm$。

下列厚度的调整垫片可供选择 0.15 mm、0.20 mm、0.25 mm、0.30 mm、0.40 mm、0.50 mm、0.60 mm、0.70 mm、0.80 mm、0.90 mm、1.00 mm、1.10 mm 和 1.20 mm。

拆下差速器和差速器轴承的外座圈。将调整垫片 s_1 装在主减速器盖上，将调整垫片 s_2 连同轴承外座圈一起装在变速器壳体上。

将密封圈装在主减速器盖和壳体上。装上车速里程表的主动齿轮和锁紧套筒，如图 6 – 38 所示，并使图中的 $x = 1.8\ mm$（大约）。

装上差速器，重新测量齿面间隙，各次测量的间隙偏差应不超过 0.05 mm；正确的平均啮合间隙应在 0.10 ~ 0.20 mm 之间。

4）主减速器调整总结

主减速器的调整包括圆锥滚子轴承预紧度的调整和锥齿轮啮合的调整，锥齿轮啮合的调整包括啮合印痕和啮合间隙的调整。

轴承预紧度的调整有一定规律所遵循，首先弄清楚圆锥滚子轴承内、外座圈中哪对座圈的位置是固定的，然后调整另一对座圈的相对位置即

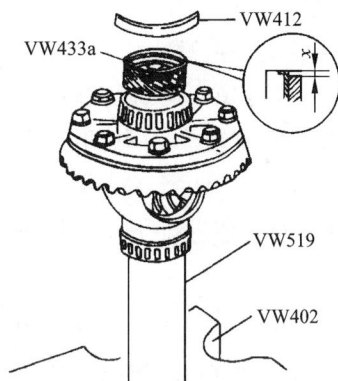

图 6 – 38　安装车速里程表的
主动齿轮和锁紧套筒

可，一般是通过调整垫片和调整螺母进行调整。例如，东风 EQ1090 汽车单级主减速器主动锥齿轮圆锥滚子轴承的外座圈支承在轴承座上，两外座圈的相对位置是不变的，所以只能调整两内座圈的相对位置，使两内座圈的距离减小（减少两内座圈之间调整垫片的厚度）则轴承预紧度增大（变紧），反之则轴承预紧度减小（变松）。对于解放 CA1092 双级主减速器差速器壳的圆锥滚子轴承来说，两内座圈是支承在差速器壳上，相对位置是不变的，所以可以旋转两外座圈外侧的调整螺母来改变两外座圈的相对位置，从而调整轴承预紧度。

锥齿轮啮合的调整与锥齿轮的类型有关。

对于准双曲面锥齿轮，啮合印痕的调整是通过移动主动锥齿轮，啮合间隙的调整是移动从动锥齿轮。如桑塔纳 2000 和 EQ1090 的主减速器。

对于螺旋锥齿轮，啮合印痕的调整是按照"大进从、小出从、顶进主、根出主"方法进行，啮合印痕合适后若间隙不符，则通过轴向移动另一锥齿轮进行调整。

5）主减速器调整注意事项

（1）要先进行轴承预紧度的调整，再进行锥齿轮啮合的调整。

（2）锥齿轮啮合调整时，啮合印痕首要，啮合间隙次要，否则将加剧齿轮磨损。但当啮合间隙超过规定时，应成对更换。

3. 差速器的拆装

1）半轴齿轮和行星齿轮的拆装

拆卸变速器，拆下差速器，拆下从动锥齿轮。拆下行星齿轮轴的止动销，如图6-39所示。取下行星齿轮轴，再取下行星齿轮和半轴齿轮。

在安装之前，检查复合式止推垫片是否损坏，如需要，应进行更换。

通过半轴凸缘将半轴齿轮固定在差速器壳上。将行星齿轮放在合适的位置上，接着转动半轴凸缘使行星齿轮进入差速器壳。装上行星齿轮轴，在行星齿轮轴上装上止动销。

2）差速器壳的拆装

拆下差速器轴承（与从动锥齿轮相对的一侧）。拆下差速器另一侧轴承。同时取下车速表、主动齿轮和锁紧套。拆下变速器侧面的密封圈。

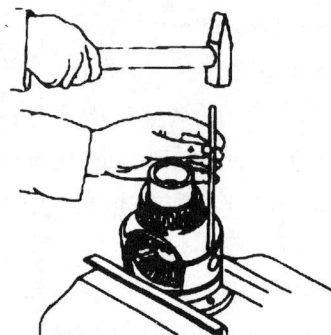

图6-39 拆下行星轮上止动销

从减速器盖上拆下差速器轴承的外座圈和调整垫片s_1，从变速器壳体上拆下差速器轴承的外座圈和调整垫片s_2。

计算从动锥齿轮调整垫片s_1和s_2的厚度。装上调整垫片s_2和差速器轴承外座圈，装上调整垫片s_1和轴承外座圈。

装上变速器的侧面密封圈。将差速器轴承加热至120℃（与从动齿轮相对的一面），并装在差速器壳上。将差速器轴承压到位。

将差速器另一轴承加热至120℃，并装在差速器壳上。将差速器轴承压到位。

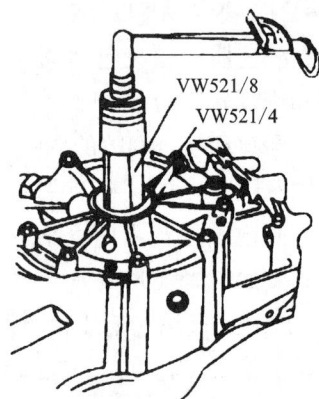

图6-40 安装专用工具和扭力扳手

装上车速里程表主动齿轮和锁紧套筒，使$x=1.88$ mm（VW433a只能支撑在锁紧套筒上，以免齿轮受伤），如图6-38所示。

用适当的齿轮油润滑差速器轴承。将差速器装入变速器壳体内，装上主减速器盖。拆下变速器后盖和轴承支撑。将专用工具VW521/4、VW521/8和扭力扳手一起装在差速器上，如图6-40所示。

通过扭力扳手，转动差速器，检查摩擦力矩。对新的轴承来说最小应为2.5 N·m。

调整从动锥齿轮；装上变速器后盖和轴承支座；装上半轴凸缘并给变速器加油；安装变速器。

4. 差速器的检查

间隙调整要在环齿上用百分表进行，如图6-41。把百分表调零，前后拨动环齿检查间隙，注意百分表所示的间隔（间隙）量。如间隙大于容许量，放松右侧螺母1个凹口，旋紧左侧螺母1个凹口；如间隙小于容许最小量，放松左侧螺母1个凹口，旋紧右侧螺母1个凹口。调整螺母位于轴承盖旁边。

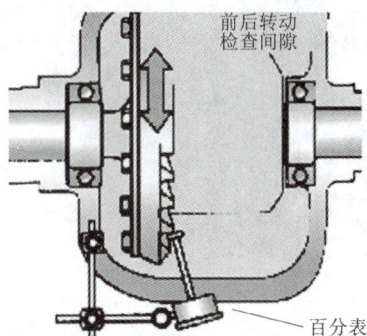

图6-41 主动锥齿轮间隙的检查

在调整齿圈与主动锥齿轮时，图6-42显示了移动方向。垫片用于定位行星齿轮，轴承调整螺母用于定位环齿。

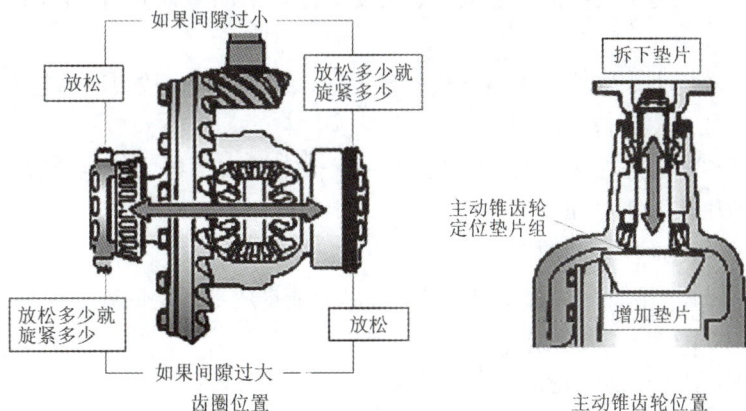

图6-42 主动锥齿轮调整示意图

用百分表检查差速器壳内半轴齿轮与行星齿轮之间的间隙。其间隙一般应在 0.001 ~ 0.006 in 的范围内。如间隙大于最大值，增加垫片；小于最小值拆下垫片。一般，0.002 in 垫片改变间隙 0.001 in，如图6-43所示。

星齿轮之间的间隙检查：

用一套塞规检验半轴齿轮与变速器壳之间的间隙。通常的测量值在 0 ~ 0.006 in 之间。如间隙超过规定值，则须更换差速器壳，如图6-44所示。

根据异响部位的不同判断异响的具体原因。

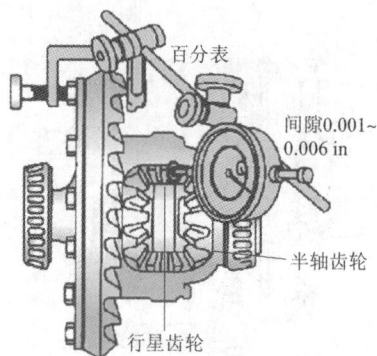

图6-43　差速器壳内半轴齿轮与行星齿轮的间隙

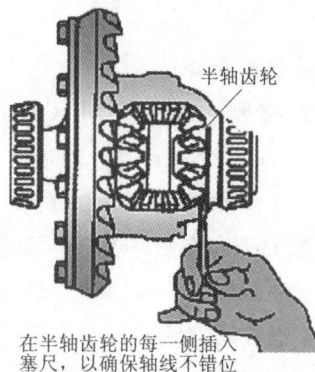

图6-44　半轴齿轮与壳体的间隙检查

5.驱动桥的检查维护

1)检查手动变速驱动桥的漏油

检查的重点部位包括壳体的接合面处、轴或里程表从动绳索伸出的区域、油封处、排油塞和加注塞。

检查时一般是将上述部位用干净抹布擦拭干净，然后行驶一段时间再检查。

2)检查手动变速驱动桥的油位

拆下变速驱动桥的加注塞，将手指插入孔中，检查油与手指的接触位置，一般齿轮油的液面高度应在加注孔下 0～5 mm。

3)手动变速驱动桥齿轮油的更换

(1)拆下加注塞、排油塞及所带的垫片，将齿轮油排放到规定的容器中。

(2)将油排放干净后，用新垫片重新安装排油塞。

(3)重新加注规定量的齿轮油。

(4)用新垫片重新安装加注塞。

4)驱动轴的检查

(1)检查万向节：

转动左右驱动车轮，万向节处应无异响且车轮转动自如。

(2)检查驱动轴护套：

①手搬动车轮使车轮完全转向一侧，检查驱动轴护套是否有任何裂纹或其他损坏。

②检查护套卡箍是否安装正确且无损坏。

③检查护套处是否有油脂渗漏。

项目小结

1.驱动桥是传动系最后一个总成，一般由主减速器、差速器、半轴、桥壳等组成。目前，汽车上常用的驱动桥有整体式和断开式两种。

2.主减速器将发动机的动力增大并降低转速，同时改变转矩的方向90°，常用的有单级主减速器和双级主减速器。单级主减速器由主动锥齿轮和从动锥齿轮组成；双级主减速器是在单级主减速器的基础上增加一对圆柱齿轮的啮合。

3. 主减速器的齿轮承受很大的载荷，要求有正确的啮合印迹、合适的啮合间隙及适当的轴承预紧度。啮合印迹和啮合间隙是通过改变主、从动齿轮的安装中心距离进行调整。调整原则是：先轴承预紧度，再啮合印迹，最后啮合间隙；调整方法是"大进从、小出从、顶进主、根出主"。

4. 差速器是将主减速器传来的动力传给左、右半轴，并在必要时允许左、右半轴以不同的转速旋转。差速器分为普通锥齿轮式差速器和防滑差速器。

5. 普通齿轮差速器由差速器壳、行星齿轮、半轴齿轮、差速器轴等组成。直线行驶时行星齿轮只有公转，转弯时行星齿轮既有公转又有自传。满足特性方程式：$n_1 + n_2 = 2n_0$。普通齿轮差速器只差速，不差扭矩。

6. 半轴是将差速器传来的动力传给驱动轮。常用的半轴有整体式和断开式，根据支撑方式不同又可分为全浮式半轴和半浮式半轴两种，全浮式只传递转矩，不承受任何弯矩的作用；半浮式在轮毂端则承受弯矩的作用。

7. 驱动桥壳由主减速器壳和半轴套管组成，现多用整体式桥壳。

8. 驱动桥常见故障有：驱动桥过热、驱动桥漏油和驱动桥异响。

思考与练习

1. 叙述驱动桥的基本组成和功用。

2. 说明主减速器的调整内容和方法。

3. 说明驱动桥异响的现象、原因和诊断排除方法。

4. 叙述驱动桥过热的现象、原因和诊断排除方法。

项目七　四轮驱动和分动器构造与检修

学习目标

(1)掌握四轮/全轮驱动系统的基本组成和工作原理；

(2)能识别四轮/全轮驱动系统不同的运转方式；

(3)能描述四轮/全轮驱动系统主要部件的工作原理；

(4)会分析分动器的结构、工作过程；

(5)能对分动器的常见故障进行诊断和排除工作。

案例引入

一辆四驱车，在行驶时动力突然变小，踩加速踏板，效果不是很明显，请进行故障诊断并予以排除。

项目描述

本单元主要讲述四轮、全轮驱动车辆的基本组成及工作原理，以及四轮、全轮驱动系统主要部件的结构、工作原理，检修方法，四轮驱动常见故障的诊断和排除。

项目内容

任务一　四轮驱动车传动系统

一、四轮驱动车传动系统的概述

四轮驱动技术最早出现在 1903 年，最初是在卡车上采用，后来才逐渐被引入乘用车。

四轮驱动或全轮驱动是指汽车的动力系统可以将发动机的动力同时传递到所有四个车轮。与此相对应的，大部分汽车的引擎只驱动一对车轮，另一对车轮不产生驱动力。四轮驱动的优势在于汽车的动力分配平均，在由于路面或地形原因轮胎抓地力不足的情况下，四轮驱动车有更好的操控性。因此，为了改善汽车在越野时或在泥泞、雪地中行驶时的驱动条件，现在许多车辆采用四轮或全轮驱动装置。

一般来说，四轮驱动车通常指越野性能较强的车辆，通常需要通过手柄手动切换两轮或四轮驱动模式。而全轮驱动车则主要是为在公路上行驶设计的，全时采用四轮驱动模式，只具备有限的越野能力。四轮驱动车经常采用英文名称 Four-Wheel Drive 的简写标注为 4WD，或 4×4，而全轮驱动则是用 AWD，即 All-Wheel Drive 的缩写。

　　四轮驱动(4WD)系统装有分动器，并由驾驶员控制，选择将动力传到两轮或四轮。这种传动系统当选择四轮驱动模式时前后轮系直接连接，可确保前后轮的驱动力输出，因此，此种系统很适合越野车。

二、四轮驱动常用种类

1. 分时驱动系统(Part-Time)

　　这是一种可以在两驱和四驱之间手动切换的系统。动力输出的扭矩基本是以同样的大小传递给前后轴，当在附着力良好的路面行驶至弯道时，由于前后轴的转速不同，分时驱动的前后轴之间没有差速器，所以会发生一侧轮胎产生了刹车的感觉，所以不能在硬地面(铺装路面)上使用四驱，特别是在高速急转弯时，这种弯道制动有可能造成车辆失控。

　　汽车转向时，前轮转弯半径比同侧的后轮要大，路程走得多，因此前轮的转速要比后轮快；以致四个车轮走的路线完全不一样，所以分时四驱只可以在车轮打滑时才挂上四驱。一回到摩擦力大的铺装路面应马上改回两驱，否则，轮胎、差速器、传动轴、分动器都会损坏。所以驾驶分时四驱车必须小心，其四驱不可以在硬路面(铺装路面)上使用；下雨天也不可以用；有冰或雪地则可以用，而一旦离开冰雪路面应马上改回两驱。优点是可根据实际情况来选取驱动模式，比较经济；缺点是其机械结构比较复杂，驾驶员要具有一定的经验才能掌握好切换时机。

2. 全时驱动(Full-Time)

　　为了避免分时系统所产生的弯道制动现象，在前后轴之间装上差速器，这就是全时驱动。全时四驱系统内有三个差速器：除了前后轴各有一个差速器外，在前后驱动轴之间还有一个中央差速器。这使全时四驱避免了分时四驱的固有问题(在硬路面不能用四驱的问题)：汽车在转向时，前后轮的转速差会被中央差速器吸收。所以，全时四驱在硬路面(铺装路面)、下雨时有更可靠的四轮抓着力，比分时四驱优越。到了冰雪，沼泽地就可把中央差速器锁上(否则可能无法前进)；回到不滑的硬路(铺装路)，可把中央差速器锁解开。

3. 适时驱动(Real-Time)

　　采用适时驱动(Real-Time)的车辆，其选择何种驱动模式由电脑控制，它能自行识别驾驶环境，根据驾驶环境的变化控制两驱与四驱两种模式的切换。在颠簸、多坡多弯等附着力低的路面，车辆自动设定为四轮驱动模式，而在城市路面等较平坦的路况上，车辆会自行切换为两轮驱动。在铺装路面上时可以节省油耗；在面对一些复杂路况时，也能具备一定的脱困性；而且在两驱、四驱模式切换时，不需要驾驶员花时间操控，电脑可以很快地自行判定切换，反应速度要比分时四驱快一些。常见的适时四驱系统，依照使用的中央差速器的不同又可分为两类，即黏性耦合器式差速器式和多片离合器式差速器式两种。

三、四轮驱动系统组成

　　典型四轮驱动系统如图 7-1 所示，由前置发动机、变速器、前后传动轴、前后驱动桥及分动器等组成。其中的变速器、驱动轴、差速器及传动轴的结构、原理和我们前面学过的基本相同。分动器有一电子开关或操纵杆，用来由驾驶员选择控制分动器将动力传至四个车轮、两个车轮或不传递至任何一个车轮。

为了改善汽车的驱动条件，许多分动器均设有高低挡。

四轮驱动系统可以分为两种使用状态：一种是两轮驱动，驱动力只传递给两个车轮［图 7-2（a）］，这种状态与目前绝大多数轿车没有区别；另一种是四轮驱动，动力以 50∶50 的比例平均分配给前后传动轴。四轮驱动系统通过操作分动器实现两驱与四驱的切换［图 7-2（b）］。

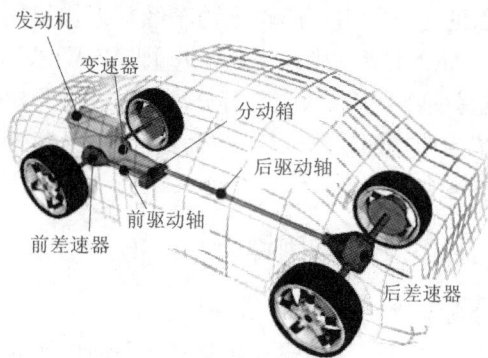

图 7-1　四轮驱动传动系统

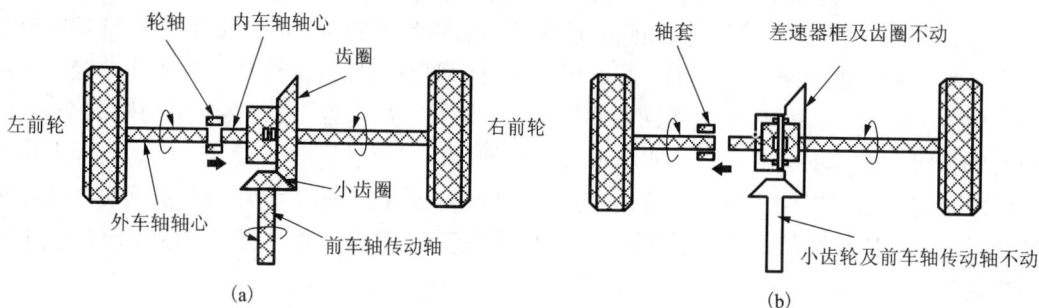

图 7-2　四轮驱动工作示意图

四、主要部件

目前大多数的四轮驱动汽车前轮使用了可锁止和分离的锁定毂。即当两轮驱动时，它可以使前轮轮毂与前轴、前差速器、前减速器、前传动轴脱离接合，使它们停止转动，此时前轮只作为自由轮转动，这样减少了这些部件的磨损，降低了行驶阻力，改善了燃油经济性。而当四轮驱动时，前毂则被锁定。如 7-3 图所示。

锁定毂有两种类型：手动型和自动型。手动锁定毂必须把汽车停下来，在每一个前轮毂端转动控制手柄。当转动这个控制手柄至锁定或自由位置（如图 7-4 所示）时，可锁定轮毂或使轮毂脱离锁定。这个控制手柄施加或释放在毂离合器上的弹簧张力。当毂处于锁定位置时，弹簧压力使离合器接合到与半轴相连的内毂。由于离合器连接到内毂，则离合器的接合将半轴与毂连接起来。在脱离锁定的位置，离合器不与内毂接合，车轮可以在轴承上自由旋转（图 7-5）。手动式闭锁轮毂和自动闭锁式轮毂结构见图 7-6、图 7-7 所示。

五、电子控制的四轮驱动系统

电子控制的四轮驱动系统，在正常的路面，车辆一般会采用后轮驱动的方式。一旦遇到路面不良或驱动轮打滑，电脑会自动检测并立即将发动机输出转矩分配给两个前轮，自然切换到四轮驱动状态。

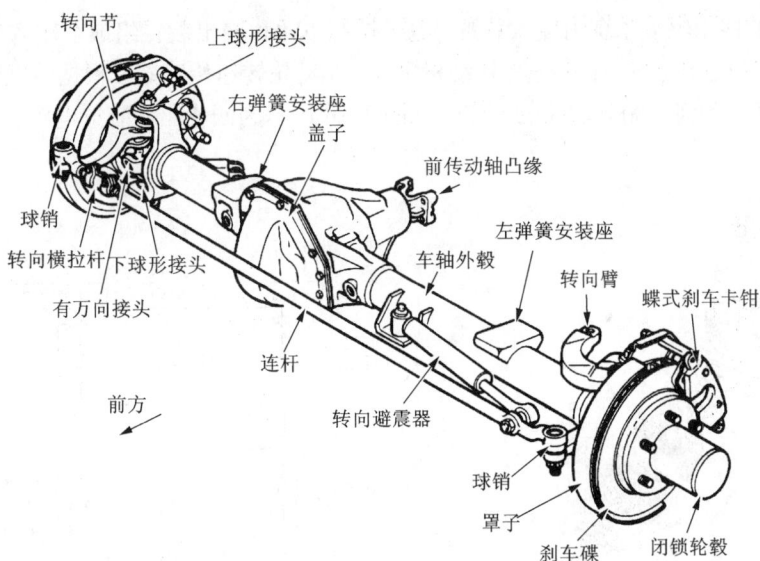

图 7-3 带闭锁轮毂的前桥

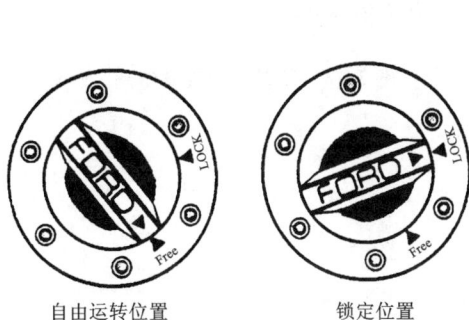

图 7-4 手动型锁定毂工作位置示意图

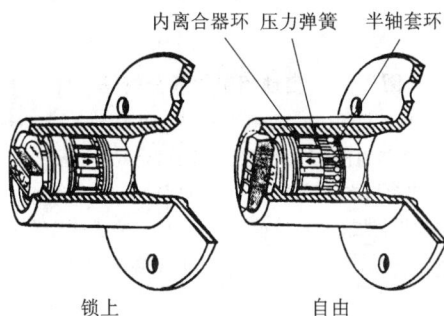

图 7-5 锁定毂工作原理示意图

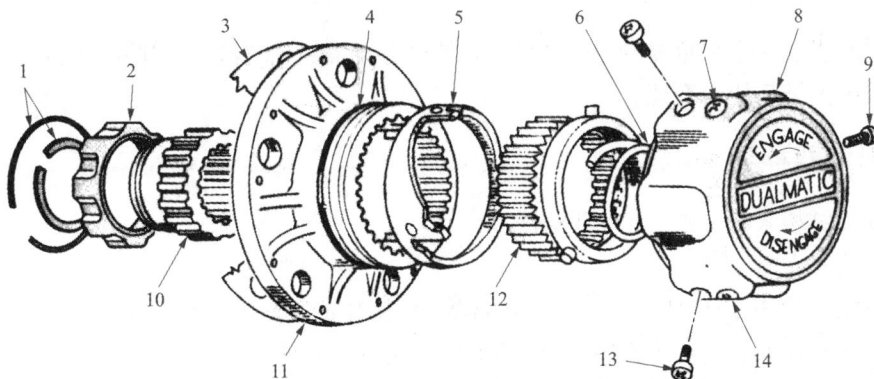

图 7-6 手动式闭锁轮毂分解图

1—卡簧；2—轴套；3—密封垫；4—O 形环；5—凸轮；6—弹簧；7、9、14—凸轮螺丝；
8—切换手轮；10—车轴轴心曲轮；11—轮毂；12—滑动曲轮；13—切换手轮保持螺丝

电子控制的四轮驱动系统由输入装置、电子控制单元和输出装置组成。输入装置包括一系列传感器,如挡位选择、发动机转速、发动机负荷、驱动轮转速传感器。根据传感器输入的电信号,电控单元确定如何控制分动器的工作。如图7-8所示为四轮驱动装置电路。

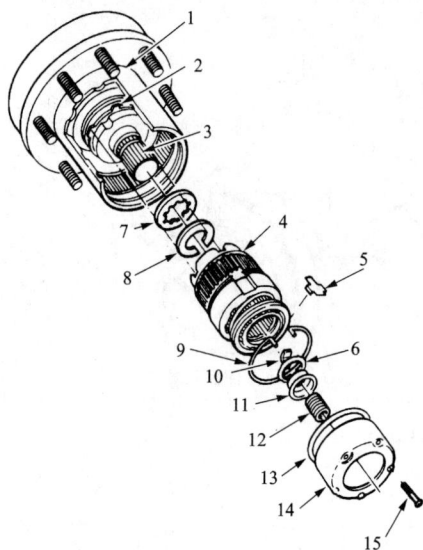

图7-7 自动闭锁轮毂分解图。

1—前轮轮毂;2—闭锁垫圈;3—前车轴轴心;
4—本体组件;5—跨接密封保持器;6—轴承;
7—带栓槽之分隔器;8—C形垫圈;9—闭锁圈;
10—弹簧保持器;11—轴承内座圈;12—轴承座圈弹簧;
13—封圈;14—盖子组件;15—盖子螺丝

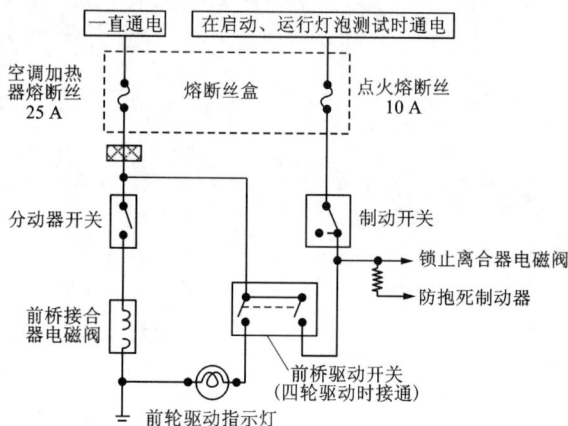

图7-8 四轮驱动装置电路

任务二 分动器

在四驱车里有一个很重要的组成部件,它就是分动器,分动器的作用是把变速箱传递过来的动力分配给前后驱动系统。

一、分动器种类

按分动器结构来分,可分五种分动器。

1. 直接连接式分动器

一种为图7-9中的短时四轮驱动的分动器,切换装置布置在分动器内,当图中的爪式离合器接通时即成为前后轮直接连接的四轮驱动;反之即为后轮驱动。

另一种为装有变速装置的分动器,设有两挡,在普通路面上使用高速挡,恶劣路面上使用低速挡。通过爪式离合器进行二轮或四轮驱动的切换。

2. 液压多片离合器式分动器

当液压多片离合器分离时,汽车为后轮驱动;多片离合器强烈结合在一起时,发动机的动力也能传递给前轮(图7-10)。

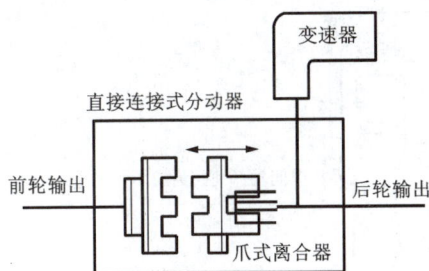

图7-9　直接连接式分动器

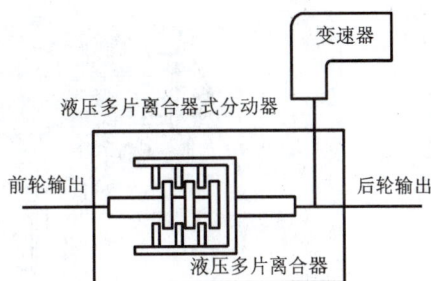

图7-10　液压多片式分动器

3.中间差速器锁死式分动器

通过中间差速器,可以把发动机动力按一定比例分配给前后驱动轮系。此种形式分动器大多数采用爪式离合器,司机在座椅上遥控操作,或该装置自动动作使中间差速器锁死。

4.驱动力前后分配式分动器

这种分动器利用黏性联轴节或液压装置驱动后轮,其功能只是把驱动扭矩分配给前后轮。

5.中间差速器差动限制式分动器

主要利用前后驱动轮系的转速差来限制中间差速器的差动,如黏性联轴器。它可以克服中间差速器锁死装置分离和结合时粗暴影响汽车行驶状态的缺点(图7-11)。

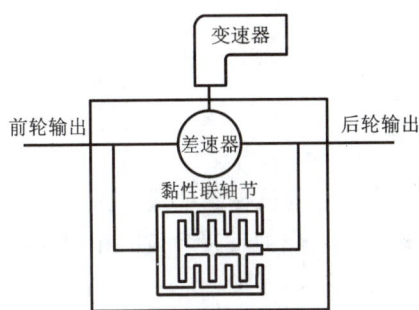

图7-11　中间差速器差动限制式分动器

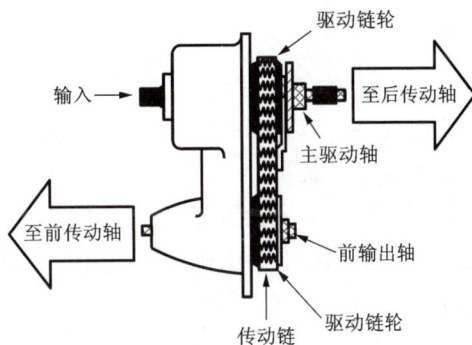

图7-12　链传动式分动器

为增加传动系的传动比及挡数,目前绝大多数越野汽车都装用两挡分动器,使之兼起副变速器的作用,因其中一个速比较大,还可起增矩作用。

二、两挡分动器结构及工作原理

分动器的基本结构与变速器相似,也是一个齿轮传动系统。其输入轴直接通过万向传动装置与变速器输出轴相连,而其输出轴有若干个,分别经万向传动装置与各驱动桥连接。分动器可用链传动(图7-12)或齿轮传动(图7-13)方式将转矩从后轮传递到前轮。

图 7 - 13 中各部件标注：凸缘盘、主动齿轮、输入轴、中间轴低速挡齿轮、中间轴高速挡齿轮、变速滑动齿轮、输出轴高速挡齿轮、前桥输出轴、前桥接合套、花键齿轮、后桥输出轴

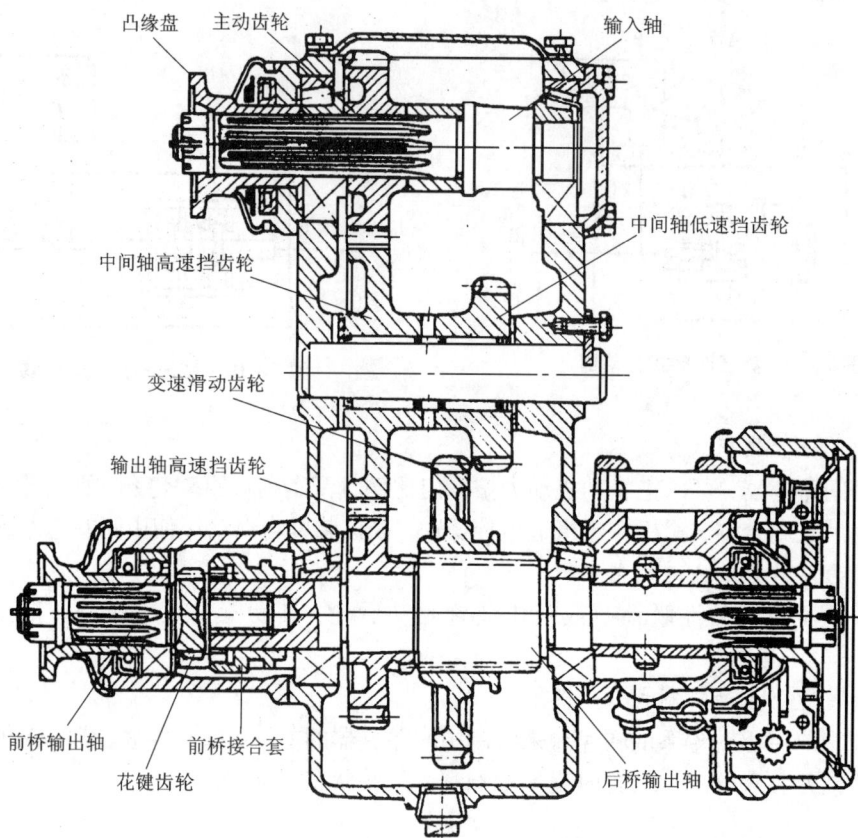

图 7 - 13　齿轮传动式分动器

齿轮式分动器由齿轮传动机构和操纵机构组成。

1. 齿轮传动机构

有三输出轴式分动器和两输出轴式分动器两种，图 7 - 14 为三输出轴式，该分动器可将动力分别传给前桥、中桥和后桥。当换挡接合套向右移动与齿轮前端接合齿圈相套合时，便挂上了低速挡。此时变速器第二轴的动力经万向传动装置传给输入轴，经齿轮和换挡接合套传给中间轴，中间轴后端的齿轮再驱动齿轮，因而使通往后驱动桥的输出轴及通往中驱动桥的输出轴被驱动，此时，由于前桥接合套也先被向后移动，通往中驱动桥的辅出轴便通过前桥接合套使通往前驱动桥的输出轴也被驱动。换挡接合套向左移动使之与齿轮的接合齿圈相套合时，分动器挂上高速挡。

2. 操纵机构

由操纵杆、传动杆、摇臂及轴等组成（图 7 - 15）。操纵分动器时，若换入低速挡，输出扭矩较大。为避免中、后桥超载，前桥需参加驱动，分担一部分载荷。为此，分动器的操纵机构应保证：接上前桥前，不得挂上低速挡；低速挡退出前，不得摘下前桥。在好路上应使用高速挡且不应接前桥。当汽车在较差的路面上行驶时，应接上前桥并用低速挡，以使汽车具有足够的驱动力，克服增加了的行驶阻力。

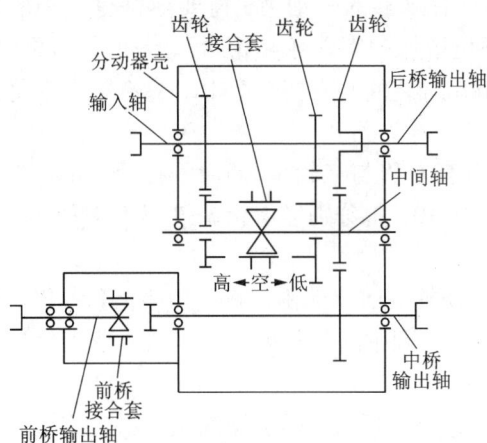

图 7 – 14 齿轮传动机构示意图

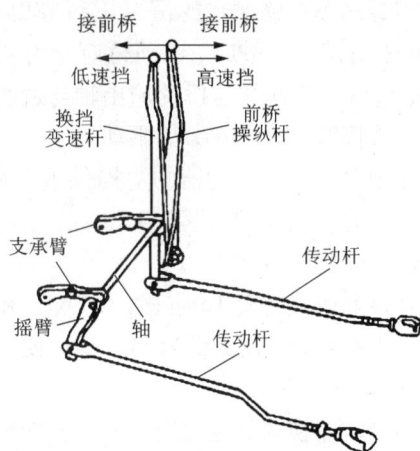

图 7 – 15 操纵机构示意图

1）东风 EQ2080 型三轴越野汽车的两挡分动器

如图 7 – 16 所示，分动器单独安装在车架上，其输入轴用突缘通过万向传动装置与变速器输出轴连接。输出轴 8、12 和 17 分别经万向传动装置通向后、中、前驱动桥。

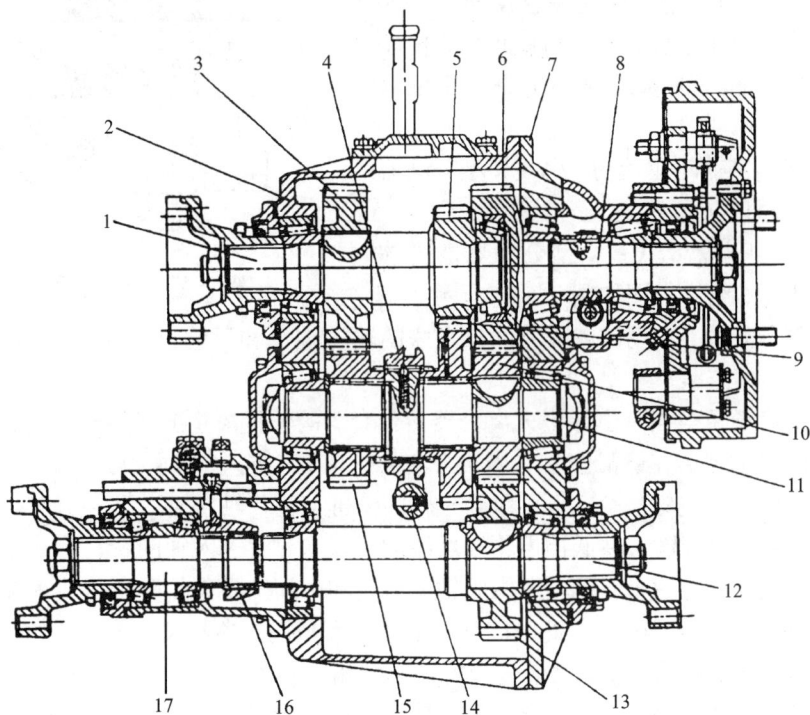

图 7 – 16 东风 EQ2080 型越野汽车分动器

1—输入轴；2—分动器壳；3、5、6、9、10、13、15—齿轮；4—换挡接合套；7—分动器盖；8—通往后桥输出轴；
11—中间轴；12—通往中桥输出轴；14—换挡拨叉轴；16—前桥接合套；17—通往前桥输出轴

越野汽车在路况差的情况下行驶时，为使汽车有足够的驱动力，需要前桥也成为驱动桥，而在好路上行驶时，则前桥应作为从动桥，以免增加功率消耗和轮胎及传动系零件的磨损，故分动器中通往前桥的输出轴与通往中桥的输出轴之间装有接合套 16，只有接合套将两轴刚性连接时，前桥方参加驱动。

图中表示的是分动器的空挡位置。将换挡接合套左移与齿轮 15 的齿圈接合，此时为高速挡。动力经输入轴、齿轮 3 和 15、中间轴传到齿轮 10，再分别经齿轮 6 和 13 传到输出轴 8 和 12。

如将前桥接合套 16 右移，使轴 17 和 12 连接，便挂上前驱动桥。将换挡接合套右移与齿轮 9 的齿圈接合，便为低速挡。动力便经齿轮 5 和 9 传到中间轴和齿轮 10，然后分别传到输出轴 8、12 和 17。

因分动器换入低速挡时，输出转矩较大，为避免后桥超载，要求操纵机构必须保证：非先挂上前桥，不得挂入低挡；非先摘下低挡，不得摘下前桥。为保证上述要求的实现，在设有高、低速两挡的分动器操纵机构中，都专门设有摘、挂低挡与摘、挂前驱动之间相互制约的联锁装置，其结构和原理与变速器的安全装置相类似。

图 7 – 17 所示为北京 BJ2020 型汽车分动器所采用的球销式互锁装置。两根拨叉轴之间装有互锁销，与轴上的凹槽对准时（即接上前桥驱动后），高低挡变速叉轴才能向左移动换入低速挡，同理应先退出低速挡后，才能摘下前桥驱动。这就保证了摘下前桥之前必须先退出低速挡的要求。

2）北京切诺基兼时驱动的 87A – K 型分动器其构造与原理与如下：

（1）结构、组成。87A – K 型分动器的壳体如图 7 – 18 所示，结构简图如图 7 – 19 所示。其

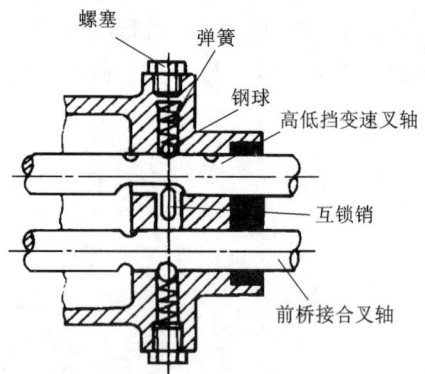

图 7 – 17　球销式互锁装置

壳体是中间剖分式的，在壳体内设有两根串联的输入轴 1 和后输出轴 6、中间轴 7 及前输出轴 8。

分动器的高低及空挡是由牙嵌式离合器接合套 3 的位置决定的。接合套内孔制有齿形花键和输入轴后端的齿形花键滑套着。当接合套处于前后不同位置时，可以分别和低挡齿轮 2 或后输出轴 6 的齿形花键接合，也可以处于中间位置与输入轴接合。当接合套处于前端位置时，其花键孔同时套着输入轴低挡齿轮和后端的齿形花键，输入轴的转矩就通过后端的齿形花键传给接合套继而通过低挡齿轮、中间轴大齿轮和中间轴小齿轮分别传给前输出轴 8 和四轮驱动齿轮 4（速比为 2.36∶1），此时同步器的接合套被同步器拨叉拨向后方与同步器盘 5 接合，转矩同时传递给后输出轴，其转速与前输出轴相同。

当接合套处于中间位置时，接合套只与输入轴的齿形花键套合，因此，输入轴无转矩输出，成为空挡。

当接合套处于后方位置时，输入轴的转矩通过接合套直接传给输出轴，二者转速相同，为高挡传动。

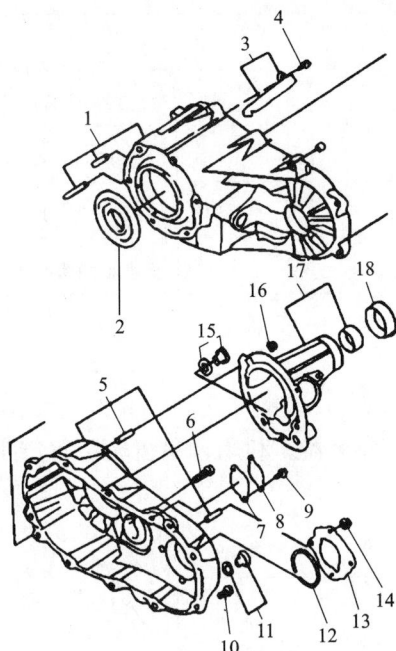

图 7 - 18　87A - K 型分动器的结构图

1—前箱体；2、18—油封 3—油槽；4—油槽固定螺钉；

5—后箱体；6—箱体固定螺栓；7—中间轴轴承盖；8—标牌；

9—螺栓；10—箱体固定螺栓；11—放油螺塞；

12—垫圈；13—前输出轴轴承盖；14、16—螺母；

15—加油螺塞和垫片；17—后凸缘罩总成

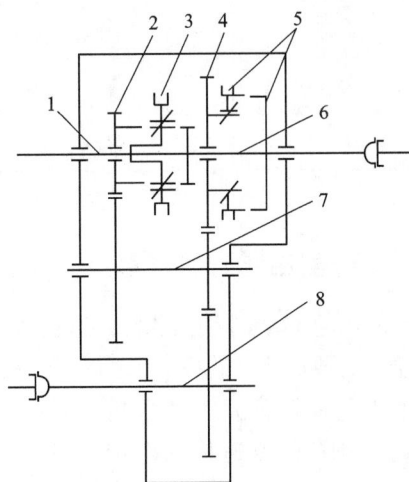

图 7 - 19　87A - K 型分动器的结构简图

1—输入轴；2—低挡齿轮；3—离合器接合套；

4—四轮驱动齿轮；5—同步器盘；6—后输出轴；

7—中间轴；8—前输出轴

分动器的四轮或两轮驱动取决于同步器接合套的位置。当同步器处于前方时同步器和同步盘分离，此时后输出轴的动力不传给前轴仅后轮驱动；同步器接合套处于后方位置时，后输出轴不仅驱动后轴还通过四轮驱动齿轮驱动前轴，实现四轮驱动。由于接合套和同步器位置分别由换挡盘和两个拨叉来控制，这样即排除了低速两轮驱动工况，防止转矩传递过大而损坏传动系机件。

惯性同步器仅用于高速挡时后轮驱动的接合，低速挡时同步器断开后轮由高低挡接合套传递动力。因此允许车辆行驶中实施高速两轮或高速四轮驱动工况的变换。由于高低挡是采用接合套变换，因此必须在车辆完全静止时进行。否则，套合器会产生强烈冲击及噪声，甚至损坏有关零件，换挡困难。

（2）转矩传递路线。分动器两轮或四轮驱动时转矩的传递路线如下：

①四轮低速时：输入轴→接合套→低速挡齿轮→中间齿轮组→前输出轴→四轮驱动齿轮→惯性式同步器→后输出轴。

②四轮高速时：输出轴→接合套→后输出轴→惯性式同步器→四轮驱动齿轮→中间轴齿轮→前输出轴

③两轮驱动（只有高速挡）：输入轴→接合套→后输出轴。

表 3 - 4　接合套和同步器配合的四种工况

情况	接合套位置	同步器位置	挡位
1	前	后	4L(四轮低速驱动)
2	中	后	N(空挡)
3	后	后	4H(四轮高速驱动)
4	后	前	2H(两轮高速挡驱动)

三、行星齿轮式分动器

有的四轮驱动(特别是链传动的)采用行星齿轮式分动器。利用行星齿轮装置产生不同运行模式需要的高、低挡。

如图 7 - 20 所示,为行星齿轮式分动器的变速传动机构简图。它由齿圈 4(固定在壳体 2 上)、行星轮 3(装有三个或四个)及行星架 5、太阳轮 6 组成行星齿轮机构。

如图 7 - 20 所示,齿圈 4、行星齿轮 3 及行星架 5、太阳轮 6 组成行星齿轮机构。换挡齿毂 7 左移与太阳轮 6 的内齿结合为高速挡(传动比为 1)。动力由输入轴 1、太阳轮 6、齿毂 7,传到后桥输出轴 10。齿圈 4 固定在壳体 2 上,行星轮 3 及行星架 5 空转(不传力)。上述过程为两轮驱动高挡(2H),此

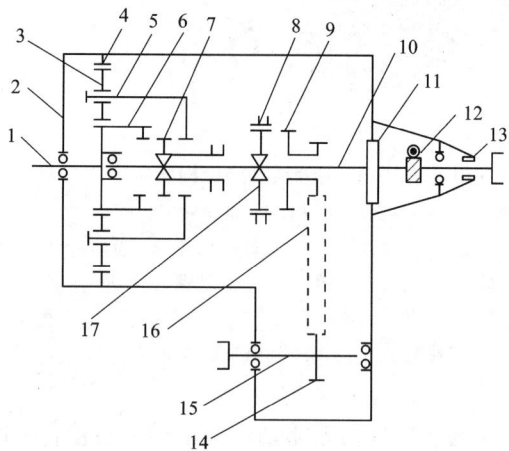

图 7 - 20　行星齿轮式分动器结构示意图

1—输入轴;2—分动器壳;3—行星轮;4—齿圈;5—行星架;
6—太阳轮;7—换挡齿毂;8—结合套;9、14—齿轮;10—后桥输出轴;
11—转子式油泵;12—里程表驱动齿轮;13—油封;15—前桥输出轴;
16—锯齿式链条;17—花键毂

分动器也可实现四轮驱动高挡(4H)。结合套 8 右移与齿轮 9 结合,齿毂 7 右移与行星架 5 结合,分动器处于四轮驱动底挡(4L)。动力传递情况:

输入轴 1→太阳轮 6→行星轮 3→行星架 5→换挡齿毂 7→输出轴 10 ⤴后桥
⤵花键毂 17→齿轮 9

→链条 16→齿轮 14→前桥输出轴 15→前桥。

另外,分动器的行星齿轮机构及输出轴所有零件采用压力润滑,油泵结构、工作原理及发动机润滑系与转子式机油泵相似。

任务三　全轮驱动的概述

一、全轮驱动的特点及组成

全轮驱动系统常用于中型汽车,也用于一些高性能的轿、跑车上。这些车辆最常见的是使用变速驱动桥的前轮驱动汽车,一般不用于越野车。典型的全轮驱动系统如图7-21所示,由发动机、变速器、轴间差速器、传动轴及前后驱动桥等组成。

全轮驱动系统的最大优点是把发动机的大部分转矩(等值)传递到四个车轮,使汽车在滑溜和冰雪路面上有更好的控制性。如果一个车轮开始滑动早于其他三个车轮,这个车轮的转矩会减少,此时该系统就使另三个车轮转矩增加,故这常被认为是按需分配的四轮驱动系统。

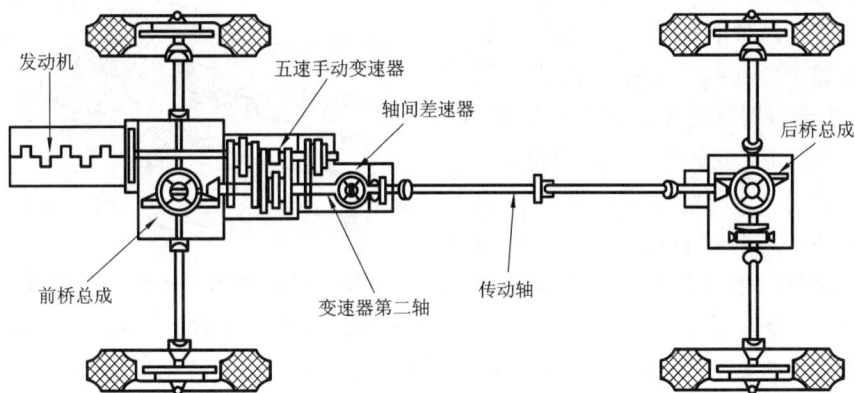

图7-21　典型的全轮驱动系统示意图

二、全轮驱动主要部件

1.轴间差速器

全轮驱动系统内有三个差速器:除了前、后桥各有一个差速器外,在前后驱动桥之间还有一个中央差速器——轴间差速器,它是可使前、后驱动桥之间产生速度差的机构,防止因前后轮速度不同而使轮胎产生跳跃或拖曳。如图7-22所示。

轴间差速器也常用于四轮驱动的汽车上。这是由于四轮驱动时前桥和后桥通过分动器锁在一起,这样当前后轮存在转速差或承受不同负荷时,会在整个传动系内产生扭转力,引起系统内机件过度磨损和提前损坏。为消除这个问题,就在前后桥之间装轴间差速器,在前、后差速器之间发生扭转或产生扭转力时,轴间差速器产生滑动,使内部机件磨损大大降低,还可以防止分动器的损坏。

2.黏液耦合器

有些汽车的全轮驱动系统则采用黏液耦合器来使驱动桥的速度产生变化。黏液耦合器(又称黏性联轴节)(图7-23)是由一个内装两组薄圆钢盘并充满黏稠液体(硅油)的圆筒而

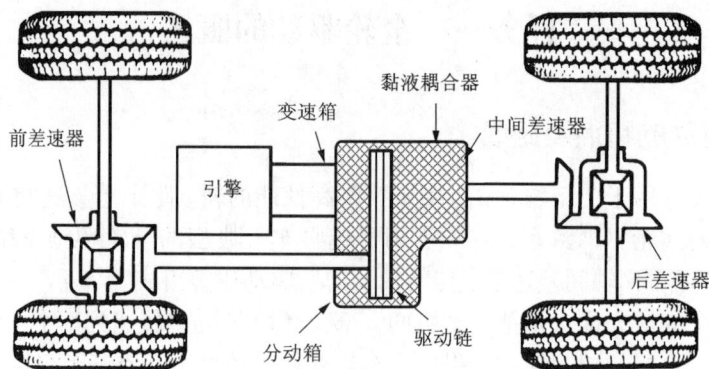

图7-22 全时四轮驱动系统布置图

组成。一组圆盘连于前桥，另一组与后桥连接(图7-24)。该种联轴器多用于前轮驱动为基础的车型上。这些产品平时按前轮驱动方式行驶，当遇到特殊路况，前轮打滑时，后轮会被分配到扭矩，变为四驱，进而脱困。

在通常情况下，两组金属板和硅油以相同的速度旋转。当前轮打滑时，输入轴带动的金属板将比另一组旋转得更快，搅动硅油

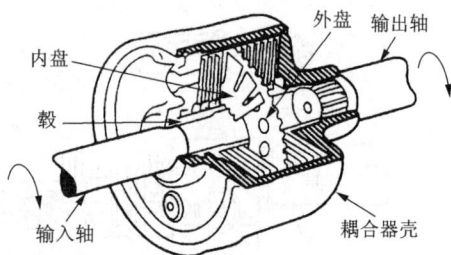

图7-23 黏液耦合器工作原理示意图

使其受热膨胀，变得更为黏稠而有了刚性。这时候的硅油既要努力跟上输入轴的转速，又要带动输出轴的转速提升，这样就使得输出轴、即后轮得到了扭矩分配。后轮得到的扭矩大小，决定于输入轴与输出轴的转速差异，而且只能是在前轮打滑后获得——它完全是自动的，驾驶者对其不可控，而且反应滞后，必须是在打滑后才能发挥作用。

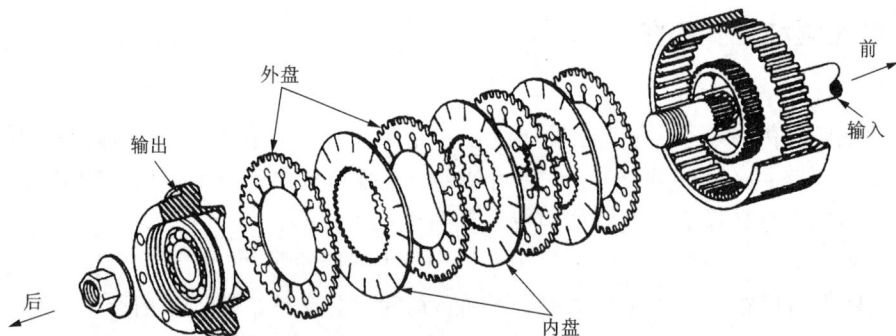

图7-24 黏液耦合器安装图

3. 中央多片离合器式差速器

多片摩擦式限滑差速器，它是依靠湿式多片离合器产生差动转矩。其内部有两组摩擦盘，一组为主动盘，一组为从动盘。主动盘与前轴连接，从动盘与后轴连接。两组盘片被浸

泡在专用油中，二者的结合和分离依靠电子系统控制。

　　在直线行驶时，前后轴的转速相同，主动盘与从动盘之间没有转速差，此时盘片分离，车辆基本处于前驱或后驱状态，可达到节省燃油的目的。在转弯过程中，前后轴出现转速差，主、从动盘片之间也产生转速差。但由于转速差没有达到电子系统预设的要求，因而两组盘片依然处于分离状态，此时车辆转向不受影响。

　　当前后轴的转速差超过一定限度，例如前轮开始打滑，电控系统会控制液压机构将多片离合器压紧，此时主动盘与从动盘开始发生接触，类似离合器的结合，扭矩从主动盘传递到从动盘上从而实现四驱。

　　中央多片离合器式差速器最多只能传递50%的扭矩给后轮，高强度的使用甚至会使摩擦片过热而失效。

三、电子控制的全轮驱动系统

　　许多全轮驱动系统是由电子自动控制的，并以前轮驱动传动系为基础。后传动轴从变速驱动桥延伸至后驱动桥。为把动力传递到后部，使用了多盘离合器，这种离合器与轴间差速器配合使用(图7－25)。它通过传感器监视前后驱动桥的速度、发动机速度以及发动机和动力传动系统上的负荷。当前、后驱动桥之间产生速度差时，电子控制装置接收来自传感器的信号，并根据此转速差，控制多盘离合器的接合力，从而控制前后轮的转矩分配。它可使动力从95%前轮驱动和5%后轮驱动分流至50%前轮驱动和50%后轮驱动。这种动力分流发生得相当迅速，以致驾驶员意识不到驱动力的变化。

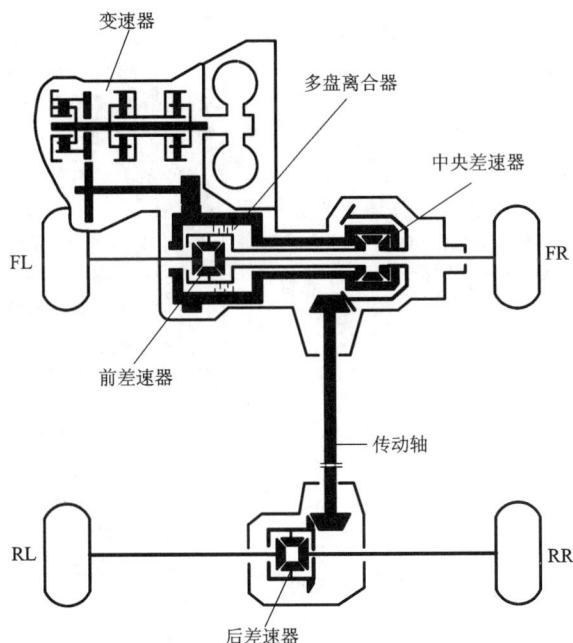

图7－25　电子控制的全轮驱动系统

任务四　四轮驱动和分动器的检修与常见故障诊断

四轮驱动及分动器的常见故障、具体原因及检修方法见表 7 - 1。

表 7 - 1　分动器常见故障检修表

现象	可能原因	检　修
行驶中分动器动力传动中断	1）润滑油不足，使零部件磨损损坏 2）输入轴啮合套总成损坏 3）后输出轴轮齿和啮合套损坏 4）选挡拨叉过度磨损	1）加注润滑油，更换零件 2）更换输入轴啮合套总成 3）更换后输出轴及啮合套 4）检修选挡拨叉
分动器换挡困难或不能按要求换挡	1）车速太高，无法换挡 2）长时间以高挡四轮驱动在干燥铺装路面行驶 3）润滑油不足或油的型号不对 4）分动器外部拉杆机构有黏结或松动 5）内部零件有黏结、磨损或损坏	1）停车或把车速减到 4～14 km/h，然后换入所需要的挡位 2）停车，把变速器换入空挡，把分动器换入 2H 挡，然后使车辆以两轮驱动行驶 3）加油到油孔边缘或把型号不当的油清洗干净，再加入规定的润滑油。只能加注 CMC/JEEP/RENAULT 自动变速器油或 DFXRON Ⅱ 润滑油 4）润滑、紧固、调整拉杆机构，必要时进行更换 5）拆检分动器修理或更换损坏及磨损的部件
分动器所有挡位都有噪音	润滑油不足或油的型号不对	加注润滑油至油孔下边缘或把型号不当的润滑油清理干净，重新加注符合规定的润滑油
四轮驱动低挡时有噪声或脱挡	1）分动器挂 4L 挡位时，挂挡不到位 2）换挡拉杆机构松动或黏结 3）换挡拨叉磨损或损坏或拨叉有黏结 4）低挡齿轮损坏或磨损	1）停车，先把分动器挂入空挡，再挂回 4L 挡位 2）润滑、紧固、调整拉杆机构，必要时给以更换 3）拆检分动器，据情况给以修理或更换 4）拆检分动器给以必要的修理或更换
输出轴油封或通气口泄露	1）分动器油加注过多 2）通气口堵塞 3）输出轴油封损坏或安装不当	1）放油至规定位置 2）清理通气口 3）更换油封，安装时，要保证使油封唇部对着箱体内部；保证凸缘与油封的接触面上没有划痕和磨坑，否则用细砂纸打磨掉或更换凸缘
轮胎磨损异常	汽车用 4H 挡在干硬路面上长时间行驶	一般情况下，在干硬路面上使用 2H 挡行驶
四轮驱动灯不灭或不能亮	1）真空开关损坏 2）前桥弯曲变形 3）指示灯或其线路故障 4）真空管路阻塞或泄漏	1）更换真空开关 2）校正或更换前桥 3）检修指示灯及其线路 4）检修真空管

分动器除了以上故障外,还有换挡困难、脱挡等故障,具体原因及检修方法如下:

1.分动器挂低挡难,齿轮有损伤

故障原因和检修:

(1)滑动齿轮和中间轴低挡从动轮轮齿容易损坏,是因为在维修中调整不当造成。

(2)分动器难挂低挡,是因为采用了阻力较大的滑动叉轴,而分动器多数在高挡位情况下工作,因此叉轴很大一部分暴露在壳体外,由于泥沙脏水污染,易生锈,使滑动阻力加大,造成挂低挡困难。

(3)滚动轴承预紧度调整,均用轴承盖和壳体间的垫片多少来调整;常啮齿轮偏位调整应在调好各轴承紧度后进行。用中间轴端轴承盖下的垫片来调整。在装回变速叉的同时应调整滑动齿轮的啮合位置。先把叉、叉轴和定位装置装好后,使变速叉在空挡位置,旋转叉轴,使滑动齿轮与主动齿轮端面间的间隙合适。

2.分动器自动脱挡

故障原因和检修:

(1)拨叉弯曲,或齿轮磨损过甚。校正弯曲了的拨叉,更换磨损过甚的齿轮。

(2)拨叉轴凹槽、定位销(球)使用久了,磨损过甚,或自锁弹簧过软、折断,或止动螺钉影响了弹簧的弹力。对磨损件能修理的修理,没修复价值的应更新。

(3)操纵拉杆长度调整不当,使齿轮不能完全啮合。重新调整拉杆长度,直至齿轮移动能完全啮合为止。

3.分动器自动挂挡

故障原因和检修:

(1)拨叉轴凹槽、定位销(球)磨损过甚而不能限位,应焊修或更新。

(2)对螺钉式的操纵机构,因前桥操纵拉杆的调整螺钉位置或拉杆长度调整不当,没能起到定位的作用。应当重新调整操纵杆长度。

(3)拨叉轴定位销弹簧过软或折断,应更换新弹簧。

(4)轴承盖紧固螺钉松动,使轴在轴承内松旷窜动。此情况应及早处理,在紧固轴承盖之后还应检查油面的高度。

项目实施

四轮驱动的认知及分动器的检查与调整

(一)项目实施目的及要求

(1)掌握四轮驱动系统的组成及各机件的装配关系。

(2)能够进行分动器的拆装与调整。

(3)熟悉四轮驱动常见故障的诊断排除的操作。

(二)项目实施设备及工(量)具

(1)设备:典型四轮驱动汽车、挂图、举升机。

(2)工(量)具:若干套常用工具,塞尺,扭力扳手,专用工具。

(三)项目实施内容

(1)四驱、全驱车整体结构认知;

(2)分动器的拆装、检查。

(四)项目实施步骤

1.四轮驱动系统整体结构认知

结合实训用车、挂图、视频资料认知四轮驱动系统的各个主要部件,及连接装配关系。

2.分动器的拆装、检查

因车型和分动器型号不同,分动器的拆卸步骤也有所不同,但是大多数车型分动器的车上拆卸还是有共性的,有的车型可单独拆卸分动器,也有的车型必须将分动器连同变速器一起拆卸。下面以国内常见车型切诺基87A－K型分动器为例进行介绍。

1)车上拆卸

用举升器将汽车举起,首先放掉分动器齿轮油。拆卸前后传动轴,将后传动轴拆下放在一边(注意:不要将传动轴后端十字轴上的两个套筒掉落丢失),将前传动轴与分动器连接处断开,可并放在一边。断开分动器操纵机构,断开车速传感器线束接头。用变速器托架将变速器托起,拆下变速器和分动器底梁托架。慢慢降下变速器托架一段距离,拆下所有分动器与变速器之间的连接螺栓。将分动器抬下。

2)分解与组装

(1)分解。

①拆卸后突缘时,凡使用密封胶的结合面,在拆下螺栓后,先用一个软锤沿一个方向敲击突缘的突出部分,使密封胶松脱,然后才能取下突缘。要注意保护突缘和后轴承油封之间的接合面。

②拆后轴承座时,不要撬坏它与分动器后壳体之间的油封面。拆卸油泵时,要做好记号,以防重装时错位。

③前输出轴和驱动链条应一起拆下,后输出轴、拨叉轴和拨叉也作为一体拆下。

(2)清洗和检查。

①拆下的所有部件要用洗涤剂清洗,务必要将壳体和轴承座的所有密封面上的密封胶清除干净。

②用压缩空气将洗净的部件吹干,并吹通各油道。

③检查前、后分动器壳、突缘罩和轴承座是否有裂损变形;检查各轴、齿轮、传动链和换挡部件的磨损情况。

④检查低挡齿圈的磨损情况,如有损坏,应连同前壳体一起更换。

⑤若油泵零件有损坏,应更换油泵总成。

(3)装配。

①装配前,要先用分动器油润滑各部件。更换轴承时,注意不要堵塞轴承孔上的供油口。

②将前轴承安装到输入齿轮上时,要使用专用工具,否则会使输入齿轮导向轴承过于深入到齿轮孔中。另外,不能在低挡齿圈端面上施加压力,以免损伤壳体和止推垫圈。

③安装主动链轮轴承时，应当先装前轴承，再装后轴承，并注意保持轴承在链轮中的正确位置。轴承压入链轮内的深度不能超过规定位置，以免堵塞后输出轴的润滑油孔。

④安装壳体凸缘罩和后轴承座时，应当在结合面上涂密封胶。

⑤将所有连接螺栓按规定力矩拧紧。

安装分动器的步骤与其拆卸步骤相反。

项目小结

1.四轮驱动是发动机动力经过分动器分配给前后传动轴，再经前后轴传至前后差速器及半轴，使四轮车轮转动。

2.目前四轮驱动可以分为全时驱动、兼时驱动和定时驱动三种。

3.全轮驱动系统由发动机、变速器、轴间差速器、传动轴及前后驱动桥等组成。全轮驱动系统内有三个差速器：除了前、后桥各有一个差速器外，在前后驱动桥之间还有一个中央差速器——轴间差速器，它可使前、后驱动桥之间产生速度差。

4.分动器是把变速器传递过来的动力分配给前后驱动系统。常用的有两级齿轮式分动器。分动器常见的故障有动力中断、换挡困难、有异响等。

思考与练习

1.分动器由哪几部分组成？分析动力路线。

2.结合图片或实物认知四驱动系统各个部件的名称及作用。

3.四驱车常见故障有哪些？如何检修？

4.四驱动和全驱动有什么差别？

项目八

车架和车桥构造与检修

学习目标

（1）能描述汽车行驶系的基本组成及功用；

（2）能分析汽车行驶系的受力情况，能理解汽车行驶系的行驶原理；

（3）能叙述车架的功用、要求、类型及构造以及转向桥、转向驱动桥的构造；

（4）熟悉车轮定位的概念、车轮定位的内容、作用及作用原理；

（5）学会对车架和车桥进行检修；

（6）会处理车架和车桥常见的故障，进行相关的检查与调整；

（7）会撰写案例分析报告。

案例引入

一辆丰田花冠轿车，当车辆在中、高速或某一较高转速时，出现行驶不稳，严重时转向盘有振手的感觉。请你进行故障诊断并予以排除，制定一份诊断维修计划书，完成检修任务，并归挡。

项目描述

本项目主要介绍汽车行驶系的基本组成及功用；汽车行驶系的受力情况，汽车行驶系的行驶原理；车架的功用、要求、类型及构造以及转向桥、转向驱动桥的构造；车架和车桥的检修；车轮定位及车架和车桥常见故障等内容。

项目内容

任务一　行驶系概述

一、行驶系的分类、组成和功用

1. 行驶系的分类

汽车行驶系一般有轮式、履带式、车轮－履带式等几种。绝大多数的汽车经常在比较坚实的道路上行驶，其行驶系中直接与路面接触的部分是车轮，因此称之为轮式行驶系，如图8－1所示。有的汽车行驶系中直接与路面接触部分是履带，则称之为履带式，如图8－2所示。

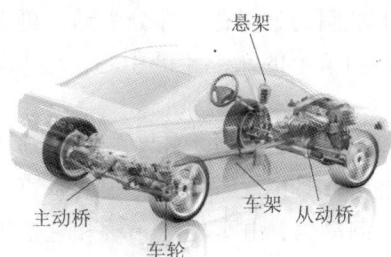

图 8-1　轮式汽车

图 8-2　履带式汽车

2. 行驶系的组成

轮式行驶系主要由车架、车桥、悬架和车轮等组成，如图 8-1 所示。车架是全车的装配基体，将整个汽车连接成一整体；车轮安装在车桥上，支承着车桥与汽车；悬架把车架与车桥连接在一起，减少汽车在行驶中受到的各种冲击与振动。

3. 汽车行驶系的功用

(1) 通过驱动车轮与路面之间的附着作用，使传动系传来的力矩变为汽车行驶的驱动力矩。

(2) 支承汽车总质量，传递路面作用于车轮上的各种力及力矩。

(3) 缓和冲击，衰减振动，保证汽车的行驶平顺性，与转向系配合保证汽车的操纵稳定性。

二、行驶系的受力分析

1. 行驶系的受力情况

汽车行驶系支承汽车的总质量 G_a 及其在前后轮上引起的垂直反力 Z_1 和 Z_2，即路面对汽车总质量的支撑反力，如图 8-3 所示。

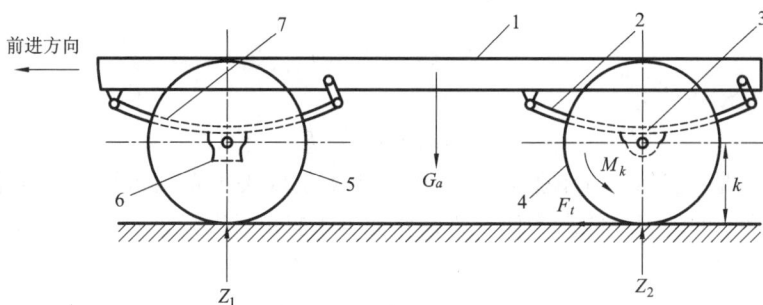

图 8-3　行驶系的组成及部分受力情况

1—车架；2—后悬架；3—驱动桥；4、5—驱动车轮；6—从动桥；7—前悬架

当驱动桥中的半轴将扭矩 M_k 传到驱动轮上时，通过轮胎与路面的附着作用，产生路面作用于驱动轮边缘上的向前的纵向反力——驱动力 F_t，使汽车在等速情况下行驶。

驱动力的一部分用以克服驱动轮本身所承受的滚动阻力，其余大部分则依次经驱动桥的桥壳后悬架传到车架，用来克服汽车上的空气阻力和上坡阻力，还有一部分驱动力再由车架经前悬梁传到从动桥、作用于自由支承在从动桥两端转向节上的从动轮的中心，使从动轮克服滚动阻力向前滚动。于是整个汽车便向前运动。

由于驱动力是作用在驱动轮边缘上的，此力对车轮中心产生的反力矩力图使驱动桥壳旋转，从而使得车架连同整个汽车前部都有向上抬起的趋势。具体表现为前轮上的垂直载荷减小，后轮上的垂直载荷增大。同理，汽车制动时产生的制动力，由车轮经车桥和悬架传给车架，迫使汽车减速或停车。由此力形成的反力矩传到车架后，也有使汽车后部向上抬起的趋势，其结果使后轮上的垂直载荷减小，前轮上的垂直载荷增大。紧急制动时，这种作用更加明显。

汽车在弯道或弓度较大的路面上行驶时，由于离心力或汽车质量在横向坡道上的分力作用，使汽车有侧向滑动的趋势，路面将产生阻止车轮侧滑的侧向力，此力由行驶系来传递和承受。

因此，行驶系主要受力情况有三种：

(1)牵引力：使汽车行驶，并产生力矩有使汽车前部向上抬起的趋势。

(2)制动力：使汽车制动，并产生力矩有使汽车尾部向上抬起的趋势。

(3)侧向力：转向或在坡道行驶时承受侧向力。

此外，汽车在前进过程中，还受到车轮与地面作用产生的滚动阻力 F_f、空气阻力 F_a 及加速阻力 F_j、坡度阻力 F_i 等的作用。

2. 汽车行驶原理

根据以上受力情况，来阐述汽车行驶系的行驶原理。首先分析汽车行驶系的驱动条件。

汽车匀速行驶时，驱动力 F_t 与滚动阻力 F_f、空气阻力 F_a、坡度阻力 F_i 的关系为：

$$F_t = F_f + F_a + F_i$$

汽车加速行驶时，驱动力 F_t 与滚动阻力 F_f、空气阻力 F_a、坡度阻力 F_i 的关系为：

$$F_t > F_f + F_a + F_i$$

汽车减速行驶至停或无法起步时，驱动力 F_t 与滚动阻力 F_f、空气阻力 F_a、坡度阻力 F_i 的关系为：

$$F_t < F_f + F_a + F_i$$

故汽车的驱动条件为：

$$F_t \geqslant F_f + F_a + F_i$$

值得注意的是：实际上汽车驱动力 F_t 的大小不仅取决于发动机输出转矩和传动系的结构，还取决于路面的附着性能。为使车轮在路面上不打滑，汽车驱动力 F_t 必须小于或等于附着力 F_Φ。即

$$F_t \leqslant F_\Phi$$
$$F_\Phi = G_\Phi$$

式中：Φ——附着系数，与路面的性质和轮胎的类型有关；

G——附着质量。

任务二 车架构造与检修

一、车架的功用和要求

车架是整个汽车的基体，是汽车的装配基础，发动机、变速器、传动机构、操纵机构、车身等总成和部件都安装在车架上。车架除承受静载荷外，还要承受汽车行驶时产生的各种动载荷，因此，车架必须满足下列要求：

（1）有足够的强度。车架必须保证在各种复杂受力的情况下不致破坏。

（2）有合适的刚度。车架的变形将改变各总成和部件之间的正确位置，破坏它们的正常工作，故车架必须具有一定的刚度。但是，为了保证汽车对不平路面的适应性，车架的扭转刚度一般不宜过高。

（3）结构简单，质量小。

（4）车架的形状要尽可能地降低汽车的重心和获得较大的前轮转向角，以提高汽车的稳定性和机动性。

二、车架的类型和构造

汽车上装用的车架按其结构形式不同可分为：边梁式车架、中梁式车架、综合式车架和无梁式车架。

1. 边梁式车架

边梁式车架是用铆接法和焊接法将两边的纵梁和若干根横梁牢固连接的刚性构架。

边梁式车架便于安装车身和布置总成，有利于车辆的改装变形和发展多种车型的需要，所以目前被广泛应用。纵梁一般用低碳合金钢板冲压而成。纵梁的断面一般为槽形，也有的做成 Z 形、工字形或箱形。

纵梁上还钻有很多孔，用以安装踏脚板、转向器、燃油箱、贮气筒、蓄电池、车身等零部件的支架，有的用于通过管道、电线，还有的是加工定位孔等。

边梁式车架的横梁一般也是由低碳钢钢板冲压成槽形，以增强车架的抗扭能力。图 8 - 4 所示为东风 EQ 1092 型汽车车架。

2. 中梁式车架

中梁式车架又称脊梁式车架，由一根贯穿汽车纵向的中央纵梁和若干根横向悬伸托架所构成，如图 8 - 5 所示。

中梁式车架有较好的抗扭刚度和较大的前轮转向角，便于装用独立悬架；车架较轻，整车质量小；质心较低，故行驶稳定性好；车架的强度和刚度较大，不容易产生变形；传动轴密封在中梁内，可防尘土。

3. 综合式车架

综合式车架是综合边梁式车架和中梁式车架的结构特点形成的，如图 8 - 6 所示。

车架的前段或后段近似边梁式结构，便于安装发动机或后驱动桥。另一段采用中梁式结构，传动轴从中梁的中间通过，使之密封防尘。

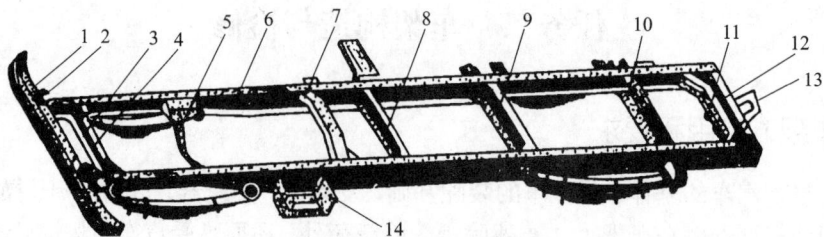

图 8－4　东风 EQ 1092 型汽车车架

1—保险杠；2—挂钩；3—前横梁；4—发动机前悬置横梁；5—发动机后悬置横梁；6—纵梁；

7—驾驶室后悬置横梁；8—第四横梁；9—后钢板弹簧前支架横梁；10—后钢板弹簧后支架横梁；

11—角撑横梁组件；12—后横梁；13—拖钩；14—蓄电池托架

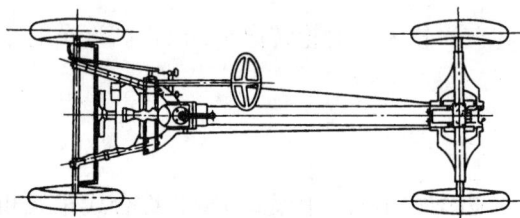

图 8－5　中梁式车架底盘

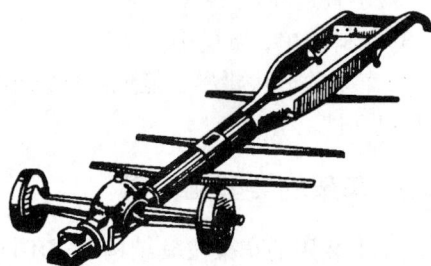

图 8－6　综合式车架

4.无梁式车架

无梁式车架是以车身兼代车架。车身底板用纵梁和横梁进行加固，所有的零部件都安装在车身上，全部作用力由车身承受，故这种车身又称为承载式车身。这种结构的车身刚度较好，质量较小，但制造要求较高，目前只用于轿车和部分客车上，如图 8－7 所示。

三、车架的检修

1.车架的检测

1)用车体矫正机检测

最先进最科学的检测方法是用车体矫正机对车架进行检测。其方法是

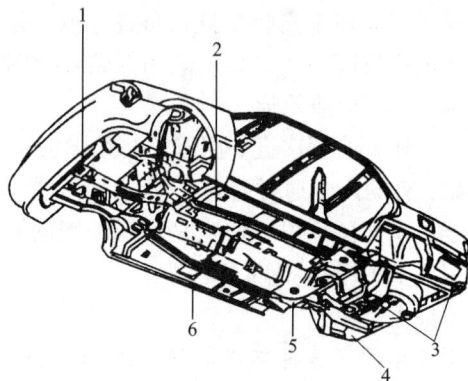

图 8－7　承载式车身结构

1—发动机固定中心梁；2—前底板加强梁；

3—后底板横梁；4—后侧底板构架；

5—后底板边梁；6—底板边梁

利用车体矫正机上的测量系统测出被检测车架的各种数据，然后与标准数据比较，找出误差值，并直接用牵引装置进行牵引矫正，最终达到标准。若车架损伤严重，可用矫正机工具库中的工具进行修理，然后再用矫正机检测，直到符合标准为止。若没有车体矫正机，就只能用普通方法检测了。

2）车架变形的检测

（1）车架宽度的检测：用卷尺或专用游标卡尺测量，车架宽度应不超过基本尺寸的 ±3 mm。

（2）纵梁直线度检测：用拉线法或直尺检查车架纵梁上平面及侧面纵向的直线度，在任意 1000 mm 长度上的直线度误差应不大于 3 mm，在全长上的直线度误差应不大于车架长度的 0.001，如图 8-8 所示。

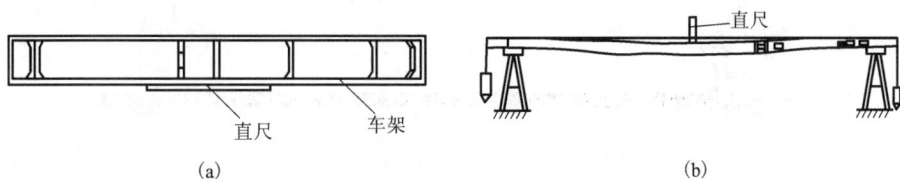

図 8-8　车架纵梁直线度检测

（3）纵、横梁垂直度的检测：用专用角尺进行测量，车架纵梁侧面对上平面的垂直度误差应不大于纵梁高度的 0.01；车架各主要横梁对纵梁的垂直度误差应不大于横梁长度的 0.002，如图 8-9 所示。

图 8-9　纵、横梁垂直度的检测

（4）钢板弹簧支架销孔中心距及对角线的检测：检测车架是否歪斜，可测量对角线加以判断。为保证前后桥轴线平行，必须使铆装在车架上的钢板座销孔中心前后左右距离相适应，如图 8-10 所示。

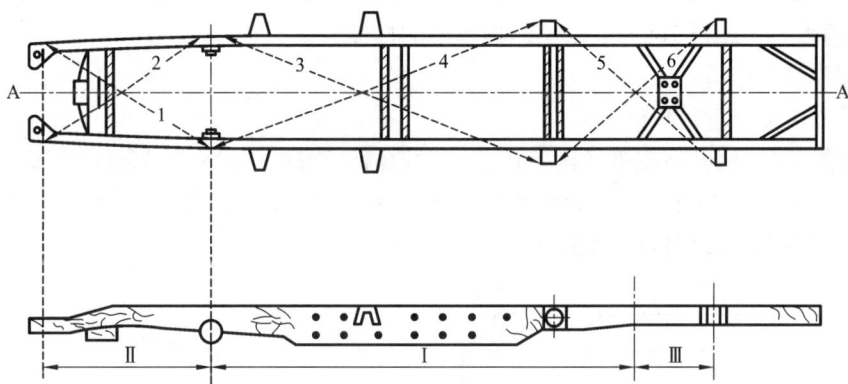

图 8-10　车架钢板弹簧座孔中心距及对角线的检测

图中Ⅰ为车架左右距离，相差不大于 1 mm；Ⅱ、Ⅲ为前后固定支架销孔轴线间距离，当汽车轴距在 4000 mm 以下时，左右距离差不得大于 2 mm；轴距在 4000 mm 以上时，左右距离相差不大于 3 mm。测 1 与 2，3 及 4，5 与 6 各段对角线长度，其差值均不大于 5 mm；车架对角线交点距车架中心线的距离不得大于 2 mm；沿车架测量两纵梁对中心线的距离不得大于 2 mm。

（5）左、右钢板弹簧固定支架销孔同轴度的检测。为使前、后桥安装后，确保两轴心线平行，进一步减小汽车行驶阻力和配合件的早期磨损，必须对左、右钢板支架销孔同轴度进行检测，检测方法如图 8 - 11 所示，其同轴度误差不超过 1 mm。

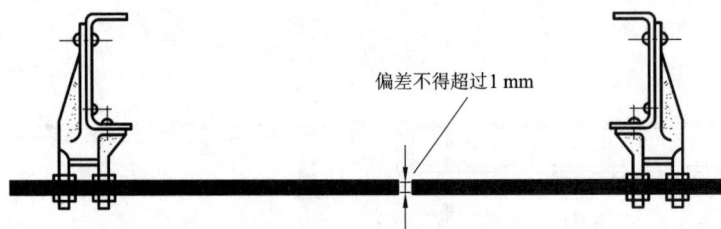

偏差不得超过1 mm

图 8 - 11 左、右钢板弹簧固定支架销孔同轴度的检测

3）车架裂纹及铆接质量的检测

可用直观检视法和敲击法进行检测。车架应无裂纹，各铆接部位的铆钉应无松动现象。

4）车架附件的检测

后牵引钩不得有裂损，最大磨损量不应大于 5 mm，牵引钩与衬套的配合间隙应不大于 2 mm，缓冲弹簧应无断裂现象且调整得当（用手能转动牵引钩且无轴向松旷感），锁扣应开启灵活，闭合时应能自动进入锁止位置。车架上各支架、托架应连接可靠，无明显变形及裂纹。

2. 车架的修理

1）车架变形的修理

车架弯曲、扭曲或歪斜变形超过允许值时，应进行矫正：若变形不大，可用专用液压机具（车体矫正机）进行整体冷压矫正。变形严重时，可将车架拆散，对纵、横梁分别进行矫正，然后重新铆合，必要时可采用中性氧化焰或木炭火将变形部位局部加热至暗红色进行热矫正（加热温度不得超过 700℃，以免影响车架的性能）。

2）车架裂纹的修理

采用手工电弧焊进行焊修。

（1）焊前准备：用砂布或钢丝刷等将裂纹附近清洗干净；在裂纹端头前方 10 mm 处钻一直径为 3～6 mm 的止裂孔，以防裂纹断续扩展；用手砂轮在裂纹处开 V 形坡口，如图 8 - 12 所示（图中虚线指用砂纸打磨的范围）。

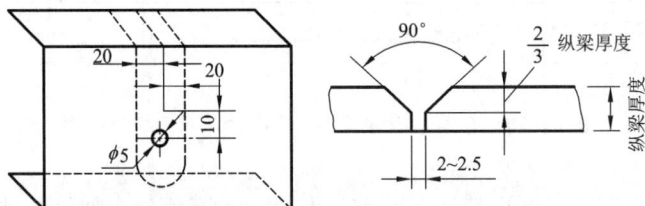

图 8 - 12 焊前裂纹处理

（2）施焊：用反极直流焊接法焊接：焊接电流为 100～140 A，焊接电弧应尽量短些，采用直径为 4 mm 的 J526 焊条，焊条与其运动方向成 20°～30°倾角，堆焊高度不大于基体平面 1～2 mm，焊后要挫平焊缝，修磨光滑。

（3）用腹板加强：裂纹较长或在受力较大部位时，焊后应用腹板进行加强，腹板可用焊接或铆接结合的方法固定到车架上。采用焊铆结合的方法时，应先焊后铆。铆钉排列如图 8－13 所示。

焊接腹板时，阴影区禁施焊，如图 8－14 所示。

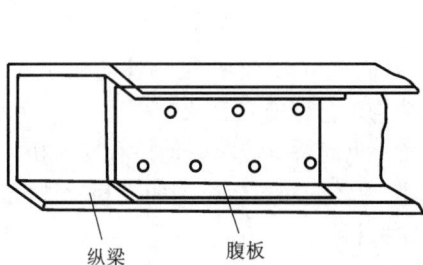

图 8－13　腹板的焊接

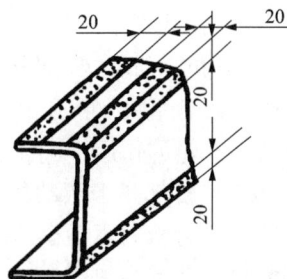

图 8－14　车架纵梁禁焊区

单位：mm

长焊缝应断续焊接，如图 8－15 所示。冷天施焊时，焊接部位应适当预热（100～150℃），焊后应将焊渣清除干净，焊缝应光滑、平整，无焊瘤、弧坑、气孔、夹渣等缺陷，咬边深度应不大于 0.5 mm，咬边长度不大于焊缝长度的 15%。

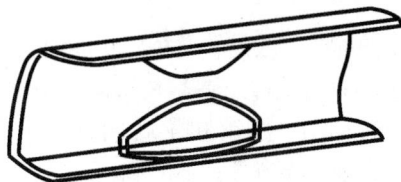

图 8－15　长焊缝焊接

3）车架的重铆

车架上的铆钉出现松动或被剪断时，用直径略小于铆钉的钻头钻除铆钉，并重新进行铆合。铆合可采用冷铆或热铆。冷铆质量较高，但需要大功率铆合设备，其铆合力较大。热铆的方法是先将铆钉放入炉中加热到樱红色（1000～1100 ℃），然后用气动铆枪或手锤铆合。因其铆合力较小，故应用较广。铆合后，铆钉与铆接面应紧密贴合，缝隙不得超过 0.05 mm，铆钉头应无裂纹、歪斜、残缺等现象，原设计用铆钉连接部位不得用螺栓代替。

4）车架附件的修理

车架上各支架、托架出现明显变形及裂纹时，应更换新件。出现连接松动时，应重新铆接或紧固，后拖钩磨损严重、出现裂损或缓冲弹簧断裂时，应换用新件。牵引钩轴向松旷时，应对缓冲弹簧进行调整。后拖钩与衬套配合间隙过大时，更换新衬套。锁扣开闭不灵活或不能可靠锁止时，应更换新件。

任务三　车桥构造与检修

一、车桥的作用及分类

车桥通过悬架与车架(或承载式车身)相连,其两端安装车轮。车架所受的垂直载荷通过悬架和车桥传到车轮,车轮上的滚动阻力、驱动力、制动力和侧向力及其弯矩、扭矩又通过车桥传递给悬架和车架,即车桥的作用是传递车架与车轮之间的各方向作用力及其所产生的弯矩和扭矩。

根据悬架结构的不同,车桥分为整体式和断开式两种。整体式车桥是刚性的实心或空心梁,它为非独立悬架配用。断开式车桥为活动关节式结构,它与独立悬架配用。

根据车桥上车轮的作用不同,车桥又可分为转向桥、驱动桥、转向驱动桥和支持桥四种,其中转向桥和支持桥都属于从动桥。一般汽车多以前桥为转向桥,后桥为驱动桥;越野汽车和部分轿车的前桥为转向驱动桥;挂车上的车桥都是支持桥。

驱动桥已在传动系中叙述,支持桥除不能转向外,其他功能和结构与转向桥基本相同。本节主要叙述转向桥和转向驱动桥。

二、转向桥

汽车的前桥一般是转向桥。它能使安装在两端的车轮偏转一定的角度,以实现汽车的转向。

汽车转向桥的结构基本相同,由前轴、转向节、主销和轮毂四部分组成。前轴是转向桥的主体。根据断面形状分,有工字梁式和管式两种。如图 8 – 16 所示

1. 前轴

前轴为工字形断面,其两端向上翘起呈拳形,并有上下相通的圆孔,主销插入孔内,将前轴与转向节连接起来。

汽车前轴以承受垂直面内的弯矩为主,采用工字形断面可以提高抗弯强度,减小质量。当汽车制动

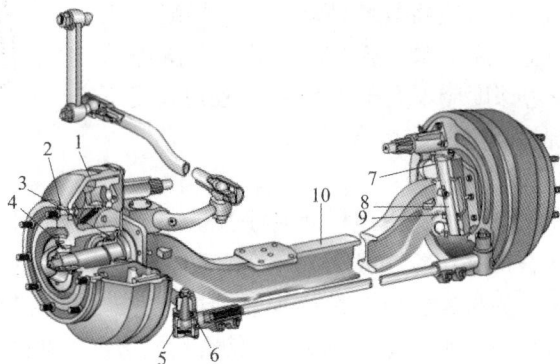

图 8 – 16　转向桥组成图

1—制动鼓;2—轮毂;3、4—轮毂轴承;5—转向节;6—油封;
7—衬套;8—主销;9—滚子止椎轴承;10—前轴

时,前轴还要承受扭矩,故弹簧座以外部分逐渐由工字形断面过渡到方形或圆形断面,以提高抗扭刚度,并保持各个断面的强度相等。一般汽车前轴的中部向下弯成凹形,这是为了降低发动机的安装高度,从而降低汽车质心,并扩展驾驶员视野,同时还减小了传动轴与变速器输出轴之间的夹角。在前轴凹形上平面的两端各有一块安装钢板弹簧用的底座,其上钻有安装 U 形螺栓用的四个通孔和一个位于中心的钢板弹簧定位孔。在前轴两端还制有转向轮最大转向角限位凸块。在主销孔内侧纵向有锥形孔,以安装锥形锁销,防止主销转动。前轴一般采用中碳钢经模锻和热处理而成。

2. 转向节

转向节是车轮转向的铰节。它是一个叉形件，由上下两叉和支承轮毂轴承的圆锥轴构成。上下两叉各制有安装主销的同轴孔，通过主销与前轴相连。为减少磨损，在销孔内压入衬套，并在衬套上开有润滑油槽。转向节上的两个主销孔，要求有较高的同轴度，以保证主销的安装精度，转向轴上有两道轴颈，内大外小，用来安装内外轮毂轴承。靠近两叉根部有呈方形的突缘，突缘四周有螺栓孔，用来固定制动底板。

为使转向灵活轻便，在转向节下叉轴孔的上平面装有滚子推力轴承。安装推力轴承时，应使轴承开口的一面向下，以防污泥侵入。在转向节上叉与前轴拳部之间装有调整垫片，用以调整两者之间的轴向间隙。在左右转向节下叉的下端各装有与梯形臂制成一体的端盖。两梯形臂与横拉杆相连接。在左右转向节上叉的上端装有与转向节臂制成一体的端盖，这样就可以通过转向直拉杆前后推拉转向节臂，使左右转向节同时绕主销摆动，实现转向。

为了防止转向时轮胎与转向直拉杆或翼子板相碰擦，转向轮的最大转角不能超过规定值，为此在转向节上装有限位螺栓。它与前轴两端的限位凸块相配合，可以调整转向轮的最大转角。东风 EQ1092 型、解放 CA1092 型汽车的最大转角分别为 37°31′ 和 38°，奥迪轿车和桑塔纳轿车的最大转角分别为 40° 和 40°18′。

3. 主销

主销的作用是铰接前轴与转向节，使转向节绕着主销摆动，以实现车轮的转向。主销的中部切有凹槽，安装时用锥形锁销与它配合，使其固定在前轴的销孔中，防止其相对前轴转动。主销与转向节上的销孔是动配合，以便实现转向。

4. 轮毂

前轮轮毂通过内外两个轮毂轴承装在转向节轴颈上，轴承的预紧度可以用调整螺母调整，调好后，套上锁环和锁紧垫圈，再拧紧锁紧螺母，并将锁紧垫圈弯曲片包住锁紧螺母，以防松动。在轮毂外端装有端盖，以防泥水和尘土侵入。轮毂内侧装有油封和挡油盘以防止润滑脂进入车轮制动器内。

三、转向驱动桥

能同时实现车轮转向和驱动功能的车桥称为转向驱动桥，其结构如图 8-17 所示。转向驱动桥具有一般驱动桥所具有的主减速器、差速器和内半轴，也具有一般转向桥所具有的转向节、主销和轮毂等。它与单功能的驱动桥或转向桥的不同之处是：由于转向的需要半轴被分成两段，分别叫内半轴(与差速器连接)和外半轴(与轮毂连接)，两者用等角速万向节连接；主销也因此分成上下两段，分别固定在万向节的球形支座上；转向节轴做成空心，以使外半轴从中穿过；转向节的连接叉是球状壳体，套装在万向节球形支座的主销上。上述结构既能满足转向的需要，又实现了转向节的传递转矩功能。转向驱动桥广泛地应用于全轴驱动的越野汽车上和部分轿车上。

图 8-18 所示为上海桑塔纳轿车的前桥总成，采用断开式独立悬架转向驱动桥。车桥上端通过左、右悬架与承载式车身相连，下端通过左、右下摇臂与固定在车身上的副车架相连。悬架车轮轴承壳与下摇臂之间通过可移动球形接头连接，从而使前轮固定；并通过下摇臂上的长孔可调整车轮外倾角度。为了减小车辆转弯时的倾斜度，在副车架与下摇臂之间装有横向稳定杆。

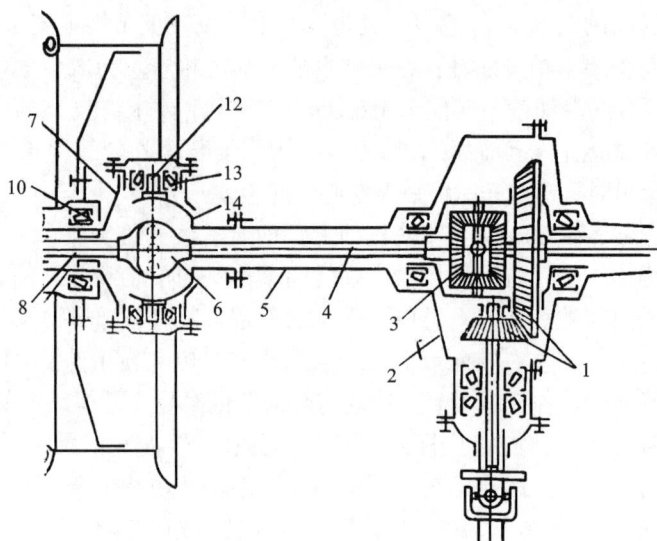

图 8 – 17　转向驱动桥示意图

1—主减速器；2—主减速器壳；3—差速器；4—内半轴；5—半轴套管；
6—万向节；7—转向节轴；8—外半轴；9—轮毂；10—轮毂轴承；
11—转向节壳体；12—主销；13—主销轴承；14—球形支座

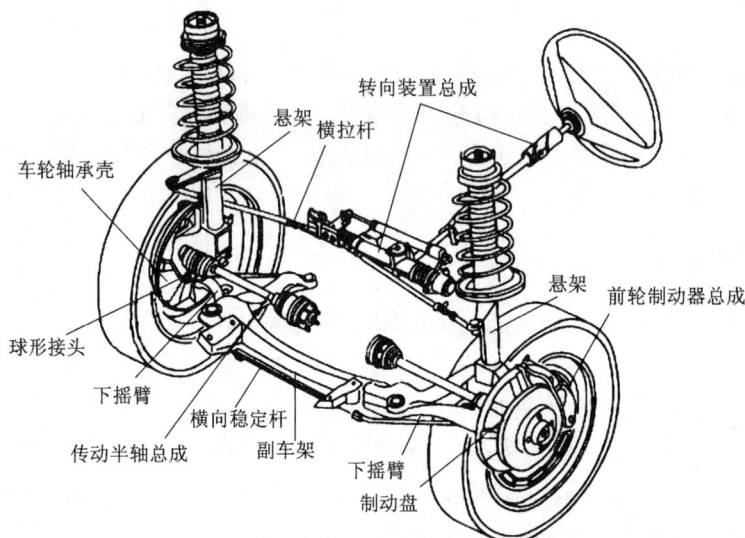

图 8 – 18　上海桑塔纳轿车的前桥总成

四、车桥的检修

1. 转向桥的检修

1）转向桥的拆卸与装配

（1）拆卸：先掩好后轮，举升汽车前端，架好保险凳，拆下轮胎隔进行分解。

（2）装配：

①装配前，必须对零部件进行清洗，检验，无误后方可装配；

②各处的调整垫片应保持平整，不能任意调换，厚度不允许任意变动；

③螺栓、螺母紧固要可靠，开口销齐全完整，锁止固定可靠。

2）转向桥主要零件的检修

（1）前轴的检修：

①前轴裂纹的检修：将前轴清洗干净后，用磁力探伤法或浸油敲击法进行检测，出现裂纹时，应更换前轴。

②钢板弹簧座的检修：用直尺、塞尺检测，如图 8-19 所示。钢板弹簧座平面度误差应不大于 0.4 m，否则应进行修磨，或用刨削、铣削等方法进行加工，但钢板弹簧座的厚度减少量应不大于 2 mm，否则应进行堆焊修复或换用新件，钢板弹簧座上 U 形螺栓孔及定位销孔的磨损量应不大于 1 mm，否则进行堆焊修复。

③前轴变形的检测与校正。

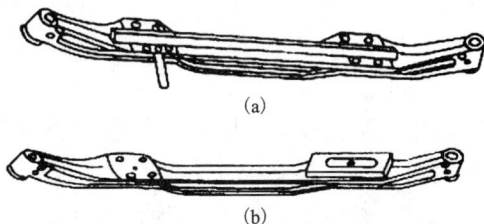

A. 两钢板弹簧座之间变形的检测：

a. 用直尺、塞尺检测：两钢板弹簧座应在同一平面内，按图 8-20（a）所示进行检测，其平面度误差应不大于 0.80 mm。

(a)

(b)

图 8-19　钢板弹簧座平面度的检测　　　图 8-20　两钢板弹簧座之间变形的检测

b. 用水平仪检测：将前轴固定于台钳或专用支架上，利用水平仪将一侧的钢板弹簧座调整成水平；然后再把水平仪放于另一弹簧座上进行检测，如图 8-20（b）所示。若水珠不在水平仪中间位置，表明两弹簧座之间存在垂直方向弯曲或扭曲变形。

前轴两钢板弹簧座之间存在明显的弯、扭曲变形时，应予以校正。

B. 钢板弹簧座与主销孔之间变形的检测与检修：

a. 用试棒、角尺检测：按图 8-21（a）所示安放好试棒及角尺（角度与被测车型主销内倾角相同），如果试棒与角尺之间存在间隙，表明前轴存在垂直方向的弯曲变形。

b. 拉线检测：按图 8-21（b）所示，在前轴主销孔上端中间拉一细线，然后用直尺测量两钢板弹簧座平面与拉线之间的距离 h，测得值不符合原厂设计值时，表明前轴存在垂直方向的弯曲变形，若拉线偏离钢板弹簧座中心（偏离程度应不大于 4 mm），表明前轴两端存在水平方向的弯曲或扭曲变形。

C. 前轴的校正：前轴弯曲、扭曲变形的校正一般在专用液压校正器上进行，即利用校正器上的液压油缸对前轴的相应部位施加压力或扭力进行校正，如图 8-22 所示。

D. 前轴主销孔的检修用游标卡尺测量，前轴主销孔与主销的配合间隙应符合原设计规定，不符合规定要求的，可按修理尺寸法进行修理(数据可查阅维修手册)。

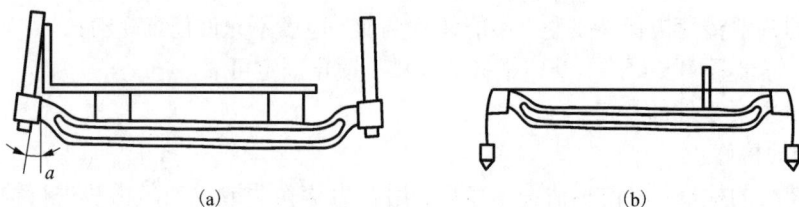

图 8-21　前轴钢板弹簧座与主销孔变形的检测

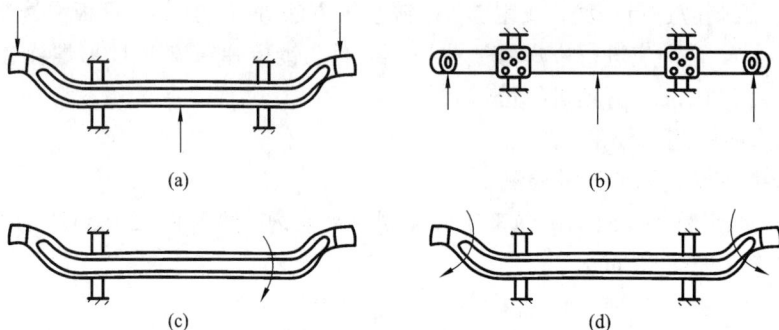

图 8-22　前轴的校正

前轴主销孔按修理尺寸加大后，要换用相应尺寸的主销与之配合，以恢复配合间隙，并按同级修理尺寸选配推力轴承和加工转向节主销衬套孔。前轴主销孔磨损到达最后一级修理尺寸时，可镶套修复或更换前轴。

E. 前轴主销孔上、下端面的检修：前轴主销孔上、下端面在使用过程中会发生磨损，其端面磨损沟槽应不大于 0.50 mm，否则应用锹钻修平。前轴主销孔端面修理后，其厚度减少量应不大于 2 mm，否则应堆焊修复或换用新件。

(2)转向节的检修。转向节在工作过程中，由于垂直和纵向弯矩的反复作用，将导致承受力矩最大的转向节轴径根部产生疲劳裂纹甚至断裂，转向节内、外轴承轴颈及主销孔产生磨损，转向节轴颈端部的螺纹有时会被破坏，主销孔上下端面也会发生磨损。

①转向节裂纹的检修：用磁力探伤法或浸油敲击法检测，转向节不得有任何裂纹出现，否则应换用新件。

②转向节轴颈磨损的检修：用内径量表及外径千分尺测量，轮毂外轴承与轴颈的配合间隙应不大于 0.040 mm，内轴承与轴颈的配合间隙应不大于 0.055 mm。轴颈磨损过大时，可进行电镀修复或换用新件。

③转向节轴端螺纹的检修：用检视法检查，螺纹损伤超过两牙时，应堆焊修复，并重新车制螺纹。

④转向节主销孔的检修：用内、外径量具检测，主销衬套内孔磨损超过 0.07 mm 或衬套与主销的配合间隙超过 0.20 mm，应更换衬套；主销直径磨损超过 0.10 mm，应更换主销。更换时，旧衬套应该用冲子冲出或用专用工具压出，严禁用手锤直接敲击衬套表面。压入新

衬套时，必须对正油孔。

2.转向驱动桥的检修

1)转向驱动桥的拆卸与装配

(1)转向驱动桥的拆卸：先拆卸车轮、轮毂凸缘、轮毂、制动底板及转向节轴套；拆下转向节油封座圈及油封等零件；拆下主销两端的转向节臂、主销下盖及调整垫片，取下止动销及上下主销，使转向节壳与半轴套管分离，然后从半轴套管中取出半轴。

(2)转向驱动桥的装配与调整：

①在半轴万向节叉两端放好适当厚度的止推垫圈(两侧垫片厚度应相同)，然后将组装好的半轴总成装入半轴套管中。

②将转同节与半轴球关节壳扣合在一起，装好上、下主销及滚针轴承，安装好止动销、调整垫片、转向节臂及主销下盖(转向节上、下垫片厚度差应不大于0.05 mm)。此时，用手上下扳动转向节壳应无松旷感，且转动自如，无卡滞现象，否则，应改变转向节与上、下盖之间垫片厚度进行调整：厚度减小、预紧力增大，反之预紧力减小。

③紧固转向节油封、油封座圈等零件。

④安装好转向节轴套、制动底板总成。

⑤安装轮毂，并调好轮毂轴承预紧度。

⑥紧固轮毂凸缘，并对各油脂嘴加注润滑脂。

2)转向驱动桥主要零件的检修

(1)内、外半轴的分解与组装。

①分解：

A.分解清洗干净后，冲出万向节中心定位销的锁销，如图8-23所示。

B.提起半轴，使外半轴朝下，必要时可轻轻敲击下端，使中心定位钢球中的定位销落入外半轴的中心孔中。

C.转动中心钢球，使其上的凹面朝向某一传力钢球，将该传力钢球从万向节凹槽中取出。

D.依次取出其他钢球及定位销。有的车型所装用的球叉式万向节中心定位钢球无凹槽，也无定位销及锁销，拆卸时，应将内、外半轴扳至极限位置，然后取出传力钢球。其结构如图8-24所示。

②组装：

A.将定位销装入外半轴中心孔中。

B.将中心定位钢球及3个传力钢球依次安放到内、外半轴叉的凹槽中。

C.转动中心钢球，使其凹面朝向未放钢球凹槽，放入最后一个传力钢球。

D.将中心钢球转至其中心孔，对准半轴中心孔。

E.提起半轴，使定位销滑入定位钢球中心孔中。

F.将锁销插入外半轴的锁销孔中，以保证中心钢球的正确位置。若无定位销，可先在两叉之间放好中心钢球及3个传力钢球，然后把内、外半轴扳至最大夹角位置，装入最后一个传力钢球。

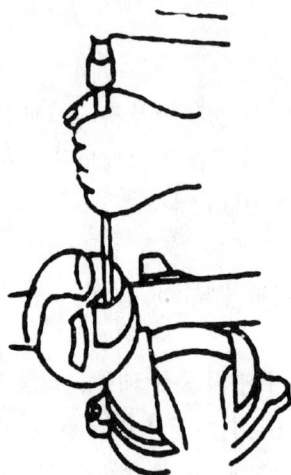

图 8 - 23　冲出万向节中心定位销

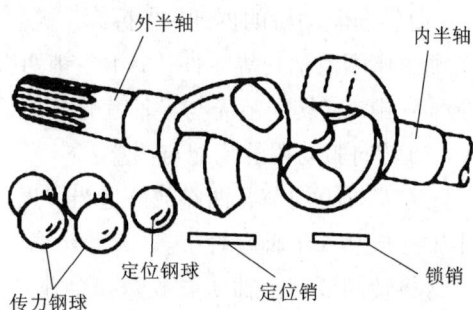

图 8 - 24　内、外半轴结构

（2）内、外半轴的检修：万向节钢球不得有损伤，同一组钢球直径差不得大于 0.15 mm，否则应更换新件。用磁力探伤检测时，半轴应无裂纹。用百分表检测，内、外半轴轴端花键与花键孔的配合间隙应符合规定要求，否则应更换半轴总成。外半轴与转向节轴套内衬套的配合间隙也应符合规定要求，否则也要更换新件。

（3）转向节的检修：用检视法检测，转向节轴外端螺纹损坏应不超过两牙；用游标卡尺检测轴颈与内、外轮毂轴承配合间隙应不大于 0.10 mm；用磁力探伤检测，轴套不得有裂纹，否则，应更换新件。转向节主销小端与衬套配合应不大于 0.10 mm，衬套与球关节上承孔的配合不得松旷，否则应更换新件，主销大端与转向节壳上承孔配合间隙大于 0.10 mm，或与滚针轴承配合松旷，应更换主销或滚针轴承，或对承孔进行镶套修复。

任务四　转向轮定位及四轮定位

一、转向轮定位

1. 转向轮定位内容

转向轮、转向节和前轴三者之间的相对安装位置，叫转向轮定位（车轮定位）。它包括主销后倾、主销内倾、车轮外倾和前束四个参数。

转向轮定位的基本作用是：使汽车直线行驶稳定、转向轻便、转向后能自动回正及减少轮胎和转向系零件的磨损等。

1）主销后倾

主销装在前轴上，其上端略向后倾斜，这种安装形式称为主销后倾。在汽车纵向铅垂面内，主销轴线与车轮纵向轴线之间的夹角 γ 叫做主销后倾角，如图 8 - 25 所示。

主销后倾后，它的轴线与路面的交点 a 位于轮胎与路面的接触点 b 之前，这样 b 点到主销轴线之间就有一段距离 l。在汽车转弯时（如图 8 - 25 中所示向右转弯），汽车产生的惯性力将引起路面对车轮的侧向反作用力 Y（向心力），Y 通过 b 点作用于轮胎上，形成稳定力矩（$M = Y_l$），其方向与车轮偏转方向相反，即该力矩有使车轮恢复到原来中间位置的趋势。

由上可知，主销后倾的作用是保持汽车直线行驶的稳定性，并使汽车转弯后车轮能自动回正。

后倾角愈大、车速愈高，车轮的稳定效应也愈强；但后倾角不宜过大，一般 $\gamma < 3°$，否则会使转向沉重。有些轿车和客车的轮胎气压较低，后倾角可以减小，甚至减到负值，即主销前倾。

主销后倾角一般是前轴、钢板弹簧和车架装配在一起时，使前轴主销孔向后倾斜而形成的，或在钢板弹簧底座后部加装楔形垫块形成。

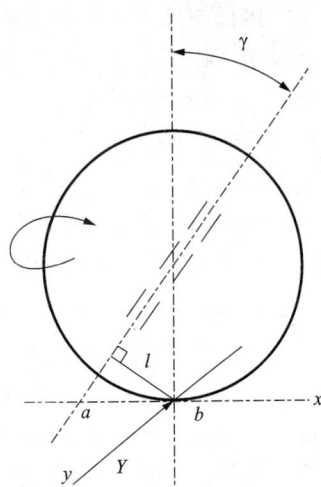

图 8-25 主销后倾示意图

后倾角不当的影响：

①主销后倾角太小造成不稳定：转向后缺乏方向盘自动回正能力；车速高时发飘（车辆在高速公路上行驶时应对此项予以充分重视）。

②主销后倾角不对称造成跑偏：左右两轮之主销后倾角不相等超过 $30'$（$0.5°$）时车辆出现跑偏，跑偏方向朝向主销后倾角较小的一侧。

2）主销内倾

主销安装到前轴上后，其上端略向内倾斜，叫做主销内倾。在汽车横向铅垂面内，主销轴线与铅垂线之间的夹角 β 叫主销内倾角，如图 8-26（a）所示。

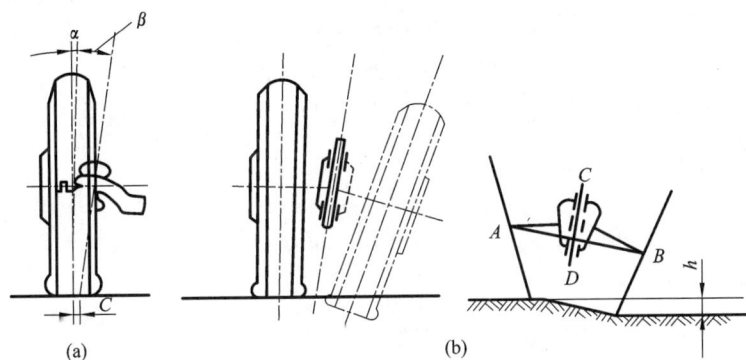

图 8-26 主销内倾示意图

主销内倾的作用是使车轮转向后能自动回正，且转向操纵轻便。

（1）车轮转向后自动回正：当车轮在外力的作用下由直线行驶位置绕主销旋转时，假若前轴在空间位置不动，则车轮将由 A 点旋转到 B 点[如图 8-26（b）所示，假设旋转 $180°$]。因为主销是向内倾斜的，故车轮旋转到 B 点后它的最低点将陷入路面下 h 处，即与地面发生干涉，地面将前轴连同汽车前部向上抬起相应的高度 h。一旦外力消失，车轮就在汽车前部重力作用下力图恢复到原来的直线行驶位置，这就是车轮自动回正的原因。

主销内倾角愈大或车轮转角愈大,则汽车前部抬起愈高,车轮的自动回正就愈强;但转动转向盘费力,且轮胎磨损增加。反之,内倾角愈小或车轮转角愈小,车轮的自动回正作用也就愈弱。一般内倾角在5°~14°之间。

(2)转向操纵轻便。

主销内倾后,使主销轴线与路面的交点到车轮与路面的接触点之间的距离 c 缩短,从而使车轮转向时路面作用在车轮上的阻力矩减小,使转向操纵轻便,同时还可减小从车轮传到转向盘上的冲击力。力臂 c 愈小,转向愈轻便;但是力臂 c 过小,易使方向不稳,车轮摇摆。一般 c 值在 $40 \sim 60$ mm 之间。

主销内倾角是制造前轴时使主销孔轴线的上端向内倾斜而获得的。在非独立悬架的转向桥上,主销内倾角是不能单独调整的。在使用中如果主销内倾角发生了变化,则主要是前轴在铅垂面内弯曲变形,或主销与销孔磨损过大等原因所致。

综上所述,主销后倾和内倾都有使汽车转向后自动回正、保持汽车直线行驶的作用,只是主销后倾的回正作用与车速有关,而主销内倾的回正作用与车速无关。因此,高速时后倾的回正作用大,而低速时内倾的回正作用大,直线行驶时车轮偶尔遇到冲击而偏转时,主要是依靠主销内倾起回正作用。

3)车轮外倾

车轮上方相对汽车纵向铅垂面略向外倾斜,称为车轮外倾;车轮旋转平面与汽车纵向铅垂面之间的夹角 α 称车轮外倾角,如图8-26(a)所示。

车轮外倾的作用是提高车轮行驶的安全性和转向操纵轻便性。由于主销与衬套之间、轮毂与轴承之间等均存在间隙,满载后,上述各处间隙将发生变化,这就有可能引起车轮上部向内倾斜,出现车轮内倾。车轮内倾后,路面垂直反力便产生一沿转向节轴颈向外的分力,此力使外轴承及其锁紧螺母等零件的载荷增大,寿命缩短,严重时使车轮脱出。当车轮预留有外倾角时,就能防止上述不良影响,还能使车轮与拱形路面相适应,这对于行驶安全是有利的。此外,车轮外倾与主销内倾相配合还能使汽车转向轻便。

车轮外倾角虽然对安全和操纵有利,但是过大的外倾角将使轮胎横向磨损增加,油耗增多。一般车轮外倾角为1°左右。

外倾角不当的影响:

①正外倾角太大的影响:轮胎外侧单边磨损,悬挂系统零件磨损加速,车辆会朝着正外倾角较大的一侧跑偏。

②负外倾角太大的影响:轮胎里侧单边磨损,悬挂系统零件磨损加速,车辆会朝着负外倾角较小的一侧跑偏。

车轮外倾角是由转向节的结构确定的。转向节安装到前轴后,其轴颈相对于水平面向下倾斜,从而使车轮安装后外倾。车轮外倾和主销内倾一样,一般不能调整,但使用独立悬架者,有的可以调整。

4)前束

汽车两个前轮的旋转平面不平行,前端略向内收,这种现象称为前束。两轮前端距离 B 小于后端距离 A,其差值即为前束值,如图8-27所示。

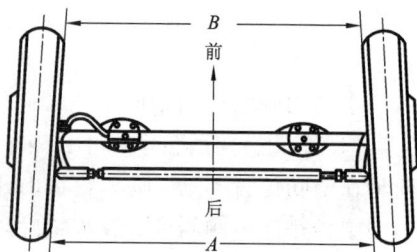

图8-27 前轮前束

前束的作用是减小或消除汽车前进中因车轮外倾和纵向阻力致使车轮前端向外滚开所造成的滑移。

车轮有了外倾后，当它向前滚动时就类似绕着锥尖滚动，其轨迹不再是直线，而是逐渐向外偏斜，但受车桥和转向横拉杆的约束，车轮不可能向外偏斜，因此车轮只能是边向外滚边向内滑移，结果使轮胎横向磨损增加，轮毂轴承载荷增大。车轮有了前束后，向前滚动的轨迹将向内偏斜，因此，只要前束和车轮外倾配合适当，就可以使车轮每一瞬时滚动方向接近于向着正前方，从而减轻或消除了由于车轮外倾而引起的轮胎和零件的磨损。

前束值调整不当的影响：

轮胎外（内）侧磨损会有正（负）外倾角太大所形成的磨损形态胎纹，磨损形式为羽毛状。当用手从内侧向外侧抚摸，胎纹外缘有锐利的刺手感觉。

前束可通过改变转向横拉杆的长度来调整。检查或调整时可根据规定的测量位置和测量方法，使两车轮的前后距离之差符合要求。

几种国产汽车的车轮定位参数如表 8 - 1 所示。

表 8 - 1　几种国产汽车的车轮定位参数

车型	主销后倾	主销内倾	车轮外倾	前束/mm
东风 EQ1092	2°30′	6°	1°	1 ~ 5
解放 CA1092	1°30′	8°	1°	2 ~ 4
奥迪 100	1°10′	14°12′	- 30′ ± 30′	0.5 ~ 1
上海桑塔纳	50′ ± 30′	14°12′	- 30′ ± 20′	- 1 ~ 3
一汽高尔夫	1°30′ ± 30′		- 30′ ± 20′	
神龙富康	1°30′ ± 40′	10°45′ ± 40′	0° ± 40′	0 ~ 2

2. 转向轮定位的检测与调整

1）前轮前束的检测与调整

（1）前束测量方法：

①轮胎按规定气压充气，轮毂轴承间隙调整符合规定后，将被测汽车停置在平坦场地上，并使左右转向车轮呈直驶位置。

②用千斤顶支起转向桥，在胎冠表面以粉笔涂敷，转动车轮用金属划针画出胎冠中心线。

③放松千斤顶，使转向车轮着地（此时左右转向车轮仍应保持直驶位置）。

④将指针式前束尺置于被测量车轮的前方，如图 8 - 28 所示。尺杆与车桥平行，调整两指针使尖端距离地面垂直高度等于被测车轮的半径值，并使两指针分别指正被测车轮的胎冠中心线处，调整前束尺的刻度使之对准零位。

⑤将前束尺移至被测车轮的后方，调整前束尺长度，使两指针分别指向车轮的胎冠中心线，此时，标尺上的读数即为被测车轮的前束值。

对有的前束值不大的车型的车轮前束均为 2 ~ 4 mm，这样小的数值，是应用高精度仪器来测定的。

（2）前束的调整方法：

调整时汽车应停在平整场地上，顶起前轴，使车轮处于直线行驶位置，松开横拉杆上的卡箍螺栓，用管钳转动横拉杆用以改变横拉杆的长度的方法即可调出所需的前束数值。调整好后，将卡箍螺栓拧紧。

2）前轮外倾角的调整

（1）车轮着地，松开下摇臂球形接头的固定螺母。

（2）将外倾调整杆插入图 8-29 所示的孔中，横向移动球形接头，直至达到外倾值，一般是右侧从前面插入调整杆，左侧从后面插入调整杆。

（3）调整后紧固螺母，再次检查外倾角及前束，直到符合标准为止。

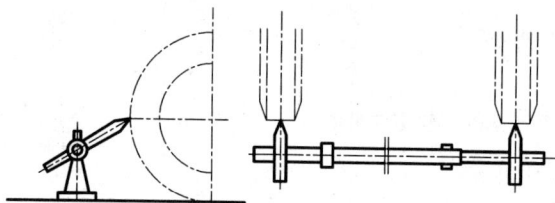

图 8-28　用指针式前束尺测量前束

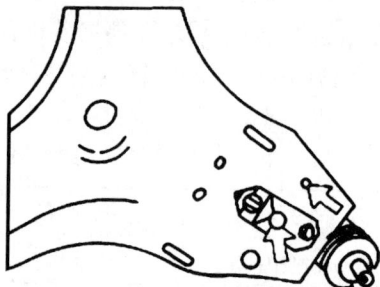

图 8-29　外倾调整杆安装位置

二、四轮定位

随着道路条件的改善，现代轿车的行驶速度愈来愈高，现在有许多高档轿车设置四轮定位，不仅要求前轮定位，还需要有后轮定位。其原因是对前轮驱动汽车和独立后悬架汽车，如果后轮定位不当，即使前轮定位良好，仍然会有不良的操纵性和轮胎早期磨损。为了防止高速行驶时汽车出现的"激转"及自动转向现象，在结构设计上应确保汽车具有不足转向特性。汽车后轮具有一定程度的外倾角和前束可使后轮获得合适的侧偏角，提高高速行驶的操纵稳定性。

1. 后轮外倾角

像前轮外倾角一样，后轮外倾角也对轮胎磨损和操纵性有影响。理想状态是四个车轮的运动外倾角均为零，这样轮胎和路面接触良好，从而得到最佳的牵引性能和操纵性能。

车轮外倾角不是静态的，它随悬架的上下移动而变化。车辆加载后悬架下沉就会引起车轮外倾角改变。

为了对载荷进行补偿，采用独立后悬架的大多数车辆常有一个较小的正后轮外倾角。滑柱筒破坏或错位、滑柱弯曲、上控制臂衬套破坏、上控制臂弯曲、弹簧压缩或悬架过载都会使后轮外倾角产生负外倾角的趋势。转向节弯曲、下控制臂弯曲会使后轮外倾角过大。后轮驱动车辆在转矩过大、严重超载或道路损坏的情况下，即使是刚性的后桥壳也会变弯。

2. 后轮前束

如同前轮前束一样，后轮前束也是后轮定位的一个重要项目。如果前束不当，后轮轮胎也会被擦伤，另外还会引起转向不稳定及降低制动效能（对于防抱死制动系，切记此点）。像后轮外倾角一样，后轮前束也不是一个静态量。悬架摇动和反弹时它就要起变化。滚动阻力和发动机转矩对它也有影响。

对于前驱动车辆：前驱动轮宜前束，后从动轮宜负前束。

后驱动车辆则相反：前轮宜负前束，独立悬架的后驱动轮应尽可能为前束。

如果后轮前束不符合技术要求，就要影响轮胎磨损和转向稳定性，其影响程度与前轮前束相同。前束测量值在规定范围内，并不意味着车轮一定正确定位，尤其对后轮前束测量值来说更是如此。如果一侧后轮前端向内偏斜量与另一侧后轮前端向外偏斜量相等，虽然前束值在规定的范围内，但由于后轮与车纵轴线不平行，车辆还会跑偏。

3.驱动力作用线

如果两后轮相互平行且与整车平行，那么驱动力作用线将垂直于后轴并与车辆纵轴线重合。但如果一个或两个后轮前端偏里或偏外，或者一个车轮相对于另一个略为后缩，驱动作用线就要偏离中心线，从而产生了一个驱动力偏离角并使车辆朝与偏离角相反方向偏行。例如驱动力作用线偏右时，汽车向左侧跑偏。

驱动力偏离角的出现，使得车辆在冰、雪或湿路面上的方向稳定性变差。在车辆制动或急剧加速时它有时会使车辆跑偏。用于转向控制的前轮要克服后轮的这种作用，从而使轮胎磨损加剧。

只有消除驱动力偏离角才能解决上述问题。通过重新设置后轮前束，可使驱动力作用线回中。在大多数前驱动车辆上，这一点容易做到，可以采用厂家提供的前束调整方法，也可在后轮转向节和后轴间放置前束/车轮外倾角垫片，或者使用偏心轴套组。而由于后轮驱动车辆具有整体式后桥，后轮前束的调整就不那么容易。有时因制造或撞车造成车的底板或车梁位不正确。如果没有在碰撞修理上牵拉底盘，将控制臂恢复到正确或恢复弹性悬架的正确几何特性，那么只有通过试用某种偏置纵臂轴套及配用的螺旋弹簧或者改变悬架吊耳或钢板弹簧或 U 形螺栓的位置来予以校正。

如果后轮前束难以改变，另一种最佳做法是根据后轴驱动力作用线而不是车辆纵轴线调整前轮定位。这样做的话，转向盘不在正中位置时可消除车辆跑偏现象，但不消除后轮尾随现象。

4.四轮定位原则

出现下列情况，必须进行四轮定位：

（1）新车行驶 3000 公里、车辆每行驶 10000 公里或六个月后。

（2）直行时需要握紧方向盘，否则直行时车辆发生跑偏。

（3）直行时转向盘不正。

（4）感觉车身会漂浮或摇摆不定。

（5）前轮或后轮单轮磨损。

（6）安装新的轮胎后。

（7）碰撞事故维修后，转向系统、悬挂系统维修后。

5.四轮定位的优点

（1）增加行驶安全。

（2）保证直行时转向盘正直。

（3）转向后转向盘自动回正。

（4）减少汽油消耗。

（5）减少轮胎异常磨损。

（6）维持直线行车。

（7）增加驾驶控制感。

（8）降低悬架配件磨损。

任务五　车架和车桥常见故障诊断

一、车桥的检查与调整

1. 转向节、前轴的检查与调整

（1）检视转向节轴端螺纹与螺母的配合情况，同时应检查转向节有无损伤或裂纹。检查裂纹最好使用电磁和超声波探伤仪。无该设备时，可采用铜锤敲击法进行检查。

（2）检查转向节主销与衬套的配合间隙。该间隙一般不能超过 0.15～0.20 mm。一般不解体的检查方法是：将车轮顶起，在前轴上夹持一个百分表，使其触针水平抵住制动底板下部，此时将百分表调到零位。然后放下被顶起的车轮，使其着地，此时百分表中读数的一半就是转向节主销与衬套的配合间隙值。

（3）转向节与前轴的轴向间隙可通过在转向节与前轴间增减调整垫片的方法进行调整。

（4）前轴变形的检验可用试棒和角尺法、拉线法、检验仪等。

2. 前轮最大转向角的检查和调整

将前轮转向角调到最大的目的是为了获得最小转弯半径，以保证汽车具有良好的通过性能。在没有仪器的情况下，可用简易的方法进行检查。

（1）检查方法：

①将前桥顶起，使前轮处于直线位置。

②左右轮胎下面垫一块木板和白纸（固定在板上），将木尺紧靠轮胎外边缘，用铅笔在纸上划出车轮平行的直线，再把转向盘向右转到底，划出第二条线，然后用量角器测量出右转向角。

③用同样的方法检查左轮的左转向角。

（2）调整方法：

经测量出转向角不符合规定时，可旋出或旋入转向节上的转向角限位螺栓，或转动转向节壳上的一个调整螺栓进行调整，调整完毕后，必须旋紧锁紧螺母。

转向角最简易的检查调整方法是：将转向盘向左或向右打到底，前轮胎不与翼子板、钢板、直拉杆等机件碰擦，并有 8～10 mm 的距离为合适。各种车辆不同的转向角，从既能保证转向的灵活性，又能保证轮胎不与其他机件碰擦而予以规定。

3. 前轮轮毂轴承的调整

车轮应能灵活地在轮毂轴承上旋转而无卡滞，轴向松动量不能过大或过小。过大，是由于车轮轮毂轴承间隙过大或转向节衬套磨损产生的；轴向松动量过小，使车轮旋转卡滞发热。检查时，应先调整车轮轮毂轴承间隙。

用千斤顶将车轮顶起，拆去前轮毂盖，搬开锁片，拧下锁止螺母，取下锁片与锁止垫圈。如东风 EQ1091 型汽车用 147～196 N·m(15～20 kgf·m)的力矩拧紧调整螺母，同时向前后两方向转动车轮，使轴承的圆锥形滚柱正确地座于轴承圈的锥面上。然后，反方向旋松调整螺母约 1～2 个锁紧垫片的孔位，使调整螺母上的止动销与销环上的邻近孔相重合，再装上锁紧垫圈与锁紧螺母。按与拆装相反的顺序装配零件，拧紧并用锁片锁住螺母。汽车行驶一段路程后，用手摸试前轮毂，如有过热现象，需要重新调整前轮轮毂轴承的松紧度。

二、车架和车桥常见故障诊断

1. 转向沉重

（1）现象：

①汽车转向时，转动方向盘感到沉重费力。

②无回正感。

（2）原因：

①转向节臂变形。

②转向节止推轴承缺油或损坏。

③转向节主销与衬套间隙过小或缺油。

④前轴或车架变形引起前轮定位失准。

⑤轮胎气压不足。

3. 诊断

诊断时先支起前桥，用手转动转向盘，若感到转向很容易，不再有转动困难的感觉，这说明故障部位在前桥与车轮。因为支起前桥后，转向时已不存在车轮与路面的摩擦阻力，而只是取决于转向器等的工作状况。此时应仔细检查前轮胎气压是否过低，前轴有无变形；同时也要考虑检查前钢板弹簧是否良好，车架有无变形。必要时，检查车轮定位角度是否正确。

2. 低速摆头

（1）现象：汽车低速直线行驶时前轮摇摆，感到方向不稳。转弯时大幅度转动方向盘，才能控制汽车的行驶方向。

（2）原因：

①转向节臂装置松动。

②转向节主销与衬套磨损松旷。

③轮毂轴承间隙过大。

④前束过大。

⑤轮毂螺栓松动或数量不全。

（3）诊断：前轮低速摆头和转向盘自由空程大，一般是各部分间隙过大或有连接松动现象，诊断时应采用分段区分的方法进行检查。可支起前桥，并用手沿转向节轴轴向推拉前轮，凭感觉判断是否松动。若松旷，说明转向节主销与衬套的配合间隙过大或前轴主销孔与主销配合间隙过大。若此处不松旷，说明前轮毂轴承松旷，应重新调整轴承的预紧度。若非上述原因，应检查前轮定位是否正确，检查前轴是否变形。如果前轮轮胎异常磨损，则应检查前束是否正确。

3. 高速摆振

（1）现象：

①随着车速的提高，摆振逐渐增大；

②在某一较高车速范围内出现摆振，出现行驶不稳，甚至还会造成方向盘抖动。

（2）原因：

①轮毂轴承松旷，使车轮歪斜，在运行时摇摆。

②轮盘不正或制动鼓磨损过度失圆，歪斜失正。

③使用翻新轮胎。

④转向节主销或止推轴承磨损松旷。

⑤横、直拉杆弯曲。

⑥前轮定位值调整不当。前束失调，两前轮主销后倾角或内倾角不一致等，汽车向前行驶时，前轮摇摆晃动。

⑦车轮不平衡。

⑧转向节弯曲。

⑨前钢板弹簧刚度不一致。

（3）诊断：在进行高速摆振故障的诊断时，应先检查前桥、转向器以及转向传动机构连接是否松动，悬架弹簧是否固定可靠。

支起驱动桥，用楔块固定非驱动轮，启动发动机并逐步换入高速挡，使驱动轮达到产生摆振的转速。若这时转向盘出现抖动，说明是传动轴不平衡引起的，应拆下传动轴进行检查；若此时不出现明显抖动，则说明摆振原因在汽车转向桥部分。

怀疑摆振的原因在前桥部分时，应架起前桥试转车轮，检查车轮是否晃动，车轮静平衡是否良好，以及车轮钢圈是否偏摆过大。

检查车架是否变形，铆钉有无松动以及前轴是否变形。另外还需检查前钢板弹簧的刚度。

检查前轮定位是否正确。

检查高速摆振的故障，有时还需借助一定的测试仪具。当缺少必要的测试仪具时，也可以采用替换法。例如在怀疑某车轮有动不平衡时，可以另换一车轮试验，或者将可能引起的高速摆振的车轮拆装到不发生摆振的车辆上进行对比试验。

4. 行驶跑偏

（1）现象：汽车在直线行驶时必须紧握方向盘，方能保持直线行驶。若稍放松方向盘，汽车会自动偏向一边行驶。

（2）原因：

①前轮定位值不正确，前束调整不当，过大或过小。

②左、右前轮主销后倾角或车轮外倾角不相等。

③制动鼓与制动蹄摩擦片间隙调整不均匀，一边过紧，一边过松。

④钢板弹簧一边折断，造成两边弹力不等。

⑤转向节或转向节臂弯曲变形。

⑥前轴或车架弯曲或扭转。

⑦左右两边轮胎气压不相等。

⑧前轮毂轴承调整不当,左、右轮毂轴承松紧度不一致。

(3)诊断:

检查左、右前轮轮胎气压是否一致;如果是在换上新轮胎后出现跑偏现象,则应检查左、右轮胎规格以及轮胎花纹是否一致。

用手触摸一下跑偏一侧的制动鼓和轮毂轴承部位是否发热。若发热,说明制动拖滞或是车轮轮毂轴承调整过紧,造成一边紧一边松的现象。

测量左右轴距是否相等。

检查前钢板弹簧有无折断,前轴是否变形。

若以上均属正常,应对前轮定位进行检查调整。

项目实施

车桥的拆装及四轮定位的检查调整

(一)项目实施目的及要求

(1)熟悉车桥的组成。
(2)能够进行车桥的拆装作业。
(3)会用四轮定位仪检查车轮定位。
(4)会对车轮定位进行调整。

(二)项目实施设备及工(量)具

(1)设备:实训车辆;转向驱动桥实训台;四轮定位仪。
(2)工(量)具:常用拆装工具、钢尺。

(三)项目实施内容

(1)认知车桥总成及其装配关系。
(2)转向桥的拆装与检查。
(3)车轮定位的检查与调整。

(四)项目实施步骤

1.认知车桥总成及其装配关系
(1)观察实训车辆前转向桥的结构;指出各部件的名称及功用。
(2)观察转向驱动桥的结构,找出与转向桥的异同点。
2.转向桥的拆卸与装配
(1)拆卸:先掩好后轮,举升汽车前端,架好保险凳,拆下轮胎隔进行分解。
(2)装配:
①装配前,必须对零部件进行清洗,检验,无误后方可装配;
②各处的调整垫片应保持平整,不能任意调换,厚度不允许任意变动;
③螺栓、螺母紧固要可靠,开口销齐全完整,锁止固定可靠。

3. 车轮定位的检查和调整

车轮定位不仅影响车轮的磨损程度，同时还对操纵稳定性和行车安全产生进一步的影响。因此，除了平时经常检查车轮定位外，在车桥拆装后和轮胎发生异常磨损、车辆的操纵稳定性变坏时，必须检查和调整车轮定位。

1）车轮定位一般步骤

车轮定位之前，有必要进行路试以证实顾客的诉说。必须对所有的悬架及转向元件进行检查。

（1）在进行车轮定位之前，磨损的悬架及转向元件必须更换。

（2）更换元件（如滑柱、支臂、球头等悬架及转向元件）后必须做定位检查。

（3）相关检查，如对轮胎、悬架高度、减震器、车轮轴承检查等。

（4）主动询问车主车况，综合分析，因车而治。

（5）按照严格的定位程序检测调试完毕后，要做最后的一步工作——试车。

2）现代车辆四轮定位的检测仪器与原理

现今对车辆进行四轮定位检测，常用的仪器设备是电脑四轮定位仪。

四轮定位仪主要由两大部分组成：一部分是计算机软硬件，计算机是我们常见的 PC 机，这部分的关键是车规数据库；另一部分就是传感头，传感头主要由两种传感元件组成：角度计、电位计（拉线式）或红外成像传感器（红外线式）。电位计或红外成像传感器用来测量束角、退缩角、推进角、轮距角，角度计用来测量外倾角。

在打方向盘测量时，角度计和电位计或红外成像传感器结合起来，由计算机对结果进行计算，可以测量主销后倾角、主销内倾角以及转向角。而前束角、退缩角、推进角、轮距差以及外倾角是不打方向就可以直接进行测量的，主销后倾角、主销内倾角以及转向角是必须打方向盘间接进行测量的角度。

3）使用四轮定位仪测量的基本方法

在使用定位仪做测量时，一般使用四点式补偿测量法，即在做测量中，按定位仪电脑上的提示将车轮旋转1/4周，提取一个点参数，再旋转1/4周，再提取一个点参数，一个车轮共提取四个点。这样做的好处是比一般定位仪只提取一个点的参数要准确得多。

4）电脑拉线式四轮定位仪的使用

（1）仪器的安装。

①将电子转盘按其标记"L""R"分别放置在举升器左右支撑板凹槽内。

②将被测车辆停在举升器上，并将前轮停放在转盘上（车轮与转盘对正）。

③将四个夹具分别安装在前后车轮上，同时将测试头分别装在夹具上。

④测试仪连线：分别将每侧前后车轮上的测试头连线；接口的"O"口分别连到控制柜相应接口上；电子转盘分别与对应车轮测试头连接。

⑤分别调整四个测试头水平。

（2）仪器的测试。

①接通电源，开启计算机。

②键入 cd—614G 回车，键入 r—soft 回车，进入操作画面"主菜单"，利用↑↓←→键和回车键进入所需画面。

③被测车辆数据输入可得到被测车辆的标准数据（用以与检测数据对照，便于调整）。

④轮辋跳动补偿操作：分别将前、后轮利用两次举升机举起，车轮每次转动90°，按补偿输入键(测试头中间键)转动四次完成跳动补偿(此程序不做会导致测量数值误差，有0.1°~0.5°误差)。

⑤使用抵压板将制动压板压下，并固定。

⑥拔下电子转盘固定销。

⑦按显示器画面引导进行测试操作，分别将方向盘转至"车轮正直方向"、"右侧至极限位置"、"右侧测量位置"、"左侧测量位置"、"左侧极限位置"，每次须出现"绿柱"并待消失后再进行下一程序。测试完毕，显示出测试数据与标准数据。

(3)车辆的调整。

①调整时先调后轮，再调前轮。

②后轮先调外倾角，后调束角。

③前轮先调主销后倾角，后调车轮外倾角，再调车轮束角。

④可对照显示数据调整到数字变绿为合格。

5)四轮定位正确的调整

(1)外倾角调整。根据各车型各有不同，调整方法也不同。主要调整方法有：调整垫片、大梁角的槽孔、凸轮、偏心不同心球头、上控制臂的调整、下控制臂的调整等。

(2)后倾角调整。对于后倾角的调整，应根据车型不同，首先进行分析判断，然后进行调整，其调整方法有下列几种：垫片、不同心凸轮轴、偏心球头、大梁槽孔、平衡杆等。

(3)前束调整。调整前轮前束时，应先将后轮前束调整好。前轮前束的调整方法：调整可调式拉杆，在调整前先将左、右两边球头锁止螺栓松开，夹紧转向盘正中位置。再根据电脑提供的资料进行同时调整。如果原来的转向盘是在正中位置，同时调整前束转向盘可能不会变动。直至调整到标准数值，然后进行路试，看其是否有变动，如有变动应将其调正为止。正确的前轮前束调整后，转向盘在直行时是正的。不正确的方法是利用试车时摘下斜的转向盘再将它装正。这种方法不能用在有气囊的转向盘的汽车上，将造成转向盘游丝的损坏。

(4)后倾角和外倾角调整。以上所介绍的都是改变其中一个角度，而另一个角度不会受影响。如果外倾角和后倾角同时需要调整，要先调整后倾角再调整外倾角。

(5)后轮前束和外倾角调整。它是由两个带有斜度的尼龙圆垫组合而成的。一个在前后方向呈楔形调整前束，一个在垂直方向呈楔形调整外倾角。由于它们的斜度在圆周方向是逐渐变化的，因此它们可以适应前束角和外倾角的调整。

6)车轮定位要领

(1)大多数前轮驱动汽车的前轮销设有负前束，因为驱动力使前轮有正前束的倾向。一般车身越重或发动机马力越大则前轮前束值越小。

(2)大多数后轮驱动汽车的前轮销设有正前束，因为驱动力使前轮有负前束的倾向。

(3)左前轮正的车轮外倾角可以调节得比右前轮外倾角稍大，以补偿由路拱而引起的右转弯的倾向。

(4)对左前轮正的主销后倾角可以调节到比右轮的小一些，以补偿路拱的影响。

(5)许多前轮驱动车辆有较小的负后轮外倾角，以改善转向稳定性。

后轮外倾角与前轮外倾角基本上相同。

(6)在前轮驱动车辆中，驱动力使后轮心轴受到向后的力。因此，这些后轮根据车辆本身的情况设计成零前束或很小的前束。正确的后轮前束设置对保障车轮正常寿命有重要意义。

（7）前轮的前束是在车辆静止时调整的，这样前轮在车辆行驶时处在正前方位。

（8）转向轴线内倾角是不可调节的。

（9）如果转向轴线内倾角不在规范值内，上滑柱拱座可能错位，下摆臂可能弯折，前发动机支架也可能错位。

（10）正的主销后倾角用于大多数前轮驱动车辆。麦弗逊式悬架并设有较小的正的主销后倾角。

（11）定位调试必须先调退缩角（或后倾角）、外倾角再调前束角；外倾角可先调，但前束角必须最后调。

（12）前轮驱动内倾角设置要大些，为 $14° \sim 18°$。前轮驱动设置较小的正主销后倾角。

（13）后轮驱动内倾角设置要小些，为 $6° \sim 8°$

（14）定位时前束值可参考不可变的实际外倾值调整，外倾值大时前束值也大，外倾值小时前束值也小。前束值与外倾角值的变量比约为 1:6；外倾值超过 $\pm 1°30'$ 时必须考虑有问题存在。

（15）对跑偏车辆后轮推力角调试可适量改变大小（在其他角度不可调情况下）、但必须保证总前束合适。

（16）新手在做四轮定位检测中会发现：各种车辆的检测数据与标准数据相差甚远，往往调试时不知从何下手。在这里特别指出标准是对新车而设的，对旧车来说标准只是参考数据。如调整前束对前轮是独立悬挂的旧车来说：前轮驱动的车辆调整前束值比标准只能偏小、后轮驱动的车辆调整前束值比标准只能偏大。由于后轮调试一般没有转盘，所以调试后轮前束时要考虑到弹性影响。

（17）做定位要有紧固的基础，第一步是排除转向、悬挂等相关部件的损坏与松旷。

7）车轮定位问题的诊断

表 8 - 2　车轮定位问题诊断

故 障	诊 断
轮胎磨损：外侧胎肩	正外倾角过大
内侧胎肩	负外倾角过大
锯齿状：齿间指向中心	前束过大
齿间指离中心	前束过小
双侧胎肩	充气不足，高速转弯
	超载
胎冠凹凸变形	在弯道上高速行驶
杯状，片状变形	车轮不平衡，径向跳动
摆振：车辆有无失稳	正后倾过大或两轮后倾不等
无失稳	轮胎不平衡，跳动，传动系振动
振动：（不是由后倾/外倾引起，因有时易被误认为摆振，故将此情况列出）	传动系不对中，不平衡，汽车振动（伴有低噪音），轮胎跳动，车轮中心线与两侧轮胎间重量分配不均匀

续表 8-2

故　障	诊　断
转向发飘/拉力	车轮外倾角不对 主销后倾角不等 过载,使车头抬起
制动拉力(跑偏)	负后倾角过大 轮胎压力不等,制动管路损坏而使液压作用在一侧
转向费力	后倾角不对 转向传动装置损坏,磨损,心轴损坏,尾部过载,梯行臂弯曲使转角不对

8)使用四轮定位仪的注意事项

(1)防潮、防晒、防尘、防摔;

(2)传感器接收窗口避免强光照射;

(3)避免任何挡光的物体放在各传感器机头之间;

(4)避免强电磁干扰;

(5)对传感器的任何维修和调整都必须进行重新标定;

(6)C2000系列各个传感器在使用时前、后、左、右不得互换;

(7)每套传感器要正确对应固定的编号数据;

(8)不能长期注视传感器发光部分;

(9)主机电源必须安装接地线,保证静电入地。

项目小结

1.行驶系主要由车架、车桥、悬架和车轮等组成,车架是全车的装配基体,将整个汽车连接成一整体;车轮安装在车桥上,支承着车桥与汽车;悬架把车架与车桥连接在一起,减少汽车在行驶中受到的各种冲击与振动。

2.车轮在路面上不打滑的条件:汽车驱动力 F_t 必须小于或等于附着力 F_ϕ。

3.汽车上装用的车架按其结构形式不同可分为:边梁式车架、中梁式车架、综合式车架和无梁式车架。

4.车架弯曲、扭曲或歪斜变形超过允许值时,应进行矫正;车架裂纹的修理可采取手工电弧焊进行焊修。

5.车桥通过悬架与车架(或承载式车身)相连,其两端安装车轮。车桥的作用是传递车架与车轮之间的各方向作用力及其所产生的弯矩和扭矩。

6.根据悬架结构的不同,车桥分为整体式和断开式两种。根据车桥上车轮的作用不同,车桥又可分为转向桥、驱动桥、转向驱动桥和支持桥四种,其中转向桥和支持桥都属于从动桥。一般汽车多以前桥为转向桥,后桥为驱动桥;越野汽车和部分轿车的前桥为转向驱动桥;挂车上的车桥都是支持桥。

7.汽车的前桥一般是转向桥。它能使安装在两端的车轮偏转一定的角度,以实现汽车的转向。汽车转向桥的结构基本相同，由前轴、转向节、主销和轮毂四部分组成。

8.转向轮定位内容：主销后倾、主销内倾、车轮外倾和前束四个参数。

9.车桥的检查与调整内容：转向节、前轴的检查与调整；前轮最大转向角的检查和调整；前轮轮毂轴承的调整。

10.车架和车桥常见故障有：转向沉重；低速摆头；高速摆振；行驶跑偏等。

思考与练习

1.说明转向桥和转向驱动桥的异同点。

2.叙述车轮定位的内容和功用。

3.如何拆装转向桥及转向驱动桥？

4.说明转向沉重的现象、原因和故障排除步骤。

5.分析行驶跑偏的原因，列出故障诊断和排除的计划。

车轮和轮胎构造与检修

学习目标

（1）能描述车轮的功用、组成、类型及结构；

（2）能叙述轮辋的类型、结构及国产轮辋规格的表示方法；

（3）能熟悉轮胎的功用、种类、结构及轮胎规格的表示方法；

（4）能掌握车轮与轮胎的维护方法；

（5）会分析车轮与轮胎常见故障诊断及检修方法；

（6）会撰写案例分析报告。

案例引入

一辆桑塔纳轿车，车轮与轮胎出现异常磨损，轮胎使用寿命明显缩短，请你进行故障诊断予以排除，制定一份诊断维修计划书，完成检修任务，并归档。

项目描述

本项目主要介绍车轮的功用、组成、类型及结构；轮辋的类型、结构及国产轮辋规格的表示方法；轮胎的功用、种类、结构及轮胎规格的表示方法；车轮与轮胎的检修方法及常见故障诊断等内容。

项目内容

任务一　车轮

车轮总成包括车轮和轮胎。它是汽车行驶系中的重要部件，位于汽车车身与路面之间。其主要功用是：支承汽车和装载的质量；传递汽车与路面之间的各种力和力矩；缓冲汽车受路面颠簸时所引起的振动；保持汽车的行驶方向等。

一、车轮的作用、组成和结构

1. 车轮的作用

安装轮胎、连接半轴或转向节，并承受汽车质量和半轴或转向节传来的力矩。

2. 车轮组成

车轮由轮毂、轮辋和轮盘等组成,见图9-1所示。

轮毂通过滚柱轴承支承在半轴套管或转向节轴上,轮辋用来安装轮胎,轮盘用来连接轮毂和轮辋。

3. 车轮结构

根据轮盘的不同结构,分为辐板式(盘式)和辐条式(辐式)两种。

(1)辐板式车轮的构造。主要由挡圈、轮辋、轮毂、轮盘和气门嘴伸出孔等组成。辐板式车轮结构便于轮毂拆装,轮盘上开有几个大孔,以减轻重量,也利于拆装、充气和制动鼓散热,如图9-1所示。辐板式车轮结构简单,维修方便,刚度好,成本低,被广泛采用。

(2)辐条式车轮的构造。如图9-2所示为辐条式车轮,它是用几根辐条将轮辋与轮毂组装在一起,辐条与轮毂可制成一体,也可用螺栓连接。轮毂通过螺栓和特殊形状的衬块与辐条相连。辐条式车轮质量轻,造型好,但由于需要装配,生产效率低,成本高。在赛车及高档轿车上采用

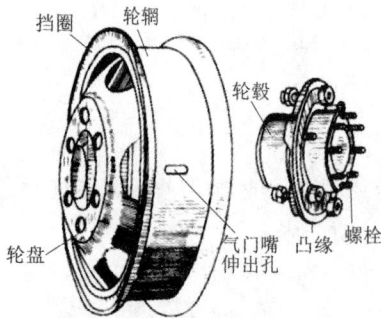

图9-1 辐板式车轮

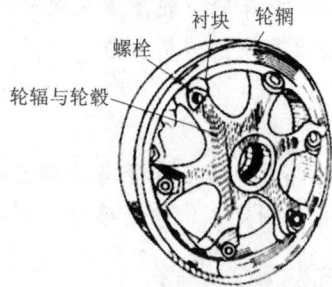

图9-2 辐条式车轮

二、车轮的主要零部件

1. 轮毂

轮毂与制动鼓、轮盘和半轴凸缘连接,由圆锥滚子轴承支承在转向节轴颈或半轴套管上。

2. 轮辐

辐板式车轮上的轮盘与轮辋通过焊接或铆接固定成一个整体,并通过轮盘上的中心孔和周围的螺栓孔安装在轮毂上。

辐条式车轮上的轮辐是钢丝辐条或者是和轮毂铸成一体的铸造辐条。

3. 轮辋及其代号

也称钢圈,按其结构特点,可分为深式轮辋、平式轮辋和可拆式轮辋三种。

(1)深式轮辋:代号DC。深式轮辋为整体式[如图9-3(a)所示]。结构简单,刚度大,质量较小,对于小尺寸弹性较大的轮胎最适宜,主要用于轿车及轻型越野车上。

(2)平式轮辋:代号FB。平式轮辋底面呈平环状[如图9-3(b)所示]。它的一边有凸缘,另一边用可拆卸的挡圈作凸缘,具有弹性的开口锁圈来防止挡圈脱出。适用于大尺寸较

硬的轮胎，一般多用于大中型货车上。

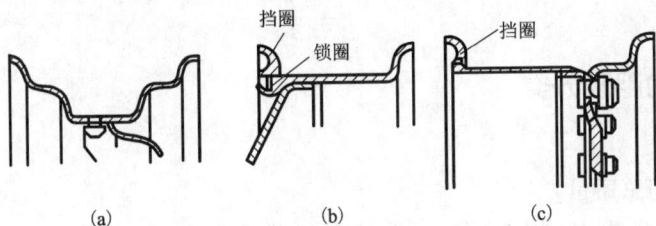

图 9-3 轮辋的类型

（3）可拆式轮辋：代号 DT。可拆式轮辋由内外两部分组成［如图 9-3（c）所示］。其内、外轮辋的宽度可以相等，也可以不相等，二者用螺栓连成一体。主要用于大、中型越野汽车。

4. 国产汽车轮辋规格表示方法

轮辋用来安装和固定轮胎，当轮胎装入与其规格不同的轮辋时，就会使轮胎变形，影响轮胎的性能。因此，不同规格的轮胎，应该配用相应规格的标准轮辋。

国产轮辋规格按国家标准（GB/T2933—1995 充气轮胎用车轮和轮辋的术语、规格代号和标志）用轮辋名义宽度、轮缘高度代号、轮辋结构形式代号、轮辋名义直径和轮辋轮廓类型代号来表示。如图 9-4 所示。

轮辋名义宽度和轮辋名义直径均用数字表示，单位为英寸（以毫米表示时，要求轮胎与轮辋的单位一致）。

轮辋高度代号用一个或几个拉丁字母表示，如 C、D、E、F 等。

轮辋结构形式代号，用符号"×"表示一件式轮辋；用"—"表示多件式轮辋。

轮辋轮廓类型代号用字母表示，DC：深槽轮辋，WDC：深槽宽轮辋，SDC：半深槽宽轮辋，FB：平底轮辋，WFB：平底宽轮辋，TB：全斜底轮辋，DT：对开式轮辋。

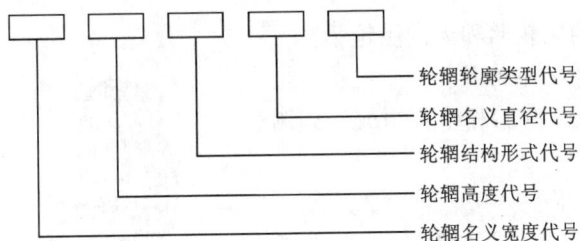

图 9-4 国产汽车轮辋规格表示方法

例如：东风 EQ1092 型汽车轮辋为 7.0—20：含义为轮辋断面宽度的数值为 7 英寸，多件式轮辋，轮辋名义直径为 20 英寸。

任务二　轮胎

一、轮胎的功用及分类

1. 作用

（1）支撑汽车的总质量。

（2）与汽车悬架一起共同来吸收、缓和汽车行驶时所受到的冲击和震动，以保证良好的乘坐舒适性和行驶平顺性。

（3）保证轮胎与路面的良好附着性，以提高汽车的动力性、制动性和通过性。

2. 轮胎的种类

按胎体结构不同，轮胎可分为充气轮胎和实心轮胎。现代汽车绝大多数采用充气轮胎。按轮胎内空气压力的大小，充气轮胎分为高压胎（0.5~0.7 MPa）、低压胎（0.15~0.45 MPa）和超低压胎（0.15 MPa 以下）三种。低压胎弹性好，断面宽，接地面积大，壁薄散热好，从而可提高汽车行驶的平顺性、稳定性，同时可提高轮胎的使用寿命，所以汽车上广泛使用低压胎。

按保持空气方法的不同，充气轮胎分为有内胎轮胎和无内胎轮胎两种。

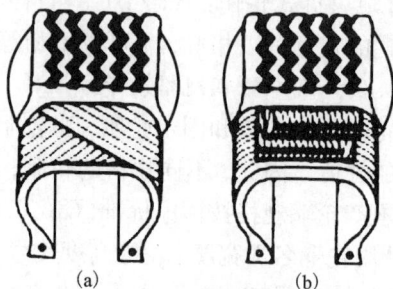

图 9-5　轮胎的结构形式

（a）普通普通斜交轮胎；（b）子午线轮胎

按胎体帘线粘接方式的不同，充气轮胎分为普通斜交轮胎、子午线轮胎。如图 9-5 所示。

二、轮胎的结构及使用特点

1. 充气轮胎

充气轮胎分为有内胎轮胎和无内胎轮胎。

1）有内胎充气轮胎的结构及特点

有内胎轮胎由外胎、内胎和垫带组成。如图 9-6 所示。

（1）内胎中充满着压缩空气。

（2）垫带放在内胎与轮辋之间，防止内胎被轮辋及外胎的胎圈擦伤和磨损。

（3）外胎是轮胎的主体，是用耐磨橡胶制成的强度高而又有弹性的外壳，直接与地面接触，以保护内胎使其不受损伤。它必须有足够的刚度，以阻止高压气体外泄；又必须有足够的弹性，以吸收载荷的变化和冲击。它由许多层与橡胶粘接在一起的轮胎帘线构成。

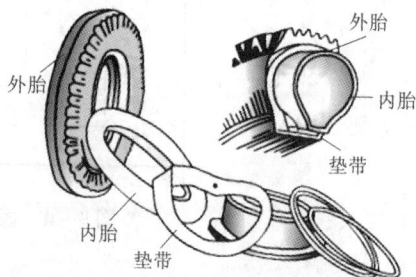

图 9-6　有内胎的轮胎组成图

外胎由胎圈、缓冲层、胎面和帘布层组成（见图 9-7 所示）。

胎面外部是橡胶层，保护胎体免受路面造成的磨损。胎面按部位分为胎冠、胎肩、胎侧三部分，如图9-8所示。

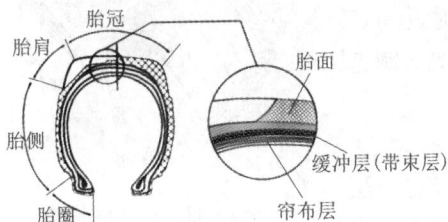

图9-7 轮胎的结构示意图

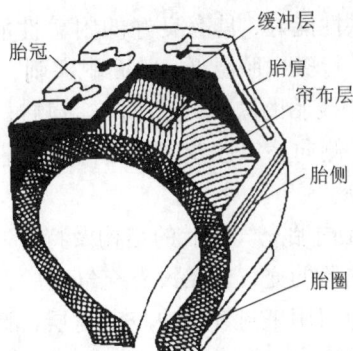

图9-8 外胎结构

胎冠亦称行驶面，它与路面接触，直接承受冲击和磨损，并与路面间产生很大的附着力，故胎冠应具有较高的强度、刚度、弹性和耐磨性。为增加轮胎的附着力，避免轮胎纵横向打滑，使轮胎具有良好的排水性能，胎冠制有各种花纹，如图9-9所示，主要有普通花纹（包括纵向折线花纹和横向花纹）、组合花纹、越野花纹等。

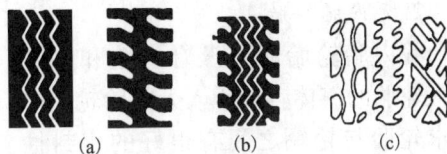

图9-9 胎面花纹

(a)普通花纹；(b)组合花纹；(c)越野花纹

帘布层是外胎的骨架，其主要作用是承担载荷，保护轮胎外缘尺寸和形状，通常由多层橡胶化的棉线或其他纤维组织所组成。帘布层的帘线按一定的角度交叉排列。帘布的层次越多强度越大，但弹性越低。由于外胎帘布层结构不同，分为普通斜交轮胎和子午线轮胎。

1）普通斜交轮胎

帘布层和缓冲层各相邻层帘线交叉，且与胎面中心线呈小于90°排列的充气轮胎为普通斜交轮胎，常称普通斜交轮胎，如图9-10所示。普通斜交轮胎是一种老式的结构，由于帘布层的斜交排列，给轮胎胎面和胎侧增加了强度，在适当充气时，会使驾驶员感到较为柔软、舒适。接触地面时使胎面平整，减少了扭曲，汽车行驶

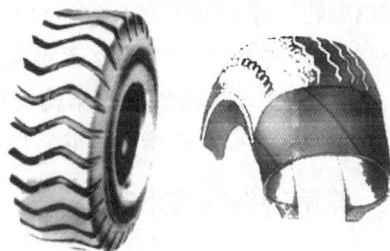

图9-10 普通斜交轮胎

平稳，牵引效果好，防穿透性有所改善，延长了轮胎的使用寿命。普通斜交轮胎噪声小，外胎面柔软，价格便宜。

2）子午线轮胎

子午线轮胎用钢丝或纤维植物制作的帘布层，其帘线与胎面中心的夹角接近90°角或接近90°角排列，并从一侧胎边穿过胎面到另一侧胎边，帘线在轮胎上的分布好像地球的子午线，所以称为子午线轮胎，如图9-11所示。由于子午线轮胎具有帘布成子午线环形排列、胎体与带束层帘布线形成许多密实的三角网状结构的特点，因此，子午线轮胎帘线的强度得到充分利用，从而使帘布层可大量减少，减少了轮胎的质量；并大大提高了胎面的刚性，减

少了胎面与路面的滑移现象,提高了轮胎的耐磨性。

与普通斜交轮胎相比,子午线轮胎质量轻,轮胎弹性大,减振性能好,具有良好的附着性能,滚动阻力小,承载能力大,行驶中胎温低,胎面耐穿刺,轮胎使用寿命长。

子午线胎的缺点是胎面与胎侧过渡区及胎圈附近易产生裂口,侧向稳定性差,对材料及制造技术要求很高,制造成本较高。

2)无内胎充气轮胎的结构及特点

无内胎的充气轮胎没有充气内胎,但在外胎内壁有一层很薄的专门用来封气的橡胶密封层,胎缘部位留有余量,密封层被固定在轮辋上,空气直接压入外胎中。

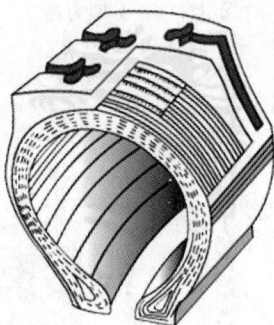

图 9 – 11　子午线轮胎

无内胎充气轮胎的特点是只在轮胎爆破时才会失效,且轮胎爆破后可从外部紧急处理;钉子刺破轮胎后,内部空气不会立即泄掉,仍能安全地继续行驶。

2. 无内胎轮胎

无内胎轮胎就是没有内胎和垫带,充入轮胎的气体直接压入无内胎轮胎中,要求轮胎与轮辋之间有很好的密封性。其结构如图 9 – 12 所示。

无内胎轮胎为了保证密封性,与有内胎轮胎所不同的是在无内胎轮胎的内壁上附加了一层厚度约为 2 ~ 3 mm 的橡胶密封层。在密封层正对着胎面下面还贴一层自粘层,能自行将刺穿的孔粘合。

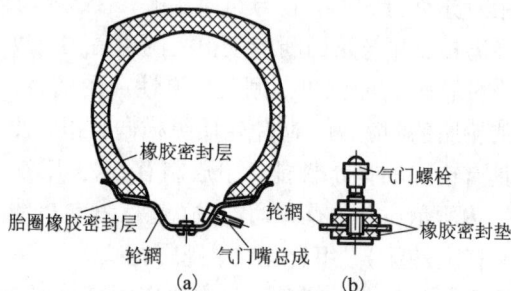

图 9 – 12　无内胎轮胎

无内胎轮胎穿孔时压力不会急剧下降,仍然能继续安全行驶。无内胎轮胎中由于没有内胎故不存在内外胎的摩擦和夹卡而引起的损坏;它可以直接通过轮辋散热,所以轮胎工作温度低,使用寿命长;无内胎轮胎结构简单,质量较小。缺点是轮胎爆破失效时,途中修理比较困难。无内胎轮胎近年来应用非常广泛,轿车几乎均使用无内胎轮胎。

三、轮胎规格的表示方法

我国与大多数国家一样,采用英制表示法。如图 9 – 13 所示。

1. 斜交轮胎的规格

(1)高压轮胎规格一般用 $D \times B$ 表示,D 为轮胎名义直径,B 为轮胎断面宽度,单位均为英寸,"×"表示高压胎。

例如:轮胎的尺寸 34 × 7 表示为:该轮胎断面宽度为 7 英寸,该轮胎为高压胎,该轮胎外径为 34 英寸。

(2)低压轮胎规格一般用 $B - d$ 表示,B 是轮胎断面宽度,d 为轮辋直径,单位均为英寸,"–"表示低压胎。

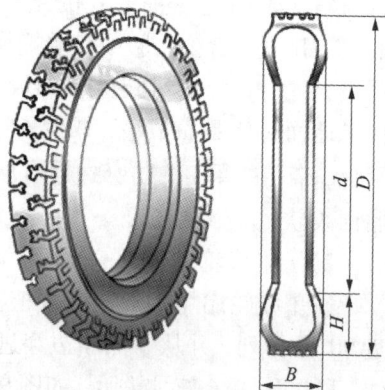

图 9 – 13　轮胎的标注

例如：轮胎的尺寸 9.00 – 20 表示为：该轮辋直径为 20 英寸，该轮胎为低压胎，该轮胎断面宽度为 9 英寸。

（3）胎体帘线材料以汉语拼音表示。如 M—棉帘布，R—人造丝帘布，N—尼龙帘布，G—钢丝帘布，ZG—钢丝子午线帘布轮胎。

轮胎侧面注有"△"、" – "、"□"等符号或注有"W"、"D"等文字，表示轮胎最轻的部分。

例如：上海桑塔纳汽车装用子午线无内胎轮胎，规格为 185 /70SR1484S，其中 185 表示轮胎宽度为 185 mm，70 表示高宽比为 70%，SR 表示用于车速小于 180 km/h 的子午线轮胎，14 表示轮辋直径为 14 英寸。

2. 子午线轮胎的规格

子午线轮胎一般标注有"Z"字母，但有的用英文缩写字母"R"表示。子午线轮胎轮胎宽的单位用毫米表示，车轮轮辋用英寸表示，轮胎强度用字母或数字表示，扁平轮胎还表示扁平率(高宽比)。

如：195/60　R　14　85　H(上海桑塔纳 2000GSi 轿车轮胎)

其中：

195：轮胎宽度 195 mm。货车子午线轮胎的宽度一般用英寸(inch)为单位。

60：扁平比为 60%。扁平比为轮胎高度 H 与宽度 B 之比。扁平比有 60、65、70、75、80 五个级别。

R：子午线轮胎，即"Radial"的第一个字母。

14：轮胎内径 14 英寸(inch)。

85：荷重等级，即最大载荷质量。荷重等级为 85 的轮胎的最大载荷质量为 515 kg。

H：速度等级，表明轮胎能行驶的最高车速。H 的最高车速为 210 km/h。

另外，英文字母、单词及符号的意义如下：

P	轿车轮胎
REINFORCED	经强化处理
RADIAL	子午线胎
TUBELESS"(或 TL)	无内胎(真空胎)
M + S(Mud and Snow)	适于泥地和雪地
→	轮胎旋向，不可装反

3. 主要厂家轮胎规格

如表 9 – 1 所示。

表 9 – 1　轮胎规格实例

195/60R14	82	上海通用别克赛欧，雪铁龙爱丽舍，捷达王，波罗 1.4MT 等
195/60R14	86	桑塔纳 Gli，桑塔纳 2000 等
195/65R15	91	广本 2.3 Vti，广本 2.0 Exi，帕萨特 1.8 Gsi，宝来 1.8 等
205/60R15	91	奥迪 A6 1.8/1.8T/2.4，红旗 CA7202，风神蓝鸟 2.0i，现代索纳塔 2.0 GLS
205/65R15	94	广本雅阁 3.0 V6，尼桑风度 3.0GV、2.0G，丰田佳美 3.0 V6 XLE 等
215/70R15	98	通用别克新世纪，通用别克 GL8 商务车，林肯城市等
225/60R16	98	奔驰 S280(1999 款)，奔驰 S320(1999 款)，奔驰 S500(1999 款)等

4. 轮胎侧面标记

轮胎侧面标记如图 9 - 14 所示。

胎面磨损指示位置

制造商名称

X=米其林子午线科技

轮胎截面宽度mm

轮胎高度比(H/S=0.80*)

子午线结构

安装轮辋名义直径(22.5英寸)

单胎载荷指数
152=3 550公斤/轮胎

双胎并装时载荷指数
148=3 150公斤/轮胎

速度级别(M=130公里/小时)

轮胎结构

无内胎轮胎

图 9 - 14　胎侧标记

任务三　车轮和轮胎的维护与常见故障诊断

一、车轮与轮胎的维护

1. 轮胎的日常维护

(1)出车前检视。

①用气压表检查轮胎气压是否符合规定,气门嘴是否漏气,气门帽是否齐全,气门嘴是否碰擦制动鼓。

②检查轮胎螺母是否紧固,翼子板、挡泥板、货厢等有无碰擦轮胎现象,并设法消除。

③检查随车工具,如撬胎棒、千斤顶、轮胎螺母套筒扳手、气压表、手锤、挖石子钩等是否齐全。

(2)行驶中检视。

①行驶途中检视应结合途中停车、装卸等各种机会进行。停车地点应选择清洁、平坦、阴凉和不影响其他车辆通过的处所。

②检查轮胎螺母有无松动,翼子板、挡泥板、货厢等有无碰擦轮胎现象,并设法消除。

③及时发现并挖出轮胎夹石和花纹中的石子及杂物。

④检查轮胎气压,摸试轮胎温度。

⑤检查轮胎胎面及胎侧有无不正常的磨损和损伤,以及轮辋有无损伤。

（3）收车后检视。

①停车场地应干燥清洁、无油污，严寒地区应扫除停车场的冰雪，以免轮胎与地面冻结。

②停车后应注意检查轮胎有无漏气现象，并查找漏气原因，予以排除。

③检查花纹并挖出夹石和花纹中的石子、杂物。

④检查轮胎螺母是否松动，备胎架装置是否牢固，以及车辆机件有无碰擦轮胎的现象。

⑤途中加换用备胎，收车后应将损坏的轮胎及时送修。如发现车辆技术状况不正常，造成轮胎不正常磨损和机械损伤，应及时查明原因，并予以排除。

2. 轮胎的一级维护

（1）紧固轮胎螺母，检查气门嘴是否漏气，气门帽是否齐全，如发现损坏或缺少应立即修理或补齐。

（2）挖出夹石和花纹中的石子、杂物，如有较深伤洞应用生胶填塞。特别是子午线胎，刺伤后若不及时修补，水气进入胎体锈蚀钢丝帘线，造成早期损坏。

（3）检查轮胎磨损情况，如有不正常磨损或起鼓、变形等现象，应查找原因，予以排除。

（4）如需检查外胎内部，应拆卸解体，如有损伤应及时修补。

（5）检查轮胎搭配和轮辋、挡圈、锁圈是否正常。

（6）检查轮胎（包括备胎）气压，并按标准补足。

（7）检查轮胎有无与其他机件刮碰现象，备胎架是否完好、紧固。如不符合要求，应予排除。

（8）必要时（如单边偏磨严重）应进行一次轮胎换位，以保持胎面花纹磨耗均匀。

完成上述作业后应填写维护记录。

3. 轮胎的二级维护

除执行一级维护的各项作业外，还应进行轮胎的二级维护，包括：

（1）拆卸轮胎，按轮胎标准测量胎面花纹磨耗、周长及断面宽的变化，作为换位和搭配的依据。

（2）轮胎解体检查：

①胎冠、胎肩、胎侧及胎内有无内伤、脱层、起鼓和变形等现象。

②内胎、垫带有无咬伤、折皱现象，气门嘴、气门芯是否完好。

③轮辋、挡圈和锁圈有无变形、锈蚀，并视情涂漆。

④轮辋螺栓承孔有无过度磨损或损坏现象。

（3）排除解体检查所发现的故障后，进行装合和充气。

（4）高速车应进行轮胎的动平衡。

（5）按规定进行轮胎换位。

（6）发现轮胎有不正常的磨损或损坏，应查明原因，予以排除。

完成上述作业后应填写维护记录。

二、轮胎换位

（1）按时换位可使轮胎磨损均匀，并可延长20%的使用寿命。应结合车辆二级维护定期换位。在路面拱度较大的地区或夏季，轮胎磨损差别较大，可适当增加换位次数。

（2）轮胎换位方法常用的有交叉换位法和循环换位法，如图9-15所示。装用普通斜交轮胎的六轮二桥汽车,常用图中的交叉换位法,并在换位的同时进行翻面。

六轮二桥交叉换位的做法是:左右两交叉,主胎(后内)换前胎,前胎换帮胎(后外),帮胎换主胎。

四轮二桥汽车,斜交胎也可采用交叉换位法,如图9-16(a)所示。

子午线轮胎的旋转方向应始终不变。若反向旋转,会因钢丝帘线反向变形产生振动,汽车平顺性变差。因此子午线胎宜用单边换位法,如图9-16(b)所示。

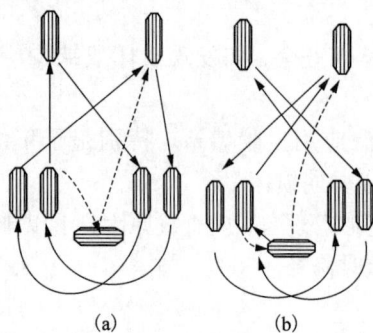

图9-15 六轮二桥轮胎换位法

(a)循环换位;(b)交叉换位

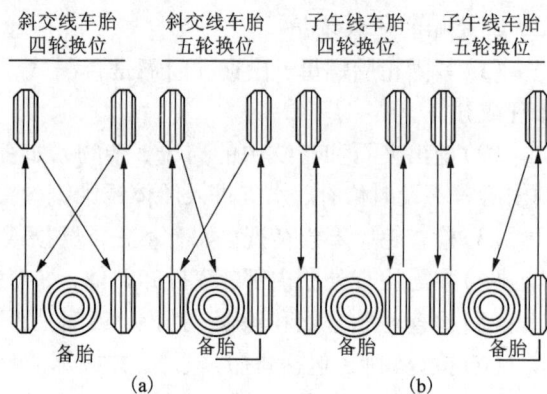

图9-16 四轮二桥轮胎换位法

(a)交叉换位;(b)单边换位

(3)轮胎换位后,应按所换的胎位要求,重新调整气压。

(4)轮胎换位后须做好记录,下次换位仍要按上次选定的换位方法换位。

三、轮胎的检查

1. 气压的检查

(1)观察轮胎气压与轮胎外形变化(如图9-17所示)。

(2)用轮胎压力表检查。轮胎气压可用气压表进行检查,一般前轮是1.8个大气压,后轮是2.2个大气压。

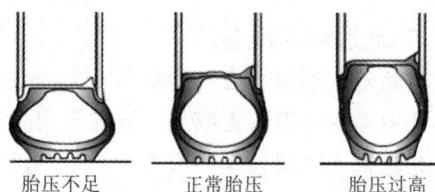

图9-17 轮胎胎压

2. 轮胎的磨损检查

检查轮胎是否被割破、擦伤,是否有硬伤、隆起或物体嵌入胎面中。用深度尺测量花纹深度或看胎侧的磨损标记△,花纹深度应大于1.6 mm。

3. 车轮动平衡的检测

(1)车轮动不平衡的危害。

汽车车轮是高速旋转元件,由于车轮具有一定的宽度,因此当车轮质量分布相对于车轮纵向中心面不对称时,会造成车轮的动不平衡。

车轮动不平衡时,会造成车轮的跳动和偏摆,使汽车的有关零件受到损坏,缩短汽车的使用寿命，对于高速行驶的汽车来说，还容易造成行驶不安全。

（2）车轮动不平衡的原因。

①重量分布不均匀。

②轮辋、制动鼓变形。

③轮毂与轮辋加工质量不佳。

④安装位置不正确。

（3）车轮平衡技术要求。轮胎更换后，必须进行平衡检查。未装轮胎时，轮辋的不平衡度应不大于0.04~0.05 N·m；装上轮胎后，车轮的不平衡度应不大于0.10~0.12 N·m，轮辋边缘允许的平衡块质量不大于70 g。

四、车轮常见故障诊断

1. 车轮常见故障

轮毂轴承过松：造成车轮摆振及行驶不稳，严重时还能使车轮甩出。

轮毂轴承过紧：造成汽车行驶跑偏。全部轮毂轴承过紧时，会使汽车滑行距离明显下降。轮毂轴承过紧会使汽车经过一段行驶后，轮毂处温度明显上升，有时甚至使润滑脂溶化而容易甩入制动鼓内，使制动性能下降。

2. 轮毂轴承预紧度的检查和调整

轮毂轴承过松或过紧必须立即修理，即调整轮毂轴承的预紧度。

（1）用千斤顶支起车轮，拧下轮毂盖螺钉，拆下轮毂衬垫。

（2）拆下锁止销钉，旋下锁紧螺母，拆下锁止垫片。

（3）旋转调整螺母改变轮毂轴承间隙。旋进轴承间隙变小，旋出轴承间隙变大。一般是将调整螺母旋紧到底，再退回1/3圈即可。

（4）调整合适的轮毂轴承预紧度应使车轮能够自由转动，且轴向推动无明显间隙。

五、轮胎常见故障诊断

轮胎的常见故障是轮胎的异常磨损。

1. 胎肩或胎面中间磨损

（1）现象：轮胎的胎肩和胎面出现了磨损（如图9-18所示）。

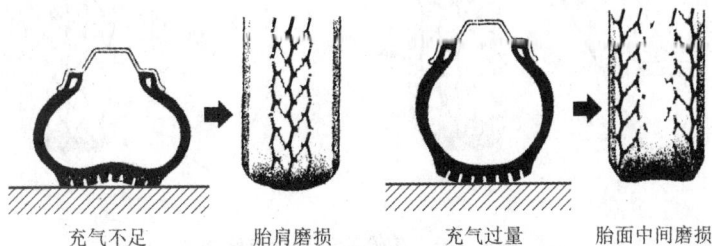

充气不足　　胎肩磨损　　充气过量　　胎面中间磨损

图9-18　轮胎胎肩与胎面中间磨损

（2）故障原因：集中在胎肩上或胎面中间的磨损，主要是由于未能正确保持充气压力所致。如果轮胎充气压力过低，轮胎的中间便会凹入，将载荷转移到胎肩上，使胎肩磨损快于胎面中间。另一方面，如果充气压力过高，轮胎中间便会凸出，承受了较大的载荷，使轮胎中间磨损快于胎肩。

（3）故障排除步骤：

①检查是否超载。

②检查充气压力。如果充气过量或充气不足，应调整充气压力。

③调换轮胎位置。

2. 内侧或外侧磨损

（1）现象：为轮胎的内侧或外侧磨损，如图9-19所示。

（2）原因：

①在过高的车速下转弯会造成转弯磨损。转弯时轮胎滑动，便产生了斜形磨损。

②悬架部件变形或间隙过大，会影响前轮定位，造成不正常的轮胎磨损。

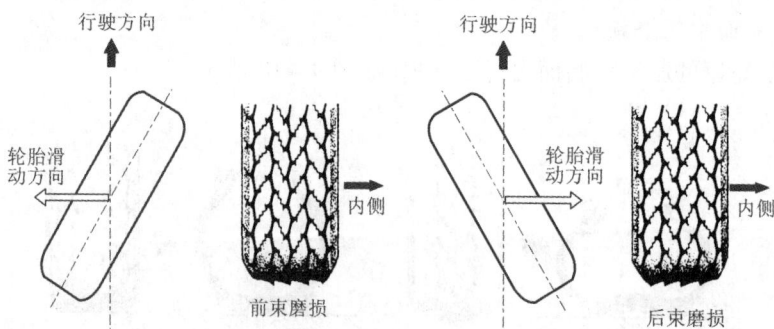

图9-19 轮胎的内侧与外侧磨损

③如果轮胎面某一侧的磨损，快于另一侧的磨损，其主要原因可能是外倾角不正确，外倾角过大便造成了外侧胎面的过量磨损。反之，其内侧胎面磨损较快。

（3）故障排除步骤：

①询问驾驶员是否高速转弯，如果是则要避免。

②检查悬架部件：如松动则将其紧固；如变形和磨损，应修理或更换。

③检查外倾角，如不正常，应校正。

④调换轮胎位置。

3. 前束和后束磨损（羽状磨损）

（1）现象。车轮出现了前束和后束磨损，如图9-20所示。

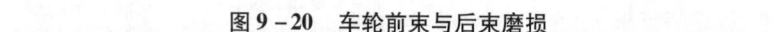

图9-20 车轮前束与后束磨损

（2）故障原因。胎面的羽状磨损，主要是由于前束调节不当所致，过量的前束，会迫使轮胎向外滑动，并使胎面的接触面在路面上朝内拖动，造成前束磨损。胎面呈明显的羽毛形。另一方面，过量的后束，会将轮胎向内拉动，并使胎面的接触面在路面上朝外拖动，造成后束磨损。

（3）故障排除步骤：

①检查前束和后束。如果前束过量或后束过量，应该加以调整。

②调换轮胎位置。

4.前端和后端磨损

（1）现象：车轮出现了前端和后端磨损，如图9-21所示。

（2）故障原因：

①前端和后端磨损是一种局部磨损，常常出现在具有横向花纹和区间花纹的轮胎上，胎面上的区间发生斜向磨损（与鞋跟的磨损方式相同），最终变成锯齿状。

②具有纵向折线花纹的胎面，磨损时会产生波状花纹。

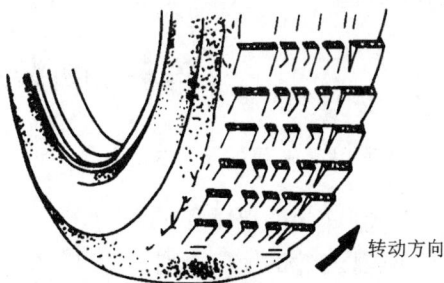

图9-21 车轮前端和后端磨损

③非驱动轮的轮胎只受制动力的影响，而不受驱动力的影响，因此往往会有前后端形式的磨损，如反复使用和放开制动器，便会使轮胎每次发生短距离滑动而磨损，前后端磨损的形式便与这种磨损相似。

（3）故障排除步骤：

①检查充气压力，如果充气不足，就将其充至规定值。

②检查车轮轴承，如果磨损或松动，应更换或调整。

③检查外倾角和前束，如果不正确，应加以调整。

④检查轴颈或悬架部件。如果损坏，应修理或更换。

⑤调换轮胎位置。

5.轮胎不正常磨损

（1）轮胎磨损现象。轮胎在使用中出现磨损速度加快，胎面形状异常磨损。

（2）故障原因。轮胎不正常磨损与转向桥部分有关的故障原因有：

①前轮定位调整不正确，或其他零件有故障所造成的影响。

②前轮轮毂轴承调整不当，过松或过紧。

③转向节主销与前轴主销孔磨损，止推轴承磨损，止推轴承座孔不平整。

④车轮盘的损伤或制动鼓磨损不匀。

⑤制动鼓与制动蹄摩擦片调整不当，结合不紧密。

⑥转向节臂弯曲变形。

⑦转向节弯曲变形。

⑧轮胎气压不足，或左、右两胎气压不相等。

（3）故障诊断与排除。根据轮胎的磨损状况检查具体故障部位，并进行相应调整、维修或更换。

①询问轮胎异常磨损是否由于使用不当如经常超载、急刹车所致，提示合理行车。

②检查轮胎气压，轮胎气压应符合标准要求。

③及时进行轮胎换位，紧固车轮螺栓。

④检查、调整前轮前束和前轮外倾角。

⑤检查悬架、轮毂轴承、转向主销等。

⑥检查轮辋是否变形。检查车轮平衡块是否脱落，进行轮胎动平衡检测和校正。

项目实施

车轮的拆装及动平衡检查调整

(一)项目实施目的及要求

(1)熟悉车轮的组成及安装。

(2)熟悉车轮的换位原则。

(3)会做车轮的拆装、检查。

(4)能够进行车轮的动平衡检测及调整。

(二)项目实施设备及工量具

(1)设备：实训车辆；轮胎拆装机；车轮动平衡仪、举升机；充气机。

(2)工(量)具：常用拆装工具、气压表、钢尺。

(三)项目实施内容

(1)认知车轮总成及胎侧标注。

(2)车轮拆卸。

(3)轮胎的拆装。

(4)车轮动平衡检测及调整。

(5)车轮总装及检查。

(四)项目实施步骤

1.认知车轮总成及胎侧标注

(1)观察实训车辆的车轮，熟悉各自的结构；指出轮胎、轮毂、轮辋及轮辐，识别该车轮的种类。

(2)识读胎侧标注，了解数字、字母的含义。

2.车轮拆卸

(1)停稳车辆，用三角木掩住各车轮，如图9-22所示。

(2)取下车轮上的装饰罩，弄清汽车左右侧车轮与轮毂连接螺栓的螺旋方向，使用车轮螺母拆装机或用套筒扳手初步拧松各连接螺母。

(3)用千斤顶顶在指定的位置，使被拆车轮稍离地面。也可将车辆停在举升架上，升起车

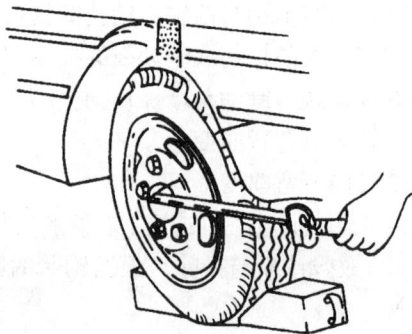

图9-22 车轮的拆卸

辆，使车轮稍离开地面。

（4）拧下车轮与轮毂连接的全部螺母，取下垫圈，并摆放整齐。

（5）边向外拉边左右晃动车轮，从车轴上取下车轮总成。

3. 轮胎的拆装及检查

1）轮胎的分解

应先举升车体，并在车轮上标明记号，如"左前"、"右内"等，拆下车轮。具体如下：

（1）先清洁各处泥土，然后放出胎内空气。

（2）用轮胎撬棒尖端插入缺口，并在缺口对面挡圈上轻轻敲击，将挡圈撬出。

（3）把气阀推进外胎内部，取下轮盘，如图9-23所示。

拆卸轮胎必须使用专用工具，如轮胎撬棒、手锤、拆胎机等，不允许用大锤重击或用其他尖锐的工具。

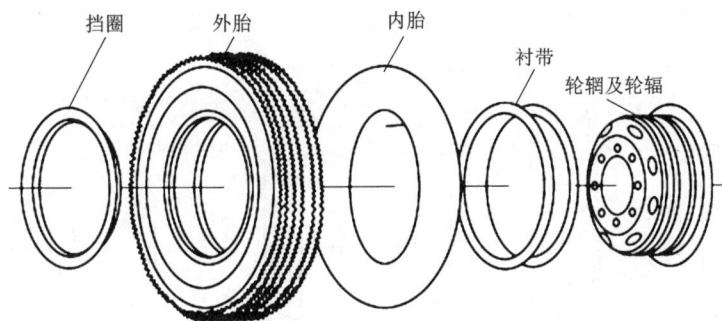

图9-23 轮胎分解图

2）轮胎的装复

轮胎的装配按拆卸相反顺序操作，并应注意下列事项：

（1）外胎、内胎、垫带、轮辋必须符合规格要求，才能组装。要特别注意子午线胎胎圈部分的完好。

（2）装合内、外轮胎时应擦拭干净，紧固气门嘴，并在外胎内部和垫带上涂上滑石粉。

（3）外胎上如有"△"、"□"、"○"、"×"、"↑"等标志，表示轮胎较轻的部位，内胎嘴安装在该处。

（4）胎侧有平衡标记（彩色胶片）的，标记应在与气门嘴相对的位置上，以便于平衡。轮辋上有平衡块的，应用动平衡机进行平衡调整。

（5）人字形花纹的轮胎和在轮胎外侧标有旋转方向的轮胎，应按规定方向装用（在驱动轴上要顺方向，在从动轴上要反方向）。

（6）双胎并装时，应注意将两轮通风洞对准，两气门嘴应互隔180°，并与制动鼓上的蹄鼓间隙检视孔呈90°角。以便于检查制动鼓与摩擦片的间隙。内侧轮胎的气门嘴与外侧轮胎的轮辋孔应对正，以便于检查气压和充气。

（7）装无内胎轮胎时，每次均需换上新的"O"形圈，"O"形圈要完好，并经植物油浸泡。

（8）无内胎轮胎胎冠有钢带时，应先把轮胎装在轮辋上，并充入150 kPa的气压，再小心把钢带剪断取下。

（9）新装配好的无内胎轮胎，充气时应用肥皂水检查轮辋与胎圈接触"O"形圈、气门嘴垫、气门芯等处是否漏气。

3. 车轮动平衡检测及调整

汽车的车轮是由轮胎、轮毂组成的一个整体。但由于制造上的原因，使这个整体各部分的质量分布不可能非常均匀。当汽车车轮高速旋转起来后，就会形成动不平衡状态，造成车辆在行驶中车轮抖动、方向盘震动的现象。为了避免这种现象或是消除已经发生的这种现象，就要使车轮在动态情况下通过增加配重的方法，使车轮校正各边缘部分的平衡。这个校正的过程就是车轮的动平衡。

1）车轮动平衡的检查原理

由于车轮动不平衡对汽车危害很大，因此，必须对车轮的动不平衡进行试验，并进行调平衡工作。车轮的不平衡包括静不平衡和动不平衡，由于动平衡的车轮一定处于静平衡状态，因此，只要检测了动平衡，就没有必要检测静平衡。车轮平衡检查的原理如图 9 – 24 所示。

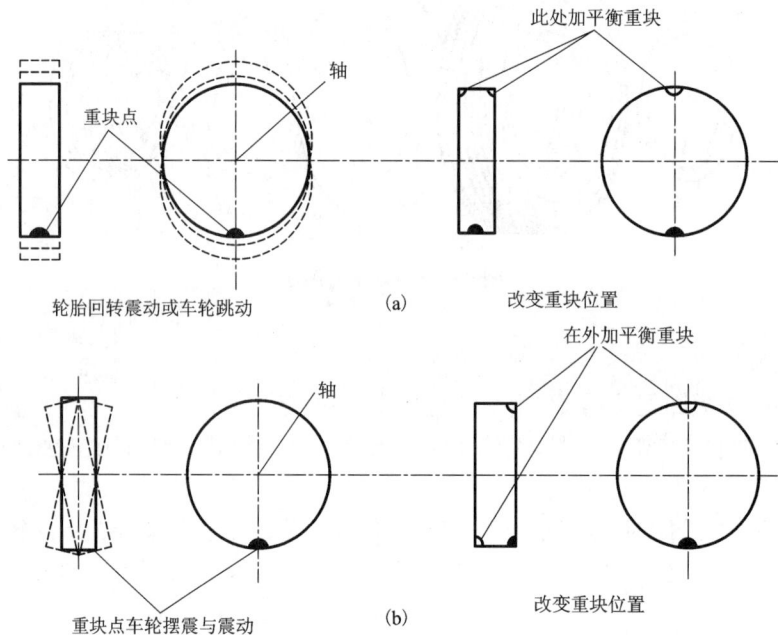

图 9 – 24　轮胎的平衡检查

2）车轮平衡机及使用方法

（1）车轮平衡机的类型。车轮平衡机也称为车轮平衡仪，用来检测车轮的平衡度。按功能可分为车轮静平衡机和车轮动平衡机两类；按测量方式可分为离车式车轮平衡机和就车式车轮平衡机两类；按车轮平衡机转轴的形式可分为软式车轮平衡机和硬式车轮平衡机两类。

使用离车式车轮平衡机时，将车轮从车上拆下安装到车轮平衡机的转轴上检测其平衡状况。

软式车轮平衡机，安装车轮的转轴由弹性元件支承。当被测车轮不平衡时，该轴与其上的车轮一起振动,测得该振动即可获得车轮的不平衡量。硬式车轮平衡机的转轴由刚性元件支承,工作中转轴不产生振动,它是通过直接测量车轮旋转时不平衡点产生的离心力来确定不平衡量的。

凡是可以测定车轮左、右两侧的不平衡量及其相位的,可以称为二面测定式车轮平衡机。

就车式车轮平衡机既可进行静平衡试验,又可进行动平衡试验。

(2)离车式车轮平衡机的结构与使用方法。

①离车式车轮平衡机的结构简介:

离车式车轮动平衡机如图9-25所示,其专用卡尺如图9-26所示。目前应用最多的是硬式二面测定车轮动平衡机。该动平衡机一般由驱动装置、转轴与支承装置、显示与控制装置、制动装置、机箱和车轮防护罩等组成。驱动装置一般由电动机、传动机构等组成,可驱动转轴旋转。转轴由两个滚动轴承支承,每个轴承均有一能将动反力变为电信号的传感器。转轴的外端通过锥体和大螺距螺母等固装在被测车轮上。驱动装置、转轴与支承装置等均装在机箱内。车轮防护罩可防止车轮旋转时其上的平衡块或花纹内夹杂物飞出伤人。制动装置可使车轮停转。

近年来生产的车轮动平衡机,其显示与控制装置多为微机式,具有自动诊断和自动系统,能将传感器的电信号通过微机运算、分析、判断后显示出不平衡量及相位。为了使显示的不平衡量恰是轮辋边缘所加平衡块的质量,还必须将测得的轮辋直径 d、轮辋宽度 b 和轮辋边缘至平衡机机箱的距离 a(轮辋外悬尺寸),通过键盘或选择器旋钮输入微机。

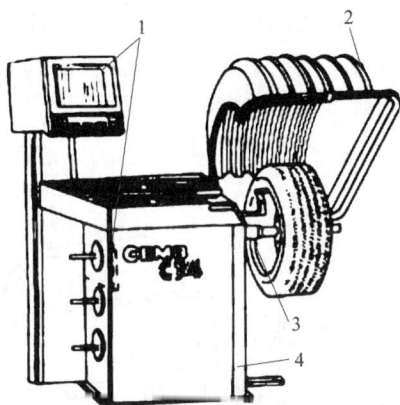

图9-25　离车式车轮动平衡机
1—显示与控制装置;2—车轮防护罩;3—转轴;4—机箱

图9-26　离车式车轮动平衡机的专用卡尺

②离车式车轮平衡机的使用方法:

A.清除被测车轮上的泥土、石子和旧平衡块。

B.检查轮胎气压,视必要充至规定值。

C.根据轮辋中心孔的大小选择锥体,仔细地装上车轮,用大螺距螺母上紧。

D.打开电源开关,检查指示与控制装置的面板是否指示正确。

E.用卡尺测量轮辋宽度 b、轮辋直径 d(也可由胎侧读出),用平衡机上的标尺测量轮辋

边缘至机箱距离 a，用键入或选择器旋钮对准测量值的方法，将 a、b、d 直接输入指示与控制装置中。为了适应不同计量制式，平衡机上的所有标尺一般都同时标有英制和公制刻度。

F. 放下车轮防护罩，按下启动键，车轮旋转，平衡测试开始，微机自动采集数据。

G. 车轮自动停转或听到"笛"声，按下停止键并操纵制动装置使车轮停转后，从指示装置读取车轮内、外不平衡量和不平衡位置。

H. 抬起车轮防护罩，用手慢慢转动车轮。当指示装置发出指示(音响、指示灯亮、制动、显示点阵或显示检测数据等)时停止转动。在轮辋的内侧或外侧的上部(时钟 12 点位置)加装指示装置显示的该侧平衡块质量。内、外侧要分别进行，平衡块装卡要牢固。

I. 安装平衡块后有可能产生新的不平衡，应重新进行平衡试验，直至不平衡量 <5 g (0.3 oz)，指示装置显示"00"或"OK"时才能满意。当不平衡量相差 10 g 左右时，如能沿轮辋边缘左右移动平衡块一定角度，将可获得满意的效果。

J. 取下车轮，关闭电源，测试结束。

(3)就车式车轮平衡机及使用方法。

①就车式车轮平衡机结构简介：

使用就车式车轮平衡机，无需从车上拆下车轮，就车即可测得车轮的平衡状况。就车式车轮动平衡机一般由驱动装置、测量装置、指示与控制装置、制动装置和小车等组成，如图 9-27 所示，图 9-28 所示为工作图。驱动装置由电动机、转轮等组成，能带动支离地面的车轮转动。测量装置由传感磁头、可调支杆、底座和传感器等组成。它能将车轮不平衡量产生的振动变成电信号，送至指示与控制装置。指示与控制装置由频闪灯、不平衡度表或数字显示屏等组成。频闪灯用来指示车轮不平衡点位置，不平衡度表或数字显示屏用来指示车轮的不平衡量。不平衡量，一般有两个挡位。第一挡往往用于初查时的指示，第二挡往往用于装上平衡块后复查时指示。制动装置用于车轮停转。除测量装置外，车轮动平衡机的其余装置都装在小车上，可方便地移动。

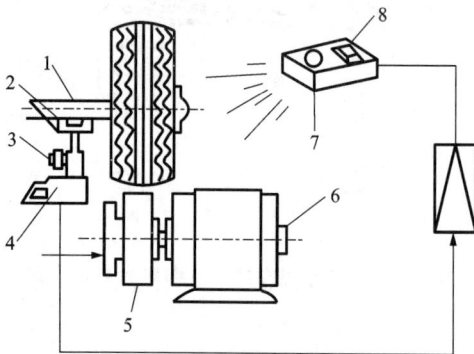

图 9-27 就车式车轮动平衡机示意图

1—转向节；2—传感磁头；3—可调支杆；4—底盘；
5—转轮；6—电动机；7—频闪灯；8—不平衡度表

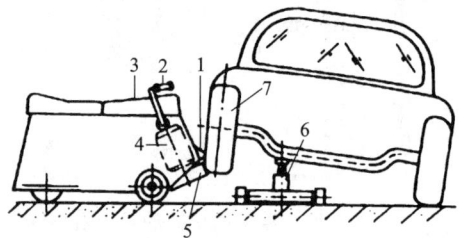

图 9-28 就车式车轮平衡机工作图

1—光电传感器；2—手柄；3—仪表板；4—驱动电机；
5—摩擦轮；6—传感器支架；7—被测车轮

②就车式车轮平衡机的使用方法。

A. 准备工作：

a. 用千斤顶支起车轴，两边车轮离地间隙要相等。

b. 清除被测车轮上的泥土、石子和旧平衡块。

c. 检查轮胎气压，视必要充至规定值。

d. 检查轮毂轴承是否松旷，视必要调整至规定松紧度。

e. 在轮胎外侧面任意位置上用白粉笔或白胶布做上记号。

B. 从动前轮静平衡：

a. 用三角垫木塞紧非测试车轮，将就车式车轮动平衡机的测量装置推至被测前轮一端的前轴下，传感磁头吸附在悬架下或转向节下，调节可调支杆高度并锁紧。

b. 推平衡机至车轮侧面或前面（视车轮平衡机形式不同而异），检查频闪灯工作是否正常，检查转动的旋转方向能否使车轮的转动力与前进行驶时方向一致。

c. 操纵车轮动平衡机转轮与轮胎接触，启动驱动电机带动车轮旋转至规定转速。

d. 观察频闪灯照射下的轮胎标记位置，并从指示装置（第一挡）上读取不平衡量数值。

e. 操纵平衡机上的制动装置，使车轮停止转动。

f. 用手转动车轮，使其上的标记仍处在上述观察位置上，此时轮辋的最上部（时钟 12 点位置）即为加装平衡块的位置。

g. 按指示装置显示的不平衡量选择平衡块，牢固地装卡到轮辋边缘上。

h. 重新驱动车轮进行复查测试，指示装置用二挡显示。若车轮平衡度不符合要求，应调整平衡块质量和位置，直至符合平衡要求。

C. 从动前轮动平衡：

a. 将传感磁头吸附在经过擦拭的制动底板边缘平整之处。

b. 操纵平衡机转轮驱动车轮旋转至规定转速，观察轮胎标记位置，读取不平衡量数值，停转车轮找平衡块加装位置，加装平衡块和复查等，方法与静平衡相同。

D. 驱动轮平衡：

a. 顶起驱动车轮。

b. 用发动机、传动系驱动车轮，加速至 50～70 km/h 的某一转速下稳定运转。

c. 测试结束后，用汽车制动器使车轮停转。

d. 其他方法与从动轮动、静平衡测试相同。

3）注意事项

（1）离车式车轮动平衡机的主轴固定装置和就车式车轮动平衡机的支架上都装有精密的位移传感器和易碎裂的压电晶体传感器，因此严禁冲击和敲打主轴或传感器支架。

（2）在检修车轮动平衡机时，传感器的固定螺栓不得松动。因为这一螺栓不是一般的紧固件，需要由它向传感晶体提供必要的预紧力。当这一预紧力发生变化时，电算过程将完全失准。

（3）车轮动平衡机的平衡重也称配重，通常有卡夹式和粘贴式两种类型。卡夹式适用于轮辋有卷边的车轮。对于铝镁合金轮辋，因无卷边可夹，可使用粘贴式配重。粘贴式配重的外弯面有不干胶，粘贴于轮辋内各面。

（4）必须明确，车轮动平衡机的机械系统和电算电路都是针对正常车轮使用条件下平衡失准或轻微受损但仍能使用的车轮而设计的，对因交通事故而严重变形的轮辋或胎面大面积剥离的车轮是不能上机进行平衡检测的。一方面不平衡量过大的车轮旋转时的离心力可能损伤车轮动平衡机的传感系统，另一方面超值的不平衡力可能溢出电算范围而使仪器自动拒绝工作。

（5）当不平衡量超过最大配重时，可用两个以上配重并列使用。但这时要注意因多个配重占用较大的扇面会使其有效质量低于实际质量。

（6）一般情况下，离车式车轮动平衡机或就车式车轮动平衡机都是分别各自使用的。但对高速行驶的汽车车轮而言，如果用离车式车轮动平衡机平衡后再装在车上行驶时，仍会出现不平衡现象。因此，使用离车式车轮动平衡机平衡车轮后，最好能再用就车式车轮动平衡机进行校对。

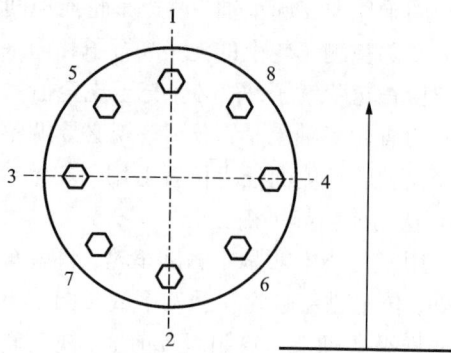

图 9 - 29　车轮螺母拧紧顺序

4. 车轮总成的安装

（1）顶起车桥，套上车轮，将螺母初步拧在螺柱上。

（2）放下车轮并在车轮前后用三角木掩住，用扭力扳手或车轮螺母拆装机，按对角线顺序分 2～3 次拧紧车轮螺母，最后一次要按规定力矩拧紧（如图 9 - 29 所示）。

5. 充气

（1）轮胎充气应按照该型汽车使用说明书上规定的标准气压执行。并在冷态时用气压表测量，若在热态时测量，应略高于标准气压，取适当的修正值。气压表应定期校准，以保证读数准确。

（2）轮胎装好后，先充入少量空气。待内胎充气伸展后再继续充至所规定的气压。

（3）充气前应检查气门芯与气门嘴是否配合平整，并擦净灰尘。充气后应检查是否漏气，并将气门帽旋紧。

（4）充入的空气不得含有水分和油雾。

（5）充气时应注意安全防护，充气开始时用手锤轻击锁圈，使其平稳嵌入轮辋槽内，以防锁圈跳出。

项目小结

1. 车轮总成的组成包括车轮和轮胎，其主要功用是：支承汽车和装载的质量；传递汽车与路面之间的各种力和力矩；缓冲车轮受路面颠簸时所引起的振动；保持汽车的行驶方向等。

2. 车轮的作用是安装轮胎、连接半轴或转向节，并承受汽车质量和半轴或转向节传来的力矩。它是由轮毂、轮辋和轮盘组成。根据轮盘的不同结构，分为辐板式（盘式）和辐条式（辐式）两种。

3. 国产轮辋规格按国家标准（GB/T2933—1995 充气轮胎用车轮和轮辋的术语、规格代号和标志）用轮辋名义宽度、轮缘高度代号、轮辋结构形式代号、轮辋名义直径和轮辋轮廓类型代号来表示。

4. 轮胎可分为充气轮胎和实心轮胎，现代汽车绝大多数采用充气轮胎。充气轮胎分为有内胎轮胎和无内胎轮胎两种。

5. 普通充气轮胎由外胎、内胎和垫带组成。

6. 车轮与轮胎的维护包括轮胎的日常维护、轮胎的一级维护、轮胎的二级维护。

7. 轮胎换位方法常用的有交叉换位法和循环换位法。

8. 轮胎的检查内容包括气压的检查、轮胎的磨损检查、车轮动平衡的检测。

9. 车轮常见故障：轮毂轴承过松；轮毂轴承过紧。

10. 轮胎的常见故障是轮胎的异常磨损。

思考与练习

1. 如何正确拆装车轮？

2. 如何进行轮胎换位？

3. 车轮不平衡有哪些危害和原因？如何检查调整？

4. 轮胎的检查项目包括哪些？如何检查？

5. 说明车轮轮胎的常见故障现象、原因及排除方法。

项目十

悬架构造与检修

学习目标

（1）能描述悬架系统的各组成部分的名称；

（2）能叙述弹性元件的作用、类型和结构特点；

（3）能熟悉双向作用筒式减振器的构造、作用和原理；

（4）会独立悬架和非独立悬架的装配、安装与调整；

（5）会分析电控悬架的功用、组成和工作原理；

（6）能根据故障现象制定维修方案；

（7）会诊断悬架系统常见的故障；

（8）会撰写案例分析报告。

案例引入

一辆丰田花冠轿车，路面稍有不平，车身就颠簸得非常厉害。请你进行故障诊断并予以排除，制定一份诊断维修计划书，完成检修任务，并归挡。

项目描述

本项目主要介绍悬架组成、作用和种类；弹性元件的作用、类型和结构特点；减振器的构造、作用及工作原理；独立悬架和非独立悬架结构特点；电控悬架的分类、组成和工作原理及悬架系统的检修与常见故障诊断等内容。

项目内容

任务一　悬架概述

汽车车架或车身若直接安装于车桥上，则会由于道路不平而上下颠簸振动，从而使乘车人员感到不舒服或者使货物损坏。因此，汽车上必须装有具有缓冲、减振和导向作用的悬架装置。

一、悬架的作用与组成

1.悬架的作用

悬架就是车架（或车身）与车桥（或车轮）之间的一切传力连接装置的总称。其作用是把路面作用于车轮上的垂直反力(支承力)、纵向反力(牵引力和制动力)和侧向反力以及这些反力所造成的转矩传递到车架(或车身)上,并减少汽车振动,以保证汽车的正常行驶。

2. 悬架的组成

汽车悬架(如图10-1所示)一般由弹性元件、减振器和导向机构(横向稳定杆、摆臂、纵向推力杆等)三部分组成。

弹性元件的作用是使车架(或车身)与车桥(或车轮)之间成为弹性连接并与弹性的充气轮胎一起缓和不平路面对车辆的冲击,提高乘员的舒适性,避免货物损伤,延长汽车使用寿命。

弹性系统受到冲击会产生振动,持续的振动容易使乘员感到不舒适或疲劳,为了尽快使弹性系统的振动迅速衰减,悬架还安装有减振器,使振动迅速衰减。

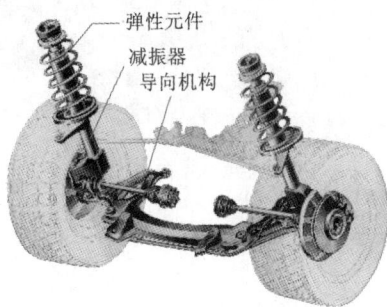

图 10-1 典型汽车前悬架组成图

导向机构也是传力机构,其作用一是传递各个方向的力和力矩,二是使车轮按一定轨迹相对于车架和车身跳动。汽车在行驶过程中,车轮(特别是转向轮)的运动轨迹应符合一定的要求,否则对汽车的某些行驶性能(特别是操纵稳定性)有不利的影响。

横向稳定杆是为了增强汽车的横向刚度、防止车身在转弯等行驶情况下发生过大倾斜的辅助弹性元件。

二、汽车悬架的分类

汽车悬架的类型因分类方式不同而不同。

1. 按照汽车导向机构分

汽车悬架按照导向机构的不同可分为非独立悬架和独立悬架,见图10-2所示。

非独立悬架的结构特点是两侧的车轮由一根整体式车桥相连,车轮连同车桥一起通过弹性悬架与车架(或车身)连接。这种悬架的缺点是当一侧车轮因道路不平而发生跳动时,必然引起另一侧车轮在汽车横向平面内发生摆动。这样就影响到车身的平稳和高速行驶的稳定性,但这种悬架结构简单,制造方便,故被载重汽车普遍采用[如图10-2(a)所示]。

独立悬架的结构特点是车桥做成断开的,每一侧的车轮可以单独地通过弹性悬架与车架(或车身)连接。当一侧车轮上下跳动时,不会影响到另一侧车轮位置的变化。这种悬架乘坐舒适性和操纵稳定性都较好,且具有降低汽车重心、减少汽车造型受约束的效果,但其结构较复杂,造价较昂贵。它主要应用在轿车上[如图10-2(b)所示]。

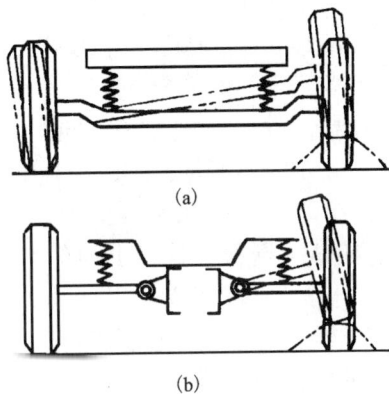

图 10-2 非独立悬架与独立悬架

(a)非独立悬架;(b)独立悬架

2. 按照控制方式分

按照控制方式的不同可将悬架分为被动悬架和主动悬架,如图10-3所示。

图 10 – 3　被动悬架与主动悬架

(a)被动悬架；(b)主动悬架

传统的机械控制属于被动控制即汽车的状态只能被动地取决于路面、行驶状况和汽车的弹性元件、减振器和导向机构等机械部件[如图 10 – 3(a)所示]。

主动控制采用电子控制技术，它能根据路面和行驶状况，自动调节悬架刚度和阻尼，控制汽车的振动和状态，使汽车平顺行驶[如图 10 – 3(b)所示]。

任务二　悬架弹簧

目前汽车上常见的悬架弹簧主要有钢板弹簧、螺旋弹簧、扭杆弹簧和气体弹簧等。

一、钢板弹簧

钢板弹簧是汽车悬架中使用最为广泛的弹性元件，由若干片长度不等、宽度相等、厚度不等或相等、曲率半径不等的合金弹簧片叠加在一起组合成一根近似等强度的梁，如图 10 – 4 所示，主要由主片、副片、弹簧夹、螺栓、套管、螺母等组成。钢板弹簧最上面的一片(最长的一片)称为主片，其两端弯成卷耳，内装青铜或其他材料制成的衬套，用弹簧销与固定在车架上的支架或吊耳作铰链连接。钢板弹簧的中心部位用 U 形螺栓与车桥固定。

钢板弹簧在载荷作用下变形，各片之间因相对滑动而产生摩擦，可使车架的振动衰减。各片之间处于干摩擦，同时还要将车轮所受冲击力传递给车架，因此增大了各

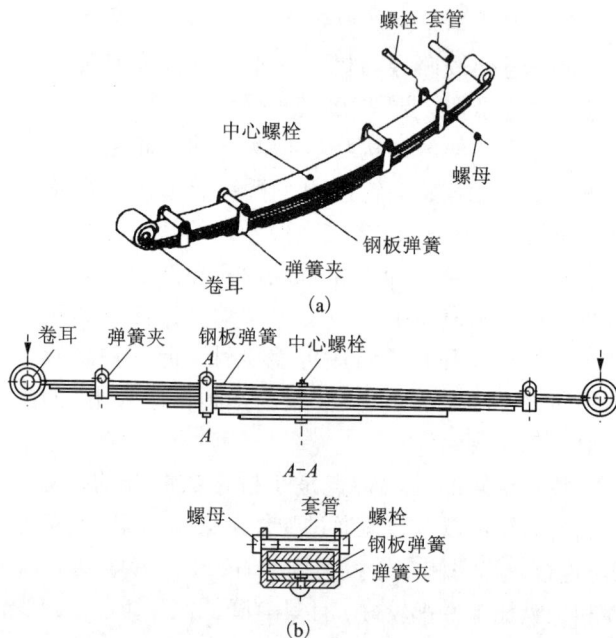

图 10 – 4　钢板弹簧

(a)外形图；(b)结构图

片的磨损。所以在装合时，各片之间涂上较稠的石墨润滑脂进行润滑，并应定期维护。

钢板弹簧本身还起导向装置的作用，可不必单设导向装置，使结构简化。有些高级轿车的后悬架也采用钢板弹簧作弹性元件。近年来一些汽车上采用变厚度的单片或二至三片的钢板弹簧，可以减小片与片之间的干摩擦，同时减轻重量。

1. 卷耳

钢板弹簧的第一片最长，称为主片，其两端弯成卷耳，内装衬套，用钢板销与车架连接。为了增加主片及卷耳的强度，常将第二片两端做成加强卷耳，3/4 包在主片卷耳外面。主片与第二片卷耳间通常留有较大间隙，以便主片受力变形时有较大的滑动余地（如图 10 - 5 所示）。

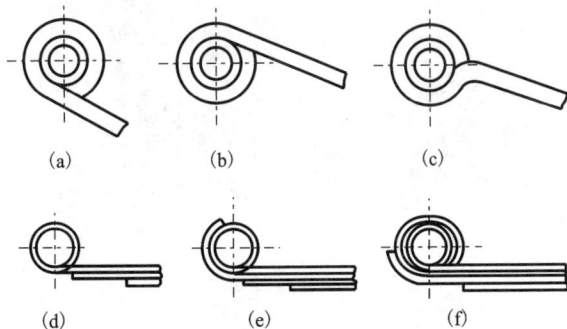

图 10 - 5　卷耳的形式

2. 中心螺栓

中心螺栓用以连接各弹簧片，并保证装配时各片的相对位置，且作为钢板弹簧安装到前轴或后桥壳上的定位销。

3. 钢板夹

钢板夹主要作用是当钢板弹簧反向变形，即车架离开车桥时，使各片不致互相分开，可将反力传给较多的弹簧片，以免主片单独承载，同时还可防止各片横向错动。装配钢板夹时，应将螺栓头朝向车架一面，而使螺母在车轮一面，以防止螺栓松脱时刮伤轮胎。

4. 片间润滑

为了减小弹簧片的磨损，在装合弹簧片时，各片须涂上较稠的石墨润滑脂。有些弹簧片间还夹装塑料衬片或橡胶衬片，也有的将弹簧片装在保护套内，以防止润滑脂流失或尘土污染。

二、螺旋弹簧

螺旋弹簧大多应用在独立悬架上，尤其是前轮独立悬架中。在有些轿车上，后轮非独立悬架中也使用螺旋弹簧作为弹性元件。

螺旋弹簧用弹簧钢料卷制而成，有刚度不变的圆柱形等螺距螺旋弹簧和刚度可变的圆锥形不等螺距螺旋弹簧两种，如图 10 - 6 所示。

与钢板弹簧相比，螺旋弹簧具有不需润滑、防污性强、占用纵向空间小及弹簧本身质量小的优点，因而在现代轿车上被广泛采用。但螺旋弹簧只能承受垂直载荷，用它做弹性元件的悬架要加设导向装置。此外，螺旋弹簧变形时，不产生摩擦力，所以在其悬架中必须装有减振器，用于衰减因冲击而产生的振动。

三、扭杆弹簧

扭杆弹簧用铬钒或硅锰合金弹簧钢制成，并具有扭曲刚性。扭杆断面常为圆形，少数是矩形或管状。为保护扭杆表面，可在其上涂抹环氧树脂，并包一层玻璃纤维，再涂一层环氧树脂，最后，涂上沥青和防锈油漆，以防磨蚀和损坏表面，从而提高扭杆弹簧的使用寿命。

如图 10-7 所示，扭杆一端固定于车架上，另一端与悬架控制臂连接。车轮上下运动时，扭杆便发生扭曲，起弹簧作用，借以保证车轮与车架的弹性联系。

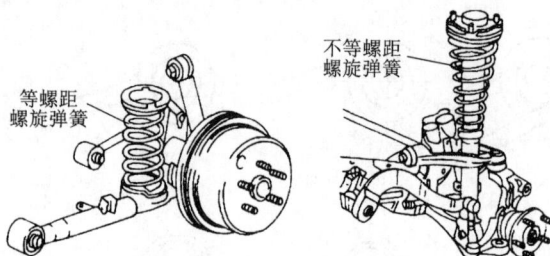

图 10-6 螺旋弹簧

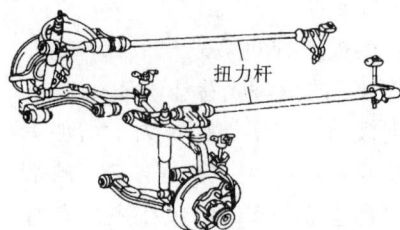

图 10-7 扭杆弹簧

扭杆弹簧与钢板弹簧相比，质量较轻，而且不需润滑，保养维修简便。扭杆弹簧可以节省纵向空间，适用于小型车及箱式车的悬架系。扭杆弹簧悬架与螺旋弹簧悬架一样，要设导向装置和减振器。

四、气体弹簧

气体弹簧主要有空气弹簧和油气弹簧两种。气体弹簧是以空气做弹性介质，即在一个密闭的容器内装入压缩空气（气压为 0.5~1 MPa），利用气体的可压缩性实现弹簧的作用。空气弹簧又可分为囊式和膜式两种，如图 10-8 所示。

这种弹簧随着载荷的增加，容器内压缩空气压力升高，其刚度也随之增加；载荷减少，刚度也随空气压力降低而下降，因而这种弹簧具有理想的变刚度特性。由于空气弹簧只能承受垂直载荷，因此采用这种弹簧的悬架也必须加设导向装置和减振器。

油气弹簧以气体（如氮等惰性气体）作为弹性介质，用油液作为传力介质，利用气体的可压缩性实现弹簧作用，结构原理如图 10-9 所示。

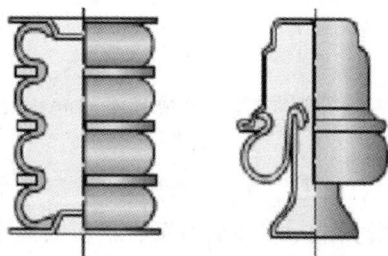

图 10-8 空气弹簧

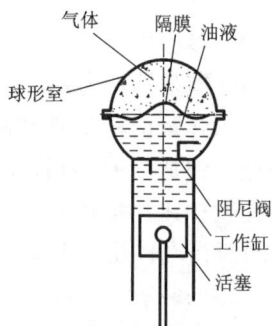

图 10-9 油气弹簧

由于油液流经阻尼阀时会产生阻尼力，因此油气弹簧还能起减振器的作用。

油气弹簧具有良好的行驶平顺性，而且体积小，质量轻。但是对密封性要求很高，维护相对麻烦。目前这种弹簧多用于重型汽车和部分小客车上。由于油气弹簧只能承受垂直载荷，因此采用这种弹簧的悬架也必须加设导向装置。

五、横向稳定杆

横向稳定杆是一根横贯车身下部的弹性扭杆，如图 10－10 所示，它横向地安装在汽车上，两侧末端用橡胶衬套与悬架摇臂相连，当一侧前轮与车身的垂直距离减小或增大时，通过横向稳定杆的扭转，从而减小了车身的倾斜，它的安装使汽车行驶的平顺性、舒适性和操纵稳定性得到了较大的提高。

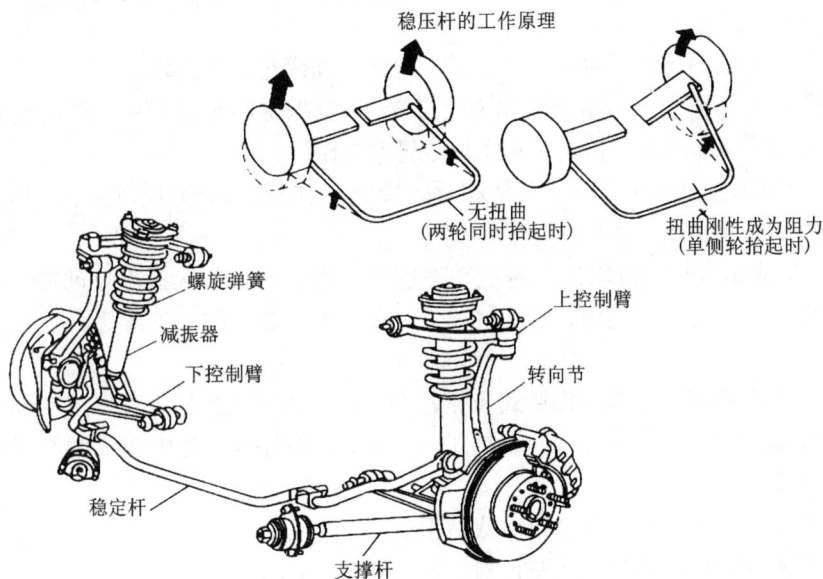

图 10－10　横向稳定杆

任务三　减振器

一、减振器的工作原理及类型

减振器能迅速衰减汽车行驶中产生的振动，提高汽车行驶平顺性。与弹性元件并联安装（如图 10－11 所示）。

1.基本工作原理

汽车悬架系统中通常采用液力减振器，利用液体流动的阻尼来消耗冲击振动的能量。当车架或车身与车桥间受振动出现相对运动时，减振器内的活塞上下移动，减振器内的油液便

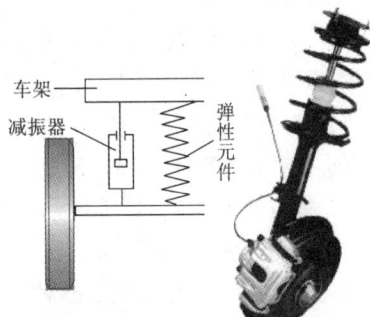

图 10－11　减振器与弹性元件的安装示意图

反复地从一个腔经过不同的孔隙流入另一个腔内(如图 10 - 12 所示)。此时, 孔壁与油液间的摩擦和油液分子间的内摩擦消耗了振动的能量, 而对振动形成阻尼力, 使汽车振动能量转化为油液热能, 再由减振器吸收散发到大气中。

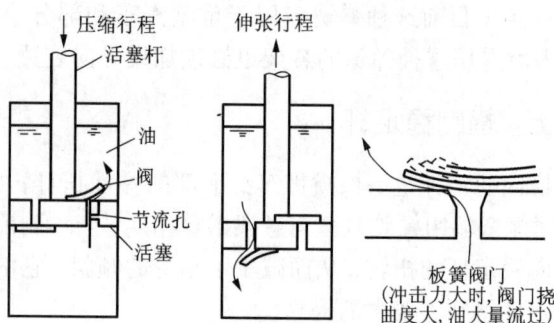

图 10 - 12　减振器工作原理示意图

减振器若阻尼力过大, 振动衰减变得过快, 使悬架的弹性元件的缓冲作用变差, 甚至使减振器连接件及车架损坏。所以减振器与弹性元件应协调工作, 为此必须满足以下要求:

(1)在悬架压缩行程中(车桥和车架相互靠近), 减振器阻尼力较小, 以便充分发挥弹性元件的弹性作用, 缓和冲击。这时, 弹性元件起主要作用;

(2)在悬架伸张行程中(车桥和车架相互远离), 减振器阻尼力应较大, 以迅速减振, 此时减振器起主要作用;

(3)当车架或车身与车桥间的相对运动速度过大时, 要求减振器能自动加大液流量, 使阻尼力始终保持在一定限度之内, 以避免车架或车身承受过大的冲击载荷。

2. 类型

减振器按工作原理分为单向作用式减振器和双向作用式减振器。在压缩和伸张两个行程中均能起减振作用的减振器称为双向作用式减振器, 只在伸张行程中起减振作用的减振器称为单向作用式减振器。

按结构可分为双筒式减振器和单筒式减振器。

按工作介质分液压式和充气式减振器。

目前, 新型汽车大多采用具有双向作用式原理的双筒或单筒式结构的液压减振器。新型式的汽车中, 开始采用充气式减振器。

二、减振器的构造及特点

1. 双向作用筒式减振器

1)工作原理

图 10 - 13 所示为双向作用筒式减振器的工作原理示意图。它有三个同心钢筒, 外面的钢筒是防尘罩, 其上部的吊耳与车架相连。中间是贮油缸筒, 内装有一定量的油液(不装满), 其下端的吊耳与车桥相连。里面是工作缸筒, 其内装满油液。它还有四个阀, 即压缩阀、伸张阀、流通阀和补偿阀。流通阀和补偿阀是一般的单向阀, 其弹簧很弱, 当阀上的油压作用力与弹簧弹力同向时, 阀处于关闭状态, 完全不通油液; 而当油压作用力与弹簧弹力反向时只要很小的油压, 阀便能开启。压缩阀和伸张阀是卸载阀, 其弹簧较强, 预紧力较大, 只有当油压增高到一定程度时, 阀才能开启; 而当油压减低到一定程度时, 阀即自行关闭。

(1)压缩行程时, 减振器被压缩, 汽车车轮移近车身, 减振器内的活塞向下移动, 下腔的容积减小, 油压升高。大部分油液冲开流通阀流入上腔, 由于上腔被活塞杆占去了一部分空间, 因而上腔增加的容积小于下腔减小的容积, 于是另一部分油液就推开压缩阀, 流回到贮油缸内。油液通过阀孔时，受到一定的节流阻力。为克服这种节流阻力而消耗了振动能量，使振动衰减。

（2）伸张行程时，减振器受拉伸，车轮远离车身，减振器活塞向上移动，上腔油压升高，流通阀被关闭，上腔内的油液压开伸张阀流入下腔。由于活塞杆的存在，自上腔流来的油液不足以充满下腔增加的容积，促使下腔产生一定的真空度，以致贮油缸中的油液推开补偿阀流进下腔进行补充。这些阀的节流作用对悬架在伸张运动时起到阻尼作用。

2）构造

如图 10－14 所示为解放 CAl092 型汽车所用的双向作用筒式减振器。

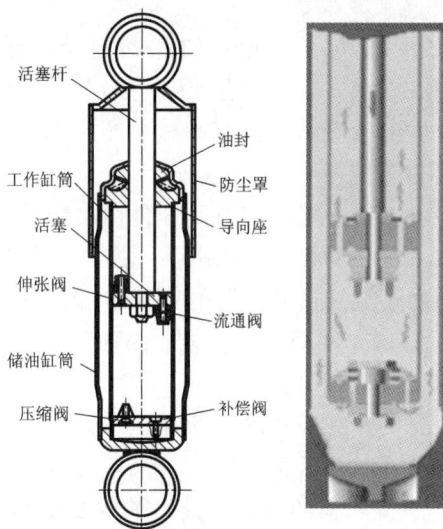

图 10－13　双向作用筒式减振器的工作原理示意图

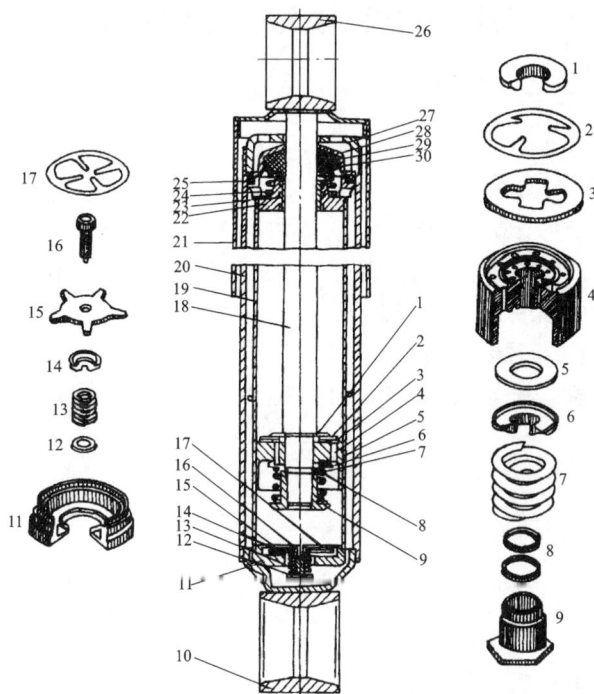

图 10－14　CAl092 型汽车所用的双向作用筒式减振器

1—流通阀；2—流通阀弹簧片；3—流通阀；4—活塞；5—伸张阀；6—支承座圈；7—伸张阀弹簧；8—调整垫片；9—压缩螺母；10—下吊环；11—支承座；12—压缩弹簧座；13—压缩弹簧；14—压缩阀；15—补偿阀；16—压缩阀杆；17—补偿阀弹簧片；18—活塞杆；19—工作缸筒；20—贮油缸筒；21—防尘罩；22—导向座；23—衬套；24—油封弹簧；25—密封圈；26—上吊环；27—贮油缸螺母；28—油封；29—油封盖；30—油封垫圈

2. 充气式减振器

图 10－15 所示为充气式减振器。与双向作用筒式减振器相比，充气式减振器有如下优点：

（1）由于采用浮动活塞而减少了一套阀的系统，使结构简化，重量减轻。

（2）由于减振器里充有高压氮气，能减轻车轮受突然冲击时的振动，并可消除噪声。

（3）由于充气式减振器的工作缸和活塞直径都大于相同条件的双向作用筒式减振器，因而其阻尼力更大，工作可靠性更强。

（4）充气式减振器内部的高压气体和油液被浮动活塞隔开，消除了油的乳化现象。

充气式减振器的不足之处是油封要求高，充气工艺复杂，不易维修，当缸筒受外界较大冲击而变形时，则不能工作。

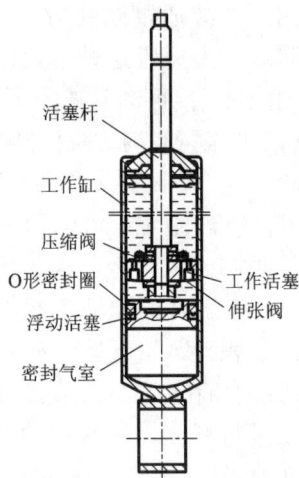

活塞杆
工作缸
压缩阀
O 形密封圈
浮动活塞
密封气室
工作活塞
伸张阀

图 10－15　充气式减振器

任务四　非独立悬架与独立悬架

一、非独立悬架

非独立悬架因其结构简单，工作可靠，被广泛应用于货车的前、后悬架，国产微型车以及微型客货车后桥基本采用钢板弹簧式非独立悬架。现代轿车中，很少采用或仅后悬架采用非独立悬架。

按所采用的弹性元件不同，非独立悬架分钢板弹簧式（图 10－16）、螺旋弹簧式（图 10－17）和空气弹簧式（图 10－18）

图 10－16　钢板弹簧式非独立悬架

图 10－17　螺旋弹簧式非独立悬架

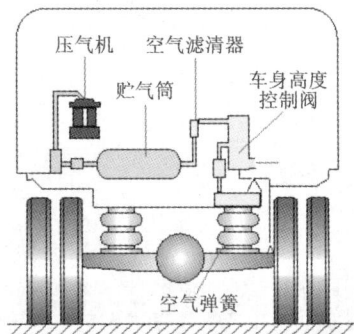

压气机　空气滤清器
贮气筒
车身高度控制阀
空气弹簧

图 10－18　空气弹簧式非独立悬架

1. 钢板弹簧式非独立悬架

图 10-19 为国产微型客货车广泛采用的钢板弹簧式非独立悬架。钢板弹簧纵向安置,中部用两个 U 形螺栓固定在前轴的工字梁上。钢板弹簧的主片(最上面的一片)的两端弯成卷耳,内装轴衬。前端卷耳用钢板弹簧销与前支架相连,形成固定的铰链支点;而后端卷耳则通过前板簧吊耳销与用铰链挂在吊耳支架上可以自由摆动的吊耳相连接,从而保证了弹簧变形时两卷耳中心线间的距离可变。

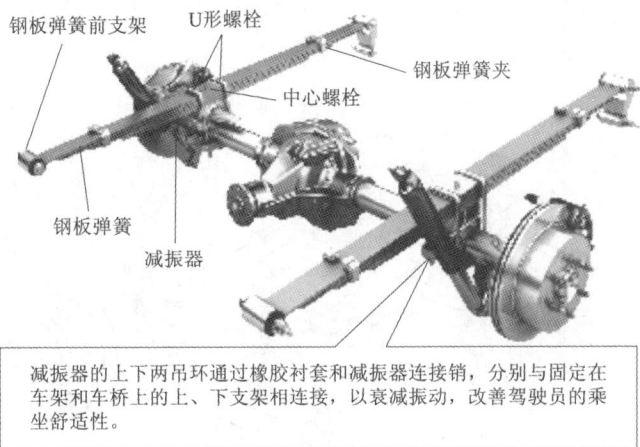

减振器的上下两吊环通过橡胶衬套和减振器连接销,分别与固定在车架和车桥上的上、下支架相连接,以衰减振动,改善驾驶员的乘坐舒适性。

图 10-19　钢板弹簧式非独立悬架结构

某些客货车为了减小车身固有频率变化,悬架刚度应该是可变的,所以在后悬架中加装副弹簧(图 10-20)。当汽车空载或实际装载质量不大时,副簧不承受载荷而由主簧单独工作;在重载和满载时,车架相对车桥下移,使车架上的副簧滑板式支座与副簧接触,即主、副簧共同参加工作,一起承受载荷而使悬架刚度增大,以保证车身振动频率不致因载荷增大而变化过大。

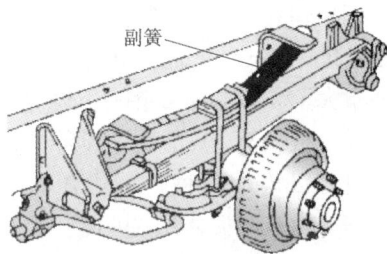

图 10-20　加装副簧的后悬架

加装副簧的悬架其刚度的增加是突变的,这对汽车行驶平顺性不利。为提高汽车的平顺性,有的轻型货车上采用将副簧置于主簧下面的渐变刚度钢板弹簧。主簧由厚度 9 mm 的 4 片(或 3 片)、副簧由厚度为 15 mm 的 2 片(或 3 片)组成钢板弹簧组件,它们用中心螺栓固定在一起。在小载荷时,仅主簧起作用,而当载荷增加到一定值时,副簧开始与主簧接触,悬架刚度随之相应提高,弹簧特性变为非线性。当副簧全部接触后,弹簧特性又变为线性的。这种渐变刚度钢板弹簧的特点是副簧逐渐起作用,因此悬架刚度的变化比较平稳,从而改善了汽车行驶平顺性。

2. 螺旋弹簧式非独立悬架

螺旋弹簧式非独立悬架一般只用作轿车的后悬架。两端车轮用整体式后桥相连,上、下控制臂的一端和车桥固定在一起,另一端头部有孔,里边装有橡胶衬套,连接螺栓穿过橡胶衬套中间的孔和车身相连,并形成铰链点。汽车行驶过程中,整个后轴可以通过控制臂和车身连接的铰链点进行纵向摆动。由于铰链点处的橡胶衬套有一定的厚度和长度,橡胶本身又有弹性,所以后轴在铰链点摆动时,根据受力方向不同,橡胶衬套可以在各个方向产生较小的变形来防止运动干涉。

由于使用螺旋弹簧作为弹性元件,仅仅能受垂直载荷,所以必须设置导向装置来承受并传递纵向力和横向力。

如图 10 - 21 所示为典型的螺旋弹簧非独立悬架结构。导向装置包括纵向推力杆和横向导向杆。两根纵向下推力杆和两根纵向上推力杆的一端均与车身相铰接,另一端则均与后桥相铰接。

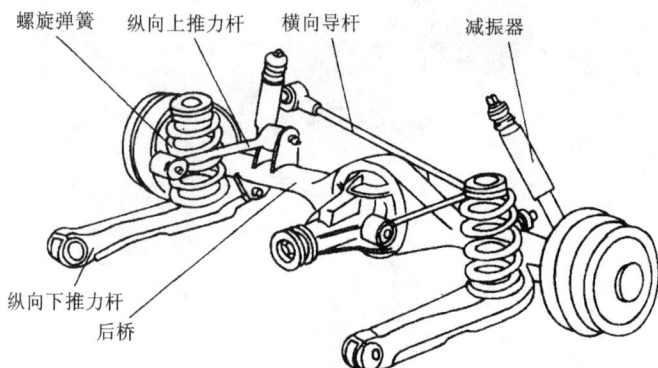

图 10 - 21 螺旋弹簧式非独立悬架结构

与钢板弹簧比较,螺旋弹簧具有以下优点:无需润滑,不忌污泥;安置它所需的纵向空间不大;弹簧本身质量小。但螺旋弹簧只能承受垂直载荷,故必须装设导向机构以传递垂直力以外的各种力和力矩。并且螺旋弹簧本身没有减振作用,因此在螺旋弹簧悬架中必须另装减振器。如图 10 - 22 所示。

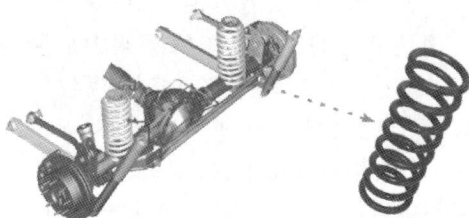

图 10 - 22 非独立悬架式螺旋弹簧

3.空气弹簧式非独立悬架

囊式空气弹簧的上下端分别固定在车架和车桥(或与车桥相连的支架)上。见前图 10 - 18 所示。从压缩机产生的压缩空气经油水分离器和压力调节器进入贮气筒。压力调节器可使贮气筒中的压缩空气保持一定的压力。贮气罐通过管路与两个(或几个)空气弹簧相通。贮气罐和空气弹簧中的空气压力由车身高度调节阀控制。空气弹簧和螺旋弹簧一样只能传递垂直力,其纵向力和横向力及其力矩也是由纵向推力杆和横向推力杆(图中未画出)来传递的。

车身高度调节阀固定在车架上,通过控制杆与车桥相连。阀体内有两个阀:通气源的通气阀和通大气的放气阀。这两个阀均由控制杆操纵。当汽车载荷增加、车桥移近车架时,控制杆上升,通过摇臂机构打开充气阀,压缩空气便进入空气弹簧,使车架和车身升高,直到恢复车身与车桥的原定距离为止;而当载荷减小、车桥远离车架时,控制杆下移,打开放气阀，则空气弹簧内的空气排入大气，车身和车架随即降低至原定数值。

二、独立悬架

独立悬架中的弹性元件往往都使用螺旋弹簧和扭杆弹簧，钢板弹簧和其他形式的弹簧较少使用。

独立悬架的结构类型很多，一般可按车轮的运动形式分为四类（如图10-23所示）：

（1）车轮在汽车横向平面内摆动的悬架，称为横臂式独立悬架。

（2）车轮在汽车纵向平面内摆动的悬架，称为纵臂式独立悬架。

（3）车轮沿主销轴线移动的悬架，包括烛式悬架和麦弗逊式悬架。

（4）车轮可以在由摆臂、推力杆等多杆件共同决定的斜向平面内摆动的悬架，称为多杆式悬架。

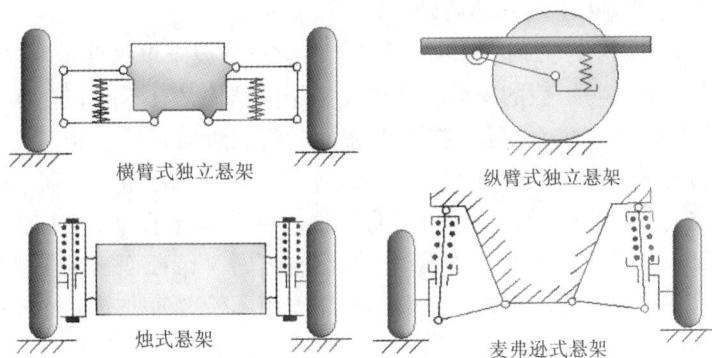

图10-23　独立悬架的分类

1. 横臂式独立悬架

单横臂式独立悬架的特点是当悬架变形时，车轮平面将产生倾斜而改变两侧车轮与路面接触点间的距离——轮距，致使轮胎相对于地面侧向滑移，破坏轮胎和地面的附着。如图10-24所示。

此外，这种悬架用于转向轮时，会使主销内倾角和车轮外倾角发生较大的变化，对于转向操纵有一定影响，故目前在前悬架中很少采用。但是，由于结构简单、紧凑、布置方便等原因在车速不太高的重型越野汽车上也有采用的

长双横臂式独立悬架如图10-25所示，当车轮上下跳动时，车轮平面没有倾斜，但轮距却发生了较大的变化，这将增加车轮侧向滑移的可能性。不等长双横臂式独立悬架中，如两臂长度选择适当，可以使车轮和主销的角度以及轮距的变化都不太大，不大的轮距变化在轮胎较软时可以由轮胎变形来适应。目前轿车的轮胎可容许轮距的改变在每个车轮上达到4～5 mm而不致沿路面滑移，因此，不等长的双横臂式独立悬架在轿车前轮上的应用较为广泛。

2. 纵臂式独立悬架

纵臂式独立悬架可分为单纵臂式独立悬架和双纵臂式扭杆弹簧独立悬架。

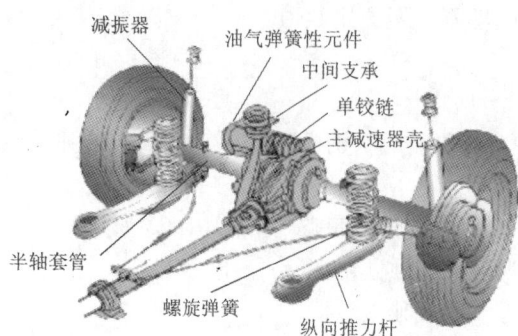

图10-24 单横臂式独立悬架示意图

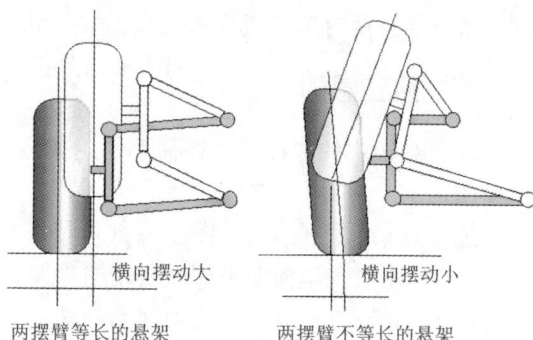

图10-25 双横臂式独立悬架示意图

转向轮采用单纵臂独立悬架时，车轮上下跳动将使主销后倾角产生很大变化。因此，单纵臂式独立悬架一般多用于不转向的后轮，如富康轿车后悬架。

图10-26所示为桑塔纳、捷达轿车的后悬架。它也应属于单纵臂式独立悬架，其弹性元件为螺旋弹簧。但是，它与一般的单纵臂式独立悬架的结构又有不同。它有一根整体的V形断面横梁（板厚为6 mm），在其两端焊接上变截面的管状纵臂形成一个整体构架（后轴体）。在纵臂的前端通过橡胶-金属支承与车身作铰式连接。纵臂的后端与轮毂、减振器相连。

当汽车行驶时，车轮连同后轴体相对车身以橡胶-金属支承为支点作上下摆动，相当于单纵臂式独立悬架。当两侧悬架变形不等时，则后轴体的V形断面横梁发生扭转变形，因该横梁有较大的弹性，故而它可起横向稳定器的作用。而不像普通带有整体轴的非独立悬架那样，一侧车轮的跳动影响另一侧车轮。因此，该悬架又称纵臂扭转梁式独立悬架。

该悬架结构的另一特点是，由于橡胶-金属支承是不对称的橡胶楔形结构，其径向弹性小，轴向弹性大，因此，当汽车转弯行驶时，在侧向力的作用下，可以认为后轴轴线只有轴向移动，而没有绕垂直轴线的偏转。也就是说，消除了后轴的自转向动作，从而保持了原设计的汽车转向特性。

图10-27所示为双纵臂式扭杆弹簧独立悬架。这种悬架的两个纵摆臂一般长度相等，形成平行四连杆机构。当车轮上下跳动时，车轮外倾角、主销后倾角和轮距保持不变，故这种形式的悬架适用于转向轮。

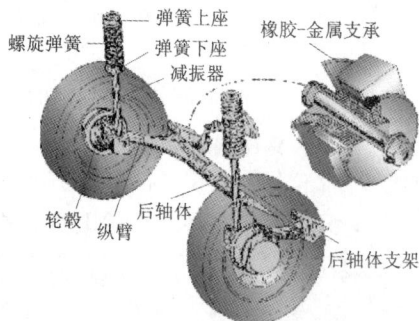

图10-26 单纵臂式独立悬架

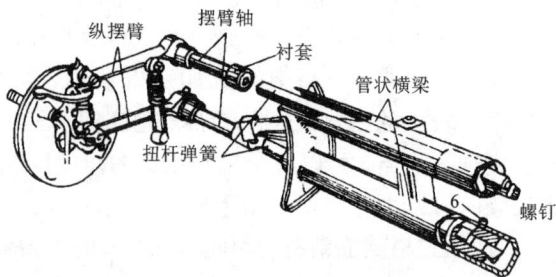

图10-27 双纵臂式扭杆弹簧独立悬架

3. 麦弗逊式独立悬架

图 10-28 所示为桑塔纳轿车的麦弗逊式悬架。筒式减振器的上端用螺栓和橡胶垫圈与车身连接，减振器下端固定在转向节上，而转向节通过球铰链与下摆臂连接。车轮所受的侧向力通过转向节大部分由下摆臂承受，其余部分由减振器承受。因此，这种结构形式较烛式悬架在一定程度上减少了滑动磨损

螺旋弹簧套在筒式减振器的外面。主销的轴线为上下铰链中心的连线。当车轮上下跳动时，因减振器的下支点随下摆臂摆动，故主销轴线的角度是变化的。这说明车轮是沿着摆动的主销轴线而运动的。因此，这种悬架在变形时，使得主销的定位角和轮距都有些变化。然而，如果适当调整杆系的位置，可使车轮的这些定位参数变化极小。该悬架突出的优点是增大了两前轮内侧的空间，便于发动机和其他一些部件的布置，因此多用在前置、前驱动的轿车和微型汽车上，如图 10-29 所示。

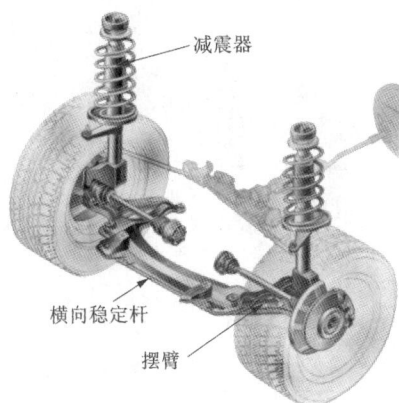

图 10-28　桑塔纳轿车的麦弗逊式悬架

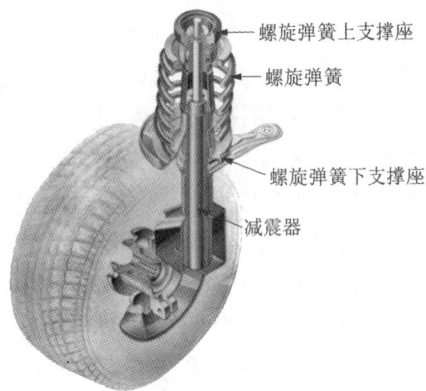

图 10-29　螺旋弹簧减振器结构

横向稳定杆：现代轿车的悬架一般都很软，在高速行驶中转向时，车身会产生很大的横向倾斜和横向角振动。为减少这种横向倾斜，往往在悬架中加设横向稳定器。用得最多的是杆式横向稳定器。

弹簧钢制成的横向稳定杆呈扁平的 U 形，横向地安装在汽车的前端或后端。稳定杆中部自由地支承在两个固定在桥壳上的橡胶套筒内。横向稳定杆的两侧纵向部分的末端与下臂上的弹簧支座相连，如图 10-30 所示。

当车身只作垂直移动而两侧悬架变形相等时，横向稳定杆在套筒内自由转动，横向稳定杆不起作用。当两侧悬架变形不等而车身相对于路面横向倾斜时，车架的一侧移近弹簧支座，稳定杆的该侧末端就相对于车架向上移；而车架的另一侧远离弹簧支座，相应的稳定杆的末端则相对于车架向下移。然而，在车身和车架倾斜时，横向稳定杆的中部对于车架并无相对运动。这样在车身倾斜时，稳定杆两边的纵向部分向不同方向偏转，于是稳定杆便被扭转。弹性的稳定杆所产生的扭转的内力矩就妨碍了悬架弹簧的变形，起到了阻止车身倾斜的作用，因而减小了车身的横向倾斜和横向角振动，如图 10-31 所示。

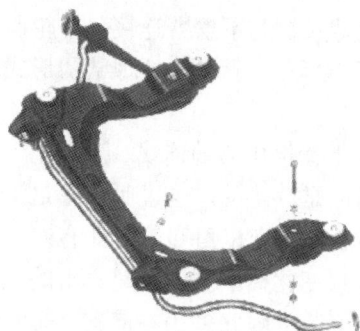

图 10 - 30　悬架导向机构结构图

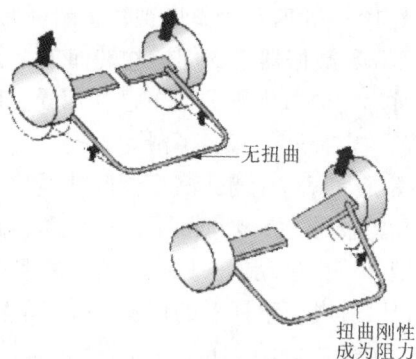

图 10 - 31　横向稳定杆工作示意图

4. 扭杆弹簧

扭杆弹簧本身是一根由弹簧钢制成的杆，如图 10 - 32 所示。扭杆断面通常为圆形，少数为矩形或管形。其两端形状可以做成花键、方形、六角形或带平面的圆柱形等，以便一端固定在车架上，另一端固定在悬架的摆臂上。摆臂则与车轮相连。当车轮跳动时，摆臂便绕着扭杆轴线而摆动，使扭杆产生扭转弹性变形，借以保证车轮与车架的弹性联系。有的扭杆由一些矩形断面的薄条（扭片）组合而成，这样，弹簧更为柔软。

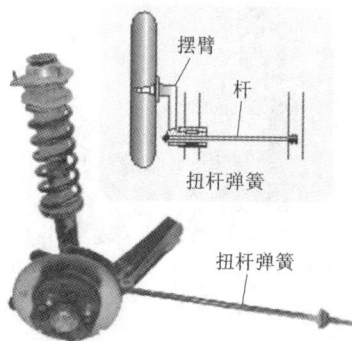

图 10 - 32　扭杆弹簧安装示意图

扭杆弹簧系用铬钒合金弹簧钢制成，其表面经过加工后很光滑。使用中必须对扭杆表面很好保护，通常在扭杆弹簧表面上涂有环氧树脂，包一层玻璃纤维布，再涂一层环氧树脂，最后涂以沥青和防锈油漆，以防碰撞、刮伤和腐蚀，从而可提高扭杆弹簧的使用寿命。

任务五　电控悬架系统简介

一、半主动悬架与主动悬架概述

普通悬架的弹簧刚度和减振器阻尼在悬架结构确定后是固定不变的，称为被动悬架。被动悬架不能适应汽车在不同行驶状态和道路条件下对弹簧刚度和减振器阻尼变化的要求。

电子控制悬架能自动控制车辆悬架的刚度、阻尼系数及车身高度，根据汽车载重、车速和路面情况的变化而改变悬架特性，因而可最大限度地提高汽车行驶的平顺性和操纵稳定性。电子控制悬架属于主动悬架，可分为半主动悬架和主动悬架。

1. 半主动悬架

半主动悬架是指悬架元件中弹簧刚度或减震器阻尼系数之一可以根据需要进行自动调整

的悬架。为减小执行元件的功率，一般都采用调节减振器的阻尼系数的方法。

2. 主动悬架

主动悬架是指悬架元件中弹簧刚度和减震器阻尼系数均可根据需要进行自动调整的悬架。主动悬架可根据汽车载重、路面状况、行驶速度、启动、制动、转向等工况变化，自动调整悬架的刚度和减振器的阻尼以及车身高度，从而满足汽车行驶平顺性和稳定性等各方面的要求。

主动悬架根据悬架介质的不同，又可分为油气式主动悬架和空气式主动悬架两种形式。

二、半主动悬架系统组成及工作原理

电动式阻尼控制半主动悬架系统的组成如图 10－33 所示，主要由电控单元(ECU)、车速传感器、方向盘转角传感器、汽车加速度传感器、制动传感器和超声波道路传感器等组成。

电控单元根据各传感器输入的信号优化确定减振器阻尼，并控制可调阻尼减振器，使减振器的阻尼能够根据汽车的行驶状态和道路条件进行变化。

超声波道路传感器可以对汽车行驶的道路条件进行检测，电控单元可根据从超声波发出到收到的时间差计算出车身的离地高度，并根据车身离地高度的变化对道路条件进行判定。电控单元根据道路条件确定减振器应具有的阻尼状态，并通过安装在减振器顶部的执行器进行阻尼转换。

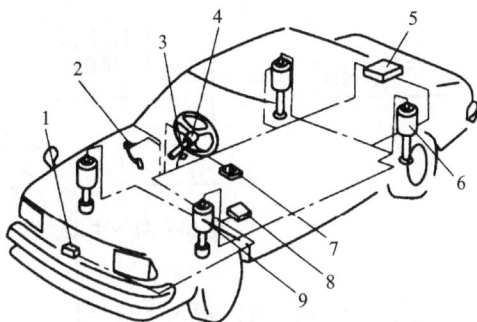

图 10－33 电动式阻尼控制系统的组成

1—超声波道路传感器；2—制动开关；
3—车速传感器；4—方向盘转角传感器；
5—电控单元；6—可变阻尼减振器；
7—选择开关；8—加速度传感器第

三、主动悬架系统

1. 主动悬架系统的组成

主动控制悬架系统分为以高压液体作为能量的油气悬架和以高压气体作为能量的空气悬架。

主动空气悬架的系统原理框图如图 10－34 所示，它由传感器、ECU、空气悬架和高度控制器等组成。主动空气悬架系统根据悬架位移(车身高度)、车速、转向和制动等信号，由ECU 控制电磁式或步进电机执行器，改变悬架的特性，以适应各种复杂的行驶工况对悬架特性的不同要求。

主动控制悬架控制的参数可以是车身高度、弹簧刚度、减振器的阻尼力等。

2. 油气悬架系统的基本工作原理

采用的压力控制型油气悬架系统的基本工作原理如图 10－35 所示，它由一个压力控制阀液控油缸和一个单作用油气弹簧构成，压力控制阀实际上由一个电液压力比例阀和一个机械式压力伺服滑阀组成，油气弹簧则是一个具有弹性元件和阻尼元件的特殊液压缸。该系统

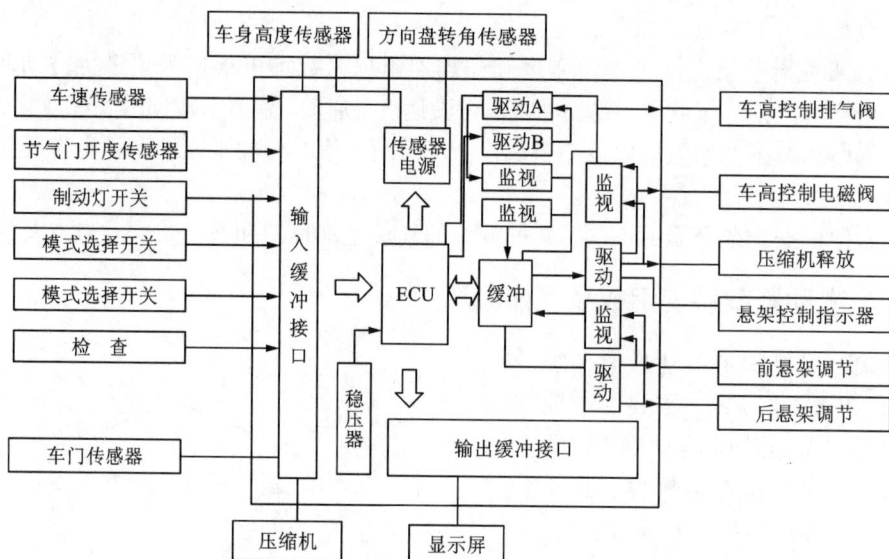

图 10-34　主动空气悬架的系统原理框图

工作时，对于低频干扰，可以通过 ECU 对控制阀的线圈加一电流以控制针阀开度，从而在控制阀的出口处产生一个与电流成比例的输出油压，由此来控制油气悬架内的油压，以控制车体的振动；对于中频范围内的干扰，主要由滑阀的机械反馈功能对油气悬架内的油压进行伺服控制，从而进行车体减振；而在高频范围，则利用油气悬架内的气体弹簧吸收振动能量而达到减振的目的。

液控油气悬架根据 ECU 的指令信号调节磁化线圈的电流大小，改变液压比例

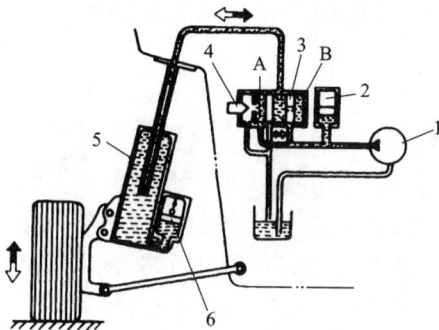

图 10-35　液控油气悬架系统的基本工作原理
1—液压泵；2—贮能器；3—机械式压力伺服滑阀；
4—电控液压比例阀；5—液控油缸；6—气体弹簧

阀的位置，使悬架液压缸获得与电流成比例的油压。通常在行驶状态，伺服阀两侧 A 室的系统油压与 B 室的反馈油压相互平衡，伺服阀处于主油路与液压缸相通的位置，控制车体的振动。当路面凸起而使车辆发生跳动时，悬架液压缸压力上升，伺服阀 B 室反馈压力超过 A 室压力，推动滑腔向左侧移动，液压缸与回油通道接通，排出油液，维持压力不变，从而使车轮振动被吸收而衰减。在悬架伸张行程，液压缸内的压力下降，伺服阀 A 室压力大于 B 室压力，滑阀右移，主油路与液压缸接通，来自系统的压力油又进入液压缸，以保持液压缸内的压力不变。

任务六　悬架系统的检修与常见故障诊断

悬架技术状况变差，首先影响汽车的平顺性，增加汽车的冲击载荷，加剧汽车零件的损坏。更重要的是破坏了车辆正常的运动学和力学关系，造成汽车的操纵性能、制动性能变差，对行车安全构成潜在威胁。

一、悬架系统的检修

1. 钢板弹簧拆装与检修

以 EQ1092 型汽车前悬架为例，如图 10 – 36 所示。

1) 钢板弹簧的拆卸与装配

（1）拆卸：

①用楔块掩住后轮，用千斤顶顶起车架前端并稳定。

②拧下减振器上、下端紧固螺母，拆下减振器总成。

③拧下 U 形螺栓紧固螺母，取下 U 形螺栓，弹簧盖板及限位块等零件。

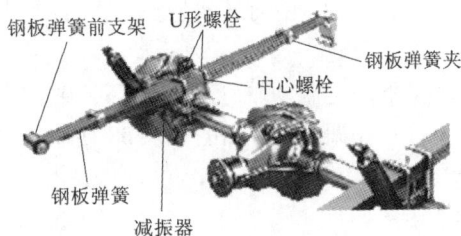

图 10 – 36　钢板弹簧结构

④拆下前钢板弹簧销定位螺栓，并用铳头铳出钢板弹簧销使钢板弹簧与固定端支架分离。

⑤拆下滑板支架上的钢板弹簧限位螺栓及销套，取下前钢板弹簧总成。

⑥拆下钢板弹簧夹箍螺栓及中心螺栓，使各片弹簧分离，并逐片进行检查。

（2）装配：

①清除钢板弹簧上的泥污及锈迹，并在各片弹簧之间涂抹石墨润滑脂。

②对正各片钢板弹簧的中心螺栓孔，紧固好中心螺栓（同一车桥左、右钢板弹簧总成的弹簧片数应相等，总厚度差应不大于 5.0 mm，弧高相差应不大于 10 mm，片间错位不得超过 2.5 mm）。

③安装钢板弹簧夹箍套管及夹箍螺栓，夹箍内侧应有 0.7～1.0 mm 的间隙，夹箍套管与钢板弹簧顶面距离应为 1～3 mm，以保证各片弹簧自由收缩，夹箍螺栓应从远离轮胎的一侧穿入，以防使用中螺栓窜出刮伤轮胎。

④将衬套压装到钢板弹簧的卷耳中，用钢板弹簧销将钢板弹簧与车架上的固定端支架相连接，并装好弹簧销定位螺栓（前钢板弹簧）或楔形锁销（后钢板弹簧）。

⑤用钢板弹簧销定位螺栓及限位销套，将弹簧支承到滑板端支架上，钢板弹簧两侧与固定支架的间隙大于 1.0 mm 时，应在两侧加垫片调整。

⑥放好钢板弹簧限位块、盖板、前轴及减振器下支架，按规定力矩拧紧前悬架 U 形螺栓，并装好减振器。

⑦放好垫板、副钢板弹簧、盖板、后桥、U 形螺栓及底板，按规定力矩拧紧后悬架 U 形螺栓。

2）钢板弹簧的检修

①用弹簧试验器、样板、新旧对比、直观检视等方法检验。

②钢板弹簧出现裂纹、折断或弧高、曲率半径发生明显变化时，应换用新件。更换钢板弹簧时，其长度、宽度、厚度及弧高应符合原厂要求。

③钢板弹簧夹箍及固定支架出现裂纹、应予更换。

④弹簧夹箍铆接松动时应重新铆紧。

⑤钢板弹簧销衬套磨损超过1.0 mm，应更换新衬套。

⑥钢板弹簧U形螺栓丝扣损伤超过两牙或产生裂纹时也应予以更换。

2．减振器拆装与检修

1）拆卸

①顶起车辆，使前悬架悬空。

②拆下车轮。

③拆下固定制动软管和E形环，并从托架拆下制动软管，如图10－37所示。

④拆下托架螺栓，如图10－38所示。

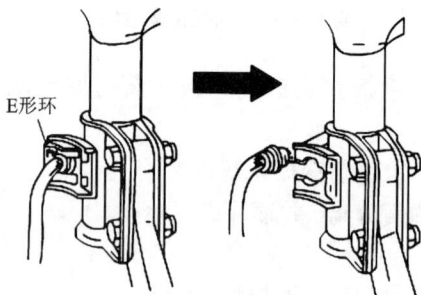

图10－37　制动软管和E形环

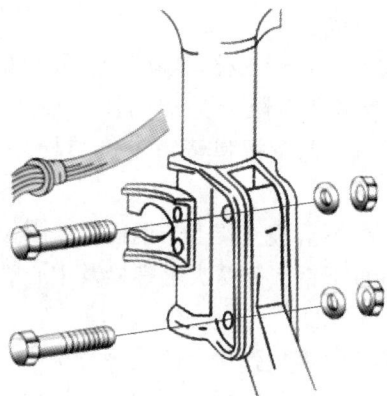

图10－38　托架螺栓

⑤拆下外支座螺母，用手托住支柱总成使其不落下。

⑥拆下支柱总成。

2）安装

（1）按拆卸相反顺序安装支柱，同时注意以下几点：

①按图10－39所示方向插入螺栓，并按规定的拧紧力矩拧紧螺母、螺栓。

②在安装制动软管时，不得扭曲。E形环应装到托架端面为止，如图10－40。

（2）怎样用简易方法诊断减振器的好坏？

①观察法：用眼睛观察有无渗油现象，渗油，说明减振器已损坏。

②感觉法：当感觉到减振器性能弱时，可先检查减振器是否发热，若无发热感，说明减振器失效。

③手压车身法：用两手按压车身，然后迅速放手，如果车身只上、下跳动两次，也证明减振器性能减弱。

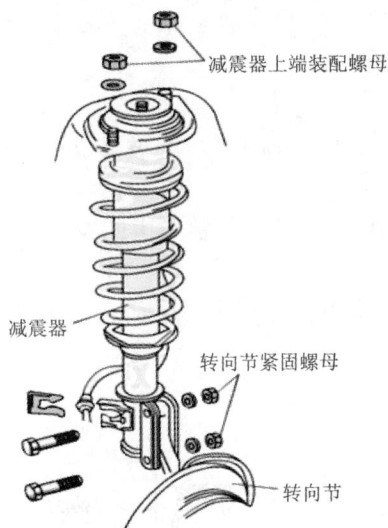

图 10 – 39　螺栓安装示意图

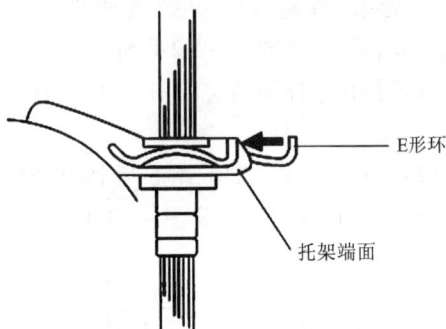

图 10 – 40　制动软管安装图

3）减振器的检查和更换

在车辆行驶过程中，如减振器发出异常的响声，则说明该减振器已损坏，必须更换。更换减振器的方法如下：

①用拉具压住弹簧座圈，压缩压紧弹簧。

②松开开槽螺母，放松弹簧。

③拆卸减振器。

④按照与拆卸相反的顺序安装减振器。

4）悬架支柱总成的检修

（1）拆卸。

①拆下制动盘。

②拆下挡泥板。

③压出轮毂，注意：压出轮毂时，车轮轴承有可能被损坏。

④拆下两侧弹簧挡圈，压出车轮轴承。

⑤拉出轴承内圈，如图 10 – 41 所示。注意：只能使用带箍圈的拉具，拉具上的钩子表面在使用前要用砂纸打磨一下。

（2）检查。在零件全部解体后，应进行清洗、检查，必要时测量。如有下列情况，必须更换新件：

①制动盘工作面严重磨损，超出规定，或表面出现裂纹。

②挡泥板严重扭曲变形。

③轮毂花键松旷，磨损严重。

④弹簧挡圈失效。

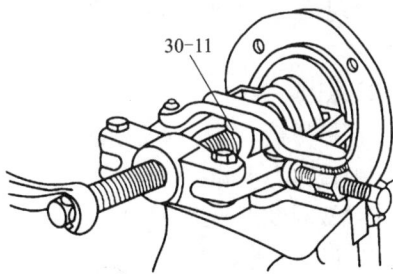

图 10 – 41　轴承内圈拆装图

⑤车轮轴承损坏（注意：需要更换整套轴承）。

⑥前悬架支柱件任何一条焊缝出现裂纹或严重变形。

（3）安装及调整。

①先装外弹簧挡圈，在车轮轴承座涂上润滑脂，然后压入轴承，压至极限位置，最后装上内弹簧挡圈，如图 10 - 42 所示。

②调整内、外弹簧挡圈开口的位置，使其相差 180°。然后转动轴承内圈，观察其是否正常。

③在轮毂花键和轴承颈上涂上润滑脂，然后压入轴承内，如图 10 - 43 所示。注意：压入轮毂时，专用工具 VW519 只能顶住内轴承的内圈。

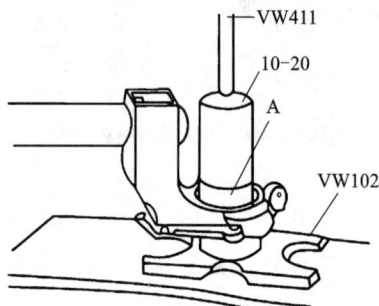

图 10 - 42　外弹簧挡圈安装图

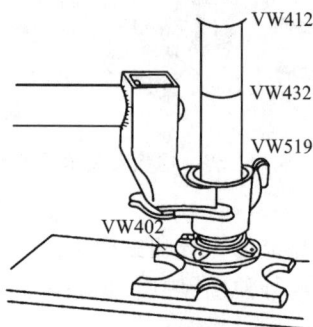

图 10 - 43　轮毂花键

④用 3 个 M6 螺栓固定挡泥板（拧紧力矩为 10 N·m），使其紧贴在车轮轴承座的凸缘上。

⑤用非纤维材料擦净制动盘工作表面，不能有油污。装上制动盘，且紧贴在轮毂的结合面上。

⑥用手转动制动盘，观察其是否有卡滞或异响现象。

二、悬架系统常见故障诊断

1. 非独立悬架系统的常见故障

1）车身倾斜和行驶跑偏

（1）现象：汽车调整后停放在平坦地面上，车身横向或纵向歪斜，汽车行驶中方向自动跑偏。

（2）原因：

①钢板弹簧、螺旋弹簧断裂；

②弹簧弹力下降；

③弹簧刚度不一致；

④U 形螺栓松动等。

钢板弹簧折断，尤其是主片折断，会因弹力不足等原因，使车身歪斜。前钢板弹簧一侧主片折断时，车身在横向平面内倾斜；后钢板弹簧一侧主片折断时，车身在纵向平面内倾斜。

当某一侧的钢板弹簧由于疲劳导致弹力下降，或者更换的钢板弹簧与原弹簧刚度不一致时会使车身倾斜。钢板弹簧销、衬套和吊耳磨损过量时，会出现车身倾斜、行驶跑偏、行驶摆振、异响等故障现象。U 形螺栓松动或折断(或钢板弹簧第一片折断)，会由于车桥移位倾斜，导致汽车跑偏。

2)异响

(1)现象：在行驶过程中，特别是道路颠簸、突然制动、转弯时从悬架部位发出噪声。

(2)原因：

①减振器漏油，油量不足；

②活塞与缸筒磨损，配合松旷；

③连接部位脱落或橡胶隔套损坏；

④铰链点磨损、老化或损坏；

⑤弹簧折断等。

2.独立悬架系统的常见故障

独立悬架系统主要由螺旋弹簧、减振器、导向机构及横向稳定杆等组成，系统中铰接点多，独立悬架系统的常见故障如下：

(1)现象：

①异响，尤其在不平路面上转弯时；

②车身倾斜，汽车在转弯时车身过度倾斜等；

③前轮定位参数改变；

④轮胎异常磨损；

⑤车辆摆振及行驶不稳。

(2)原因：

①螺旋弹簧弹力不足；

②稳定杆变形；

③上、下摆臂变形；

④连接部位脱落或橡胶隔套损坏；

⑤各铰接点磨损、松旷。

项目实施

悬架的拆装检查调整

(一)项目实施目的及要求

(1)熟悉汽车悬架的组成及装配关系。

(2)能够进行悬架的拆装作业。

(3)会检查更换汽车减震器。

(4)了解独立悬架和非独立悬架的区别。

(二)项目实施设备及工量具

(1)设备：实训车辆；汽车独立悬架实训台或实训车辆；汽车非独立悬架或实训车辆。

(2)工(量)具：常用拆装工具、钢尺。

（三）项目实施内容

（1）认知悬架总成及其装配关系。

（2）汽车悬架的拆装与检查。

（3）汽车减震器的检查与更换。

（四）项目实施步骤

1. 认知汽车悬架总成及其装配关系

（1）观察实训车辆前、后悬架的结构；指出各部件的名称及功用。

（2）观察独立悬架、非独立悬架的结构，找出两者的异同点。

2. 汽车悬架桥的拆装与检查

1）前悬架拆卸、检查

以桑塔纳 2000GSi 型轿车前悬架为例讲解其拆装，如图 10 – 44 所示为桑塔纳 2000GSi 型轿车前悬架分解图。

（1）拆卸。

①取下车轮装饰罩。

②旋下轮毂与传动轴的紧固螺母（拧紧力矩 230 N·m），注意：车轮必须着地。

③卸下垫圈，拧松车轮紧固螺母（拧紧力矩 110 N·m），拆下车轮。

④旋下制动钳紧固螺栓（拧紧力矩 70 N·m），如图 10 – 45 所示。取下制动盘。

⑤取下制动软管支架，并用铁丝将制动钳固定在车身上（见图 10 – 45 中上部箭头所示）。

注意：不要损坏制动软管。

⑥拆下球头销紧固螺栓（见图 10 – 45 中下部箭头所示）。

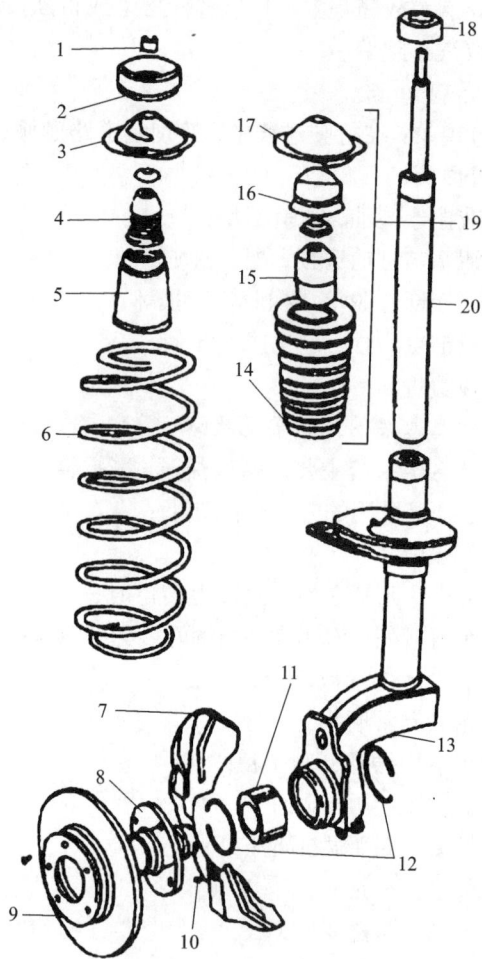

图 10 – 44　前悬架分解图

1—开槽螺母；2—悬架支承轴轴承（只能整件更换）；

3—弹簧护圈；4—限位缓冲器；5—护套；

6—螺旋弹簧；7—挡泥板；8—轮毂；

9—制动盘；10—紧固螺母（拧紧力矩 10 N·m）；

11—车轮轴承；12—卡簧；13—车轮轴承壳；

14—辅助橡胶弹簧；15—限位缓冲器；16—波纹管盖；

17—弹簧护圈带通气孔；18—螺母盖；

19—崎岖路面选装件（M103）；20—减振器

⑦压下转向横拉杆接头（拧紧力矩 30 N·m），如图 10 – 46 所示。

⑧拧下横向稳定杆的紧固螺栓（拧紧力矩 25 N·m），如图 10 – 47 所示。

⑨拆下传动轴（VL 节）与轮毂的固定螺母。

⑩向下揿压前悬架下摇臂，从车轮轴承壳内拉出传动轴；或利用两个固定车轮凸缘上的螺孔，将压力装置 V.A.G1389 固定在轮毂上，用液压装置从轮毂中拉出传动轴，如图10 – 48所示。拆下传动轴后，卸下压力装置。

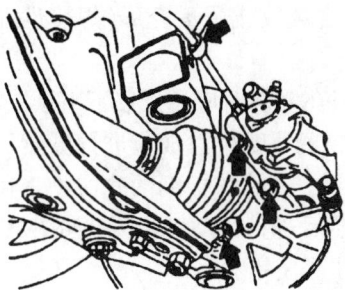

图 10 - 45　拧下制动钳紧固螺栓

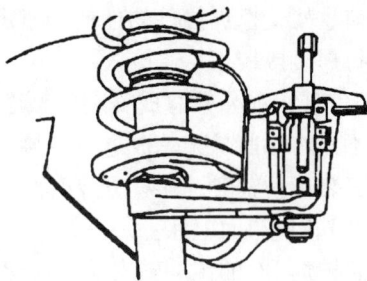

图 10 - 46　压出转向横拉杆接头

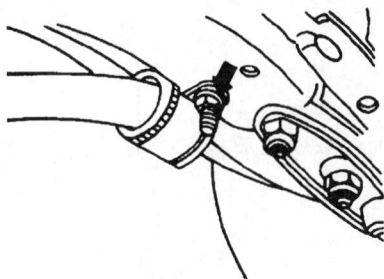

图 10 - 47　拆卸横向稳定杆

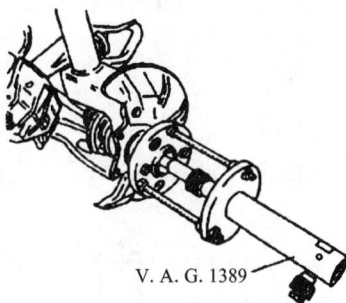

V. A. G. 1389

图 10 - 48　拉出传动轴

⑪取下盖子，支撑减振器支柱下部或者沿反方向固定。旋下活塞杆的螺母，用内六角扳手阻止活塞杆的转动，如图 10 - 49 所示。

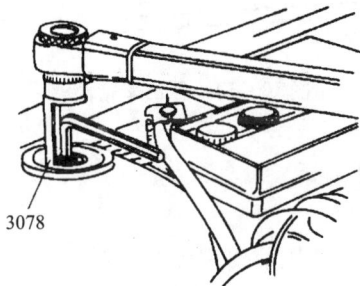

3078

图 10 - 49　旋下活塞杆螺母

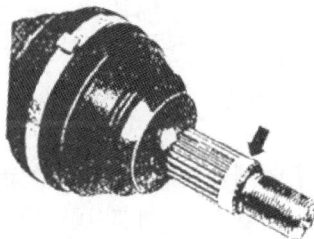

图 10 - 50　外万向节花键轴安装前涂防护剂

(2)检修。零件拆卸下来后，进行全面清洗测量、检查，若发现下列情况，必须更换新件：

①挡泥板严重变形、扭曲。

②制动盘工作面严重磨损或工作面出现裂纹(包括小裂纹)。

③轮毂花键严重磨损或有较大裂纹。

④弹簧挡圈变形、失效。

⑤轴承损坏（轴承只能成套调换）。

⑥前悬架支撑焊接件的任何一条焊缝及其他各处出现裂纹或严重变形（焊接件在修理时不可进行焊接或校正）。

（3）安装。前悬架总成安装的顺序与拆卸时相反，但在安装时应注意以下事项：

①不允许对前悬架总成进行焊接或整形处理，不合格的零部件总成应进行更换。

②安装传动轴时，应擦净传动轴与花键齿面上的油污，去除防护剂的残留物。在外万向节（RF节）花键齿面上涂上一圈5 mm宽的防护剂D6，然后进行传动轴装配，如图10-50所示。涂防护剂D6的传动轴安装后应停车60 min，然后才可使用。

③所有螺栓和螺母应按规定力矩拧紧。

④所有自锁螺母，必须更换新件。

2）前悬架支柱总成拆卸和检查

（1）拆卸

①拆下制动盘。

②拆下挡泥板。

③压出轮毂，如图10-51所示。注意：压出轮毂时，车轮轴承有可能被损坏。

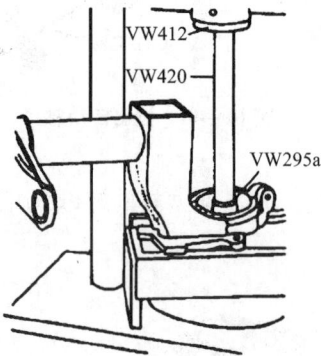

图10-51　压出轮毂

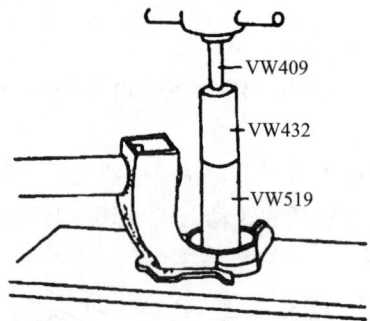

图10-52　压出车轮轴承

④拆下两侧弹簧挡圈，压出车轮轴承，如图10-52所示。

⑤拉出轴承内圈，如图10-53所示。

注意：只能使用带箍圈的拉具，拉具上的钩子表面在使用前要用砂纸打磨一下。

（2）检查。在零件全部解体后，应进行清洗、检查，必要时测量。如有下列情况，必须更换新件：

①制动盘工作面严重磨损，超出规定，或表面出现裂纹。

②挡泥板严重扭曲变形。

③轮毂花键松旷，磨损严重。

④弹簧挡圈失效。

⑤车轮轴承损坏（注意：需要更换整套轴承）。

⑥前悬架支柱件任何一条焊缝出现裂纹或严重变形。

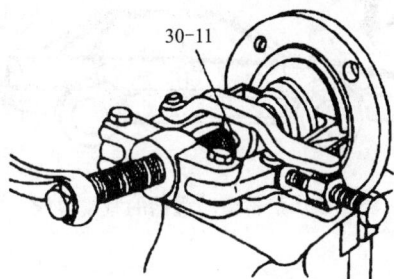

图 10-53 拉出轴承内圈

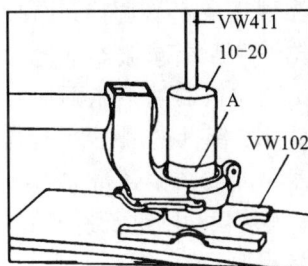

图 10-54 将轴承 A 压至终止位置

3）前悬架支柱总成安装和调整

（1）先装外弹簧挡圈，在车轮轴承座涂上润滑脂，然后压入轴承，压至极限位置，最后装上内弹簧挡圈，如图 10-54 所示。

（2）调整内、外弹簧挡圈开口的位置，使其相差 180°。然后转动轴承内圈，观察其是否正常。

（3）在轮毂花键和轴承颈上涂上润滑脂，然后压入轴承内。

注意：压入轮毂时，专用工具 VW519 只能顶住内轴承的内圈。

（4）用 3 个 M6 螺栓固定挡泥板（拧紧力矩 10 N·m），使其紧贴在车轮轴承座的凸缘上。

（5）用非纤维材料擦净制动盘工作表面，不能有油污。装上制动盘，且紧贴在轮毂的接合面上。

（6）用手转动制动盘，观察其是否有卡滞或异响现象。

表 2-3 前悬架装置紧固力矩

项　目	扭力/N·m	项　目	扭力/N·m
前悬架至车身	60	球接头至下摆臂	65
前悬架螺栓	150	轮毂至驱动轴	230
转向横拉杆至前悬架	30	驱动轴至凸缘	45
固定制动钳体至前悬架	50	下摆臂至发动机总架（副车架）	60
分泵缸体至制动支架	35	发动机悬架至车身	70
球接头至轮毂	50	横向稳定杆至副车架及下摆臂	25

3. 减振器检查和更换

在车辆行驶过程中，如减振器发出异常的响声，则说明该减振器已损坏，如果没有异响还可通过以下方法检查。

检查前悬架减振器有无漏油现象，推压车身检查前悬架的减振性能是否良好。如图 10-55所示，用力按下汽车，若车身上下跳动 2~3 次后停止，说明减振器工作良好。

损坏的减振器一般不做修理，而是从车身上拆下，更换新的减振器。减振器失效一般还

存在漏油现象，可以用肉眼观察到。如
有很小的渗油现象不必调换，如有漏油
多可通过拉伸和压缩减振器来检查渗油
现象。漏出的减振器油不能再加入减振
器内重新使用，漏油的减振器不能再使
用。减振器漏油或减振弹簧弹力减弱应
更换新件，连接松动则重新紧固。

图 10－55　按压法检查减震器的减震效能

1）更换减振器的方法

（1）用拉具压住弹簧座圈，压缩压紧弹簧，如图 10－56 所示。如果没有专用工具 V. A.
G1403，可用专用工具 VW340 代替。

（2）松开开槽螺母，放松弹簧，可以用扳手 A 阻止活塞杆的转动，以便松开螺母，如图
10－57 所示。

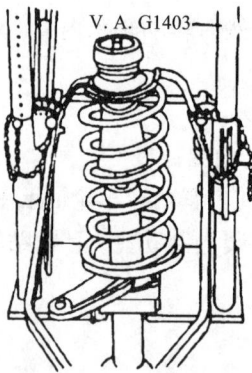

图 10－56　用拉具压缩弹簧

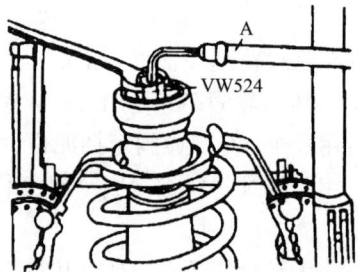

图 10－57　松开开槽螺母

（3）拆卸减振器，如图 10－58 所示。

（4）按照与拆卸相反的顺序安装减振器。

2）后桥减振器弹簧支柱的拆装

拆卸的步骤如下：

（1）车辆着地；

（2）拆下车厢内减振器盖板；

（3）从车上旋下弹簧上支点螺母，如图 10－59 所示；

（4）慢慢抬高车辆；

（5）从后轴上拆下弹簧支柱；

（6）从下支架上取出弹簧支柱，同时将轮胎下压；

（7）小心地将支架从车轮与轮罩之间移出，不要碰坏弹簧和轮罩上的油漆。

应当注意：不要同时拆两边的弹簧支柱，否则桥架上的轴套受压过大。

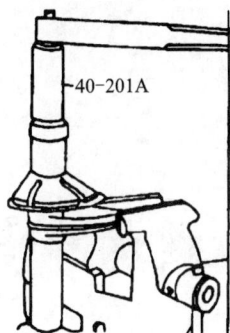

图 10 - 58　拆卸减振器

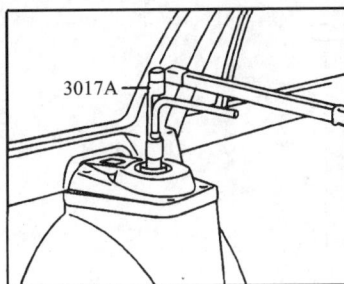

图 10 - 59　拆下减震器支柱螺母

项目小结

1.悬架就是车架(或车身)与车桥(或车轮)之间的一切传力连接装置的总称。其作用是把路面作用于车轮上的垂直反力、纵向反力和侧向反力以及这些反力所造成的转矩传递到车架(或车身)上,并减少汽车振动,以保证汽车的正常行驶。

2.汽车悬架一般由弹性元件、减振器和导向机构三部分组成。

3.汽车悬架的类型因分类方式不同而不同:按导向机构的不同分为非独立悬架和独立悬架;按控制方式分为被动悬架和主动悬架。

4.目前汽车上常见的悬架弹簧主要有钢板弹簧、螺旋弹簧、扭杆弹簧和气体弹簧等。

5.汽车悬架系统中通常采用液力减振器,利用液体流动的阻尼来消耗冲击振动的能量。

6.非独立悬架因其结构简单,工作可靠,被广泛应用于货车的前、后悬架中,国产微型车以及微型客货车后桥基本采用钢板弹簧式非独立悬架。现代轿车中,很少采用或仅后悬架采用非独立悬架。

7.普通悬架属于被动悬架;电子控制悬架属于主动悬架,可分为半主动悬架和主动悬架;半主动悬架系统由电控单元(ECU)、车速传感器、方向盘转角传感器、汽车加速度传感器、制动传感器和超声波道路传感器等组成。主动空气悬架由传感器、ECU、空气悬架和高度控制器等组成。

8.悬架技术状况变差,首先影响汽车的平顺性,增加汽车的冲击载荷,加剧汽车零件的损坏。更重要的是破坏了车辆正常的运动学和力学关系,造成汽车的操纵性能、制动性能变差,对行车安全构成潜在威胁。

9.非独立悬架系统的常见故障:车身倾斜和行驶跑偏、异响。独立悬架系统的常见故障:异响、车身倾斜、前轮定位参数改变、轮胎异常磨损、车辆摆振及行驶不稳。

思考与练习

1.说明悬架系统的组成和功用。

2.叙述独立悬架和非独立悬架的结构特点。

3.叙述减振器的结构和工作原理。

4.说明悬架的拆装步骤。

5.分析车身偏斜的原因,列出故障诊断和排除的计划。

项目十一

汽车转向系构造与检修

学习目标

(1) 能描述转向系的结构及工作过程；

(2) 能识别转向系主要零部件；

(3) 能检查和调整各种典型转向器；

(4) 能熟悉电子控制动力转向系的组成及工作原理；

(5) 能理解四轮转向的原理；

(6) 会检修转向系主要零部件；

(7) 会根据故障现象制定维修方案；

(8) 会撰写案例分析报告。

案例引入

一辆桑塔纳轿车，在行驶过程中，驾驶员需要转动较大幅度的转向盘才能控制汽车的行驶方向，且汽车直线行驶时感觉行驶不稳定。请你进行故障诊断并予以排除，制定一份诊断维修计划书，完成检修任务，并归档。

项目描述

本项目主要介绍转向系的功用、类型、组成与工作原理；机械转向器和动力转向器的结构和工作原理；转向系主要零部件的检修与调整；四轮转向的原理及转向系常见故障诊断等内容。

项目内容

任务一　转向系概述

汽车通过传动系和行驶系，将发动机的动力转变为汽车行驶的驱动力，使汽车产生运动。汽车在行驶过程中，需要经常改变行驶方向，这就必须有一套用来控制汽车行驶方向的机构——汽车转向系。

一、转向系的功用、组成及分类

1. 转向系的作用

汽车上用来改变汽车行驶方向的机构称为汽车转向系。

功用:

(1)由驾驶员通过操纵转向系来改变转向轮(一般是前轮)的偏转角度实现汽车转向。

(2)克服由于路面侧向干扰力使车轮自行产生的转向,恢复汽车原来的行驶方向。

2.转向系的类型

转向系可按转向能源的不同分为机械转向系、动力转向系、电动助力转向系、电控转向系。

1)机械转向系

机械转向系以驾驶员的体力作为转向能源,又称人力转向系。由转向操纵机构、转向器和转向传动机构三大部分组成,如图11-1所示。

转向操纵机构由转向盘、转向轴、转向万向节、转向传动轴组成。转向传动机构由转向摇臂、转向直拉杆、转向节臂、左右转向节、转向横拉杆、左右梯形臂等组成。

当驾驶员转动转向盘时,通过转向轴、转向万向节、转向传动轴,将转向力矩输入转向器,经转向器将转向力矩增大后传到转向摇臂、转向直拉杆、转向节臂,使左转向节绕主销偏转。与此同时,左梯形臂带动转向横拉杆、右梯形臂,使右转向节绕主销向同一方向偏转,从而使装在左右转向节上的两车轮同时偏转,实现汽车的转向。

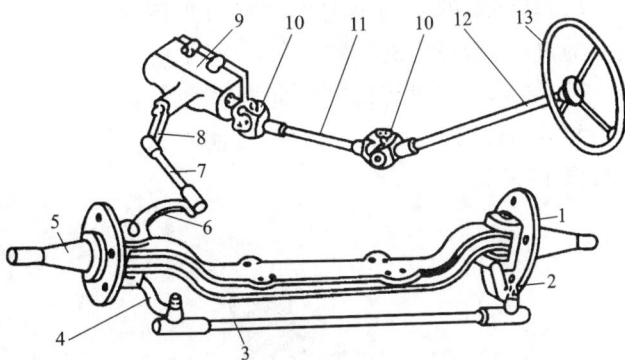

图11-1 汽车转向系示意图

1—右转向节;2,4—梯形臂;
3—转向横拉杆;5—左转向节;6—转向节臂;
7—转向直拉杆;8—转向摇臂;9—转向器;
10—转向万向节;11—转向传动轴;
12—转向轴;13—转向盘

2)动力转向系

动力转向系是兼用驾驶员体力和发动机动力为转向能源的转向系。动力转向系由转向操纵机构、动力转向器和转向传动机构三部分组成,如图11-2所示。

3)电动助力转向系

电动助力转向系的英文缩写叫"EPS"(Electrical Power Steering),它利用电动机产生的动力协助驾车者进行转向,如图11-3所示。

4)电子控制转向系

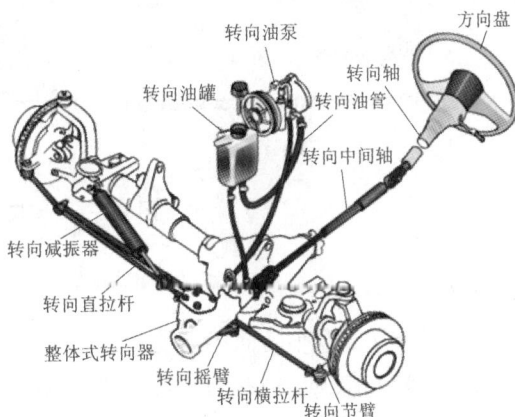

图11-2 动力转向系示意图

电子控制转向系包括电子控制动力转向系和电子控制四轮转向系。

电子控制动力转向系旨在使车辆低速尤其是停放车辆时转向轻便,而当车速较高时,电子控制使系统的液压助力作用减弱,转向操纵力增加,使驾驶员在高速行驶时对转向盘有更好的控制。

3. 转向系的组成

转向系形式多种多样，但所有的转向系都由转向操纵机构、转向器和转向传动机构三大部分组成，如图 11-4 所示。

（1）转向操纵机构是操纵转向器和转向传动机构，使转向轮偏转。

（2）转向器的功用是增大由转向盘传到转向节的力，并改变力的传动方向。

（3）转向传动机构的功用是将转向器输出的力和运动传给转向轮，使两侧转向轮偏转以实现汽车转向。

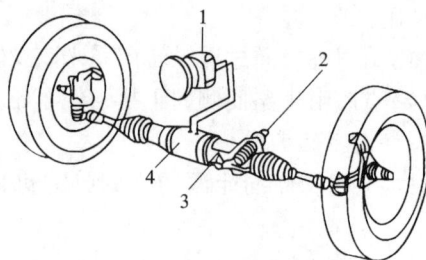

图 11-3　电动助力转向系

1—发动机；2—扭转传感器；
3—ECU；4—电动机

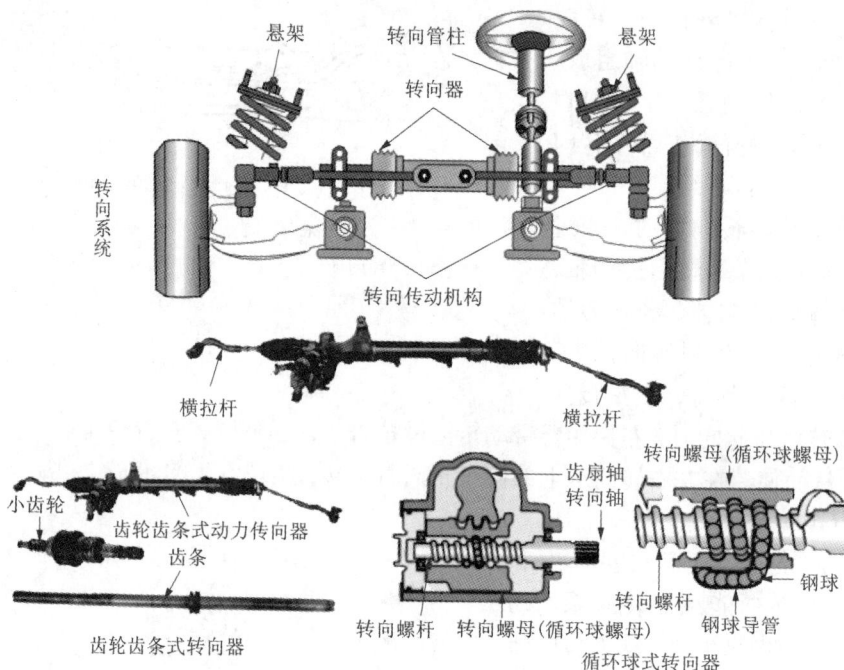

图 11-4　转向系的组成

4. 对转向系的要求

在正常情况下，汽车转向所需能量，只有一小部分由驾驶员提供，而大部分是由发动机通过动力转向器提供的，但在动力转向器失效时，需由驾驶员全部承担汽车转向的动力。

为了确保汽车安全行驶，转向系必须满足以下要求：

（1）工作可靠，转向系中的零件应具有足够的强度和刚度，以确保汽车安全行驶；

（2）操纵轻便灵活，以减轻驾驶员的劳动强度和保证安全行驶；

（3）汽车转弯时，车轮应有正确的运动规律，以保证轮胎的纯滚动而无滑动；

（4）转向器有适当的可逆传感性；

（5）维修简单。

二、转向系参数

1. 转向中心与转弯半径

1)转向中心

为了避免轮胎过快磨损，要求转向系能保证在汽车转向时，所有车轮均作纯滚动。显然，这只有在所有车轮的轴线都相交于一点时方能实现。此交点 O 称为转向中心，如图 11 -5 所示。

即：内转向轮偏转角 β 大于外转向轮偏转角 α，理想关系式应是

$$\cot\alpha = \cot\beta + B/L$$

式中：B——两侧主销轴线与地面相交点之间的距离，也称为轮距；

L——汽车轴距。

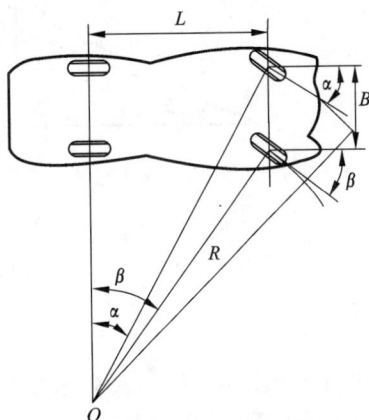

图 11 -5 双轴汽车转向示意图

2)转弯半径

由转向中心 O 到外转向轮与地面接触点的距离。

转弯半径愈小，则汽车转向所需场地就愈小。由图可知，在图示的理想情况下，最小转弯半径 R_{min} 与 α_{max} 的关系为

$$R_{min} = L/\sin\alpha_{max}$$

2. 转向系角传动比

1)转向器角传动比

转向盘的转角增量与转向摇臂转角的相应增量之比 $i\omega_1$ 称为转向器角传动比。转向器角传动比 $i\omega_1$，货车的约为 16 ~ 32，轿车的约为 12 ~ 20。

2)转向传动机构角传动比

转向摇臂转角增量与转向盘所在一侧的转向节的转角相应增量之比 $i\omega_2$ 称为转向传动机构角传动比。$i\omega_2$ 的数值较小，对于一般汽车而言，$i\omega_2$ 大约为 1。

3)转向系角传动比

转向盘转角增量与同侧转向节相应转角增量之比则为转向系角传动比，以 $i\omega$ 表示。显然有 $i\omega = i\omega_1/i\omega_2$。

3. 转向梯形与前展角

(1)前展：汽车转向时两转向轮内转角 β 与外转角 α 之差($\beta - \alpha$)称为前展。

(2)汽车转向分析。如果汽车在转向时，两前转向轮的偏转角相同，那么各轴轴线就不可能相交于一点，如图 11 -6 所示。若使两转向轮自由滚动，它们的运动轨迹就有逐渐相互靠近的趋势。轮距 B 是不变的，这样当汽车转向时，转向轮就要产生边滚边滑的现象，使行驶阻力增加，转向困难，并加速轮胎的磨损。

总结：为了产生前展，将转向机构设计成梯形。使转向内轮与外前轮产生不同的偏转角，实现车轮的纯滚动。如图 11 -7 所示为矩形与梯形机构的比较图。

4. 转向器传动效率

转向器输出功率与输入功率之比称为转向器传动效率。当功率由转向盘输入，从转向摇

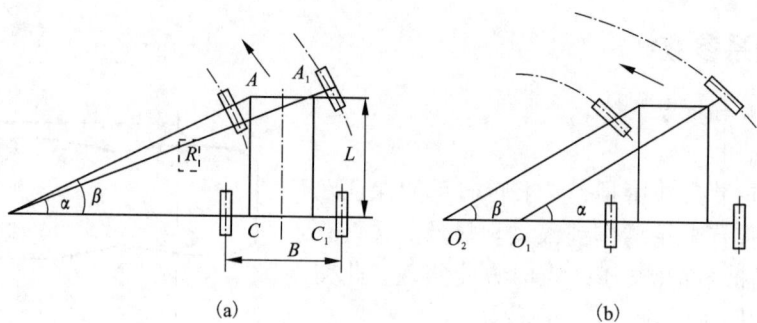

图 11-6 汽车转向分析示意图

(a)β>α；(b)β=α

臂输出时，所求得的传动效率称为正传动效率；反之，转向摇臂受到道路冲击而传到转向盘的传动效率则称为逆传动效率。正、逆传动效率都很高的转向器称为可逆式转向器，有利于汽车转向后转向轮的自动回正，但转向盘"路感"很强，也容易在坏路行驶时出现"打手"现象，所以主要应用于经常在良好路面行驶的车辆。正传动效率远大于逆传动效率的转向器（称为极限可逆式转向器），能实现汽车转向后转向轮的自动回正，只有路面冲击力很大时，方能部分地传到转向盘，其"路感"较差，主要应用于中型以上的越野汽车、工矿用自卸汽车等。

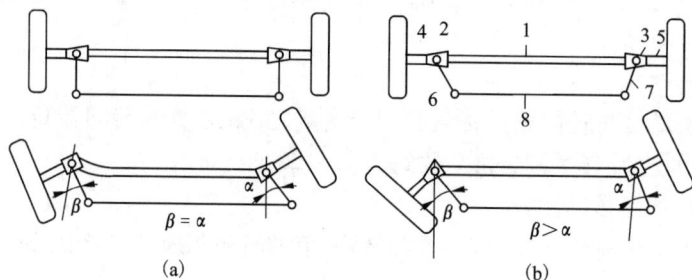

图 11-7 转向梯形机构工作示意图

(a)矩形；(b)梯形

1—前轴；2、3—主销；4、5—转向节；6、7—转向节臂；8—转向横拉杆

5. 转向盘自由行程

转向盘为消除转向系各传动件之间的装配间隙及克服机件的弹性变形所空转过的角度称为转向盘自由行程。由于转向系各传动件之间都存在着装配间隙，而且这些间隙将随零件的磨损而增大，因此，在一定的范围内转动转向盘时，转向节并不随即同步转动，而是在消除这些间隙并克服机件的弹性形变后，才作相应的转动，即转向盘有一空转范围。

转向盘自由行程对于缓和路面冲击及避免驾驶员过于紧张是有利的，但过大的自由行程会影响转向灵敏性。所以，汽车维护中应定期检查转向盘自由行程。机动车转向盘的最大自由转动量从中间位置向左或向右均不超过 10°～15°。当零件磨损严重到转向盘自由行程超过 25°～30°，则必须进行调整。

通常是通过调整转向器传动副的啮合间隙来调整转向盘自由行程。

任务二　转向器

转向器是转向系中的减速传动装置,其功用是增大由转向盘传到转向节的力,并改变力的传动方向。

转向器的种类较多,一般按转向器中的传动副的结构形式分为齿轮齿条式、循环球式、蜗杆曲柄指销式和蜗杆滚轮式等几种。下面主要介绍齿轮齿条式转向器和循环球式转向器。

一、齿轮齿条式转向器

齿轮齿条式转向器主要由转向器壳体、转向齿轮、转向齿条等组成,转向器通过转向器壳体的两端用螺栓固定在车身(车架)上,如图11-8所示。

齿轮齿条式转向器结构简单;传动效率高,操纵轻便;重量轻;由于不需要转向摇臂和转向直拉杆,还使转向传动机构得以简化。

图11-8　齿轮齿条式转向器分解图

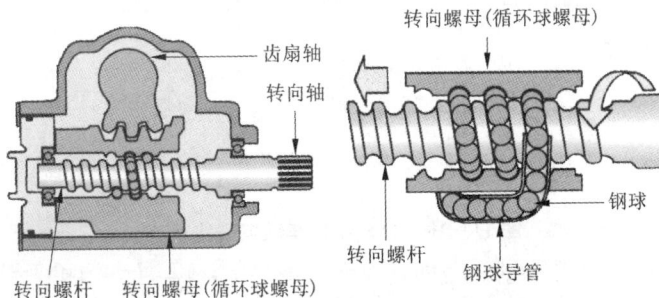

大部分前轮驱动的轿车中,齿轮齿条式转向器已成为标准配置。齿轮齿条式转向系与麦弗逊滑柱配合使用,可为发动机横置提供更大的空间。

弹簧通过转向齿条压块将转向齿条压紧在转向齿轮上,以保证齿轮齿条始终无间隙啮合,有效地减小转向自由行程,提高操纵灵敏度,而其弹力的大小可由调整螺钉调整。

驾驶员通过转向操纵机构,转向齿轮转动,从而使转向齿条移动,转向齿条通过转向直拉杆、转向摆杆和左右转向横拉杆,使两车轮绕主销偏转。

二、循环球式转向器

循环球式转向器(如图11-9所示)是目前汽车应用最广泛的一种转向器。与其他型式的转向器相比,循环球式转向器在结构上的主要特点是有两级传动副。第一级传动副为螺杆-螺母传动副;第二级传动副为齿条-齿扇传动副。

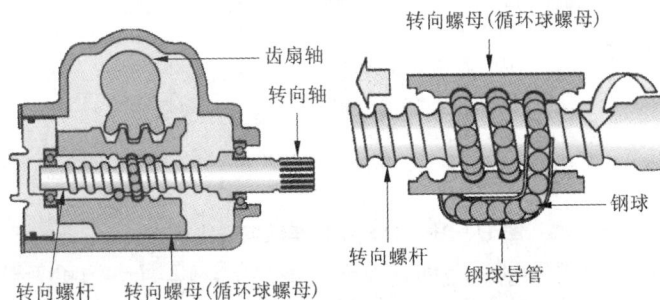

图11-9　循环球式转向器

循环球式转向器传动效率高(正效率最高可达90%~95%),故操纵轻便,转向结束后自动回正能力强,使用寿命长。但其逆效率也很高,故容易将路面冲击传给转向盘而产生"打手"现象,不过,随着道路条件的改善,这个缺点并不明显。因此,循环球式转向器广泛用于各类汽车上。

当转动转向盘时,转向螺杆也随之转动,通过钢球将作用力传给螺母,螺母即产生轴向移动,同时,由于摩擦力的作用,所有钢球在螺杆与螺母之间滚动,形成"球流"。钢球在螺母内绕行两周后,流出螺母进入导管,再由导管流回螺母,随着螺母沿螺杆做轴向移动,其齿条带动齿扇运动,齿扇带动垂臂轴转动,从而使转向垂臂产生摆动,通过转向传动机构使转向轮偏转,完成汽车转向。

任务三 转向操纵机构

一、转向操纵机构的功用及组成

转向操纵机构一般由转向盘、转向轴、转向柱管、万向节及转向传动轴等组成。它的主要作用是操纵转向器和转向传动机构,使转向轮偏转。

如图11-10所示为桑塔纳轿车转向操纵机构。转向柱管中部用橡胶垫和半圆形支架固定在驾驶室前面板,下端插入铸铁支孔中。支座固定在转向操纵机构的支架上。

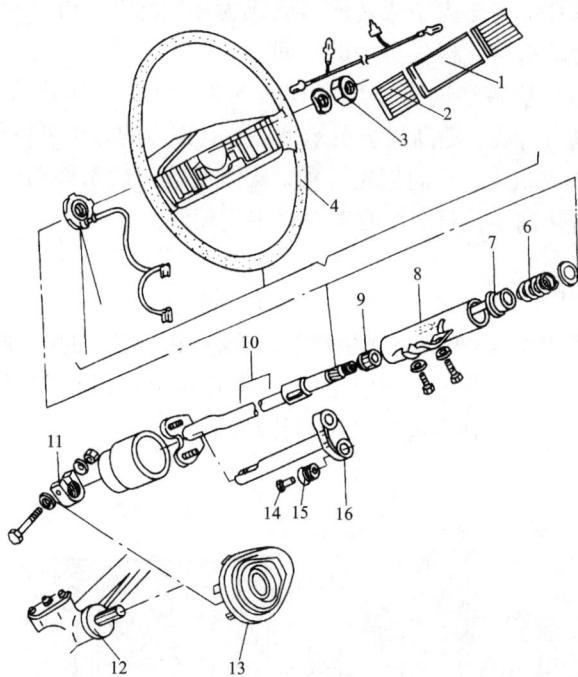

图 11-10 桑塔纳轿车转向操纵机构

1—大盖板;2—喇叭按钮盖板;3—转向盘柱紧固螺母;4—转向盘;5—接触环;6—压缩弹簧;
7—连接圈;8—转向盘柱套管;9—轴承;10—转向盘柱上段;11—夹紧箍;12—转向器;
13—转向盘柱管橡胶圈;14—减振尼龙销;15—减振橡胶圈;16—转向盘柱下段

转向轴穿过转向柱管，其下端支承在支座中的圆锥滚子轴承上，上端则通过衬套支承在转向柱管的内壁上，其上端用螺母与转向盘相连接，转向盘上装有电喇叭按钮及相应部件。转向轴通过万向传动装置与转向器中的转向蜗杆相连。

二、转向操纵机构的类型及特点

为了保证安全、舒适、可靠地操纵转向系，现代汽车通常在转向操纵机构上增设相应的安全调节装置。这些装置主要反映在转向轴和转向柱管的结构上。为了方便叙述，将转向轴和转向柱管统称为转向柱。

1. 安全式转向柱

安全式转向柱是在转向柱上设置能量吸收装置，当汽车紧急制动或发生撞车事故时，吸收冲击能量，减轻或防止冲击对驾驶员的伤害。

安全式转向柱有可分离式安全转向操纵机构和缓冲吸能式转向操纵机构。

1）可分离式安全转向操纵机构

图 11 – 11 所示为上海桑塔纳轿车采用的可分离式安全转向操纵机构。转向轴分上下两段。上转向轴的下部弯曲，其端面焊有近似于半月形的法兰盘，盘上装有两个驱动销。下转向轴的上部装有带孔的凸缘。驱动销与凸缘将上、下转向轴连为一体，且保持同轴度。在仪表盘下面还装有可折叠的安全元件。当汽车紧急制动或发生撞车事故时，转向柱和转向盘受到双向压力，驾驶员因惯性对转向盘的压力，迫使上转向轴相对于下转向轴向下运动，并使两个驱动销迅速从凸缘的孔中退出。同时，安全装置也被压缩、折叠，在此过程中吸收冲击能量，减轻或防止冲击对驾驶员的伤害。

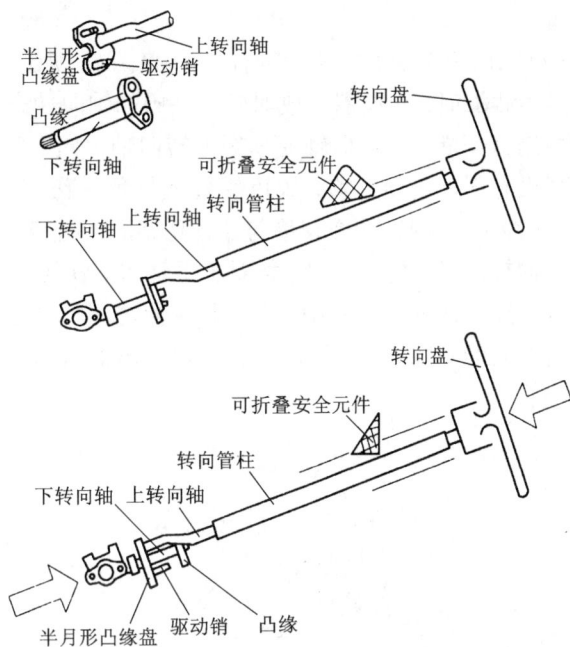

图 11 – 11 上海桑塔纳轿车可分离式安全转向操纵机构

2）缓冲吸能式转向操纵机构

（1）网状管柱变形式转向操纵机构。这种转向操纵机构的转向轴分为上下两段，如图 11 – 12(a)所示。上转向轴套装在下转向轴的内孔中，两者通过塑料销连接在一起（也有采用细花键连接的），以传递转向力矩。塑料销的传力能力受到严格限制，它既能可靠地传递转向力矩，又能在受到冲击时被剪断，因此，它起安全销的作用。转向操纵机构的转向管柱的部分管壁制成网格状，使其在受到压缩时很容易轴向变形，并消耗一定的变形能量，如图 11 – 12(b)所示。这样，驾驶员的伤害大大降低。

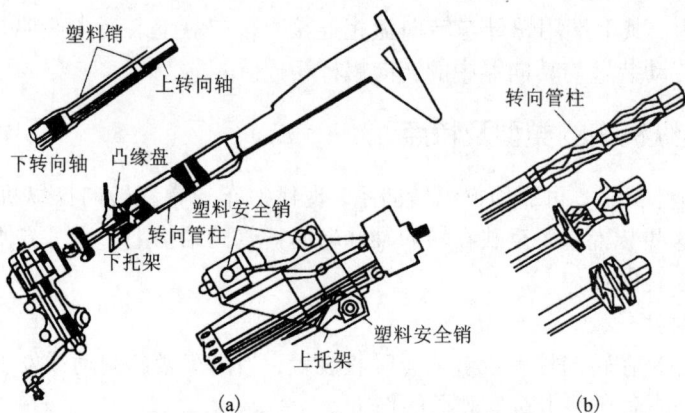

图 11 – 12　网状管柱变形式转向操纵机构

(2)钢球滚压变形式转向管柱。图 11 – 13 所示为一种用钢球连接的分开式转向柱。当汽车发生碰撞时，转向器总成对转向柱施加轴向冲击力(第一次冲击)，将连接上、下转向轴的塑料销钉切断，下转向轴便套在上转向轴上向上滑动。在这一过程中，上轴和上柱管的空间位置没有因冲击而上移，故可使驾驶员免受伤害。如果驾驶员的身体因惯性撞向转向盘(第二次冲击)，则连接橡胶垫与柱管托架的塑料销钉被切断，托架脱离橡胶垫，即上轴和上柱管连同转向盘、托架一起，相对于下轴和下柱管向下滑动，从而减缓了对驾驶员胸部的冲击。在上述两次冲击过程中，上、下柱管之间均产生相对滑动。因为钢球的直径稍大于上、下柱管之间的间隙，所以滑动中带有对钢球的挤压，冲击能量就在这种边滑动边挤压的过程中被吸收。

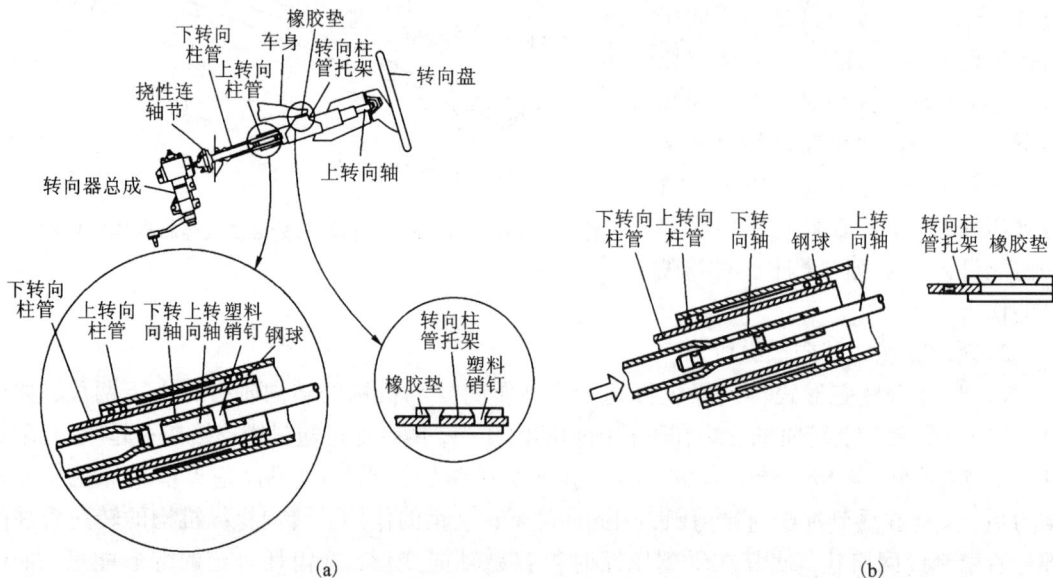

图 11 – 13　钢球连接的分开式转向柱

2.可调节式转向柱

驾驶员不同的驾驶姿势和身材对转向盘的最佳操纵位置有不同的要求。而且,转向盘的这一位置往往会与驾驶员进出汽车的方便性发生矛盾。为此,一些汽车装设了可调节式转向柱,使驾驶员可以在一定的范围内调节转向盘位置。

转向柱调节的形式分为倾斜角度调节(图11－14)和轴向位置调节(图11－15)两种。

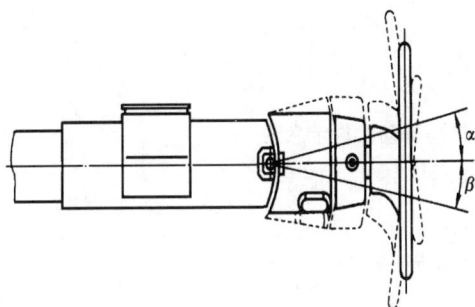

图11－14 转向柱倾斜角度调整机构

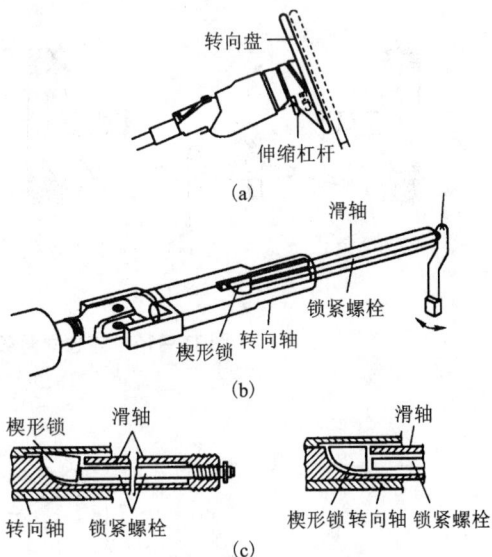

图11－15 转向柱伸缩调整机构

任务四 转向传动机构

转向传动机构的功用是将转向装置输出的转向力传递给转向轮,使之偏转而实现汽车转向,还要承受、衰减因路面不平而引起的冲击振动,并能自动消除因磨损而产生的间隙,保证汽车行驶的方向。

一、与独立悬架配用的转向传动机构

当转向轮采用独立悬架时,由于每个转向轮都需要相对于车架(或车身)作独立运动,所以转向桥必须是断开式的。与此相应,转向传动机构中的转向梯形也必须分成两段或三段,转向摇臂在平行于路面的平面中左右摆动,传递力和运动(如图11－16)。

目前,现代轿车广泛应用这种转向传动机构,如上海桑塔纳、一汽奥迪、奔驰、本田等。

与独立悬架配用的转向传动机构主要部件有:转向横拉杆、转向减振器、前桥转向臂、转向齿轮轴、防尘套等,该车由于采用了齿轮齿条式转向器,省略了转向传动机构中的直拉杆等部件,从而使转向传动机简单、实用,图11－17为上海桑塔纳轿车的转向传动机构。

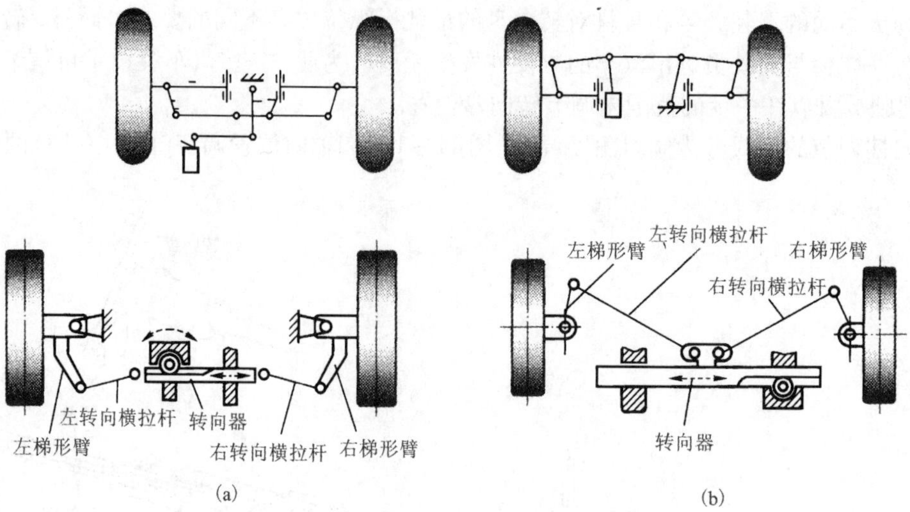

图 11-16　与独立悬架配用的转向传动机构示意图

(a)两段式；(b)三段式

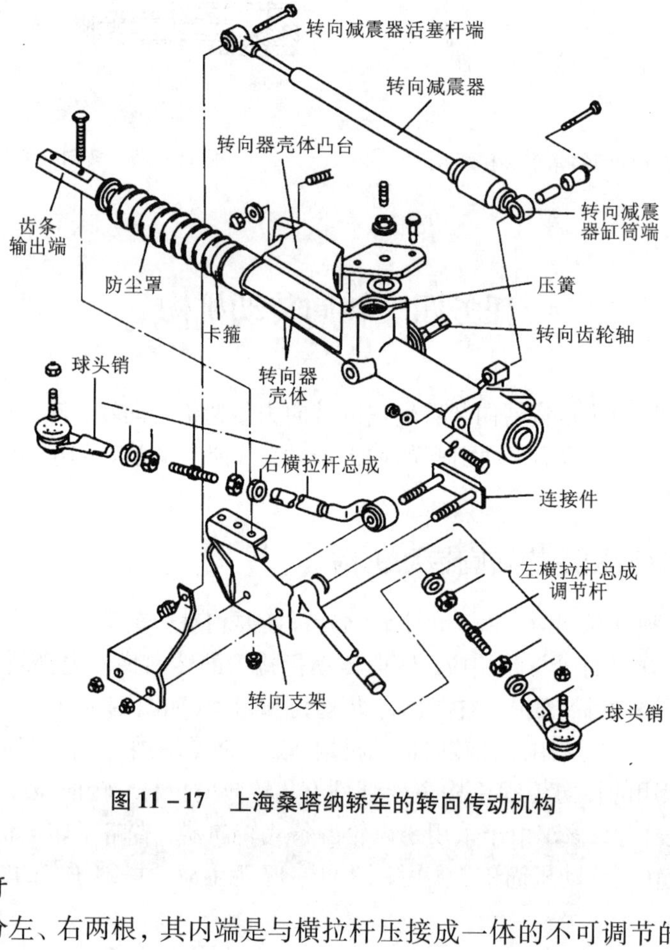

图 11-17　上海桑塔纳轿车的转向传动机构

1.转向横拉杆

转向横拉杆分左、右两根，其内端是与横拉杆压接成一体的不可调节的圆孔接头，孔内压装有橡胶－金属缓冲环,与转向齿条上的连接支架下部的两孔用螺栓铰链。转向横拉杆外端为带球头销的可调式接头,球头销与转向臂相连,用防松螺母拧紧,通过调节横拉杆长度可调整前轮前束值。

转向横拉杆外端为球头销的球头碗,采用耐磨材料聚甲醛或聚甲醛和氨脂合成材料制作,球头碗由弹簧顶紧球头以消除间隙,如图 11 −18 所示。

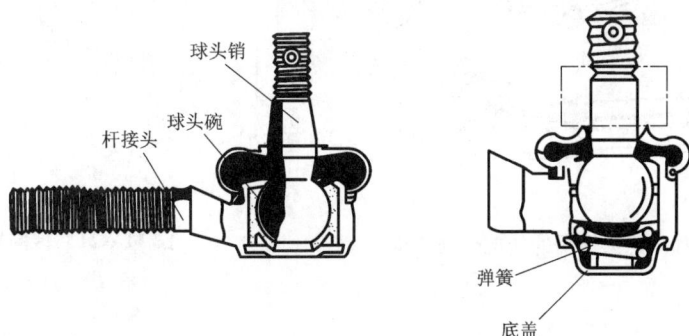

图 11 −18　球头销

2. 转向减振器

为了避免转向轮的摆振,减缓传至转向盘上的冲击和振动,转向器上还装有转向减振器。减振器缸筒一端固定在转向器壳体上,活塞一端则与转向横拉杆支架连接,通过活塞杆和活塞在筒内的往复运动,使油液在活塞的节流阀上下流动而产生阻尼,来吸收路面不平而产生的冲击和振动,稳定转向盘的振动,如图 11 −19 所示。

3. 前桥转向臂

前桥转向臂直接焊在前桥悬架支柱上,转向臂与横拉杆之间采用球头销连接。

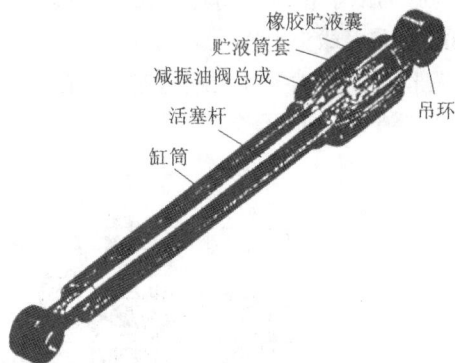

图 11 −19　转向减振器

二、与非独立悬架配用的转向传动机构

与非独立悬架配用的转向传动机构一般是由转向摇臂、转向直拉杆、转向节臂、两个梯形臂和转向横拉杆等组成。各杆件之间都采用球形铰链连接,并设有防止松脱、缓冲吸振、自动消除磨损后的间隙等的结构措施,图 11 −20 所示。

1. 转向摇臂

如图 11 −21 所示,其大端具有三角细花键锥形孔,用以与转向摇臂轴外端相连接,并用螺母固定;其小端带有球头销,以便与转向直拉杆作空间铰链连接。转向摇臂安装后从中间位置向两边摆动的角度应大致相等,故在把转向摇臂安装到摇臂轴上时,两者相应的角位置应正确。为此,常在摇臂大孔外端面上和摇臂轴的外端面上各刻有短线,或是在两者的花键部分上都少铣一个齿，作为装配标记。装配时应将标记对齐。

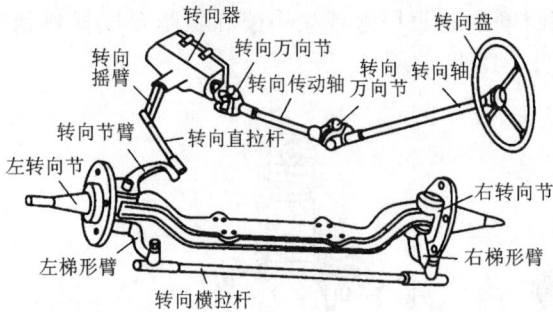

图 11-20　与非独立悬架配用的转向传动机构

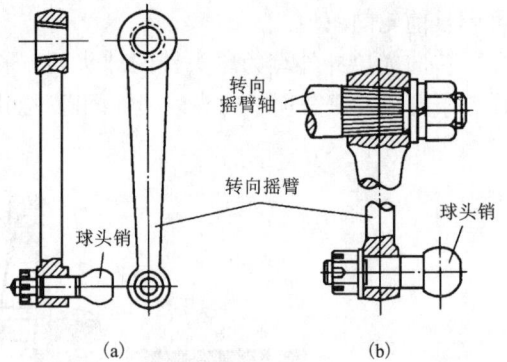

图 11-21　转向摇臂
（a）结构图；（b）剖视图

2. 转向直拉杆

结构如图 11-22 所示，由于转向直拉杆、转向垂臂、转向节臂的相对运动都在空间进行，为减弱由于转向轮偏转造成悬架形变时车轮对车架的跳动，防止运动的相互干涉，直拉杆两端均采用球头销连接。

直拉杆由两端扩大的钢管制成，在扩大的端部内装有球头销、球头碗、弹簧、弹簧座、螺塞、开口销等，组成铰接。

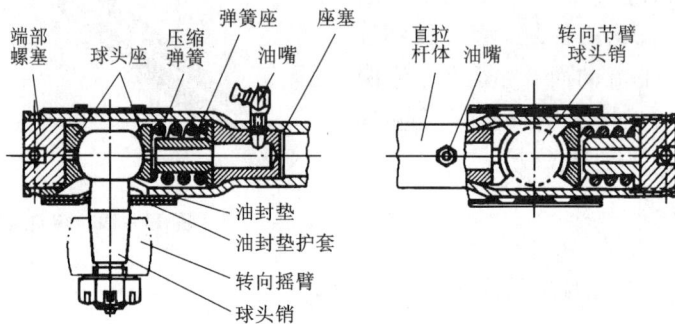

图 11-22　转向直拉杆

（1）压紧弹簧：随时补偿球头与球碗的磨损产生的间隙，保证二者达到无间隙配合，缓和冲击力，保持平稳。所以，两端弹簧应分别装在球头的同一侧。

（2）弹簧座：弹簧座用以支承弹簧，同时，限制弹簧超载形变或弹簧折断时，防止球头从管孔中脱落。

（3）螺塞：作用主要是调节弹簧的预紧力，调整后必须用开口销锁定螺塞。

3. 转向横拉杆

如图 11-23 所示，转向横拉杆杆身由钢管制成，两端加工有左、右螺纹，两杆接头也相应制成左右旋螺纹,所以旋转横拉杆时,可使两端接头同时向里或向外移动,即可改变横拉杆的工作长度来调整前轮前束值。在两端头上都装有球头销等零件组成的球形铰链,分别与左、右梯形臂相连。球头销球部分夹紧在球头座内,弹簧通过弹簧座压向球头座,保证其预紧力,在球头与球头座磨损时,能由移动消除间隙,可防止左、右球头中心距离的改变。其预紧力可由调整螺塞调整。

4. 转向节臂与梯形臂

如图 11 - 24 所示,转向直拉杆通过转向节臂和转向节相

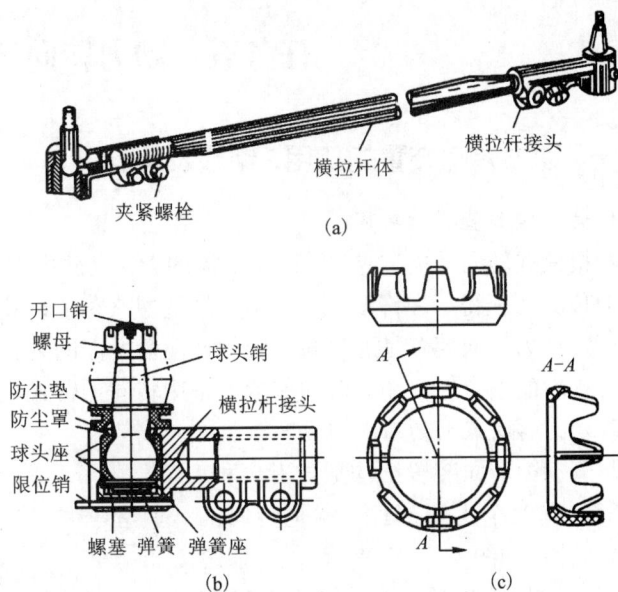

图 11 - 23　转向横拉杆

(a)转向横拉杆;(b)接头;(c)球头座

连,转向横拉杆两端通过左、右梯形臂与转向节相连,转向节臂和梯形臂的锥形柱部分与转向节锥形孔相配合,用键防止相对转动,端部用螺母紧固,并用开口销锁住,另一端的锥形孔和相应的拉杆球头锥形部位相配合,也用螺母紧固后,插入开口销锁住螺母。

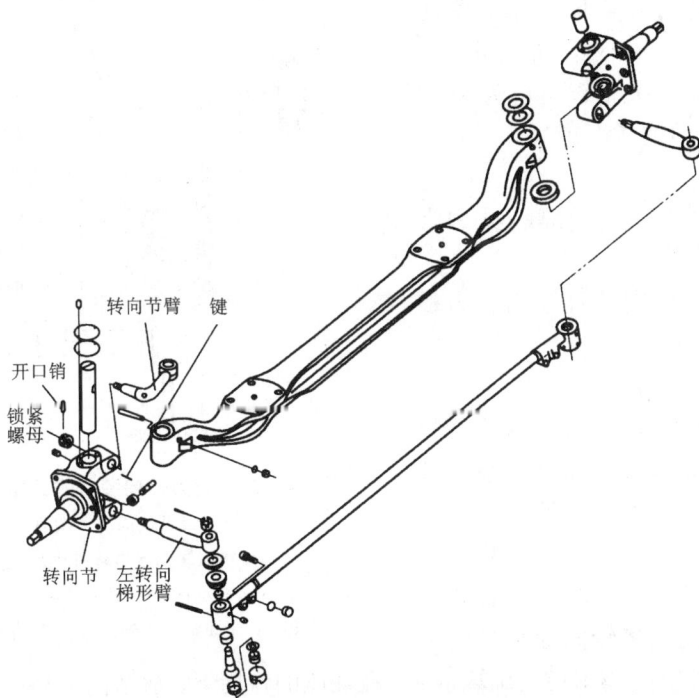

图 11 - 24　转向节臂与梯形臂

任务五　动力转向装置

一、动力转向装置的功用、组成及类型

1. 动力转向装置的功用

在机械式转向系中，转动转向器所需的力，全部由驾驶人员提供，唯一的优点是通过改变转向传动比获得。在许多汽车，尤其是重型汽车上，采用了动力转向来降低驾驶人员的劳动强度。动力转向装置是通过减小转动转向盘所需的力，来降低驾驶员的疲劳程度从而提高行驶过程中的安全性。动力转向装置可采用转向摇臂式转向器或齿轮齿条式转向器。

2. 动力转向装置的基本组成

尽管动力转向装置结构形式有多种，但它们都有两个主要部件，就是转向油泵和转向器（如图 11 – 25 所示）。它们之间通过高压软管连接，液压泵由曲轴带动的传动带驱动工作，使油压升高，从而保证操控转向器所需的压力油。

3. 动力转向装置的分类

（1）按工作介质分为液压式和气压式。

液压式：工作时无噪声，工作滞后时间短，且能吸收来自不平路面的冲击。

气压式：前轴最大轴载质量为 3 ~ 7 吨并采用气压制动的货车或轿车。趋于淘汰。

（2）按液流的形式分为常流式和常压式两种。

（3）按其动力转向装置结构分为整体式和分开式两种。

4. 动力转向装置的工作原理

如图 11 – 26 所示，当汽车直线行驶时，转向控制阀 2 将转向油泵 6 泵出来的工作液与油罐相通，转向油泵处于卸荷状态，动力转向器不起助力作用。当汽车需要向右转向时，驾驶员向右转动转向盘，转向控制阀将转向油泵泵出来

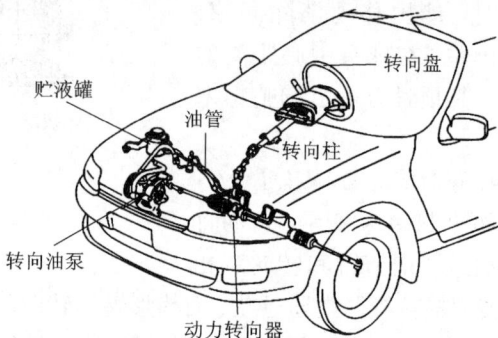

图 11 – 25　动力转向装置的基本组成

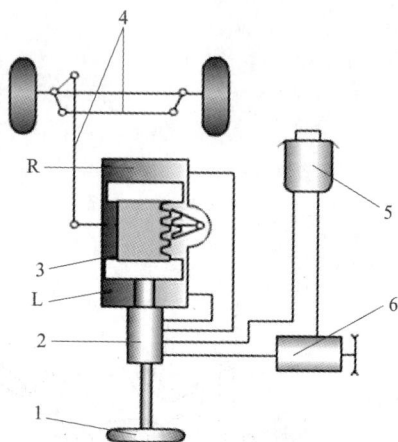

图 11 – 26　动力转向装置的工作原理示意图
1—转向操纵机构；2—转向控制阀；
3—机械转向器与转向动力缸总成；
4—转向传动结构；5—转向油罐；6—转向油泵；
R—转向动力缸右腔；L—转向动力缸左腔

的工作液与 R 腔接通，将 L 腔与油罐接通，在油压的作用下，活塞向下移动，通过传动结构使右轮向右偏转，从而实现右转向。向左转向时，情况与上述相反。

二、常流式液压转向器工作原理

当汽车直线行驶时[如图 11 - 27(a)所示]，滑阀依靠阀体内的定中弹簧(回位弹簧)保持在中间位置。由油泵输送来的工作油，从滑阀和滑体环槽边缘的环形缝隙进入动力缸的左右腔室，又通过回油管流回油罐，这时油路保持畅通，油泵负荷小，工作油处于低压状态。

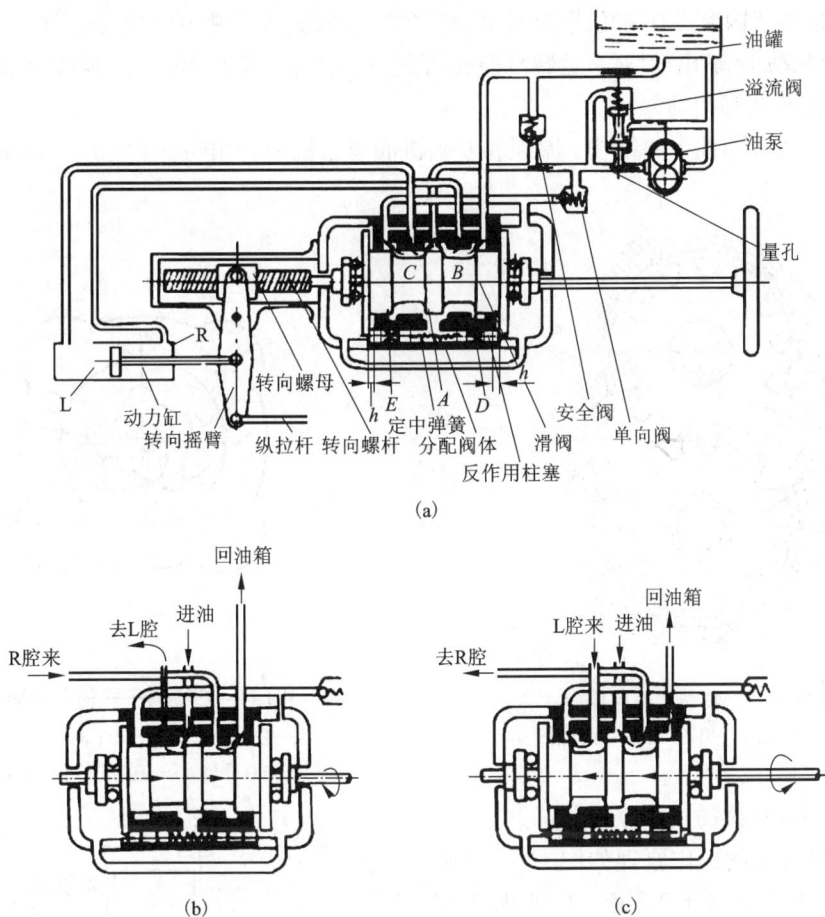

图 11 - 27 常流式液压转向器工作原理图

当汽车右转弯时[如图 11 - 27(b)所示]，转向盘右转，转向杆右转，与转向轴连成一体的滑阀和左旋螺杆克服定中弹簧和反作用柱塞一侧的油压力而向右移动，这时动力缸左腔与进油道相通，而右腔则与回油道相通。

左腔油压推动动力缸内活塞向右移动，使转向垂臂作逆时针转动，从而也使转向螺母随螺杆的转动而向左移动，同时通过纵拉杆带动转向轮向右偏转。

当转向盘转过一定角度保持不变时，螺母也不再继续相对于螺杆左移，但动力缸中活塞在油压作用下继续右移，从而带动螺母、螺杆和滑阀一起左移，直到滑阀位于中间稍偏右的位置，此时，活塞推力和前轮定位产生的回正力平衡，动力转向系统停止工作。

当汽车左转弯时[如图 11 - 27(c)所示]，滑阀左移，动力缸向相反方向加力。

三、动力转向装置主要元件

液压动力转向系统分为动力转向装置和转向传动机构两大部分。液压动力转向装置包括：转向盘，转向柱，动力转向器，转向油泵，油罐及油管。

1. 转向油泵

转向油泵的作用是将输入的机械能转换为液压能输出。

转向油泵的结构形式有齿轮式、叶片式、转子式、柱塞式等。其中叶片式转向泵具有结构紧凑、输出压力脉动小、输出量均匀、运转平稳、性能稳定、使用寿命长等优点，现代汽车应用较多。

1) 外啮齿轮式转向油泵

外啮齿轮式转向油泵的结构、原理和发动机润滑系机油泵相同，如图 11-28 所示。

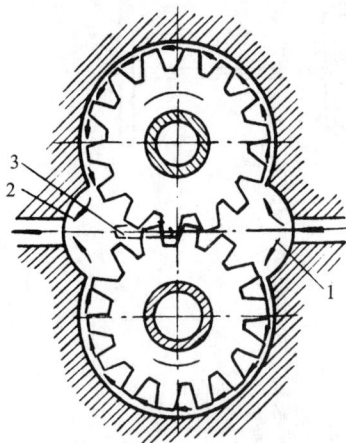

图 11-28 外啮合转向油泵

1—进油口；2—出油口；3—卸荷槽

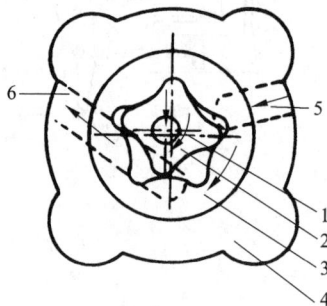

图 11-29 转子式转向油泵

1—主动轴；2—内转子；3—外转子；
4—油泵壳体；5—进油口；6—出油口

2) 单作用叶片泵的工作原理

单作用叶片泵的工作原理如图 11-30 所示，单作用叶片泵由转子 2、定子 1、叶片 3 和端盖等组成。定子具有圆柱形内表面，定子和转子间有偏心距。叶片装在转子槽中，并可在槽内滑动，当转子回转时，由于离心力的作用，使叶片紧靠在定子内壁，这样在钉子、转子、叶片和两侧配油盘间就形成若干个密封的工作空间，当转子按图示的方向回转时，在图的右部，叶片逐渐伸出，叶片间的工作空间逐渐增大，从吸油口吸油，这是吸油腔。在图的左部，叶片被定子内壁逐渐压进槽内，工作空间逐渐缩小，将油液从压油口压出，这是

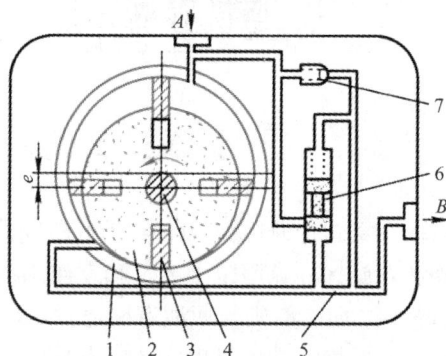

图 11-30 叶片式转向油泵示意图

1—定子；2—转子；3—叶片；4—转子轴；
5—节流孔；6—流量控制阀；7—限压阀
A—进油口；B—出油口

压油腔，在吸油腔和压油腔之间，有一段封油区，把吸油腔和压油腔隔开，这种叶片泵在转

子每转一周,每个工作空间完成一次吸油和压油,因此称为单作用叶片泵。转子不停地旋转,泵就不断地吸油和排油。

3)双作用叶片式转向油泵

(1)结构:目前最常用的是双作用叶片式转向油泵。结构如图 11-31 所示。驱动轴 14 上压有一个皮带轮并由曲轴上皮带轮通过皮带驱动转向油泵。油泵主要由转子 27、定子 21、配油盘(19、23)、壳体 1、驱动轴 14 及组合阀(溢流阀 2 和安全阀 3)组成。转子 27 上均匀地开有十个径向叶片槽,槽内装有可径向滑动的矩形叶片 28,叶片顶端可紧贴在定子 21 的内表面上。在转子和定子的两个侧面上各有一配油盘(19、23),由于转子的宽度稍小于定子的宽度,使两配油盘紧压在定子上。两配油盘和定子一起装在壳体内,不能移动或转动。两配油盘与定子相对的端面上各开有对称布置的腰形槽,分别与进油口和出油口相连。定子内表面曲线近似于椭圆形,使得由转子、定子叶片和左右配油盘之间形成若干个密封的工作室。工作室容积大小随转子旋转实现"由小变大,由大变小,再由小变大,由大变小",一直循环。

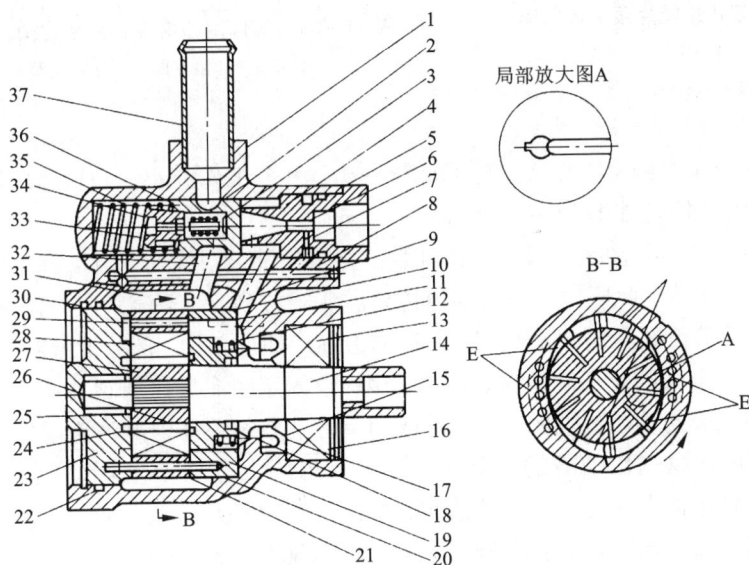

图 11-31 双作用叶片泵结构示意图

1—壳体;2—溢流阀;3—安全阀;4—出油管接头;5、10、18、22—O 形密封圈;6—节流孔;
7—感压小孔;8—横向油道;9—出油道;11、20—位销;12—配油盘压紧弹簧;13—轴承;
14—驱动轴;15—骨架封;16—卡圈;17—隔套;19—右配油盘;21—定子;23—左配油盘;
24、26—环形油槽;25—滚针轴承;27—转子;28—叶片;29—定子轴向通孔;30—挡圈;
31—进油腔;32—进油槽;33—螺塞;35—溢流阀弹簧;36—安全阀弹簧;37—进油道;
J—吸油凹槽;E—压油凹槽

(2)原理:双作用叶片式转向油泵的工作原理如图 11-32 所示。当发动机带动油泵逆时针旋转时,叶片在离心力的作用下紧贴在定子的内表面上,工作容积开始由小变大,从吸油口吸进油液,而后工作容积由大变小,压缩油液,经压油口向外供油。再转 180°,又完成一次吸、压油过程。

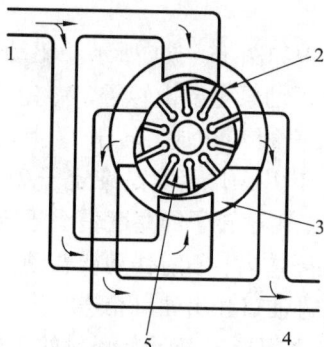

图 11 - 32　双作用叶片泵工作原理

1—进油口；2—叶片；3—定子；

4—排油口；5—转子

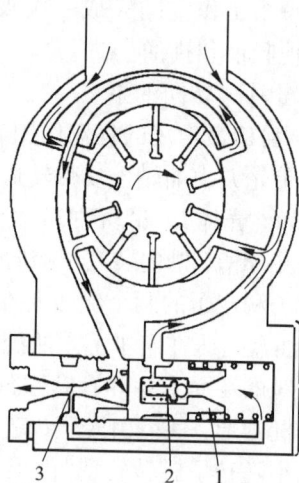

图 11 - 33　双作用卸荷式叶片泵结构、原理示意图

1—溢流阀活塞(溢流阀)；2—安全阀；3—节流孔

　　双作用式叶片泵有两个工作腔，转子每转一周，每个工作腔都各自吸、压油一次。溢流阀、安全阀的功用、原理如图 11 - 33 所示。

　　溢流阀用以限定转向油泵的最大输出油量。当输出油量过大时，节流孔处油液的流速很高，但该处的压力很小，此压力经横向油道传到溢流阀右侧，使节流阀左右两侧的压差增大，在压差的作用下，节流阀压缩弹簧右移，使进油道和出油道相同，部分油液在泵内循环流动，减少了出油量。安全阀则位于流量控制阀内，用螺纹固定在流量控制阀柱塞上端。球阀门及弹簧所处的柱塞内腔与油泵进油腔相通；球阀门上方油腔经泵体内的油道通向量孔外的出油口，用以限定转向油泵输出油液的最高压力。当输出压力过高时，这个压力传到溢流阀右侧，使安全阀左移开启，高压油流回进油腔，降低了输出油压。当这两个阀出现弹簧过软、折断或不密封时，将会导致油泵油压和流量不足而出现故障。

　　2. 动力转向器

　　目前使用整体式动力转向系比较普遍。即转向控制阀和转向器合为一体，形成整体式动力转向器，常用的动力转向器有滑阀整体式动力转向器和转阀整体式动力转向器两种。

　　1）滑阀整体式动力转向器

　　JN1181C13 型汽车滑阀整体式动力转向器如图 11 - 34 所示，主要由机械转向器、转向动力缸和转向控制阀组成。

　　机械转向器：为循环球 - 齿条齿扇式。由图中转向螺杆 26、转向螺母 37、动力缸活塞 27（齿条）和齿扇轴 30 组成。齿条与齿扇的啮合间隙用调整螺钉 44 调节。

　　转向动力缸：由转向动力缸的缸体(转向器壳体 28)、动力缸活塞 27 组成。

　　转向控制阀：位于转向螺母下方，两者轴线互相垂直，阀体 55 借紧定螺钉 36 限制其轴向和周向位置，滑阀 54 的轴向位置由转向螺母下部的板状凸缘控制，其中立位置由复位弹簧 56 保证，滑阀两端各有一个由反作用柱塞 53 密封的反作用孔腔，分别与动力缸前、后腔连通。

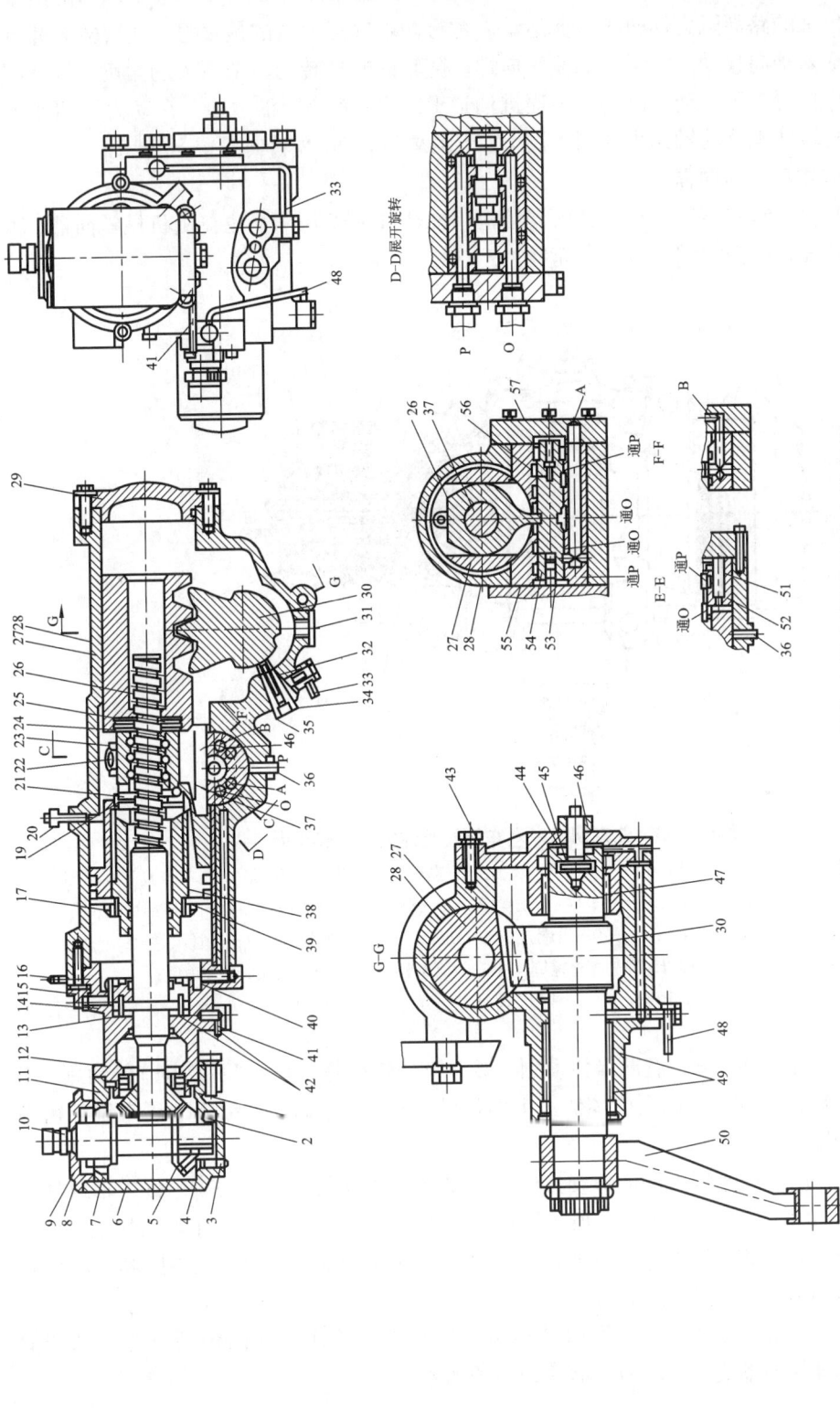

图11-34 黄河N1181C13型汽车滑阀整体式动力转向器

1—从动圆锥齿轮；2—圆锥滚子轴承；3—齿轮箱前盖；4—平键；5—主动圆锥齿轮；6—齿轮箱壳体；7—圆锥滚子轴承；8—锁紧螺母；9—调整螺塞；10—输入轴；11—向心球滚子轴承；12—转向器后盖；13—锥面垫圈；14—向心滚针轴承；15—调整座；16—动力缸前腔放气阀；17—锁紧螺母；18—球面垫圈；19—蝶形弹簧；20—动力缸壳体（动力缸）；21—径向球放气阀；22—气阀；23—钢球；24—推力滚子轴承；25—蝶形弹簧；26—转向螺杆；27—转向动力缸活塞；28—动力缸壳体（动力缸）；29—转向油管；30—齿扇轴；31—放油螺塞；32—转向器后盖；33—通动力缸前腔的油管；34—转向限止阀前侧承；35—转向限止阀体；36—紧定螺钉；37—转向器靠侧盖；38—调整螺母；39—锁片；40—润滑油嘴；41、48—转向摇臂；42—推力滚子轴承；43—转向器滚子轴承；44—调整螺钉；45—垫圈；46—固定螺钉；47、49—向心滚针轴承；50—转向摇臂；51—单向阀弹簧；52—单向阀；53—反作用柱塞；54—滑阀；55—转向控制阀体；56—滑阀复位弹簧；57—转向器靠侧盖；P—转向控制阀进油油道；O—转向控制阀回油油道；A—控制阀通动力缸前腔油油道；B—控制阀通动力缸后腔油油道

刚通过转向盘转动螺杆时，由于转向螺杆的轴向位置已被推力轴承42限止，动力缸活塞也因受齿扇轴传来的路面阻力而暂时不能运动。螺母两端蝶形弹簧的预紧力又使得转向螺母不可能相对于活塞轴向移动。结果只能使转向螺母随转向螺杆转动一个不大的角度，将滑阀拨到相应的工作位置。于是动力缸的一腔通进油道P，另一腔通回油道O。在动力缸活塞上的液压作用力与转向螺母的轴向力共同作用下，带动扇齿轴30和转向摇臂50转动。

2）转阀整体式动力转向器

北京切诺基汽车转阀整体式动力转向器结构，如图11–35所示。主要由机械转向器、转向动力缸和旋转式转向控制阀三者组合而成。

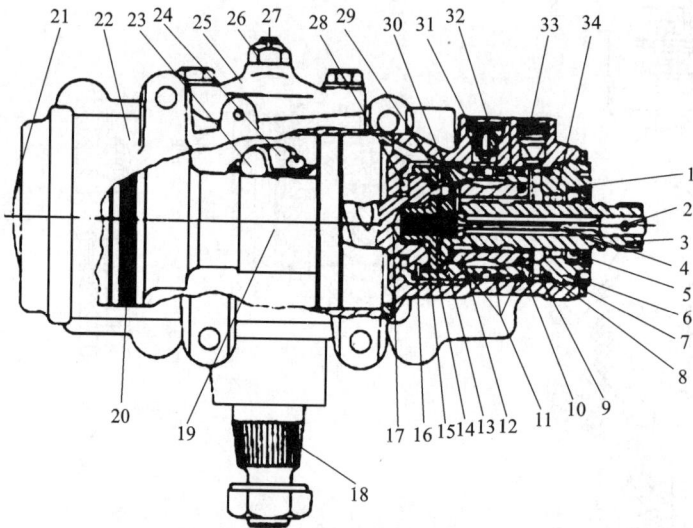

图11–35 北京切诺基汽车转阀整体式动力转向器

1—卡环；2—锁销；3—短轴；4—扭杆；5—骨架油封；6—调整螺塞；7—锁母；8、10、11、15、20—O形密封圈；9—推力滚针轴承；12—阀芯；13—阀体；14—下端轴盖；16—锁销；17—转向螺杆；18—转向摇臂轴；19—转向螺母（齿轮–齿条）；21—转向器端盖；22—壳体；23—循环球导管；24—导管压紧板；25—侧盖；26—锁紧螺母；27—调整螺钉；28—推力滚针轴承；29—定位销；30—锁销；31—止回阀；32—进油口；33—出油口；34—滚针轴承

机械转向器：为循环球式，有两级传动副，第一级是螺杆螺母（活塞–齿条）传动副，第二级是齿条–齿扇传动副。转向器壳体侧盖上的调整螺钉27及锁紧螺母26，用来调整齿条和齿扇的啮合间隙。

转向控制阀：用于控制压力油的流动方向。主要由阀体（阀套）3、阀芯4、输入轴组件及密封件等组成，如图11–36和11–37所示。扭杆1的一端同阀体3连接在转向轴上，另一端通过定位销与阀芯4相连。阀体3和阀芯4上开有相对应的油道，动力缸左腔和右腔分别与阀体上相对两油道相连，阀上还开有回油道。

转向动力缸：为双向作用型，其作用是利用油压来扩大传送到转向传动机构上的转向力。动力缸缸体即转向器壳体，动力缸活塞即齿条活塞。

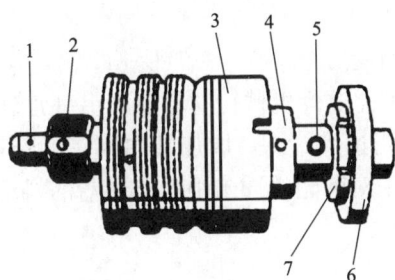

图 11 –36　输入轴组件

1—扭杆；2—锁销；3—阀体(阀套)；
4—阀芯；5—锁销；6—轴盖；7—短轴

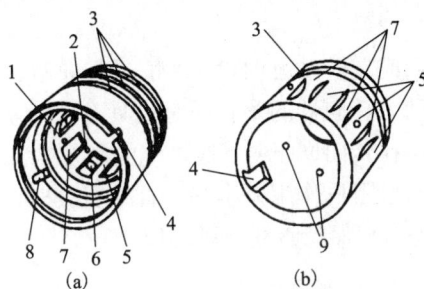

图 11 –37　阀体及阀芯的结构

(a)阀体；(b)阀芯

1—小孔(通动力缸前腔)；2—小孔(通动力缸后腔)；
3—环槽；4—缺口；5—槽肩；6—孔(通进油口)；
7—纵槽；8—锁销；9—孔(通回油孔)

3）齿轮齿条式动力转向器

（1）结构。

桑塔纳 2000 型轿车的转向器采用的动力转向器，其结构形式为带自动调整间隙的齿轮齿条式，上部的阀体为滑阀结构。滑阀的阀体与小齿轮设计加工成为一体。阀体内左、右柱塞阀芯与转向柱轴线呈垂直放置。阀芯上有磨削的控制槽。阀芯通过转向轴上的拨叉来拨动。

转向轴用销钉与阀中的弹性扭力杆相连，该扭力杆的刚度决定了阀的特性曲线，同时也起到阀的中心定位作用。系统的最大工作压力设定为 10^4 kPa，而在原地转向时，系统的工作压力为 0.8×10^4 kPa。此时所对应的方向盘转向力矩为 5.5 N·m，结构如图 11 –38 所示。

（2）工作原理。

在直线行驶时，方向盘处于中间位置，方向

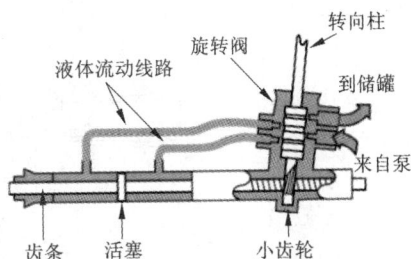

图 11 –38　齿轮齿条式动力转向器结构示意图

盘辐条处于水平位置，阀芯和阀套之间也处于中间位置，所有控制口接通，液压油毫无阻碍地流经转向阀返回到贮油罐。方向盘转动时，转向轴带动阀芯相对于阀套运动，由于阀的控制边口位置的变化，液压油将进入转向器的油缸内，推动活塞运动而产生推力。

在齿条与小齿轮啮合位置的背面装有由弹簧压紧的压力块，通过调节螺钉来改变弹簧的预紧力，可消除齿轮齿条啮合的间隙。

当向右转动方向盘时，转向力矩使得弹性扭力杆扭转，并且转向管柱的转角要比转向机小齿轮转得多一点，这就使得右边旋转柱塞阀芯下移，进油通道开大；左边旋转柱塞阀芯上移，关闭进油通道，此时左右旋转柱塞阀芯分别打开和关闭各自的回油通道。

根据右边旋转柱塞阀芯进油通道开度大小，来控制流入工作缸左边的液压油的流量和油压。工作缸左边的液压油推动转向机活塞向右运动，起到助力作用。转向机活塞移动距离的大小，则取决于施加在转向盘上转向力矩的大小。

转向机工作缸右边的液压油在转向机活塞的作用下，通过打开的回油环槽返回到贮油罐中。

当向左转动方向盘时，情况与向右转动方向盘时相反。

动力转向器的阀孔同时也具有节流阻尼的作用，不需要像机械转向器那样另外加转向避振器。在转向回正时，通过阀的阻尼力来防止转向回正速度过快，增加转向回正的舒适性，或者通过阻尼作用减小汽车直线行驶时由于路面的不平对前轮的冲击引起方向盘的抖动和打手，提高其保持直线行驶的能力。

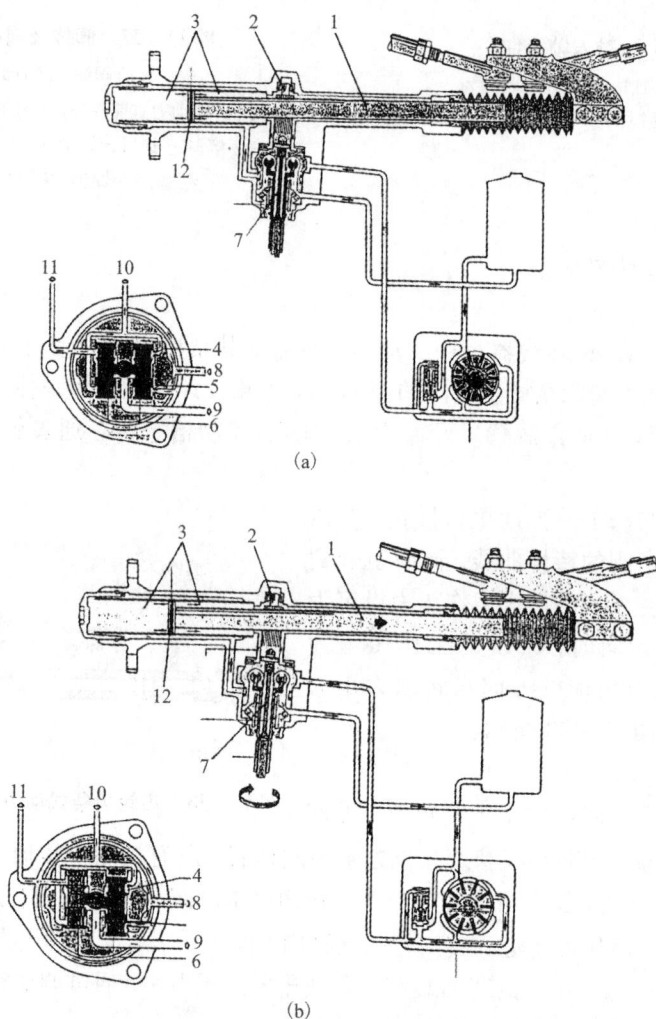

图 11-39 桑塔纳 2000 型轿车动力转向系工作原理

（a）直线行驶；（b）向右行驶

1—齿条；2—齿轮；3—工作油缸；4—回流节流阀；5—出油节流阀；6—柱塞阀芯；7—弹性阻力杆；
8—进油口；9—出油口；10—通向工作缸右侧；11—通向工作缸左侧；12—活塞

转向齿轮与转向柱的连接采用安全联轴节连接，其动力转向管路的布置情况如图 11-40 所示。

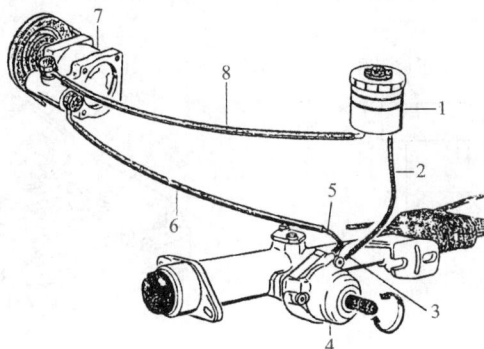

图 11 - 40　动力转向管路

1—贮油罐；2—动力转向器出油软管；3—动力转向器出油硬管；4—动力转向器；
5—动力转向器进油硬管；6—动力转向器进油软管；7—叶片式油泵；8—贮油罐进油软管

任务六　电子控制动力转向系简介

一、电子控制动力转向系的组成及工作原理

动力转向可以利用较小的转向盘操纵力使车辆转弯。但在低速时为了省力而规定一定工作压力，如转向比不变，则在高速时，由于转向操纵力减小，使驾驶员失去对车辆的控制，易产生危险。电子控制动力转向系旨在使车辆低速尤其是停放车辆时转向轻便，而当车速较高时，电子控制使系统的液压助力作用减弱，转向操纵力增加，使驾驶员在高速行驶时对转向盘有更好的控制。在电子控制动力转向系中，按照车速通过控制电磁阀改变动力转向系统中的油压控制回路，低速时转向力小，提高操纵力；在中高速时使之成为与手操纵相适应的转向力，提高操纵稳定性。

电子控制动力转向系可分为：电动式动力转向系、电控液力式转向系、电动液力式转向系。

二、电动动力转向系(EPS)的基本结构和工作原理

图 11 - 41 所示为汽车电动动力转向系统。主要由转矩传感器、车速传感器、电子控制器（ECU）、电动机和电磁离合器等组成。各部件在车上的布置如图 11 - 42 所示。

当操纵转向盘时，电子控制器根据转矩传感器和车速传感器信号，选定电动机的电流和转向，调整转向助力的大小。电动机的转矩由电磁离合器通过减速机构减速增矩后，加在转向机构上，使之得到一个与汽车工况相适应的转向作用力。

电子控制电动式转向系统不再使用液压装置，完全依靠电动机实现动力转向，使结构更加紧凑。

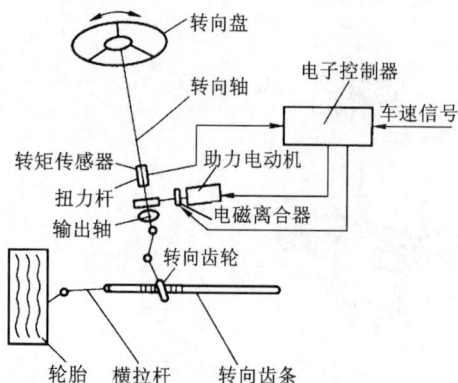

图 11－41　电动动力转向系的组成

1—转向盘；2—输入轴（转向轴）；3—电子控制单元；
4—电动机；5—电磁离合器；6—转向齿条；
7—转向横拉杆；8—轮胎；9—输出轴；
10—扭力杆；11—转矩传感器；12—转向齿轮

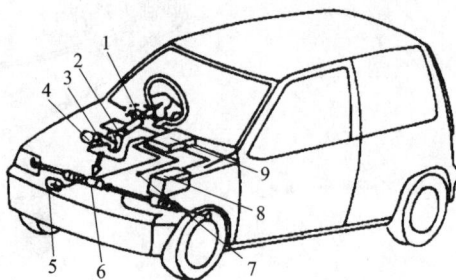

图 11－42　电动动力转向系在车上的布置

1—车速传感器；2—转矩传感器；3—减速机构；
4—电动机与离合器；5—发电机；6—转向机构；
7—发动机转速传感器；8—蓄电池；9—电子控制单元

三、电控液力式动力转向系的基本结构和工作原理

电控液力式转向系是电子控制动力转向的另外一种形式。它通过控制电磁阀的动作，使动力转向液压控制回路油压根据车速而变化，在低速时操纵力减轻，在中低速以上时操纵力不致过小，即保持一定的手感。

1. 电控液力式动力转向系的组成

如图 11－43 所示，电控液力式动力转向系主要由转向控制阀、电磁阀、分流阀、转向动力缸、转向油泵、贮油罐、车速传感器和电子控制单元组成。

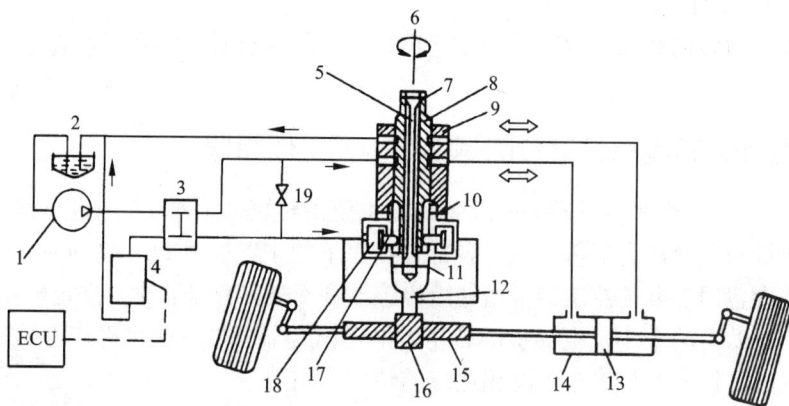

图 11－43　电控液力式动力转向系的组成

1—转向油泵；2—贮油罐；3—分流阀；4—电磁阀；5—扭力杆；6—转向盘；7、10、11—销；
8—转阀阀杆；9—控制阀阀体；12—转向齿轮轴；13—活塞；14—转向动力缸；
15—转向齿条；16—转向齿轮；17—柱塞；18—油压反力室；19—阻尼孔

2.电控液力式动力转向系的工作原理

电控液力式动力转向系具有三种控制状态。电子控制单元(ECU)根据车速传感器信号判断出车辆停止、低速状态与中高速状态,控制电磁阀通电电流。

1)停车与低速状态

电子控制单元(ECU)使电磁阀通电电流加大,经分流阀分流的油液通过电磁阀流回油箱,柱塞受到的背压小(油压低),柱塞推动控制阀阀杆的力矩小,因此只需要较小的转向力就可使扭杆扭转变形,使阀体与阀杆发生相对转动而使控制阀打开,油泵输出油压作用到动力缸右室(或左室),使动力缸活塞左移(或右移),产生转向助力。

2)中高速直行状态

车辆直行时,转向偏摆角小,扭杆相对转矩小,控制阀油孔开度减小,控制阀侧油压升高。由于分流阀的作用,使电磁阀侧油量增加。同时,随着车速的升高,通电电流减小,通过电磁阀流回油箱的阻尼增大,油压反力室的反力增大,使柱塞推动控制阀阀杆的力矩增大,转向盘手感增强。

3)中高速转向状态

从存在油压反力的中高速直行状态转向时,扭杆的扭转角更加减小,控制阀开度更加减小,控制阀侧油压进一步升高。随着该油压升高,将从固定阻尼孔向油压反力室供给油液。这样,除从分流阀向油压反力室供给的一定流量油液外,增加了从固定阻尼孔侧供给的油液,导致柱塞推力进一步增强。此时需要较大的转向力才能使阀体与阀杆之间作相对转动而实现转向助力作用,使得在中高速时驾驶员可获得良好的转向手感和转向特性。

3.电控液力式动力转向系的种类

电控液力式动力转向系可分为流量控制和反力控制两种方式

1)反力控制式电子控制动力转向

这是一种利用车速传感器、油压反作用室,改变压力油输入、输出的增益幅度以控制转向操纵力的方法。图11-43所示即为反力控制式电子控制动力转向示意图。

2)流量控制式电子控制动力转向

这是一种通过车速传感器调节向动力转向装置供应压力油,改变压力油的输入、输出流量,以控制操纵力的方法。这种方法的优点是在原来动力转向基础上增加了压力油流量控制功能。即增加一个旁通流量控制阀。如图11-44所示。

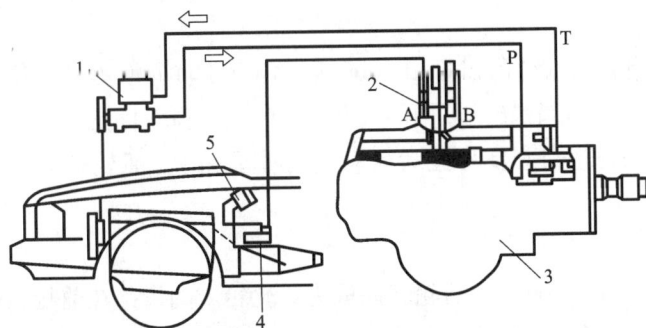

图11-44　凌志轿车的流量控制式动力转向系统

1—动力转向油泵;2—电磁阀;3—动力转向控制阀;4—ECU;5—车速传感器

四、电动-液力式动力转向系的基本结构和工作原理

电动-液力式动力转向系,是以电机驱动油泵实现动力转向的装置。

该系统由电机-油泵组件、转向传感器、动力转向齿轮箱、电子控制单元及功率控制器等组成。

系统采用车速感应式控制方式,其转向助动力随车速提高而减小。同时,根据运行道路条件,设计了不同的控制模式。可根据 20 s 内的平均车速与平均转向角度判定车辆当前运行道路条件。变换控制模式最多需要 1.1 s,可避免助动力的急剧变化。

任务七　四轮转向系

四轮转向系使汽车低速行驶转向并且转向盘转动角度很大时,后轮相对于前轮反向偏转,并且偏转角度随转向盘转角增大而在一定范围内增大。如汽车急转弯、调头行驶、避障行驶或进出车库时,该系统使汽车转向半径减小,转向机动性能提高。汽车在高速行驶转向时,后轮应相对于前轮同向偏转,从而使汽车车身的横摆角度和横摆角速度大为减小,使汽车高速行驶时的操纵稳定性显著提高。

从后轮转向装置的控制方法上,四轮转向系可分为转角随动型四轮转向系和车速感应型四轮转向系。转角随动型四轮转向系都是采用机械式的;而车速感应型四轮转向系有液压式、电子控制液压式和全电子控制式。下面介绍不同类型的四轮转向系。

一、机械式四轮转向系

1.机械式四轮转向系统的组成

如图 11-45 所示,机械式四轮转向系主要由转向盘、前轮转向器、后轮取力齿轮箱、后轮转向传动轴、后轮转向器等组成。后轮转向也是绕转向节主销偏转的,其结构与前轮相似。

2.后轮转向取力齿轮箱

1)结构

后轮转向取力齿轮箱的结构如图 11-46 所示。后轮转向取力齿轮箱中只有一对齿轮-齿条传动机构,其齿条与前轮转向器中的齿条共用,取力齿轮固定在与后轮转向传动轴相连的齿轮轴上,齿轮轴通过衬套支撑在齿轮箱壳的轴承孔中,后轮转向取力齿轮箱固定在车架上。

2)工作原理

当转动转向盘使前轮转向时,后轮转向取力齿轮箱中的齿条在前轮转向器中转向齿条的带动下左、右移动,驱动与其啮合的取力齿轮旋转,并带动后轮转向传动轴旋转,转向盘的转向操纵力的方向、大小、快慢就由后轮转向传动轴传给后轮转向器。

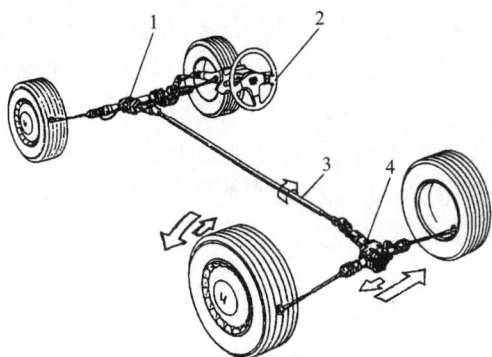

图 11 – 45 机械式四轮转向系的组成

1—后轮转向取力齿轮箱；2—转向盘；

3—后轮转向传动轴；4—后轮转向器

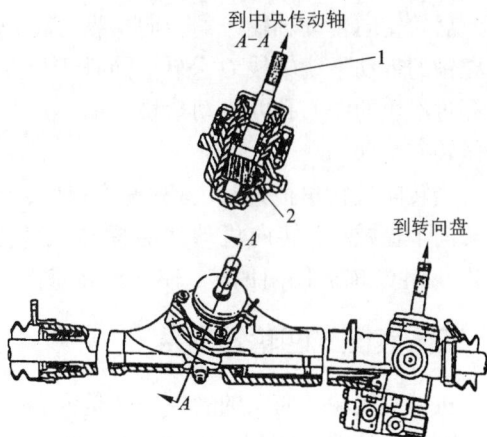

图 11 – 46 后轮转向取力齿轮箱

1—小齿轮输出轴；2—齿条

3. 后轮转向器

1）功用

后轮转向器的功用是利用后轮转向传动轴传来的转向操纵力，驱动后轮偏转并实现后轮转向。另外，还要控制后轮在转向盘的不同转角下，相对于前轮作同向或异向偏转。

2）结构

后轮转向器的结构如图 11 – 47 所示，主要由偏心轴、齿圈、行星齿轮、滑块、导向块、转向横拉杆和后轮转向器壳等组成。

3）工作原理

后轮转向器的工作原理如图 11 – 48 所示。

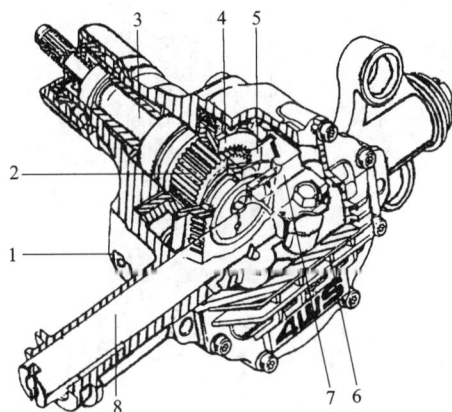

图 11 – 47 后轮转向器结构

1—后轮转向器壳；2—行星齿轮；3—偏心轴；

4—齿圈；5—滑块；6—齿轮箱盖；

7—导向块；8—转向横拉杆

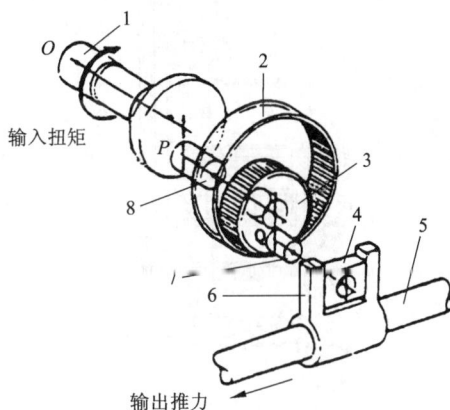

图 11 – 48 后轮转向器的工作原理

1—偏心轴；2—齿圈（固定）；

3—行星齿轮；4—滑块；

5—转向横拉杆；6—导向块；7、8—偏心轴

后轮转向传动轴输入的转向操纵力首先驱动偏心轴使其绕轴线 O 转动，这时行星齿轮在偏心销的带动下绕轴线 O 公转，同时还与齿圈啮合绕轴线 P 自转，偏置在行星齿轮上的偏心销穿过滑块的中心孔并带动滑块运动，滑块的水平运动通过导向块传给转向横拉杆，驱动后轮作转向运动。

当转向盘转角很大时（行驶速度很低，处于急转弯状态），后轮相对于前轮反向偏转，汽车转向半径减小，转向机动性能提高。当转向盘转角很小时（高速调整行车方向或移线行驶），后轮与前轮同向偏转，使汽车高速行驶的操纵稳定性显著提高。

二、液压式四轮转向系

机械式四轮转向系的后轮偏转是依靠机械传动将前轮偏转运动传到后轮上。由于机械部分不可避免地存在磨损，传动间隙增大，从而使后轮实际偏转角不准确，性能下降，因此被车速感应型四轮转向装置所取代。

1. 液压式车速感应型四轮转向系统的结构

液压式车速感应型四轮转向系统的结构如图 11-49 所示，主要由前轮动力转向器、前轮转向油泵、控制阀及后轮转向动力缸、后轮转向油泵等组成。

后轮转向系统由控制阀、后轮转向油泵和后轮转向动力缸组成。控制阀的内腔被柱塞分割成几个工作油腔，左、右油腔分别与前轮转向动力缸的左、右油腔相通，柱塞的位置由前轮动力缸内的油压进行控制。后轮转向油泵由后轴差速器驱动，其输出油量只受车速影响。

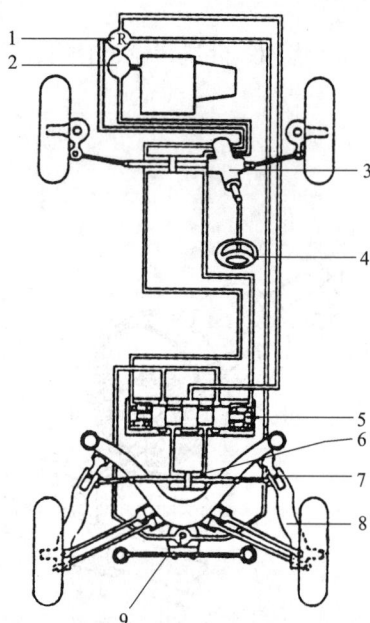

图 11-49　液压式四轮转向系示意图

1—贮油罐；2—转向油泵；3—前轮动力转向器；

4—转向盘；5—后轮转向控制阀；6—后轮转向动力缸；

7—铰接头；8—从动臂；9—后轮转向专用油泵

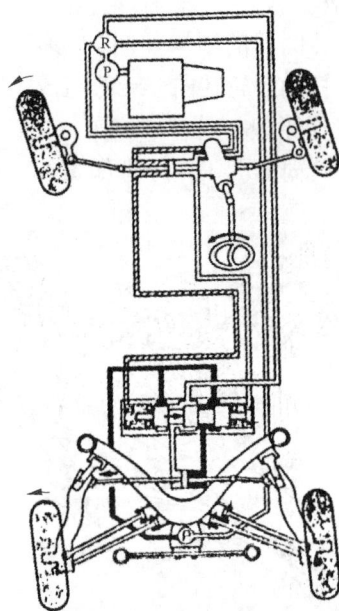

图 11-50　液压式车速感应型四轮转向系的工作原理

前轮为齿轮齿条式动力转向器,其结构与普通液压动力转向系相同。

液压式四轮转向系的特点是低速时汽车只采用两轮转向,只在汽车行驶达到一定车速(50 km/h)后才进行四轮转向。

2.液压式车速感应型四轮转向系的工作原理

当向左转动转向盘时,如图 11 – 50 所示,前轮动力缸及控制阀侧压力腔压力升高。控制柱塞向右移动,柱塞的移动量受前轮动力缸左右腔压力差控制,以及受转向盘操纵力大小的控制,柱塞的移动量越大,转向盘操纵力越大。同时后轮转向动力缸输出的油液经过控制阀的相应通道进入后轮转向动力缸的右腔,使动力缸活塞向左移动,通过活塞杆将作用力作用于后轮悬架的中间球铰接头,使后轮与前轮同向偏转。当向右转动转向盘时,情况则与上述相反,后轮与前轮仍同向偏转。因后油泵送油量与车速成正比,高速时送油量大,反应快,后轮转角也大。在低速或倒车时,则不产生作用。当油压系统发生故障时,控制阀柱塞会保持在中间位置,保持两轮转向。

三、电子控制液压式四轮转向系

随着电子技术的发展,电子控制技术也应用于四轮转向系。在前两种四轮转向系中,由于采用机械和随车速变化的油压控制,使后轮偏转角的控制不够精确。在电子控制液压式四轮转向系中,由于采用了电子相位控制系统,使后轮偏转角度控制更精确。

任务八 转向系的检修与常见故障诊断

一、转向系的检修

1.机械转向系检修

1)转向器壳体及盖的检修

转向器壳体和盖的裂纹可用渗透探伤等方法检验。如有裂纹,一般应予更换。裂纹不大时,允许焊补。转向器壳体和盖上各轴承孔与轴承(衬套)的配合间隙不得大于原设计规定值的 0.02 mm,轴承孔磨损后可进行镶套或刷镀修理。转向摇臂衬套磨损应更换。衬套压入的过盈量一般为 0.05 ~ 0.08 mm。衬套可镗削或铰削,但应保证两孔衬套同轴。衬套与摇臂轴配合的最大间隙不得大于原设计规定值的 0.005 mm;转向器壳体与盖整个接合面的平面度误差不得大于 0.1 mm;否则应进行修磨。转向器壳体上两蜗杆轴承孔公共轴线与两摇臂轴轴承孔公共轴线的垂直度误差应符合厂家规定要求。两轴线间的距离应符合原设计规定。

2)转向轴及蜗杆的检修

转向轴在使用中,由于装蜗杆的根部啮合受力会产生弯曲变形,其根部的不直度超过0.25 mm,或转向轴中部的不直度大于 0.17 mm 时,应进行冷压校正。转向轴中部弯曲的校正应先在转向轴内充满细砂,然后进行校正。

转向轴与蜗杆过渡处应用敲击法检视有无裂纹,以防隐蔽裂纹存在而导致严重事故。蜗杆的齿面和锥形轴颈有裂纹、疲劳剥落、磨损严重,甚至无法调整啮合间隙时,应予更换。更换蜗杆后,应将其下端轴管翻边铆紧,以保证转向轴与蜗杆牢固接合。如果蜗杆锥形轴颈部位磨损较大,可镀铬或镶配锥形套。

3）转向摇臂轴及滚轮的检修

（1）摇臂轴与衬套的配合间隙应为 0.03～0.07 mm。如有松旷感觉，就会增大转向盘的游动间隙，应更换衬套。新套与座孔应有 0.06～0.62 mm 的过盈配合。摇臂轴磨损超过 0.15 mm 应修复或更换，摇臂轴弯曲应予校正。

（2）滚轮与轴承的配合间隙应为 0.04 mm，转动灵活。如有松旷感觉，将增大转向盘的游动间隙。其轴向间隙不大于 0.15 mm，径向间隙不大于 0.20 mm，否则应修理或更换轴承。滚轮的轴承磨损起槽应予更换，或配换加粗的滚针，并加厚止推垫圈，然后焊修滚轮两端面，以消除过大的径向和轴向间隙。滚轮如有裂纹、疲劳剥落及梯形臂磨损应更换。

（3）摇臂轴的轴颈磨损超过 0.05 mm，可予镀铬修复。摇臂轴的花键齿扭曲大于 1 mm 时应更换。

（4）摇臂花键孔磨损后致使花键轴端面伸出花键孔端面，应更换。

4）直、横拉杆的检修

（1）直拉杆的球节孔磨损扩大 2 mm 时，应堆焊后加工到标准尺寸，也可另制一块有标准尺寸孔的厚度不小于 3.5 mm 的钢板焊在相应部位。如直拉杆端头螺塞损坏，可重新予以攻螺纹进行修复。

（2）横拉杆球节座孔的上缘磨损，其厚度小于 2 mm 时，应堆焊后进行车削修理。横拉杆的弯曲超过 2 mm 时，应进行冷压校正。

（3）球头销的球面和头部单边磨损超过 1 mm，应焊修或更换。球头碗磨损过大，弹簧失效，螺塞损坏，均应更换。

2. 动力转向系的检修

1）动力转向器的检修

转向器分解后应对控制阀组件、支座组件、滚珠轴承、管道组件、转向横拉杆、转向器壳体、压力密封垫和弹簧、齿条组件、防尘套进行检查，如有明显损伤，应更换。

2）流量控制阀的检修

（1）流量控制阀的机械故障：检查流量控制阀凹槽边缘有无磨损、毛刺及其他损坏；检查转向泵壳体流量控制阀阀孔有无刮伤和磨损；将流量控制阀装入泵壳体内，检查进出移动是否平滑，有无卡滞现象，若不能平滑移动或有其他机械损伤，应更换转向泵总成。

（2）流量控制阀密封性故障：将软管接至流量控制阀一端，将流量控制阀浸入装有液压油的容器内，并从软管中吹入压缩空气。如果压缩空气压力低于 98 kPa 时，流量控制阀中有气泡冒出，则说明流量控制阀有泄漏。此时可对流量控制阀进行分解，并彻底清洗，用压缩空气吹干后重新组装进行再次密封性测试。

3）驱动轴的检修

（1）检查驱动轴是否磨损、弯曲，有无裂纹或其他损伤。如驱动轴磨损严重或弯曲变形或损坏，应予以更换。

（2）检查驱动轴上的滚珠轴承，缓慢转动外座，如果感觉有间隙或转动不顺畅，应更换轴承。更换轴承应使用压力机或专用工具。

（3）检查转向泵叶片磨损情况，如果叶片磨损严重或有表面划伤，应更换转向泵总成。

（4）检查转向泵壳体和盖是否有裂纹、破损或变形，检查壳体轴承座孔、流量控制阀座孔、辅助阀座孔是否有磨损、刮伤或其他损伤，如果有上述缺陷，应更换转向泵总成。

(5)检查转子与侧盘接触面是否平整,不允许有任何裂缝和划痕,否则应更换转向泵总成。

二、常见故障诊断与排除

1. 转向沉重

(1)故障现象:装有液压动力转向系统的汽车,在行驶中突然感到转向沉重。

(2)故障原因:一般是液压转向动力系统失效或助力不足所造成的,其根本原因在于液压不足,引起转向系统油压不足的主要原因有:

①转向油罐缺油或油液高度低于规定要求。

②液压回路中渗入了空气。

③油泵驱动皮带过松或打滑。

④各油管接头处密封不良,有漏油现象。

⑤油路堵塞或滤清器污物太多。

⑥油泵磨损、内部漏油严重。

⑦油泵安全阀、溢流阀泄漏,弹簧弹力减弱或调整不当。

⑧动力缸或转向控制阀密封损坏。

(3)诊断与排除。

①检查转向油泵驱动部分的情况·

A. 用手压下转向油泵的驱动皮带,检查皮带的松紧度,若皮带过松,应调整。

B. 启动发动机,使发动机怠速运转,突然提高发动机的转速,检查转向油泵驱动皮带有无打滑现象,发现问题后应按规定更换性能不良的部件。

②检查转向油罐内的油液质量和液面高度,若油液变质则应重新更换规定油液。若只是液面低于规定高度,应加油使油面达到规定位置。

③检查转向油罐内的滤清器

A. 若发现滤网过脏,说明滤清器堵塞,应清洗。

B. 若发现滤网破裂,说明滤清器损坏,应更换。

④检查油路中是否渗入空气,如果发现油罐中的油液有气泡时,说明油路中有空气渗入,应检查各油管接头和接合面的螺栓是否松动,各密封件是否损坏,有无泄漏现象,油管是否破裂等。对于出现故障的部位应进行修整和更换,并进行排气操作,最后重新加入油液。

⑤检查各油管接头等处有无泄漏现象,油路中是否有堵塞,查明故障后按规定力矩拧紧有关接头或清除污物。

⑥对转向油泵进行输出油压检查,如果油泵输出压力不足,说明油泵有故障,此时应分解油泵,检查油泵是否磨损或内部泄漏严重,安全阀、溢流阀是否泄漏或卡滞,弹簧弹力是否减弱或调整不当,各轴承是否烧结或严重磨损等。对于叶片泵还应检查转子上的密封环或油封是否损坏,对于齿轮泵应检查齿轮间隙是否过大等,查明故障予以修理,必要时更换油泵。

2. 异响

(1)故障现象:汽车转向时,转向系统有过大的异响,并影响汽车的转向性能。

(2)故障原因:

①转向油罐中液面太低,油泵在工作时容易渗入空气。

②液压系统中渗入空气。

③油罐滤网堵塞，或液压回路中有过多的沉积物。

④油管接头松动或油管破裂。

⑤油泵严重磨损或损坏。

⑥转向控制阀性能不良。

（3）诊断与排除。

①当转向盘处于极限位置或原地慢慢转动转向盘时转向器发出"嘶嘶"声，如果这种异响严重则可能为转向控制阀性能不良，应更换转向控制阀。

②当转向油泵发出"嘶嘶"声或尖叫声时，应进行以下检查：

a. 检查油罐液面高度，液面高度不够时应查明泄漏部位并修理，然后按规定加足油液。

b. 检查转向油泵驱动皮带是否打滑，若打滑应查明原因更换皮带或调整皮带紧度。

c. 察看油液中有无泡沫，若有泡沫，应查找漏气部位并予以修理，然后排除空气。若无漏气，则说明油路有堵塞或油泵严重磨损及损坏，应予以修复或更换。

3. 左右转向轻重不同

（1）故障现象：汽车行驶时，向左和向右转向操纵力不相等。

（2）故障原因：

①转向控制阀阀芯（或滑阀）偏离中间位置，或虽然在中间位置但与阀体槽肩的缝隙大小不一致。

②控制阀内有污物阻滞，使左右转动阻力不同。

③液压系统中动力缸的某一油腔渗入空气。

④油路漏油。

（3）诊断与排除：这种故障多是油液脏污所致，应按规定更换新油后再进行检查。

①如果油质良好或更换新油后故障没有消除，应对液压系统进行排气并检查系统有无油液泄漏，液压系统中出现泄漏时，应更换泄漏部位的零部件。

②如果故障仍不能排除，则可能是由于控制阀定中不良造成的。滑阀式转向控制阀可在动力转向器外部进行排除，通过改变转向控制阀阀体的位置来实现。如果滑阀位置调整后仍不见好转，应拆检滑阀测量其尺寸，若偏差较大，应更换滑阀；对于转阀式转向控制阀必须通过分解检查来排除故障。

4. 直线行驶转向盘发飘或跑偏

（1）故障现象：汽车直线行驶时，难以保持正前方向而总向一边跑偏。

（2）故障原因：

①油液脏污、转向控制阀回位弹簧折断或变软，使转向控制阀不能及时回位。

②转向控制阀阀芯（或滑阀）偏离中间位置，或虽在中间位置但与阀体槽肩的缝隙大小不一致。

③流量控制阀卡滞使油泵流量过大或油压管路布置不合理，造成油压系统管路节流损失过大，使动力缸左右腔压力差过大。

（3）诊断与排除：

①首先检查油液是否脏污。对于新车或大修以后的车辆，如果不认真执行磨合期换油规定，易使油液脏污。

②对于使用较久的车辆，则可能是流量控制阀或转向控制阀回位弹簧失效所致，此时可

在不启动发动机的情况下转动转向盘,凭手感判断控制阀是否开启运动自如,若有怀疑一般应拆卸检查。

③最后检查转向油泵流量控制阀是否卡滞和油压管路布置是否合理,发现故障予以修理。

5.转向时转向盘发抖

(1)故障现象:

发动机工作时转向,尤其是在原地转向时滑阀共振,转向盘抖动。

(2)故障原因:

①油罐液面低。

②油路中渗入空气。

③转向油泵驱动皮带打滑。

④转向油泵输出压力不足。

⑤转向油泵流量控制阀卡滞。

(3)诊断与排除:

①首先检查油罐液面是否符合规定,否则按要求加注转向油液。

②排放油路中渗入的空气。

③检查转向油泵驱动皮带是否打滑或其他驱动形式的齿轮传动等有无损坏,发现问题后应按规定调整皮带紧度或更换性能不良的部件。

④对转向油泵输出压力进行检查。压力不足时应分解油泵,检查油泵是否磨损或内部泄漏严重、安全阀及流量控制阀是否泄漏或卡滞、弹簧弹力是否减弱或调整不当、各轴承是否烧结或严重磨损等。对于叶片式转向油泵还应检查转子上的密封环或油封是否损坏。对于齿轮式油泵应检查齿轮间隙是否过大等。查明故障予以修理。必要时更换油泵。如果泵轴油封破损泄漏也应更换转向油泵。

项目实施

动力转向系的拆装与检查

(一)项目实施目的及要求

(1)熟悉汽车动力转向系的组成及装配关系。

(2)能进行动力转向系的拆装及检查操作。

(3)能够对各主要部件进行检查。

(二)项目实施设备及工(量)具

(1)设备:实训车辆;动力转向实训台。

(2)工(量)具:常用拆装工具、专用工具、钢尺、压力表。

(三)项目实施内容

(1)动力转向系的认知。

（2）动力转向器的拆装及检查。

（3）动力油泵的拆装及检查。

（4）贮油罐拆装及检查。

（5）转向盘和转向柱的拆装及检查。

（6）系统压力的检查。

（四）项目实施步骤

1. 认知汽车悬架总成及其装配关系

（1）观察实训车辆转向系统的组成，指出各部件的名称及功用。

（2）观察动力转向系统的主要部件的安装位置，熟悉它们的连接关系。

2. 动力转向器和转向横拉杆的拆卸与检查

1）动力转向器和转向横拉杆的拆卸

以桑塔纳 2000 型汽车为例进行介绍。

图 11-51 所示为动力转向器和转向横拉杆。转向器壳体为铝合金铸件。壳体左面有椭圆形凸缘，右面有凸台，各自用螺栓和防松螺母紧固于车身，拧紧力矩分别为 20 N·m 和 35 N·m。壳体装上车身后，调整压盖螺栓改变补偿弹簧压力，至齿条有微量变形，使转向主动齿轮与齿条实现无侧隙啮合。

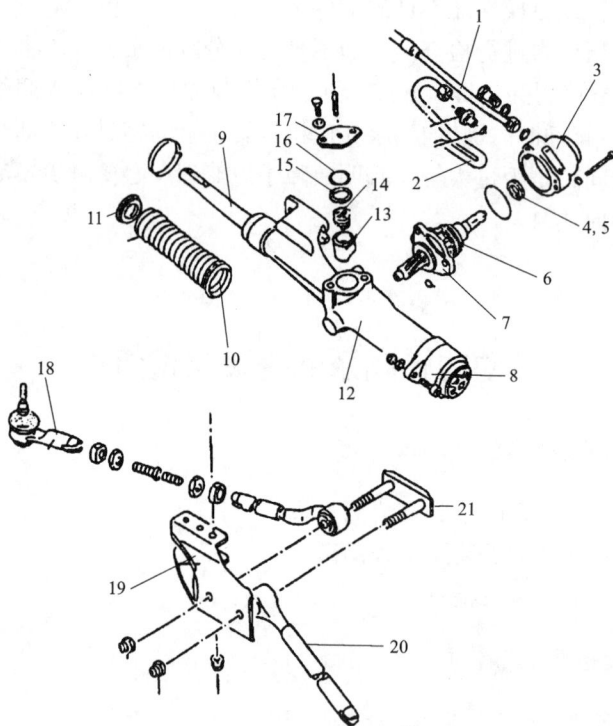

图 11-51　动力转向器和转向横拉杆

1—进油管；2—回油管；3—阀体罩壳；4—密封圈；5—轴承；6—转向机构主动齿轮；7—连接盖；

8—密封罩；9—齿条；10—防尘罩；11—固定环；12—转向器壳；13—压块；14—补偿弹簧；

15—补偿垫片；16—密封压座；17—压盖；18—右横拉杆；19—转向支架；20—左横拉杆；21—连接件

松开转向支架上分别与左右横拉杆球销连接的防松螺母和齿条 9 的螺母（其拧紧力矩为 46 ± 5 N·m），分别拆下左、右横拉杆的球头一端。再拆下左、右横拉杆另一端球头螺母（该螺母的拧紧力矩为 30 N·m），这样分别拆下左、右横拉杆和齿条推力缸。

拆卸下阀体罩壳 3 的拧紧螺栓（拧紧力矩为 20 N·m），拆下阀门罩壳 3，同时拆下与阀体罩壳 3 连接的进油管螺母（拧紧力矩 40 N·m）、回油管连接管接头螺栓（拧紧力矩 30 N·m），拆下进、回油管。松开转向器外壳 12 压盖螺栓（拧紧力矩 20 N·m），取出补偿弹簧 14、压块 13、补偿垫 8 片 15、密封压座 16，这样便可抽出转向机构主动齿轮 6。

2）转向器的检查

（1）齿条。

①检查齿条的齿面有无损伤或磨损。

②检查油封接触面有无不均匀的磨损现象。

③检查齿条有无弯曲变形。

（2）小齿轮和阀部件。

①检查小齿轮的齿面有无损伤或磨损。

②检查密封环是否已磨损或老化。

（3）轴承。

①检查轴承转动时是否转动平滑或有无异常噪声。

②检查轴承的游隙。

③检查滚针轴承的滚针是否滑出。

（4）其他。

①检查齿条壳体动力缸内表面有无损伤。

②检查保护罩有无损伤、裂缝或老化。

③检查齿条支承有无不均匀的磨损现象或凹痕。

④检查齿条衬套有无不均匀的磨损现象或损伤。

3）转向器整体密封性检查

转向器整体密封性的检查，应在热车时进行，其常见的泄漏点如图 11 - 52 和图 11 - 53 所示。其方法是：

（1）将转向盘快速向左、右两侧转至极限位置（注意在极限位置停留不得超过 5 s），并保持不动。目测检查转向控制阀、齿条密封（松开波纹管软管夹箍，再将波纹管推至一旁）、叶轮泵、油管接头是否有漏油现象，如有渗漏应更换密封件。

（2）如果发现贮油罐中缺少 ATF 油时，应检查转向系统的密封性是否完好。

（3）当转向器主动齿轮不密封时，必须更换阀体中的密封环和中间盖板上的圆形绳环。

（4）如果转向器罩壳中的齿轮齿条密封件不密封，转向动力油液可能流入波纹管套里。此时，应拆开转向机构，更换所有密封环。

（5）如油管接头漏油，应查找原因并重新接好。

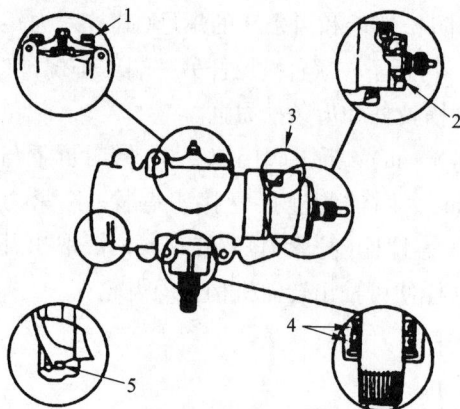

图 11 – 52　循环球式动力转向器常见泄漏点

1—侧盖泄漏；2—调整螺母油封泄漏；

3—压力软管接头螺栓泄漏；

4—转向摇臂轴油封泄漏；5—端盖油封泄漏

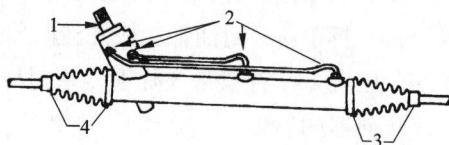

图 11 – 53　齿轮齿条式动力转向器常见泄漏点

1—小齿轮轴油封；2—油管接头；

3、4—防尘套及卡箍

4）系统压力的检查

（1）如图 11 – 54 所示，接好压力表和节流阀。

（2）将节流阀打开，启动发动机并以怠速运转，使转向盘向左、右旋转到极限位置，同时读出压力表上的压力，额定值为 6.8 ~ 8.2 MPa。

（3）如果向左或向右的额定值达不到要求，就要修理转向器或更换总成。

5）转向臂及横拉杆的检查

（1）松脱、松旷和损伤。检查槽形螺母是否松脱，如松脱应予拧紧。同时，也应检查开口销、盖等的装配情况。

（2）把握方向盘呈直线行驶状况，使方向盘分别向左、向右反复转过 60°左右，此时检查横拉杆、转向臂等是否松脱、松旷。

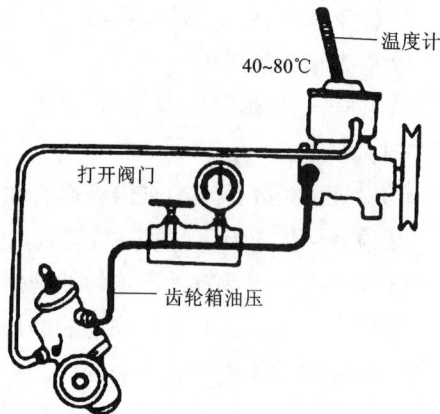

图 11 – 54　系统压力的检查

（3）检查转向臂、转向左、右横拉杆相连接处的磨损和装配状况。

3. 动力转向液压泵的拆装及检查

1）动力转向液压泵的拆装

桑塔纳 2000 使用的是叶片泵，拆装操作如下：

（1）拆卸下叶片泵上进油、回油软管的紧固螺栓，排放掉叶片泵中的 ATF 油，如图 11 – 55 所示。

（2）拆下前支架上叶片泵的张紧螺栓，如图 11 – 56 所示。

（3）拆卸下后支架上叶片泵的固定螺栓，如图 11 – 57 所示。

（4）松开中心支架上叶片泵的固定螺母和螺栓，如图 11 – 58 所示。

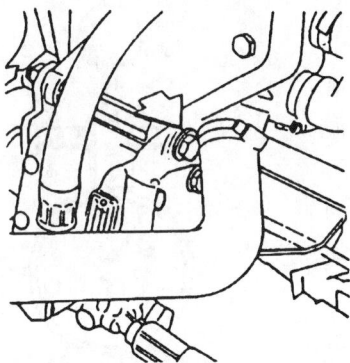

图 11-55　拆叶片泵进油管紧固螺栓

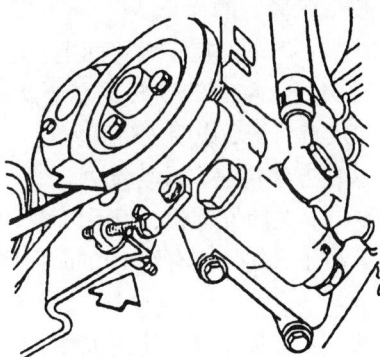

图 11-56　拆叶片泵张紧螺栓

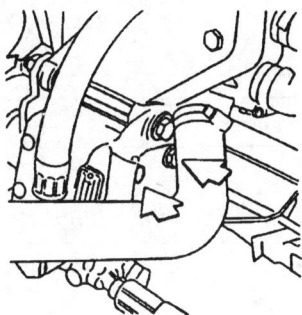

图 11-57　拆叶片泵固定螺栓

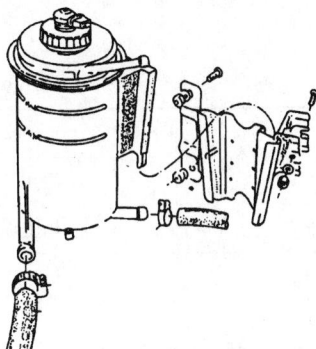

图 11-58　贮油罐的拆装

(5)把叶片泵固定在台虎钳上,拆卸滑轮和中间支架。

这里应当注意,在安装叶片泵时,当用手指压在中间点上,传动带应有 10 mm 的绕度。

油泵分解注意事项:

①在液压泵前、后壳体结合面上作记号,然后拆开壳体。

②在拆下偏心壳时,务必使叶片不要脱开转子。

③拆下卡环和油封时应使用专用工具。

④拆下转了时,必须打上包括转子旋转方向的安装记号,传动带盘也打上安装记号后,才能拆下传动带盘及转子轴。

⑤液压泵的装配按拆卸逆向进行。

2)转向油泵的检查

(1)叶片泵输送压力检查。将压力表连接到叶片泵的输出油管中,启动发动机,补充液压油至贮油罐的"Max"(最大)标记处。发动机高速转动时,关闭压力表的截止阀(时间不超过 5 min),并读出压力数,其限定值为 68~82 Pa。如果没有达到额定数值,就应检查叶片泵的压力阀和流量限制阀是否完好。

（2）转向油泵皮带张紧力的检查与调整。

①皮带张紧力的检查。

方法一：汽车停在干燥路面上，运转发动机使油液上升到正常温度，左右转动转向盘，此时驱动皮带负荷最大，如果皮带打滑，说明皮带张紧度不够或油泵内有机械损伤。这种方法快速，属经验法。

方法二：关闭发动机，用手以约 100 N 的力从皮带的中间位置按下，皮带应有约 10 mm 挠度为合适，否则必须调整。

方法三：有条件时可使用如图 11－59 所示的皮带紧度测量表。将测量表安装在驱动皮带上，然后测量皮带产生标准变形量时所需力的大小。各种尺寸的皮带的张紧度要求见表 11－1。

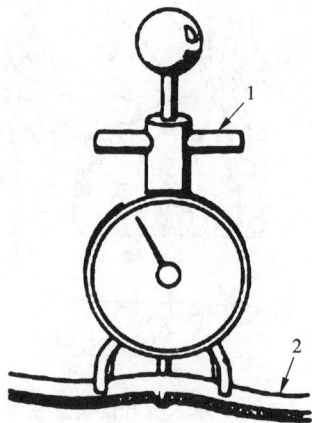

图 11－59　皮带张紧度测量仪
1—测量仪；2—皮带

表 11－1　各种尺寸的皮带的张紧度

	皮带宽度于/mm		
	8.0	9.5	12.0
新皮带	最大 350 N	最大 620 N	最大 750 N
旧皮带	最大 200 N	最大 300 N	最大 400 N
带齿皮带	最大 250 N		

提示：汽车每行驶 15000 km 时，应检查皮带的张紧力，必要时更换。

②皮带张紧力的调整。

A. 松开转向油泵支架上的后固定螺栓，如图 11－60 所示。

B. 松开张紧螺栓的螺母，如图 11－61 所示。

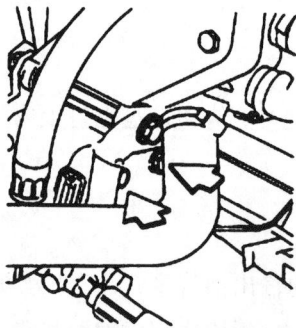

图 11－60　松开后固定螺栓

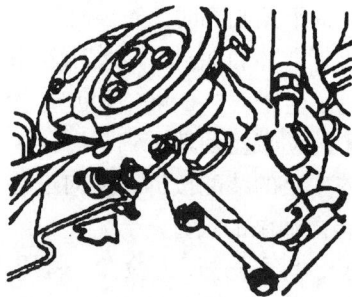

图 11－61　松开张紧螺栓的螺母

C. 通过张紧螺栓把皮带绷紧，如图 11－62 所示。当用手以约 100 N 的力从皮带的中间位置按下,皮带约有 10 mm 挠度为合适。

D. 拧紧张紧螺栓的螺母;拧紧转向油泵支架上的固定螺栓。

4. 贮油罐拆卸及检查

1)贮油罐拆卸

松开贮油罐的安装支架螺栓(拧紧力矩为 6.0 ± 3 N·m)和贮油罐进油、回油软管的夹箍(拧紧力矩为 1.5 ± 0.5 N·m),从车上拆下贮油罐(提示:如果动力转向系出现失效或转向沉重等故障,应检查转向油泵和系统的工作压力)。

2)转向贮油罐液面高度的检查及转向油液的更换

转向贮油罐的功用是贮存、滤清、冷却动力转向系统工作油液,其表面有不同方式表示的液面高度要求。如果液面高度太低,将使动力转向系渗入空气,造成汽车转向操作不稳,忽轻忽重或有噪声。

(1)转向贮油罐液面的检查。

①将车辆停放在平坦的地面上,使前轮处于直行位置。

②启动发动机,并使其达到正常的工作温度。

③使发动机怠速运转大约 2 min,左、右打几次转向盘,使油温达到 40 ~ 80℃,关闭发动机。

④观察贮油罐的液面,此时液面应处于"Max"(上限)与"Min"(下限)之间,液面低于"Min"时,应加至"Max",如图 11 - 63 所示。

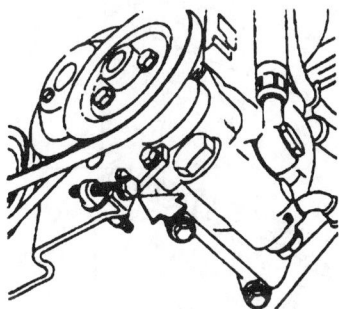

图 11 - 62　张紧皮带

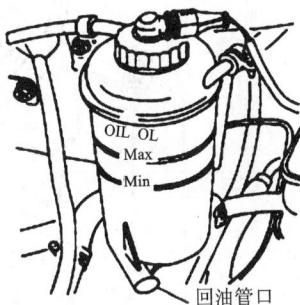

图 11 - 63　转向贮油罐油面的检查

⑤对于用油尺检查的汽车:拧下带油尺的封盖,用布将油位标尺擦净,将带油尺的封盖插入贮油罐内拧好,然后重新拧出,观察油尺上的标记,应处于"Max"与"Min"之间,必要时将转向油加至"Max"处。

(2)转向油液的更换。

①放油。

A. 支起汽车前部,使两前轮离开地面。

B. 拧下转向贮油罐盖,拆下转向油泵回油管,然后将转向油放入容器中。

C. 发动机怠速运转,在放转向油的同时,左右转动转向盘。

②加油与排气。

A. 向转向贮油罐内加注符合规定的转向油[桑塔纳 2000 转向油型号为 PENPOSIN CHF

11S(PL－VW52146)；奥迪轿车转向油型号为 G 002 000]。

　　B.停止发动机工作，支起汽车前部，并用支架支撑，连续从左到右转动转向盘若干次，将转向系统中多余空气排出。

　　C.检查转向贮油罐中油面高度，视需要加至"Max"标记处。

　　D.降下汽车前部，启动发动机怠速运转，连续转动转向盘，注意油面高度的变化，当油面下降时就应不断加注转向油，直到油面停留在"Max"处，并在转动转向盘后，贮油罐中不再出现气泡为止。

　　5.方向盘和转向管柱拆卸及检查

　　1)方向盘和转向管柱拆卸

　　方向盘与转向柱分解如图 11－64 所示，拔开方向盘上盖板，拆下转向柱上段上端三角花键紧固螺母、垫圈，取下喇叭按钮盖板 2，拆卸下喇叭按钮及有关线束插件。松下转向柱套管的两只紧固螺钉，卸下套管。将转向柱上段往下压，使上段端部法兰上的两只驱动销脱离转向柱下段，取出转向柱上段。取下转向柱防尘橡胶圈 13，松开夹箍的螺栓、螺母、垫圈，便可拆下转向柱下段 16。

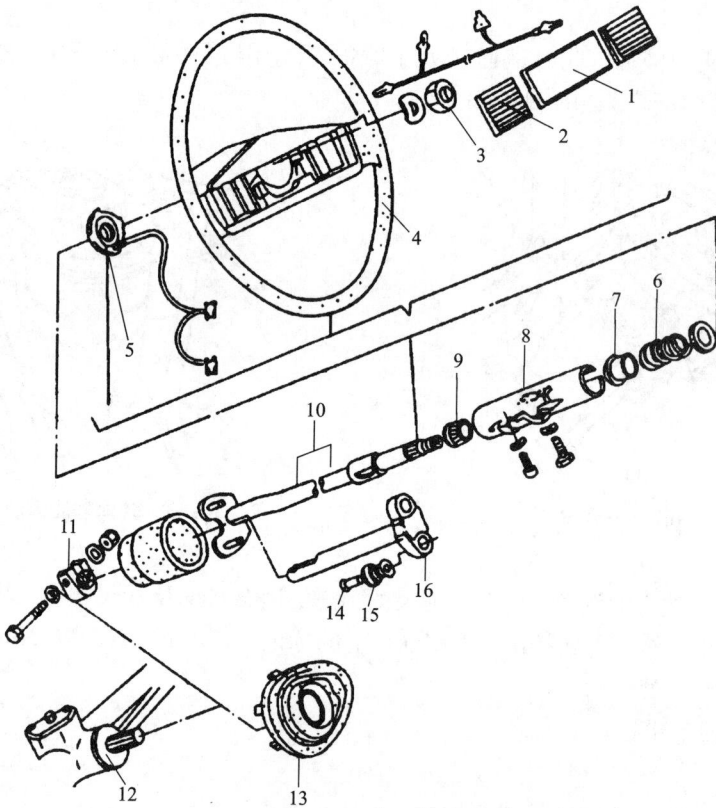

图 11－64　方向盘与转向柱分解图

1—方向盘盖板；2—喇叭按钮盖板；3—方向盘与转向柱紧固螺母；4—方向盘；5—接触环；6—压缩弹簧；
7—连接圈；8—转向柱套管；9—轴承；10—转向柱上段；11—夹箍；12—动力转向器；
13—转向柱 防尘橡胶圈；14—转向减振尼龙销；15—转向减振橡胶圈；16—转向柱下段

在方向盘受到很大冲击力、或转向器受力被压向车厢时，位于转向柱上的安全元件被压缩，安全联轴节脱开。

2）转向盘的检查

（1）自由行程的检查。

使汽车前轮处于直线行驶状态，用指尖向左、向右侧轻轻转动方向盘。在方向盘外缘处测量手感变重时（即前轮向左、向右开始转动）的方向盘自由行程。

如该值在规定值之内，状况正常。桑塔纳 2000 型轿车方向盘自由行程在方向盘边缘处测量时，其值为 15～20 mm。理论上讲运动副应为无间隙配合，应无自由行程。

当自由行程过大时，说明动力转向器齿轮与齿条啮合间隙偏大，或各连接处松旷，或齿轮磨损。调整补偿弹簧的压力，可使齿条微量变形，实现无侧隙或小侧隙啮合。

松脱和松旷的检查：用双手把握住方向盘，在轴向和直角方向上用力摇动，观察此时方向盘是否移出，由此了解方向盘与转向管柱轴的装配情况、主轴承的松旷量及转向柱支架的连接状况。

（2）检查转向操纵力。

①检查转向操纵力时，将汽车停放在水平干燥的路面上，使油液温度达到 40～80℃，轮胎气压正常，并使前轮处于直线行驶位置。

②发动机怠速运转，将一弹簧秤钩在转向盘边缘上，拉动转向盘，检查转向盘左右转动一圈所需拉力变化。一般来说，如果转向操纵力超过 44.5 N，说明动力转向工作不正常，应检查有无皮带打滑或损坏、转向油泵输出油压或油量是否低于标准、油液中是否渗入空气、油管是否有压瘪或弯曲变形等故障。

（3）转向盘回位检查。

检查时，一面行驶一面察看下列各项：

①缓慢或迅速转动转向盘，检查两种情况下的转向盘操纵力有无明显的差别，并检查转向盘能否回到中间位置。

②使汽车以约 3.5 km/h 的速度行驶，将转向盘顺时针或逆时针转动 90°，然后放开手 1～2 s，如果转向盘能自动回转 70°以上，说明工作正常，否则应查明故障原因并予以排除。

项目小结

1.转向系按转向能源的不同分为机械转向系、动力转向系、电动助力转向系、电控转向系。所有的转向系都由转向操纵机构、转向器和转向传动机构三大部分组成。

2.转向系的主要参数：转向中心与转弯半径；转向系角传动比；转向梯形与前展角；转向器传动效率；转向盘自由行程等。

3.转向器的种类较多，一般按转向器中的传动副的结构形式分为齿轮齿条式、循环球式、蜗杆曲柄指销式和蜗杆滚轮式等几种。

4.转向操纵机构一般由转向盘、转向轴、转向柱管、万向节及转向传动轴等组成。它的主要作用是操纵转向器和转向传动机构，使转向轮偏转。

5.转向传动机构的功用是将转向装置输出的转向力传递给转向轮，使之偏转而实现汽车转向，还要承受、衰减及路面不平而引起的冲击振动，并能自动消除因磨损而产生的间隙，保证汽车行驶的方向。

6.动力转向装置是通过减小转动转向盘所需的力，来降低驾驶员的疲劳程度从而提高行驶过程中的安全性。动力转向装置可采用转向摇臂式转向器或齿轮齿条式转向器。

7.电子控制动力转向系旨在使车辆低速尤其是停放车辆时转向轻便，而当车速较高时，电子控制使系统的液压助力作用减弱，转向操纵力增加，使驾驶员在高速行驶时对转向盘有更好的控制。

8.汽车电子控制动力转向系统主要由转矩传感器、车速传感器、电子控制器(ECU)、电动机和电磁离合器等组成。

9.四轮转向系可分为转角随动型四轮转向系和车速感应型四轮转向系。转角随动型四轮转向系都是采用机械式的；而车速感应型四轮转向系有液压式、电子控制液压式和全电子控制式。

10.转向系的检修内容：转向器壳体及盖的检修；转向轴及蜗杆的检修；转向摇臂轴及滚轮的检修；直、横拉杆的检修。

11.转向系常见故障：转向沉重；异响；左右转向轻重不同；直线行驶转向盘发飘或跑偏；转向时转向盘发抖等。

思考与练习

1.说明转向系的组成和功用。

2.叙述动力转向结构特点。

3.说明动力转向器的结构和工作原理。

4.说明动力转向系的拆装步骤。

5.分析转向沉重的原因，列出故障诊断和排除的计划。

制动系检修

项目十二

学习目标

(1)能够正确叙述制动系统的功用、组成及要求；

(2)会描述制动系统的工作过程；

(3)能够掌握车轮制动器、制动主缸、制动轮缸、制动控制阀等部件的结构；

(4)能够对制动系统主要部件进行拆装、检修；

(5)能识别制动系的常见故障，并进行基本的故障诊断及检修；

(6)掌握驻车制动装置的调整方法和步骤；

(7)能正确叙述 ABS、ASR 系统的组成和工作原理。

案例引入

制动一辆桑塔纳 2000 汽车时，踩一次制动踏板不能减速或停车，连续踩几次制动踏板，效果也不好；汽车紧急制动时，制动距离过长。请进行故障诊断并予以排除。

项目描述

本项目主要介绍汽车制动系统的组成、作用、分类、结构及工作原理；讲授车轮制动器、制动主缸、制动轮缸等主要部件的结构、原理、拆装、检验及维修，介绍了制动传动系统的种类、特点、组成，讲授了液压、气压制动传动系统的主要部件的结构、工作原理；讲授了汽车制动防抱死装置的组成、原理，介绍制动系统常出现的故障及诊断排除的方法。

项目内容

任务一　制动系概述

一、制动系功用与组成

1.汽车制动系的功用

汽车制动系的功用是：按照需要使汽车减速或在最短距离内停车；下坡行驶时保持车速稳定；使停驶的汽车可靠驻停。

当汽车行驶在宽阔平坦、车流和人流又较少的路况下，可以通过高速行驶提高运输生产效率。但汽车行驶过程中也会遇到复杂多变的路面状况，如进入弯道、行经不平道路、两车交会、突遇障碍物等，为了保证行驶安全，就要求汽车在尽可能短的距离内将车速降低，甚至停车。

此外，汽车下长坡时，在重力产生的下滑力作用下，汽车有不断加速到危险程度的趋势，此时应将车速限定在安全值内，并保持相对稳定；对停驶的车辆，特别是在坡道上停驶的汽车应使之可靠地驻留原地不动。

2. 制动系的基本组成

(1) 为完成汽车制动系的作用，现代汽车上一般设有以下几套独立的制动系。

①行车制动系。用于使行驶中的车辆减速或停车，制动器安装在全部的车轮上，通常由驾驶员用脚操纵。

②驻车制动系。用于使停驶的汽车驻留原地，通常由驾驶员用手操纵。

③应急制动、安全制动和辅助制动系。

应急制动装置是用独立的管路控制车轮的制动器作为备用系统，其作用是当行车制动装置失效的情况下保证汽车仍能实现减速或停车。

安全制动装置是当制动气压不足时起制动作用，使车辆无法行驶。

辅助制动装置是为了下长坡时减轻行车制动器的磨损而设，其中利用发动机排气制动应用最广。

(2) 汽车上设置有彼此独立的制动系统，它们起作用的时刻不同，但它们的组成却是相似的。它们一般有以下四个组成部分：

①供能装置：包括供给、调节制动所需能量以及改善传能介质状态的各种部件。如气压制动系中的空气压缩机、液压制动系中人的肌体。

②控制装置：包括产生制动动作和控制制动效果的各种部件，如制动踏板等。

③传动装置：将驾驶员或其他动力源的作用力传到制动器，同时控制制动器的工作，从而获得所需的制动力矩。包括将制动能量传输到制动器的各个部件，如制动主缸、制动轮缸等。

④制动器：产生阻碍车辆的运动或运动趋势的力的部件。

较为完善的制动系还包括制动力调节装置以及报警装置、压力保护装置等。

二、制动系类型

制动系有不同的分类方法，按使用目的分类可分为行车制动系、驻车制动系和辅助制动系；按使用能源分类可分为人力制动系、伺服制动系和动力制动系。

三、制动系工作原理

汽车上所装配的制动系工作原理都是相同的，下面以行车制动系统工作为例说明制动原理。

行车制动系由车轮制动器和液压传动机构两部分组成(参见图 12-1)。

车轮制动器的旋转部分是制动鼓 8，它固定于轮毂上，与车轮一起旋转。固定部分是制动蹄 10 和制动底板 11 等。制动蹄上铆有摩擦片，其下端套在支承销上，上端用复位弹簧拉紧压靠在轮缸 6 内的活塞上。支承销和轮缸都固定在制动底板上，制动底板用螺钉与转向节凸缘(前桥)或桥壳凸缘(后桥)固定在一起。制动蹄靠液压轮缸使其张开。

不制动时，制动蹄摩擦片的外圆面与制动鼓的内圆面保持有一定的间隙，使车轮能自由旋转。制动时，驾驶员踩下制动踏板推动推杆和主缸活塞，使制动主缸内的油液产生一定压力后进入制动轮缸，推动轮缸活塞使两制动蹄的上端张开，消除与制动鼓的间隙后紧压在制动鼓的内圆面上。固定的制动蹄与旋转的制动鼓之间产生一个与车轮旋转方向相反的摩擦阻力距 M_μ，使汽车制动。

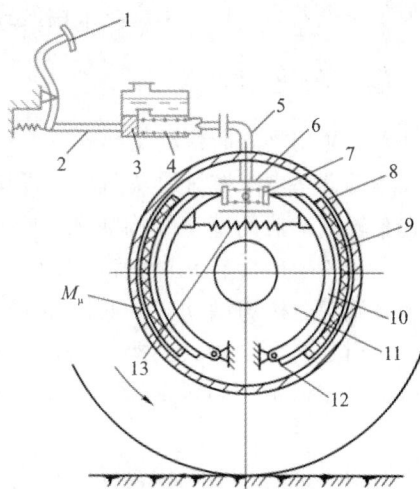

图 12 - 1　液压制动系统工作原理图

1—制动踏板；2—推杆；3—主缸活塞；
4—制动主缸；5—油管；6—制动轮缸；
7—轮缸活塞；8—制动鼓；9—摩擦片；
10—制动蹄；11—制动底板；
12—支承销；13—制动蹄复位弹簧

四、对制动系的要求

（1）具有良好的制动性能：评价汽车制动性能的指标一般有：制动距离、制动减速度、制动力和制动时间。

（2）操纵轻便：操纵制动系所需的力不应过大，对于重型汽车，这一点极为重要。

（3）制动稳定性好：制动时，前后车轮制动力分配应合理，左右车轮上的制动力应基本相等，以免制动时汽车甩尾或跑偏。

（4）制动平顺性好：制动力既能迅速、平稳地增加，又能迅速、彻底地解除。

（5）散热性好：连续制动时，摩擦片的抗热衰退能力要强；水湿后恢复速度要快，磨损后制动蹄与制动鼓的间隙应能调整。

任务二　车轮制动器

一、车轮制动器的概述

1.车轮制动器的功用

制动器的旋转元件固装在车轮上，制动力矩直接作用于车轮上的制动器称为车轮制动器。制动器是制动系中用以产生阻碍车轮转动，以促使汽车减速或停车的部件。

2.车轮制动器的分类

车轮制动器分为鼓式和盘式两大类，如图12 - 2 所示，两者都是利用固定元件与旋转元件工作表面的摩擦而产生制动力矩，均属于摩擦式制动器。但鼓式制动器摩擦副中的旋转元件为制动鼓，其内圆柱面为工作表面；盘式制动器摩擦副中的旋转元件为圆盘状的制动盘，

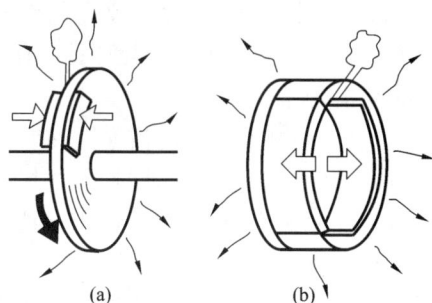

图 12 - 2　制动器的类型
（a）盘式制动器；（b）鼓式制动器

以端面为工作表面。现代汽车广泛采用鼓式制动器,而盘式制动器多用于轿车和轻型汽车。

二、盘式车轮制动器

1. 盘式车轮制动器的结构及特点

盘式制动器是由摩擦衬块从两侧夹紧与车轮一起旋转的制动盘后产生制动的装置。

盘式车轮制动器的基本结构如图12-3所示。固定在车轮上的旋转元件是以端面为工作表面的金属圆盘,称为制动盘。其固定元件大体上可分为钳盘式和全盘式两类。钳盘式制动器目前愈来愈多地被各种轿车和货车用作车轮制动器。

制动器中固定的摩擦元件是面积不大的制动块总成,一般有2~4块。这些制动块及其促动装置均装在横跨制动盘两侧的钳形支架中,总称为制动钳。制动钳通过螺栓固装于转向节或桥壳上,并用调整垫片来控制制动钳与制动盘之间的相对位置。钳盘式制动器又可分为定钳盘式和浮钳盘式两类。

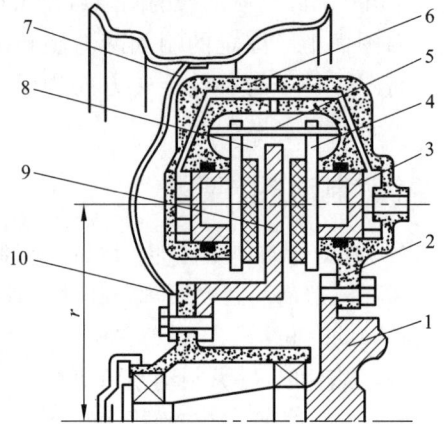

图12-3　盘式车轮制动器基本结构示意图

1—转向节或桥壳凸缘;2—调整垫片;3—活塞;
4—制动块;5—导向支承销;6—钳体;
7—轮辐;8—回位弹簧;9—制动盘;10—轮毂凸缘

2. 制动器主要部件与功用

1) 制动盘

制动盘一般由铸铁制造,这是由于铸铁有比较高的摩擦系数。制动盘安装在车轮轮毂上与车轮一起旋转。

2) 制动钳

制动钳横跨在制动盘上,主要由制动钳体、活塞、活塞密封环及防尘罩等组成,其作用是将液压力转换成机械力。

盘式制动器的制动钳有固定式和移动式两种类型。

(1) 制动钳体。制动钳体通常是铸铁构件,也是液压油缸的缸体,在油缸壁上有梯形截面的环槽,以便于安装活塞密封环;在有活塞的一侧有油道;在其顶部有观察孔,以检查制动衬块的磨损情况。

(2) 活塞。盘式制动器的活塞由钢、铝或非金属材料制成。

(3) 密封环。密封环的作用是防止制动液从缸壁和活塞之间泄漏,同时利用密封环的弹性变形,自动补偿由于制动衬块磨损而增大的制动间隙。

3) 制动衬块

制动衬块是在金属板上铆接或黏接非金属材料衬片而成,制动衬块置于制动钳体的两侧。

3. 工作原理

工作原理参见图12-3及图12-4。

制动时,制动液被压入内、外两侧油缸中,两活塞4在液压作用下移向制动盘,并将制动块压到制动盘上,产生摩擦力矩。油缸活塞4与制动块8之间通过消声片7来传力,可以减轻制动时产生的噪声。在活塞移动过程中，矩形橡胶密封圈在活塞摩擦力的作用下随活塞移动而产生轻微的弹性变形[如图12－4(a)]。解除制动时，活塞和制动块依靠密封圈的弹力和弹簧8(如图12－3)的弹力回位[如图12－4(b)]所示。

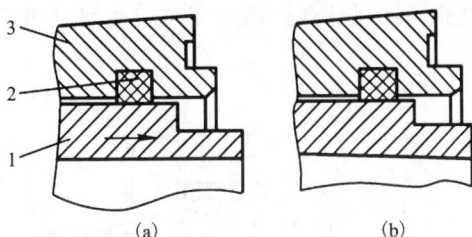

图12－4　矩形密封圈工作情况

1—活塞；2—矩形橡胶密封圈；3—油缸

(1)定钳盘式制动器。如图12－5所示，定钳盘式制动器的制动钳是固定安装在桥壳上，既不能旋转，也不能沿制动盘轴线方向移动。

制动钳内有两个活塞，分别在制动盘两侧。活塞后面有充满制动液的制动轮缸。当驾驶员踩下制动踏板时，制动轮缸的液压上升，活塞被微量推出，制动块夹紧制动盘产生制动。

定钳盘式制动器的结构特点主要是制动钳固定安装在车桥上，在制动盘的两侧都有轮缸和活塞，以便分别将两侧的制动块压向制动盘，从而起制动作用。我国生产的依维柯轻型汽车的前轮制动器，即是定钳盘式制动器。

(2)浮钳盘式制动器。如图12－6所示，浮钳盘式制动器的制动钳通过导向销与桥壳相连，它可以相对于制动盘轴线方向移动。

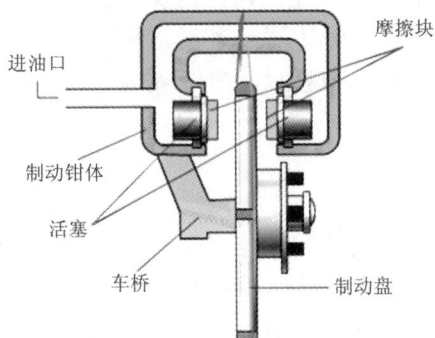

图12－5　定钳盘式制动器结构示意图

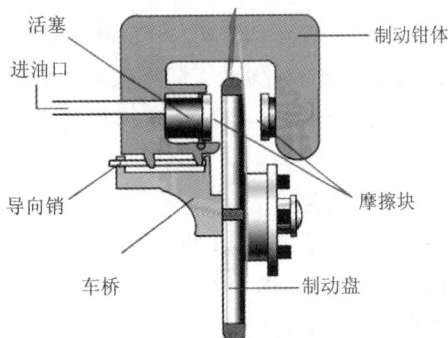

图12－6　浮钳盘式制动器结构示意图

桑塔纳轿车前轮制动器就是典型的浮钳盘式车轮制动器，如下图12－7所示。制动钳壳体用螺栓与支架相连，螺栓同时兼作导向销，支架固定在前悬架总成轮毂轴承座凸缘上。壳体可沿导向销与支架做轴向相对移动。两制动块装在支架上，用保持弹簧卡住，使两制动块可以在支架上作轴向移动，但不会上下窜动。制动盘装在两制动块之间，并通过轮胎螺栓固定在前轮毂上。制动块由无石棉的材料制成的摩擦块与钢制背板牢牢黏合而成。制动钳只在制动盘内侧设有油缸。制动时活塞在制动液压力作用下，推动内制动块压向制动盘内侧面，制动钳上的反力使制动钳壳体向内侧移动，从而带动外制动块压向制动盘外侧面。于是内、外摩擦块将制动盘的两端面紧紧夹住，实现制动。

这种浮钳盘式制动器具有热稳定性和水稳定性均好的优点，此外结构简单、造价低廉。浮钳的结构还有利于整个制动器靠近车轮轮辐布置，使转向主销的下端点外移，实现负的偏移距(指主销延长线接地点在车轮接地点的外侧),提高汽车抗制动跑偏能力。

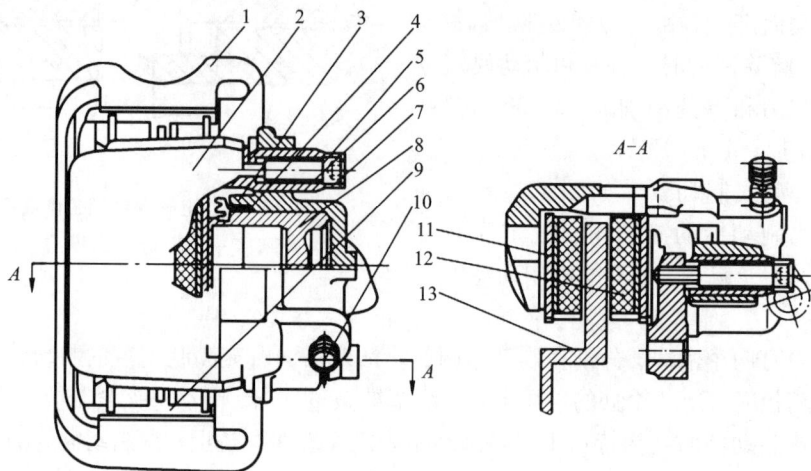

图12-7 上海桑塔纳轿车前轮浮钳盘式制动器

1—支架;2—制动钳壳体;3—活塞防尘罩;4—活塞密封圈;5—螺栓;6—导套;7—导向防尘罩;
8—活塞;9—止动弹簧;10—放气螺钉;11—外摩擦块;12—内摩擦块;13—制动盘

如图12-8所示,制动时,在液压力的作用下,推动制动轮缸内活塞及其上的制动块向左移动,并压到制动盘上,于是制动盘给活塞一个向右的反作用力,使活塞连同制动钳整体沿导向销轴线向右移动,直到制动盘外侧制动块也压到制动盘上。此时,制动盘两侧的制动块都压在制动盘上,夹紧旋转的制动盘产生制动。

4. 制动间隙调整

1)制动间隙

制动间隙是指不制动时制动块和制动盘的间隙。由于在制动过程中,制动块和制动盘间存在着相对运动,两者均有不同程度的磨损,使其间隙增大,导致制动时活塞的行程增加,制动开始起作用的时间滞后,制动效能下降,因此制动器的间隙应随时调整。

一些盘式制动器活塞上的密封圈的变形量就是制动间隙,可以自动调节间隙值。

2)原理

制动时,制动液被压入油缸中,活塞在液压作用下将制动块压紧到制动盘上,在活塞移动过程中,活塞密封圈(图12-9)的刃边在摩擦力作用下随活塞移动,使密封圈产生弹性变形,密封圈极限变形量 Δ 应大于或等于制动间隙为设定值时完全制动所需的活塞行程[图12-9(a)]。解除制动时,活塞在密封圈的弹力作用下退回,直到密封圈变形完全消失为止[图12-9(b)]。此时制动块与制动盘之间的间隙(制动器间隙)即为设定间隙。

3)制动间隙自动调整

当由于磨损使制动间隙过大时,在制动过程中密封圈的变形量已达到极限值 Δ 以后,活塞克服密封圈的摩擦力仍继续移动直到完全制动为止。但解除制动力后密封圈使活塞退回的距离仍为 Δ,即保持制动器间隙为 Δ。活塞密封圈所起的作用是保证制动解除后活塞回位和自动调整制动器的间隙。

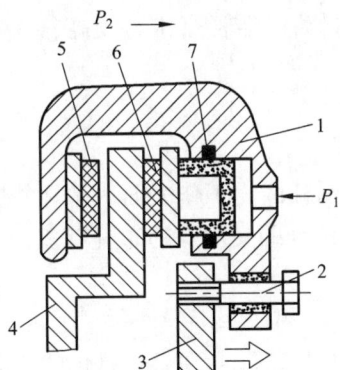

图 12 - 8 浮钳盘式制动器工作原理示意图

1—钳体；2—导向销；3—制动钳支架；4—制动盘；
5—固定制动块；6—活动制动块；7—活塞密封圈

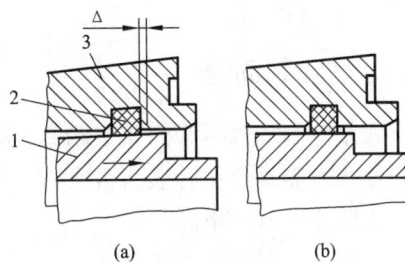

图 12 - 9 活塞密封圈的工作情况

1—活塞；2—活塞密封圈；3—轮缸(钳体)

5. 制动块摩擦片磨损报警装置

目前一些盘式制动器的制动块上装有摩擦片磨损报警装置，用来提醒驾驶员制动块上的摩擦片需要更换，常见的有声音的、电子的和触觉的三种。图 12 - 10 为夏利轿车安装的声音报警装置。

声音报警装置是指盘式制动器的制动衬块上装有制动衬片磨损极限报警机构。当制动摩擦片磨损到小于 1.5 mm 时，报警弹簧片将与制动盘接触，并发出金属摩擦的尖叫声，警告驾驶员该侧制动衬块已达到磨损极限，应更换新的制动衬块。

电子式报警装置是由带有传感器的特殊摩擦片、电子控制器和报警指示灯组成。传感器的短接线置入了该特殊摩擦片的一定深度处，当摩擦片磨损到只有 2.0 ~ 2.2 mm 极限厚度时，制动鼓便将传感器的短接线磨破而断路，该断路信号立即被输送到电子控制器，电子控制器便接通报警指示灯电路，使指示灯闪亮，发出警告信号。奔驰轿车在两前轮就装有该种报警装置。

6. 盘式制动器的特点

(1)盘式制动器与鼓式制动器相比，有以下优点：

①一般无摩擦助势作用，因而制动力与行驶方向无关；

②浸水后效能降低较少，而且只须经一两次制动即可恢复正常；

③在输出制动力矩相同的情况下，尺寸和质量一般较小；

④较容易实现间隙自动调整；

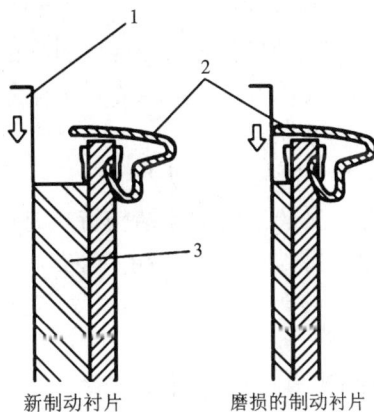

图 12 - 10 夏利轿车制动块磨损报警装置

1—制动盘；2—报警簧片；3—制动块

⑤散热良好、热稳定性好。

（2）缺点：效能较低，故用于液压制动系统时所需制动促动管路压力较高，一般要用伺服装置。

三、鼓式制动器

鼓式车轮制动器多为内张双蹄式，即以制动鼓的内圆柱面为工作表面，有两个制动蹄与其配合使用。制动蹄张开装置的形式、张开力作用点和制动蹄支承点的布置有多种，使制动器的工作性能也有所不同。

1. 鼓式制动器的结构及种类

作为旋转元件的制动鼓装在车轮轮毂的突缘上。作为固定部分零件装配基体的制动底板用螺栓与后桥半轴套管上的突缘连接（前轮制动器的制动底板与前桥转向节的突缘连接）。用钢板焊接成 T 形截面的前后两制动蹄，以其辐板下端的孔分别与支承销上的偏心环作动配合。制动蹄的外圆柱面上，用埋头铆钉铆接着摩擦片。铆钉头顶端埋入深度约为新摩擦片厚度的一半。

张开机构的制动轮缸作为制动蹄的推动装置，用螺钉装在制动底板上。制动蹄辐板的上端嵌入轮缸活塞顶块的直槽中，利用轮缸内活塞的位移使制动蹄张开。

定位调整机构用来保持和调整制动蹄和鼓的间隙。制动底板上装有两个调整凸轮，用压紧弹簧使凸轮固定在调整好的位置上。两制动蹄由回位弹簧拉拢，并以焊在辐板上的锁销靠紧于凸轮工作面的某一圆弧槽中，这样可保持凸轮的正确位置和蹄鼓间隙，制动蹄限位杆以螺纹旋装在制动底板上。弹簧使制动蹄辐板靠着限位杆中部的台阶，以防止制动蹄的轴向移动。制动蹄在不工作的原始位置时，其摩擦片与制动鼓之间应保持有合适的间隙（一般为 0.25~0.5 mm）。这一间隙在制动器工作过程中逐渐变化，严重时将会影响制动效能，因此，要求任何形式的制动器在结构上必须保证可检查和调整其间隙。

按张开装置的形式不同，鼓式车轮制动器可分为以液压轮缸作为制动蹄张开装置的轮缸式制动器和以凸轮作为张开装置的凸轮式制动器。按制动时两制动蹄对制动鼓作用的径向力是否平衡，鼓式车轮制动器又可分为简单非平衡式、平衡式和自增力式制动器。

2. 轮缸式制动器

1）简单非平衡式制动器

简单非平衡式制动器结构特点是两制动蹄的支承点都位于蹄的一端，两支承点与张开力作用点的布置都是轴对称式，轮缸中两活塞的直径相等。

如图 12-11 所示为领从蹄式制动器示意图。

制动器只有一个轮缸，在制动时轮缸受到来自总泵液力后，轮缸两端活塞会同时顶向左右制动蹄的蹄端，作用力相等。但由于车轮是逆时针旋转，左制动蹄有随制动鼓一起旋转的趋势，结果形成制动蹄与制动鼓的

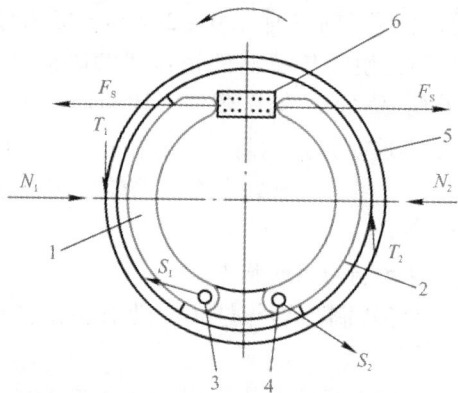

图 12-11　领从蹄式制动器示意图
1—领蹄；2—从蹄；3、4—支点；
5—制动鼓；6—制动轮缸

楔紧作用；而右制动蹄与其相反，即制动鼓作用于制动蹄的压力左右不对称，左制动蹄有自

行增力作用，称为领蹄；而右制动蹄有自行减力的作用，称为从蹄。领蹄的摩擦力矩是从蹄的 2 ~ 2.5 倍，两制动蹄摩擦衬片的磨损程度也就不一样。

桑塔纳后轮制动器也是非平衡鼓式车轮制动器。制动器的制动毂通过轴承支承在后桥支承短轴上，与车轮一起旋转，如图 12 - 12 所示。

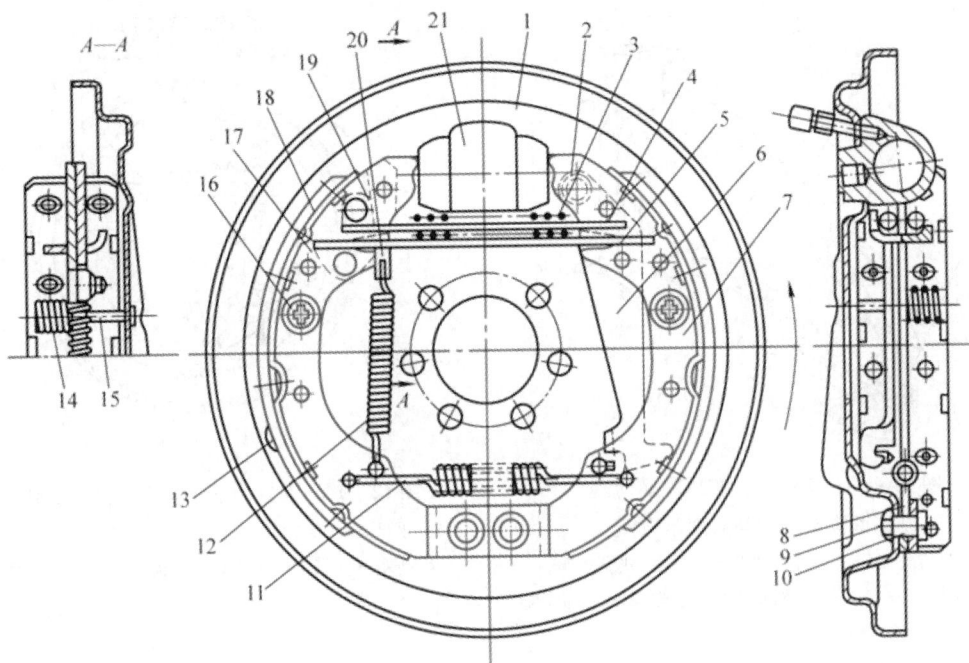

图 12 - 12　桑塔纳轿车后轮制动器

1—制动底板；2—销轴；3、4、11、12—拉簧；5—压杆；6—制动杆；7—带杠杆装置的制动蹄总成；
8—支架；9—止挡板；10—铆钉；13—检测孔；14—压簧；15—夹紧销；16—弹簧座；
17—带斜楔装置的制动蹄总成；18—摩擦衬片；19—斜楔支承；20—楔形块；21—制动轮缸

制动器底板用螺栓固定在后桥轴端支承座上，制动轮缸用螺钉固定在制动底板上方，其型式为双活塞内张型液压轮缸。支架、止挡板用螺钉紧固在底板的下方。下复位簧使制动蹄的下端嵌入固定板的切槽中。复位弹簧使两制动蹄的上端压靠到压力杆上，楔形件在其拉簧作用下，向下拉紧在制动蹄与压力杆之间。定位销、弹簧及弹簧座用以限制制动蹄的轴向移动，并保持蹄面与制动底板的垂直。

制动时，轮缸活塞在制动液压力的作用下向外推动制动蹄，制动力克服复位弹簧的弹力使制动蹄向外张开，压向制动鼓，产生制动力矩使汽车制动。

解除制动时，制动液压力消失，在复位弹簧的作用下制动蹄回位。

桑塔纳轿车后轮制动器的间隙调整为自动调整，原理如图 12 - 13 所示。自调装置结构和工作情况如下：

在推力板上装有一楔杆，楔杆的水平拉簧使楔杆与推力板间产生摩擦防止楔杆下移，垂直拉簧随时力图拉动楔杆下移，如图 12 - 14 所示。当蹄鼓间隙正常时，楔杆静止于相对应位置；当蹄鼓间隙大于规定值时，蹄片张开的行程被加大，垂直拉簧的力 F_2 增大，$F_2 > F_1$，楔杆下移，楔杆的下移使得水平拉簧的力也被加大，摩擦力 F_1 相应加大，则楔杆在新的位置静止。

放松制动后，制动蹄在回位弹簧的作用下收拢。由于推力板已变长，只能被顶靠在新的位置，从而保持规定的制动间隙值。

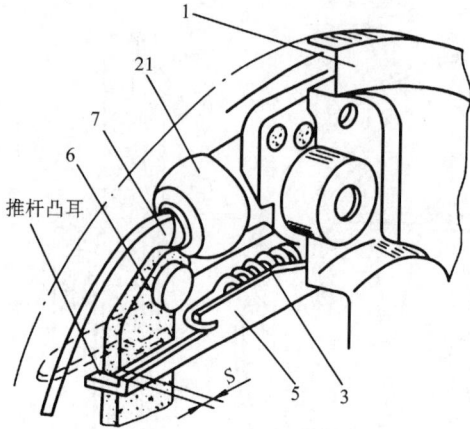

图 12 – 13　桑塔纳轿车后轮制动器
制动间隙自动调整原理示意图

1—制动底板；3—驻车制动杠杆；4—浮式支承座；
5—定位件；7—带杠杆装置的制动蹄总成；21—制动轮缸

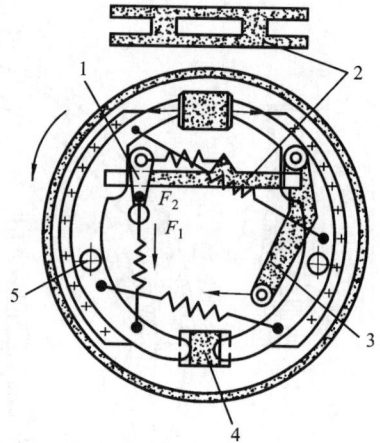

图 12 – 14　在推力板上装楔杆的自调装置

1—楔杆；2—推力板；3—拉簧；5—压杆；6—制动杆
F_1—水平拉簧的摩擦力；F_2—楔形杆的垂直拉簧力

此类自调装置属于一次性调准的结构，前进或倒车制动均能自调。

2）单向双领蹄式和双向双领蹄式制动器

在制动鼓正向旋转时，两蹄均为领蹄的制动器称为双领蹄式制动器，如图 12 – 15 所示。在汽车前进制动时，两蹄均为领蹄的制动器称为双领蹄式制动器，其结构特点是两个制动蹄各用一个单活塞的轮缸，且两套制动蹄、制动轮缸、偏心支撑销和调整凸轮等在制动底板上的布置是中心对称的。

北京 BJ2020N 型汽车的前轮制动器就属于双领蹄式制动器，如图 12 – 16 所示。

无论是前进制动还是倒车制动，两制动蹄都是领蹄的制动器称为双向双领蹄式制动器，如图 12 – 17 所示。

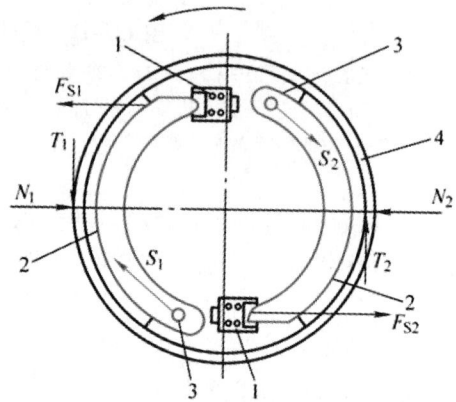

图 12 – 15　双领蹄式制动器示意图

1—制动轮缸；2—制动蹄；3—制动鼓

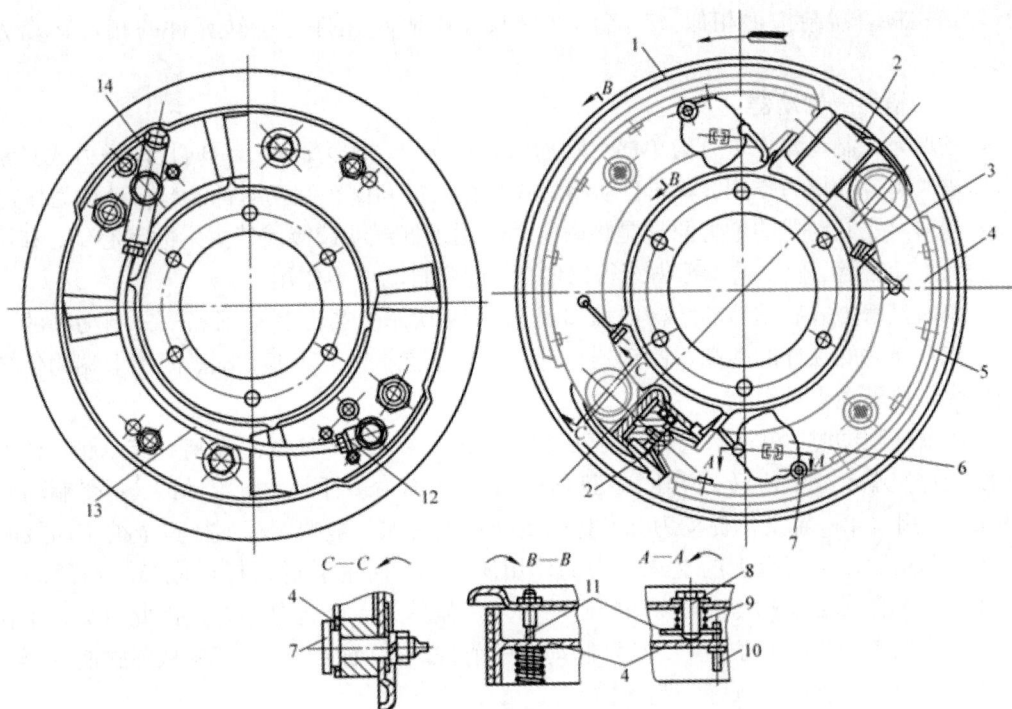

图 12 – 16 北京 BJ2020N 型汽车前轮制动器

1—制动底板；2—制动轮缸；3—制动蹄复位弹簧 4—制动蹄；5—摩擦片；6—调整凸轮；7—支承销；
8—调整凸轮轴；9—弹簧；10—调整凸轮锁销；11—制动蹄限位杆；12、14—油管接头；13—轮缸连接油管

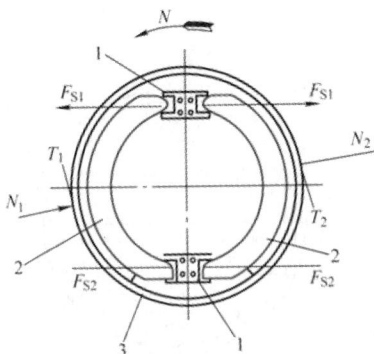

图 12 –17 双向双领蹄式制动器示意图

1—制动轮缸；2—制动蹄；3—支承销

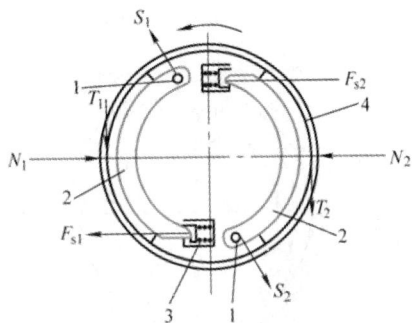

图 12 –18 双从蹄式制动器示意图

1—支承销；2—制动蹄；3—制动轮缸；4—制动鼓

与领从蹄式制动器相比，双向双领蹄式制动器在结构上有三个特点：一是采用两个双活塞式制动轮缸；二是两制动蹄的两端都采用浮式支承，且支点的周向位置也是浮动的；三是制动底板上的所有固定元件，如制动蹄、制动轮缸、复位弹簧等都是成对的，而且既按轴对称，又按中心对称布置。

3）双从蹄式制动器

前进制动时两制动蹄均为从蹄的制动器称为双从蹄式制动器，如图 12 –18，这种制动器

与双领蹄式制动器结构很相似,二者的差异只在于固定元件与旋转元件的相对运动方向不同。

4)自动增力式制动器

自动增力式制动器也可分为单向自动增力和双向自动增力两种,单向自动增力式只是在汽车前进时起自动增力作用,双向自动增力式是在前进和倒车制动时都能起自动增力作用。

自动增力式制动器的增力原理是将两制动蹄用顶杆浮动铰接代替固定的偏心销,利用前蹄的助势推动后蹄,使总的摩擦力矩得以增大,起到自动增力作用。

①单向自增力式制动器的结构原理如图 12-19 所示。第一制动蹄和第二制动蹄的下端分别浮支在浮动的顶杆的两端。制动器只有上方一个支承销。不制动时,两蹄上端均借各自的回位弹簧拉靠在支承销上。

汽车前进制动时,单活塞式轮缸将促动力 F_1 加于第一蹄,使其上端离开支承销,整个制动蹄绕顶杆左端支承点旋转,并压靠到制动鼓上。正因为顶杆是完全浮动的,不受制动底板的约束,作用在第一蹄上的促动力和摩擦力的作用没有像一般的领蹄那样完全被制动鼓的法向反力和固定于制动底板上的支承反力的作用所抵消,而是通过顶杆形成第二蹄的促动力 F_2,且第二蹄的制动力矩大于第一蹄的制动力矩。显然第二蹄也是领蹄。由此可见,在制动鼓尺寸和摩擦系数相同的条件下,这种制动器的前进制动效能不仅高于领从蹄式制动器,而且高于两蹄中心对称的双领蹄式制动器。

倒车制动时,第一蹄上端压靠在支承销上不动。此时第二蹄虽然仍是领蹄,且促动力仍可能与前进制动时相等,但其力臂却大为减小,因而它的制动效能此时比一般领蹄低得多。第二蹄因未受促动力而不起制动作用,故此时整个制动器的制动效能是很低的。

②双向自增力式制动器的结构原理如图 12-20 所示。

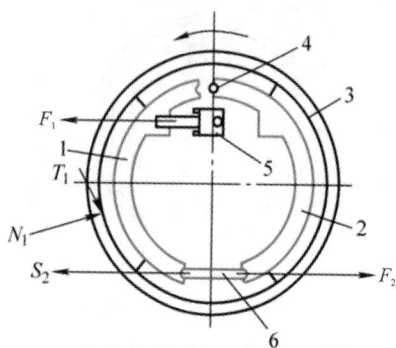

图 12-19　单向自增力式制动器示意图

1—第一制动蹄;2—第二制动蹄;3—制动鼓;
4—支承销;5—轮缸;6—顶杆

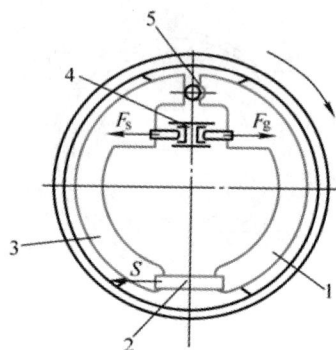

图 12-20　双向自增力式制动器示意图

1—前制动蹄;2—顶杆;3—后制动蹄;
4—轮缸;5—支承

其特点是制动鼓正向和反向旋转时均能借蹄鼓摩擦起自增力作用。不同于单向自增力式之处主要是采用双活塞式轮缸,可向两蹄同时施加相等的促动力。

我国南京汽车制造厂生产的依维柯型汽车和北京吉普车有限公司生产的切诺基 BJ2021 轻型越野车的后轮制动器,即属于双向自增力式制动器,而且还加了机械促动装置兼充驻车制动器。

如图 12 – 21 所示的是北京切诺基 BJ2021 轻型越野车的后轮制动器,即属于双向自增力式制动器。

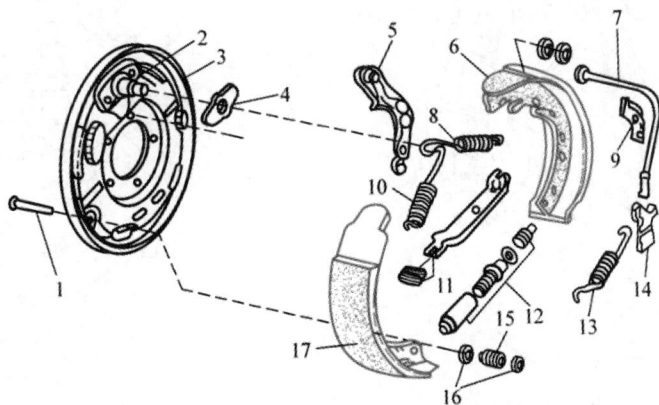

图 12 – 21　北京切诺基 BJ2021 轻型越野车后轮制动器

1—定位弹簧销钉;2—支承销;3—制动底板;4—制动蹄导向板;5—驻车制动摇臂;6—从蹄;
7—间隙调整拉绳;8—从蹄复位弹簧;9—拉绳导向板;10—领蹄复位弹簧;11—驻车制动推板及弹簧;
12—调整顶杆总成;13—拉簧;14—间隙调整棘片;15—制动蹄定位弹簧;16—弹簧座;17—领蹄

3. 凸轮式制动器

目前,常见国产汽车和部分国外汽车的气压制动系,均采用凸轮促动的车轮制动器。这种制动器除了用制动凸轮作为张开装置以外,其余部分结构与液压传动的领从蹄式制动器大体相同。

图 12 – 22 所示为凸轮张开式车轮制动器。该制动器用气体作为工作介质。两制动蹄由回位弹簧拉靠在制动凸轮轴的凸轮上。制动凸轮轴通过支架固定在制动底板上,其尾部花键轴插入制动调整臂的花键孔中。

制动时压缩空气进入制动气室,制动调整臂在制动气室推杆的推动下带动制动凸轮轴,使制动凸轮转过一个角度,从而推动制动蹄张开,并紧压在制动鼓上,产生制动作用。

一般中型货车的凸轮式车轮制动器的间隙也可以根据需要进行局部或全面调整。局部调整只是利用制动调整臂来改变制动凸轮的初始位置,制动调整臂的结构见图 12 – 23。在调整臂体和盖所包围的空腔内装有调整蜗杆和调整蜗轮,转动蜗杆轴,可以在不改变调整臂体和推杆的相对位置情况下,通过蜗轮带动制动凸轮转动一定的角度,从而改变蹄鼓间隙。在图 12 – 23 中,蜗杆轴一端的轴颈上,沿周向有六个均布的凹坑,当蜗杆轴每转到一个凹坑对准锁止球时,锁止球便在弹簧作用下嵌入凹坑,从而锁止蜗杆轴。进行全面调整时,还应同时转动带偏心环的支承销。

目前,气压传动的制动器一般采用凸轮式机械张开装置,或用楔杆张开的装置形式。

东风 EQ1090E 型汽车的凸轮式前轮制动器如图 12 – 24 所示。

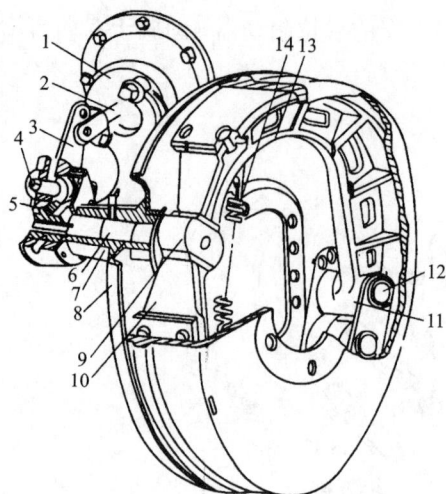

图 12 – 22 凸轮张开式车轮制动器

1—制动气室；2—连接叉；3—制动调整臂（总成）；
4—蜗杆；5—蜗轮；6—制动凸轮轴；
7—支架；8—制动底板；9—制动凸轮；
10—摩擦片；11—支承销座；12—支承销；
13—制动蹄；14—回位弹簧

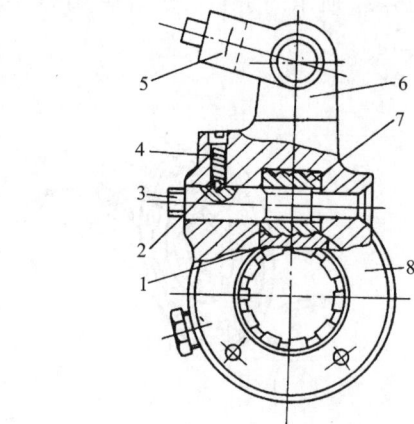

图 12 – 23 凸轮式制动器的制动调整臂

1—蜗轮；2—锁止球；3—蜗杆轴；4—弹簧；
5—制动气室推杆；6—调整体；7—蜗杆；8—盖

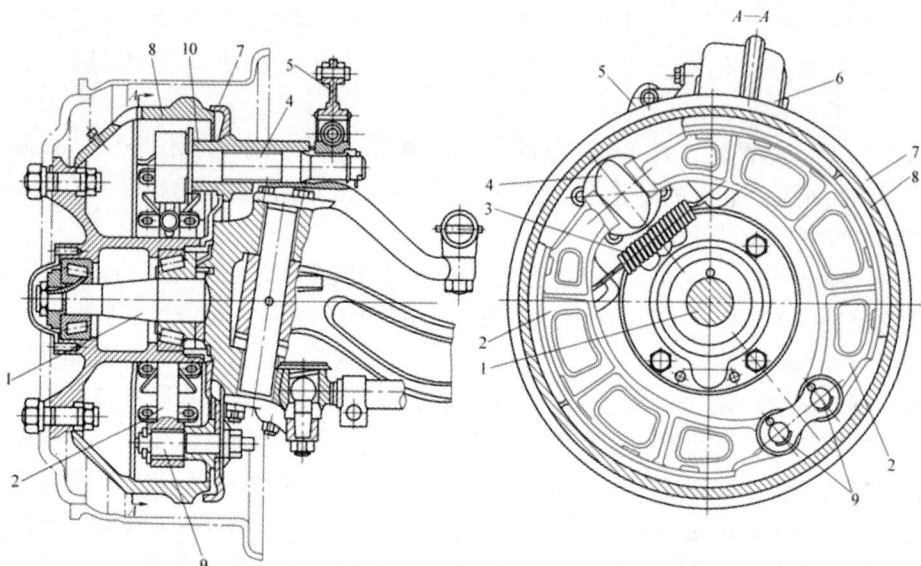

图 12 – 24 东风 EQ1090E 型汽车前轮制动器

1—转向节轴颈；2—制动蹄；3—复位弹簧；4—制动凸轮轴；5—制动调整臂；
6—制动气室；7—制动底板；8—制动鼓；9—支承销；10—制动凸轮轴支座

任务三　驻车制动器

功用：使停驶的汽车驻留原地不动，便于在坡道上起步；行车制动器失效后临时使用或配合行车制动器进行紧急制动。

类型：驻车制动器按其安装位置可分为中央制动式和车轮制动式两种。前者的制动器安装在变速器或分动器的后面，制动力矩作用在传动轴上；后者与车轮制动器共用一个制动器总成，只是传动机构是相互独立的。按制动器结构形式的特点可分为鼓式、盘式、带式和弹簧作用式驻车制动器。由于鼓式制动器可采用高制动效能的自动增力式制动器，且其外廓尺寸小，易于调整，防泥沙性能好，停车后没有制动热负荷，因而得到广泛应用。

一、中央制动器

1. 鼓式中央制动器

如12－25所示东风EQ1090型汽车驻车制动器就是典型的凸轮张开鼓式中央制动器，制动鼓通过螺栓与变速器第二轴的突缘盘紧固定在一起，制动底板固定在变速器后端壳体上。两制动蹄通过偏心支承销支承在制动底板上，其上端装有滚轮，在回位弹簧的作用下，滚轮紧靠凸轮的两侧。凸轮轴支承在制动底板的上部，轴外端与摆臂一端铰接，摆臂的另一端与拉杆相连。拉杆的上端装有球面调整螺母和锁紧螺母，下端与摇臂一端铰接。摇臂中部用销子与变速器壳体连接并作为支点，另一端连接拉丝软轴。拉丝软轴的上端连接操纵杆。制动时，拉动操纵杆，通过拉丝软轴使摇臂绕支销顺时针转动，拉杆通过摆臂带动凸轮轴转动，将两制动蹄张开而产生制动，并使棘爪和齿扇锁住操纵杆，保持制动状态。

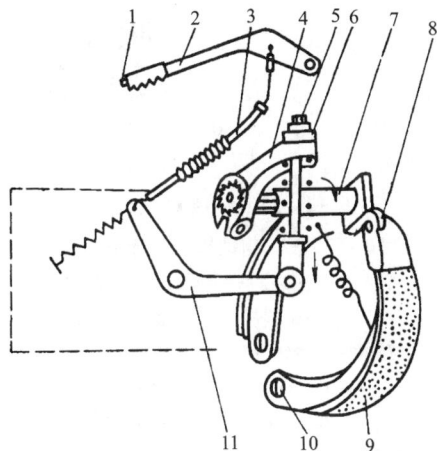

图12－25　东风EQ1090E型汽车驻车制动器

1—按钮；2—驻车制动操纵杆；3—拉丝软轴；
4—摆臂；5—拉杆；6—调整螺母；
7—凸轮轴；8—滚轮；9—制动蹄；
10—偏心支承销；11—摇臂

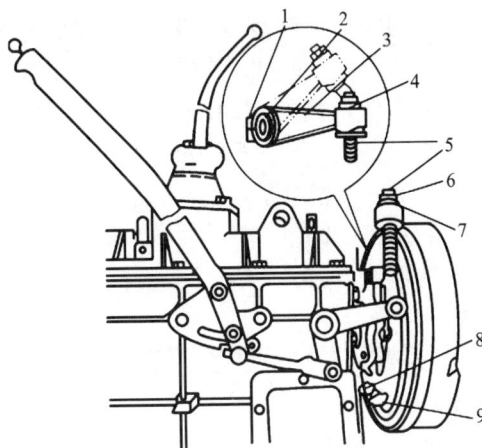

图12－26　鼓式驻车制动器示意图

1—夹紧螺栓；2—凸轮轴；3—摇臂；
4—拉杆；5—调整垫；6—调整螺母；
7—锁紧螺母；8—手制动蹄支承销；9—锁紧螺母

解除制动时，按下棘爪按钮，将操纵杆推到向前的极限位置，松开按钮即可。

将操纵杆放到向前的极限位置(不制动时)，旋进拉杆上的调整螺母，蹄鼓间隙减小。如间隙仍太大，则须取下摆臂，在凸轮张开的反方向错开一个或几个齿重新装在凸轮轴上，再调整螺母。调好后要求拉动操纵杆 3~5 响，便能按要求制动。如图 12-26 所示。全面调整步骤如下：

(1)将驻车制动操纵杆放松至极限位置，卸下摇臂端部的夹紧螺栓，取下摇臂。

(2)将摇臂反时针方向(从前向后看)错开一个齿或数个齿装上，重新调整拉杆的调整螺母，直到拉动手制动操纵杆应有 3~5 响的行程，操纵杆感到明显的吃劲有力，且汽车能按技术要求停住为止。

(3)放松操纵杆，手制动蹄摩擦片应与手制动鼓间保持适当间隙，防止相互摩擦而烧坏手制动蹄摩擦片，可用厚薄规在手制动鼓观察孔处检查手制动蹄摩擦片和手制动鼓之间的间隙，应在 0.2~0.4 mm 范围之内。

(4)用锁紧螺母将拉杆调整螺母锁紧。

2.盘式驻车制动器

盘式驻车制动器散热性能好，摩擦片更换方便，安全可靠，使用寿命长。解放 CA1092 型汽车即采用这种驻车制动器。

1)结构特点

图 12-27 所示为解放 CA1092 型汽车驻车制动器的工作示意图。制动蹄支架用螺钉固定于变速器壳体的后壁，制动盘与变速器第二轴的花键套突缘连接，在制动盘的前后两侧各有一块铆有摩擦片的制动蹄，蹄的中部用销钉与制动蹄臂的中部作铰接。两制动蹄臂上端用销钉铰接在支架上，下端用弹簧拉紧，使上端抵靠着支架上的调整螺钉。套在蹄臂拉杆上的定位弹簧使两侧的制动蹄分开。为了使各运动副磨损后便于更换，解放 CA1092 型汽车驻车制动器的各主要运动副都增设了衬套。

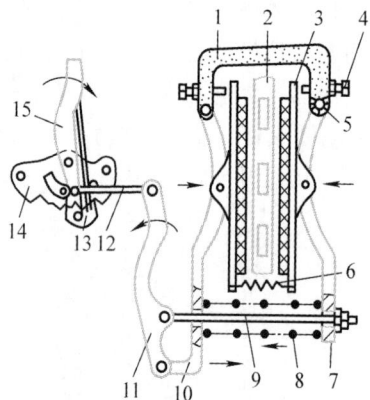

图 12-27 解放 CA1092 型汽车
驻车制动器工作示意图
1—支架；2—制动盘；3—制动蹄；
4—调整螺钉；5—销；6—拉簧；
7—后制动蹄臂；8—定位弹簧；9—蹄臂拉杆；
10—前制动蹄臂；11—拉杆臂；13—棘爪；
14—齿扇；15—驻车制动操纵杆

2)制动器的调整

制动器制动蹄片与制动盘之间间隙的调整方法如下：

(1)在蹄片和制动盘之间插入一定长度、规定厚度的塞尺。

(2)调节调整螺母，直至拉动塞尺时感到有明显阻力为止，然后拧紧锁紧螺母。

(3)用调整螺钉将制动蹄两端与制动盘调节至平行状态，之后用锁紧螺母将调整螺钉锁紧。

解放 CA1092 型汽车鼓式手制动器的调整步骤如下：

①拆下连接传动杆与摇臂的平头销，并将操纵杆放松到前面的极限位置。使拉臂同水平线成30°平角。

②取下手制动鼓检查孔密封塞，将起子伸入检查孔中，向上拨动间隙调整器的齿，使蹄片张开，直到摩擦片同手制动鼓工作面接触，消除间隙为止。

③用起子向下拨动间隙调整器的齿，使其转动10～12个齿，此时在蹄片中部的间隙应为0.30～0.35 mm。

④用手转动制动鼓时，鼓应能自由转动，不允许鼓与摩擦片发生严重摩擦，否则应重新调整。

⑤调节传动杆的长度，然后连接到摇臂上，此时上述间隙应保持不变；仔细检查开口销及螺母的安装情况。在装配过程中，可适当调整棘爪拉杆的长度，以保证棘爪拉杆与手柄的圆柱销面不露出手操纵杆，并且按下手柄时又能使棘爪由齿板的齿槽中脱出。

⑥调整完毕后，拉几次手制动操纵杆进行制动，当操纵杆棘爪在齿板上移动3～8个齿时。手制动鼓应完全被制动(用手转动手制动鼓，鼓不得滑转)，否则应重新进行调整。

⑦最后仔细地装上制动鼓检查孔密封塞，应保证密封塞不会掉出来。

二、车轮制动式驻车制动器

中央驻车制动器在乘用车领域的应用趋于消失，目前只是见于某些低吨位的轻卡上。现在大多数乘用车驻车制动直接集成在两个后轮的制动器上。根据后轮制动器的不同又分为盘式集成式驻车制动器和鼓式集成式驻车制动器。

1. 盘式集成式制动器

1)制动装置的组成

该制动装置由驻车制动器和操纵机构组成。如图12－28所示为一汽奥迪100型轿车后轮带驻车制动器的车轮制动器。驻车制动杠杆上端通过平头销与后制动蹄相连，中上部卡入驻车制动推杆右端的切槽中作为支点，下端与拉绳相连。前后制动蹄的腹板卡在驻车制动推杆两端的切槽中，并分别用一根复位弹簧与推杆相连。操纵机构包括传动机构和锁止机构，传动机构由驻车制动操纵杆、调整拉杆及制动拉绳等组成。锁止机构由按钮、弹簧及限位块、棘爪压杆、棘爪和扇形齿等组成。

2)制动装置的工作原理

驻车制动时，驾驶员拉起驻车制动操纵杆后，操纵力便通过调整拉杆、拉绳传到车轮制动器内的驻车制动杠杆下端，使之绕上端支点顺时针转动，制动杠杆转动过程中，其中间支点推动驻车制动推杆左移，使前制动蹄压向制动鼓。到前制动蹄压向制动鼓后，推杆停止运动，则驻车制动杠杆的中间支点变成其继续转动的新支点。于是驻车制动杠杆的上端右移使后制动蹄压靠到制动鼓上，施以驻车制动。此时，驻车制动操纵杆上的棘爪与扇形齿啮合，驻车制动操纵杆处于锁止状态。

解除制动时，须先将驻车制动操纵杆向后搬动少许，再压下驻车制动操纵杆端头的按钮，通过棘爪压杆使棘爪与齿板脱开，然后将驻车制动操纵杆推到释放位置后松开按钮。与此同时，制动蹄在复位弹簧作用下回位。

后轮制动器的蹄鼓间隙为自由调整式，调整时驻车制动装置时只需调整拉绳的长度即可。调整时，先松开驻车制动操纵杆，用力踩制动踏板一次，然后将驻车制动操纵杆拉紧两个齿，转动拉杆上的调整螺母，直至用手不能转动后轮为止。放松驻车制动拉杆后，两后轮应能自由转动。

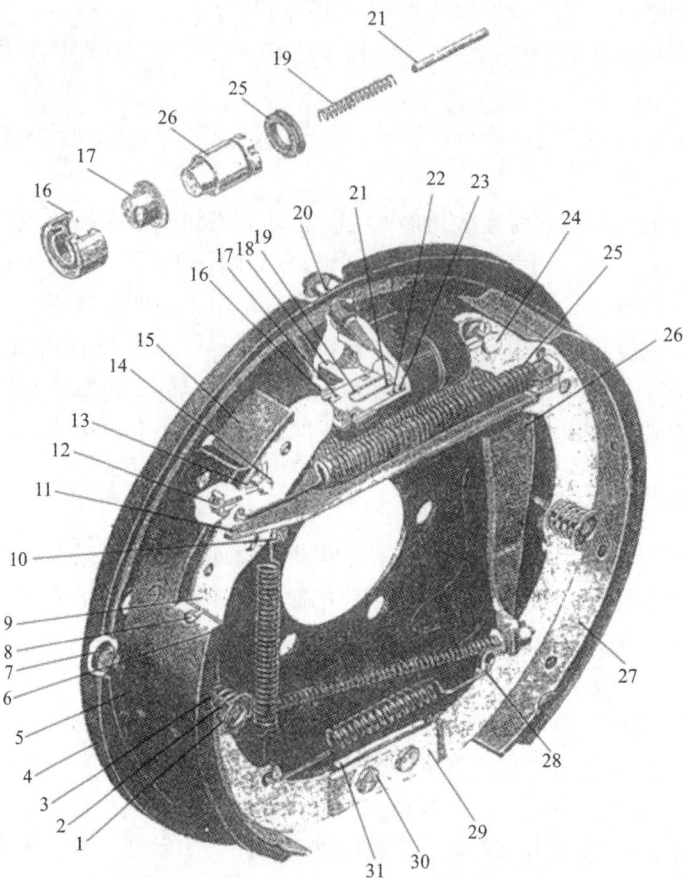

图 12 – 28   一汽奥迪 100 型轿车后轮制动器

1—限位弹簧座；2—限位弹簧；3—限位销钉；4—制动底板；5—摩擦片；6—调节齿板拉簧；7—密封堵塞；
8—铆钉；9—制动蹄腹板；10—调节齿板；11—驻车制动推杆；12—驻车制动推杆内弹簧；13—调节支承板；
14—铆钉；15—前制动蹄；16—密封罩；17—支承座；18—轮缸壳体；19—活塞回位弹簧；20—放气螺钉；
21—支承杆；22—皮圈；23—活塞；24—平头销；25—驻车制动器推杆外弹簧；26—驻车制动杠杆；
27—后制动蹄；28—制动蹄回位弹簧；29—限位板；30—平头销；31—支承板

只有更换驻车制动器拉索、制动钳、制动衬片和制动盘时，才需要重新调整。调整方法如下：

①行车制动系统进行排气且功能正常，用力踏几下制动踏板。

②松开驻车制动器拉杆，拆下后部出风口(中央副仪表板)。

③拆下补偿环处所有塑料件，这些件不要再使用，用旋具卡住补偿环，使之不能转动，如图 12 – 29 所示。

④调整调节器如图所示，拆下锁止元件 D，用螺帽扳手扭紧固定螺母，拧入调整螺母 C，一直拧到底；压缩粗调器 B，拧出调节螺母，拧到可看到锁止元件槽，插入锁止元件。

⑤调整粗调器，如图所示，拉开两拉索护套的粗调器，拉至拉索预张紧，进行这一步时，不可使杠杆离开制动钳，取下补偿环处旋具，用力拉紧驻车制动器三次。

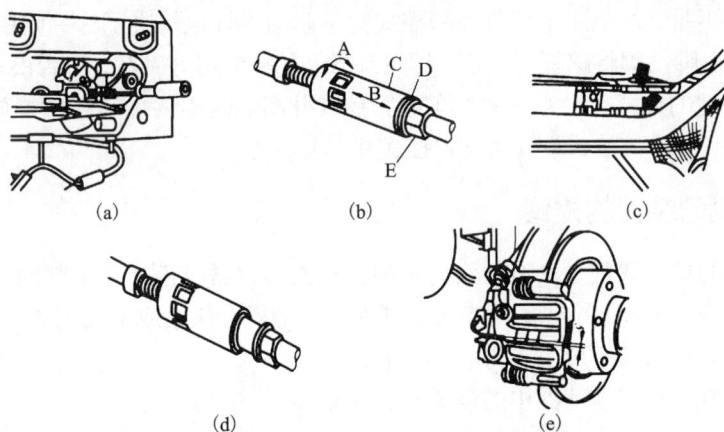

图 12 – 29　驻车制动拉索的调节

(a)拆卸塑料件；(b)调整调节器；(c)调整粗调器；

(d)检查驻车制动拉索的张紧程；(e)调整杠杆和制动钳间隙

A—细调器；B—粗调器；C—调节螺母；D—锁止元件；E—固定螺母

⑥检查驻车制动器拉索的张紧程度，如图所示，必要时可拧入细调器 A。

⑦调整杠杆和制动钳的间隙，如图所示，A 不超过 1.5 mm。

2. 鼓式集成驻车制动器

比盘式制动器的驻车制动机构更简单，鼓式集成式驻车制动器只需要将拉动转化为推动制动蹄片张开即可，同时再集成一个简单的制动间隙调整结构。

3. 盘鼓结合式制动器

盘式制动作为行车制动，鼓式制动作为驻车制动，盘式制动在外圈，缩小版的鼓式制动在内圈，互不干涉，各自可以独自作用。

盘鼓结合式制动器结构复杂，成本高，还会增加非簧载质量，采用盘鼓结合式制动器的车型不多，主要是一些总质量较大的 SUV 和皮卡车型，本田 CR – V 就是一个。

4. 双卡钳式制动器

一个卡钳用作行车制动，再加一个小号的卡钳作为驻车制动，两个卡钳共用一个制动盘，各自独立的作用。很多超级跑车的后制动器上有两个卡钳。比如阿斯顿 – 马丁、兰博基尼、道奇蝰蛇。

三、驻车制动的操纵方式

1. 传统式驻车制动——"手刹"

虽然驻车制动的操纵方式变得多样化起来，但是传统式的"手刹"仍是使用最为广泛的，操纵手柄一般安装在换挡杆附近，其操纵方式直接拉起即可起作用；按住手柄端部的按钮稍微向上一提，然后推回原位即可释放"手刹"。

2. 脚控式驻车制动

脚控式驻车制动，顾名思义，用脚来操纵的驻车制动，是一种新型的控制方式，目前只见于自动挡车型。

传统式"手刹"用手来操纵，操纵力小于200N（相当于20公斤力），常常会因为用力太小而使驻车制动力不足，发生溜车现象。脚控式驻车制动很好地解决了这一问题。

控制方法：左脚一脚将踏板踩到底，即可起效；左脚再用力一踩，然后松开，即可释放手刹。当然还有其他的方式，比如奔驰汽车的脚控式驻车制动需要手动辅助释放：在方向盘的左侧有一个把手，用手一拉，即可释放脚控式驻车制动器。

四、驻车制动装置的检修

传动机构中的拉绳通常是涂有塑料材料的钢丝索。拉紧或松开驻车制动时，拉绳既不能松弛也不能受阻滞。因此，拉绳不得有磨损或腐蚀，不得有扭结或卡住现象。

锁止机构中的棘爪和扇形齿不得有磨损和断齿。

制动器的检修见行车制动器中的鼓式车轮制动器。

五、驻车制动器性能的检查

1. 驻车制动器检查

（1）驻车制动器钢索的检查。检查驻车制动器钢索的内线，应在外皮内能自由滑动且无断线和脱焊现象，并应用钢索润滑器进行润滑。其方法是用润滑油壶注入润滑油的同时，不断地旋动钢索润滑器上的螺栓，即可将润滑油压入驻车制动钢索中，如图12 - 30所示。

（2）驻车制动器棘爪与棘齿板的检查

检查棘爪与棘齿板的齿部的磨损与损坏情况，为保证车辆驻车的可靠性，有磨损与损坏的情况时，必须更换。

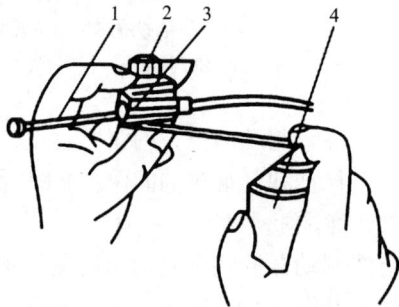

图12 - 30　驻车制动器钢索的检查

1—驻车制动钢索；2—钢索润滑器螺栓；
3—钢索润滑器；4—润滑油壶

2. 驻车制动器性能的检查

汽车每行驶12000 km左右时，应对驻车制动器的性能进行检查。驻车制动器应满足以下性能：

（1）在空载状态下，驻车制动装置应能保证车辆在坡度为20%（总质量为整备质量的1.2倍以下的车辆为15%）、轮胎与路面间的附着系数≥0.7的坡道上正、反两个方向保持固定不动的时间应≥5 min；

（2）拉紧驻车制动器，空车平地用二挡应不能起步；

（3）驻车制动器操纵杆的工作行程不能超过全行程的3/4；

（4）放松驻车制动操纵杆，变速器处于空挡，支起一支驱动轮，制动鼓应能用手转动且无摩擦声。

任务四　制动传动装置

制动传动装置的功用是将驾驶员或其他动力源的作用传到制动器,同时控制制动器的工作,从而获得制动所需的力矩。

按传力介质的不同,制动传动装置可分为液压式、气压式和气液综合式;按制动管路的套数,有单管路和双管路制动传动装置。现代汽车的行车制动系都必须采用双管路制动传动装置。一般轿车、微型车采用液压式双管路制动传动装置,而中型以上的客货车多采用气压式双管路制动传动装置。

一、液压式制动传动装置

液压式传动机构与离合器液压操纵机构相似,是利用特制油液作为传力介质,将驾驶员施加于踏板上的力放大后传到制动器,推动制动蹄产生制动作用。

1.液压制动传动装置概述

1)液压制动系统特点

液压制动系统结构如图 12-31 所示。该系统制动柔和灵敏,结构简单,使用方便,不消耗发动机功率。但操纵较费力,制动力较小,制动液低温时流动性差,高温时易产生气阻,如有空气侵入或漏油会降低制动效能甚至失效。

2)基本组成和工作原理

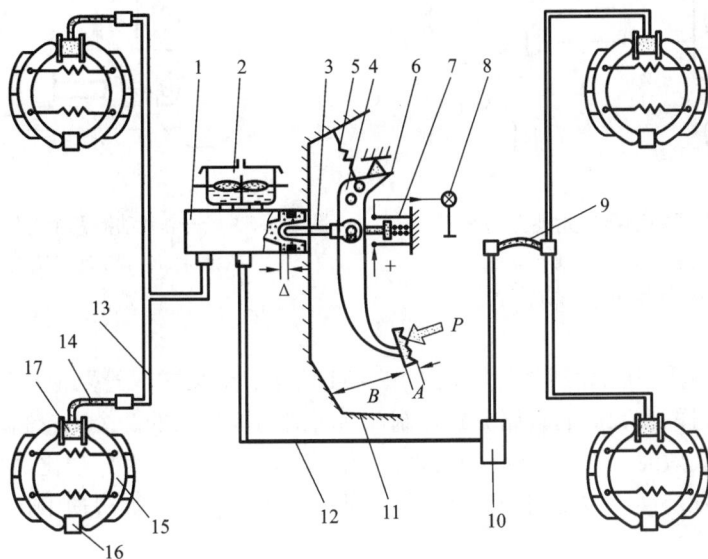

图 12-31　液压制动传动装置的组成图

1—制动主缸;2—贮液罐;3—主缸推杆;4—支撑销;5—复位弹簧;6—制动踏板;7—制动灯开关;8—指示灯;
9、14—软管;10—比例阀;11—车内底板;12—后桥油管;13—前桥油管;15—制动蹄;16—支撑座;17—制动轮缸

液压制动传动装置以帕斯卡定律为基础,并且在传力过程中对驾驶员的踏板力进行了放

大，使传递到制动轮缸及制动蹄上的制动力大于踏板力。

3）液压式制动传动装置的类型

双回路液压式制动传动装置是利用彼此独立的双腔制动主缸，通过两个独立回路，分别控制两桥或三桥的制动器。这种制动系统在一个回路出现故障时，另一回路仍然能起制动作用，从而提高了汽车制动的可靠性和安全性。

双回路液压制动传动机构的布置，应力求当一个回路发生故障时，仅引起制动效能的降低，而其前后桥制动力分配的比值不变，以保持汽车良好的操纵性和稳定性。由于液压传动的制动器形式较多，因而双回路的布置形式有多种方案，双管路的布置方案在各型汽车上各有不同，常见的有前后独立式和交叉式两种形式。

（1）前后独立式。

图 12 – 32 所示为两桥制动器彼此独立的布置方案。双腔主缸通过各自的回路分别控制前桥与后桥上的制动器，若其中一个回路失效时，另一回路仍有一定的制动效能；但前后轮制动力比值被破坏。主要用于发动机前置后轮驱动的汽车，如南京依维柯等。

图 12 – 33 所示为一个制动器两个轮缸彼此独立的方案。双腔主缸通过各自的回路分别控制前后桥制动器中的一个制动轮缸。若某一回路失效时，另一个回路仍使前后桥制动器保持一定的制动效能。此时，制动效能虽有所降低，但前后车轮制动力的比值基本未变。这种方案只适用于具有两个制动轮缸的制动器。

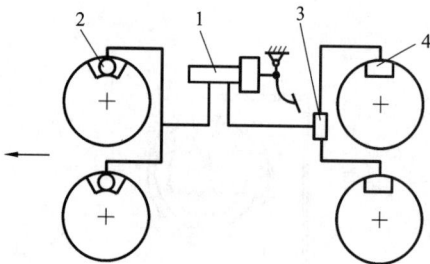

图 12 – 32　两桥制动器彼此独立的方案

1—双腔主缸；2—盘式制动器；

3—制动力调节器；4—鼓式制动器

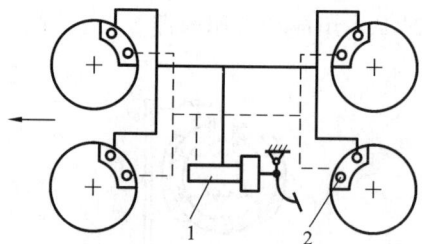

图 12 – 33　一个制动器两个轮缸彼此独立的方案

1—双腔制动主缸；2—双轮缸盘式制动器

（2）交叉式（也称为对角线式）。如图 12 – 34 所示，交叉式双管路液压制动传动装置由双腔制动主缸通过两套独立的管路分别控制前后桥对角线方向的两个车轮制动器。这种布置方式在任一管路失效时，仍能保持一半的制动力，且前后桥制动力分配比例保持不变，有利于提高制动方向稳定性。主要用于发动机前置前轮驱动的轿车。如奥迪 100 型轿车即用该种方式。

2. 主要部件结构及工作原理

1）制动主缸

制动主缸的作用是将驾驶员踩到制动踏板上的压力传递到四个车轮制动器以使汽车减速或停车。制动主缸的安装位置如图 12 – 35 所示。

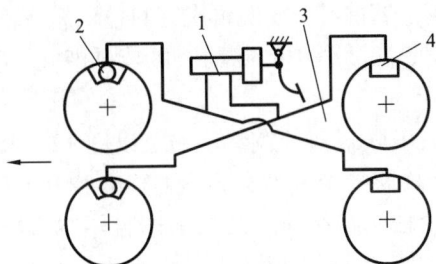

图12-34 交叉式的双管路液压制动传动装置

1—盘式制动器；2—双腔制动主缸；3—鼓式制动器

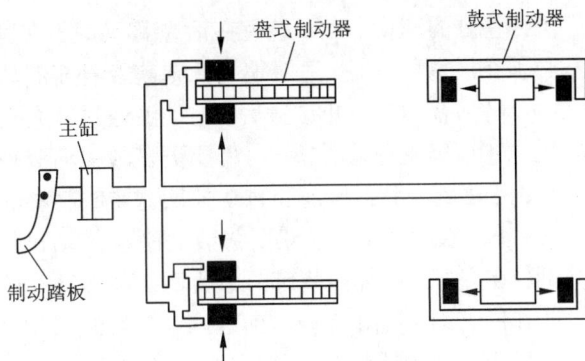

图12-35 制动主缸安装位置

（1）主缸构造（如图12-36所示）。

主缸由两部分构成，即贮液罐和主缸体。贮液罐与主缸体是通过补液孔和排液孔与主缸相通，为主缸工作提供制动液。主缸体由制动主缸外壳、前活塞、后活塞及前后活塞弹簧、推杆、皮碗等组成。

主缸内的活塞的形状，中间比较细，一端有密封圈，防止制动液泄露，另一端是带有皮碗的活塞头，皮碗有柔性唇缘紧贴在主缸壁上，皮碗的柔性唇缘即可以密封活塞前面腔中的制动液，也能弯曲让活塞后腔中的制动液通过周边流向前腔。

（2）工作原理。以图12-37为例说明。

①制动时，驾驶员踩制动踏板，推杆向前推动主缸活塞，活塞带动皮碗一起向前移动，当补液孔被盖住时，具有一定压力的制动液体将被输送到车轮制动器，使制动器工作。

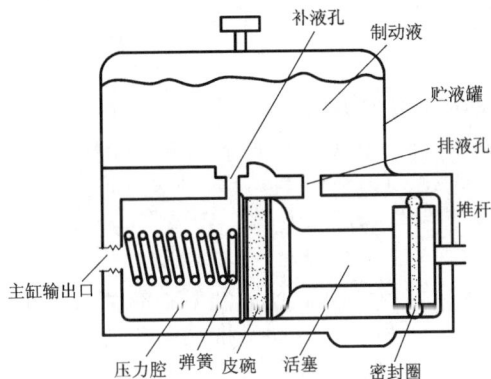

图12-36 主缸结构示意图

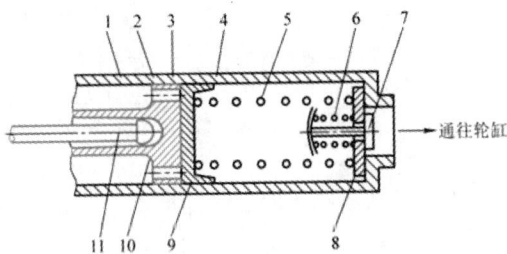

图12-37 液压制动主缸工作原理示意图

1—缸体；2—进油孔；3—活塞轴向通孔；
4—补偿孔；5—活塞回位弹簧；6—出油阀弹簧；
7—出油阀；8—回油阀；9—皮碗；
10—活塞；11—推杆

②解除制动后，主缸内的回位弹簧迫使活塞迅速移回原位，活塞移动的速度快于制动液

流回主缸的速度，为了避免在活塞移动时，在其前腔产生低压区，而影响活塞的回位速度，必须在活塞移动时，适时地为活塞前腔补充制动液。

③活塞回到静止位置后，制动液通过补充孔充满活塞前腔，皮碗再次密封住活塞头部。

④当车轮制动器磨损，需要更多的制动液补充时，贮液罐中的制动液可从排液孔、活塞头部、皮碗流到活塞前腔自动补偿需要的制动液量。

（3）双活塞主缸。双回路液力制动传动机构中的串联式双腔制动主缸，以图 12 - 38 为例，在直筒式缸体内装有两个活塞，第二个活塞位于缸筒的中间部分，将主缸内腔分为两个工作腔。第一工作腔与右前盘式、左后鼓式制动器轮缸回路相通。第二工作腔与左前盘式、右后鼓式制动器轮缸回路相通。每个管路和工作腔又分别通过补偿孔和回油孔与贮油罐相通。第二活塞由两端弹簧保持在正确的初始位置，使补偿孔和进油孔与缸内相通。第一活塞在左端弹簧力作用下，压靠在套上，使其处于补偿孔和回油孔之间的位置。密封套用来防止主缸向外漏油，此外每个活塞上都有密封圈。

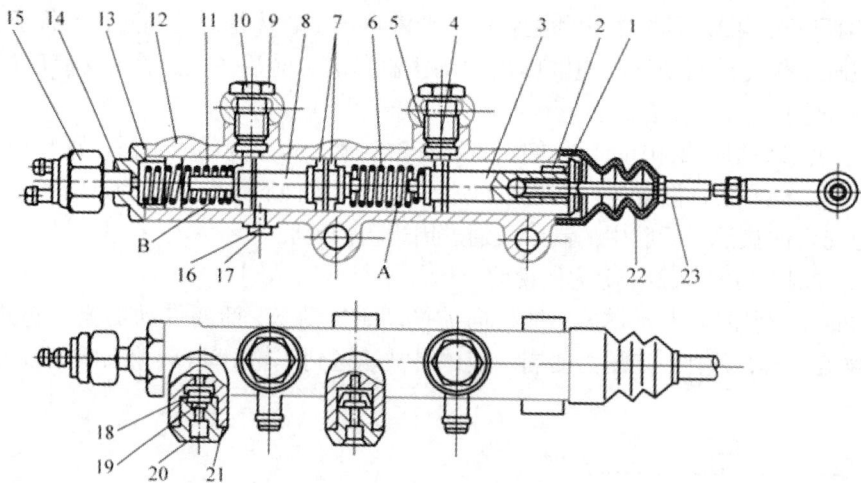

图 12 - 38　串联式双腔制动结构主缸示意图

1—锁环；2—密封圈；3—主(前)活塞；4—油孔垫；5—密封圈；6—回位弹簧；7—密封圈；8—前活塞；
9—进油管接头；10—接头螺栓；11—回位弹簧；12—缸体；13—密封圈；14—堵塞；15—制动灯开关；16—密封垫；
17—限位螺钉；18—回油阀弹簧；19—出油阀和回油阀；20—出油管接头座；21—密封垫；22—护罩；23—推杆

当踩下制动踏板时，推杆推动第一活塞左移，在其密封圈盖住补偿孔后，第一工作腔油压升高，油液一方面通过腔内出油口进入右前左后制动回路，一方面又推动第二活塞。第二活塞在油液压力和第一活塞前端杆部推动力作用下，克服弹簧的张开力向左移动，使第二工作腔油压升高，推开腔内出油阀，使油液进入右后左前制动回路，于是两回路对汽车施行制动。

解除制动时，活塞在弹簧作用力下回位，高压油液自管路回流主缸。如活塞回位速度迅速，工作腔内容积也迅速扩大，使油压迅速降低。管路中的油液由于管路阻力的影响，来不及充分流回工作腔充满活塞移动所形成的空间，使工作腔形成一定的真空度，贮油室里的油液经进油孔和活塞上的小孔推开密封圈的边缘流入工作腔。当活塞完全回位时，补偿孔开放，工作腔内多余的油便由补偿孔流回贮油室。液压系统由于漏油或温度变化引起主缸工作腔、管路、轮缸中油液的膨胀或收缩，均可以通过补偿孔进行调节。

若与前腔连接的制动管路损坏漏油，则在踩下制动踏板时只有后腔中能建立液压，前腔中无压力。此时，在压力差的作用下，前活塞迅速移到其前端顶到主缸缸体上，后工作腔中液压方能升高到制动所需的值。

若与后腔连接的制动管路损坏漏油，则在踩下制动踏板时，起先只是后活塞前移，而不能推动前活塞，因而后腔制动液压不能建立。但在后活塞直接顶触前活塞时，前活塞便前移，使前腔建立必要的制动液压而制动。

（4）制动主缸的检修：

①检查贮液罐是否破损，出现破损应更换。

②如图 12-39 所示，检查泵体 2 内孔和活塞 4 表面，其表面不得有划伤和腐蚀；用内径表 1 检查泵体内孔的直径 B，用千分尺 3 检查活塞的外径 C，并计算出内孔与活塞之间的间隙值，其标准值为 0.0~0.106 mm，使用极限为 0.15 mm，超过极限应更换。

③检查制动主缸皮碗、密封圈是否老化、损坏与磨损，否则应更换之。

2）制动轮缸

制动轮缸的作用是将主缸传来的液压力转变为使制动蹄张开的机械推力。由于车轮制动器的结构不同，轮缸的数目和结构形式也不同，通常分为双活塞式和单活塞式两类制动轮缸

（1）制动轮缸的种类及结构特点：

①双活塞轮缸：双活塞轮缸结构如图 12-40，图 12-41 所示。缸体用螺栓固定在制动地板上，缸内有两个活塞，两个刃口相对的密封皮碗利用弹簧压靠在活塞上，以保持两皮碗之间的进油孔畅通。缸体上方装有放气阀用以排放轮缸中的空气。

制动轮缸受到液压后，顶出活塞，使制动蹄片扩张。松开制动踏板液压消失，靠推动蹄回位弹簧的力，使活塞返回。

②单活塞式轮缸：单活塞式制动轮缸结构如图 12-42 所示，多用于单向助势平衡式车轮制动器，目前趋于淘汰。

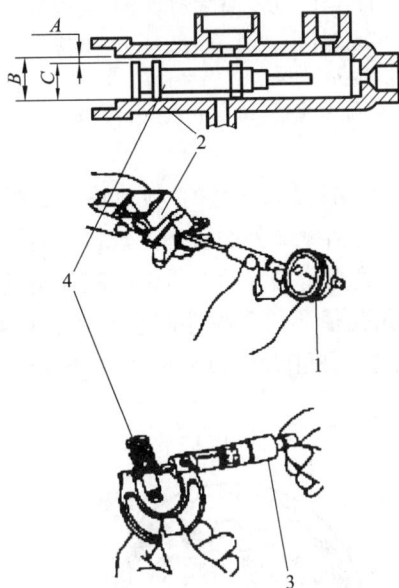

图 12-39　制动主缸与活塞的检查

1—内径表；2—制动主缸泵体；
3—千分尺；4—主缸活塞
A—泵体与活塞的间隙；B—泵体内孔的直径；
C—活塞的外径

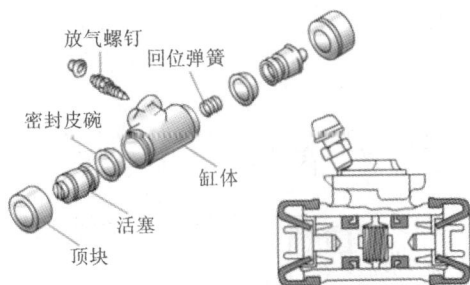

图 12-40　双活塞式制动轮分解图

（2）制动轮缸的工作过程。如图 12-43 所示，制动轮缸受到液压作用后，顶出活塞，使制动蹄扩张。松开制动踏板，液压力消失，靠制动蹄回位弹簧的力，使活塞回位。

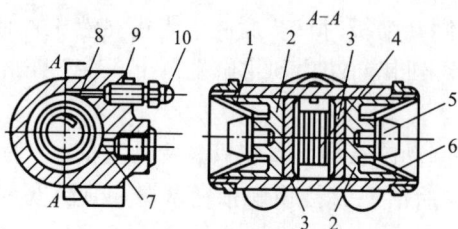

图 12 – 41　双活塞式制动轮缸结构图

1—缸体；2—活塞；3—皮碗；4—弹簧；

5—顶块；6—防护罩；7—进油孔；8—放气孔；

9—放气螺塞；10—放气螺塞防护螺钉

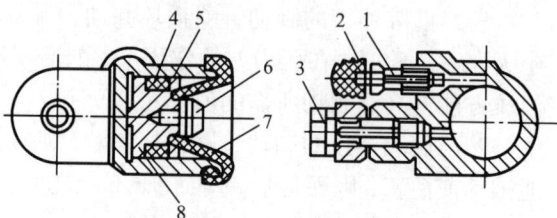

图 12 – 42　单活塞式制动轮缸

1—放气螺塞；2—护罩；3—进油管接头；

4—密封圈；5—缸体；6—顶块；

7—防护罩；8—活塞

（3）制动轮缸的检修。制动轮缸分解后，用清洗液清洗轮缸零件。清洗后，检查制动轮缸 1 内孔与活塞 2 外圆表面的烧蚀、刮伤和磨损情况。如果轮缸内孔有轻微刮伤或腐蚀，可用细砂布磨光。磨光后的缸内孔应用清洗液清洗后，用无润滑油的压缩空气吹干。然后测出轮缸内孔孔径 B，活塞外圆直径 C，并计算出内孔与活塞的间隙值，标准值为 $0.04 \sim 0.106$ mm，使用极限为 0.15 mm。如图 12 – 44 所示。

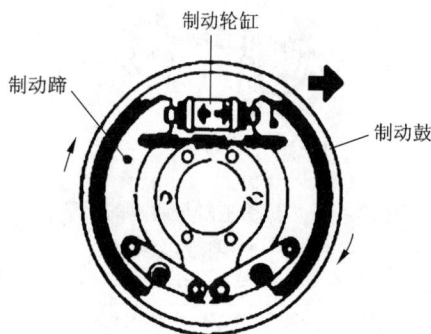

图 12 – 43　制动轮缸工作情况

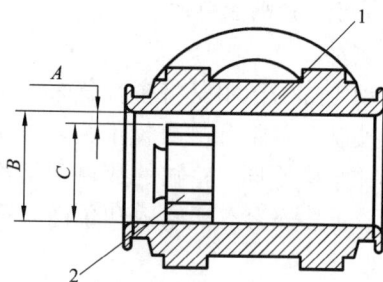

图 12 – 44　制动轮缸缸体与活塞的检查

1—制动轮缸缸体；2—制动轮缸活塞

A—缸体与活塞的间隙；

B—缸体内孔的直径；C—活塞的外径

二、真空液压制动传动装置

为了提高汽车的制动效能，减轻驾驶员的劳动强度，采用液压制动传动机构的汽车多数装有制动增压装置。

常见增压助力装置有真空增压助力装置及液压助力装置两种，目前我国汽车一般采用真空增压装置。

真空增压助力装置，即利用发动机进气岐管的真空作用在膜片上，放大驾驶员踩到踏板上的力，通过增压器将制动主缸的液压进一步增加，帮助驾驶员制动。增压器装在主缸之后。

液压助力装置，即利用液压泵产生的液压力作用在主缸活塞上，帮助制动踏板对制动主缸产生推力，帮助驾驶员制动。助力器装在踏板与主缸之间。

1. 真空增压式液压制动传动机构

1）基本组成和管路布置

图 12-45 所示为具有真空增压器的液压制动传动机构。它比普通人力制动传动机构多装了一套由真空单向阀、真空罐和真空管道组成的真空增压系统。真空源为发动机进气管。汽车制动时处于怠速的汽油机，其进气管中具有相当高的真空度，此真空度经真空单向阀传入真空罐，使筒中具有一定的真空度，作为制动加力的力源。柴油机则须另装一个真空泵作为真空源。

单向阀的作用是：当进气管中的真空度高于真空罐中的真空度时，单向阀被吸开，将真空罐及加力气室内的空气抽出。

踩下制动踏板时，制动主缸输出的制动油液先进入辅助缸，液压由此一面传入前后制动轮缸，一面又作用于控制阀，控制阀使真空加力气室起作用，而对辅助缸进行增压，使辅助缸和轮缸油液压力变得远高于主缸油液压力。

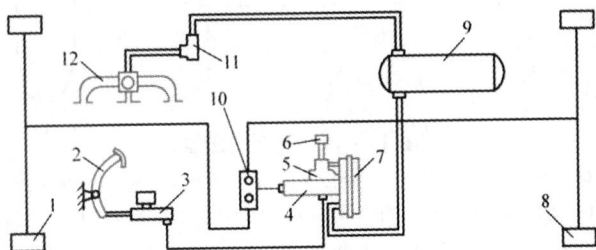

图 12-45 具有真空增压器的液压制动系示意图

1—前制动轮缸；2—制动踏板机构；3—制动主缸；4—辅助缸；5—控制阀；6—进气滤清器；
7—真空加力气室；8—后制动轮缸；9—真空罐；10—安全缸；11—真空单向阀；12—发动机进气管

2）真空增压器

图 12-46 所示为真空增压器的构造，由加力气室、辅助缸和控制阀三部分组成。辅助缸内腔被活塞分隔成两部分，左腔经出油接头通向前后制动轮缸；右腔经进油接头通向制动主缸。前端嵌装有球阀和推杆，用来推动活塞移动。密封圈座用于推杆运动时导向，两个密封圈保证推杆的密封。活塞和推杆分别在弹簧的作用下处于右极限位置。

加力气室也被其中的膜片分隔成左右两腔，左腔 C 经前壳体端面的真空管接头通向真空罐，且经辅助缸体中的孔道与控制阀下气室 B 相通。其右腔 D 经气管通到控制阀的上腔 A。

控制阀是控制加力气室的随动机构。其中有真空阀门和大气阀，大气阀座在控制阀体上，真空阀座则在膜片座上。膜片座下端与控制阀柱塞连接。不制动时，大气阀关闭，真空阀开启。控制阀上、下腔相通，这样，控制阀上腔 A 和加力气室右腔 D 便具有与控制阀下腔 B 和加力气室左腔 C 同等的真空度。

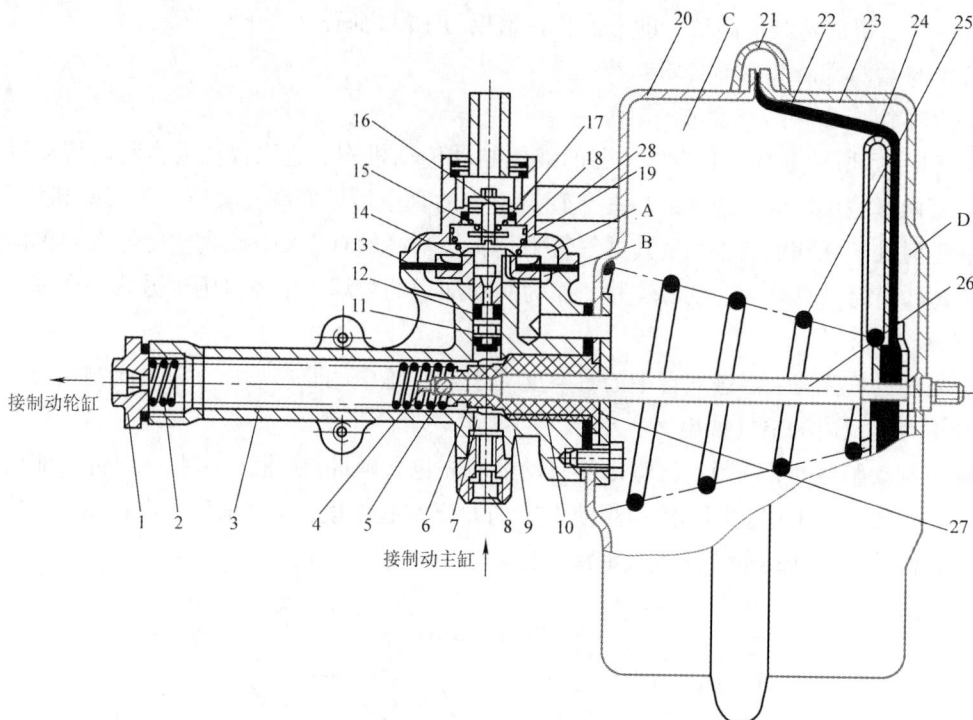

图 12 -46 真空增压器

1—辅助缸出油接头；2—辅助缸活塞回位弹簧；3—辅助缸体；4—辅助缸活塞；5—球阀；6—皮圈；7—活塞限位座；
8—辅助缸进油接头；9—密封圈；10—密封圈座；11—控制阀柱塞；12—皮圈；13—控制阀膜片；14—膜片座；
15—真空阀门；16—大气阀；17—阀门弹簧；18—控制阀体；19—控制阀膜片回位弹簧；20—加力气室前壳体；
21—卡箍；22—加力气室膜片；23—加力气室后壳体；24—膜片托盘；
25—加力气室膜片回位弹簧；26—加力气室推杆；27—连接块；28—气管

踩下制动踏板时[图 12 -47(a)]：制动液自制动主缸输入辅助缸，经活塞上的孔进入各制动轮缸，轮缸油液压力等于主缸油液压力。与此同时，输入油液还作用在控制阀柱塞上，使膜片座上移，压缩控制阀膜片回位弹簧，先关闭真空阀，使上腔 A 与下腔 B 隔绝，这时随着油液压力的增加，压缩阀门弹簧，打开大气阀。于是由空气滤清器进入的空气即进入上腔 A，并经气管进入加力气室右腔 D，降低其中的真空度（即提高其中压力），使膜片两边气室产生压力差，推动膜片及推杆向左移动，使球阀关闭。这样制动主缸便与辅助缸左腔隔绝。此时辅助缸内的活塞在主缸传来的液压油作用的同时，又增加了由加力气室输出的推杆力。因此，辅助缸左腔及各轮缸的油液压力高于主缸油液压力。

当制动踏板踩到某一位置不动时，主缸不再向辅助缸输送制动液，因此，在加力气室推杆推动活塞左移过程中，辅助缸右腔油液压力将下降，柱塞下移，使大气阀和真空阀关闭，从而出现加力气室的压力差不变、推杆推力不变的相对稳定的制动状态；若继续踩下踏板，柱塞上行又打开大气阀，使膜片左腔 C 和右腔 D 的压力差增大，推杆将推动活塞进一步左移，制动力增大。

松开制动踏板时[图 12 -47(b)]：柱塞连同膜片座下移，关闭大气阀并打开真空阀，于

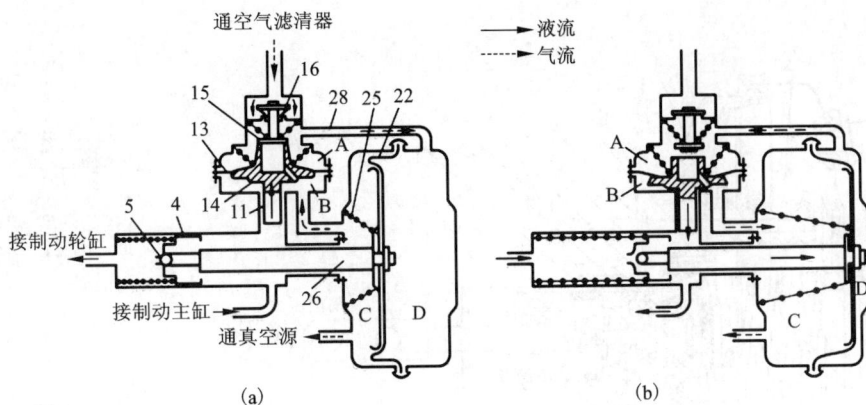

图 12 - 47 真空增压器工作示意图

（图注同 12 - 46）

（a）踩下制动踏板时；（b）制动踏板回升

是，D，A 两腔的空气又经 B，C 两腔被吸出，从而 A，B，C，D 四个腔室又相互沟通，均具有一定的真空度。推杆、膜片及活塞在弹簧的作用下各自回位，制动解除。

在真空管路无真空度或增压器失效的情况下，辅助缸中的球阀将永远开启，以保持制动主缸和各轮缸之间的油路畅通。这样，整个系统可以与普通液压制动传动机构一样工作。当然，此时所需要的踏板力要比有真空加力时大得多。

2. 真空助力式液压制动装置

1）真空助力式液压制动装置组成

如图 12 - 48 所示为奥迪 100 型轿车双管路真空助力式液压制动传动装置。串联双腔制动主缸的前腔通向左前轮制轮器的轮缸 12，并经感载比例阀 9 通向右后轮制动器的轮缸 13。主缸的后腔通向右前轮制动器的轮缸 12，并经感载比例阀 9 通向左后轮制动器轮缸 11。真空伺服气室 3 和控制阀 2 组成一个整体部件，称为真空助力器。制动主缸直接装在真空伺服气室的前端，真空单向阀 7 装在伺服气室上。真空伺服气室工作时产生的推力，也同踏板力一样直接作用在制动主缸 4 的活塞推杆上。

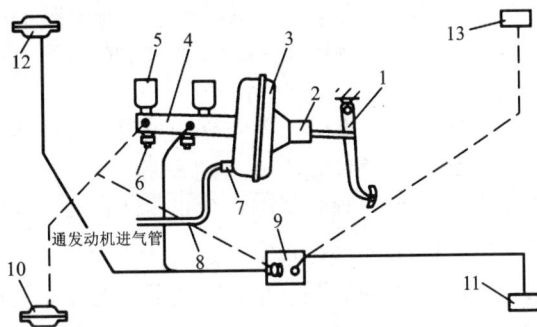

图 12 - 48 真空助力式液压制动传动装置

1—制动踏板机构；2—控制阀；3—加力气室；

4—制动主缸；5—贮液罐；6—制动信号灯液压开关；

7—真空单向阀；8—真空供能管路；9—感载比例阀；

10—左前轮缸；11—左后轮缸；

12—右前轮缸；13—右后轮缸

2）真空助力装置结构及工作原理

（1）结构。真空助力装置结构如图 12 - 49 所示，真空助力器和制动主缸用 4 个螺钉固定在车身前围上，借推杆与制动踏板连接。伺服气室由前、后壳体组成，其间夹装有膜片和座，它的前腔经单向阀通进气歧管或真空罐；后腔膜片座毂筒中装有控制阀，空气阀 6 与推杆 2 固接，橡胶阀门 9 与在膜片座上加工出来的阀座组成真空阀。

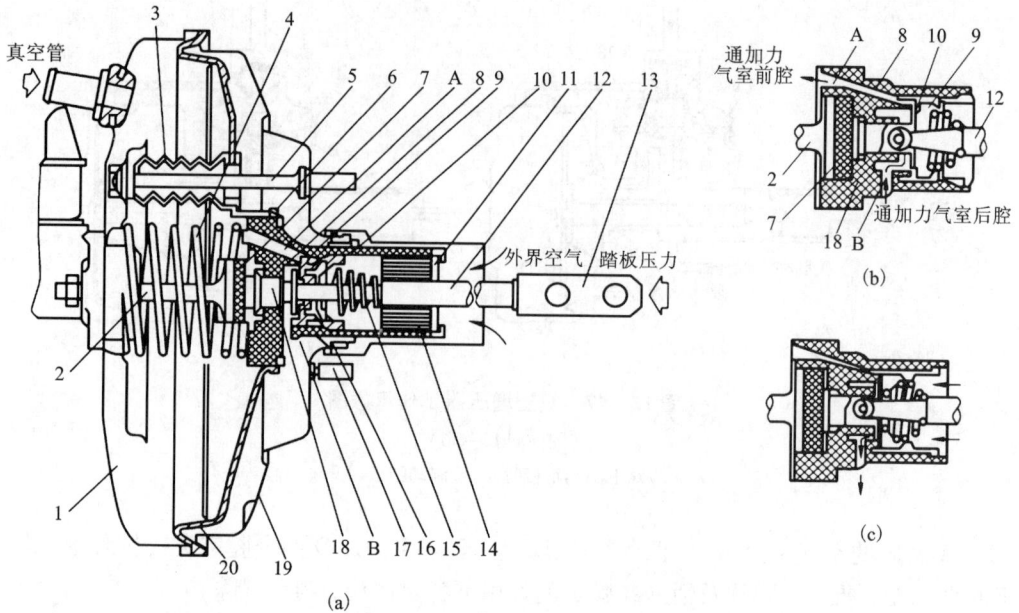

图 12 - 49　真空助力结构器图

1—加力气室前壳体；2—制动主缸推杆；3—导向螺栓密封套；4—膜片复位弹簧；5—导向螺栓；
6—控制阀；7—橡胶反作用盘；8—加力气室膜片座；9—橡胶阀门；10—大气阀座；
11—过滤环；12—控制阀推杆；13—调整叉；14—毛毡过滤杯；15—控制阀推杆弹簧；
16—阀门弹簧；17—螺栓；18—控制阀柱塞；19—加力气室后壳体；20—加力气室膜片

（2）工作原理。真空壳体内有一个膜片，将其分为两个腔。与踏板相连的 B 腔有个控制阀，分别控制空气道和真空气道的开闭。

①不制动时，控制阀关闭空气道，打开真空气道，使真空壳体内的 A、B 两个腔均与发动机进气岐管相通，即都是真空状态。

②制动时，驾驶员踩下制动踏板后，推杆向前移动，B 腔的空气道被打开，进入空气，同时关闭真空气道。使膜片前后形成压差，这个压差放大驾驶员的踏板力。

③维持制动时，踏板踩下停止在某一位置，推杆和空气阀推压橡胶反作盘的推力不再增加，膜片两边压力差使橡胶反作用盘中心部分的凹下变形恢复平，空气阀重新落座而关闭，出现"双阀关闭"的平衡状态。

④放松制动踏板时，回位弹簧将膜片压回平衡位置，返回的推杆关闭空气道，开启真空气道，膜片两侧再次具有相同真空。

三、气压制动传动装置

气压制动传动装置是将压缩空气的压力作为机械推力，使车轮产生制动。驾驶员只需按不同的制动强度要求，控制制动踏板的行程，便可控制制动气压的大小，获得所需要的制动力。气压制动传动装置所产生制动力大，所以一般用在中型、重型汽车上。

气压制动按制动管路的布置形式也可分为单回路和双回路，单回路已趋于淘汰，目前汽车上几乎都采用双回路。

1. 东风 EQ1092 型汽车双回路气压制动传动装置

图 12 - 50 所示为东风 EQ1092 型汽车双回路气压制动传动机构示意图。单缸空压机将压缩空气经单向阀输入湿贮气筒进行气水分离，之后分成两个回路：一个回路经过前桥贮气筒、双腔制动控制阀的后腔而通向前制动气室；另一回路经后桥贮气筒、双腔制动控制阀的前腔和快放阀而通向后制动气室。

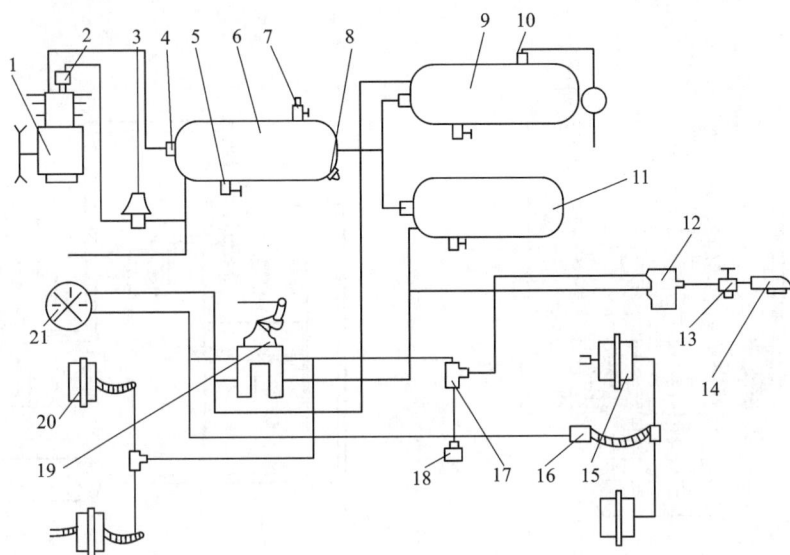

图 12 - 50 东风 EQ1092 型汽车双回路气压制动传动机构

1—空气压缩机；2—卸荷阀；3—调压器；4—单向阀；5—放水阀；6—湿贮气筒；7—取气阀；
8—安全阀；9—后桥贮气筒；10—气压过低报警开关；11—前桥贮气筒；12—挂车制动控制阀；
13—分离开关；14—连接头；15—后轮制动气室；16—快放阀；17—双通单向阀；
18—制动灯开关；19—双腔制动控制阀；20—前轮制动气室；21—双针气压表

当其中一个回路发生故障失效时，另一回路仍能继续工作，使汽车仍具有一定的制动能力，从而提高了汽车行驶的安全性。

装在制动阀至后制动气室之间的快放阀的作用是：当松开制动踏板时，使后轮制动气室放气路线及时间缩短，保证后轮制动器迅速解除制动。

2. 气压制动传动装置中主要部件的构造及工作原理

1）调压阀

东风 EQ1092 型汽车调压阀见图 12 - 51。调压阀壳体上装有两个带滤芯的管接头，分别与卸荷室和贮气筒相通。壳体与阀盖之间装有膜片和调压弹簧，膜片中心用螺纹固连着空心管。空心管可以在壳体的中央孔内滑动，其间有密封圈，上部的侧面有径向孔与轴向孔相通。调压阀下部装有与大气相通的排气阀。

当贮气筒内气压未达到规定值时，则调压阀不起作用。当贮气筒气压升高到 0.7 ~ 0.74 MPa 时，膜片下方气体作用力足以克服调压弹簧预紧力而推动膜片向上拱曲，使空心管和阀门随之向上移动到使排气阀关闭而出气阀开启的位置，使卸荷柱塞下移，将空压机进气阀门压下，使之保持在开启位置不动，空压机卸荷空转，如图 12 - 52 所示。

当贮气筒内压缩空气不断消耗，气压下降到 0.56～0.60 MPa 时，调压阀的膜片、空心管、阀门重又下移到使出气阀关闭而排气阀开启的位置，卸荷室与贮气筒的通路被切断，而与大气的通路相通，卸荷室内的压缩空气排入大气，卸荷柱塞在弹簧作用下向上回位，进气阀又恢复正常工作，空气压缩机恢复向贮气筒充气。

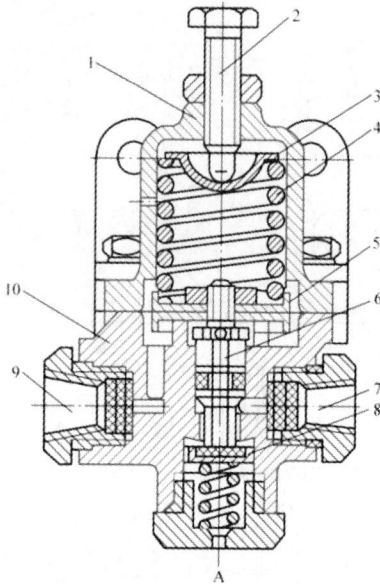

图 12 - 51　东风 EQ1092 型汽车调压阀
1—阀盖；2—调压螺钉；3—弹簧座；4—调压弹簧；
5—膜片；6—空心管；7—接卸荷室管接头；
8—排气阀；9—接贮气筒管接头；10—壳体

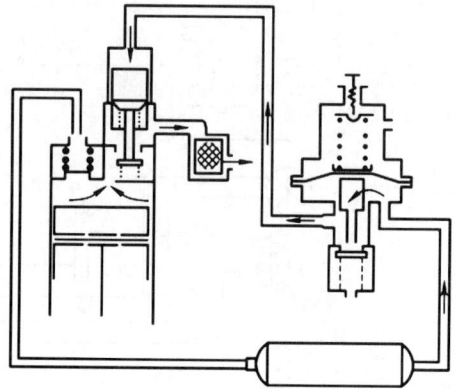

图 12 - 52　空气压缩机卸荷装置及
调压阀工作原理示意图

2) 制动控制阀

制动控制阀用来控制由贮气筒进入制动气室和挂车制动控制阀的压缩空气量，并有渐进变化的随动作用，以保证作用在制动器上的力与加于制动踏板上的力成正比。

制动控制阀的结构形式很多，其结构随汽车的所用管路不同而异，但工作原理基本类同。

(1) 串联双腔活塞式制动阀。

解放 CA1092 型汽车的气压制动系所采用的串联双腔活塞式制动阀的构造如图 12 - 53 所示。整个制动阀以螺栓固定于车架上，由上盖、上壳体、中壳体、下壳体、上活塞总成、小活塞总成等组成。上盖与上、中、下壳体通过螺钉连接在一起，其间设有密封垫，构成两个独立的阀腔。中壳体上的通气口 D 和 A 分别接后贮气筒和后桥制动气室，下壳体上的通气口 E 和 B 分别接前贮气筒和前桥制动气室。

驾驶员将制动踏板踩下一定距离，使拉臂绕销轴转动，其上端通过滚轮、推杆使平衡弹簧、上活塞芯管下移，消除上阀门的排气间隙后，排气阀(上两用阀门)即关闭，进而推开进气阀(上两用阀门)。此时从贮气筒前腔来的压缩空气自通气口 D 进入通气口 A，充入后桥制动气室。同时进入 A 腔的空气从气孔进入下腔大活塞及小活塞的上方，使其下移推开下两用阀门，此时从贮气筒后腔来的压缩空气经下两用阀门和下壳体阀座间的进气间隙进入 B 腔输入至前桥制动气室。

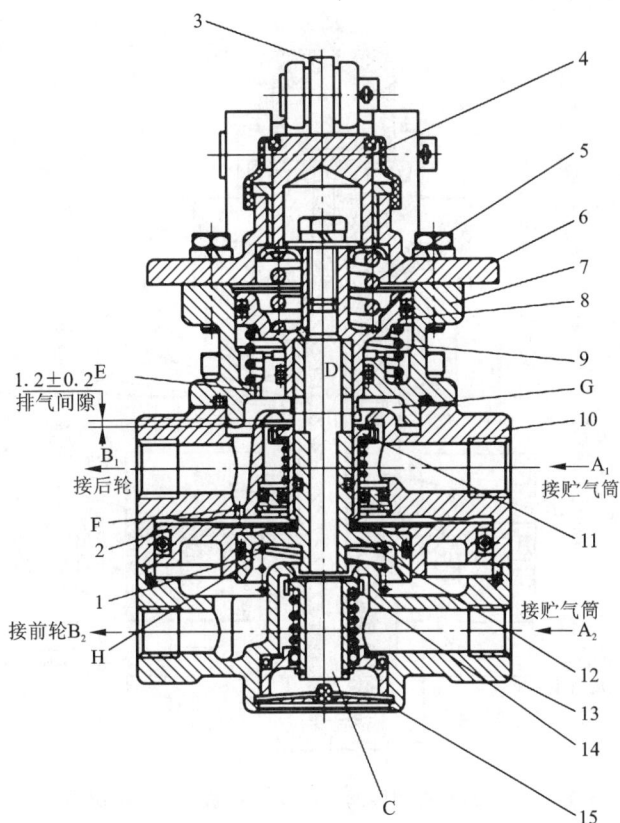

图 12 - 53 解放 CA1092 型汽车制动控制阀

1—下腔小活塞复位弹簧；2—下腔大活塞；3—滚轮；4—推杆；5—平衡弹簧；6—上盖；7—上阀体；8—上腔活塞；
9—上腔活塞复位弹簧；10—中阀体；11—上腔阀门；12—下腔小活塞；13—下阀体；14—下腔阀门；15—防尘片；
A$_1$、A$_2$—进气口；B$_1$、B$_2$—出气口；C—排气口；D—上腔排气孔；E、F—通气孔

当驾驶员踩下制动踏板并保持在某一位置时，压缩空气在进入上阀腔室的同时由通气孔进入上腔活塞的下方，并推动上腔活塞上移，使上阀腔室中的气压作用力与上活塞回位弹簧的力之和与平衡弹簧的压紧力相平衡。与此同时，下阀腔室的气压作用力与小活塞回位弹簧的力之和与大活塞上方的气压作用力相平衡，此时上下两用阀门均关闭，而处于平衡状态。

放松制动踏板后，上活塞及芯管受上活塞回位弹簧的压力而上升，上两用阀门随之上移与中壳体的阀座接触，即所谓进气阀关闭，芯管继续上移，上阀门端面出现排气间隙，即所谓排气阀打开，后制动气室的压缩空气经 A 腔及排气阀（间隙）、进气口 C 排入大气。与此同时，下腔大活塞及下腔小活塞受小活塞回位弹簧的压力上升，下两用阀门关闭进气阀后打开排气阀，前制动气室的压缩空气经 B 腔及排气阀、排气口 D 排到大气中，于是制动解除。

当前制动管路断裂时，制动阀上腔仍能按上述方式工作，因此后制动器仍能起作用。当后制动管路断裂时，通过制动阀上腔平衡弹簧、上活塞及芯管可直接推动下腔小活塞，使前

轮制动器起作用。

图 12 – 54 为串联式双腔制动控制阀制动时的工作示意图。

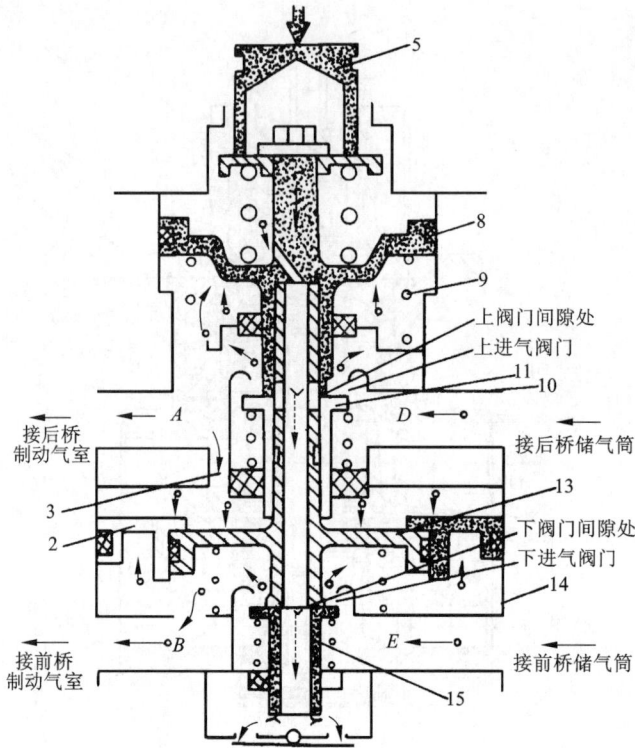

图 12 – 54　串联式双腔制动控制阀制动时工作情况示意图

（图注同 12 – 53）

3）制动气室

制动气室的作用是将输入的空气压力转换成机械推力而输出，使车轮制动器产生动力矩。制动气室可分为膜片式和活塞式两种，膜片式制动器室结构简单，但膜片寿命较短，行程较小，蹄鼓间隙稍有变化即需调整。活塞式制动气室不存在上述问题，但结构较复杂，成本较高，多用于重型汽车。

解放 CA1092 型汽车和东风 EQ1092 型汽车均采用膜片式制动气室。图 12 – 55 所示为东风 EQ1092 型汽车的制动气室。橡胶膜片的周缘用卡箍夹紧在壳体和盖的突缘之间。盖与膜片之间为工作腔，借橡胶软管与制动控制阀接出的钢管连通，膜片与壳体组成的右腔则通大气。弹簧通过焊接在推杆上的支承盘将膜片推到图示的左极限位置。推杆的外端借连接叉与制动器的制动臂相连。

踩下制动踏板时，压缩空气自制动控制阀充入制动气室工作腔，使膜片拱曲，将推杆推出，使制动调整臂和制动凸轮转动而实现制动。放开制动踏板，工作腔中的压缩空气由制动控制阀的排气口排入大气。膜片与推杆均在弹簧作用下回位而解除制动。

3. 气压制动传动系统的维修与调整

1）空气压缩机的检修

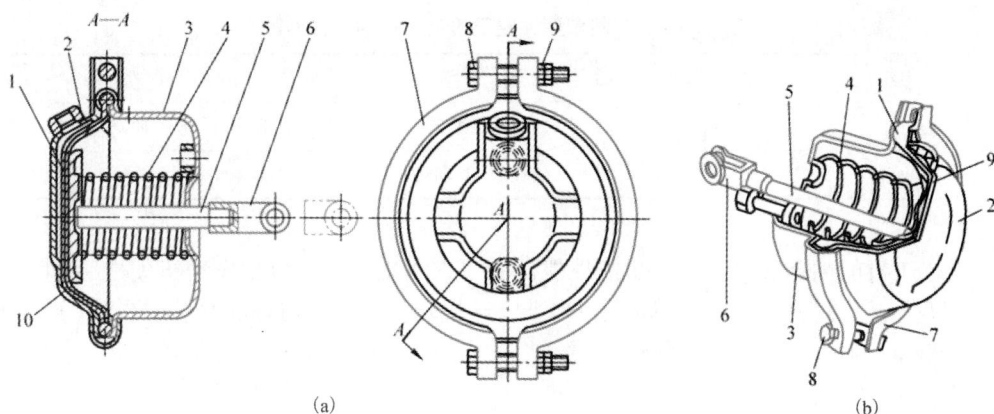

图 12 - 55 东风 EQ1090E 型汽车膜片式制动气室

(a)结构图;(b)轴测图

1—橡胶膜片;2—盖;3—壳体;4—弹簧;5—推杆;6—连接叉;7—卡箍;8—螺栓;9—螺母;10—支承盘

(1)空气压缩机的拆卸。EQ1092 型汽车的空气压缩机的解体顺序如下:

①从空压机上拆下空气滤清器总成,并按顺序进行解体。

②拧下缸盖螺栓,取下空压机缸盖总成,并按顺序从缸盖上拆下进气阀、排气阀及松压阀。

③拆下空压机底盖,转动皮带轮,使曲轴连杆轴颈处于最下端位置,按照与发动机相同的操作方法拆下活塞连杆组并解体(注意活塞、连杆及连杆盖的安装方向标记,必要时应重新做出标记)。

④拆下皮带轮紧固螺母及开口销,用拉器拉下皮带轮。

⑤拆下曲轴前、后轴承盖,并取出油堵及油堵弹簧。

⑥拆下轴承卡环,用铜棒或木锤由前向后敲动曲轴,并用拉器拉下曲轴后轴承,然后再向前压动曲轴,使之与曲轴箱分离。

(2)空压机的装配。空压机装配前,各零件应清洗干净,装配过程中,各摩擦表面应涂抹适量润滑油。其装配顺序如下:

①将曲轴装入曲轴箱中,并依次装好前、后轴承。

②安装曲轴油堵、油堵弹簧及曲轴箱后盖。

③安好曲轴油封及曲轴箱前盖,紧固好皮带轮。

④将气缸体及其衬垫紧固到曲轴箱上。

⑤组装好活塞连杆组,使活塞环开口相互错开 $180°$,然后按活塞、连杆及连杆盖上的装配标记将其装入气缸中,以 $15 \sim 20$ N·m 的力矩拧紧连杆螺栓。

⑥将空压机底盖紧固到曲轴箱上。

⑦将松压阀安装到气缸盖上,并组装好阀板总成,然后将阀板总成、气缸盖及相应的密封垫用缸盖螺栓紧固到气缸体上。

⑧组装好空气滤清器,并将其安装到空压机上。

⑨将空压机装车并拧动调整螺栓调整皮带预紧度。

空压机活塞环的配合间隙见表 12 - 1 所示。

表 12 – 1　不同车型的空压机活塞环的配合间隙

车　　型	端　　隙	侧　　隙	背　　隙
EQ1092	0.15 ~ 0.35	0.04 ~ 0.07	气环：0.80 ~ 1.48　油环：1.80 ~ 2.48
CA1092	0.15 ~ 0.35	0.035 ~ 0.080	

（3）空压机的性能试验。空压机的性能试验可在车上进行：启动发动机使之带动空压机转动，当空压机转速达到 1200 r/min（相当于发动机转速为 1714 r/min）时，气压表指示的贮气筒气压与充气时间的关系应符合标准。

2）气压制动阀的检修

（1）气压制动阀的分解。EQ1092 型汽车采用的是双腔并列膜片式制动阀。进行解体时，可按如下步骤进行操作：

①拆除拉臂轴卡簧，取下拉臂轴、拉臂、平衡弹簧及钢球。

②拧下进气阀阀门座，取出阀门及其复位弹簧等零件。

③拧下上、下体连接螺栓，使上、下体分离，并取下平衡臂、膜片压紧圈、膜片总成及膜片复位弹簧等零部件。

④用卡环钳拆下膜片挺杆下端的挡圈，使膜片总成分解。

⑤解体后将各零件彻底清洗干净。

（2）气压制动阀主要零件的检修。制动控制阀在使用过程中最为常见的损伤是密封不良、零件运动不灵活或调整不当等。拆检制动控制阀，检查的重点为上、下阀门与壳体接触的工作面。应清除橡胶件表面的积存物，用纱布轻轻磨去压伤痕迹。还应检查活塞上下运动是否灵活、有无发卡现象。若活塞松旷，应考虑更换橡胶密封件。若制动阀上部的挺杆运动不灵活，应注意检查橡胶防尘套的密封性。若零件老化和裂纹，使尘土、泥沙进入摩擦表面，将影响制动阀的正常工作。

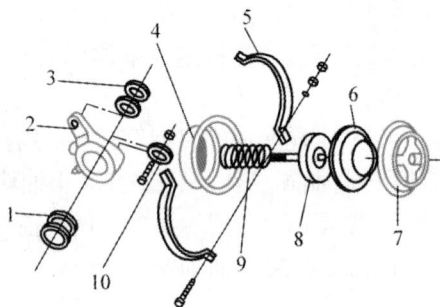

图 12 – 56　制动气室与制动调整臂

1—调整垫片；2—制动调整臂；3—垫片；
4—制动气室外壳；5—卡箍；6—膜片；
7—气室盖；8—推杆；
9—复位弹簧；10—连接叉

（3）气压制动阀的装配与调整。

气压制动阀的基本装配顺序如下：

①按顺序组装好膜片总成。

②安放好平衡臂、上下体之间的垫片及膜片复位弹簧、膜片总成及膜片压紧圈等零件，装合上、下体并用螺栓紧固好。

③按顺序将进气阀总成各零件安装到制动阀下体上。

④在制动阀上体上安装好平衡弹簧组件及制动拉臂。

气压制动阀的调整：EQ1092 型汽车制动阀主要对排气间隙进行调整，其检查与调整可在装车后进行，踩动制动踏板，使制动踏板气压维持在 500 kPa，此时制动拉臂上的调整螺钉与制动阀上体间隙应为 3 ± 0.3 mm。CA1091 型汽车制动控制阀的调整，主要是通过拉臂上的调整螺钉调整拉臂的极限回位位置，同时调整排气间隙和踏板自由行程。

3）制动气室与制动调整臂的检修

（1）制动气室与制动调整臂的拆卸。EQ1092 和 CA1092 型汽车使用的均为膜片制动气室和蜗杆蜗轮式制动调整臂，其结构如图 12-56 所示。维修时可按以下步骤进行拆卸：

①拆下与制动气室相连的制动软管，拆除制动气室推杆连接叉与制动调整臂的连接销。

②拧下制动气室的固定螺栓，从其支架上取下制动气室。

③拔下制动凸轮轴外端的开口销，从凸轮轴上取下制动调整臂及垫圈。

④将制动气室夹在台钳上，拧下夹箍螺栓，轻轻敲击夹箍并将其取下，使制动气室外壳与盖分离，如图 12-57 所示。

⑤取出膜片，拧下推杆连接叉，取下复位弹簧及推杆。

（2）制动气室与制动调整臂的装配顺序如下：

①将制动调整臂及调整垫片安装到制动凸轮轴上，插入开口销。此时推拉制动凸轮轴检查，其轴向间隙应不大于 0.70 mm，否则，应改变调整垫片的厚度进行调整。

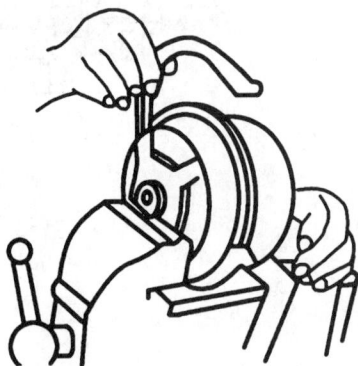

图 12-57 制动气室的解体

②将推杆、复位弹簧及推杆连接叉安装到制动气室外壳上，放好橡胶膜片，并扣合外壳盖。

③将制动气室夹在台钳上，紧固好制动气室夹箍。

④将制动气室安装到支架上，并使推杆连接叉与制动调整臂连接（用拧动推杆连接叉改变推杆的长度的方法对正销孔）。

⑤安装完毕后调好车轮制动器间隙。

任务五　制动力分配调节装置

汽车制动时，作用在车轮上的制动力随着踏板力的增加而增加，但最大制动力受到轮胎与路面附着力的限制，制动力不能超过附着力，否则，车轮将被"抱死"。无论前轮先抱死还是后轮先抱死都会严重影响汽车行驶的安全性，并加剧轮胎的磨损。

汽车既能得到尽可能大的制动力，又能保持行驶方向的稳定性，就必须使汽车前后轮同时达到抱死的边缘。其条件是：前后轮制动力之比等于前后轮对路面垂直载荷之比。

但是，汽车装载量的不同和汽车制动时减速度的不同，引起了载荷的转移。汽车前后轮的实际垂直载荷比是变化的。因此，要满足最佳制动状态的条件，汽车前后轮制动力的比例也应是变化的。为使前后轮获得理想的制动力，现代汽车上采用了各种制动力调节装置，用以调节前后车轮制动管路的工作压力，常用的调节装置有限压阀、比例阀和感载比例阀等。

一、限压阀

限压阀串联在制动主缸与后轮制动器的管路之间，其功用是当前、后制动管路压力 P_1 和 P_2 由零同步增长到一定值后，自动将 P_2 限定在该值不变。

1. 结构

如图 12 - 58 所示为限压阀的结构。阀体上有三个孔口，A 口与制动主缸连通；B 口通两后轮轮缸。阀体内有滑阀 3 和有一定预紧力的弹簧 2。滑阀被弹簧顶靠在阀体内左端。

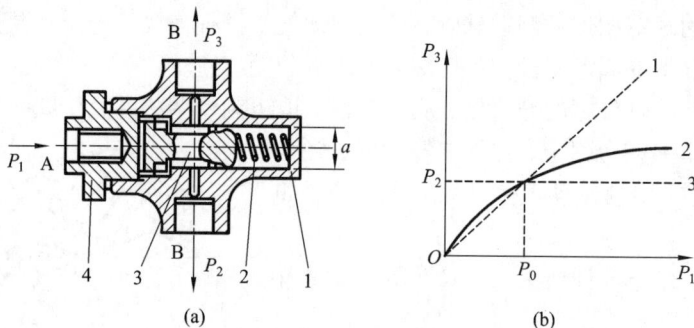

图 12 - 58　液压式限压阀及特性曲线

1—阀体；2—弹簧；3—滑阀；4—接头

A—通制动主缸　B—通制动轮缸

2. 原理

当轻踩制动踏板时，制动主缸产生一定的液压力 P_1，滑阀左端面推力为 $P_1 \times a$（a 为滑阀左端面有效面积），滑阀右端承受弹簧力 F。此时，由于 $F > P_1 \times a$，滑阀不动，因而 $P_1 = P_2$，限压阀不起限压作用。

当踏板压力增大时，P_1 与 P_2 同步增长到一定值 P_s（限压点）后，活塞左方压力便超过右方弹簧的预紧力，即 $P_s \times a > F$，于是滑阀向右移动，关闭 A 腔与 B 腔的通路。此后，P_1 再增大时，P_2 也不再增大。

限压点 P_s 决定于限压阀的结构，与汽车的轴载质量无关。通常情况下，P_s 值低于理想值，不会出现后轮先抱死。

二、比例阀

比例阀也串联在制动主缸与后轮制动器的管路之间，其功用是当前、后制动管路压力 P_1 和 P_2 由零同步增长到一定值 P_s 后，即自动对 P_2 增长加以限制，使 P_2 的增量小于 P_1 的增量。

如图 12 - 59 所示为比例阀的结构原理，比例阀通常采用两端承压面积不等的异径活塞。不工作时，异径活塞 2 在弹簧 3 的作用下处于上极限位置。此时阀门 1 保持开启，因而在输入控制压力 P_1 与输出压力 P_2 从零同步增长的初始阶段，

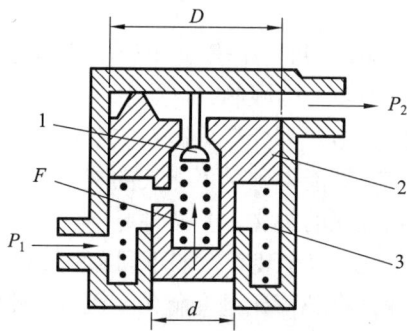

图 12 - 59　比例阀的结构原理

1—阀门；2—活塞；3—弹簧

$P_1 = P_2$。但是压力 P_1 的作用面积小于压力 P_2 的作用面积，故活塞上方液压作用力大于活塞下方的液压作用力。在 P_1、P_2 同步增长的过程中，活塞上、下两端液压作用力之差超过弹簧 3 的预紧力时，活塞便开始下移。当 P_1 和 P_2 增长一定值 PS 时，活塞内腔中阀座与阀门接

触，进油腔与出油腔被隔绝。此即比例阀的平衡状态。

若进一步提高 P_1，则活塞上升，阀门再度开启，油液继续流入出油腔，使 P_2 也升高，但由于活塞的下端面积小于其上端面积，因此 P_2 尚未增加到新的 P_1 值，活塞又下降到平衡位置。

三、感载比例阀

有些车辆在实际载重量不同时，其总重力和重心位置变化较大。因此，满载和空载时的前后轮制动力分配差距也较大，所以应采用随汽车实际装载质量变化而改变的感载比例阀。

如图 12-60 所示为液压式感载比例阀。阀体 3 安装在车身上，其中活塞 4 为两端承压面积不等的差径结构，其右部空腔内有阀门 2。

不制动时，活塞在拉力弹簧 6 通过杠杆 5 施加的推力 F 作用下处于右极限位置。阀门 2 因其杆部顶触螺塞 1 而开启，使左右阀腔连通。

轻微制动时，来自制动主缸的液压 P_1 由进油口 A 进入，并通过阀门 2 从出油口 B 输出至后轮缸，出油口 B 处液压 $P_2 = P_1$。此时，活塞右端面的推力为 $P_2 \times b$（b 为活塞右端面圆形有效面积）小于左端的推力 $P_1 \times a$（a 为活塞左端面圆形有效面积，$a < b$）与推力 F 之和。在此状态下，活塞不动，阀门 2 仍处于开启状态，$P_2 = P_1$。

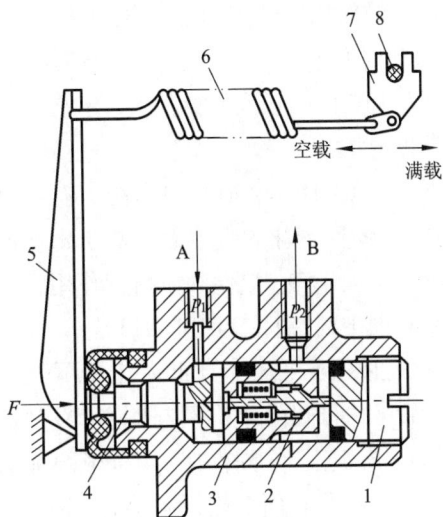

图 12-60 液压式感载比例阀及其感载控制机构

1—螺塞；2—阀门；3—阀体；4—活塞；
5—杠杆；6—感载拉力弹簧；
7—摇臂；8—后悬架横向稳定杆

重踩制动踏板时，制动管路的液压 P_2 和 P_1 将同步增长，当增长至活塞左右两端面液压之差大于推力 F 时，活塞即左移一定距离。阀门 2 落座，将左右两腔隔绝。此时的液压为限压点的液压 P_s，活塞处于平衡状态。若进一步提高 P_1，则活塞将右移，阀门 2 再度开启，油液继续流入出油腔使 P_2 也升高。但由于 $a < b$，P_2 尚未升高到等于 P_1 时，阀门 2 又落座，将油道切断，活塞又处于平衡状态。这样，自动调节过程将随踏板力的变化反复不断地进行。在 P_1 超过 P_s 后，P_2 虽随 P_1 按比例的增长，但总是小于 P_1。

从上述过程得知，活塞处于平衡状态时，其两端的压力差和弹簧的推力 F 总维持着下述关系：$P_2 \times b = F + P_1 \times a$。

由此式得知，P_2 与弹簧推力 F 成正比关系，限压点液压 P_s 的大小也取决于弹簧推力 F 的大小。F 增大时，P_s 就愈大；反之则小。只要使弹簧的预紧力能随实际轴载质量变化，便能实现感载调节。

当汽车的轴载变化时，车身和车桥间的距离发生变化，利用此变化来改变弹簧的预紧力，即能实现感载调节。拉力弹簧 6 右端经吊耳与摇臂 7 相连, 而摇臂则夹紧在汽车后悬架的横向稳定杆 8 的中部。当汽车的轴载质量增加时, 后桥向车身移近, 后悬架的横向稳定杆便带动摇臂 7 逆时针转过一个角度, 将弹簧 6 进一步拉伸, 作用于活塞 4 上的推力 F 便增加; 反之, 轴载质量减小, 弹簧 6 的拉伸量和推力 F 即减小。因而, 调节作用点 P_s 随轴载质量而变化。

四、惯性阀

汽车轴载质量的变化不仅与汽车总质量或实际装载质量有关, 还与汽车制动时的减速度大小有关。当汽车制动减速度增加时, 前轴的轴载质量增大, 而后轴的轴载质量减小。

惯性阀的作用是使限压点液压值 P_s 取决于汽车制动时作用在汽车重心上的惯性力。即 P_s 不仅与汽车的实际质量有关, 还与汽车制动减速度有关。

如图 12 - 61 所示, 惯性限压阀内有一个惯性钢球 2, 惯性钢球的支承面相对于水平面的仰角 θ 必须大于零, 惯性阀方可起作用。汽车在水平路面上时, θ 应为 $10° \sim 13°$。

通常惯性钢球在其本身重力作用下处于下极限位置, 并将阀门 4 推到与阀盖 5 接触,

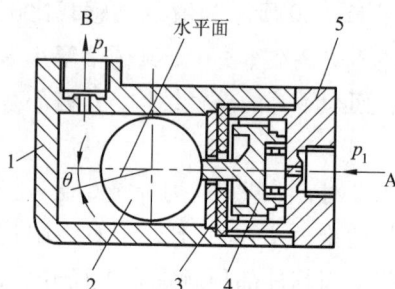

图 12 - 61　惯性限压阀
1—阀体；2—惯性球；
3—阀座；4—阀门；5—阀盖

使得阀门 4 与阀座 3 之间保持一定间隙。此时进油口 A 与出油口 B 相通。

当汽车在水平路面上施行制动时, 来自主缸方面的压力由进油口 A 输入惯性阀, 再从油口 B 进入后制动管路。输出压力 P_2 即等于输入压力 P_1。当路面对车轮的制动力使汽车产生减速度时, 作为汽车零件的惯性钢球也具有相同的减速度。在控制压力 P_1 较低, 减速度较小时, 惯性钢球向前的惯性力沿支承面的分力不足以平衡钢球的重力沿支承面的分力时, 阀门仍保持开启状态, 输出压力 P_2 仍等于输入压力 P_1。当 P_1 上升到一定值 P_s 时, 制动减速度增大到足以实现上述二力平衡时, 阀门弹簧便通过阀门将钢球推向前方, 使阀门得以压靠阀座, 切断液流通路。此后 P_1 继续升高, 前轮制动力也即汽车总制动力继续增大, 钢球的惯性力使钢球滚到前上极限位置不动。阀门对阀座的压紧力也因 P_1 的升高而加大, 但 P_2 就保持 P_s 值不变。

当汽车在上坡路上施行制动时, 由于支承面仰角 θ 增大, 惯性钢球重力沿支承面的分力也增大, 使得惯性阀开始起作用所需的控制压力值 P_s 也升高, 即所限定的输出压力 P_2 值更高。这正与汽车上坡时后轮附着力加大相适应。相反, 当汽车在下坡路上施行制动时, 后轮附着力减小, 惯性阀所限定的 P_s 也正好相应地降低。

五、组合阀

近年来一些新车型上装用了组合阀。图 15 - 62 所示即是集计量阀、故障警告开关及比例阀于一体的组合阀, 用于前盘后鼓式制动系中。组合阀左端是计量阀, 中间是制动故障警告开关, 右端是比例阀。

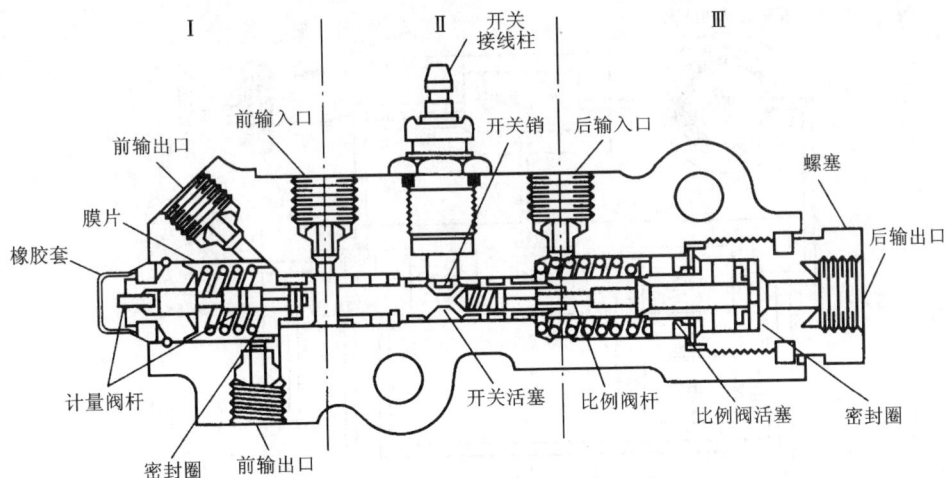

图 12 – 62 组合阀示意图

任务六 汽车防滑(ABS/ASR)控制系统简介

汽车防抱死制动系统简称 ABS，ABS 是 Anti-Lock Brake System 的英文缩写。驱动防滑系统简称 ASR，ASR 是 Acceleration Slip Regulation 的英文缩写。

一、ABS 系统简介

1. ABS 系统的功能

普通制动系统在湿滑路面上制动，或在紧急制动的时候，车轮容易因制动力超过轮胎与地面的摩擦力而完全抱死。这时滚动摩擦变成滑动摩擦，制动力大大下降。而且如果前轮抱死，车辆就失去了转向能力；如果后轮先抱死，车辆容易产生侧滑，使行车方向变得无法控制。

汽车制动防抱死系统，简称为 ABS，是提高汽车被动安全性的一个重要装置。ABS 系统的功能如图 12 – 63 所示。ABS 系统正常工作时，电控单元根据各车轮转速传感器的检测信号控制液压单元调节各轮缸的制动液压，避免车轮抱死；当 ABS 系统出现故障时，电控单元终止控制功能，制动系按照常规方式工作，同时 ABS 警告灯点亮，向驾驶员发出警告信号，并将故障内容自动存贮在电控单元的专用存贮器内以便于检修。

2. ABS 系统的基本工作原理

1) ABS 的基本工作原理

制动滑移率是指汽车制动时，车轮在路面上同时伴随着滚动和滑动，滑动的程度通常用滑移率来表示。

车轮制动滑移率的数值在 0 ~ 100% 的范围内。在非制动状态下，滑移率为 0；在车轮完全抱死时，滑移率为 100%。

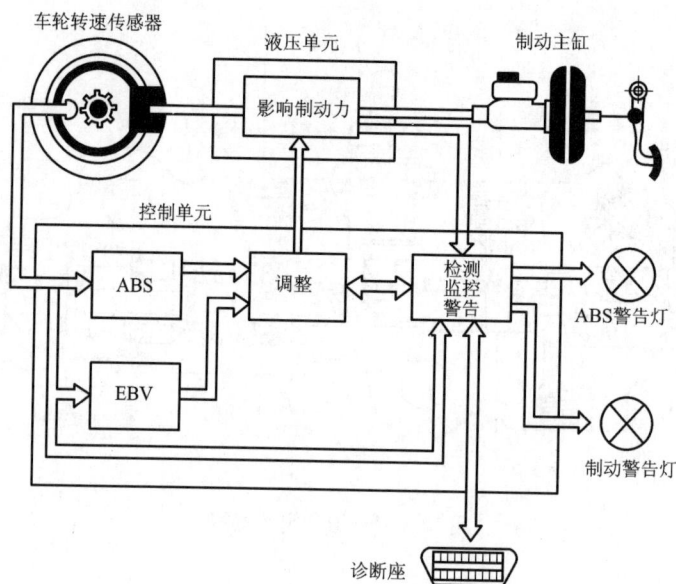

图 12 – 63　ABS 系统的功能示意图

当 ABS 系统工作时，速度传感器检测车轮速度，然后把车轮速度信号传送到微电脑里，电控单元根据各车轮转速传感器的检测信号和控制程序，通过重复地调节各制动轮缸的制动压力使车轮的滑移率控制在 10% ~ 30% 的范围内，保持车轮转动。

滑移率高于设定值，ECU 就会输出减小制动力信号，并通过制动压力调节器减小制动力；滑移率低于设定值时，ECU 就会输出增大制动力信号，并通过制动压力调节器增大制动压力，控制滑移率在设定的范围内。从而使汽车获得最大的制动力且保持制动时的方向稳定性和转向操纵性。

ABS 系统具有缩短制动距离、改善制动过程的方向稳定性、保持制动过程的转向操纵能力和延长轮胎的使用寿命等优点。

2)理想的制动控制过程

（1）制动开始时，让制动压力迅速增大，使 S 上升至 20% 所需时间最短，以便获取最短的制动距离和方向稳定性。

（2）制动过程中：

当 S 上升稍大于 20% 时，对制动轮迅速而适当降低制动压力，使 S 迅速下降到 20%；

当 S 下降稍小于 20% 时，对制动轮迅速而适当增大制动压力，使 S 迅速上升到 20%。

车轮在制动过程中，以 5 ~ 10 次/s 的频率进行增压、保压、减压的不断切换，使 S 稳定在 20% 是最理想的制动控制过程。

3. ABS 系统的类型

1)液压 ABS 系统与气压 ABS 系统

根据传力介质不同，ABS 系统可分为液压式和气压式两类。气压式 ABS 是利用压缩空气作为传力介质的。气压 ABS 一般用在货车和大型客车上。液压式 ABS 是利用制动液作为传力介质的。液压 ABS 主要用在轿车、小型客车上。

2)三通道与四通道 ABS 系统

根据 ABS 电控单元所控制通道的数量,ABS 系统分为一通道、二通道、三通道和四通道 ABS 四种类型。按照传感器的数量主要可分为四传感器和三传感器。控制通道是指能够独立进行制动压力调节的制动管路。如果一个车轮的制动压力占用一个控制通道,可以单独调节,称为独立控制;如果两个车轮的制动压力是一同控制的,称为一同控制。在三通道 ABS 系统中,电控单元对三路制动压力进行独立的调节控制。一同控制的方式有两种:如果以保证附着系数较小车轮不发生抱死为原则进行制动压力调节,称为按低选原则控制;如果以保证附着系数较大的车轮不发生抱死为原则进行制动压力调节,则称为按高选原则一同控制。其中按低选原则一同控制较为常见。

目前汽车上应用较多的是三通道(两个前轮制动压力分别控制,两个后轮按低选原则一同控制)四传感器式、三通道三传感器式和四通道四传感器式。

3)整体式与分离式 ABS 系统

根据制动压力调节器的结构形式,ABS 系统分为整体式和分离式两种类型。整体式 ABS 是将制动主缸结合为一个整体;分离式 ABS 是执行器和制动主缸分别为独立的总成,两总成之间用高、低压管路连通。

4)ABS 与 ASR 结合的系统

将 ABS 与 ASR 系统结合,组成 ABS/ASR 系统。

4.ABS 的组成与结构

ABS 系统是在传统的液压制动系统基础上,增加电子控制系统发展起来的。ABS 电子控制系统由车轮转速传感器、电控单元(ECU 或 ABS 电脑)和制动压力调节器等部分组成。

ABS 系统的组成如图 12-64 所示。

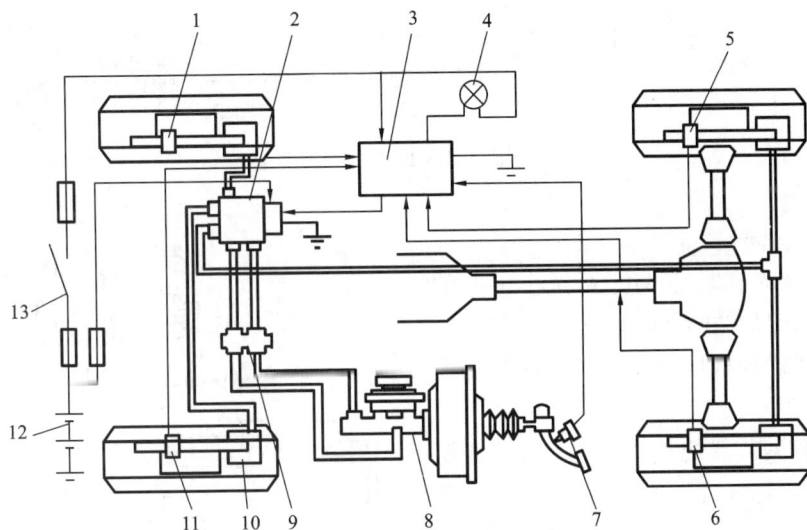

图 12-64 ABS 系统的组成

1—右前轮车轮转速传感器;2—制动液压调节器;3—ABS 电控单元;4—ABS 警告灯;
5—右后轮车轮转速传感器;6—左后轮车轮转速传感器;7—制动灯开关;8—制动主缸;9—比例阀

ABS 系统工作时，电控单元根据各车轮转速传感器的输入信号和控制程序向制动压力调节器输出控制指令，调节各制动轮缸的压力，使轮胎滑移率控制在最佳值，从而使得汽车具有最短制动距离、方向稳定和转向操纵性能。

5. ABS 主要部件

1）车轮转速传感器

车轮转速传感器的作用是检测车轮的转速信号并将之输送给电控单元。以进行控制车轮状态。车轮转速传感器通常为电磁感应式和霍尔效应式轮速传感器。

2）电控单元（ECU）

电控单元的内部电路组成如图 12 - 65 所示，电控单元由输入级、数字控制器、输出级及稳压保护装置等组成。电控单元接收车轮转速传感器的信号，先进行滤波整形放大，然后计算出制动滑动率、车轮的角减速度或角加速度，再通过判别处理，最后由其输出级将指令信号输出至制动压力调节器以执行制动压力调节的任务。

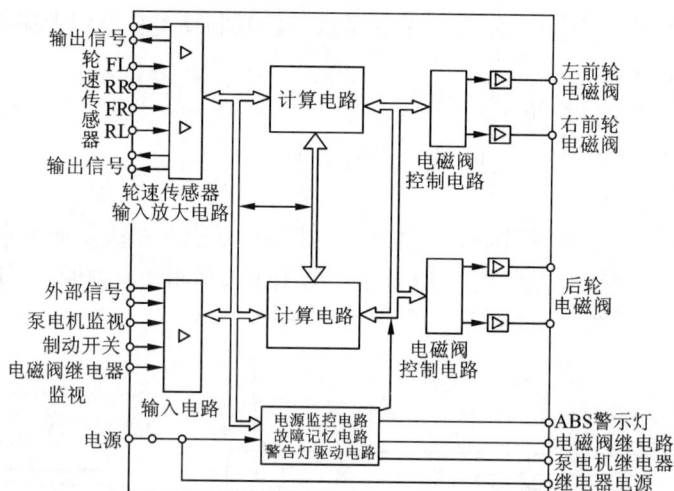

图 12 - 65 ABS ECU 内部电路组成

3）制动压力调节器

制动压力调节器是 ABS 系统中主要的执行器，其作用是在制动时根据 ECU 的控制信号，调节制动轮缸压力的大小，使车轮保持理想的滑移率。

制动压力调节器的种类较多，目前普遍采用二位二通电磁液压阀的制动压力调节器。早期采用三位三通电磁液压阀的制动压力调节器比较普遍。

（1）循环式制动压力调节器。基本组成如图 12 - 66 所示，由贮油器、回油泵、电磁

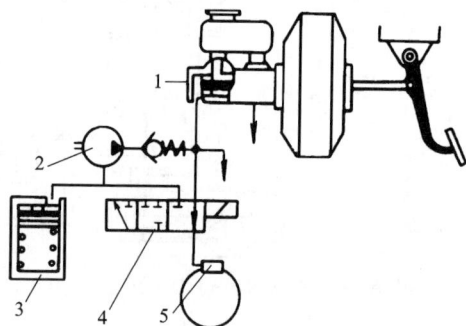

图 12 - 66 循环式制动压力调节器

1—制动主缸；2—油泵；3—贮压器；
4—三位三通电磁液压阀；5—轮缸

阀组成。

三位三通电磁阀由进液阀、回液阀、主弹簧、副弹簧、固定铁芯及衔铁套筒等组成。

循环式制动压力调节器工作时，踏下制动踏板，由于电磁阀的进液阀开启，回液阀关闭，各电磁阀将制动总泵与各制动分泵之间的通路接通，制动总泵中的制动液将通过各电磁阀的进出液口进入各制动分泵，各制动分泵的制动液压力将随着制动总泵输出制动液压力的升高而升高——增压。与常规制动相同。

当某车轮制动中，滑移率接近于20%时，ECU输出指令，控制电磁阀线圈通过较小电流（约2A），使电磁阀的进液阀关闭（回液阀仍关闭），保证该控制通道中的制动分泵制动压力保持不变——保压。

当某车轮制动中，滑移率大于20%时，ECU输出指令，控制电磁阀线圈通过较大电流（约5A），使电磁阀的进液阀关闭、回液阀开启，制动分泵中的制动液将通过回液阀流入贮液器，使制动压力减小——减压。

与此同时，ECU控制电动泵通电运转，将流入贮液器的制动液泵回到制动总泵出液口。

（2）可变容积式制动压力调节器。可变容积式制动压力调节器是在汽车原有制动系统管路中增加一套液压控制装置，用于改变制动管路容积，实现增压—保压—减压的循环调节。这种制动压力调节系统的控制液压油路和ABS控制的制动液油路是相互隔开的。

可变容积式制动压力调节器由调压缸、电磁阀、贮能器、贮液罐、回油泵等组成。如图12-67所示。

工作过程如下：

①升压——常规制动。输入电磁阀断电关闭，输出电磁阀断电打开。调压缸活塞在弹簧作用下上移，将单向阀顶开。制动分泵压力，将随制动踏板力的增大而增大。

②ABS工作（S>20%）——减压。ECU对两个电磁阀同时供电，输入电磁阀打开，输出电磁阀关闭，高压控制液经输入电磁阀流向调压活塞缸，活塞下移，容积增大，制动分泵制动压力减小——减压。

③ABS工作（趋近于20%）——保压。输入电磁阀断电关闭，输出电磁阀通电关闭。调压缸活塞位置保持不变，制动分泵制动液压力不变——保压。

④ABS工作（S<20%）——增压。输入电磁阀断电关闭，输出电磁阀断电打开——泄压。调压缸活塞在弹簧作用下上移，容积减小，制动分泵制动液压力增大——增压。

⑤故障安全模式。当ABS系统出现故障时，ECU终止系统运行，两电磁阀始终保持断电

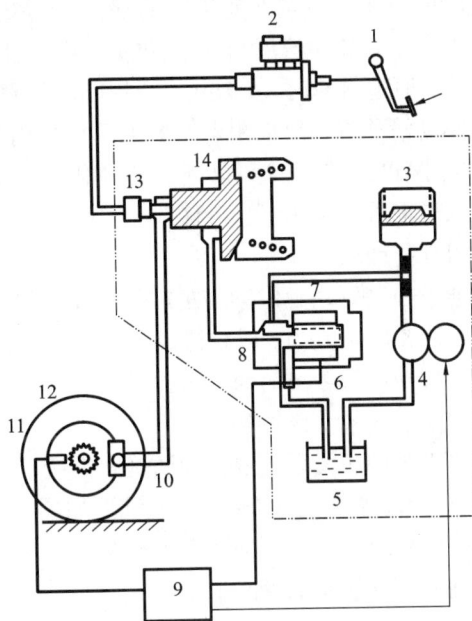

图12-67 可变容积式制动压力调节器的组成图

1—制动踏板；2—制动主缸；3—蓄能器；
4—电动泵；5—贮液器；6—电磁线圈；
7—电磁阀；8—柱；9—电子控制单元；
10—制动轮缸；11—轮速传感器；12—车轮；
13—单向阀；14—控制活塞

状态,制动主缸与制动轮缸直接相通,保证制动系统按常规制动方式工作。

4)制动开关和 ABS 警告灯

制动开关作用是,当踏下制动踏板时点亮制动灯,同时向 ABS ECU 发出制动信号,使电控单元进入 ABS 制动状态。制动开关安装在制动踏板支架上,由制动踏板摇臂控制其开与关的状态,踩下制动踏板时制动开关闭合,放松踏板时开关断开。

ABS 有两个警告灯,一个是黄褐色 ABS(ANTI – LOCK)警告灯,指示 ABS 系统的工作情况,当 ABS 系统出现故障时警告灯点亮。另一个是红色制动(BRAKE)警告灯,在液压系统贮液箱制动液面过低时或手制动未放松时点亮。

二、驱动防滑系统

驱动防滑系统(ASR),又称驱动调节控制系统(TRC-Traction Regulation Control)或驱动调节系统(TCS-Traction Control System)。其目的就是要防止车辆尤其是大马力车子,在起步、加速时驱动轮打滑现象,以维持车辆行驶方向的稳定性。

1. ASR 的工作原理

汽车驱动滑动率 S 是驱动行驶时轮胎—路面附着系数,汽车在驱动时驱动轮的滑动程度,用驱动滑动率 S 表示,当汽车处于驱动状态时,车轮向后滑转,车轮轮心的速度 v 总是小于车轮的角速度 ω 与车轮半径的乘积,$S > 0$。特别地,当车轮处于纯滚动状态时,车轮轮心的速度等于车轮角速度与其半径的乘积,此时 $S = 0$;当汽车地面提供的驱动力不足以克服行驶阻力,原地打滑时,S 为 ∞。所以驱动滑移率的数值范围为:$0 < S < \infty$。

驱动滑移率与纵向附着系数的关系是当驱动滑移率增大时,纵向附着系数和侧向附着系数均减小;当车轮完全滑转时,纵向附着系数和侧向附着系数几乎为零,对前轮驱动的汽车会失去转向控制能力;当滑移率在 10% ~20% 时,纵向附着系数达到峰值,此时侧向附着系数也可保持较大值。

通过控制制动轮制动力矩或控制发动机与传动系的牵引力,驱动时将车轮滑移率控制在 10% ~20% 的范围内,以获得最大驱动力和良好的转向性能。

2. 驱动防滑系统的组成与结构

1)驱动防滑系统的组成

由于驱动防滑系统通常和防抱死系统、发动机输出功率调节等结合在一起应用,通常称为 ABS/ASR 系统或 ABS/TRC 系统。如图 12 – 68 所示为一典型的具有防抱死制动和驱动防滑功能的系统。其中驱动防滑系统与 ABS 共用轮速传感器和电子控制单元,只是在通往驱动车轮制动轮缸的制动管路中增设了一个 ASR 制动压力调节器,在由加速踏板控制的主节气门上方增设了一个由步进电机控制的副节气门,并在主、副节气门处各设置了一个节气门位置传感器。

2)驱动防滑系统的主要部件

(1)ASR 传感器。

ASR 系统的传感器主要是车轮转速传感器、节气门开度传感器和 ASR 开关。车轮转速传感器与 ABS 系统共用,而节气门开度传感器则与发动机电子控制系统共用。

ASR 开关是 ASR 系统专用的信号输入信号装置。当 ASR 开关打开时,ASR 系统工作;关断 ASR 开关时,ASR 系统停止工作。

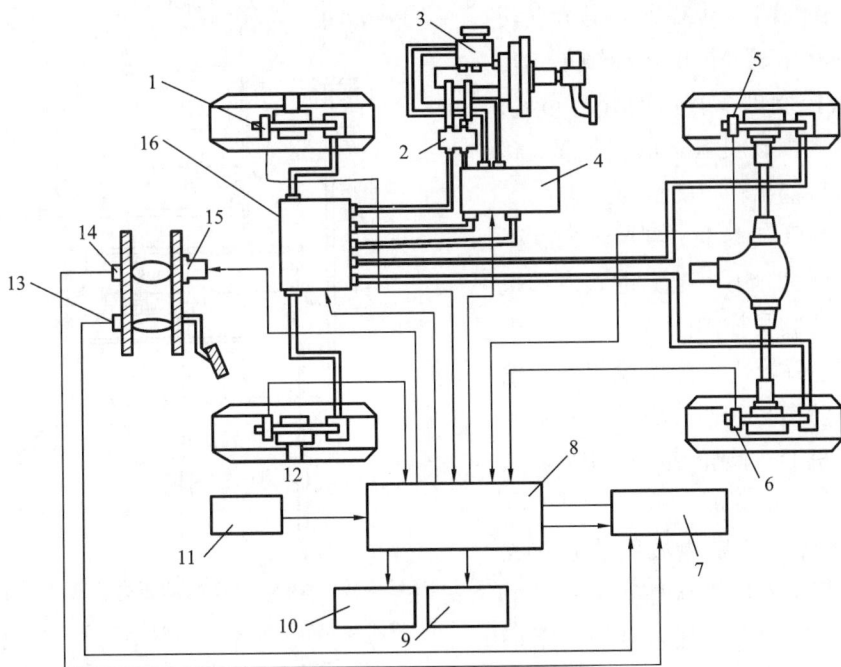

图 12 – 68 典型 ABS/ASR 的组成

1—右前轮速传感器；2—比例阀和差压阀；3—制动主缸；4—ASR 制动压力调节器；5—右后轮速传感器；
6—左后轮速传感器；7—发动机/变速器电子控制单元；8—ABS/ASR 电子控制单元；9—ASR 关闭指示灯；
10—ASR 工作指示灯；11—ASR 选择开关；12—左前轮速传感器；13—主节气门位置传感器；
14—副节气门位置传感器；15—副节气门驱动步进电机；16—ABS 制动压力调节器

（2）ASR 电控单元。ASR 控制器以微处理器为核心，配以输入电路、输出电路及电源等组成。ASR 的信号输入和处理与 ABS 相同。为减少电子器件的数量，使结构紧凑，ASR 与 ABS 通常组合成一个 ABS/ASR 电控单元。

（3）ASR 制动压力调节器。ASR 制动压力调节器的结构有独立式和组合式两种。独立式 ASR 制动压力调节器是和 ABS 制动压力调节器在结构上各自分开，如图 12 – 69 所示。组合式制动压力调节器将 ABS 和 ASR 制动压力调节器组合为一体。采用三位三通电磁阀的 ASR/ABS 制动压力调节器原理：ASR 不起作用时，电磁阀 3 不通电，油路开通。汽车在制动过程中如果车轮出现抱死，ABS 起作用，通过电磁阀 8、电磁阀 9 来调节制动压力。

当驱动车轮出现滑转时，ASR 使电磁阀 3 通电，阀移动至左端，油路关断，电磁阀 8 和电磁阀 9 不通电，阀处于左位，于是蓄压器的压力油通入驱动车轮制动轮缸，制动压力增大。当需要保持驱动车轮的制动压力时，ASR 使电磁阀半通电（2A），阀移至中位，隔断了贮压器与制动主缸的油路，驱动车轮制动轮缸的制动压力保持不变。当需要减小驱动车轮的制动压力时，ASR 电控单元使电磁阀 8 和电磁阀 9 通电，电磁阀 8 和电磁阀 9 移至右位，将驱动车轮制动轮缸与贮压器接通，于是制动压力下降。

ASR 电控单元分别对电磁阀 8 和电磁阀 9 实行独立控制，即可实现对左右驱动车轮的制动压力分别控制。

（4）副节气门驱动装置。副节气门驱动装置的功用是根据电子控制单元传送的指令来控制副节气门的开启角度，从而控制进入发动机气缸的空气量，达到控制发动机输出转矩的目的。

防滑系统不工作时，副节气门在弹簧力作用下保持全开状态，进入发动机的空气量由驾驶员控制主节气门的开度决定。当前、后轮速传感器检测到车轮滑转需进行防滑控制时，电子控制单元驱动步进电机通过凸轮轴齿轮旋转，从而控制副节气门的开度。

（5）液压油泵总成。液压油泵总成由一个电动机驱动的液压柱塞泵和一个蓄能器组成，其中电动柱塞泵的功用是从制动主缸贮液罐中吸取制动液，升压后送到蓄能器。蓄能器的功用是贮存高压制动液，并在系统工作时向车轮制动轮缸提供制动液压。

图 12 – 69　ABS/ASR 制动压力调节器工作原理

1—输油泵；2—ASR 调节压力调节器；3—ASR 电磁阀；
4—贮压器；5—压力开关；6—循环泵；
7—贮液罐；8—ABS 电磁阀；9—ABS 电磁阀；
10、11—驱动车轮制动器

（6）电磁阀总成。电磁阀总成主要由三个二位二通电磁阀，即蓄能器切断电磁阀、制动主缸切断电磁阀、贮液罐切断电磁阀以及压力开关等部分组成。其中蓄能器切断电磁阀的功用是在防滑系统工作时，将制动液由蓄能器中传送至车轮制动轮缸；制动主缸切断电磁阀的功用是当蓄能器中的制动液压传送给车轮制动轮缸后，防止制动液流回制动主缸；贮液罐切断电磁阀的功用是在防滑系统工作中将车轮制动轮缸中的制动液传送回制动主缸中；压力开关的作用是调节蓄能器中的压力。

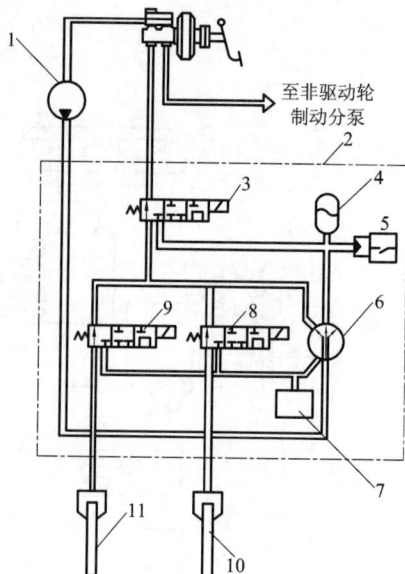

任务七　制动系的检修与常见故障诊断

一、车轮制动器的检修

1. 盘式制动器的检修

1）检查制动器制动块的厚度

若制动块已拆下，可直接用直尺或游标卡尺测量。制动块摩擦片的厚度为 14 mm，磨损极限为 7 mm。如图 12 – 70 所示。

若制动块未拆下，可通过检视孔目测。检查摩擦片磨损是否均匀。

2）检查制动盘厚度

如图 12 - 71 所示，用游标卡尺或千分尺测量，桑塔纳轿车前制动盘标准厚度为 10 mm，使用极限为 8 mm，超过极限尺寸时应予更换。

3）制动盘摩擦片表面上的圆跳动量

如图 12 - 72 所示，制动盘端面圆跳动多大会使制动踏板抖动或使制动衬片磨损不均匀。可用百分表检查制动盘的端面圆跳动，应不大于 0.06 mm。不符合要求可进行机加工修复（加工后的厚度不得小于 8 mm）或更换。

4）制动钳体与活塞的检查

如图 12 - 73 所示，制动钳体漏油时，应更换活塞密封圈。用内径表 1 检查制动钳体 2 的内孔直径，用千分尺 3 检查活塞 4 的外径，并计算出活塞 4 与钳体 2 的间隙，标准值为 0.04 ~ 0.016 mm，使用极限为 0.16 mm。

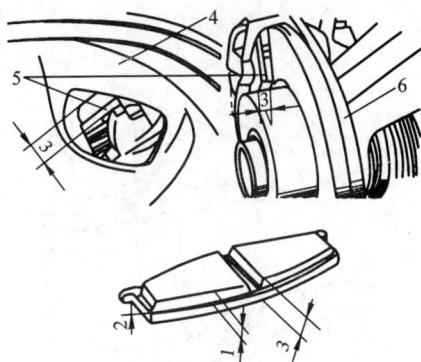

图 12 - 70　制动衬片厚度的检查

1—制动衬片摩擦片厚度；
2—制动衬片摩擦片磨损极限的残余厚度；
3—制动衬片的总厚度；
4—轮辐；5—外制动衬片；6—制动盘

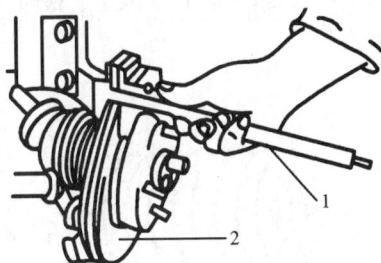

图 12 - 71　制动盘厚度的检查

1—卡尺；2—制动盘

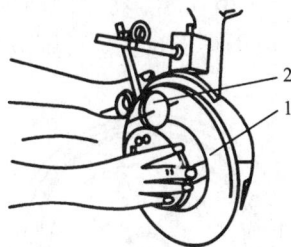

图 12 - 72　制动盘端面跳动度检查

1—制动盘；2—百分表

2. 鼓式车轮制动器的检修

1）制动蹄摩擦衬片厚度

如图 12 - 74 所示，用游标卡尺或直尺测量制动蹄片的厚度，标准值为 5 mm，使用极限为 2.5 mm。其铆钉与摩擦片表面距离不得小于 1 mm。在未拆下车轮时，制动蹄摩擦片的厚度可从制动底板上的观察孔目测。

2）制动鼓检查

检查制动鼓内表面有无烧损、刮痕和凹陷，若不能修磨应更换新件，如图 12 - 75 所示。

检查制动鼓内表面直径：用游标卡尺或专用仪器检查内表面直径，标准值为 $\phi180$ mm，使用极限为 $\phi181$ mm。

检查制动鼓内表面圆度误差：用仪器测量制动鼓内表面的圆度误差，使用极限为 0.03 mm，超过极限应更换新件。

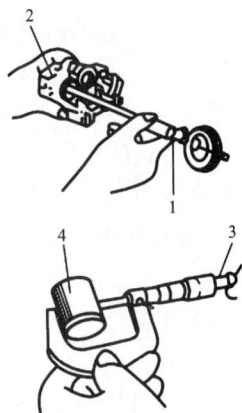

图 12 - 73　制动钳体与活塞的检查

1—内径表；2—制动钳体；
3—千分尺；4—活塞

图 12－74　后制动蹄衬片厚度的检查

1—游标卡尺；2—摩擦片；3—铆钉；4—观察孔；

5—后减震器；6—制动底板；7—后桥体；8—驻车制动器

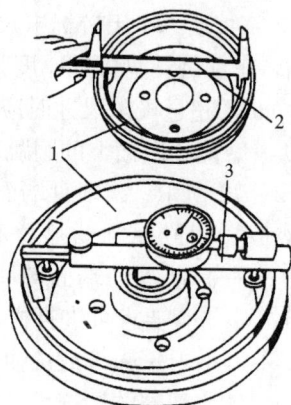

图 12－75　后制动鼓内圆磨损及尺寸检查

1—后制动蹄；2—游标卡尺；3—测量工具

3）鼓蹄接触面积检查

如图 12－76 所示，将后制动鼓摩擦衬片表面打磨干净后，靠在后制动鼓上，检查二者的接触面积，应不小于 60%，否则应继续打磨摩擦衬片的表面。

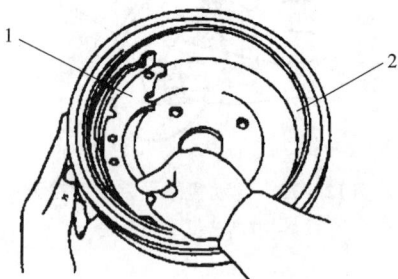

图 12－76　后制动蹄衬片与制动鼓接触面积的检查

1—后制动蹄片；2—制动鼓

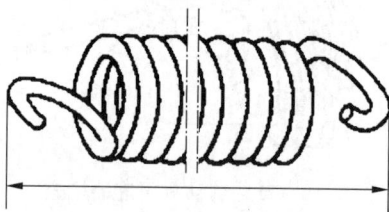

图 12－77　回位弹簧检查

4）回位弹簧的检查

若弹簧自由长度增加 5%，则应更换新弹簧（参见图 12－77）。

5）更换新的摩擦衬片

需要换用新的摩擦衬片时，其基本操作工艺如下：

（1）用合适尺寸的钻头钻除铆钉头部，冲出铆钉，取下旧衬片。

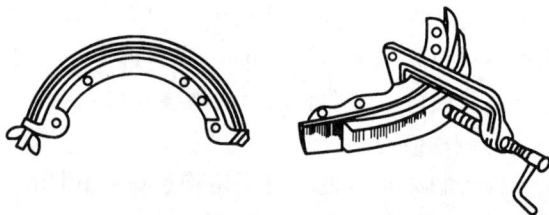

图 12－78　将摩擦衬片夹持在制动蹄上

（2）用专用夹具或手虎钳将新衬片夹持到制动蹄上，应使衬片与制动蹄完全贴紧，如图 12－78 所示。要注意同一车桥左、右制动器所用摩擦衬片的材料及厚度应相同。

（3）以制动蹄上的铆钉孔为基准，在摩擦衬片上钻出铆钉孔和埋头孔（埋头孔的深度应为衬片厚度的 2/3）。

（4）用铆钉将摩擦衬片与制动蹄铆合在一起（由中间向两边铆合）。铆合后衬片与制动蹄应密切贴合，铆钉应无偏斜及松动现象。

（5）将摩擦衬片两端锉出 75°坡口，以防制动时衬片两端与制动鼓发卡。

（6）用专用光磨机光磨衬片表面，使其外径比制动鼓内径大 $1.0 \sim 1.5$ mm。光磨后将制动蹄放入制动鼓中进行靠合检查时，制动蹄的两端应与制动鼓先接触，衬片与制动鼓的接触面积应符合要求。

东风 EQ1092 型汽车车轮制动器调整方法如下：

①拆下制动鼓上的检查孔片，松开制动蹄支承销固定螺母和凸轮轴支架紧固螺母。

②反复拧动制动蹄支承销和调整臂的蜗杆轴，使制动蹄摩擦片与制动鼓完全贴合。

③拧紧凸轮轴支架和制动蹄支承销轴的紧固螺母。

④将调整蜗杆轴松回 $3 \sim 4$ 响（$1/2 \sim 2/3$ 转），使制动鼓能够自由转动。此时，制动蹄与制动鼓之间的间隙：支承销端为 $0.25 \sim 0.45$ mm，凸轮端为 $0.40 \sim 0.55$ mm，且同一端两蹄间隙之差应不大于 0.10 mm。制动气室推杆的行程应为 25 ± 5 mm。

二、制动传动装置的检修

1. 制动主缸的检修

1）制动主缸的拆装

（1）放出制动液，拆下前、后出油管接头。

（2）从车架上拆下主缸，取下防尘罩及推杆。

（3）将主缸放在台虎钳上，用旋具顶住活塞，拆下弹簧片，然后，依次取出后活塞、皮碗及后活塞弹簧。

（4）拆下限位螺钉，依次取出前活塞、皮碗及前活塞弹簧。

（5）主缸的装配按上述相反顺序进行。

2）制动主缸的检修

（1）主缸缸筒工作表面不能有麻点和划痕，圆柱度误差不能超出 0.025 mm，活塞与缸筒配合间隙不能超出 0.15 mm，否则应进行镶套修复。

（2）主缸体不能有裂纹或缺口，否则应更换。

（3）皮碗、密封圈发胀变形，应更换。

（4）回位弹簧弹性应符合要求。

2. 制动轮缸的检修

1）轮缸的拆卸

（1）放出制动液（方法与拆卸制动主缸时相同），然后按照更换制动摩擦片的操作步骤取出制动钳体。

（2）拆除制动软管，取下制动钳体及轮缸。

（3）在活塞对面垫上木块（以防损伤活塞），然后向轮缸进油口通入压缩空气，将活塞从缸筒中压出，如图 12-79 所示。

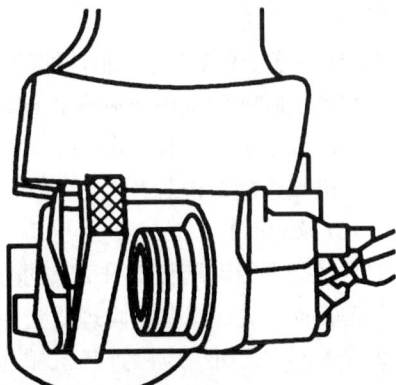

图 12-79 用压缩空气压出活塞

（4）从活塞上取下防尘罩，用螺钉旋具小心地从钢筒中取出密封圈。

2）轮缸主要零件的检修

活塞与缸筒配合面出现划痕、缸筒直径磨损超过 0.10 mm 或缸筒与活塞的配合间隙大于 0.15 mm 时，应更换制动钳总成。拆卸后，活塞密封圈及防尘罩应换用新件。

3）轮缸的安装

（1）在活塞外表面及轮缸工作表面涂抹一层制动液，并将活塞密封圈装入缸筒的切槽中。

（2）将防尘罩套装到活塞底部（注意安装方向），如图 12-80 所示。然后用螺丝刀把防尘罩的内密封唇边压入缸筒的槽口内，如图 12-81 所示。

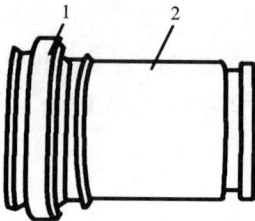

图 12-80　在活塞上安装防尘罩

1—防尘罩；2—活塞

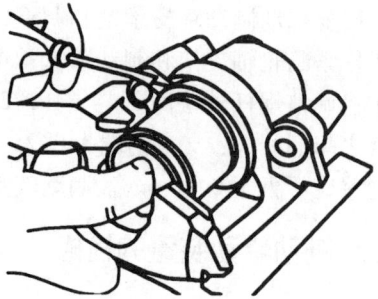

图 12-81　将防尘罩的唇边压入缸筒槽口中

（3）将活塞压入制动钳缸中。

（4）按拆卸的相反顺序将制动钳安装

三、制动系常见故障的诊断与排除

1. 行车制动装置常见故障的诊断及排除

1）制动失效

（1）故障现象：汽车在行驶中使用制动时不能减速，连续踏下制动踏板时各车轮不起制动作用。

（2）故障原因：

①制动主缸（总泵）内无制动油液或缺少制动油液。

②制动主缸或轮缸内皮碗破损或踏翻。

③制动油管破裂或接头漏油。

④某机械连接部位脱开。

（3）故障的诊断：

①连续踩下制动踏板不升高，同时感到无阻力，应先检查主缸是否缺油，再检查油管和接头有无破损之处，如有应修理或更换。

②若无漏油之处，应检查各机械连接部位有无脱开，如有应修复。

③若主缸推杆防尘套处严重漏油，大多是主缸皮碗严重损坏或踏翻所致；若车轮制动鼓边缘有大量油液，则是轮缸皮碗损坏或顶翻所致。

2）制动反应迟缓

（1）故障现象：汽车行驶中，将制动踏板踩到底后不能立即停车，制动减速度小，制动距离长。

（2）故障原因：

①制动主缸油液不足或变质；主缸阀门损坏。活塞与缸壁磨损严重，配合松旷；补偿孔和旁通孔堵塞；

②制动鼓磨损失圆、过薄变形或有沟槽；制动踏板摩擦片有油污、硬化或铆钉外露；制动鼓与制动蹄接触面积过小；制动间隙过大。

③制动管路中渗入空气，油路不畅通，制动油液变质。

（3）故障的诊断：

①踏板位置踩下很低，制动效果差；连续数次踩下踏板后，踏板高度才渐升起，并有弹性感。这主要是管路中有空气，应予排除。

②踩下踏板，位置高度正常，但制动效果差。这大多是车轮制动鼓失圆，制动蹄接触不良、硬化、油污或铆钉外露等因素所致，应予以检修排除。

③连续踩下踏板，踏板位置能升高，但不能保持，有下沉感觉。这说明制动系统中有漏油处或主缸关闭不严，应检修。

④连续踩下踏板，踏板位置高度升高，制动效果好转。这可能是踏板自由行程太大，或制动间隙过大，或主缸回油阀关闭不严所致。应调整踏板自由行程或制动间隙，必要时检查主缸回油阀，若有损坏应更换。

⑤连续数次踩踏板，踏板位置不能升高。这一般是制动主缸补偿孔或旁通孔堵塞所致，应检查疏通；或油液质量差，易受热蒸发导致严重亏缺。

3）制动跑偏

（1）故障现象：汽车制动时，左、右车轮制动力不等或制动生效时间不一致，导致汽车向制动力较大或制动作用较早一侧行驶的现象，紧急制动时出现扎头或甩尾现象。

（2）故障原因：

①左、右车轮制动间隙大小不一致；或接触面积相差太大；或摩擦片材料、质量不一样。

②左、右制动鼓内径相差过多；或回位弹簧拉力相差太大；或轮胎气压高低不一样。

③个别车轮摩擦片有油污、硬化或铆钉外露；或轮缸内活塞运动不灵活，皮碗发胀或油管堵塞；或制动鼓失圆，单边管路凹瘪或有气阻。

④车架变形；前轴外移；前、后轴不平行；两前钢板弹簧弹力不一样。

（3）故障的诊断：

①汽车行驶中使用制动，汽车向左偏斜，即为右轮制动性能差；反之则为左轮制动性能差。

②制动停车后，察看轮胎在路面上的拖印情况，拖印短或没有拖印的车轮即为制动有故障的车轮。

③查出有故障的车轮后，先检查该车轮制动管路是否漏油，轮胎气压是否充足，如果正常，检查制动间隙是否合乎规定，不符时予以调整；与此同时，结合排除轮缸里的空气。若仍无效，应拆下制动鼓，按原因逐一检查各件，特别是制动鼓的尺寸和精度等。

④经上述检修后，若各车轮拖印基本符合要求，但制动仍跑偏，则故障不在制动系，应

检查车架或前轴的技术状况；如果出现忽左忽右的跑偏现象，则应检查是否有前束或直、横拉杆球头销是否松旷。

4）制动拖滞

（1）故障现象：在行车制动中，当抬起制动踏板时，全部或个别车轮仍有制动作用，致使车辆起步困难，行驶阻力大，制动鼓发热。

（2）故障原因：

①制动踏板没有自由行程或回位弹簧过软、折断。

②踏板轴锈滞、发卡而回位困难。

③主缸或制动轮缸皮碗、皮圈发胀，活塞变形或被污物黏住。

④主缸活塞回位弹簧过软或折断。

⑤制动间隙过小；制动蹄回位弹簧过软、失效，制动蹄在支承销上不能自由转动。

⑥制动管路凹瘪、堵塞，导致回油不畅。

⑦制动油液太脏、黏度太大，回油困难。

（3）故障的诊断：

①汽车行驶一段路程后，用手抚摸各制动鼓，若全部发热，说明故障在制动主缸；若个别车轮发热，则故障在该车轮制动轮缸。

②若故障在制动主缸，应先检查踏板自由行程。如果无自由行程，一般为主缸推杆与活塞的间隙过小或没有间隙，应调整。如果自由行程符合标准，则应拆下主缸贮油室加油螺塞，踩下踏板慢慢回位，看其回油状况。若不回油，则为回油孔堵塞；若回油缓慢，则为皮碗、皮圈发胀或回位弹簧无力；或是油液太脏、黏度太大。此时，应检查油液清洁度。若油液清洁、黏度适当，则应检查主缸，同时检查踏板回位弹簧是否良好无损，必要时进行修理或更换。

③若故障在制动轮缸，可顶起有故障的车轮，旋松制动轮缸放气螺钉，如果制动液随之急速喷出，车轮也立即旋转自如，说明管路堵塞，轮缸不能回油，此时应疏通油管。如果旋转车轮仍有拖滞，可检查制动间隙和回位弹簧，若正常，应拆检制动轮缸，必要时应更换活塞、皮碗。

5）真空增压装置增压后高压油压力不足

（1）故障现象：当踩下制动踏板时感到轻松，反作用力不大，制动效果差，没有制动拖印，旋开任何一个车轮的放气螺塞，喷出来的制动油液不足（出油冲劲不大）。

（2）故障原因：

①辅助缸皮碗发胀变形或磨损过甚，失去密封作用。

②辅助缸活塞出油单向阀座产生锈蚀、麻点过大而密封不严。

③辅助缸活塞磨损过甚，配合松旷或油路有堵塞。

④制动主缸连接处漏油，或油道有渗漏。

⑤加力推杆双口密封圈损坏，低压油被吸入真空腔。

（3）故障的诊断：

①首先要检查制动主缸和各连接管接头有无漏油处，有则维修。

②启动发动机，使其怠速运转。然后踩下制动踏板，旋松辅助缸放气螺塞，观察出油情况，如出油冲劲不大又无气泡，表明辅助缸活塞出油阀与座不密封，导致高压油压力不足，

应及时排除。

③拆下增压器真空连接管，用一软导线通入加力气室的前腔，拉出软导线，如有油迹，表明加力推杆油封不密封。

④踩下制动踏板，如旋松辅助缸放气螺塞也不出油，表明增压缸的油路有堵塞。

6）制动噪声

（1）故障现象：汽车制动时发出"哽、哽"的噪声。

（2）其故障原因和排除方法如下：

①制动蹄摩擦片磨损超过极限，蹄片铁或铆钉直接与制动鼓（制动盘）接触。制动蹄摩擦片松动或回位弹簧折断。应更换不合格的制动零件

②制动盘或制动鼓破裂、磨出沟痕。应更换制动盘或制动鼓。

③摩擦片硬化或破裂。应打磨或更换摩擦片。

④制动蹄弯曲、变形或破碎。应更换损伤的制动蹄。

⑤制动盘表面铁锈过多。应清洁制动盘周围铁锈。

⑥制动卡钳有毛刺或生锈。应清洁制动钳上的毛刺或铁锈。

7）制动踏板脉动

行车制动时，制动踏板产生周期性跳动的现象称制动踏板脉动。脉动使脚部产生不适，与制动力不足和制动跑偏有关。

主要原因是制动盘摆动、制动鼓偏心过大或制动底板摆动，应区别情况分别对待，在检测分析后决定对策。

2. 驻车制动装置的常见故障诊断排除

1）驻车制动不良

（1）现象：汽车停在坡路上时，因驻车不良而自行滑移。

（2）原因：

①驻车制动自由行程过大。

②制动鼓工作表面磨损、起槽、裂纹，摩擦片与制动鼓黏合不良或摩擦片与制动鼓配合间隙过大。

③摩擦片表面有油污、泥水，磨损过薄或焦化。

④制动蹄片在支承底板中卡住，或支承底板变形致使制动蹄轴歪斜。

⑤汽车起步时，操作失误，未拉驻车操纵杆导致摩擦片烧蚀。

（3）诊断与排除：

①将变速杆回到空挡位置，拉紧驻车制动操纵杆，支起后轮，这时用手转动传动轴，如能转动，则说明驻车制动不良。

②检查驻车制动操纵杆的自由行程是否过大，当把驻车操纵杆从放松的极限位置上拉起，应听到两响声，则为合适。否则进行调整，或检查各连接处是否松动。

③用塞尺检测摩擦片与制动鼓配合间隙是否符合技术标准，否则应进行调整。

④上述良好，则检测驻车制动器制动鼓圆度误差，察看摩擦片是否有油污，与制动鼓贴合状况及制动底板是否变形，检查制动蹄轴是否锈蚀。否则应维修或换用新件。

2）驻车制动拖滞

（1）现象：变速器挂低速挡，松离合器踏板，放松驻车制动器操纵杆，汽车难以起步，或

虽然起步，但稍减供油，汽车急速降速，或行驶一般路程后，驻车制动鼓发热。

（2）原因：

①制动蹄摩擦片与制动鼓间隙过小，局部有黏连接触，制动蹄回位弹簧弹力小、过软或折断。

②制动蹄与制动蹄轴装配过紧，转动困难或锈蚀，导致制动蹄回位缓慢或不回位。

③由于齿板上限位片丢失或未装，当操纵杆向前放松时，造成制动凸轮反向转动，将蹄片张开与制动鼓接触。

（3）诊断与排除：

①若汽车在离合器良好状态下不能起步，车辆行驶无力，驻车制动鼓发热，则说明驻车制动拖滞。

②先检查齿板上的限位片是否丢失或未装。

③用塞尺检测摩擦片与制动鼓间隙是否符合技术标准，否则应调整。

④若以上良好，应拆检驻车制动器。

项目实施

汽车制动系的拆装与检修

（一）项目实施目的及要求

（1）熟悉汽车制动系的组成及各部分的装配关系。

（2）会汽车制动系各主要部件的拆装及检查调整。

（3）能够进行汽车制动系的维护检查。

（4）熟悉 ABS、ASR 系统的工作原理及检查。

（二）项目实施设备及工量具

（1）设备：典型实训用车，底盘总成实验台，举升机，挂图。

（2）工（量）具：若干套常用拆装工具，检测仪器，塞尺、千分尺、带磁座百分表、游标卡尺、

（三）项目实施内容

（1）汽车制动系的认知。

（2）盘式制动器的拆装、检查。

（3）鼓式制动器的拆装、检查。

（4）驻车制动器的检查与调整。

（5）液压制动系的拆装、检查。

（6）液压制动系的检查维护。

（7）ABS 系统主要部件的拆卸及检查。

(四)项目实施步骤

1.汽车制动系的认知

(1)汽车行车制动系的认知。在试验用车和底盘实训台上认知各部件,熟悉它们的安装位置及装配关系。

(2)驻车制动系的认知。在试验用车和底盘实训台上认知各部件,熟悉它们的安装位置及装配关系。

2.盘式制动器的拆装、检查

以捷达轿车为为例进行介绍。

(1)前轮盘式制动器的拆卸步骤:

①举升汽车并拆下前轮。

②松开并卸下上、下紧固螺栓。

③拆下弹簧片。

④取下制动钳壳体,拆下制动块。

(2)检查前轮盘式制动器。

①捷达轿车前轮制动盘标准厚度为 12 mm,使用极限为 10 mm。

②检查制动盘有无沟痕,如果沟痕过深,可对其进行重新加工。

③更换制动盘时,左右两侧同时进行。

④检查制动块的磨损情况,如果制动块小于使用限度或磨损不均匀,则应更换新片。更换新制动块时,应左右同时更换同一厂家的新制动块。制动块的磨损极限为 7 mm,包括背板。

⑤安装捷达轿车制动块前,应先将弹簧片装到转向节的制动钳支架上。更换制动块时,应同时更换弹簧片。

⑥安装捷达轿车制动块时,摩擦面较大的制动块应装在外侧。

(3)更换前轮盘式制动器的制动块:

①升起并拆下前轮,拧松并拆下制动钳壳体上、下固定螺栓。

②拆下弹簧片。

③从下向上摆起制动钳,拆下制动块。

④将制动钳活塞压回制动钳壳体内。在将活塞压回之前,若制动液贮液罐中制动液过多,则应用吸管抽出一点制动液,以防制动液溢出损坏油漆。制动液有腐蚀性和毒性,因此,须用专门的塑料瓶或其他容器存放。

⑤将内侧制动块和弹簧片装到转向节的制动钳支架上,然后装上外侧制动块。

⑥压入制动钳壳体,使之恰好能安装固定螺栓。

⑦安装制动钳时,应保证弹簧片处于正确位置,否则会导致制动噪声。

⑧装配完成后,车辆原地不动,用力踩踏制动踏板几次,以使制动块处于正常的工作位置。

(4)更换制动钳壳体轮缸内的密封圈。当制动钳壳体轮缸内的密封圈因老化而失效导致密封性差有制动液泄漏时,则应更换密封圈。

①松开并拆下制动钳固定螺栓,从下向上摆动制动钳,并将其拆下。

②用压缩空气从制动钳壳体里将活塞压出。压出时，在活塞凹入处放一木块，以免损坏活塞。

③用旋具小心地撬出密封圈，更换损坏的密封圈，如图 12－82 所示。

④将密封圈装入带有防尘罩的活塞上。

⑤用旋具将密封圈装入制动钳轮缸内密封槽内，如图 12－83 所示。

⑥用活塞装配专用工具，将制动钳活塞压入制动钳壳体内，防尘罩的外密封唇也应弹入活塞的凹槽内。

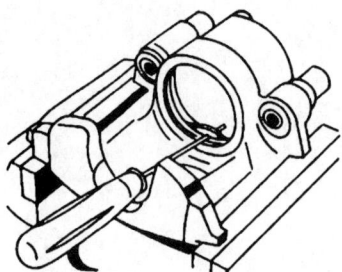

图 12－82　用旋具撬出密封圈　　　　图 12－83　密封圈装入钳槽内

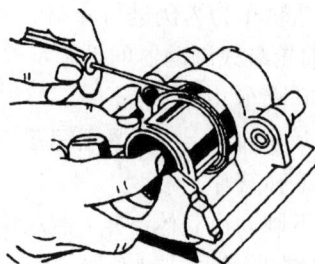

（5）安装盘式制动器。捷达轿车前轮盘式制动器的安装与拆卸顺序相反。装配时应注意以下几点：

①装配制动块时，摩擦面较大的制动块应装在外侧。

②若需更换制动块，应左右制动器同时更换，并使用同一厂家的制动块。

③紧固螺栓的拧紧力矩为 25 N·m。

④车轮螺栓的拧紧力矩为 110 N·m。

⑤当制动盘磨损到极限 10 mm 时，就应更换新的。更换制动盘时，应先拆下制动钳壳体。在安装新制动盘之前，应均匀地除去新制动盘摩擦面上的浮垢及防锈油。

2. 鼓式制动器的拆装、检查

（1）鼓式制动器制动蹄拆卸：

①拆下后轮。

②用旋具插入制动鼓上的轮胎螺栓固定孔内，将蹄片间隙调整楔形块向上压，使制动蹄回位。

③拆下制动鼓。

④拆下主、副回位弹簧和手制动拉线。

⑤拆下蹄片限位弹簧座，取下限位弹簧。

⑥拆下楔形调整拉簧；摘下定位弹簧，如图 12－84、图 12－85 所示。

⑦拆下制动蹄及摩擦衬片总成。

⑧更换时，只允许更换整个制动蹄及摩擦片总成。

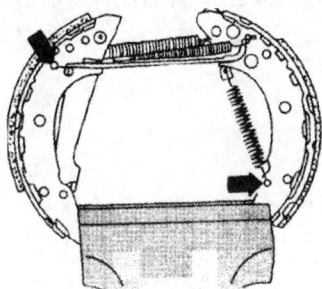

图 12 - 84 拆卸楔形弹簧

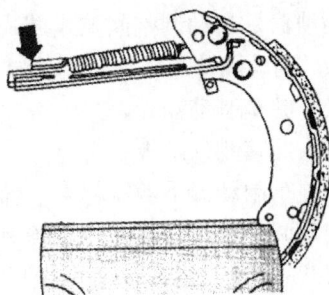

图 12 - 85 拆卸定位弹簧

(2)检修鼓式制动器：

①测量制动鼓内径。标准内径：180 mm；使用极限：181 mm。如果制动鼓内径在使用后出现划痕及沟槽时，可在车床上将制动鼓内径加工到使用极限。

②测量摩擦片的厚度，如图 12 - 86 所示。使用极限：2 mm。

③检查制动摩擦片和制动鼓是否接触良好，如图 12 - 87 所示。

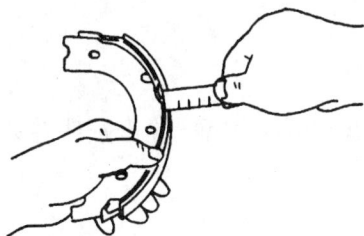

图 12 - 86 测量摩擦片厚度

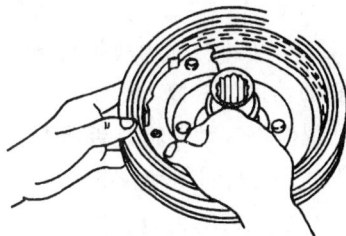

图 12 - 87 检查制动摩擦片与制动鼓的接触

(3)安装后鼓式制动器制动蹄。

①挂上定位弹簧，如 12 - 88 所示。将制动蹄装到推杆上，插入楔形调整块，有凸出定位一面朝向制动底板。

②将制动蹄片和手制动拉臂装到推杆上，如 12 - 89所示。

③装入主、副回位弹簧。

④将手制动拉线挂在手制动拉臂上。

⑤连接间隙调整楔形块弹簧。

⑥装上带有弹簧座的限位弹簧。

⑦装上制动鼓及后轮毂轴承。

⑧检查并调整后轮毂轴承间隙。

⑨用力踩踏制动踏板几次，使制动踏片处于正确位置。

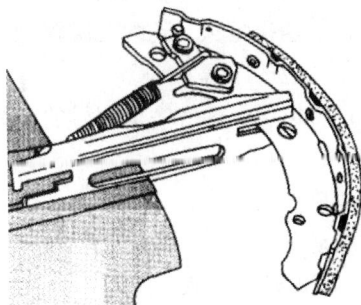

图 12 - 88 挂上定位弹簧

3.调整驻车制动器

后制动器是自动调整间隙式鼓式制动器，因此不需要调整驻车制动器，只有在更换驻车制动拉线、制动蹄片总成或制动轮缸时，才需要调整驻车制动器。调整按以下步骤进行：

①松开驻车制动器。

②用力踩踏制动踏板一次。

③将驻车制动器手柄拉起4个棘齿。

④拧紧调整螺母，如图12-90所示。直至两个车轮用手转不动为止。

⑤松开驻车制动器，检查两个后轮是否转动自如。

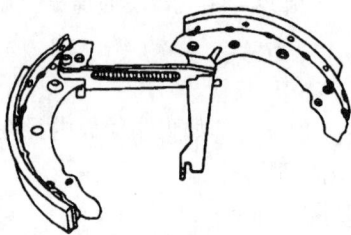

图12-89　制动蹄片及手拉臂安装图

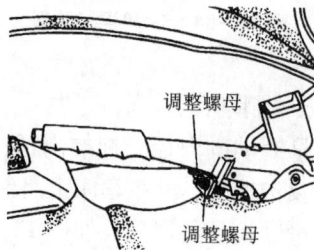

图12-90　扭紧调整螺母

4.液压制动传动机构的拆装、检查

1）制动轮缸的检修

从外观检查制动轮缸是否泄漏，护帽是否完好，若制动液有泄漏，轮缸缸体有刻痕或锈蚀，则必须更换新的制动轮缸。

2）真空增压器的检查

（1）基本检查。

①制动踏板高度检查：

启动发动机，并使其怠速运转；

踩下制动踏板，测出踏板距地板高度；

将发动机熄火，连续几次踩制动踏板，使真空度降为零，此时再踩下制动踏板，并测出踏板距地板的距离。

正常情况下，后一次测得的距离应小于前一次，若两次距离相等，说明真空增压器不起作用。

②控制阀检查：

启动发动机不踏下制动踏板，将一团棉丝置于增压器空气滤清器口处。此时，棉丝不被吸入；若棉丝被吸入，说明空气阀漏气。

踏下制动踏板，棉丝应被吸入。若棉丝不被吸入，或者吸力过小，说明空气阀开度过小，或者助力器膜片破损。

③伺服气室膜片行程检查：

发动机不工作而且不踩下制动踏板时，取下伺服气室加油孔橡胶盖，从该孔测出膜片位置。测完后再塞紧橡胶盖。

将发动机启动运转，并踩下制动踏板。取下伺服气室加油孔橡胶盖，再次测出膜片位置，两次测出的位置差，即为膜片行程。若膜片行程过小说明增压器工作不良；若膜片行程过大，说明制动系统存在泄漏，或者制动间隙过大。

（2）仪表检查。

①性能试验。真空增压器实验装置如图12-91所示。

②真空增压器在不工作情况下的气密性能实验如图12-92所示。将真空表和开关串联于真空出气筒与伺服气室真空接孔之间。在真空增压器不工作的情况下，打开开关，使真空表达到66.66 kPa的真空度，然后关闭开关。在15 s之内，真空表读数应不低于63.23 kPa。若真空度下降过快，则可能存在膜片破裂和空气阀关闭不严的故障。

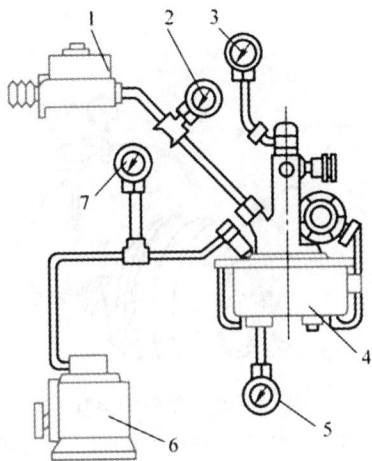

图12-91 真空增压器试验装置

1—制动总泵；2—真空增压器输入油压力表；
3—真空增压器输出油压力表；4—真空增压器总成；
5—真空增压器后气室真空表；6—真空泵；7—真空表

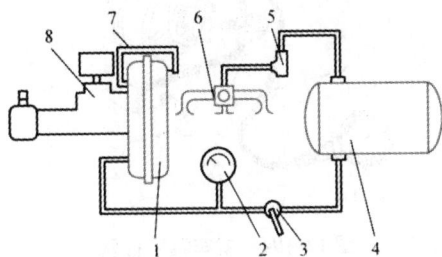

图12-92 真空增压器在
不工作情况下的气密性能试验

1—真空加力气室；2—真空表；3—开关；
4—真空贮气室；5—单向阀；6—发动机进气管；
7—通气管；8—辅助缸

（3）油密性能实验。真空增压器的油密性能实验如图12-93所示。在辅助缸出口处接压力表和开关。首先，将开关关闭，使制动主缸至辅助出口之间充满压力油，并将气体从放气螺钉处放净。然后，打开开关，从A处充入压力为11.8 kPa的制动液，关闭开关。10 s内压力表数值不得低于10.8 kPa。否则，辅助缸存在泄漏问题。

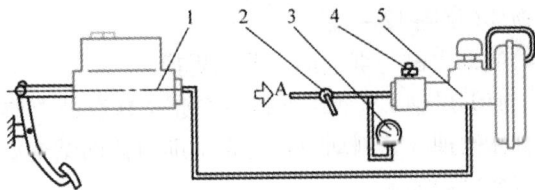

图12-93 真空增压器的油密性能试验

1—制动总泵；2—开关；3—压力表；
4—放气螺钉；5—真空增压器

3）真空助力器的检查

（1）就车检查。

①将发动机熄火，首先用力踩几次制动踏板，以消除真空助力器中残余的真空度，此时

踏板高度升高；

②用适当的力踩住制动踏板，并保持在一定位置，然后启动发动机，使真空系统重新建立起真空，此时踏板高度应下降。

③如果不符合，说明真空助力器损坏。

（2）就车真空实验。

①如图 12-94 所示，将 T 形管、真空表、软管及卡紧装置等连接好；

②启动发动机，怠速运转 1 min；

③卡紧与进气歧管相连的真空管上的卡紧装置，切断助力器单向阀与进气歧管之间的通路。

④将发动机熄火，观察真空表的变化。如果在规定时间内真空度下降过多，说明助力器膜片或真空阀损坏。

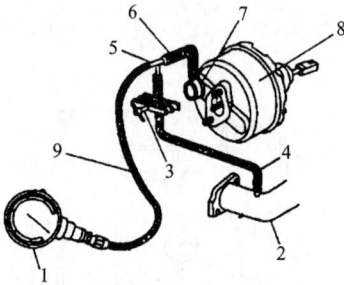

图 12-94　就车真空检验

1—真空表；2—进气歧管；3—卡紧装置；4、6、9—软管；
5—三通接头；7—单向阀；8—真空助力器

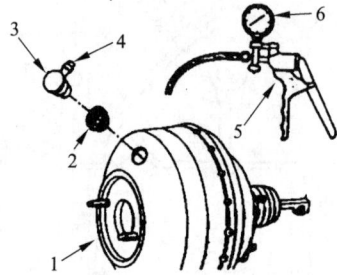

图 12-95　单向阀检验

1—真空助力器；2—单向阀密封圈；3—单向阀；
4—真空源接口；5—手动真空泵；6—真空表

（3）单向阀实验。

①拆下与单向阀相连的真空管，将手动真空泵软管与单向阀真空源接口相连；

②扳动手动真空泵手柄给单向阀加上 50.80 kPa ~ 67.70 kPa 的真空度；

③在正常情况下，真空应保持稳定。如果真空泵指示表上显示出真空度下降，则表明单向阀损坏（见图 12-95）。

4）制动主缸与真空助力器的更换

上海桑塔纳 LX 型轿车制动主缸及真空助力器发生损坏时，均应换用新的总成，不允许进行解体修理。其制动主缸与真空助力器的结构如图 12-96 所示。

更换过程如下：

①用抽液瓶尽可能多地抽出贮液罐中的制动液，然后拧开制动轮缸上的放气阀，踩动制动踏板，排出制动主缸中的制动液（制动液具有毒性和腐蚀性，需用专用容器收集，不得与人体及车身等零件接触）。

②从制动主缸上拆下连接各轮的管路，并拆下贮液罐。

③拆下真空助力器上的真空管。

④拆下真空助力器安装支架与制动踏板支架间的固定螺母，将制动主缸、真空助力器及安装支架从车上一起取下。

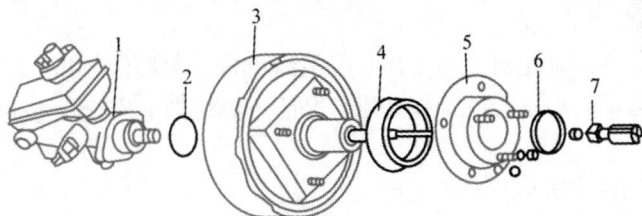

图 12 - 96 制动主缸与真空助力器

1—制动主缸；2—密封圈；3—真空助力器；4—密封垫；5—安装支架；6—密封圈；7—连接叉

⑤拧下真空助力器与安装支架间的固定螺母，使真空助力器与支架分离。

⑥拆除制动主缸与真空助力器间的固定螺母，使真空助力器与制动主缸分离。

⑦换用新件后，将制动主缸与真空助力器重新安装好。安装过程中应注意：制动踏板推杆的长度应符合要求；所有固定位置均应涂上白色固体润滑剂；制动主缸与真空助力器间的"O"形橡胶密封圈应换用新件；各紧固螺母应以规定力矩拧紧，如表 12 - 2 所示。

表 12 - 2 制动系主要螺纹连接件的扭矩(N·m)

螺纹连接件	扭矩	螺纹连接件	扭矩
制动钳支架紧固螺栓	70	真空助力器固定螺母	20
制动钳体定位螺栓	40	后制动轮缸固定螺栓	20
制动底板固定螺栓	60	油管接头螺母	25
真空助力器与主缸连接螺栓	20	轮胎螺母	110
真空助力器支架固定螺母	15		

5)真空增压器的拆装

真空增压器的拆装按下列步骤进行：

①松开各管路接头，将真空增压器从车架上取下。

②卸下空气滤清器，拆下卡簧，取下空气阀及弹簧；拆下平衡管接头，松开控制阀体固定螺钉，取出控制阀膜片和活塞组合件，取下膜片回位弹簧。

③拧卜辅助缸出油接头，取出辅助缸活塞回位弹簧。

④夹住加力气室，松开加力气室卡箍上紧固螺栓的螺母，取出加力气室内的活塞膜片和推杆组合件及回位弹簧。

⑤卸下加力气室前端盖与辅助缸的连接螺钉。依次取下压片端盖、密封圈及推杆支座等机件，推出辅助缸内活塞。

⑥分别从控制阀、辅助缸的活塞上取下皮圈(注意皮圈的朝向)。

⑦真空增压器的装配。在仔细观察各机件的结构、了解其工作过程后，按拆卸的相反顺序装复真空增压器。装复时应在各活塞、皮圈与缸筒表面涂抹制动液润滑，并保持各连接处和内部各机件间的密封。

5.液压制动传动系的维修与调整

1)检查、更换制动液

制动液贮液罐位于制动主缸上方,其上有最高(Max)和最低(Min)标记。制动液液面必须符合规定,才能满足制动系统的工作要求,保证车辆行驶的安全性。制动液只能使用符合标准的规定用油。

(1)制动液的检查和添加。

①作为新车,制动液在贮液罐内的高度应在"Max"标记上。

②汽车行驶一段时间后,制动液液面可能略有下降,这属于正常现象,若制动液液面下降到最低刻线(Min)以下时,则表明制动摩擦片已磨损到极限,此时不必添加制动液。

③更换新摩擦片后,制动液液面应保持在最大刻线"Max"和最小刻线"Min"之间,否则表明系统出现泄漏,应立即检查,检查后补加制动液。

(2)更换制动液。制动液具有吸湿性,使用过程中不断吸收周围空气中的水分,若制动液含水量过多,则会腐蚀制动系统,再则制动液本身的沸点也将显著降低,严重影响制动效果和安全性。基于上述原因,制动液必须每两年更换一次。

①使用专用充抽机更换制动液。将充抽机连到制动贮液罐上,踏板压具压在制动踏板和驾驶员座椅之间压紧踏板。再按后右轮制动器、后左轮制动器、前右轮制动器、前左轮制动器的顺序,打开放气螺塞,让制动液从每个放气螺塞流出,流出量为0.5 L,然后旋紧每个螺塞。制动液换完后,把充抽机从制动贮液罐上拿下,拆下踏板压具,用力踏几次制动踏板,检查制动状况。

②人工更换制动液:

第一步,从前、后制动器放油螺塞中,放出全部旧制动液,然后旋紧各螺塞。

第二步,擦干净总泵的加注口,旋开螺塞,加入制动液并充满贮液罐。

第三步,液压系统中空气的排除。先从总泵处放气,然后按离制动总泵由远及近(右后→左后→右前→左前)顺序放气。

操作方法是:两人操作,一人踏制动踏板数次后,将踏板踏至最低点,用力踏着不放,另一人在车下,按上述顺序分别旋开各制动器放油螺塞,直到不再流出气泡为止,此时应将制动踏板一直踏着不放,待将放气螺塞旋紧后方可松开制动踏板,以免空气再次进入制动液压系统。如空气未放净,仍按上述方法重复进行,直到空气放净为止。

第四步,放气完毕后,应将制动液加至贮液罐最大标记处(Max)。

(3)更换制动液注意事项。

①制动液有毒,因此务必放在原装密封容器内,严防儿童接触。

②制动液对车身油漆有腐蚀作用。因此

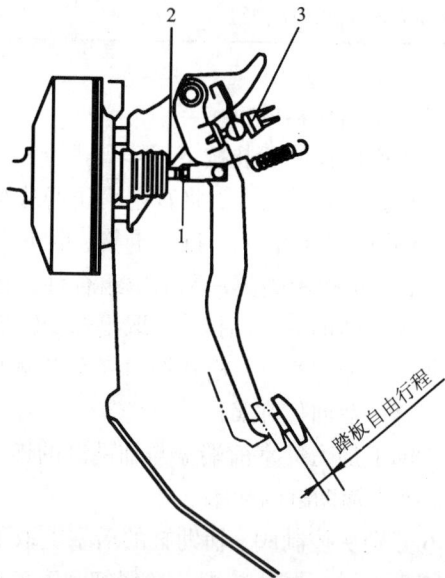

图12-97 制动踏板自由行程的检查

1—锁紧螺母;2—推杆;3—制动灯开关

在更换制动液过程中,严防制动液与油漆接触。

2)制动踏板自由行程的调整

发动机熄火,踩制动踏板多次,以消除真空助力器内的残余真空。因为有真空度存在时,无法正确检查制动踏板的自由行程。踩下制动踏板,直至感到有阻力为止。该行程即为踏板自由行程,如图 12-97 所示。

项目小结

1. 一般制动系统包括行车制动系统和驻车制动系统。完成行驶中减速、停车,保证在坡路上停放安全可靠

2. 汽车制动系统由供能装置、控制装置、传动装置和制动器组成。制动系统根据能源不同分为人力制动系统、动力制动系统和伺服系统。目前主要采用伺服制动系统。

3. 制动器是产生阻碍车辆的运动或运动趋势的力的部件,有鼓式制动器和盘式制动器两种。鼓式制动器又分为领从蹄式制动器、双领蹄式制动器、双向双领蹄式制动器、增力式制动器;盘式制动器又分为定钳盘式制动器和浮钳盘式制动器。

4. 制动传动装置是将制动力源传到制动器,同时控制制动器的工作。常用有液压制动传动装置和气压制动传动装置两种。

5. 液压力式制动柔和灵敏现广为应用,主要由制动主缸、制动轮缸、助力装置、液压管路组成。制动主缸常用双活塞式;制动轮缸有双活塞式和单活塞式;常用助力装置有真空助力式和真空增压式两种。

6. 气压制动传动装置目前主要应用于大型车上。主要由气源部分和控制部分组成,气源部分由空气压缩机、贮气筒、调压装置、气压表、安全阀、低压报警开关等组成;控制装置包括制动踏板、制动控制阀等。

7. 驻车制动按其安装位置不同分为中央制动式和车轮制动式两种。按结构不同分为鼓式、盘式两种。

8. 制动力分配调节装置有限压阀、比例阀、感载比例阀和惯性阀。

9. 行车制动系统常见故障有制动失效、制动不灵、制动跑偏、制动拖滞;驻车制动的常见故障为制动不良。

思考与练习

1. 简述汽车制动系统的基本组成和工作原理。

2. 盘式制动器的种类有哪些?各有什么特点?

3. 鼓式制动器的种类有哪些?各有什么特点?

4. 液压制动系统如何进行检修维护?

5. 简述 ABS/ASR 系统的组成及工作原理。

参考文献

［1］张红伟. 汽车底盘构造及维修［M］. 北京：高等教育出版社，2006.

［2］屠卫星. 汽车底盘构造与维修［M］. 北京：人民交通出版社，2001.

［3］么居标. 汽车底盘构造与维修［M］. 北京：机械工业出版社，2002.

［4］李东江、张大成. 桑塔纳 2000 系列轿车结构与维修［M］. 北京：机械工业出版社，2003.

［5］陈家瑞. 汽车构造［M］. 北京：人民交通出版社，1998.

［6］沈锦. 汽车底盘技术与检修［M］. 北京：机械工业出版社

［7］周林福. 汽车底盘构造与维修［M］. 北京：机械工业出版社，2005.